中国医疗装备及关键零部件技术发展报告（2023）

Annual Report on Technological Development of
Medical Devices and Key Components in China（2023）

机械工业仪器仪表综合技术经济研究所　编著
中国医学装备协会零部件分会

机 械 工 业 出 版 社

本书深度分析了医疗装备产业链中不同装备及关键零部件的国内外发展现状与技术发展趋势，梳理了关键零部件技术信息，总结了医疗装备产业链上下游发展存在的问题，提出了研究发展建议。

"十四五"时期是我国医疗装备产业高质量发展的重要战略机遇期，在新一轮科技革命和产业变革深入发展，人工智能、新一代信息、前沿生物、新材料等学科交叉融合不断推进的大背景下，工程技术行业发展采用新技术、新模式、新应用，加速医疗装备产业技术创新和转型升级刻不容缓。本书可为医疗装备产业链上下游协同、创新发展提供专业信息，为医疗装备研发人员、生产制造人员、集成商、供应商、医院采购选型和第三方服务人员等关心装备行业发展的业界人士提供参考。

图书在版编目（CIP）数据

中国医疗装备及关键零部件技术发展报告. 2023/机械工业仪器仪表综合技术经济研究所，中国医学装备协会零部件分会编著. —北京：机械工业出版社，2024.3
ISBN 978-7-111-75220-2

Ⅰ.①中… Ⅱ.①机… ②中… Ⅲ.①医疗器械-技术发展-研究报告-中国-2023 Ⅳ.①F426.7

中国国家版本馆 CIP 数据核字（2024）第 038226 号

机械工业出版社（北京市百万庄大街 22 号 邮政编码 100037）
策划编辑：王永新 责任编辑：王永新 雷云辉
责任校对：韩佳欣 李 杉 封面设计：马精明
责任印制：邓 博
北京盛通数码印刷有限公司印刷
2024 年 3 月第 1 版第 1 次印刷
184mm×260mm · 36 印张 · 6 插页 · 784 千字
标准书号：ISBN 978-7-111-75220-2
定价：169.00 元

电话服务 网络服务
客服电话：010-88361066 机 工 官 网：www.cmpbook.com
        010-88379833 机 工 官 博：weibo.com/cmp1952
        010-68326294 金 书 网：www.golden-book.com
封底无防伪标均为盗版 机工教育服务网：www.cmpedu.com

《中国医疗装备及关键零部件技术发展报告（2023）》

编委会

编委会委员（按姓氏笔画排序）

序

医疗装备是健康中国建设的重点领域，对培育远程医疗、智慧医疗、移动医疗等新模式、新业态，促进优质医疗资源惠及广大人民群众，提升人民群众健康水平具有重要作用。受人口老龄化、生育政策调整和医疗新基建持续推进等因素影响，医疗装备市场需求持续增长，近 5 年我国医疗器械产业年均复合增长率超过 10%。

当前，我国医疗装备产业已由高速增长阶段转向高质量发展阶段，通过几十年的建设发展已经形成了 22 个大类 1100 多个品类的产品体系，产业正处在优化经济结构、转换增长动力的攻关期。《"十四五"医疗装备产业发展规划》对我国医疗装备产业未来五年的发展进行了全面布局，规划提出了"到 2025 年，医疗装备产业基础高级化、产业链现代化水平明显提升，主流医疗装备基本实现有效供给，高端医疗装备产品性能和质量水平明显提升，初步形成对公共卫生和医疗健康需求的全面支撑能力"的发展愿景。关键核心零部件自主可控、确保产业链安全、提升产业链现代化水平，成为"十四五"医疗装备产业高质量发展的主要攻关方向。

2023 年 8 月 25 日，国务院常务会议审议通过了《医疗装备产业高质量发展行动计划（2023—2025 年）》，会议强调，要着力提高医疗装备产业韧性和现代化水平，增强高端药品、关键技术和原辅料等供给能力，加快补齐我国高端医疗装备短板。《机械行业稳增长工作方案（2023—2024 年）》明确指出，搭建产学研医协同创新平台，加强关键核心技术攻关，加快补齐高端医疗装备产业链短板，提升产业链供应链韧性和安全水平。

目前，国内医疗装备国产化率普遍偏低，部分核心零部件、原材料仍存在"卡脖子"问题，导致中高端设备迭代升级缓慢、创新性不足、产能受限、渗透率不足，市场总占有率和结构都有提升空间。2018 年以来，机械工业仪器仪表综合技术经济研究所联合中国医学装备协会零部件分会，依托工业和信息化部"医疗装备产业技术基础公共服务平台"，组织行业力量编写《中国医疗装备及关键零部件技术发展报告》，分析典型产品产业链发展现状、新技术应用、行业政策法规等，为提升医疗装备产业链现代化水平、推动产品创新发展提供借鉴和发展思路。《中国医疗装备及关键零部件技术发展报告（2023）》的付梓出版，也必将为产需对接、医工协同创新、产业链上下游交流合作提供新的契机和思路。

　　国产医疗装备及关键零部件的技术发展，道阻且长，行则将至；行而不辍，未来可期！

　　是为序。

中国科学院院士

2023 年 12 月 28 日

前　　言

　　为贯彻落实党中央、国务院决策部署，深化先进医疗装备发展，机械工业仪器仪表综合技术经济研究所（简称仪综所）会同中国医学装备协会零部件分会（简称分会），充分发挥医疗装备产业技术基础公共服务平台、全国医疗装备产业与应用标准化工作组的工作基础和行业优势，以标准化技术为抓手，开展医疗装备产业共性技术、关键核心零部件、制造与服务、信息化与应用、标准化技术等专题研究，为政府机关、医疗卫生机构、装备制造企业等提供服务。2018 年以来，仪综所和分会坚持调动产业资源，集结专家团队与众多优秀医疗装备企业，通过对医疗装备产业链上下游调研、座谈及论证等多种方式，梳理我国医疗装备产业发展现状、存在的问题及技术趋势等，先后编写并出版了《中国医疗装备及关键零部件技术发展报告》（2019 版、2021 版），为国家和地方政府决策、企业发展布局、开展医工协同发展提供了重要技术指导和参考。

　　2023 年，仪综所、分会在部委主管业务部门指导下，持续跟踪行业发展，收集整理专家、读者建议后，提出 2023 版编写总体思路和实施计划，组织专家在 2021 版基础上细化章节，增加新知识、新技术、新成果等内容，继续为医疗装备产业链上下游协同高质量发展贡献智慧和力量。本书编写团队由从事科研、临床、制造、经营管理等领域的 70 余位专业人员组成，围绕医学影像诊断装备、放射治疗装备、手术治疗装备、生命支持与急救装备、临床检验装备、手术机器人、健康监测及康复装备、血液净化处理装备、植介入医疗器械九类医疗装备典型产品及关键核心零部件，梳理了临床应用及产业链国内外现状，阐述了我国医疗装备及关键零部件技术发展趋势，新增了典型医疗装备整机分类、工作原理，以及新技术、新工艺在医疗装备创新发展中的应用，完善了医疗装备最新政策解读、典型产品关键零部件目录。

　　在编写本书过程中，虽然编委会及承担编写任务的各位专家做了大量的调研和论证工作，但书中难免有不足之处，欢迎广大读者批评指正，未来我们一定会做得更好。

2023 年 12 月 20 日

目　　录

第一章 医疗装备行业及零部件产业发展现状

医疗装备行业是一个多学科交叉、知识密集、资本密集的高技术产业，涉及医药、机械、光学、材料、电子等多个领域，具有多样化、创新快、多学科融合交叉的特点，也是全球发达国家竞相争夺的重点领域。医疗装备是指以改善和提升人民健康为目的而开发的高技术装备，主要包含医学影像诊断装备、治疗装备、生命支持与急救装备、临床检验装备、手术机器人、健康监测和康复装备、血液净化处理装备、植介入医疗器械等细分领域，包括硬件、软件、集成系统及支持系统等。新中国成立后，特别是改革开放以来，我国医疗装备产业经历了从无到有，从落后到追赶，不论是产业规模、创新能力，还是产品品种、技术水平，均得到快速提升和突破，初步满足了卫生健康事业的基本需求。

医疗装备是卫生与健康的重要基础保障，涉及面广、产业链长、增长空间大，是新常态下"稳增长、调结构、惠民生"的重要着力点，在技术驱动和需求拉动的双重影响下发展前景广阔，是一个国家经济和技术综合实力的重要标志之一。当前，新一代信息技术、新材料、前沿生物技术等与医疗装备技术跨学科、跨领域交融，发展提速，构建面向全人群、全方位、全生命周期的新型医疗装备产业化体系成为全球医疗科技创新的热点。随着我国医疗装备企业技术的进步及配套产业链的成熟，以及健康中国战略的实施和人民群众健康需求的日益增强，我国医疗装备行业高速发展，涌现出一批聚焦高端制造的创新企业，其在高端医疗设备领域不断研发创新，加快产品升级换代，积极探索研发新产品。

一、全球及中国医疗装备行业发展现状

（一）全球医疗装备市场有望保持稳定增长

近年来，随着全球人口的自然增长、人口老龄化程度的提高、发展中国家的经济增长，以及全球居民生活水平的提高和医疗保健意识的增强，对医疗装备产品的需求也呈现持续增长的趋势。2022 年，全球医疗装备行业市场规模为 5752 亿美元，同比增长 7.8%，预计 2023 年全球医疗装备行业规模将接近 6160 亿美元，2019—2023 年的复合增长率为 6.65%，行业有望保持稳定增长。全球医疗装备行业市场规模如图 1-1 所示。

美国是医疗装备最主要的市场和制造国，占全球医疗装备市场约 40% 的份额，美国医疗装备行业拥有强大的研发实力和产业链配套体系，技术水平世界领先。欧洲是全球第二大医疗装备市场和制造地区，占全球医疗装备市场约 30% 的份额，德国和法国是欧洲医疗装备的主要制造国，也是欧洲医疗装备的主要出口国。日本是全球重要的医疗装备制造国之一，基于其工业发展基础，日本在医疗装备行业的优势主要体现在医学影

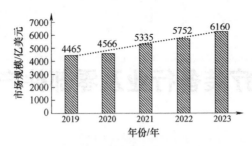

图 1-1　全球医疗装备行业市场规模

来源：弗若斯特沙利文咨询公司

像、体外诊断等领域。新兴市场是全球最具潜力的医疗装备市场，产品普及需求与升级换代需求并存，近年来增长速度较快。我国已经成为全球医疗装备的重要生产基地，在多种中低端医疗装备产品领域，产量位居世界第一。

（二）中国医疗装备市场具有很大的成长潜力

我国医疗装备市场近年来表现突出。国际管理咨询公司罗兰贝格发布的《中国医疗器械行业发展现状与趋势》报告显示，2022 年中国医疗装备市场规模达 9582 亿元人民币，近 7 年复合增长率约 17.5%，成为继美国之后的第二大单一国家医疗装备市场。预计未来 5 年，医疗装备领域市场规模年复合增长率约为 14%，至 2023 年年底已突破万亿元人民币。从医疗装备市场规模与药品市场规模的对比来看，全球医疗装备市场规模大致为全球药品市场规模的 33%，我国的比例仅为 12%。我国医疗装备行业市场规模如图 1-2 所示。

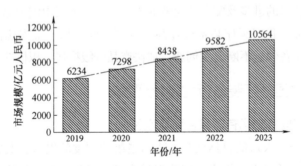

图 1-2　我国医疗装备行业市场规模

来源：国家药监局官网

未来几年，我国医疗装备市场将保持稳定增长，未来市场空间巨大。我国医疗装备和药品人均消费额的比例仅为 0.4∶1，远低于 0.7∶1 的全球平均水平，更低于欧美发达国家 1∶1 的水平。因为消费群体庞大，健康需求不断增加，我国医疗装备市场发展空间极为广阔。

目前我国医疗装备市场的本土企业数量较多，但整体呈现规模较小且分散的局面，且相对偏向低值产品领域，在医用设备、高值耗材等领域跨国企业市场份额仍然较高。据国家药品监督管理局南方医药经济研究所整理，截至 2023 年年底，全国医疗装备生产企业达 36675 家，较 2022 年年底增长 8.54%。其中，可生产Ⅰ类产品的企业 25817 家，可生产Ⅱ类产品的企业 17187 家，可生产Ⅲ类产品的企业 2670 家。据众成数科（广州众成大数据科技有限公司）统计，产业创投市场趋于活跃，投资规模呈明显上升态势，融资事件数量从 2013 年的 62 起上升至 2023 年的近 460 起，融资规模也从 2013 年的 3.5 亿元上升至 2023 年的约 300 亿元，风险投资与并购重组是未来我国医疗装备发展的重要趋势，将推动产业创新与市场集中度提升。我国医疗装备生产企业规模如图 1-3 所示。

从我国医疗装备市场的产品结构看，我国医疗装备行业分为医疗设备、高值耗材、低值耗材与体外诊断四大细分领域。其中，医疗设备（指单独或者组合用于人体的仪器、设备、器具、材料等）占据的市场份额最大，2022 年医疗设备在我国医疗装备行业市场规模中的占比约为 60%（见图 1-4），整体市场规模超 5000 亿元人民币。从细分领域具体产品的市场占比来看，市场份额占比较高的基本是创新性较强、研发投入高、行业壁垒也相对较高的高端医疗装备领域，如体外诊断中的分子诊断、即时检验（Point of Care Testing，POCT）的子领域产品，心血管领域的支架、起搏器等植介入器械，影像领域的大型影像设备，以及骨科和眼科等领域的植入式高值耗材等。

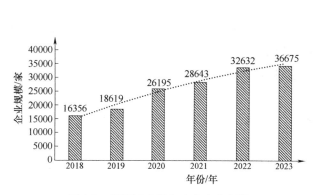

图 1-3　我国医疗装备生产企业规模

来源：国家药品监督管理局官网及公开资料整理

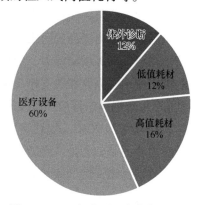

图 1-4　2022 年中国医疗装备行业各
细分领域的市场规模占比

来源：医械汇、国家药品监督管理局
南方医药经济研究所整理

医疗保险制度的完善、医疗服务体系的改革、群众医疗需求的不断提高，必将推动医疗装备消费的持续增加。随着新医疗体制改革政策的不断深化，以及分级诊疗制度的试点与推行，基层医疗卫生机构将成为巨大的医疗装备潜在市场。人口老龄化和生活水平的日益提高，将推动体外诊断、骨科、康复等医疗装备产业的快速发展。在市场需求的刺激和经济持续稳定增长的背景下，我国的医疗装备产业仍然处于快速发展期。

二、医疗装备产业发展步入新的阶段

面对人民群众对幸福与健康日益关注的新时代，面对国内国际双循环的新发展格局，我国医疗装备产业改革创新，逐梦前行，实现了从小到大、从弱到强的发展，现在已进入"跟跑、并跑、领跑"并存的新发展阶段。

（一）政策指导引领产业发展

近年来，国家高度重视医疗装备产业的发展，密集出台了一系列支持医疗装备产业发展的相关措施，推动了我国医疗装备产业的快速转型升级和高质量发展。

《中华人民共和国国民经济和社会发展第十四个五年规划和 2035 年远景目标纲要》是我国未来 5 年至 15 年的发展总路线图，对我国医疗装备产业未来的发展起到了关键性的引导作用，也为我国医疗装备产业的重点研发领域布局作出了前瞻性规划。2021年 12 月 21 日，工业和信息化部、国家卫生健康委员会、国家药品监督管理局等十部门联合印发了《"十四五"医疗装备产业发展规划》，明确到 2025 年，我国医疗装备产业基础高级化、产业链现代化水平明显提升，主流医疗装备基本实现有效供给，高端医疗装备产品性能和质量水平明显提升，初步形成对公共卫生和医疗健康需求的全面支撑能力。

2023 年 8 月 25 日，国务院常务会议审议通过《医药工业高质量发展行动计划(2023—2025 年)》《医疗装备产业高质量发展行动计划（2023—2025 年)》。会议强调，医药工业和医疗装备产业是卫生健康事业的重要基础，事关人民群众生命健康和高质量发展全局。要着力提高医药工业和医疗装备产业韧性和现代化水平，增强高端药品、关键技术和原辅料等供给能力，加快补齐我国高端医疗装备短板。要高度重视国产医疗装备的推广应用，完善相关支持政策，促进国产医疗装备迭代升级。

（二）市场需求释放产业发展活力

《"健康中国 2030"规划纲要》指出，健康是促进人的全面发展的必然要求，是经济社会发展的基础条件。党的二十大报告提到，人民健康是民族昌盛和国家强盛的重要标志，要把保障人民健康放在优先发展的战略位置。2023 年国务院政府工作报告中提出，要着力扩大国内需求，把恢复和扩大消费摆在优先位置，推动优质医疗资源扩容下沉和区域均衡布局。这将为我国医疗装备产业带来更为广阔的发展空间。

随着人民生活水平的大幅提升，人们的健康保健意识也在逐渐增强，大众健康消费观念从原来的"诊断治疗、病重就医"逐步向"预防为主、防治结合"转变，人们就诊的频次及医疗消费的比例将日渐提高，慢性病管理、康复、养老以及医美等消费市场需求也在快速上升，越来越多的病人群体需要在出院后使用各种家用医疗器械进行持续性治疗。行业已经开始呈现从"医院用医疗器械"到"家用医疗器械"的发展趋势，大众用械意识明显增强。

人口老龄化促进了"银发经济"的发展，扩大了老年产品和服务消费，有利于推动技术进步，给医疗行业带来新的发展机遇。一方面，我国正加速从"轻度老龄化"向"中度老龄化"阶段迈进，人类患病率随着年龄的增长而上升，社会保障、医疗保健和卫生方面的消费支出日益增长，老年人照护服务等需求持续增加，内生需求旺盛会推动医疗装备产业繁荣，促使医疗装备市场迎来快速发展机遇期。另一方面，老年人口是慢性病高发群体，随着人口老龄化日趋严重，我国慢性病患病率持续升高，老龄化社会带来的对医疗装备产业的长远需求正在日益增长，助长了与慢性病管理相关的医疗装备的发展。

随着我国城镇化逐步迈向高质量发展阶段，不断增加的新城镇人口将对医疗卫生机构设施设备现代化、多样化、信息化水平提出更高的要求。在分级诊疗政策、医联体建设的驱动下，我国医疗资源将精准下沉，基层医疗机构的数量逐渐增加、规模不断扩大，优质的医疗资源基层化投入将成为医疗装备行业发展的重要推动力，将带动基层医疗机构的创新诊断和对医疗装备的需求，促进我国基层医疗机构医疗装备的更新换代，从而加速基层医疗装备需求释放。同时，分级诊疗还可以打通基层群众的慢性病管理、医养结合、互联网配送到家等医、养、康、防、药全周期、各环节的服务，进一步促进医疗器械网络销售持续发展，促进医疗装备企业给用户提供超越设备的服务、超越服务的智能，促进医疗装备行业搭建"产品—销售—服务"一体化平台，向以人为本的创新服务模式方向发展。

今后，我国经济发展速度必将加快，医疗保障水平将继续提高，医疗装备作为保障人民群众健康的重要手段，市场需求将稳步增加，这将为我国医疗装备产业的健康发展提供更大、更稳定的市场空间、释放更多的发展活力。

（三）科技进步加速产业创新

近年来，我国医疗装备技术水平日趋升级，不仅补齐了基础零部件、基础软件、基础材料、基础工艺等领域的短板，更在高端医疗装备的产品性能和质量提升上收获了显著成果，突破了超导磁体、电子加速器等一批核心部件的关键技术，质子及碳离子治疗系统、骨科手术机器人、第三代人工心脏、聚焦超声治疗系统、基因测序系统等接近或者达到国际先进水平。心电图机、超声诊断仪等诊疗设备已逐步在临床实现了进口替代，以迈瑞（深圳迈瑞生物医疗电子股份有限公司）、联影（上海联影医疗科技股份有限公司）、乐普［乐普（北京）医疗器械股份有限公司］、鱼跃（江苏鱼跃医疗设备股份有限公司）等为代表的国产医疗装备厂商已逐步被市场认可，且企业凭借较高的性价比和逐步升级的售后服务不断塑造品牌，国产医疗装备与进口品牌的差距正在逐步缩小。随着产业技术的快速发展，国产医疗装备将逐步突破技术壁垒，在市场扩容和产品升级换代中不断提高国产产品的市场份额。部分高端医疗装备产品将迈入全球竞争行列，开启或实现进口替代，我国医疗装备产品将进一步走向国际舞台。

随着第四次工业革命的广泛展开，以5G、人工智能、物联网、大数据、区块链等为代表的新一代信息技术正在广泛而深入地渗透到经济社会各领域。科技革命与产业联系更加密切，技术变革正加速转变为现实生产力。在信息化、数字化和智能化的不断加持和赋能下，医疗装备各细分领域、细分赛道将出现许多变化，如：新一代医学影像领域将加快智能化、远程化、小型化、快速化、精准化、多模态融合、诊疗一体化发展，慢性病管理App、可穿戴智能医疗监测设备、手术机器人等信息技术与医疗行业深度融合的领域，成为医疗装备行业的发展热点。随着数字化时代的到来，数字化正在持续颠覆传统的医疗健康体系，促进"互联网+""智能+"为代表的数字经济蓬勃发展，驱动医疗装备产业加速向数字化转型。

在科学技术不断进步以及我国实施创新驱动发展战略的背景下，我国医疗装备产业的创新能力也日趋增强。国家药监局鼓励医疗器械技术创新政策持续发力，创新医疗器械产品继续保持快速增长势头。截至2023年12月底，国家药监局已批准250个创新医疗器械产品，一些创新产品如脑起搏器，获得了国家科技进步一等奖。在传统五大产业集群持续高速发展的同时，部分高新技术开发区、经济技术开发区等高新技术产业集群也蓬勃发展，各产业集群逐渐形成规模并各具特色。在科学技术的推动下，我国医疗装备产业格局日趋清晰，产业的发展紧跟时代和技术的潮流，迸发出强大的创新活力。

未来，我国医疗装备产业将继续保持快速高质量发展，高端医疗装备的国产化进程将进一步加速，逐步解决医疗装备领域"卡脖子"的问题，加快培育本土医疗器械企业国际竞争新优势，实现科技自立自强，更好地满足人民群众对高质量、高水平医疗装备的需求。

三、我国医疗装备产业体系发展现状

党的二十大报告提出，"建设现代化产业体系""坚持把发展经济的着力点放在实体经济上，推进新型工业化"。在2023年4月28日召开的中共中央政治局会议作出的各项部署中，"加快建设以实体经济为支撑的现代化产业体系"居于重要位置。医疗装备产业涉及多个行业，具有多学科交叉、知识密集、资金密集的产业特点，成为现代医疗产业体系建设中最具代表性的方向，高端医疗装备产业的发展必将对现代医疗产业体系建设产生重大影响。

（一）产业链实现上、下游生态整合

经过30年的持续高速发展，我国医疗装备产业已初步建成了专业门类齐全、产业链条完善、产业基础雄厚的产业体系，同时也成为我国国民经济的基础产业和先导产业，发展成为全球重要的医疗装备生产制造基地和全球医疗器械行业发展的重要动力来源。在整个制造业体系中，医疗装备产业链非常长，涉及的面非常广泛，主要包括材料、设计、元器件和部件制造、整机制造四个环节，每个环节均可延伸出若干个细分领域。我国高端医疗设备行业发展迅速，产业链日趋完善，但与全球领先国家相比仍存在明显短板，主要体现在原材料、元器件和部分高性能部件方面。

医疗装备产业链上游是基础产业，包括医用原材料、元器件、零部件等，上游行业的技术更新换代和产品性能的升级有利于医疗装备制造企业的产品质量的提升。中游是医疗设备产业最主要的部分，包括医疗装备（医学影像设备、放疗设备、治疗设备等）、高值耗材（植介入器械等）、低值耗材、体外诊断产品等的研发制造、销售和服务，涉及医疗设备及耗材的研究机构、高校、制造企业、经销商、第三方维修机构等。下游主要是医疗机构（各级医院、体检机构、社区卫生中心）和家庭用户等。医疗器

械产业全景如图 1-5 所示。目前,我国拥有数万家医疗设备制造企业和设计企业,分布在产业链的上、中、下游,这些企业共同构成了国内相对完善的高端医疗设备产业链,在上、中、下游均不乏具有较强国际竞争力的优秀企业,我国高端医疗设备行业在产业链的部分领域具备了全球竞争力。

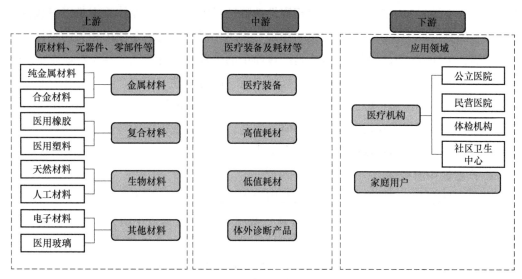

图 1-5 医疗器械产业全景

1. 产业链上游概述

医疗装备产业的发展离不开上游材料和零部件制造的支持,上游行业的技术发展也会推动医疗装备产业的发展进步。不同于传统的成熟工业体系,医疗装备产业作为战略新兴产业,在产业链建设上并不那么完善,作为支撑中游装备生产制造的上游基础工业,医疗装备的上游企业完全是分散的、不成体系的。例如,电子行业为大型医疗装备提供电子元件、电路板、芯片等电子零部件,但是由于医疗装备产业规模相对比较小,加上品种丰富,单类产业的市场需求量比较小,上游企业难以形成规模化的配套,可以通过借助我国大工业体系产业链,进行横向交叉扩展,找到合适的元器件、原材料、部件、加工服务等的供应商,一定程度上可以解决关键零部件受制于人的困难。

生物化学行业产业链的上游为生化原料、试剂、设备、耗材及包装材料供应商,根据材料和用途的不同,生物试剂被划分为分子生物学试剂、细胞生物学试剂以及蛋白类生物试剂三大类,在不同类型的生命科学研究及不同实验阶段中发挥着重要的作用,最终客户覆盖了高校实验室、医院、科研院所及制药企业。虽然能够为医疗装备产业提供生物信息检测技术支持和试剂生产支持,但是生物化学行业产业链的上游总体以小规模企业居多,管理水平较低,新产品、新技术的开发和应用不足。随着国家监管力度的加大,准入门槛的提升,行业集中度不断提升。

材料行业为医疗装备产业生产提供特殊材料等,生物医用材料涉及医用高分子、医用金属和合金、医用生物陶瓷、复合材料、生物衍生材料等,其制品既包括量大面广的基础医疗器械，如一次性使用的输液及注射器具、一般性外科手术器具以及药棉、绷带、纱布等卫生用品，也包括技术含量高、附加值高的直接植入人体或与生理系统结合使用的材料及其终端产品，如人造血管、人工心脏瓣膜、心脏起搏器、骨修复和替换材料及器械、人工器官、牙科材料、药物释放系统等，以及临床疾病诊断材料。这些医疗器械产品的上游供应链涉及许多生物相容性的特殊材料，在大工业体系中难以直接找到现成品，但是借助于大工业体系的技术积累，在用户提出生物医学使用相关的具体设计和需求后，很快就能取得研发突破或是经过简单的处理找到替代品，甚至在航空航天领域，由于其高真空、微重力、强辐射、极端温度、高可靠性等特点，其部件和材料具有更高的技术指标和性能指标，甚至大大高出医疗设备所需的性能指标，将航空航天的这些技术直接转化用于医疗设备及耗材的研发制造，能够实现很好的替代性，这为整个医疗设备行业与大工业体系横向的交叉融合提供了无限可能。

2. 产业链中游概述

中游为医疗装备的生产环节，聚焦使用量大、应用面广、技术含量高的高端医疗装备（见表1-1）。目前，我国的医疗装备从依赖进口逐渐转为自主研发生产，并保持快速增长趋势，医学影像、放疗设备、内窥镜、基因测序、手术机器人等众多细分领域，以及国产化率低和高技术壁垒设备是当前国产医疗装备的重点发力领域。

表1-1　我国高端医疗装备分类总结

类别	产品
影像诊断装备	PET/CT、PET/MR、磁共振成像系统、X射线计算机断层成像扫描系统、数字减影血管造影系统、彩色超声诊断设备、电子内窥镜设备等
治疗装备	内窥镜手术控制系统、激光治疗装备、口腔治疗装备、眼科设备、图像引导放射治疗设备、呼吸机、智能康复辅助器具等
体外诊断产品	基因测序仪器、实验室自动化检验分析流水线、分子诊断仪器、即时检测系统、化学发光免疫分析仪等
植介入产品	冠脉支架、心室辅助装置、心脏起搏器、神经刺激器、人工关节等

资料来源：《高端医疗器械和药品关键技术产业化实施方案》

截至2022年年底，我国共有医疗器械生产企业32632家，从地区分布来看，我国医疗器械生产企业总数最多的是广东，数量为4968家，其次是江苏，数量为4814家，第三名是山东，数量为4058家。我国Ⅰ类医疗器械产品生产备案凭证20640个，其中，山东Ⅰ类备案凭证数量位居全国第一，为3445个，其次是江苏，数量为3107个，第三是广东，数量为3094个；Ⅱ类医疗器械产品生产许可证14693个，其中，广东、江苏、浙江Ⅱ类许可证数量位居全国前三，数量分别为2543个、2104个、1023个；Ⅲ类医疗器械产品生产许可证2509个，前三名分别是江苏（518个）、北京（317个）、广东（301个）。无论是Ⅰ类备案凭证数量、Ⅱ类许可证数量还是Ⅲ类许可证数量，江苏和广东都位列前三。

3. 产业链下游概述

医疗装备产业需要产业链上、下游的协同支撑，高端医疗装备产业下游应用领域为医疗卫生行业，主要包括各类医院、社区卫生服务中心等。截至2022年年底，全国共有医疗机构103万个，其中医院3.7万个，医院中有公立医院1.2万个，民营医院2.5万个；基层医疗卫生机构98.0万个，其中乡镇卫生院3.4万个，社区卫生服务中心（站）3.6万个，门诊部（所）32.1万个，村卫生室58.9万个；专业公共卫生机构1.3万个，其中疾病预防控制中心3385个。

人们更多地关注在医疗装备产业链的中游和下游，一方面抱怨生产制造企业技术不行、可靠性、稳定性差，另一方面责备医院用户不愿意采购、不愿意使用，导致国产医疗设备长期被进口产品压制。近年来，随着国家对医疗装备产业的不断重视，产业规划、支持政策的不断出台，企业研发投入的不断增加，用户示范应用的不断深入，人们对国产医疗装备越来越重视，尤其是将提升医疗装备产品性能质量的焦点不断向整个产业链的上、下游延伸，一个完善的产业链配套为战略新兴产业的崛起提供了必要的技术支撑和发展生态。

（二）空间链打造产业集群发展

随着医疗装备产业的发展，我国已形成了几个医疗装备产业集聚区和制造业发展带，粤港澳大湾区、环渤海地区、长三角地区及以武汉为中心的华中地区成为国内四大医疗器械产业集聚区。据不完全统计，其中前三大区域医疗器械的总产值和总销售额占全国总量的80%以上。因为各区域所具有的条件不同，产业集聚区呈现出不同的地域特点。

1. 粤港澳大湾区：突显高科技特色

粤港澳大湾区以深圳为中心，包括珠海、广州等地。自20世纪90年代以来，一些富有冒险精神的创业者聚集于此，从事新产品的研发与生产，国家也在这一时期投巨资创办了几个对后来发展有很大影响的企业，如深圳安科等。粤港澳大湾区的电子元器件、部件及相关产业较为发达，电子部件价格相对低廉；电子工程类工程师人才聚集，观念超前，拆解、设计能力也较强；物流业发达，可借鉴的国外产品丰富，以上这些特点使医疗电子产品在这里具有配套加工基础，得以迅速发展。

以深圳为中心的粤港澳大湾区在综合性高科技医疗器械的研发、生产上具有明显优势。在过去的30年时间里，深圳医疗器械产业得到了迅速的发展，现已拥有600多家医疗器械生产企业，1500多家医疗器械经营企业，年产值超过240亿元人民币，产品外销比例超过60%，成为我国最重要的医疗器械产业集群之一。

粤港澳大湾区产业集群主要产品涵盖监护仪、超声诊断仪、磁共振仪等医学影像装备、体外诊断检验装备、电生理相关装备，以及伽马刀、X刀等大型立体定向放疗设备、肿瘤热疗设备等。其中，深圳医疗器械产业区的总产值以每年超过30%的速度递增，出口贸易发展迅速。相比其他地区，深圳医疗器械产业的优势在于其电子、计算机、通信及机电一体化等领域多年积累的工业基础。深圳的现代医疗器械产业，正是综

9

合了自身在这些领域的高新技术成果，再加上当地政府优惠的政策、开放的机制和市场等因素的激励，逐渐形成了集约化优势，才得以蓬勃发展。

2. 环渤海地区：诊断治疗产业群引人注目

环渤海地区主要以北京为中心，包括河北、天津、山东等省市。进入了 21 世纪后，随着国内其他地区基础加工业的快速发展，加之环渤海地区医疗器械产业发展势头较好，一个涵盖数字 X 射线摄影（DR）设备、磁共振成像（MRI）系统仪、数字超声仪、医用加速器、导航定位设备、呼吸麻醉机、骨科器材、心血管器材等产品的企业群正在形成。

在环渤海地区，除了一些引进的大企业之外，地区内的企业大体可分为两类：一类是有着国企背景的大企业，它们拥有一定的产业基础、技术积累、规模优势、大型生产设备和厂房等，中小型企业曾经比较难与之竞争，但由于国企受到体制、机制上的制约，企业的创新动力不如民营中小型企业；另一类是中小型创新企业，这类企业通常能够抓住技术更新换代所带来的契机，并借助政府的政策支持及本身所具有的科技能力，在数字化医疗设备这一领域取得突出成绩，然而技术上的优势转换成产品优势或品牌优势并非易事，受多种因素影响，靠技术优势进入医疗器械领域的企业，如何实现可持续发展正面临较为严峻的挑战。

以北京地区为核心的研发成果向外扩散是环渤海地区医疗器械产业的一个突出特点。由于北京地区生产成本较高，导致许多技术成果向其他地区转移，其中向粤港澳大湾区和长三角地区转移较多。清华大学、北京大学、北京航空航天大学分别在深圳建立了校区，中国科学院也分别在深圳、苏州建立了医疗器械研究院等。

3. 长三角地区：中小型企业表现突出

长三角地区以上海为中心，包括浙江、江苏、安徽等省。众所周知，上海具备雄厚的工业基础。在计划经济时代，无论在产品质量还是在技术研发上，上海医疗器械产业都被视为我国医疗器械产业的领头羊。其中，上海重点发展高端影像诊断装备、高性能体外诊断、医用机器人、先进治疗康复器械等细分领域，重点布局在张江生物医药创新引领核心区、临港新片区精准医疗先行示范区、北上海生物医药高端制造集聚区等地区。浙江重点发展智能医疗装备、高端植介入、智能康复等领域，沿嘉兴、杭州、宁波、金华、温州等地布局医疗器械创新赋能带，浙江桐庐是内窥镜制造企业主要聚集区，现有 380 多家医疗器械企业，配套手术器械国内市场份额占有率达 30% 以上。江苏围绕高性能诊疗设备、应急医疗设备、中医药装备、保健康复装备、智慧医疗设备、医用耗材等重点领域，积极推进医工融合创新，构建覆盖设计、研发、临床、产业化、医疗健康服务一体化等全生命周期的医疗器械发展体系，常州已形成全国最大的骨科器械生产基地，目前除聚集众多骨科企业之外，还涉及体外诊断试剂、外科手术工具、卫生材料以及康复器材为代表的四大特色子产业群，相关医疗健康产业的生产企业达 400 余家。安徽重点发展医学影像设备、体外诊断、治疗设备等产业，大力构建以整机企业为龙头，精密机械、电子信息、智能制造等关键核心零部件企业为主体的医疗器械产业链。

4. 华中地区：新兴产业聚集区

武汉明确提出规划建设世界级生物医药及医疗器械产业集群，要将其打造成继汽车及零部件、光电子信息之后的第三个城市经济增长极。湖北省医疗器械企业向区域集中布局，形成了规模集聚效应，重点发展生物医学影像设备、体外诊断设备及试剂、激光医疗、高值生物医用材料、生命监护支持设备、高端医学治疗设备等高端医疗器械产业，集聚了一批知名企业，初步形成了高端医疗器械产业集群，同时在移动医疗可穿戴设备、远程医疗、健康管理等智慧医疗和大健康等热点和新兴领域提前部署。

湖北孝感有近 30 家病理设备制造企业和 60 多家在孵企业，120 多家医疗器械销售公司；宜昌形成了口腔和精准医疗设备产业特色，产品涵盖牙科治疗机、医用 X 光机、口腔医疗设备和耗材生产线等；枝江市形成了医用敷料出口基地，主要生产以非织造布为核心的医用敷料和以水刺无纺布棉柔巾为主的医疗级民用护理用品；荆州形成了医护辅助设备产业聚集地，可以生产一次性使用无菌系列产品、一次性使用介入类产品、麻醉、重症监护类产品、创面修复产品、医用传呼系统等系列产品。

据不完全统计，粤港澳大湾区、环渤海地区、长三角地区和华中地区这四大医疗器械产业聚集区总产值之和及销售额之和均占全国总量的 80% 以上。在工业和信息化部正式公布的 45 个国家先进制造业集群名单中，生物医药及高端医疗器械领域的 5 大集群都位于四大聚集区，分别是：

（1）上海市张江生物医药集群　张江布局重大科技基础设施 12 个，国家重点实验室 11 个。聚集各类创新企业 1400 余家，其中跨国公司地区总部 20 家、全国百强药企研发基地 34 家、高新技术企业 340 家、CXO 企业 100 余家，形成各类主体相互赋能、创新迭代的活力生态。在制度突破上，张江率先呼吁推动并实施上市许可持有人制度试点，率先试点海关特殊物品联合监管机制，先后设立跨境科创监管服务中心、国家知识产权保护中心、国家药品、器械审评长三角分中心，形成了制度创新的一系列生动案例。

（2）深圳市、广州市高端医疗器械集群　2021 年，广东省人民政府办公厅印发了《广东省推动医疗器械产业高质量发展实施方案》（以下简称《实施方案》），其中提到，力争到 2025 年，广东医疗器械制造业营业收入年均复合增长率达 20% 以上，规模以上医疗器械制造业年度营业收入达到 2500 亿元人民币；获批国家创新医疗器械注册证达到 50 个；培育资本市场上市企业达到 35 家，上市市值超过千亿元人民币示范企业 2~3 家，年度营业收入超过 100 亿元人民币的领军企业 3~5 家，超过 50 亿元人民币的龙头企业 5~8 家；打造一批具有国际影响力的自主品牌骨干企业，形成对标世界一流水平的高端医疗器械产业集群。

（3）苏州市生物医药及高端医疗器械集群　苏州工业园区集聚生物医药相关企业超 2000 家，累计 24 家生物医药企业成功上市，集聚各级瞪羚（培育）企业 96 家，2021 年园区新增 4 个上市 I 类新药、5 个上市创新医疗器械产品，占全国总量的 15%，国内已上市的 9 款国产 PD-1 单抗肿瘤药物中有 3 款为苏州工业园区制造。当前，苏州工业园区正在以加快建设世界一流高科技园区为目标，以建设国家生物医药技术创新中心为契机，全力打造国际一流生物医药创新策源地、世界级生物医药产业地标核心区。

（4）泰州市、连云港市、无锡市生物医药集群　泰州、连云港和无锡三地集群产业基础雄厚，拥有医药企业3199家，规模以上企业498家。泰州拥有独一无二的部省共建中国医药城机制，集聚了扬子江药业（扬子江药业集团有限公司）、瑞科生物（江苏瑞科生物技术股份有限公司）、雀巢健康［雀巢健康科学（中国）有限公司］、硕世生物（江苏硕世生物科技股份有限公司）等全球知名企业，是目前我国规模最大、产业链最完整的医药类产业园区之一，形成了化学药、生物制品（疫苗+抗体等）、诊断试剂、现代中药、特异配方食品等主导产业和特色产业。

（5）京津冀生命健康集群　京津冀生命健康产业是京津冀地区主导产业之一，形成覆盖生物药、化学药、中药、医疗器械的全产业板块，以及"技术研发—临床试验—检测审批—生产加工—销售流通"全流程的生命健康创新产业集群。2021年，京津冀生命健康集群聚集了6291家生命健康企业，实现工业总产值约6264亿元人民币，占全国生命健康产业总产值比重的20.6%。

目前，我国的各类生物医药产业园区（药谷、科技园、产业基地等）有100多个，经过国家有关部门或地方政府批准的省级以上园区有50多个，其中，环渤海产业带生物医药园区占比21%，长三角产业带占比31%，珠三角产业带占比8%，是生物医药产品最重要的地区。园区情况见表1-2。

表1-2　生物医药产业园区情况

产业带	园区名称	特色产业	创建时间	级别
环渤海产业带	中关村生命科学园	外包服务、创新药物、医疗器械、医疗服务	2000年	市级
	北京经济技术开发区	基因与基因载体技术、生物制药技术、医疗器械	1991年	国家级
	大兴生物医药产业基地	中药和天然药物、生物工程、化学制药、医疗器械	2002年	市级
	天津国家生物医药国际创新园	生物工程、医疗器械	2006年	国家级
	石家庄国际生物医药产业园	生物医药、高端医疗器械生产	2002年	市级
	大连生物医药创新孵化基地	基因药物、海洋生物	2005年	国家级
	济宁生物技术产业基地	—	2002年	国家级
	禹城生物技术产业基地	低聚糖、低聚木糖、木糖醇、海洋药物	2003年	国家级
	济南生物医药园	医药研发、中药	2003年	国家级
	淄博生物医药产业基地	生物制造、医疗器械	2005年	国家级
	上海张江高科技园区	外包服务、创新药物、医疗器械	1992年	国家级

（续）

产业带	园区名称	特色产业	创建时间	级别
长三角产业带	南京生物医药科技工业园	新药开发、医疗器械	2001 年	市级
	江苏无锡生命科学园	生物制药、现代中药、天然药物、医疗器械	2001 年	市级
	江苏连云港新医药产业基地	药品研发、中药基地	2001 年	国家级
	苏州高新区生物医药孵化器	环保产业、医疗器械	1990 年	国家级
	吴中生物医药产业基地	生物医药产业、外包服务	2001 年	国家级
	常州市"三药"科技产业基地	农药、医药、兽药	2003 年	国家级
	南京浦口生物医药产业基地	医药研发、保健品	2004 年	国家级
	泰州医药高新技术产业园	—	2005 年	国家级
	南通启东生物医药产业基地	—	2004 年	市级
	杭州生物医药科技创业园	新产品、新技术开发、医疗器械	2000 年	国家级
	兰溪天然药物产业基地	天然药物	2004 年	国家级
	新昌医药产业基地	原料药生产	2002 年	国家级
	合肥生命科技园	生物防护、医疗器械	1991 年	国家级
	淮南生物医药工业园	药物研发	1999 年	省级
珠三角产业带	广州国家生物产业基地	生态型健康产业、医疗器械	2006 年	国家级
	深圳市生物医药创新产业园	海洋生物、生物工程、医疗器械	2005 年	国家级
	顺德生物医药产业基地	生物制药、蛋白质工程、基因抗体工程	2007 年	省级
	广州海洋生物技术特色产业基地	海洋生物技术	2007 年	省级

各个生物医药产业园区经过功能定位的不断摸索和完善，形成了产业链互补、全链条集群发展、公共平台服务等独具特色的医疗产业模式和理念。创新模式有以下几类：

（1）张江模式　上海张江高科技产业园东区包含张江现代医疗器械园和张江光电子产业园两大产业基地，以产业链带动园区产业发展，通过设计和制造整合产业链发展，形成设计+代工的产业整合发展模式。大力发展以医疗器械、光电子产业和生产性服务业为龙头的高技术产业，已经初步形成了以诊断试剂及体外诊断产品、生物医用材料及制品为主导的医疗器械产业体系和面向医疗器械的生产性服务业，聚集了一批医疗器械的高科技企业，形成了较为完善的生物医药创新链和集成电路链，通过两大产业链的互补，推进了医疗器械产业的创新发展。

（2）中关村模式　中关村高端医疗器械产业园按照传统产业高端化、高新产业规模化、集群产业基地化的思路，打造"大项目—产业链—产业群—产业基地"发展模式，聚集了一批医疗器械企业，构建了一个高端医疗器械产业生态集群，初步建成了北京健康科技产业基地。园区分为标准生产基地、小型研发中心、中小企业孵化器、园区服务中心及产业服务中心五大功能区。

（3）光谷模式 武汉国家生物产业基地（光谷生物城）是继国家光电子信息产业基地以来的第二个国家级产业基地，集生物产业研发、孵化、生产、物流、行政、生活为一体的生物产业新城。武汉高科医疗器械园是其重要组成部分，着力打造以医疗器械为主的医用装备研发、制造产业集群，结合光电子产业基地重点发展光电子医疗器械及医用激光设备、医学影像设备、生殖健康类产品及基层医疗机构服务装备四大领域，通过建设医疗器械产业孵化器、中小企业加速器，形成服务于企业的公共服务平台、信息资源共享平台、投融资平台、人才引进平台等综合平台，为园区企业快速健康发展提供了强有力的平台支撑。

这些创新模式的运用和产业园区的发展，都离不开传统加工工业、集成电路产业链、光电子产业链的衔接互补、横向穿插、融合发展。

（三）创新链促进产业高质量提升

为促进医疗装备产业创新发展，我国制订并实施了一系列科技投入计划，资助内容涵盖产品研发、科技成果转化、人才培养、高新技术产业化、科技服务机构建设等，为推进医疗装备产业技术创新提供了良好的平台与基础。我国高端医疗装备从整机系统到核心部件的自主可控的高端医疗装备创新链和供应链已经基本在国内构建完成，以联影和迈瑞等企业为代表的国产品牌龙头企业坚持自主研发，突破多项"卡脖子"核心技术，实现了与国际先进水平的全面并跑乃至部分领跑，在检验诊断及治疗等领域实现了进口医疗装备的全面替代。国内企业的一些产品在国内市场份额已经跻身前列，部分产品还进入美国、日本等国家和地区的顶尖医疗及科研机构。

当前，我国医疗装备产业正在逐步形成以企业为主体，以市场为导向，产、学、研、用相结合的技术创新体系。我国高端医疗装备行业完成了从 0 到 1 的跨越式增长，一批龙头民族企业陆续攻克了一系列"卡脖子"技术，实现系统整机及核心部件的全面自主研发与生产制造，不仅填补了一系列国内和国际技术空白，还在多个产品技术领域占领国际制高点，涌现了一批具有自主创新能力与国际影响力的医疗装备优势企业，改写了我国高端医疗装备长期依赖进口的市场格局，形成了国际知名品牌。

1. 人才创新，保障产业可持续性

医疗装备是多学科、高新技术的综合产物，涉及机械、光学、电子、信息、材料等学科，产品的验证还涉及生物学评价、动物实验、临床试验、实验设计、统计分析等一系列生物、医学研究，如果没有掌握多学科知识的高端人才，就不可能完成高端创新医疗装备的研发。目前，国内医疗装备方面的人才主要构成是医疗器械销售、维修、注册人才，研发型人才和精密仪器制造人员的数量及素质与发达国家从业人员相比均有差

距，医疗装备设计师、结构工程师、医用电子工程师和高分子研发人员等高端人才匮乏，直接影响着医疗装备产业国际竞争力的有效提升。

医疗装备领域技术人才培养应当强化应用导向，在国家生物医学工程等学科基础上进行适用性更强的人才队伍建设，包括复合型管理人才、技术监督人员、临床医学工程人才等。在医疗器械创新发展进程中，注重人才国际化培养，鼓励科技领军人才、创业人才和管理人才，同时，要积极引进海外高层次人才，使人才队伍结构更为合理，以保障医疗装备产业发展的可持续性。

2. 监管创新，促进产业规范发展

近年来，相关部门相继出台了《关于深化审评审批制度改革鼓励药品医疗器械创新的意见》《关于改革药品医疗器械审评审批制度的意见》和《医疗器械监督管理条例》，不断完善创新产品审评审批制度，提升了医疗器械审评审批质量和效率，促进了医疗器械产业的健康发展。截至 2023 年 7 月，我国已经形成以《医疗器械监督管理条例》为统领，以 13 份相关配套规章、140 余份规范性文件、500 余项注册技术审查指导原则为支撑的医疗器械全生命周期管理法规体系；发布医疗器械标准 1937 项，与国际标准一致性程度超过 90%；与多部门合作，建立人工智能医疗器械和生物材料 2 个创新合作平台；建立长三角、大湾区两个医疗器械审评检查分中心和 7 个医疗器械创新服务站，批准创新医疗器械 217 个，部分产品达到国际领先水平，创新医疗器械产品在数量和质量上实现了双丰收。

此外，医疗器械标准体系建设、医疗器械检验机构配套发展等，正在加速与国际接轨。医疗器械的监管重点将呈现从上市前审查向上市后监测转移、从产品质量检测向生产质量体系检查转移的趋势，持续推进医疗器械监管科学研究应用，为产业创新发展增添动力，持续强化系统治理，强化医疗器械全生命周期质量安全监管，持续构筑共治格局，强化四级监管部门有机协同，健全企业负责、政府监管、社会自律、部门协同、公众参与、法治保障的共治共享大格局，持续推进监管能力建设，加快提升医疗器械监管科学化、法治化、国际化、现代化水平，不断激发产业创新高质量发展活力。

3. 金融创新，产业集中度不断提高

金融产业涵盖多个领域，包括医疗器械、医疗服务、健康保险等，其中，医疗器械行业是金融产业的一个重要组成部分。金融机构可以通过提供资金支持，帮助医疗器械企业进行研发和生产，推动医疗设备的创新与更新。

据统计，美国约 40 家大型医疗器械企业的产值占全球医疗器械市场的 20% 左右，而我国有约 1.6 万家医疗器械企业，产值却仅占全球医疗器械市场的 10% 左右。医疗器械产业具备多样化、创新快、跨界难的特性，通过企业自身力量形成规模化生产存在各种困难。此外，医疗器械每个细分市场容量较小，但是专业壁垒极高，在研发、推广、售后服务等方面突围有较大难度，在高值医用耗材、诊疗设备、诊断试剂等领域，单靠内生性增长，国内医疗器械企业无法实现快速成长。目前，掌控细分市场和并购扩张成为国内医疗器械企业战略布局的主流思想，率先进行积极整合扩张的企业更有希望成为长期的赢家。迈瑞医疗、威高集团（威高集团有限公司）、鱼跃医疗、乐普医疗已经通过合资、并购走向多元化发展道路，成为整合的领跑者。微创医疗［上海微创医疗器械（集团）有限公司］、新华医疗（山东新华医疗器械股份有限公司）则成为细分领域的佼佼者。还有一部分企业拉开海外并购帷幕，力图走国际化、多元化道路。

金融机构可以通过提供资金支持和各种金融服务，助力大健康产业的发展。医疗装备企业利用产业基金、上市融资、引进外资等多种方式加快兼并重组步伐，不断提高行业组织化水平，实现规模化、集约化经营，将是未来产业发展的重要趋势。然而，大健康金融产业也面临着一些挑战，如行业监管不完善、风险控制力度不够等。因此，金融机构在发展大健康金融产业的同时，也需要加强风险管理和合规建设，确保金融业的持续健康发展。

四、医疗装备关键零部件技术现状

我国已经成为全球医疗装备的重要生产基地，在多种中低端医疗装备产品领域产量位居世界第一，在影像、体外诊断等细分领域，通过医工协同创新发展也取得了突破性成果。在医疗装备上游环节，经过数十年的努力，我国核心零部件制造产业初步形成了门类齐全的产业体系，呈现出积极的发展态势，能够提供品种较为齐全的中低端核心产品，甚至在某些高端装备领域取代了进口，为医疗装备整机制造业的发展提供了强有力的支撑和保障。

但是从整体来看，由于我国高端医疗装备生产企业重主机轻配套零部件，忽视对上游零部件的研发投入，导致医疗装备专用关键零部件和部分通用的关键零部件还依赖进口，无法实现高端医疗装备的自主可控。近年来，国家不断加强对医疗装备的政策引导，大力发展产业链、供应链，开展跨领域零部件标准体系和共性技术研发，基本解决了一批技术含量高、需求量大的核心零部件，但是由于产品性能、工艺技术和质量未达到医疗装备整机的差异化要求，未能根治产品性能不可靠、质量不稳定的问题。

目前，我国核心基础零部件正处于从中低端向中高端迈进的关键阶段，仅靠行业企业自身的发展难以解决整机装备和关键零部件之间的同步问题。不依靠市场规律发展的"振兴"是典型的计划经济模式，难以长远发展；但关键零部件没有国家的战略支持，也难以在与国外水平悬殊的竞争中取得成功。高端医疗装备的发展以关键零部件为核心，要实现我国从制造大国到制造强国的跨越式发展，必须加强基础件的整体布局，解决国产医疗装备"技术空心化"和附加值低等问题。

（一）整机进口替代加速，部分核心零部件仍然依赖进口

近年来，随着我国医疗装备企业不断加大研发投入，国产医疗装备已逐步突破多项技术壁垒，在部分领域实现了进口替代。其中，植入性耗材中的心血管支架、心脏封堵器、人工脑膜、骨科植入物中的创伤类及脊柱类等产品已经占据一半以上的市场，影像诊断设备、放射治疗设备、监护和检验设备等大型医疗设备新增市场份额不断提升，体外诊断领域的生化诊断、家用医疗器械中的制氧机和血压计等国产设备的普及率也非常高。

我国与国际高端医疗装备技术水平的差距，表面上是整机的差距，背后却是材料、工艺、元器件等整个工业基础问题。核心零部件是高端医学装备上游供应链环节中的命脉，其发展情况决定着行业的技术高度。目前，我国大多数高端医学装备生产商均不具备核心元器件自主研发生产能力，各类零部件基本依靠外购，整机生产过程实际为组装集成过程。关键元器件、核心零部件的价格上涨，将直接增加行业内企业的总体生产成本，缩小盈利空间。因此，是否拥有核心零部件的自主生产能力以及相对于上游供应商的议价能力成为决定高端医学装备制造企业竞争力强弱的关键。

以高端大型医疗装备为例，我国高端CT市场长期被进口产品垄断，近年来虽然在整机上取得了重大突破，但是高端型号产品的核心部件仍依赖进口。CT球管是其中最核心的零部件，目前国内产品无法替代，只能依赖美国、日本的进口产品，由于原材料和生产工艺要求比较高，高端CT球管的自主创新能力受到严峻挑战，目前国内已经有多家研究机构和企业正在布局研发高容量CT球管，但是想实现工程化和产业化，仍然有很长的路要走；对于高端医学影像设备所使用的高容量现场可编程门陈列（Field Programmable Gate Array，FPGA）、高精度模数转换器（Analog to Digital Converter，ADC）和数模转换器（Digital to Analog Converter，DAC）、探测器采集芯片等核心电子元器件，国内更是缺乏可替代的产品；超声探头用到的压电陶瓷、MR系统用到的液氮、超导磁体用到的超导线、生化临床检验设备用到的磁珠等核心原材料，也都需要从国外进口。近年来，在国家政策引导下科研院所和企业注重和加大了对原材料、元器件的攻关力度，部分原材料、元器件已经解决了有无的问题，但是材料的一致性和工艺稳定性无法保证，加上医疗装备的研发周期比较长，监管比较严格等原因，整机生产企业难以承担材料不稳定带来的后果，所以零部件生产厂商还需要通过购买进口材料来进行关键零部件的研发制造，而后再将其用于整机研发，通过这种方式来实现整机产品的自主研发生产。总的来看，医疗装备实现自主可控任重道远。

创新发展核心零部件是我国重大装备研发弯道超车的关键路径，在高端医疗装备领域更是如此。尽管作为产业链主体的高端医学整机装备已在技术上实现了突破，并逐步实现国产替代，但还存在较大比例的核心元器件、原材料和高端零部件仍依赖进口。因此，实现核心部件的自主可控，已经成为我国高端医学装备自主创新的关键步骤之一。

（二）医疗装备零部件跨领域整合，为技术创新和发展提供驱动力

随着新一代信息技术、现代材料技术、前沿生物技术以及人工智能技术的发展，医疗装备跨领域交叉融合的趋势更加明显，尤其在一些家用医疗器械产品和可穿戴设备上表现得越来越显著，这种智能化、小型化以及高度集成化的趋势与关键零部件的智能化、微型化和自动化技术密切相关。智能化、微型化和自动化零部件的应用为医疗装备整机的性能和效率提供了重要的支持。在当今快速变化的科技环境下，医疗装备制造商和零部件供应商正致力于密切合作，不断推动技术的进步，以满足人们对高质量医疗保健的需求。

1. 医疗芯片赋能高端医疗装备系统性能提升

芯片、半导体和集成电路是推动现代科技发展和产业创新的关键元素。半导体是当前许多医疗装备重要的组成部分，能够提供操作控制、数据处理和存储、无线连接和电源管理等功能。医疗芯片作为一种用于医疗装备的集成电路芯片，通常用于医疗监测、诊断、治疗和手术等方面，其应用范围包括血糖监测、血压监测、呼吸机、药物输送、医疗成像等。一般而言，按照不同的应用场景，芯片可分为商用级、工业级、汽车级等。对于医疗装备行业，可用芯片的选择面相对比较宽，但是也比较苛刻，部分工业级、汽车级的芯片才可以应用至医疗装备。

医疗芯片作为提升医疗设备系统性能的关键源头技术，一直以来是高端医疗装备行业的"塔尖之争"，也是我国高端医疗装备行业亟须攻克的技术堡垒。医疗芯片行业在我国起步较晚，但在近年来得到了较为迅速的发展。在国家政策的引领下，我国医疗芯片行业已经逐渐成为全球医疗芯片市场的重要一员。医疗芯片将在个性化治疗、无线医疗技术、大数据分析、可穿戴医疗以及人工智能等多个方面发挥重要的作用。

2. 医用创新传感技术催生医疗健康新兴产品与服务模式

近几年来随着移动互联网的广泛应用，数据采集和无线传输成为有利搭档，大大提高了人们对数据变化监测的力度。传感器技术与新材料、纳米技术、生物技术，以及供电技术、新型通信技术等传感器相关领域的周边技术相结合，催生了一批以创新传感器技术为核心的医疗健康新兴产品与服务模式。

医用传感器是把人体的生理信息转换为与之有确定函数关系的电信号或其他信号的变换装置，是整个医疗数据采集的入口。数据的准确性已经成为众多创新医疗传感器真正进入医疗市场的主要障碍，作为医疗健康数据的入口，数据的准确性是医疗传感器最大的应用价值。医疗传感器数据的准确性主要取决于传感器本身特性、传感器测量方法和位置、背后的算法三个因素。此外，还有两个重要外围因素会影响传感器数据在医疗健康领域的应用，它们分别是医疗传感器数据标准的建立和大数据分析的应用。数据标准的建立有助于不同传感器数据库的互联互通，减少数据孤岛。大数据分析可从整体上对数据进行分析，对比个体和整体的差异以及分析数据的趋势，其中算法是影响数据准确度的关键因素之一，体现在数据转换成可视化数据的算法和传输过程中压缩数据的算法。

3. 医用新材料助力医疗装备产业技术升级

医用新材料，是诊断、治疗疾病，修复、替换组织器官、增强组织器官功能的一类材料。医用新材料与传统医用材料相比，性能更为优异、用途更为广泛。随着材料科学、医学技术的不断进步，医用新材料陆续被开发问世，产品种类不断增多，在临床上的应用需求不断增大。

　　在全球医用材料市场中，骨科材料需求比例最高，达到 37.8%；其次是心血管材料，需求比例为 35.7%；接下来是牙科材料，需求比例为 10.2%。一些新型金属材料也开始在医疗器械中应用，如纳米结构化的纯钛和钛合金，相比普通钛合金，它们具有更优异的抗菌性和生物活性。镁合金和锆合金也由于优异的生物相容性，被开发用于新型的骨科植入物，为行业技术升级提供了有力支持。

第二章 典型医疗装备产业技术发展趋势

第一节 医学影像诊断装备

随着医学科学的进步和医疗诊断技术的发展，现代医学影像主要出现了 X 射线类成像设备、磁共振成像设备、核医学成像设备、超声成像设备、热成像设备和医用光学成像设备等成像技术。医学影像诊断装备可以以直观的形式展示人体内部的结构形态、成分或脏器的功能和组织病变，所获取的大量信息为临床诊断、治疗和医学研究提供了正确可靠的依据，促进了医学临床诊断水平的不断提升。

一、X 射线类成像装备及关键零部件技术发展趋势

（一）X 射线类成像装备技术发展趋势

1. X 射线类成像装备分类

X 射线类成像装备发展至今种类繁多，是医院使用最多的放射影像装备，其特点是诊断快捷，通常只要几秒到十几秒的时间就可完成扫描，除婴幼儿和孕妇外基本没有诊断禁忌。按照不同的分类原则，X 射线类成像装备有多种分类方式（见表 2-1）。

表 2-1 X 射线类成像装备分类

分类方式	X 射线类成像装备
按影像形式分类	透视 X 射线装备、摄影（拍片）X 射线装备、透视与摄影 X 射线装备
按成像方式分类	传统 X 射线平面投影成像装备、数字 X 射线摄影（Digital Radiography，DR）成像系统、计算机 X 射线摄影（Computed Radiography，CR）系统、X 射线计算机体层成像（Computed Tomography，CT）系统
按临床应用分类	普通拍片 X 射线装备、胃肠 X 射线装备、乳腺 X 射线装备、齿科 X 射线装备、数字减影血管造影 X 射线装备

2. 典型的 X 射线类成像装备

（1）数字 X 射线摄影（DR）装备　DR 装备是在数字荧光摄影（Digital Fluorography，DF）装备基础上发展起来的，它以影像增强管为信息载体，接收透过人体的 X 射线信息，经视频摄像机采集后将其转换为数字信号。

1）DR 装备工作原理及系统结构。三相网电源进入装备后经过低通滤波器、三相硅桥整流后变为直流电，经过高频（30~400kHz）逆变成脉冲交流电后输入高压变压器经升压、高压硅堆整流后，输出 40~150kV 的 X 直流高压到球管。灯丝板通过逆变，对球管灯丝进行电流控制。然后，当由灯丝发出的电子经过管电压加速后撞击旋转阳极靶面时，便产生了 X 射线输出，如图 2-1 所示。同时，为了避免高速电子轰击靶面产生的高温损坏靶面，在球管加高压前，旋转阳极控制电路启动，控制阳极盘高速转动，最后热量被球管里的冷却油吸收，起到冷却和散热的作用。

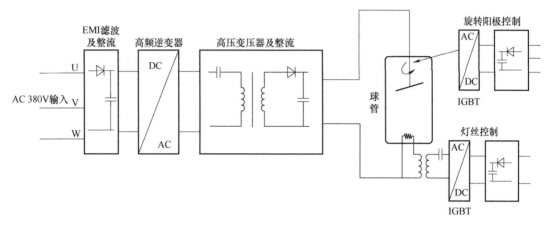

图 2-1　X 射线产生的工作原理

X 射线照射下数字探测器的闪烁体层将 X 射线光子转换为可见光，而后由光电二极管阵列变为图像电子信号，通过外围电路检出及模数转换，从而获得 X 射线数字化图像。

探测器的电路由时序控制器、行驱动电路、读出电路、通信及控制电路组成。在时序控制器的统一命令下行驱动将像元的电荷逐行检出，读出电路由专用低功耗集成电路构成，将所有并行的列脉冲信号转换为串行脉冲信号，分别读出图像矩阵所有列的单元，采用柔性电路布置于光电二极管阵列板，通过导电膜与背面的主电路板相连。主电路板上包含的模数转换电路将脉冲信号转换为数字信号，通过数字接口发送到图像处理器。

DR 系统的结构主要由五部分组成，包括高压发生器、X 射线管组件、平板探测器、图像采集系统和机械装置。其中，高压发生器主要决定了 DR 系统的曝光参数，包括管电压（kV）、管电流（mA）、电流时间积（mA·s）和时间（ms）；平板探测器决定了系统生成图像的质量；图像采集系统由计算机和相关控制软件组成，包括系统控制平台、图像处理平台和病患数据管理平台；机械装置主要包括 X 光限束装置、患者支承装置、探测器和 X 射线源支承装置。

2）DR 装备分类。DR 装备按转换方式分为非直接数字摄影（Indirect Digital Radiography，IDR）装备和直接数字摄影（Direct Digital Radiography，DDR）装备；按结构和

功能分为移动 DR、悬吊 DR、U 臂 DR 和双立柱 DR 装备。

①移动 DR 装备。移动 DR 装备把 X 射线所有部件集成在一起，大大缩小了体积，并且安装上轮子，成为一种放射技师能推着给患者拍摄的数字 X 射线摄影医疗诊断设备（见图 2-2）。同传统平板 DR 装备相比，移动 DR 装备具有机动性强、成像速度快、工作流程简便、床旁摄影操作方便等优势，在临床多适用于病房、急诊室、ICU 等环境。减少了病患的移动，更加安全；也减少了多科室间的奔波，为抢救重症患者赢得了宝贵时间。近年来，随着我国医疗水平的不断提升，以及大中型医院对高端数字化 X 射线设备需求的增加，带动移动 DR 装备市场需求持续释放。

②悬吊 DR 装备。悬吊 DR 装备外观大气、临床应用灵活、智能化程度高，悬吊 DR 装备的零死角球管旋转，可以满足患者所有的拍片需求，极大地优化了工作流程，提高了工作效率，使放射科摄片检查图像的质量明显提高，确保了诊断的准确性和可靠性，是目前大医院放射科的主流装备，如图 2-3 所示。

图 2-2　移动 DR 装备

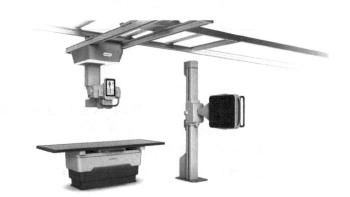

图 2-3　悬吊 DR 装备

悬吊 DR 装备的主要特点如下：

• 悬吊运动范围大，吊筒可上下升降并沿天轨做横向、纵向移动，满足大范围移动和各种体位拍摄需求。

• 机头采用触摸屏控制，除了可轻松实现一键胸片位和一键平床位的摆位功能，还可以实现各种不同投照要求的摆位，如跟骨轴位、斜位等。

• 机头可实现多维度旋转，可完成胸片位和床下位的自由切换。

• 可实现立位垂直双向跟踪和卧位垂直水平双向跟踪。

• 电动升降胸片架，可实现片盒翻转，满足斜位拍摄和上肢的拍摄。

• 采用简单可靠的床旁控制盒控制方式；也可配备无线或有线遥控装置，实现隔室遥控。

• 兼具手动、电动控制方式，可实现吊筒上下电动升降，电动或手动均可控制天轨的横向、纵向运动。

③U 臂 DR 装备。U 臂 DR 装备具有占地面积小、安装灵活、无须额外辅助固定装

置即可独立放置于设备间任何区域的特点（见图 2-4）。大范围的升降、旋转、变焦运动，再配合移动式摄影床，可以满足站立和平卧多部位摄影要求。精密电控平衡结构，支持同时多轴向电动复合运动摆位。

④ 双立柱 DR 装备。双立柱 DR 装备采用双立柱的结构设计（见图 2-5），是医院放射科的主流装备，也可配备于体检中心和体检车。其结构包括 X 射线摄影床、X 射线源组件支柱及立式摄影架。X 射线源组件支柱由地轨、支柱滑车、连接器、控制盒、支臂、支臂滑车、支柱等部件组成，用于支承 X 射线管组件和限束器，使 X 射线管组件可以完成各种所需的移动和转动。立式摄影架由立柱、内平衡和平板结构等部件组成，用于安装平板探测器，使平板探测器组件可以完成各种所需的移动。

双立柱 DR 装备的主要特点如下：

- 独立导轨设计，覆盖范围大，可满足各种体位的拍摄需求。
- 电动升降床有可移动和旋转的精巧摄影立柱，配合精密电控，摄影床床面可四向浮动和电磁锁定，便于医生操作，可缩短患者的诊断时间。
- 具有自动跟踪功能的球管和探测器可以垂直、水平位置双向随动。

图 2-4　U 臂 DR 装备　　　　　　　图 2-5　双立柱 DR 装备

3）DR 装备行业发展现状。在我国 DR 产品市场，以 GE、Philips、Siemens、SHI-MADZU 为代表的进口厂商占据了主要高端市场（三甲医院），国内生产厂商主要占据中低端市场，从品牌数量上看，国内 DR 品牌商的数量远远多于国际品牌，目前市场上有多达 50 多家国内 DR 品牌，其中 8 家主要生产厂商为万东医疗（北京万东医疗科技股份有限公司）、联影医疗、安健科技（深圳市安健科技股份有限公司）、迈瑞医疗、普爱医疗（南京普爱医疗设备股份有限公司）、深圳深图（深圳市深图医学影像设备有限公司）、深圳蓝影（深圳蓝影医学科技股份有限公司）、东软医疗（东软医疗系统股份有限公司）。

中国医疗器械行业协会数据表示，DR 设备的国产化率已达 80%，在影像设备众多细分领域中的国产化率是最高的。高国产化率得益于我国企业对 DR 系统中核心部件和核心技术的掌握，核心部件已全部实现国产化。在高压发生器方面，万东医疗、东软医疗、联影医疗都有自己的高压发生器设计和制造团队，独立的高压发生器制造商快速成长，国内主要有奕瑞科技（上海奕瑞光电子科技股份有限公司）、博思得（苏州博思得电气有限公司）、珠海睿影（珠海睿影科技有限公司）等。在平板探测器方面，国内有奕瑞科技、康众医疗（江苏康众数字医疗科技股份有限公司）等部件供应商，经过近十年的发展，国产的 DR 平板探测器和进口品牌性能基本接近。

4）DR 装备临床应用现状。作为入门级 X 射线类诊断，DR 主要用于骨科、呼吸科、消化科等疾病的初步诊断，尤其是骨科已成为 DR 的最大刚需，如颈椎、腰椎、关节、四肢等基本部位，甚至全脊柱、全下肢等高级检查都会用到 DR。

DR 装备的图像清晰，利于诊断。目前业界主流的用于普通放射的探测器像素尺寸在 139μm 以上，极限分辨率在 3.7lp/mm。随着研发的不断投入，国内平板探测器供应商也推出了超高清的普放用平板探测器，图像质量较以前有了很大提升，同时图像后处理算法也可以使患者图像更加清晰，更利于临床医生的诊断。

DR 装备具有即时成像的特点，当拍错了片或因病人身体移动导致图片效果变差时，医生可以马上重新拍摄。DR 装备成像时间快，现在大部分机组可以做到 5~8s 成像，也有部分机组可以做到 1s 瞬时成像。现代化摄影机架具有一键到位功能，可快速从平床位切换到立摄位或其他体位，同样也节约了患者及医生摆位的时间，提高了工作效率。

DR 装备能够减小辐射，保护患者。目前 DR 装备基本采用电动限束器技术，可以根据部位自动调节射线窗口的大小，从而减少散射线的产生。采集系统具备自动储存曝光条件，或者配置电离室，可以利用默认剂量进行直接拍摄，或者根据不同部位的穿透力定义好电压条件，通过自动曝光控制（Automatic Exposure Control，AEC），无须反复调试剂量大小，便可使图像剂量达到最优化。

数字化 X 射线图像的出现，结束了 X 射线图像不能进入医院影像存储与传输系统（Picture Archiving and Communication System，PACS）的历史，为医院进行远程专家会诊和网上交流提供了极大的便利。另外，DR 设备还可进行多幅图像显示，进行图像比较，以利于医生准确判别、诊断。

5）DR 装备行业未来发展。随着国内 DR 厂商技术能力的不断提升、研发的持续投入，产品技术、产品质量和用户体验已越来越得到三甲医院的认可。曾经 DR 领域只有国际品牌，如今，国产品牌 DR 占据绝对优势，这意味着我国 DR 行业已趋于成熟，并有能力在技术上呈现百花齐放之势。

随着平板探测器技术的进步，如基于平板探测器的 3D 重建技术、低剂量平板探测器技术、双能/多能平板探测器技术、基于新材料的平板探测器技术，会持续不断地衍生出新产品和新的应用，如多功能 DR、长平板 DR、双能 DR、CBCT-DR 等，同时还会延伸出细分领域，如四肢专用 DR、婴儿专用 DR、便携式 DR 等，将进一步刺激市场需求。未来 DR 装备将朝着动态化、功能化、低剂量和三维化的方向发展。

（2）计算机体层成像（CT）装备　CT 技术是利用 X 射线的发射和接收装置（X 射线管和探测器）围绕物体进行旋转以获取足够的信息进行横断面图像重建。CT 系统是电子技术、计算机技术和 X 射线摄影技术相结合所形成的先进医学影像装备，其性能和技术革新近几年异常迅速，已成为医学诊断中不可或缺的医用诊断装备。

1) CT 装备的工作原理及系统结构。在 X 射线穿透物体的过程中，不同密度的人体组织对 X 射线的吸收不同，从而使透射过人体的 X 射线呈现不同的衰减，该射线被探测器接收后通过光电转换装置转换为电信号，再由数据采集系统（Data Acquisition System，DAS）进行采集。DAS 采集的数据称为原始数据或生数据（Raw Data）。原始数据通过重建生成图像，这种图像以数字的形式存储和表达，也称为数字图像。CT 系统工作原理如图 2-6 所示。

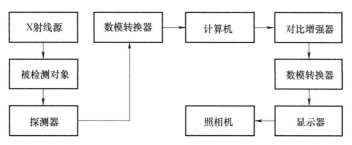

图 2-6　CT 系统工作原理

CT 装备主要由机架（扫描架）、扫描床、计算机工作站、控制台和其他部分，如配电装置（电源分配单元）等组成，其中，机架内部包含 X 射线管组件（球管）、准直器、高压发生器和探测器。

2) CT 装备的发展历史。在现代螺旋 CT 装备出现之前，CT 装备通过扫描方式的不断发展和演进，先后经历了多个代际。第一代采用"平移+旋转笔形束"扫描方式，第二代采用"平移+旋转扇形束"扫描方式，第三代采用"旋转+旋转广角扇形束"扫描方式。第四代 CT 的结构是球管旋转，探测器固定分布在整个圆周上。第五代则是电子束 CT，又称为超高速 CT，它的射线管是一个大型特制扫描电子束 X 射线管，可以产生高速旋转的扇形 X 线束，由一组固定的探测器阵列接收数据。

上述不同扫描方式的 CT 装备在 X 射线影像装备发展历史上对技术的发展都起到了很大的推动作用，但由于各自技术方式的局限性没有得到广泛的临床使用。直到螺旋 CT 装备的出现，CT 在临床应用上才形成了欣欣向荣、快速繁荣发展的局面。

螺旋 CT 装备采用对整个容积进行快速连续扫描，即机架连续旋转的同时被扫描物体在 z 轴方向上连续移动，如图 2-7 所示，取代了 z 轴方向上不连续采样的传统扫描模式。与轴向扫描不同的是，螺旋扫描在 z 轴方向上是连续采样，在数据采集过程中 X 射线球管的焦点相对于扫描物体来说呈螺旋轨迹，在数据处理过程中增加了 z 轴内插法，可以对任意扫描的位置进行图像的重建，这不仅可以将扫描时间

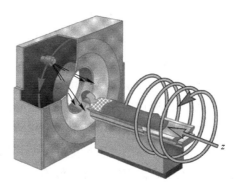

图 2-7　螺旋 CT 机扫描原理示意图

缩短到 1s 以内，而且还可以提供动态器官的检查及大范围的检查。

3）CT 装备的分类。目前，临床应用的 CT 产品以螺旋 CT 技术平台为主，按照探测器排数、转速、球管热容量等参数，结合应用方向可以分为基础临床应用型（16 排，2cm 扫描范围）、临床应用科研型（64 排，4cm 扫描范围）和科研型（64 排以上，8cm、16cm 扫描范围）。

另外，针对特殊的临床应用需求，陆续衍生出专科 CT 产品，如头颅 CT、移动式 CT、立式扫描 CT 等产品。

4）CT 装备的行业现状。由于 CT 装备投资大，研发及生产周期长，技术要求比较严格，对生产企业的综合能力要求高，市场主要集中在几家企业，集中度在 80% 左右。GE、联影医疗、Siemens、东软医疗和 Philips 五家在 2022 年我国 CT 装备市场总的销售额占比达到了 85% 以上。其中，高端 CT 和超高端 CT 主要集中在 GE、Siemens 和联影医疗三个厂家，它们合计销售额占比达到了 70%。16 排档 CT 装备市场占有率位列三甲的分别为联影医疗、东软医疗和 GE，2022 年销售额占比分别为 28%、16% 和 15.5%。

目前，以联影医疗为代表的国产 CT 整机厂商已经成为 CT 装备市场的主力军，总的市场销售额已经占据国内的半壁江山。除了在中低端产品方面占据绝对优势地位之外，联影医疗在高端 CT 产品市场方面也已经达到了可以媲美 GE 和 Siemens 的水平。当然，国内除了联影医疗和东软医疗，还有一众优秀的 CT 整机企业在进行着 CT 设备的新技术研发，包括明峰医疗（明峰医疗系统股份有限公司）、安科（深圳安科高技术股份有限公司）、赛诺威盛［赛诺威盛科技（北京）股份有限公司］、万东医疗、宽腾［宽腾（北京）医疗器械有限公司］、开影（辽宁开影医疗有限公司）、电气康达（上海电气康达医疗器械集团有限公司）、波影医疗（苏州波影医疗技术有限公司）等企业。

受到新医疗体制改革的影响，以及全国各省市正在进行基础医疗设施的更新，基层医疗机构对 CT 装备的需求呈现快速增长的趋势，因此 CT 装备拥有巨大的发展空间。随着基层医疗机构对 CT 装备的需求加大，中低端 CT 机将会首先实现大规模国产替代，一大批数字医疗影像采集设备也将逐步走入基层，预计在未来几年将成为我国基层医疗机构的新宠，CT 装备也将得到持续放量的发展。

5）CT 装备临床应用现状。多层螺旋 CT 装备已经从最初的 2 层、4 层、8 层、16 层迅速演变到了 32 层、64 层、128 层、256 层、512 层，宽体探测器 CT 已经发展到了 256 排、320 排、16cm 宽，扫描速度也朝着越来越快的方向发展，目前，已经实现了单周期亚秒级的扫描速度（转速高于 240r/min），再配合上越来越宽的探测器及扫描床的同步位移，数据的采集速度和时间分辨率均实现了前所未有的突破。这让临床上实现大范围连续的快速扫描成为可能，对于心血管疾病的检查及诊断意义重大。

与此同时，扫描的层面也越来越薄，Z 轴分辨率的提高可以快速获取大量的薄层图像，使三维重建的图像质量更好，尤其是对于 CT 血管造影的三维血管图像，以及结肠或支气管的仿真内窥镜三维成像等。在不间断大量采集数据的同时还可以使用造影剂追踪法准确捕获不同时相下病灶的变化，选择合适的监测层，根据监测层及监测区域的强化情况，可自动触发进行扫描，进而准确抓取不同时相病灶的进药情况。造影剂追踪法可减少造影剂用量，且可达到 CT 血管造影的最佳增强效果，更适用于小儿及多部位联合扫描的检查。另外，能谱技术的应用，使得 CT 在临床应用上得到了长足的发展。

6）CT 装备未来技术发展趋势。CT 成像技术发展时至今日，已经步入了百花齐放的后 64 排时代，出现了横向和纵向两个发展方向，横向主要针对扫描速度和临床应用的开发，体现在时间分辨率的不断提升和覆盖范围的增宽，这里面包括追求"快"的双球管技术、追求全器官覆盖和灌注能谱成像的"宽"探测器设计。近年典型的高端代表产品包括 Siemens 的 SOMATOM Definition Flash 双源 CT 和联影医疗的 uCT 968-ATLAS CT（见图 2-8）。

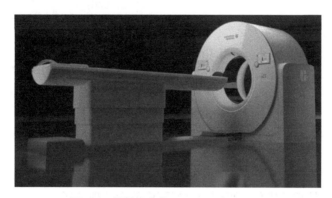

图 2-8 联影医疗的 uCT 968-ATLAS CT

纵向主要体现在提高图像空间分辨率、密度分辨率，可以更充分地挖掘病灶的性质，主要是以能谱成像为代表的精准多模态影像诊断技术的突破，把 CT 技术的发展又推向了一个新的高度。近年典型的高端代表产品包括 Philips 的皓克 Spectral CT（见图 2-9，是一款基于双层探测器光谱分离技术的 IQon 彩色 CT）和 GE 的 Revolution CT Power（该 CT 同时配备宽体探测器和双瞬切能谱成像功能）。

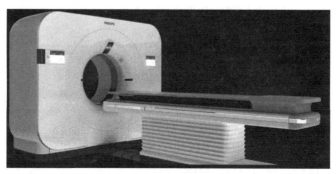

图 2-9 皓克 Spectral CT

在传统 CT 不断创新的同时，也出现了能够全面真实评估临床负重位或立位状态下信息的立位 CT。开影医疗的 Standing 128 立位 CT（见图 2-10）作为全球首台精密断层立位 CT，可实现从精密的扫描，到图像智能后处理、精准定量数据分析，拓展了临床应用场景，是一场 CT 设备研发在广度上的突破，填补了国内外新型设备临床应用和诊断的空白。

Siemens 推出的 NAEOTOM Alpha CT（图 2-11）开启了 CT 光子计数时代。光子计数 CT 打破了光子损耗的限制之后，采集到的图像具有超高空间分辨率和密度分辨率，使 CT 检查不再受限于辐射和对比剂禁忌，可以用更低的辐射量和更少的对比剂达到更高的成像质量。

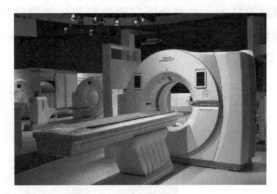

图 2-10　开影医疗 Standing 128 立位 CT　　　　图 2-11　NAEOTOM Alpha CT

同时，人工智能正逐步应用于医学成像领域，从扫描前个性化扫描方案的制订，到扫描中成像数据的处理及优化，再到扫描后图像的后处理及影像诊断的环节，人工智能正向全影像链的各个环节全面渗透，成为医生的有力助手。

除传统螺旋 CT 之外，静态 CT 也是众多新技术中受到行业持续关注和资本投入的方向。静态 CT 装备结构上围绕扫描区域布置多个 X 射线源或多焦点分布式 X 射线源和探测器，其中各 X 射线源或每个焦点产生的 X 射线经过检测区域中心被对应的探测器接收，X 射线焦点覆盖区域大于或等于 180°圆周，因此 X 射线源和探测器均处于静止位置，通过电控切换各焦点产生 X 射线进行多角度扫描，实现 CT 成像，如图 2-12 所示。

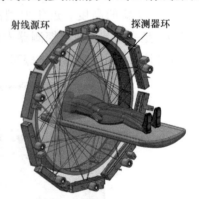

图 2-12　静态 CT 成像原理

静态 CT 由于 X 射线源和探测器均处于静止位置，因此成像时没有移动拖影，在相同的 X 射线源焦点尺寸和探测器像素尺寸条件下，每帧图像具有更高的空间分辨率。同时，静态 CT 通过电控方式切换 X 射线源焦点的工作实现扫描，取代了传统的滑环运动，扫描速度突破机械运动的局限，每圈扫描可快到 10ms 量级，时间分辨率大幅提升。高时间分辨率对运动器官（如心脏、肺等）的高清成像具有重要意义。

国内目前的静态 CT 技术研究单位主要包括中国科学院深圳先进技术研究院、纳米维景（北京纳米维景科技有限公司）、清华大学等。深圳先进技术研究院正在进行乳腺静态 CT 系统的研制，如图 2-13 所示；纳米维景正在进行全身成像静态 CT 的研制，如

图 2-14 所示，在 2021 年启动了医疗器械认证工作；清华大学与新鸿电子（新鸿电子有限公司）合作，正在进行超高时间分辨率的心脏静态 CT 研制。

图 2-13　深圳先进技术研究院
研制中的乳腺静态 CT 系统

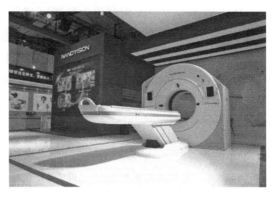

图 2-14　纳米维景静态 CT "复眼 24"

（3）数字减影血管造影（Digital Subtraction Angiography，DSA）装备　DSA 是继普通 X 射线成像、螺旋 CT 成像技术之后，在 20 世纪 80 年代兴起的一种医疗影像学新技术，是计算机与常规 X 射线血管造影相结合的一种新的检查方法。在此项技术确立和发展的前提下，医学影像学正逐渐向数字化方向发展。

1）DSA 的工作原理及系统结构。DSA 的基本原理是将注入造影剂前后拍摄的两帧 X 射线图像数字化后输入图像计算机，通过减影、增强和再成像等过程把影像上的骨骼与软组织等背景消除，以获得清晰的含有造影剂的纯血管影像，如图 2-15 所示。不含造影剂的影像称为蒙片或掩模像，注入造影剂后得到的影像称为充盈像或造影像。简单来说，掩模像减去造影像等于减影像。通俗地讲，就是将造影剂注入需要检查的血管中，X 射线造影，使血管显露原形，然后通过系统后处理，使血管显示更加清晰，便于医生诊断或辅助进行手术。

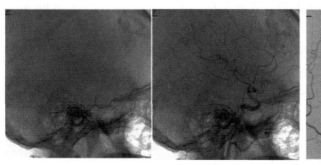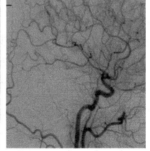

图 2-15　DSA 图像（从左到右依次为掩模像、充盈像和减影像）

根据不同的使用目的，数字减影有不同的方法，如时间减影、能量减影等，区别主要在于相减的两影像，即掩模像和造影剂充盈像的获取方法不同。在此基础上，根据临床的需求，后续还发展出了二维路径图（2D Roadmap）、三维路径图（3D Roadmap）、旋转三维成像等更先进的成像技术，以及多模态图像融合后处理技术等，基于这些2D、3D甚至融合图像可以进行测量、规划和手术导航。

DSA装备主要由X射线发生装置（球管）、数字成像系统（主要是探测器）、机电系统、计算机控制系统、图像处理系统、图像显示系统及相关辅助系统等组成。

2）DSA装备的分类。目前主流的DSA装备，按照机架类型主要分为固定落地式、有轨悬吊式、双板双向式、多轴机器人式，各类型的特点、优势和不足见表2-2。

表2-2　DSA装备分类及各类型的特点、优势和不足

装备分类	固定落地式	有轨悬吊式	双板双向式	多轴机器人式
特点	机架固定于地面，又分为对中心机架和偏中心机架	机架悬挂在两根天吊导轨上，并且可以沿着导轨平移	由一套落地C形臂和一套悬吊大C形臂组成，可同时进行两个方向尤其是正交方向的成像	采用工业6轴机器人（如KUKA）、移动AGV机器人或者悬吊多轴机器人搭建机架结构
临床优势	安装简单、不影响层流净化、对顶棚的承重要求低，可以最大限度地给其他设备腾出上方空间	具有更大的运动范围和更高的灵活度、医生站位和设备摆放操作空间充分	可同时获取同一部位两个角度的图像，节省了造影剂的用量，缩短了手术时间	伸缩或摆位灵活，可充分空置出外科所需要的空间，对层流干扰少，可以更好地满足介入+外科等复合手术的需求
临床不足	移动时地面空间占位大	需要更高的基建成本、更高的房间层高要求，层流设计也会受到一定的影响	需要结合层流洁净施工，实际施工难度比较大	AGV机器人形态机架需要额外的基建成本

3）DSA装备行业发展现状。DSA装备自1980年问世以来就受到医疗行业的青睐，GE、Siemens、Philips等厂商纷纷投入大量人力、物力进行研发，Siemens的Artis Pheno血管造影系统如图2-16所示，但因为较高的技术壁垒、可靠性壁垒和临床应用壁垒，DSA装备面市四十多年来，鲜少有国产厂商涉足。近年来，随着国家对高端医疗装备的重视，国产厂商纷纷起步，如东软医疗、万东医疗、唯迈医疗（北京唯迈医疗设备有限公司）等少数公司已拥有自主研发的DSA装备。随着新一代国产DSA装备的代表企业——东软医疗的产品线越来越丰富，联影医疗也参与到DSA赛道，未来几年极有可能打破以往几乎由跨国厂商垄断国内高端DSA装备市场的局面。

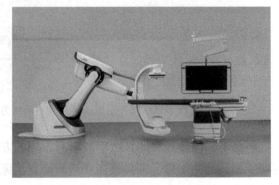

图2-16　Artis Pheno血管造影系统

同时，随着《大型医用设备配置许可管理目录（2018 年）》的发布，DSA 系统被调整出乙类大型医疗管理目录，这也意味着医院购置 DSA 设备将不再需要配置许可证。国家对大型医疗设备管控上的放权，对国产 DSA 设备制造商来说是一个新的发展契机。

4）DSA 装备主要技术进展及发展趋势。经过 20 多年的发展，DSA 技术得到了进一步研究和升级，在机器性能，成像方式、方法与成像速度，图像的存取、处理与显示，组织器官的形态和功能的定性分析，自动化和智能化程度等方面都取得了明显的进展。目前，DSA 装备已经普遍采用了动态平板探测器（Dynamic Flat Panel Detector，DF-PD），有别于过去的影像增强器型 DSA 装备，动态平板探测器型的 DSA 装备具备空间分辨率高、成像动态范围大、余辉小、可进行快速采集、射线剂量低等优势。

DSA 装备当前主要的发展趋势是低剂量、智能化、多轴高速化、多模态融合、复合化和一体化，主要表面在以下几个方面的发展：

① 图像空间分辨率：有效地提高 DSA 图像的空间分辨率，图像质量将获得大幅提升，这样就可以进一步减少 X 射线剂量，增强系统的检查效率，提高图像的定量分析能力。使用 154μm 以下互补金属氧化物半导体（Complementary Metal Oxide Semiconductor，CMOS）、铟镓锌氧化物（Indium Gallium Zinc Oxide，IGZO）技术的探测器正在逐渐投入使用。

② X 射线源：作为 X 射线发生端的源头，球管的灯丝结构、大小对 X 射线的纯度、图像质量都有很大的影响。更小的焦点意味着更好的图像质量，球管热容量在 3MHU 或以上对 DSA 设备的应用都是足够的，但同时也需要提供相对较大的焦点功率。

③ 低剂量：通过新型低剂量探测器、高压栅控技术，结合深度学习的低剂量算法及剂量管理等综合手段，可大大降低 DSA 装备对病人与医师的辐射剂量。

④ 灰阶：目前市场上的 DSA 装备正在完成图像灰阶从 14bit 到 16bit 的进阶，在灰度分辨率上，16bit 是 14bit 的 4 倍，因此清晰度会有大幅提升。

⑤ 多轴高速机架：更深入地采用机器人的部件和技术，7 轴或者 7 轴以上的结构旋转速度更快（如≥60°/s），移动或者收缩范围更大，综合成本相比最初的工业机器人要低。

⑥ 更丰富的临床功能：如支架精显、高清锥形束计算机体层成像、多模态融合术中导航等。

⑦ 多设备复合应用：DSA 装备可以与 CT、MR、超声、血管内超声（Intravascular Ultrasound，IVUS）、光学相干断层成像（Optical Coherence Tomography，OCT）以及最新的介入机器人等设备复合应用，提供更高效的诊疗一体化手段。

（4）口腔锥形束计算机体层成像（Cone Beam Computed Tomography，CBCT）装备

口腔 CBCT 是一种主要针对口腔颌面部进行三维成像的专科锥形束 CT 技术，可实现在短时间内生成高分辨率三维数据，有效避免二维图像常见的组织重叠、图像变形等问题。相对传统螺旋 CT 装备，口腔 CBCT 装备具有空间分辨率高、辐射剂量优、占地面积小、成本低等优点，特别适合于口腔专科应用。目前，口腔 CBCT 装备广泛应用于牙

齿种植、正畸、牙体牙髓、口腔颌面外科等口腔各科，深受口腔临床医生青睐。

1）口腔CBCT装备原理及系统结构。口腔CBCT装备成像原理是X射线发生器和X射线探测器在旋转机架带动下围绕患者口腔颌面部进行旋转扫描，获取一系列不同角度的投影图，通过CT重建算法快速生成高质量三维图像，如图2-17所示。

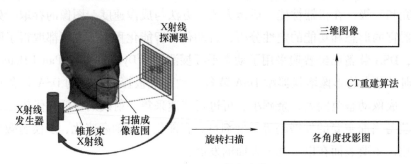

图2-17　口腔CBCT装备成像原理

口腔CBCT装备的系统结构主要包括X射线发生器、X射线探测器、扫描装置、患者支承装置和图像处理软件等。其中，X射线发生器主要由X射线管、高压发生器组成，通常采用一体化机头设计以减小体积、简化机构，X射线管以固定阳极X射线管为主，以便于集成应用和降低成本。X射线探测器包括影像增强器和平板探测器两大类，后者为目前的主流配置，具体包括CMOS、薄膜晶体管（Thin Film Transistor，TFT）等细分类型。平板X射线探测器由闪烁体、光电二极管阵列、信号放大电路、数模转换器和数字输出电路等构成，X射线首先由闪烁体转变为可见光，并由光电二极管阵列转换为模拟电信号，经放大处理后由模数转换器最终生成数字信号并输出至工作站。

扫描装置主要负责旋转扫描，其关键参数扫描稳定性对于最终成像性能起着非常重要的作用。患者支承装置主要用于患者的固定，包括座椅、扫描床、颌托等多种形式。图像处理软件负责对多角度投影图进行三维重建、伪影抑制和图像展示。口腔CBCT装备主要的伪影抑制技术包括大锥角伪影抑制、低剂量图像去噪、金属伪影去除。图像展示功能除常规的多平面重建（Multi-Plane Reconstruction，MPR）、三维绘制外，还包括全景展开、关节切片、头影测量片合成、虚拟种植等口腔临床特色功能。

口腔CBCT装备的主要技术指标包括空间分辨率、成像视野、辐射剂量、重建速度等。其中，空间分辨率最为重要，直接影响口腔细微解剖结构和病变能否清晰显示和准确诊断，目前主流技术水平在1.0~2.0lp/mm范围。另一项重要指标是成像视野，与临床适用范围密切相关，其中8cm×8cm以下为小视野成像，15cm×15cm以上为大视野成像，中间部分为中视野成像。口腔CBCT装备单次扫描的有效吸收剂量为：小视野19~44μSv，中视野28~265μSv，大视野68~368μSv，具体与窗口大小、曝光条件、拍摄部位等因素有关。根据可合理达到的最低量原则（As Low As Reasonably Achievable，ALARA）原则，辐射剂量应尽可能地降低，但降低辐射剂量也会同时导致图像信噪比的下降，影响图像清晰度。如何在保持图像质量的前提下尽可能降低辐射剂量，是口腔

CBCT 技术领域的重要研究方向。重建速度的范围为 30s~3min，与成像视野、体素尺寸和计算方式有关。为提升重建速度，目前一线口腔 CBCT 装备品牌均采用 GPU 并行加速技术，可将全口腔三维高分辨率重建时间控制在 1min 以内。

2）口腔 CBCT 装备分类。口腔 CBCT 装备按患者拍摄体位可分为立式口腔 CBCT 装备、坐式口腔 CBCT 装备和卧式口腔 CBCT 装备。由于口腔医疗机构的面积普遍较小，立式和坐式口腔 CBCT 装备的装机量较多，卧式口腔 CBCT 装备主要用于专科口腔医院。

① 立式口腔 CBCT 装备。立式口腔 CBCT 装备是目前市场中占有率最大的设备类型。如图 2-18 所示，其主要结构由升降立柱、悬臂、旋转 C 形臂、患者定位装置组成，可同时满足口腔颌面锥形束体层摄影、全景及头颅摄影需求。在此基础上，部分厂家增加了牙科摄影装置，以满足根尖片与咬翼片等拍摄需求。立式口腔 CBCT 装备操作便捷，患者以站立姿态将头部置于定位装置上，操作人员通过触屏或工作站控制程序选择拍摄模式，并完成一键智能摆位，但站立位通常会给图像带来更多的运动伪影，为最大限度地减少患者运动伪影，要

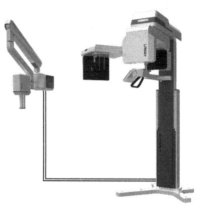

图 2-18 多功能立式口腔 CBCT 装备

求系统尽可能快速完成拍摄。因此，立式 CBCT 装备通常配备高精度、高速运动执行机构，使拍摄时间不大于 20s。

立式口腔 CBCT 装备主要特点如下：
- 立式拍摄，占地面积更小，节约屏蔽间建设成本。
- 设备集体层、全景、头颅摄影甚至牙科摄影为一体，可实现多功能一站解决。
- 采用旋转 C 形臂进行三维图像采集，可根据感兴趣区域灵活摆位。
- 设备可使用触屏和工作站进行模式选择和运动控制，并通过手闸完成曝光。
- 设备立柱升降高度可调范围大，可满足不同高度患者的拍摄。
- 底座采用开放式设计，方便轮椅患者出入。

② 坐式口腔 CBCT 装备。坐式口腔 CBCT 装备在口腔领域有着较广泛的应用，因其患者定位方式更加精确、稳定，同时配备有更高分辨率的图像采集系统，通常被定位为中高端口腔成像系统。如图 2-19 所示，坐式口腔 CBCT 装备图像采集部分的旋转 C 形臂结构与立式 CBCT 装备类似，不同的是，坐式口腔 CBCT 装备配备了多自由度电动座椅。得益于稳定的患者定位系统和高精度影像链设计，坐式口腔 CBCT 装备可实现高达到 2.0lp/mm 的空间分辨率，三维重建后的图像可实现低于 0.1mm 的体素尺寸，以识别根管、牙周膜等细微口腔结构。此外，坐式口腔 CBCT 装备通常具备更大的成像视野，可满足颌面外科临床需求。

坐式口腔 CBCT 装备主要特点如下：
- 高精度影像链设计，可识别细微组织结构。

- 更大成像视野，可有效满足颌面外科等大视野临床需求。
- 配备高精度多自由度电动座椅，可实现患者精准定位并优化拍摄体验。

③ 卧式口腔 CBCT 装备。卧式口腔 CBCT 装备是现有口腔影像诊断装备的最高技术代表。如图 2-20 所示，卧式口腔 CBCT 装备由设备主机、多自由度扫描床和控制台三部分组成。卧式口腔 CBCT 装备的核心技术为超高分辨率锥形束成像技术，直接决定了设备的空间分辨率，以朗视仪器（北京朗视仪器股份有限公司）Ultra3D 的 3.0lp/mm 为业内佼佼者。多自由度扫描床遵循人体工程学设计，可实现上下、左右、前后的精准定位和更为稳定的患者姿态。

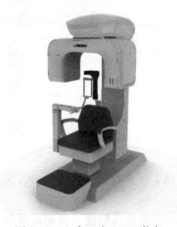
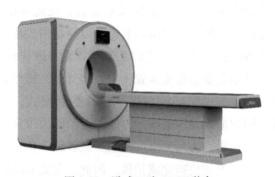

图 2-19　坐式口腔 CBCT 装备　　　　图 2-20　卧式口腔 CBCT 装备

卧式口腔 CBCT 装备主要特点如下：
- 采用超高分辨率锥形束 CT 影像链设计，可精确识别精细解剖结构。
- 卧式结构设计可精确实现运动控制，最大限度地减少图像运动伪影。
- 可在同一设备上布置多组射线源和探测器，以兼顾成像视野和分辨率需求。

3）口腔 CBCT 装备发展现状。1996 年，世界首台口腔 CBCT 装备面世。在 2012 年前，我国口腔 CBCT 装备市场基本被 NewTom、KaVo、Sirona 等外资品牌垄断，无法满足我国口腔医疗事业的发展需求。2012 年以来，以朗视仪器为代表的一批优秀国产口腔 CBCT 装备制造商开始崛起，不仅性价比突出，而且在空间分辨率等关键指标方面已达到国际领先水平，深受广大基层医疗机构的好评。

随着国内 X 射线源、探测器、高压发生器等上游核心硬件产业快速布局，国产口腔 CBCT 装备的国产化水平也稳步提升，进一步促进了国产高端装备的普及应用。未来国内口腔 CBCT 装备市场有望进一步扩容，发展空间非常广阔。

4）口腔 CBCT 装备临床应用现状。如前所述，相对传统通用型螺旋 CT 装备，口腔 CBCT 装备具有高空间分辨率、低辐射剂量、占地面积小、成本低等优点，特别适合于口腔专科应用。口腔 CBCT 装备采集的高分辨率三维图像可清晰地显示牙列形态、牙釉质、牙本质、牙髓腔、牙根管、牙周膜、下颌神经管、上颌窦等牙齿及周边组织结构，已广泛应用于口腔种植科、牙体牙髓病科、口腔正畸科、口腔颌面外科、牙周病科等口腔各科，卧式超高分辨率 CBCT 装备还可进一步覆盖耳鼻喉科等其他科室。目前，包括高端口腔 CBCT 装备在内的国产口腔 CBCT 装备已完全打破进口垄断，超越 KaVo 等国际一线品牌，并形成出口。

5）口腔 CBCT 装备主要技术进展及趋势。近年来，口腔 CBCT 装备作为覆盖口腔临床最广泛的影像设备得到了快速发展和普及，尤其是以朗视仪器为代表的国产口腔 CBCT 装备制造商正以高性价比的优势迅速占领市场份额，成为大多数口腔医疗机构的标准配置。为满足临床需求，提升产品竞争力，口腔 CBCT 装备在成像技术、产品设计、软件功能等方面不断创新，清晰度更高，伪影更小，软件智能化程度更高。

核心部件方面，X 射线源和平板探测器是提高口腔 CBCT 装备成像性能的重要手段。尤其是平板探测器方面，以新型 IGZO 技术为代表的高性能平板的市场份额稳步增长，实现了国产核心部件由跟跑到并跑甚至领跑的超越。此外，光子计数探测器、钙钛矿探测器等新型探测技术也在积极探索中。

6）口腔 CBCT 装备存在的问题及建议。目前，国产口腔 CBCT 装备的技术水平已基本能满足口腔临床诊断需求，且已实现批量生产和销售，但仍存在一些问题。

X 射线管仍以进口品牌为主，国产厂商较少。受市场认知过程等因素影响，国产 X 射线管的市场份额相对较小，但随着国内口腔医疗行业规模的持续增长，国产口腔 CBCT 装备渗透率的逐年上升，广大口腔医疗机构对国产品牌的认知也将发生积极转变。期待国产 X 射线管厂家加大研发投入，进一步提高产品竞争力，以适应日益增长的市场需求。

口腔 CBCT 装备对软组织分辨率不足。现阶段国内外主流口腔 CBCT 装备仍然无法像螺旋 CT 装备一样清晰地显示口腔颌面部的软组织结构。近年来，国内已有厂商开始研究能谱成像等新型成像技术，有望在抑制硬化伪影的同时有效提升软组织分辨能力，引领下一代口腔 CBCT 装备技术前沿。

（5）耳鼻喉锥形束计算机体层成像 耳鼻喉 CBCT 装备是一种主要用于耳鼻喉部临床影像检查的新型专科 CBCT 装备。相对于口腔 CBCT 装备，耳鼻喉 CBCT 装备的分辨率更高，可实现耳部微小结构的精细成像。目前国内外正式命名为耳鼻喉 CBCT 产品的有朗视仪器的耳鼻喉双源 CBCT 设备 Ultra3D，另有意大利的 NewTom 5G 等口腔 CBCT 装备也声称具有耳鼻喉成像功能。

1）耳鼻喉 CBCT 装备工作原理及系统结构。耳鼻喉 CBCT 装备的工作原理与口腔 CBCT 装备一致，也是采用 X 射线发生器（主要包含 X 射线球管和高压发生器）产生成像所需的 X 射线束，同时采用 X 射线探测器接收包含穿透物质衰减信息的光子信号，再配合旋转装置来实现用于后续 CT 重建的原始投影数据的采集。相较口腔 CBCT 装备，耳鼻喉 CBCT 装备的主要不同之处主要在于对耳科精细结构的清晰成像，对空间分辨率要求更高，必须选用小焦点尺寸、功率较高的旋转阳极 X 射线管和小像素尺寸的 X 射线探测器。此外，为满足双侧耳部、鼻部各窦室及咽喉部气道成像需求，耳鼻喉 CBCT 装备对成像视野的要求也较高。

耳鼻喉 CBCT 装备主要由硬件和软件系统两部分组成。硬件部分结构如图 2-21 所示，主要包括核心成像装置和患者承重部分。核心成像装置包括（一套或多套）X 射线发生器、探测器，以及相关的扫描机架、定位装置、状态指示装置、控制台等；患者承重部分主要为了减轻患者晃动对成像质量的影响，耳鼻喉 CBCT 装备通常配备多自由度扫描床，一般还有头枕等装置。

软件系统部分包括运动控制及图像采集部分和患者信息管理及图像后处理部分。运动控制及图像采集部分用于精确控制 X 射线源和探测器围绕受照对象进行圆轨道旋转，并采集多角度投影图像；患者信息管理及图像后处理部分，用于对接医院 PACS 系统，根据应用需求多角度展示三维高分辨率图像并形成诊断报告。

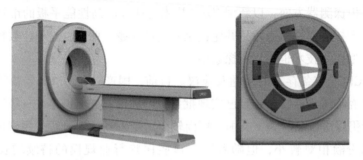

图 2-21　国产耳鼻喉 CBCT 装备（朗视仪器 Ultra3D）外观及其双源双探设计

2）耳鼻喉 CBCT 装备重要指标及范围。耳鼻喉 CBCT 装备的重要指标和口腔 CBCT 装备类似，主要包括空间分辨率、成像视野、辐射剂量等。空间分辨率常用评价方法包括将线对卡模体图像中主观能分辨的每毫米线对数的极限作为其分辨率（见图 2-22a），以及通过扫描特定的模体计算调制传递函数（Modulation Transfer Function，MTF）（见图 2-22b）。目前，最新的耳鼻喉 CBCT 装备空间分辨率已达 3.0lp/mm，由口腔 CBCT 装备拓展应用而来的耳鼻喉 CBCT 装备的空间分辨率一般为 1.5～2.0lp/mm。为完全覆盖耳鼻喉部位，耳鼻喉 CBCT 装备的成像视野一般在 20cm×17cm 以上。耳鼻喉 CBCT 装备全视野扫描时，辐射剂量相当于超大视野的口腔 CBCT 装备；用于耳部精细结构扫描时，单次辐射剂量约为 98μSv。

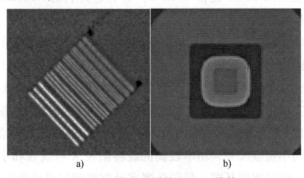

a)　　　　　　　　　　　　b)

图 2-22　线对卡模体和 MTF 模体

a）线对卡模体　b）MTF 模体

3）耳鼻喉 CBCT 装备分类。目前全球范围内尚无针对耳鼻喉 CBCT 装备的分类方法，笔者认为，可根据其成像清晰度分为常规耳鼻喉 CBCT 装备和超高分辨率耳鼻喉 CBCT 装备。常规耳鼻喉 CBCT 装备的实质是口腔 CBCT 装备，兼具常规分辨率条件下的耳鼻喉成像功能；而超高分辨率耳鼻喉 CBCT 装备则以耳鼻喉成像为主要应用，可清晰地显示镫骨底板、前庭导水管等耳部精细解剖结构，同时兼顾口腔颌面部成像需求。

4）耳鼻喉 CBCT 装备发展现状。在耳鼻喉专用 CBCT 装备出现以前，耳科疾病的影像学检查主要通过通用 CT 设备进行。但即使高分辨率的通用 CT 设备，其最优空间分辨力也仅限于 2.0lp/mm 左右，对 0.1mm 尺度的精细解剖结构难以清晰显示。部分医疗机构尝试使用高分辨率口腔 CBCT 装备进行耳部成像，但根据相关论文，其分辨率依然存在局限，难以满足耳科疾病科研及临床应用需求。另有部分学者使用 MicroCT 进行耳部医学研究，但因其成像视野的限制无法应用于真实患者。2022 年，全球首款超高分辨率耳鼻喉专科 CBCT 设备（Ultra3D）通过了国家药监局特别审批程序，正式上市销售，最终解决了上述问题，为耳部畸形、耳硬化症、血管性耳鸣等耳科疑难疾病的基础研究和临床应用带来了前所未有的革命性手段。

5）耳鼻喉 CBCT 装备临床应用现状。目前，耳鼻喉 CBCT 装备已完成初期临床验证，进入推广应用阶段。首都医科大学附属友谊医院、同仁医院的临床研究成果表明，耳鼻喉 CBCT 装备可显示耳硬化症更微小的病变——迷路区局部轻微的密度减低，提升了对耳硬化症早期诊断、全面评估的能力；可显示镫骨底板、前后弓、环韧带正常形态及异常改变，提升了传导性耳聋患者病因检出能力；同时还能实现精准显示术后功能状态，为手术方案与疗效关系的评估提供了客观依据；可用于区分骨壁缺失与骨壁菲薄，从而解决搏动性耳鸣术前病因认定难题，提升手术疗效；可显示前庭导水管走形，为提升梅尼埃病的诊断、认识其病理机制提供了新的途径。

耳鼻喉 CBCT 装备投入临床医学实验研究及应用后，显著提高了对耳科疾病基础研究的深度、广度，提升了研究团队的全球影响力，大幅提高了耳科疾病的诊断准确率。该装备是耳科影像领域的重大突破，值得广泛应用。

6）耳鼻喉 CBCT 装备主要技术进展及趋势。耳鼻喉 CBCT 装备的主要技术进展主要表现在以下几个方面：超高分辨率成像，通过小焦点 X 射线发生器、高分辨率平板探测器、高精度扫描装置和高性能重建算法，能够实现耳部精细解剖结构（0.1mm）的高精度三维成像；颞骨区域的精确定位，内耳结构微小且深埋于颞骨之中，除体表激光定位工具外还可采用预拍摄功能，通过预拍摄图像可实现小视野扫描区域的精确定位。

耳鼻喉 CBCT 装备的未来发展趋势包括：通过建立超高分辨率条件下的耳科图谱，为广大临床医生提供临床诊断指南，充分发挥装备的临床应用价值；通过智能定位、智能诊断，降低临床医生看图的工作量和读图难度，使耳鼻喉领域顶级专家的经验能造福更大范围患者。

7）耳鼻喉 CBCT 装备存在的问题及建议。耳鼻喉 CBCT 装备单次扫描后，小焦点 X 射线发生器的冷却时间较长，每日扫描次数有一定的限制。建议相关核心部件厂家进一步优化性能，缩短冷却时间，提升临床应用效能。

3. X 射线类成像装备发展过程中存在的问题

过去十几年，我国医疗装备发展迅猛，为国家健康事业发展做出了巨大贡献，但也暴露出了很多问题，比如，在材料、精密加工方面往往不能满足要求，制约了整机和关键核心零部件的发展，因此上下游均衡发展是非常值得重视的一个问题，国家应该加大引导和进行资金扶持。

医疗装备研发需要大量资金投入，而且研发周期长，投资回报慢，加上我国市场固有消费观念以及法规、政策等因素导致我国医疗装备全面实现国产替代遇到很多困难，为了促进医疗装备国产化，国家应该在政策、市场准入等方面给予支持。

（二）X 射线类成像装备关键零部件技术发展趋势

1. X 射线管

X 射线管主要包括普放 X 射线球管、CT 球管、冷阴极 X 射线管、DSA 球管等，其主要由管芯、管套组成。管芯分为阴极、阳极和管壳三部分，管芯内部为真空状态。阴极通过加热灯丝发射电子，电子在高压作用下高速轰击阳极靶面，产生 X 射线。

球管可以分为固定阳极球管和旋转阳极球管。一般来说，普放 X 射线球管、CT 球管、DSA 球管都是旋转阳极球管，牙科球管基本采用固定阳极球管。

尽管球管类型多样，其工作原理是一致的，固定阳极球管结构简单，旋转阳极球管结构相对复杂，由于 CT 设备需要球管随整机机架高速旋转，CT 球管相对普放 X 射线球管在设计和制造技术上要求更高、更难。

（1）普放 X 射线球管

1）普放 X 射线球管行业发展现状。数字化 X 射线摄影技术作为目前全球应用最为广泛的医疗影像检查手段，覆盖了数十亿人口的健康与疾病筛查。在 X 射线诸多技术和装备当中，医用 DR 装备凭借其便利性、低成本、低剂量和高效率，在临床检测中获得了最为广泛的应用。普放 X 射线球管作为产生 X 射线的关键装置，是 DR 装备的核心部件，如图 2-23 所示。

图 2-23　普放 X 射线球管

目前，普放 X 射线球管不论是国外还是国内都没有新的技术出现，现有技术完全能够满足需求。我国的普放 X 射线球管经过数十年的发展，虽然与国际同类产品在性能和可靠性方面还有一些差距，但基本实现自主可控。

2）存在的问题与建议。国内的 DR 用普放 X 射线球管生产厂商经过数十年的发展，形成了各自的品牌，但产品在国内市场一直没有占据主导，主要原因是在产品性能上与进口产品差异较大。

一方面，国内普放 X 射线球管性能依赖于上游零部件的质量。以轴承为例，国产轴承因为润滑问题，在 X 射线球管高速旋转的工作状态下，使用寿命远短于进口轴承，在涂层材料和加工工艺上还有待改进。在高纯钨等材料方面，国产材料一致性较差，导致阴极灯丝的发射特性存在个体差异。建议上游零部件企业能与下游企业联合成立专项，开发更高质量的零部件，将有助于产品性能的整体提升。

另一方面，国内各大厂商有各自擅长的技术，在轴承润滑、耐压性能、管套密封性等方面各有所长，如果各大厂商依托各自的技术优势，取长补短，合作开发，将引领国产普放 X 射线球管达到一个新的高度。

（2）CT 球管

1）CT 球管行业发展现状。CT 球管是 CT 系统中最关键的部件之一，用于为成像提供所需的 X 射线，是 CT 系统中的高值耗材，属于 II 类医疗器械。随着 CT 系统性能的不断提升，为了匹配系统，CT 球管的性能与技术参数，包括使用寿命、散热速率、功率等也不断攀升，其结构经历了从固定靶到旋转靶、从玻璃管芯到金属管芯、从纯金属靶到石墨金属复合靶、从固体润滑球轴承到液态金属轴承的变化，现阶段主流的 CT 球管均采用旋转阳极、金属管芯、热阴极的结构。

2）CT 球管原理和结构。为满足 CT 设备各项性能的要求，CT 球管必须具有较高的热容量（16 排以下 CT 设备使用的 CT 球管热容量通常在 2~5MHU，16~64 排 CT 设备使用的 CT 球管热容量在 5~8MHU，64 排及以上 CT 设备使用的 CT 球管热容量可达到 8MHU 甚至更高等效热容量）和较高的阳极转速（接近 9000r/min），图 2-24 所示是我国生产的 128 排 CT 整机用球管。

图 2-24　128 排 CT 整机用球管

CT 用 X 射线管组件由 CT 球管管芯和管套及附属部件组成。CT 球管管芯是核心零部件，其本质是一个高能量、高真空的能产生 X 射线的二极管。它的工作过程可以简单描述为：阴极灯丝通电加热到 2200~2500℃发射电子，电子在电磁聚焦系统作用下进行汇聚并高速打向阳极靶，阳极靶在电子的轰击下产生 X 射线。球管 X 射线能量只占 1%，其余 99%能量转化为热能散出。在电子轰击靶面时，焦斑温度可达 2400℃，焦点轨迹温度可达 1400℃。在 CT 机对病人进行扫描时，CT 球管将根据扫描参数（电压、电流、时间）

要求产生高质量的 X 射线。X 射线穿透人体后由探测器接收，再经过后端图像重建模块和图像处理模块最终形成高质量诊断图像。CT 球管的结构和主要部件如图 2-25 所示。

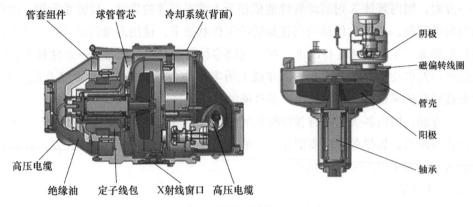

图 2-25　CT 球管的结构和主要部件

CT 球管的工作原理决定了产品有高电压、高真空、高功率、高机械强度的特点，其物理设计涉及电子光学、机械力学、真空技术、特种材料、转子动力学、热管理等多个技术领域，并且对工艺、基础配套、流程装备要求苛刻，属于高技术、高投入、长周期的产品，设计和生产的壁垒很高，需要长时间的技术积累，这就是国内 CT 球管行业发展较为滞后的原因所在，市场上的高端产品现阶段还是以进口为主。

3）国内外现状。作为 CT 整机中的核心高值易耗部件，CT 球管具有非常重要的地位和巨大的市场价值。国外的 CT 球管制造商大致分为两类：拥有 CT 球管研发制造能力的 CT 整机厂商和独立制造商。拥有 CT 球管研发制造能力的 CT 整机厂商通常指的是 GE、Siemens、Philips、Canon，独立制造商通常指的是 Dunlee、Varex 和 Richardson、IAE、Chronos 等品牌。高热容量 CT 球管国际发展历程如图 2-26 所示。

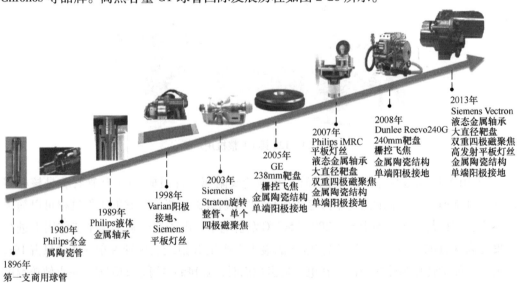

图 2-26　高热容量 CT 球管国际发展历程

近年来，CT 球管整机厂商为保持竞争优势，市场战略也在根据客户的需求逐渐调整，一些以往只用于高端 CT 球管中的先进技术，如液态金属轴承技术、束流控制技术等已经开始下沉到中低端 CT 球管中，大幅提升中低端 CT 球管的质量和寿命。另外，在引入液态金属轴承后，长寿命球管对 CT 整机维护保养模式产生了深远的影响。

国际上主要的球管独立制造商同样拥有强大的研发制造能力，能够向不具备球管研制生产能力的 CT 整机厂商提供配套和服务市场的更新替代球管产品以及代工（Original Equipment Manufacture，OEM）。

Dunlee 在 2001 年被 Philips 公司收购，并在 2017 年将工厂迁往德国汉堡，客户服务中心也与 Philips 的零部件供应商 Allparts Medical 合并。由于与 Philips 公司共享技术，CT8000 系列的性能基本能够与 Philips 公司的 iMRC 球管等同，保持着该领域的领先地位。Dunlee 在我国的业务集中于其 OEM 产品，包括 1700 系列、2100 系列、2200 系列，以及最近推出的 CT4000、CT6000、CT8000 系列。

Varex 的前身是 Varian 影像部件事业部，于 2017 年从 Varian 公司拆分并单独上市，其医疗业务主要是替换球管、OEM 球管、探测器、高压连接器等。Varex 在我国的 CT 球管产品线十分丰富，从 2.0MHU 到 8MHU 的球管都有较大的发货量。Varex 的高端产品是 MCS-7 系列（OEM）和 MCS-8 系列（替换），都采用单极性架构，能支持 90kW 的功率和 0.3s/圈左右的机架转速。近年来，Varex 也推出了液态金属轴承球管。

IAE 是欧洲老牌的单一医用球管专业生产商，产品线覆盖移动 X 射线机、C 形臂、DR、CT 等多种医用 X 射线装备，其生产的 CT 球管以玻璃结构为主。

Richardson 于 2014 年宣布进军 X 射线管制造领域，在收购 IMES 公司后，不断扩大医疗业务，包括 CT 服务培训和技术支持、CT 和 MRI 的各类替换部件等。其 CT 球管产品以 ALTA750 为代表，多款产品能够替代 Toshiba、Siemens 及 Philips 等原厂部件。

Chronos 在 Dunlee 转移到德国后收购了其在奥罗拉的工厂，并为 Philips 代工部分球管。现阶段的产品以第三方替换球管为主，能够替换 GE、Philips、Siemens 的多数原厂球管。

国内 CT 球管研发起步较晚，在 2010 年以前国内具备 CT 球管研发能力的企业非常有限，直到 2012 年瑞能医疗（珠海瑞能医疗设备有限公司）首次推出 RX 球管并通过国家药监局审批。随着国家"十二五"规划、"十三五"规划以及制造强国战略布局的展开，多家企业开始布局国产 CT 球管领域，其中有 CT 整机厂商，也有独立制造商。目前，国内已经开展 CT 球管研制的企业主要有十二所（中国电子科技集团公司第十二研究所）、医源医疗（昆山医源医疗技术有限公司）、智束科技（北京智束科技有限公司）、联影医疗、麦默真空（麦默真空技术无锡有限公司）、思柯拉特［思柯拉特医疗科技（苏州）有限公司］、益腾医疗（昆山益腾医疗科技有限公司）、瑞能医疗等。

十二所是国家真空电子器件研制生产的骨干单位，在"十二五""十三五"期间进行了大热容量 CT 球管的研制，2019 年成立电科睿视［电科睿视技术（北京）有限公司]，作为承载十二所高端医疗装备核心部件科技成果转化和产业化的主体，专业从事大热容量 X 射线管的研发、生产和销售业务。

医源医疗成立于 2018 年 5 月，是国力股份（昆山国力电子科技股份有限公司）的子公司。国力股份早在 2000 年 10 月就已经创立，主要产品包括陶瓷高压真空继电器、陶瓷高压真空电容器、触发管、CT 球管、交流接触器和高压直流接触器等电真空器件，应用于通信、电力、医疗、光伏、新能源汽车等诸多行业。依托母公司的技术基础，医源医疗从 2013 年开始 5MHU 国产高能医用 CT 球管的研制工作，2019 年 1 月，产品获得国家药监局的注册证。到目前为止，医源医疗已经开发出 3.5MHU、4MHU、5.3MHU、5.3MHU 双飞焦、8MHU 产品系列，其中高热容量 CT 球管年产能达 2000 只，2025 年预计可实现 5000~7000 只的年产能规模。

智束科技成立于 2019 年，公司着重立足于以液态金属轴承为核心技术的 CT 球管产品的研发和布局，是我国在液态金属轴承 CT 球管方面首先取得突破的企业。目前有五款产品七张注册证，热容量覆盖 3.0~8.0MHU，产品已经进入批量生产和市场化应用。

联影医疗成立于 2011 年，主营业务是医疗影像整机。CT 整机是联影医疗的核心业务之一，而随着联影医疗在国内 CT 市场中份额的逐步扩大和高端产品战略的需要，联影医疗开始着手核心部件 CT 球管的布局，并于 2016 年开始 CT 球管的研发。从 2018 年开始，联影医疗已有多个型号的 CT 球管产品单独注册或随整机进行注册，现阶段主要的发货产品是 5.3MHU 的 CT 球管，适用于联影医疗生产的 16 排 CT 整机。

思柯拉特位于江苏太仓，成立于 2017 年 8 月，是一家 CT 球管独立制造商，产品线还包括真空功率器件及高能射线探测器。思柯拉特的核心团队具有十余年 CT 球管等真空元件的研发设计、工艺打磨和市场运营经验，并了解国内外供应链情况。截至 2021 年，思柯拉特已取得 3.5MHU 和 5.0MHU 热容量 CT 球管的注册证，两个型号的 CT 球管均已实现规模量产和批量发货，并已应用到国内外医院多个型号的 CT 机中。

麦默真空成立于 2017 年 9 月，主营业务包括 CT 球管组件、静态 CT 射线源等。麦默真空成立后发展迅速，已完成了多轮数千万元人民币的融资，并已取得多款产品的注册证，包括 3.5MHU 球管的管芯和管组件、5.0MHU 球管组件。值得一提的是，麦默真空自主研发、全面掌握具有知识产权的静态 CT 射线源产品。

瑞能医疗是国内最早进行 CT 球管研发生产和市场应用的公司，成立于 2005 年，现已成为集研发、生产、营运于一体的国产化 CT 球管的"火炬计划"产业化示范基地。瑞能医疗在 2013 年成为国内首家完成 3.5MHU 金属陶瓷管和 4.0MHU 玻璃 CT 管注册和应用的企业。8 年间推进了 6 个产品注册，产品替代覆盖 2.5~5.3MHU 热容量进口球管。

益腾医疗成立于 2021 年，位于江苏省苏州市，是一家以从事研究和试验发展为主的企业，主要产品包括医用 CT 球管。益腾医疗在电真空领域拥有相关技术和经验积累，创始团队成员均毕业于国内外著名高校，具备丰富的球管研发和生产经验。目前，益腾医疗首款用于 32 排 CT 的球管研发已基本完成。

由于 CT 球管高值耗材的属性以及国家的政策扶持，近年来成为关注热点，吸引了很多投资进入。除自主研发的企业外，科纳森［科纳森（广东）医学影像科技有限公司］等企业也进行了产品注册，但其主要开展管组件封装和 CT 球管研发相关的活动。

虽然国内多个厂商自研的 CT 球管取得注册证，但是对于球管这类生产与使用流程特殊的产品来说，通过注册的质量标准与可靠运行、批量生产制造和临床应用的质量标准相比相差甚远。

在国内 CT 球管起步的十多年中，国外的 CT 球管产品面貌已经发生了非常大的变化，应用了多项新技术和新工艺，极大地提升了球管的性能。无论在设计、工艺，还是供应链的成熟度方面，国内与国外仍有很大差距。

新鸿电子成立于 2015 年，是一家分布式 X 射线管独立制造商，自主研发了多款高性能碳纳米管分布式 X 射线管，建成有世界上最大规模的分布式 X 射线管制造基地，产品线还包括电子控制系统（Electronic Control System，ECS）、高压发生器等。相关产品在医疗诊断、无损检测、安全检查领域落地应用，取得了一系列创新成果。其单焦点 X 射线管可直接用于 Carestream 的轻便型移动 DR 设备，基于其 7 焦点分布式 X 射线管的口腔低剂量 3D 成像系统已通过美国 FDA 认证并批量销售。新鸿电子与清华大学合作，基于静态安检 CT 的成功经验，正在开发高清低剂量的心脏动态成像设备。分布式 X 射线源给三维成像带来了一种全新技术路线，是传统 CT 球管的强有力竞争者，有望促使我国医疗设备实现引领性突破。

傲镭科技（浙江傲镭智能技术有限公司）成立于 2019 年 7 月，在"加拿大硅谷"滑铁卢设有研发中心，杭州傲镭智能科技有限公司成立于 2020 年 8 月，是傲镭科技的全资子公司，全面负责傲镭科技的产品研发、生产、售后服务等业务。傲镭科技专注于提供具有原创突破性的碳纳米管冷阴极 CNT-X 射线源产品、智能检测设备及无损检测解决方案。核心技术源自公司创始人、加拿大工程院院士姚智伟教授近二十年的科研成果，傲镭科技拥有相关核心技术的全部知识产权。

4）主要技术进展及趋势。CT 球管的技术路线和发展趋势与 CT 整机的需求紧密相关，为了实现更高的图像质量，适应更多的使用场景，现代高端 CT 的发展主要体现在以下几个方面：高分辨率成像、多能量成像、动态成像、心脏冠状动脉成像和低剂量成像。除此之外，CT 球管的寿命和每天病人的检查量也直接影响 CT 的使用成本。为了满足这些需求，需要不断提高 CT 球管的技术指标或发展新技术，具体技术指标相关性见表 2-3。

表 2-3　CT 球管技术指标相关性

技术指标	球管寿命	病人检查量	高分辨率成像	多能量成像	动态成像	冠脉成像	低剂量
功率		√				√	
热容量		√			√	√	

（续）

技术指标	球管寿命	病人检查量	高分辨率成像	多能量成像	动态成像	冠脉成像	低剂量
散热功率	√	√			√	√	
焦点尺寸			√				
飞焦点			√				
承载加速度					√	√	√
液态金属轴承	√	√			√	√	
平板阴极	√		√				
阳极接地	√				√	√	

① 更高的功率。宽体 CT 和更高的机架旋转速度要求更高的球管功率。当前的 CT 球管都使用高速旋转的阳极来降低焦点处的能量密度，靶盘的材料、线速度和基底温度决定了球管能够承受的功率，当前的高端 CT 球管已经能够达到 120kW 的输入功率，为了进一步提高功率，当前的做法主要是使用更高的轴承转速、更大直径的靶盘，同时配合更高的散热功率。

② 更高的球管热容量。随着 CT 球管散热功率的不断提高，球管热容量的概念不断淡化，等效热容量的概念逐渐发展起来。等效热容量是传统热容量配合高的散热功率发展起来的概念，当前高端 CT 球管的等效热容量为 30MHU 左右。值得一提的是，为了提高靶盘转速和能够承载的最大机架转速，有些靶盘减小了靶盘尺寸和重量，甚至只使用全金属靶盘，通过提高散热功率来实现连续扫描，靶盘的物理热容量相对于传统靶盘热容量有了比较明显的降低，配合多排探测器可以实现较高功率的间歇扫描，但是 CT 扫描功率指数（CTSPI）会偏低。

③ 更高的散热功率。传统 CT 球管采用球轴承，主要的散热方式通过热辐射实现，在高温时候，热辐射功率很大，但随着温度降低，热辐射功率迅速降低，靶盘温度较低时，没有有效的散热手段。通过使用液态金属轴承技术，实现了靶盘热传导散热，即使在靶盘温度较低的时候，也有较高的散热功率，换句话说，靶盘可以实现较长时间的持续散热。另外，阳极接地技术的使用可以增加电子收集器，使被散射电子的能量直接沉积在电子收集器，通过热传导的方式传递给散热介质，大大降低了靶盘表面的热沉积，等效地增大了球管散热功率。

④ 更可控的焦点尺寸。焦点尺寸并非越小越好，根据使用场景需要综合考虑扫描需要的功率、分辨率等因素，因此传统的靶盘大多采用大小焦点设计，在需要大功率扫描时采用大焦点曝光，在需要高分辨率时采用小焦点曝光。随着现代 CT 技术的进步，对大功率和高分辨率的两种不同需求都进一步发展，甚至对焦点尺寸提出了动态变化的需求，提出了可控焦点尺寸的要求。实现焦点可控变化的方法有两种，一种是使用栅极增加电场的方式，另一种是使用聚焦磁铁的方式。由于 CT 球管采用线聚焦的方式，束流宽度和长度方向并不一致，聚焦磁铁只能采用比较复杂的两对四极磁铁，并不能采用

聚焦线圈实现，平板阴极的使用可以有效减小发射度，对于实现束流控制有极大改善。

⑤ 动态飞焦点技术。与聚焦采用的技术类似，飞焦点技术也有电场飞焦点和磁场飞焦点两种方式，但是磁场飞焦点能够实现更远距离的飞焦点，同时保持较小的束流畸变，因此磁场飞焦点可以实现双向飞焦点，电场聚焦一般只能实现单向飞焦点。若采用磁场聚焦技术，再实现电场飞焦点的工程难度会非常大，采用电场聚焦和磁场飞焦则没有工程问题。对于一般平板阴极，磁场聚焦和磁场飞焦点会同时采用。在工程实现方面，一般也会把磁场聚焦磁铁和飞焦点磁铁设计成一个复合磁铁，可以实现紧凑设计。

⑥ 承载更大的机架转速加速度。能够承载的机架转速是 CT 球管的一个关键指标，提高该指标的方式很多，包括采用陶瓷绝缘、阳极接地、液态金属轴承和双支承结构等方式。当前 CT 球管能够承载的最大机架旋转加速度已达到了 $75g$。

⑦ 液态金属轴承技术。液态金属轴承是 CT 球管的一个革命性发明。使用液态金属轴承具有很多优点，包括更大的承载、更小的磨损、更小的噪声、更大的阳极转速和更大的散热功率等。液态金属轴承采用 Ga-In-Sn 合金作为滑动介质，具有熔点低、蒸气压低的特点，有效延长了球管寿命和提高了品质。同时，液态金属轴承在材料要求、加工精度、装配精度和环境要求等方面具有极高的要求，是当前 CT 球管最高端的技术之一。

⑧ 平板阴极。相对于传统的灯丝阴极，平板阴极具有发射面积大、寿命长、束流品质高等优势。与液态金属轴承类似，平板阴极的材料要求和加工精度要求较高。由于重量的增加和热应力的影响，传统的灯丝固定方式已经不再适用，对阴极整体结构设计提出了新的挑战。

⑨ 阳极接地技术。阳极接地技术即是采用单端绝缘设计，这样可以有效提高球管能够承载的机架转速，同时还可以提供更加紧凑的球管设计，可以增加电子收集器以增大散热效率。阳极接地技术的难点主要体现在绝缘设计，加倍以后的绝缘能力以及大量的电子散射很容易造成陶瓷击穿，除了足够的陶瓷绝缘设计和三相点屏蔽以外，还会采用镀膜的方式来均匀电场，减少表面电荷积累，提高陶瓷的可靠性。

近些年，国内外在分布式 X 射线源方面也出现了一些创新性的研究成果。这种分布式 X 射线源通常采用碳纳米管作为场致发射阴极，根据应用场景的不同可以呈现出平面、弧形或者环形结构，具有多个电子发射源。这种场发射分布式 X 射线源具有一些独特的优点：一是场致发射不需要额外的灯丝加热功率；二是碳纳米管场致发射阴极开启电压低；三是不同射线束的控制具有非常快的切换速度；四是可以在扫描机架不需要运动的情况下实现静态扫描；五是可以根据系统需要自由设计组合多个 X 射线源同时工作。目前，这种分布式 X 射线源在乳腺断层扫描、口腔三维成像系统、头部移动 CT 等方面进行了应用研究，并取得了不错的科研成果，但是距离非常成熟的临床应用，这种分布式 X 射线源还需要在设计、生产工艺、整机应用等方面不断进行优化，特别是在系统的图像质量以及长时间高可靠工作性能方面还有很长的路要走。

在 CT 球管设计过程中，以上的技术和指标往往是组合出现的，以适应高端 CT 的新需求。球管的设计不是独立的，需要和系统整合并深度开发，以期能够开发出更加实用有效的核心部件。光子计数 CT 和静态 CT 的出现给 X 射线源提出了新的要求，X 射线源的发射结构、靶盘结构甚至真空容器都有可能会发生改变，甚至会出现使用半导体工艺开发的片上射线源。

（3）冷阴极 X 射线管

1）冷阴极 X 射线管原理和结构。冷阴极 X 射线管是指阴极利用场致发射原理，在常温状态下即可产生电子流发射的 X 射线装置。阴极是射线管的主要部件，是产生电子

的极，在真空电子管中，特指能在真空中产生电子流的部件，包括冷阴极和热阴极两种类型。传统阴极通常是通过阴极材料的热电子发射而获得电子流，称为热阴极。而冷阴极直接通过在阴极材料表面施加高强电场，通过场致发射产生电子束流。冷阴极 X 射线管除了普通的阴极、阳极外，还有一个栅极，结构如图 2-27 所示。冷阴极 X 射线管通过栅极控制电子束流的发射，避免了阳极高压启动的"慢效应"，产生的 X 射线背景噪声更低，具有更好的成像品质。

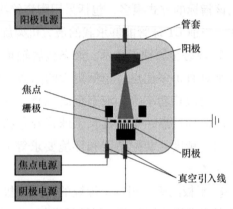

图 2-27　冷阴极 X 射线管结构

2）冷阴极 X 射线管行业发展现状。冷阴极 X 射线管不需要灯丝加热，在常温条件下即可工作，具有响应速度快、体积小、节能等优点，近年来研究单位众多，已经有部分产品进入了医疗应用领域，如以色列 Nano-X 公司、澳大利亚 Micro-X 公司、我国新鸿电子都有使用冷阴极 X 射线管的产品通过了 FDA 认证。新鸿电子生产的 110kV/70mA 冷阴极 X 射线管产品如图 2-28 所示，可直接用于国外超低重量移动 DR 系统，如图 2-29 所示。

图 2-28　新鸿电子
冷阴极 X 射线管产品（MED1101）

图 2-29　搭载冷阴极 X 射线管的
Carestream 超低重量移动式 DR 系统

3）主要技术进展及趋势。以碳纳米管材料为发射体的冷阴极 X 射线管在 21 世纪初出现后获得快速发展，行业关注的阳极电流从早期的微安级别提升到了后来的十毫安级别，再到现在的百毫安级别，已经能够满足医疗应用的绝大部分场景。以体现优势、性能提升、应用扩展为目标，当前的冷阴极 X 射线管研究主要聚焦于：

① 高流强技术。冷阴极相对传统热阴极发射流强较弱，但是单个碳纳米管的发射电流密度很高，通过改善阴极结构和工艺，提高单位面积内稳定发射体的数量，冷阴极实现的流强越来越高，新鸿电子已有脉冲工作电流 500mA 的冷阴极 X 射线管产品。

② 小焦点技术。由于冷阴极在尺寸上具有天然的优势，因此更容易实现焦点小型化，提升图像分辨率。昊志影像（广州市昊志影像科技有限公司）的冷阴极微焦点 X 射线管已经成功应用于工业领域，以色列 Nano-X 的医用冷阴极 X 射线管就是立足于小焦点高分辨进行研发的。

③ 小体积与节能技术。由于冷阴极的结构简单，可以瞬态启动，无预热时间和待机功耗，射线管可以小型化，通过合理的整机技术，可以实现成像整机的小型化和低能耗，Carestream 的超低重量移动式 DR 系统即充分利用了此技术。

④ 低剂量成像。由于冷阴极射线管的瞬态工作特性，射线脉冲是标准方波，可最大程度地消除无效辐射剂量，而且噪声更低，有利于实现低剂量条件下的高清成像。清华大学正在进行该方向的医疗仪器研究。

⑤ 分布式 X 射线源技术。由于冷阴极的小型化和室温工作特性，以及无加热保温结构，因此更容易实现多阴极高密度集成，基于此开发的分布式 X 射线源可以在位置静止状态实现三维成像，可以以更高时间分辨率获得运动器官的高清三维图像。该技术已经成为行业重点关注和研究的方向。

4）存在的问题与建议。冷阴极 X 射线管是一种新兴技术，一方面有些性能还需要不断提升，另一方面有些技术优势只有通过应用验证才能获得更多认可。冷阴极 X 射线管在医疗行业应用的问题有：

① 寿命和稳定性还需要验证。由于冷阴极材料结构微小，不管是碳纳米管还是金属尖锥，都容易在射线管打火时损毁，因此需要提高阴极的抗打火能力，降低射线管的打火频率，提高射线管的使用寿命和长时间工作稳定性。

② 制造成本还需要下降。冷阴极 X 射线管的制备工艺比热阴极 X 射线管更为苛刻，工艺成熟性还不够，大批量生产的配套还不完善，需要增加额外的栅极控制设备，这使得成本偏高，不利于普及应用。

2. 探测器

（1）平板探测器

1）平板探测器行业发展现状。平板探测器早期出现在 1990 年美国施乐公司 Robert Street 等人的文献中，文献首次提出 PIN 结构的非晶硅光电二极管阵列结合二维非晶硅 TFT 阵列寻址的探测器实现方式。在 20 世纪 90 年代，世界各大放射影像公司对该技术进行了广泛的前期研发。20 世纪 90 年代末期，代表产品有 GE 和 Perkin Elmer 公司合作开发的非晶硅探测器，Thales、Siemens 和 Philips 合资的法国公司 Trixell 开发的非晶硅平板探测器，以及美国 Varian 公司的产品。2010 年前后，平板探测器技术逐渐扩散，传统胶片巨头 AGFA、Fujifilm、Konica 等都纷纷开发自己的卡片式平板探测器产品。中、日、韩的一些创业公司也开始研发此项技术。

目前，国外的平板探测器厂商主要有美国 Varex，日本 Toshiba、Fujifilm，法国 Trixell，韩国 Vieworks、Vatech、Rayence 等，国内的平板探测器厂商有奕瑞科技、康众医疗等。整机厂家除少数外基本没有自主生产能力。经过近十年的发展，国产的 DR 平板探测器和进口品牌的性能和稳定性基本接近，传统非晶硅数字 X 射线摄影和透视（Digital Radiography and Fluoroscopy，DRF）动态平板探测器和进口品牌差异也逐步缩小。而在新技术的应用，如基于氧化物半导体及柔性基板的探测器方面，国内厂商则领先于国外厂商。目前，X 射线产品的平板探测器主要供应商见表 2-4。

表 2-4　X 射线产品的平板探测器主要供应商

	国外厂商	国内厂商
非晶硅平板探测器	Varex、Trixeu、Toshiba	奕瑞科技、康众医疗
CMOS 平板探测器	Varex、DALSA、MX Imaging、Rayence	奕瑞科技
柔性基板探测器	Fujifilm	奕瑞科技
IGZO 氧化物半导体探测器	Varex	奕瑞科技

2）主要技术进展及趋势。平板探测器可以实现将不可见的 X 射线转化为可见光，通过感应穿过物体 X 射线的强度，赋予图像不同的灰度等级，使人眼可以观察到图像。平板探测器的基本原理为，使用闪烁体材料将 X 射线转换为可见光，再使用光电二极管将可见光转换为光电子，经过电荷收集、前置放大、模数转换、图像处理等诸多步骤，提供被拍摄物的透视影像。其结构和工作原理如图 2-30 所示。

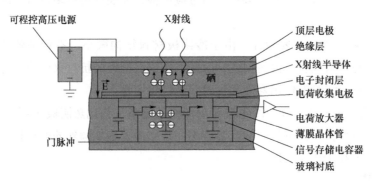

图 2-30　平板探测器的结构和工作原理

平板探测器的主要核心技术包括光电转化（荧光材料及光电转换）技术、前置放大及模数转换电路技术及外围电路和交互技术。

① 光电转化技术。平板探测器分为直接转换型和间接转换型两种。在直接转换型探测器技术中，探测材料直接将 X 射线转换为电信号，主要依靠的是非晶硒技术。由于

非晶硒材料存在高温下性能恶化的问题，当前主流的技术为更加可靠的间接转换型探测器技术。下面主要介绍间接转换型探测器的光电转换技术。间接转换型平板探测器的光电转换技术包含两部分，第一部分是将 X 射线转换为可见光的闪烁体，第二部分是将可见光转换为电信号的光电二极管阵列，即面板。

对于第一部分，闪烁体材料的类型非常多，常用的有碘化铯（CsI）和硫氧化钆（GOS）两种。碘化铯可以在 TFT 上直接进行蒸镀，形成具有光导特性的柱状晶体，减少了光的发散，这种特性可以提高材料的厚度从而提高 X 射线的吸收率，也同步提高了调制传递函数（调制传递函数越高图像越清晰）和量子探测效率（量子探测效率越高，成像剂量越低）。硫氧化钆是将硫氧化钆粉末与透明胶体结合，形成片状材料，贴附到光电二极管阵列上。硫氧化钆由于其粉末状以及需要贴附的特性，会导致光发散等不利因素，量子探测效率远低于碘化铯。但硫氧化钆的低余辉特性，使其在某些领域有更大优势，比如超高速成像。

奕瑞科技是我国较早开发出硫氧化钆光学耦合技术的公司，在低成本的硫氧化钆闪烁体解决方案上具有生产工艺简单、产品稳定可靠的优点。通过自主研发，奕瑞科技还成功开发出了碘化铯真空镀膜、封装工艺，将碘化铯加工成柱状结构，可有效降低光的散射，从而改善了探测器调制传递函数和量子探测效率特性，解决了碘化铯容易潮解的问题，达到全球先进水平。

对于第二部分，面板的基本原理是在玻璃基板上形成由光电二极管和 TFT 组成的二维像素阵列，当闪烁体产生的光照射到像素阵列上时产生光电子，光电子暂时存储在像素电容里。TFT 作为逐行寻址开关，逐行读出电信号。由于 X 射线经闪烁体转换后产出的可见光非常微弱，这对面板提出了严格的技术要求。根据半导体材料的不同，TFT 有非晶硅 TFT 和 IGZO TFT 两种。非晶硅为当前主流技术，而 IGZO 是新一代探测器面板的核心技术，该技术制造的 TFT 面板具有介于非晶硅和 CMOS 之间的载流子迁移率，具有介于非晶硅和 CMOS 之间的图像性能，易于大面积制造，成本可控，是目前大面积动态探测器的解决方案。国内已有企业在 IGZO 探测器技术领域走在了世界前列。

② 前置放大及模数转换电路技术。该技术是指将非晶硅面板转换而来的模拟信号放大并转换为数字信号的 CMOS 芯片技术。该技术实现了低噪声的图像逐行扫描读出功能，实现了大面阵的驱动与数据读取。该技术采用跨导积分电路对皮安级微弱电流信号进行放大处理，具有工作速度快、电路噪声低、技术难度大的特点。目前占领市场的主要为国外芯片公司，国内厂家开始积极布局，在部分领域上已经开始国产化并实现规模化应用。

同时，基于 CMOS 工艺在一块晶元上面集成光电二极管阵列、前置放大电路和模数转换器的高集成度探测器方案，具有明显优于非晶硅探测器的低剂量信噪比，以及更高的采集速度。其缺点在于大面积制造的工艺复杂，成本较高，所以是目前小面积动态探测器的最优解。

③ 外围电路和交互技术。

a）控制驱动电路技术。该电路具有板载高性能 FPGA 芯片，实现了高速信号读取芯片的驱动和信号的稳定读出，并采用千兆网或其他特殊技术，实现了大数据量的传输，有效提高和保证了影像的传输速度和质量。

b）自动曝光探测技术。把感知 X 射线的传感器和电路进行嵌入式设计，能够显著降低将模拟 X 射线摄影系统改造为 DR 系统的技术难度，从而改变行业生态。嵌入式自动曝光探测技术把电离室的射线探测功能集成到了平板的内部，不会造成任何伪影；同时，自动曝光探测技术具有更低的触发剂量和剂量率、更广的误触发限度等特点。在自动曝光探测技术的应用中，创新的内触发式应用能确保平板和高压发生器在没有任何电气连接的情况下快速安装并进行使用，极大地推动了数字平板在 DR 升级市场的快速应用。

c）自动曝光剂量控制技术。DR 系统在使用过程中有一项用于降低操作技师工作量的功能叫作自动曝光控制（AEC）功能。该功能采用气体电离室来探测探测器表面的入射剂量，并在达到诊断所需剂量要求的时候控制射线发生装置关断射线，从而达到类似傻瓜相机自动设定射线剂量的目的。近年来，国内厂商积极进取，在平板探测器内置 AEC 方面取得突破进展。与传统气体电离室不同，探测器内置 AEC 利用探测器本身对 X 射线响应、面积大等优势，发展出了以面板感应为主导的 AEC，这种 AEC 配合无线探测器，可实现无线 AEC。无线 AEC 的优点有：不需要额外增加气体电离室作为 AEC 探测器，成本更低；不需要额外的空间安装 AEC，布局更灵活；无线模式下，高压的连接更简单；在移动应用方面具有更好的便携性与环境适应性。平板探测器内置 AEC 正成为新的发展趋势。

d）无线平板探测器及超级电容技术。无线平板探测器从 2015 年左右开始逐渐在世界范围内成为主流的 DR 探测器方案，无论在固定拍片还是移动拍片的应用上，无线平板探测器都具有提升医院工作效率、简化工作流程的显著优势。2016 年，奕瑞科技和联影医疗联合研发了一款采用超级电容技术的无线平板探测器，成为世界上少数几家掌握了超级电容的配置和电源管理优化的平板探测器厂家。该技术的应用可显著提高无线平板探测器电源的使用寿命，大大缩短充电时间，为探测器整机带来差异化竞争优势。

3）新技术应用及技术发展趋势。

① 柔性化和轻量化。随着整机系统朝着便携、可移动等应用方向的发展，需要更加轻便和结实耐用的探测器，以便于单手操作和防止跌落损坏。而基于传统玻璃基 TFT 面板技术的平板探测器，在结构上趋于极限的设计能够将 35cm×42cm 尺寸的平板探测器重量控制在 2.8kg 左右，能够抗击 1m 左右的若干次跌落。为了进一步降低重量和提升抗跌落能力，需要全新的面板技术从底层改变探测器的结构设计思路。开发基于柔性面板的平板探测器技术将有望打破行业传统设计思维的局限，开创移动式平板探测器的新格局。该产品的实现需要在光电转化、前置放大和模数转换、外围电路和交互三个核心技术领域分别有所突破。

② 超高清成像。目前，全世界主流的用于普通放射的探测器像素尺寸在 139μm 以上，极限分辨率在 3.7lp/mm。传统非晶硅技术的图像质量最优解分布在上述像素尺寸附近，当临床应用提出更高分辨率要求时，传统技术会带来剂量加大、噪声增加等副作用，限制了向超高清（100μm 以内）的发展。国外目前有 Konica、Varex 两家竞争对手在技术上有所突破，推出了超高清的普放用平板探测器。

基于 CMOS 技术的图像传感器与非晶硅相比，图像噪声和残影更低，半导体工艺的关键尺寸更小，在低噪声、高分辨率方面有明显优势。由于 CMOS 基于传统晶圆加工工艺，尺寸基本被限制在 12in。大尺寸的实现需要几颗光电传感器拼接为一个大平板探测器。最近两年，以奕瑞科技为代表的国内公司，在这种高精度拼接方面有了突飞猛进的发展。随着临床端对图像质量的要求越来越高，以及 CMOS 探测器成本逐渐降低，CMOS 探测器在动态或要求高分辨率的领域应用越来越广泛。

③ 单光子计数面阵。目前，商业化的主流平板探测器和 CT 探测器技术在模数转换方式上属于积分式。单光子计数探测器在世界范围内主要被一些欧美的行业巨头（如 GE、Philips、Siemens 等）和领先的创业公司（如瑞典的 XCounter 等）应用在一些实验性的高端 CT 上。相比积分式探测器的单色成像，单光子计数探测器能够实现多能谱采样点的多色成像，从而具备物质分辨能力，使得原本只具备结构成像能力的设备获得功能成像能力，并且能够在图像算法的配合下显著提高图像质量。

④ 面阵式光子计数探测器。近年来，随着光子计数探测器技术的快速发展，X 射线多能谱成像技术成为研究热点。目前，瑞典 XCounter 公司生产的双能光子计数探测器可以应用于牙科、乳腺科等领域。双能成像时，被探测的光子能量被两个独立的能量阈值进行比较并分别读出，一次曝光下即可产生剪影，进而实现组织剥离区分。但只有 6mm 的传感器宽度限制了扫描效率的提升和临床的进一步应用。

⑤ 基于平板探测器的 3D 重建技术。基于平板探测器的 3D 重建技术被越来越多地应用于医疗产品当中，其原理是 X 射线球管与探测器保持相对位置固定，围绕被照射目标旋转并采集二维投影数据，然后对多次投照得到的投影数据进行重建进而得到三维图像。该技术目前在牙科等专门领域有所应用，但如果想推广到更广泛的临床应用，需要解决散射线干扰、提高图像采集和传输速度等问题。

⑥ 低剂量平板探测器技术。近年来，随着技术的发展，人们对于平板探测器性能的要求已经从最初的得到好的图像转变为以较低的剂量水平得到好的图像，最大程度地减少病人受到的辐射量。基于上述目的，一系列新的方法、技术被开发了出来。例如，为了降低散射线的影响，传统方法是加抗散射滤线栅进行拍摄，这个方法虽然可以一定程度降低散射线，但是因为有固体栅的存在，对于拍摄剂量提出了更高的要求，所以虚拟滤线栅或者叫作智能滤线栅的技术被开发了出来，该技术通过对 X 射线成分的分析，可以将散射线从原射线中分离出来，从而在不增加拍摄剂量的条件下得到可以和实体栅去散射线相比拟的效果。再例如，平板探测器是通过闪烁体将 X 射线转变为可见光，然后被 TFT/PD 传感器转化为电信号并收集起来，但是传统的碘化铯闪烁体具有很多不利

于成像的特性，例如余辉时间长、针状结构分布不均匀等，对于最终成像的清晰程度、对比度等图像性能影响很大，经过精心设计的闪烁体，可以有更好的针状结构分布均匀性、针状碘化铯角度和厚度、短的余辉时间等特性，使最终图像有更好的调制传递函数以及更好的响应特性，在保证高量子探测效率的同时，可以大大降低病人的受照剂量。

⑦ 双能、多能平板探测器技术。一直以来，平板探测器都是单能探测器，即每次拍摄得到一个能量的图像，只能显示某些特定密度的病灶。在一些特殊的应用，如 DSA 应用中，需要对平板探测器进行高低两次不同能量的曝光，得到两张不同能量的图像，通过数字减影从而得到血管图像，所以一次拍片得到两个能量图像的需求，无论是对于病人的辐射防护，还是对于工作流程都有更现实的意义。当前，一些平板探测器领域的头部企业，如奕瑞科技均已布局了双能/多能平板探测器技术。利用该技术通过对闪烁体、TFT 进行不同组合，甚至是从探测器的探测器原理着手，例如光子计数技术，一次拍片得到两个，甚至是多个能量的影像，从而实现诸如彩色 X 光片、骨密度检测和"骨肉分离"等功能。

⑧ 基于新材料的平板探测器技术。近年来，特别是 2015 年以后，各种新材料、新技术层出不穷。福州大学陈秋水团队和新加坡国立大学团队合作开发了应用于平板探测器的钙钛矿闪烁体，可以在室温下，直接涂布在面板上。该团队数据显示，该探测器实现了在相同入射剂量下，其钙钛矿闪烁体的灵敏度是传统碘化铯闪烁体的 2 倍，调制传递函数几乎是传统平板探测器的 2 倍，相关成果发表在 *Nature* 杂志上，受到了业界广泛的关注。另外，西北工业大学、华中科技大学、中国科学技术大学等相关团队也开发出了直接型钙钛矿探测器、钙钛矿闪烁体等。

4）国产化情况。平板探测器关键核心功能部件主要包含图像传感器面板、闪烁体、数据传输电路。TFT 图像传感器面板和闪烁体材料已经实现国产，满足供应链需求。数据传输电路中，高速印制电路板（Printed Circuit Board，PCB）、柔性电路、光纤模块基本实现国产，FPGA、模拟前端芯片目前尚需进口，国内企业具备一定技术基础，处于追赶状态中。

（2）CT 探测器

1）CT 探测器发展现状。探测器是 CT 装备中极为复杂和昂贵的关键部件，其技术和工艺难度已经成为 CT 技术发展的瓶颈之一。

CT 技术由于具有扫描速度快、图像清晰度高等优点而被广泛应用于临床和生物医学影像等领域。现有的第三代 CT 机在覆盖面积、旋转速度和空间分辨率这三个主要性能上已经取得了长足的发展，但由于现有 CT 探测器的局限，X 射线所携带的能量信息还没有被充分利用起来。

CT 探测器目前按照使用场景可以分为经济型、中档型、高端型。经济型探测器主要注重成本控制，以 2cm 及以下探测器为主（包括 16 排、32 排等配置）；中档型探测器可用于常规心脏扫描和灌注扫描，以 4~8cm 探测器为主（包括 64 排等配置）；高端型探测器关注大扫描范围、能谱应用、高旋转速度、高采样率，扫描长度可以达到

16cm，以 256 排和 320 排为主。国内多数厂家以部件级设计和系统集成为主。

2）主要技术进展及趋势。

① 光子计数探测器技术。近几年发展起来的光子计数探测器技术，可以很好地克服传统能量积分探测器应用于 CT 所存在的不足。与传统 CT 相比，基于光子计数探测器的能谱 CT 具有可实现材料成分分析，降低病人辐射剂量，提高 CT 定量分析准确性和实现超高空间分辨率等优点。因此，光子计数能谱 CT 已成为备受学术界和工业界关注的下一代 CT 的主要发展方向。

目前，开发此项技术的主流国外厂商有德国 Siemens、荷兰 Philips 和美国 GE，近几年成立的德国 Advanced Breast-CT 和新西兰 MARS Bioimaging 两家公司更是专注于光子计数能谱 CT 的研发，并取得了一定的成果。

② 二维可拼接 CT 探测器模块技术。二维可拼接 CT 探测器模块是中高端医用 CT 产品（如 64 排、128 排、256 排等产品）中宽体探测器子系统不可缺少的关键部件。当前，中高端产品中使用的该类模块，主要由稀土陶瓷闪烁体阵列、背照式二维可拼接光敏阵列以多通道 20~24bit 高精度模数转换器芯片经过精密集成整合而成。

二维可拼接模块技术的产品化需要应对几个方面的高难度挑战：整合工艺的机械对准精度要求非常高，其中闪烁体和光敏阵列的对准误差不能超过 $10\mu m$，在阵列的拼接中每个模块的定位误差不能超过 $15\mu m$；由于背照式光敏阵列不能承受传统贴片工艺的高温，其与模块基板之间的焊接需要开发非标准的低温焊接工艺；模块整合工艺需要实现高可靠性，实际使用中，模块产品需要在高速旋转的环境中无故障工作 10 年；需要设计成本合理的整合工艺并实现不低于 95% 的模块量产成品率，以控制模块以及整个探测器子系统的成本。

目前，国外著名医用 CT 厂商的中高端产品基本都使用自行研发的二维可拼接探测器模块，相关模块技术被认为是产品核心竞争力的重要组成部分，不会对外销售。市场上可外协的二维可拼接 CT 探测器模块厂商包括日本滨松光子学株式会社和芬兰 Detection Technology 公司，美国 ADI 公司和奥地利 Austria Micro Systems 公司也开始进入该领域。目前国产中高端医用 CT 产品均使用这几家外协公司生产的二维可拼接探测器模块产品，该关键部件领域产品和技术的国产化目前仍是空白。

现阶段医用 CT 产品使用的二维可拼接探测器模块主要有以下几种不同的设计：①在单晶硅晶圆上整合光敏阵列和 ADC 电路，光敏阵列和 ADC 电路分别构造在晶圆的两面，中间由硅穿孔（Through Silicon Via，TSV）完成信号连接。该方案由 Austria Micro Systems 公司实现量产，其优点为集成度高，受外界干扰小，外围电路不包含模拟信号，相对简单；其不足之处为二维阵列最小拼接单元尺寸较小，以此来保证合理的成品率，控制成本不至于太高，另外散热的 ADC 电路和光敏阵列无热隔离，温控设计要求高。②背照式光敏阵列和 ADC 芯片分别贴装在模块基板的两边，靠基板中的连线实现信号连接。其优点是模块设计紧凑、体积小，光敏阵列和 ADC 芯片相对独立，易于控制成本；不足之处为模块基板的设计难度较高，另外同样存在光敏阵列和 ADC 电路的热隔离不够，温控设计要求高的问题。③背照式光敏阵列贴装在模块基板上。而 ADC 芯片贴装在与基板相连的刚挠板上。该方案的优点为元器件布局空间较为灵活，设计难度小，光敏阵列和 ADC 芯片的热隔离较好，模块的温控设计相对容易；不足之处为模块的体积较大，模拟信号连线较长，易受外界干扰，电子噪声也要稍大一些。

随着经济水平的不断提高及临床需求的不断增长，CT 产品要拥有更快的扫描速度、更高的时间分辨率、更低的扫描剂量以及更高的组织对比度，探测器的覆盖范围越来越宽，从最初的 10mm，发展到 20mm、40mm、80mm，直到现在的 160mm。160mm 的覆盖范围能把器官的扫描速度提升到 200ms 以内，可以满足各种临床应用。

医用 CT 应用中对能谱 CT 不断增长的需求也在持续推动具备能谱信息采集功能的 CT 探测器的开发。具备能谱功能的设计分为两类：一类是双层结构的信号积分型探测器模块，独立读出的各层信号代表不同 X 射线能量的信号响应，由此提供能谱分析所需的双能信息。该设计以 Philips 的双层双能二维可拼接模块为代表，但在提供一个可行的能谱 CT 探测器解决方案的同时，存在成本高、双能分辨能力有限的先天不足。另一类是光子能谱计数型的探测器模块，该探测器技术不同于传统采用闪烁体探测材料的积分型 CT 探测器技术，目前多采用高灵敏度的室温半导体探测材料，利用其快速信号响应来分辨每个 X 光子产生的信号，并在快速计数电路的不同能窗中记录下来。该技术在采集的数据中保留了基本完整的能谱信息，为系统层面的能谱应用提供了最大的灵活性，因此该技术的开发已成为能谱 CT 探测器开发的主要方向。多家跨国公司已开发了基于该技术的医用能谱 CT 样机用于临床研究，但如果投入量产应用还需要解决探测器材料成本高、信号响应稳定性存在差异等问题。

（3）探测器国内现状　探测器关键部件包括闪烁体、光电二极管、抗散射准直器、专用集成电路（Application Specific Integrated Circuit，ASIC）芯片、数据控制采集板及控制程序等，国内整机企业主要依靠自己设计探测器，然后借助外部厂商工艺进行制作贴装。

闪烁体属于探测器核心部件，涉及材料组分设计、性能优化、粉体高精度制备、陶瓷烧结工艺、闪烁体阵列制备技术，是探测器研制最难的部分，同时，大范围扫描探测器的温控、机械可维护性、可制造性和成本也是探测器设计的难题。探测器部件和准直器部件均需要精密机械加工，包括探测器的导轨、准直器的电机和驱动丝杠导轨技术仍未达到国际一流水平，大多需要从日本和欧洲购买。另外，探测器中的 FPGA 芯片需要较高的集成度，国内仍然没有可替代产品，半导体贴装工艺国内虽然开始研究，但仍未达到成熟和领先的地位。

3. 高压发生器

（1）X 射线高压发生器

1）行业发展现状。医用 X 射线高压发生器狭义上特指除 CT 高压发生器及组合式一体化 X 射线源之外的诊断 X 射线高压发生装置（包括组合式一体化 X 射线源），是用于控制 X 射线管组件按照临床应用需要的参数和时序曝光的特种高压电源系统，典型构成包括主高压电源、灯丝驱动电源、系统接口与控制单元及嵌入式软件。根据配套使用的 X 射线管的规格构成，高压发生器子系统可能还需要配置阳极旋转驱动电源、栅极控制高压电源；根据配套使用的其他 X 射线影像子系统的规格构成，可能还需要配置探测器、限束器、AEC、DAP、Bucky 等设备的同步接口电路。

早期的高压发生器都需要 X 射线系统厂商自产，历史悠久或规模较大的 X 射线影像设备商，如跨国企业 GE、Siemens、Philips，国内先行企业万东医疗、东软医疗、联影医疗都有自己的高压发生器设计和制造团队。从 20 世纪 90 年代开始，独立的高压发生器制造商快速成长以适应新兴 X 射线影像系统厂商对核心部件的需求，代表企业包括北美的 Spellman、CPI、EMD，欧洲的 Sedecal、IMD，日本的 Origin，韩国的 Drgem、Poskom，国内的奕瑞科技、博思得、睿影科技和潜驱科技（苏州潜驱科技有限公司）等独立核心部件制造商。同时，传统自制高压发生器的系统大厂，包括 GE、Siemens、Philips 也开始将部分系统整机的高压发生器子系统交给独立的高压发生器厂商研发、设计和制造，以借助上游部件厂商的资源实现更专业的技术创新、更高效的产品交付速度和更经济的产品成本。

博思得专注于 X 射线影像设备核心部件领域研发多年，已推出十余款医用高压发生器产品，产品应用全面覆盖静态 DR、宠物 DR、动态 DR/胃肠机、移动 DR、便携 DR、乳腺 DR、C 形臂、牙科 CT/牙片机等。公司已掌握大功率高频逆变、高等级绝缘设计、全数字控制、旋转阳极无级调速、千伏快速切换等关键技术，研发的产品具有高频逆变、高精度、高功率密度等特点，已成为国内 X 射线高压发生器领域产品种类最为齐全的公司之一，多款高端高压发生器产品成功打破国外垄断。目前，博思得的 DR 类高压发生器产品国内销量领先，相关产品已获得 CE、FDA 认证，正逐步走向海外市场。

睿影科技是集医用 X 射线发生器研发、生产、销售和服务于一体的国家高新技术企业，产品涵盖静态 DR、动态 RF、体检车载 X 光机、牙科 CBCT 和宠物 DR 等多个应用方向。

奕瑞科技主要从事数字化 X 射线探测器为主的 X 射线核心部件的研发、生产、销售与服务，公司生产的数字化 X 射线探测器覆盖包括医疗、兽用和工业等诸多应用领域，且为该领域的龙头企业。2019 年通过收购海玮电子［海玮电子科技（上海）有限公司］等进入 X 射线高压发生器领域，产品覆盖 DR、牙科 CBCT、宠物 DR 和 CT 等多个应用方向。

在目前的行业发展趋势下，中小规模及新兴的 X 射线系统制造商会继续采用独立高压发生器厂家的标准或定制产品与其系统集成，大型 X 射线系统制造商会采用自产与外购高压发生器并行的方式，既保持对高压发生器新技术的敏感性和临床应用创新的引领作用，又可通过与独立的高压发生器厂家合作，实现更高效合理的专业分工和更经济的投资回报，大幅度降低产品成本，提高新产品的开发速度。

2）主要技术进展及趋势。随着现代电力电子技术和半导体功率器件技术的发展，X 射线高压发生器子系统从 20 世纪 90 年代开始到 21 世纪前十年约 20 年的时间，已经全面完成了从工频整流滤波技术到高频逆变技术的转变。因此，当前主流的高压发生器为恒定电压高压发生器，其按逆变技术分类有脉冲宽度调制（Pulse Width Modulation，PWM）型和脉冲频率调制（Pulse Frequency Modulation，PFM）型两类，其中，PWM型有推挽逆变、全桥逆变移相控制等方式，PFM有LC串联谐振、LC并联谐振和LCC串并联谐振等方式。按逆变部分采用的功率开关器件分类有绝缘栅双极晶体管（Insulated Gate Bipolar Transistor，IGBT）型、金属-氧化物-半导体场效应晶体管（Metal-Oxide-Semiconductor Field Effect Transistor，MOSFET）型、SiC型等，按高压侧整流方式分类有多倍压整流、二倍压整流和全桥整流等，按高压绝缘工艺分类有油绝缘型、固态绝缘型等。

在大功率医疗影像应用领域，IGBT与MOSFET、脉冲宽度调制与脉冲频率调制等不同的技术路线各有特点。以IGBT作为开关器件的脉宽调制和变频串联谐振拓扑加油绝缘型高压箱架构在连续加载曝光及脉冲加载曝光的控制精度、纹波、时间响应、产品可靠性各方面的综合优点较多。国外以CPI和EMD为代表，以及国内高频高压发生器行业大都采用MOSFET和LC或LCC串联谐振方案。MOSFET器件可以工作在更高的工作频率，高压变压器次级可输出的高频纹波更低，高压发生器动态响应更快，功率密度更高，体积更小，因此其超高频指标在国内受到较多关注。

除了上述高频化趋势外，小型化和低成本也是目前主流整机厂商重点关注的方面。

新的临床应用需求、探测器和球管技术的创新、新型电力电子功率器件的实用化都将持续推动高压发生器技术的发展。在临床应用方面，双能或能谱成像的应用范围逐渐扩展到更多细分的应用场景，对高压发生器的电压快速切换及管电流的快速稳定提出了更高的要求；探测器的光子检测灵敏度和图像数据采集速度的提高将推动高压发生器连续脉冲曝光帧频从30f/s提高到60f/s甚至更高，以达到3D CBCT图像重建的需求；在球管方面，高端介入诊断DSA栅控球管的采用、冷阴极碳纳米管的发展对高压发生器的栅控电源提出了新的技术需求；在电力电子技术领域，随着高耐压、低损耗、高效率的碳化硅材料功率开关器件应用到新型X射线高压发生器的研发制造，在大幅提高开关频率的同时可大幅降低开关损耗，全面提升高压发生器的性能和可靠性，推动高压发生器更好地实现小型化和无风冷设计。

3）存在的问题。当前国内高压发生器行业存在的主要问题是企业自主创新能力尚需时间持续积累，大型系统整机企业对高压发生器技术专注程度低，新产品开发投资回报和效率低，高压发生器的进口替代及创新发展将越来越依赖于专业的上游核心部件企业。同时，国内相关产业规划与扶植力度也比较弱，造成多家国内高压发生器新创企业缺乏清晰的长远战略，当前主要以仿制国外甚至国内同行的同类产品，同时互相打价格战的方式非良性竞争。

（2）CT高压发生器

1）行业发展现状。CT高压发生器是CT系统的核心部件之一，它直接控制CT设备X射线球管产生能级、剂量、时间和波形可控的X射线进行成像，对CT系统的图像质量有决定性的影响。CT高压发生器与X射线高压发生器（参见前文X射线高压发生器的介绍）都是由主高压电源、若干辅助电源及系统控制与通信单元组成的特种高压电源子系统，但二者在曝光加载工况、机械结构、辅助电源的功能和复杂程度方面还是有较大差异。

CT 高压发生器工作在大功率长时间加载状态，而 X 射线高压发生器工作在大功率短时间加载或小功率长时间加载状态；CT 高压发生器运行在高速旋转的 CT 机架中，转速最高可达到 240r/min，机械结构和器件选型需要承受高达几十倍的重力加速度；辅助电源方面，CT 高压发生器全部需要配置高速阳极旋转驱动电源，中高端产品还需要配置栅极高压电源控制 x 方向的飞焦点位置，动态磁场电源控制 z 方向的飞焦点位置。

与 X 射线高压发生器的情况相似，大型跨国企业 GE、Siemens、Philips 都有自己的 CT 高压发生器设计和制造团队，他们同时也在积极寻找独立部件制造商合作。国际上独立的 CT 高压发生器制造商有 Spellman 和 Analogic。由于 Analogic 的 CT 高压发生器只能匹配 Analogic 独家开发的非接触式滑环，极大限制了其适用范围，也导致国际上 CT 高压发生器独立制造商实际上只有 Spellman 一家，Spellman 是 Philips 三分之二 CT 高压发生器的供应商以及 Canon 100% CT 高压发生器和我国国内整机厂商 90% CT 高压发生器子系统的供应商。国内为数不多的独立高压发生器制造商尚处于产品研发或应用阶段，目前以博思得为代表的国内企业已突破传统的 CT 高压发生器，其产品具有高绝缘性、高可靠性、高功率密度、高密封性等特性，适用于常规式 CT、移动式 CT、头颅 CT 设备，实现了进口替代。

博思得现已掌握了千伏快速切换能谱 CT 高压技术、CT 球管驱动技术等核心技术，研发的 CT 高压发生器产品功率从 900W 到 130kW，可覆盖 16 排到 256 排等各种 CT 应用，全系产品高频逆变，可实现 SiC 的应用，产品兼容性强，可支持所有 CT 球管，其中 42kW、50kW 系列 CT 高压发生器产品已经实现批量应用。

此外，联影医疗、奕瑞科技等国内企业也在开展 CT 高压发生器的研制，国产化进程逐渐加快。

2）主要技术进展及趋势。与 X 射线高压发生器同步，随着现代电力电子技术和半导体功率器件技术的发展，CT 高压发生器子系统从 20 世纪末已全部发展为高频逆变技术，但其逆变开关频率通常显著低于 X 射线高压发生器，以适应 CT 高压发生器大功率、高电流的加载工况条件。在主高压电源方面，CT 高压发生器近 20 年来，连续加载功率从 20kW 左右提高到了 100kW 以上。同时，从器件选型到结构布局设计均有很大的改进，以适应 CT 机架转速从数秒一圈提高到最高 0.25s/圈的需求；辅助电源方面，CT 高压发生器需要更大的旋转阳极驱动功率，以实现对 CT X 射线管的高速驱动要求，以及对液态金属轴承球管的应用支持。

在高压发生器的控制方面，近 20 年主流产品开始大量采用 DSP、ARM、FPGA、CPLD 芯片以及光纤通信、多路 SPI 通信、CAN 总线通信等数字电路和嵌入式软件新技术，大幅提高了高压发生器子系统控制工作流的实时运行速度和复杂电磁工况条件下运行的可靠性。

CT 高压发生器的创新驱动来自三个方面：

① 底层技术方面：包括宽禁带碳化硅 IGBT 或 MOSFET 器件逐步在其他行业大批量使用，成本降低、可靠性提高的趋势使其可能成为未来大功率 CT 高压发生器的首选功率开关器件，可以更方便灵活地应用于多种新型逆变电源拓扑电路设计中，在大幅提高开关频率的同时可以大幅降低开关损耗，全面提升 CT 高压发生器的性能和可靠性。

② 系统临床应用创新方面：对双能或能谱成像的需求将推动 CT 高压发生器的电压快速切换，速度从毫秒级向亚毫秒级发展；锥形束 CT、静态 CT、电子束 CT 等前沿技术如果未来几年能突破系统应用上的一些关键难点，将会带动非传统架构新型 CT 高压发生器的研发和应用，栅控技术将会加速扩展应用范围，以实现微秒级的各种特殊曝光工作流时序控制。

另外，移动 CT、车载 CT、头颈 CT、垂直 CT 等新型 CT 应用，对高压发生器提出了体积更紧凑、功率密度更高、功率范围更宽、支持直流供电、支持阳极接地高绝缘等更高的要求。

③ 射线源负载方面：大功率和中功率 CT 球管都在向阳极接地技术发展，CT 高压发生器将更多采用阳极接地架构，提高 CT 球管的散热能力和连续工作加载能力，抑制焦点外散射；冷阴极技术开始在小功率球管中被多个球管厂家采用，如果在多源 CT 或静态 CT 应用上取得进展，将对配套的高压发生器提出新的设计需求。

（3）存在的问题与建议　CT 系统的高压发生器产品长期被国外跨国公司垄断，难以完全满足国产高端 CT 系统的设计要求，且该部件的高成本和低可靠性，导致了厂商和医院较高的使用与维护成本，最终提高了广大群众的医疗成本。

总体来说，研发出国产的超高性能 CT 高压发生器迫在眉睫，但 CT 高压发生器的研制需要较大资金投入和较长周期的持续努力，同时也需要国内 CT 整机系统厂商的协作支持。建议政府行业主管部门在制定产业规划政策时应鼓励国内 CT 整机厂商优先采用国产自主品牌的 CT 高压发生器，对自主品牌 CT 高压发生器研发生产企业以及采用国产 CT 高压发生器的整机系统厂商给予专项资助和政策支持。

4. 电源柜及控制盒

（1）行业发展现状　国产和进口 CT 常用的主要是带大功率隔离变压器的电源柜，电源柜具有一组输入接口和多组不同规格的输出接口，输入和输出接口都带有热磁保护器件，隔离变压器本身带有多个电压等级跳线，可以满足各地区的不同电压等级需求。CT 控制盒可以帮助操作者远距离操作 CT，可以实现对床和机架的运动控制，完成对病人的扫描和诊断。CT 厂商基本都能自主研制控制盒，它的安全性和便捷性越来越受到 CT 制造商和操作者的关注。

（2）主要技术进展及趋势　CT 产品致力于在保证设备安全性能和基本性能的基础上最大限度地降低设备成本。通过对 CT 高压系统的电源需求进行分析可以发现，高压系统的电源需求范围大大超出电网电源的波动范围（±10%），并且高压系统的电磁兼容性和安规性能都必须满足 IEC 60601 的最新要求。因此，可以对电源柜功能进行拆分，将电源分配和辅助回路的隔离变压器集成到 CT 机架和病床各个分系统处，并去除高压系统前端的隔离变压器，在简化系统的同时可以大幅降低设备成本。这种技术会导致单体 CT 设备无法满足多地区的电压等级，可以通过产品策划阶段确定产品市场，并针对该市场的电源要求进行产品开发，也可以在卖向其他地区时单独增加前端隔离变压器来解决此问题。

高端 CT 产品更倾向于智能化、节能化的设计，通过引入电源控制芯片和外围电路，达到以下应用效果：电源系统会实时监测、记录网电源情况，并在网电源质量糟糕的时候反馈信号，提醒医护人员停止使用设备，维护电网；通过电子式断路器对输入的电源进行更精细的保护，最大限度地减少设备短路、过载产生的损害；可选智能休眠模式，在待机时间最大限度减少功耗；智能设定设备开关机时间。

控制盒逐渐向小型化、智能化转化，力求使用尽可能少的按键来实现更多的功能，从而简化 CT 的操作。控制盒的智能化设计依靠主机的智能化，当前不少 CT 控制盒是依靠特定的按键来完成特定的动作，少数先进的制造商可使用一个按键来完成多功能，这也是行业的发展趋势。为实现智能化，CT 控制盒需要实时了解系统的状态，在不同的状态用同一按键执行不同的动作。

5. 机架

（1）行业发展现状　目前，国内外 CT 装置机架结构基本类似，一般分为底座、定子和转子三部分。底座用于支承整个转子与定子单元，通过两侧的倾斜轴承，实现定子与转子单元的倾斜动作（部分装置不具备倾斜需求）。转子上安装 X 射线管、高压发生器及探测器等，主要负责数据的采集和传输。转子通过旋转轴承与定子连接，轴承用以实现转子单元的旋转，主要驱动方式为电机和传动带。轴承后侧连接滑环进行电力传输，并传输旋转动作信号、数据信号和其他控制信号。

（2）主要技术进展及趋势　机架目前向结构简洁方向发展，将复杂的具有高精度尺寸要求的部分从定子和转子上单独分离出来加工，并通过可调节的方式来实现整体的高精度要求。目前，机架上的定子和转子连接轴承以及定子倾斜轴承一般从国外进口，支承定子和转子做倾斜运动的气弹簧一般也从国外进口，严重受国外技术限制且成本较高。

提高机架旋转速度可以提高 CT 的时间分辨率，并降低扫描剂量。在冠脉成像过程中，高于 0.25s/圈的机架旋转速度往往可以实现对冠脉进行"冻结"成像。提高机架旋转速度的主要技术方向是液态金属轴承技术、球管的小型化技术等。

二、磁共振成像装备及关键零部件技术发展趋势

（一）磁共振装备概况

磁共振成像（Magnetic Resonance Imaging，MRI）是利用射频（Radio Frequency，RF）电磁波对置于静磁场中的含有自旋不为零的原子核的物质进行激发，引发核磁共振（Nuclear Magnetic Resonance，NMR）现象，用感应线圈采集信号，再用一定的数学

方法进行处理而建立数字图像的成像方法。

1946 年，斯坦福大学的 Bloch 和哈佛大学的 Purcell 同时发现了核磁共振现象，这一发现在物理、化学、生物学、医学上具有重大意义。早期 NMR 主要用于有机化合物的结构分析，即磁共振波谱（Magnetic Resonance Spectroscopy，MRS）分析。1971 年，纽约州立大学的 Damadian 在 *Science* 杂志上发表了题为 "Tumor detection by nuclear magnetic resonance"（*science*，1971，171（3976）：1151-1153）的论文。1973 年，Lauterbur 用反投影法完成了 MRI 的实验室模拟成像工作。1978 年，第一台头部 MRI 设备投入临床使用。1980 年，全身 MRI 设备研制成功。1986 年，深圳安科公司成立，1988 年，安科公司自主研制的 0.15T 永磁型磁共振成像系统通过产品鉴定，正式进入市场，1989 年，通过国家科委主持的成果鉴定，获评 1989 年中国十大科技事件之一，1990 年获得国家科技进步二等奖。1998 年，鑫高益医疗（鑫高益医疗设备股份有限公司）成立，2000 年，贝思达（深圳市贝思达医疗器械有限公司）成立，2000 年，东软医疗开始研制磁共振，2002 年，万东医疗成立磁共振事业部，2003 年，新奥博为（新奥博为技术有限公司）成立，这些公司先后推出了高性能永磁型磁共振设备。2007 年，奥泰医疗（奥泰医疗系统有限责任公司）自主研发的具有核心知识产权的 1.5T 超导磁体及磁共振成像整机问世。2015 年，联影医疗研制出了我国首台全核心技术自主知识产权的 3.0T 超导磁共振设备。2017 年，华海高圣（华海高圣）投资控股有限公司自主研发出了首台磁共振医疗车。2019 年，奥泰医疗推出了 32 通道准 3T 高端磁共振产品。2022 年，联影医疗推出了全球首款 5.0T 全身磁共振系统。到 2022 年，我国已有多家公司完全掌握了超导磁共振全系统核心部件的自主研发能力，使我国进入全球高场磁共振全部核心部件自主研发国家前三。

医用 MRI 系统设备按房间布局如图 2-31 所示。

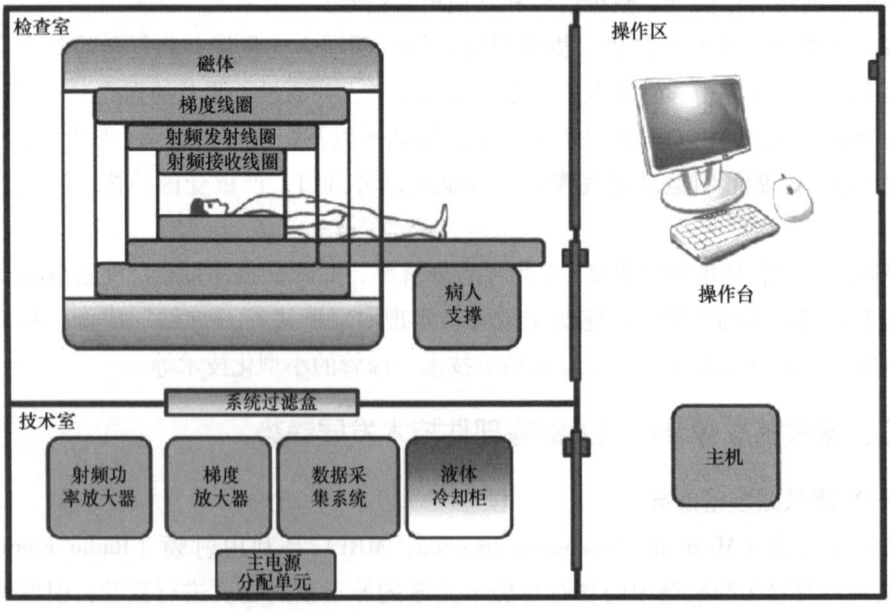

图 2-31　医用 MRI 系统设备按房间布局

1. 磁共振成像装备分类

磁共振成像装备的分类见表 2-5。

表 2-5　磁共振成像装备分类

分类标准	对应类别	特点
场强	高场（>1.0T）	—
	中场（0.5T~1.0T）	
	低场（<0.5T）	
磁体类型	永磁型	维护费用小，逸散磁场小，对周围环境影响小，造价低，安装费用也较少，一般只能产生垂直磁场；场强范围一般在 0.15~0.35T；磁场随温度漂移严重，磁体需要很好的恒温；磁场不能关断，对安装检修带来困难；磁体沉重；且随着场强增大，磁体厚度增大，更加沉重
	常导型	生产制造较简单，造价低，可产生水平或垂直磁场，重量轻，检修方便，磁场均匀度也很高；场强一般在 0.1~0.4T；运行耗费较大，通电线圈耗电达 60kW 以上，还需配用专门的供电设备和水冷系统
	超导型	场强范围 0.3~9T，磁场均匀性高，稳定性好，图像质量好，运行耗费很高，制冷剂液氦的费用很高，运输、安装、维护费用高

目前，磁共振装备市场上主要以高场和低场装备为主。高场一般为超导型，低场一般为永磁型。

低场永磁型磁共振装备往往做成开放式，有 C 形式或立柱式。高场超导型磁共振装备往往做成圆形孔腔式或站立式。常导型磁共振装备一般也做成圆形孔腔式。

还有些公司推出了针对某些部位，如头颅、四肢或关节检查的专用磁共振设备，其形态变化较灵活。

一般来讲，低场永磁型以给出诊断图像为主要目的，图像质量已经能够满足诊断要求。高场超导型主要以功能磁共振应用为主，可以开展一些科研实验。

2. 磁共振装备的工作原理及系统结构

（1）磁共振装备的工作原理　原子核自旋运动是磁共振成像的基础。氢原子是人体内数量最多的原子，正常情况下人体内的氢原子核（H^1）处于无规律的运动状态，当人体进入强大均匀的磁体空间内时，在外部静磁场作用下原来杂乱无章排列的氢原子核按外磁场方向定向排列，并形成一种高能态与低能态动态平衡的分布状态。施加适当频率的 RF 脉冲，可以使低能态的核转变为高能态，从而破坏原有的平衡，即引起了磁共振。当停止 RF 脉冲后，变成高能态的氢原子核将回到原来的平衡状态，这一过程称为弛豫。病理状态下人体组织的弛豫时间将会发生变化，采集共振信号并经重建得到图像，就可为临床提供科学的诊断结果。

在现有的医学成像技术中，MRI 的软组织对比分辨率最高，可以清楚地分辨肌肉、肌腱、筋膜、脂肪等，而且无创伤、无放射性损害。

（2）磁共振装备的系统结构　磁共振系统的典型结构如图 2-32 所示，主要包括磁体子系统、梯度场子系统、射频子系统、数据采集和图像重建子系统、主计算机和图像显示子系统、射频屏蔽与磁屏蔽、图像处理软件等。

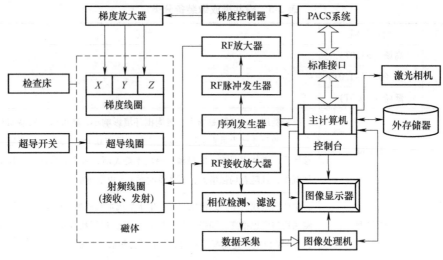

图 2-32 磁共振系统典型结构

3. 磁共振装备的重要技术指标

目前，临床使用的磁共振装备型号非常多，基本技术参数见表 2-6。

表 2-6 磁共振装备基本技术参数

组成部分	基本技术参数
磁体系统	磁体类型、磁场方向、场强、液氦蒸发速率、稳定性、磁场均匀性、逸散磁场（5 高斯线）、磁体形状
梯度系统	梯度线圈形状、场强、上升率、非线性及冷却方式等
射频系统	功率、带宽、信号检测方式、接收与发射线圈、前置放大器增益
谱仪图像取样功能	预采样、图像种类、扫描视野、采集矩阵、显示矩阵、空间分辨率、断面视角、层厚、层间距、序列、门控技术
计算机系统	计算机性能、网络性能、测试与诊断功能
其他	图像显示、处理和分析技术

4. 磁共振装备的行业发展现状

磁共振成像具有无电离辐射、软组织对比分辨率高等优势，逐渐成为医学影像技术中极为重要的组成部分。随着基础科学研究的进步和计算机科学、材料科学、制造工艺的发展，MRI 技术快速发展。

目前国内 MRI 装备市场保有量每年增量较为稳定，在 1000 台左右。截至 2020 年，保有量已超过 10000 台，到 2023 年，保有量增长至 13000 多台。

MRI 设备市场需求主要由病人数量、经济发展水平等因素决定。近年来，一大批老产品退役，促使中高端 MRI 设备市场需求快速增长，数据表明，从 2013 年到 2022 年的复合增长率达到 13.09%。

从人均保有量来看，目前我国与发达国家相比仍相对较低，2022 年年底我国人均 MRI 保有量为每百万人口 9.38 台。考虑到我国人口数量、人口老龄化及临床检查需求持续增长等因素，未来我国将是全球最大的 MRI 设备市场之一。

国产品牌已完成永磁型 MRI 设备的国产化。2010 年前，我国磁共振产业仍以永磁型为主，各公司一直在完善相关技术，掌握了多种核心技术，2010 年后永磁型市场几乎全部是国产品牌。1.5T 设备是目前市场的主流产品，国产替代空间大，是国产品牌与国际巨头竞争的主要领域。1992 年，安科开发出了我国首台 0.6T 超导磁共振系统，2007 年，奥泰医疗研制出了我国第一台具有自主知识产权的 60cm 孔径 1.5T 超导磁体和 1.5T 超导磁共振系统，2009 年，东软医疗推出首款国产 1.5T 超导磁共振系统。目前我国 MRI 设备制造企业均已推出 1.5T 产品，虽然国际巨头仍占据超过 50%的市场份额，但从 2014 年起国产化率一直在不断提升。在 3.0T 高端磁共振装备领域，国内市场目前仍主要被国际巨头垄断。2015 年，联影医疗推出我国第一台 3.0T 磁共振设备，2017 年，联影医疗成为我国第一家拥有超导磁体、谱仪、线圈、梯度线圈及梯度放大器、射频系统等核心部件完全自主研发和生产能力的企业。2017 年，首台可用于临床的 7.0T 磁共振产品取得 CE 认证。2020 年，联影医疗推出全球首台 75cm 超大孔径 3.0T 磁共振系统，2021 年联影医疗又推出了我国首台超高场动物科研磁共振系统，场强达到 9.4T。2022 年以来，超导磁共振已成为业界主流。

5. 磁共振装备技术发展趋势

随着介入磁共振成像的发展，开放式 MRI 也取得很大进步，其场强已从原来的 0.2T 左右上升到 0.5T 以上，最高场强已达 1.0T。图像质量明显提高，扫描速度更快，几乎可以做到实时成像，使 MRI"透视"成为现实。开放式 MRI 与 DSA 的一体化设备使介入放射学迈进一个崭新的时代。2023 年 6 月，硕金医疗（安徽硕金医疗设备有限公司）与中国科学技术大学附属第一医院联合研发的大孔径磁共振介入治疗系统实现临床装机应用，其孔径达到了 81cm，是当前全球最大的介入磁共振系统。

目前，随着超短腔磁体技术、液氦零挥发技术、真空浸漆技术等超导磁体技术的发展，高端超导 MRI 设备的成本及维护费用逐渐降低，成像速度和成像质量显著提升，使永磁 MRI 设备的市场竞争力逐渐减弱，永磁设备的市场占有率持续走低。

1.5T 及 3.0T 超导磁体以及无/少液氦技术的应用与发展将是今后磁共振技术发展的主流趋势。设备的小型化、便携化是今后磁共振装备的发展方向之一。已有公司研制成功便携式磁共振成像系统。

据有关资料，2030 年全球磁共振成像系统市场规模将达到接近 120 亿美元的水平。高场、无液氦、轻量级线圈、人工智能技术、大孔径技术等是磁共振研究的新方向。

（二）磁共振装备关键零部件技术发展趋势

1. 磁体

（1）行业发展现状 主磁体是 MRI 仪最基本的构件，是产生磁场的装置。1987 年，安科研制出超导磁体，并于1992年开发出我国首台超导磁共振系统，获得1993年度深圳市科技进步特等奖。东软、鑫高益等公司也积极开展无/少液氦超导磁体相关研究，目前已能独立生产零液氦超导磁体。

目前绝大多数低场开放式MRI都采用永磁型主磁体。常导磁体的线圈导线采用普通导电材料，需要持续通电，目前已经逐渐淘汰；超导磁体的线圈导线用超导材料制成，可以使用很强的电流产生高强度的磁场。主磁体最重要的技术指标包括场强、磁场均匀度及主磁体的长度。

主磁场的场强以高斯（G）或特斯拉（T）为单位来表示。特斯拉是目前磁场强度的法定计量单位。特斯拉与高斯的换算关系为1T=10000G。

MRI对主磁场均匀度的要求很高，原因在于：①高均匀度的场强有助于提高图像信噪比；②场强均匀是保证MR信号空间定位准确性的前提；③场强均匀可减少伪影（特别是磁化率伪影）；④高均匀度磁场有利于进行大视野扫描，尤其肩关节等偏中心部位的MRI检查；⑤只有高均匀度磁场才能充分利用脂肪饱和技术进行脂肪抑制扫描；⑥高均匀度磁场才能有效区分MRS的不同代谢产物。

（2）主要技术进展及趋势　近年来研究的重点之一是零液氦磁体技术。"零液氦"磁共振指的是"零液氦挥发"磁共振。20年前，超导磁共振使用的是10K（−273.15℃=0K）冷头，然而，氦气的沸点是4.3K，显然10K冷头无法将氦气液化，因此10K冷头磁共振必须要定期补充液氦。液氦很贵，为解决这个问题，超导磁共振开始使用4K冷头，4K冷头保证了磁共振液氦零挥发。在当时，这是一项重大进步。

目前主流的1.5T及3.0T超导磁体都采用了"零液氦挥发"技术，理论上一台超导磁体可以永久不添加液氦。液氦属于战略资源，不仅用于医疗行业，在军事、通信上也有大量运用。我国是氦资源严重匮乏的国家，主要从美国和中东国家进口，液氦价格一般为300元/L，充1000~2000L液氦大约需要30~60万元，且受国际政治变化影响严重。

无液氦磁体技术极大地简化了磁体结构，与传统磁体的2000L液氦相比，液氦用量极少，磁体腔体里只需约7L液氦，因此称之为"无液氦"磁共振。零液氦泄漏、零失超风险，提高了超导磁体的安全性和可靠性。与传统有液氦超导磁体相比，无液氦超导磁体能降低30%以上的研发、生产成本以及30%以上的维护成本，为磁共振检查的推广普及做出了巨大的贡献。

随着超短腔磁体技术、零液氦挥发技术、真空浸漆技术等超导磁体技术的发展，高端超导MRI装备的成本及维护费用越来越低。1.5T及3.0T超导磁体以及无/少液氦磁体技术的应用与发展必然成为今后磁共振技术发展的主流趋势。在超导材料方面，我国的西部超导（西部超导材料科技股份有限公司）占据全球市场冠军地位。2009年，新力超导（潍坊新力超导磁电科技有限公司）成立，可批量生产1.5T和3.0T标准磁体，并在国内首创3.0T肢端超导磁体。2021年，宁波健信超导科技股份有限公司（健信超导）研制成功无液氦干式1.5T超导磁体，并供应多家国内外磁共振企业。2021年，唡瑞特超导（苏州唡瑞特超导科技有限公司）成立，主要生产低温超导磁体、梯度线圈。

2. 梯度线圈

（1）行业发展现状 梯度线圈为系统提供线性度满足要求的、可快速开关的梯度场，以便动态地修改主磁场，实现成像体素的空间定位，是 MRI 仪最重要的硬件之一。梯度场的主要作用有：①进行 MRI 信号的空间定位编码；②产生 MR 回波（梯度回波）；③施加扩散加权梯度场；④进行流动补偿；⑤进行流动液体的流速相位编码。

梯度线圈由 X、Y、Z 轴三组线圈构成（在 MR 成像技术中，把主磁场方向定义为 Z 轴方向，与 Z 轴方向垂直的平面为 XY 平面）。梯度线圈是特殊绕制的线圈，以 Z 轴线圈为例，通电后线圈头侧部分产生的磁场与主磁场方向一致，因此磁场与主磁场相加，而线圈足侧部分产生的磁场与主磁场方向相反，因此磁场相减，从而形成沿着主磁场长轴（或称人体长轴），头侧高、足侧低的线性变化梯度场，梯度线圈的中心主磁场强度保持不变。X、Y 轴梯度场的产生机理与 Z 轴相同，只是方向不同而已。梯度线圈的主要性能指标包括梯度场强和切换率（slew rate）。图 2-33 所示为超导型或常导型磁共振设备中三个梯度线圈的形状及其组合结构。

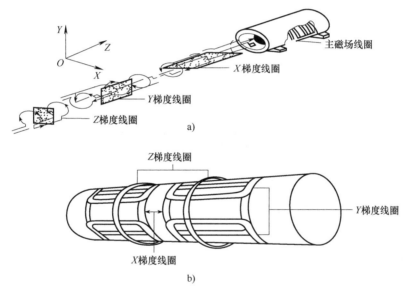

图 2-33 圆孔腔磁体的梯度线圈组成示意图
a）各线圈中的电流 b）线圈的套叠

梯度场强是指单位长度内磁场强度的差别，通常用每米长度内磁场强度差别的毫特斯拉量（mT/m）来表示。切换率是指单位时间及单位长度内的梯度磁场强度变化量，常用每秒每米长度内磁场强度变化的毫特斯拉量 [mT/(m·s)] 来表示。切换率越高表明梯度磁场变化越快，即梯度线圈通电后梯度磁场达到预设值所需要时间（爬升时间）越短。

梯度线圈性能的提高对于 MR 超快速成像至关重要，可以说没有梯度线圈的进步就不可能有超快速序列。单次激发快速自旋回波序列、快速梯度回波序列及平面回波成像（Echo Planar Imaging，EPI）等超快速序列，以及水分子扩散加权成像对梯度场的场强及切换率都有很高的要求，高梯度场及高切换率不仅可以缩短回波间隙，加快信号采集速度，还有利于提高图像的信噪比（Signal to Noise Ratio，SNR），因而近几年快速或超快速成像技术的发展可以说是直接得益于梯度线圈性能的改进。现代新型 1.5T MRI 仪的常规梯度线圈场强已达 25mT/m 以上，切换率达到 120mT/ms 以上。最高配置 1.5T MRI 仪的梯度线圈场强已达 60mT/m，切换率超过 200mT/m·s。

梯度系统的设计按照三个方向进行，X、Y、Z 方向独立控制，所以传统的梯度线圈共有 3 组，分别由 3 个梯度放大器提供电流。梯度场控制传输回路示意图如图 2-34 所示。

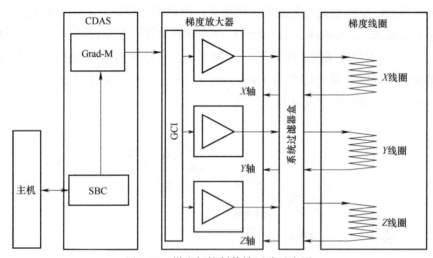

图 2-34　梯度场控制传输回路示意图

长期以来，MRI 临床应用面临的主要问题是扫描速度相对较慢、图像质量不稳定以及缺乏定量化的诊断信息等。为解决以上问题，行业内主要采用两大措施：一是提高系统主磁场强度，以提高信噪比，加快扫描速度；二是使用数字化技术，用数字化器件代替模拟器件，可将模拟噪声干扰降至最低，提高信噪比，这都需要提升梯度线圈的设计与制造能力。

（2）主要技术进展及趋势　磁共振的高分辨和快速扫描能力取决于梯度线圈的设计和制造能力。目前，国内主要整机厂家的梯度线圈设计都是基于实现多目标的优化设计。此技术可以使得梯度线圈的线性度、涡流特性、热特性、力平衡等技术指标达到甚至超过国际先进标准。结合先进的闭口灌胶、直接水冷等制造工艺，该类部件的稳定性和可靠性基本处于业内较高水平。梯度功放是梯度线圈的驱动部件，可实现对梯度线圈波形的精确控制，其控制部分使用状态空间等算法，能够有效抵制高负载下梯度线圈阻抗特性的漂移，实现高鲁棒性控制。

3. 射频发射、接收线圈

（1）行业发展现状　射频子系统是 MRI 系统中实施射频激励并接收和处理射频信号的功能单元，不仅要根据扫描序列的要求发射各种射频脉冲，还要接收成像区域内氢质子的共振信号。

射频子系统包括射频发射单元和信号接收单元（见图2-35）。射频发射单元在时序控制器的作用下，产生各种符合序列要求的射频脉冲；信号接收单元在时序控制器的作用下，接收人体产生的磁共振信号。射频线圈的主要参数有射频场的均匀性、灵敏度、线圈填充容积等。

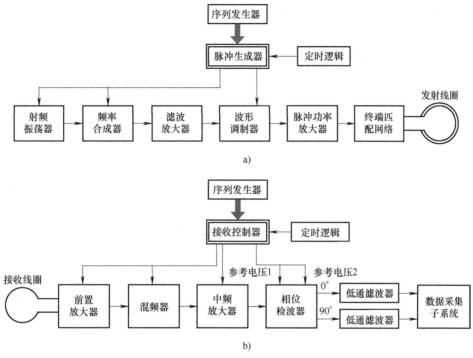

图2-35　射频发射单元和信号接收单元

a）射频发射单元　b）信号接收单元

（2）主要技术进展及趋势

1）超高场射频线圈。超高场（如7.0T或者以上）射频线圈是新的技术发展趋势。在超高场上，需要用到数学算法、软件来计算以优化磁场均匀性和电磁波比吸收率（Specific Absorption Rate，SAR）。目前国内超高场射频线圈技术与国外先进水平差距很大，基本没有足够的能力涉足相关算法和软件。2004年，辰光医疗（上海辰光医疗科技股份有限公司）成立，主要专注于包括磁共振射频线圈在内的超导磁共振设备和特种磁体的研发，目前已成为多家磁共振装备厂家的重要供应商。

2）可穿戴式的射频线圈。可穿戴式的射频线圈与材料和工艺的关联度很高，另外，研发试错的成本也比较高。国内射频线圈行业的规模与国外相比差距还很大，基本上还是处于国外先突破、国内再跟进的阶段。国外专利封锁是制约国内射频线圈发展的重要因素，如果没有专利封锁，国内公司跟进会比较快，一般在3年内可以跟进，因为上游供应商愿意主动分享材料和工艺方面的新技术和新产品来扩展客户来源。

3）数字化、无线式的射频线圈。数字化和无线技术本身对磁共振的整体性能是没有改进效果的，但对医院客户来说，它可能会大幅度优化操作流程，因而存在一定的临床需求。从市场角度来说，数字化和无线技术都要求更长的研发链条，试错成本也高很多。这两方面，特别是无线技术方面难度非常大，一般公司不会很容易推出新产品。

射频线圈技术发展趋势为从低频到高频，从单通道到多通道，最后到智能控制。

从原理上来说，射频接收线圈和发射线圈目前已经比较成熟。从对磁共振系统的性能贡献上来说，对常规的 1.5T 和 3.0T 系统，可深入的空间已经不大，国内外的产品水平差距是非常小的，甚至可以说几乎没有差距。线圈控制技术、低噪声放大、高 Q 值巴伦及其密集通道技术等都已普遍得到应用。但是，国内智能切换技术、数字采集技术、无线采集技术等都与国外存在较大差距。

4）柔性线圈。柔性线圈技术是近年来的新技术，采用了一些新型复合材料制造，能更加舒适地贴合人体，适用于多部位检查，灵活性高、实用性强。目前国内已有几家公司研发出多种柔性线圈产品。一体化线圈也是各厂商研发的重点方向之一。

4. 梯度功率放大器

（1）行业发展现状　梯度功率放大器（Gradient Power Amplifier, GPA）是 MRI 系统的核心部件之一，它可以驱动梯度线圈使电流准确、快速地跟踪实时控制系统（谱仪）产生的电流参考信号，产生用于重建定位的空间线性磁场。GPA 的输出电压、电流及其精度，决定了磁共振成像系统中梯度磁场的切换速度、强度和准确度，从而对成像速度、分辨率、信噪比和对比度等核心性能指标具有决定性的作用，其成本在中高端 MRI 系统中仅次于磁体。因此，梯度系统的性能是衡量产品技术水平的标志性关键指标。

GPA 技术与产品长期被跨国公司垄断。除了系统厂商，主流的 GPA 供应商主要有两家美国企业，但其产品的性能与大的系统厂商相比仍有较大差距。近年来，国内一些高校和厂家开展了低功率等级 GPA 的国产化工作，但技术、产品性能和跨国公司相比仍有很大差距，在高功率等级 GPA 方面还是空白。

（2）主要技术进展及趋势　主要的技术是大功率 IGBT 高频并联运行技术。基于以 IGBT 为核心开关器件的 H 桥级联技术、模拟或数字控制技术等，GPA 已经跨越了 2MW 功率等级，在向更高等级的输出功率发展。

GPA 技术从低功率到高功率的发展是一个趋势，尤其是高电压、大电流、高线性度梯度功率放大器一定是未来发展的趋势。目前，国际上大型磁共振厂商的 GPA 研发技术已经相当成熟，都相继推出了自己 3.0T 的 GPA。相比之下，国内的 GPA 技术比较落后，3.0T 的 GPA 还没有大规模研发成功。

GPA 涉及电压源逆变技术、高功率下 IGBT 驱动技术、高速比例-积分-微分控制（Proportional-Integral-Derivative Control, PIDC）跟随技术、多级耦合电感设计等技术，这些都属于前沿技术。国内绝大部分 MRI 系统厂商仍使用的是进口的 GPA 产品，不仅价格居高不下，而且难以与系统进行整体优化，严重影响了国产产品的市场竞争力，妨碍了其进一步升级为中高端产品。

5. 射频功率放大器

（1）行业发展现状　射频功率放大器是磁共振系统中的关键核心部件，信号发生器生成的0dBm信号通过射频放大器进行功率（约20kW）放大，驱动射频发射线圈产生特定中心频率、带宽、幅度和相位的电流，在成像空间内产生圆极化或椭圆极化的射频发射磁场，从而激励共振频率范围内的原子核产生核磁共振信号。

射频功率放大器的性能直接影响磁共振系统的扫描速度和成像质量，是高性能磁共振系统的基础。射频功率放大器的设计难度很大，生产工艺的复杂程度很高，长期被几家跨国企业垄断。

（2）主要技术进展及趋势　射频功率放大器技术主要被国外几家大型厂家垄断，国内仅有个别厂家掌握了该技术。

目前，国内除联影医疗外，还有一些企业在研发1.5T磁共振系统射频功率放大器，主要是在基于固态器件的甚高频（Very High Frequency，VHF）频段高脉冲功率产生与合成技术、高稳定度全数字射频信号生成与控制技术等关键技术方面的突破，并已实现量产，广泛用于联影医疗全线3.0T磁共振产品和高清TOF PET/MR产品中。联影医疗研发的3.0T射频功率放大器产品的输出线性度、保真度和功率达到世界先进水平，但射频功率放大器产品类别较少，目前尚不能满足从低场到超高场磁共振系统的所有需求。鑫高益医疗目前研究掌握了从超导1.5T射频功率放大器到9.4T射频功率放大器技术，攻破了线性化技术、功率合成分配、相位控制及其幅度智能控制技术等关键技术。这些技术的实现，无疑大大提高了国产产品的性能，但这些技术主要还是用于超导1.5T和3.0T射频功率放大器的生产上。国内目前还没有形成射频功率放大器产业群。

（3）技术发展趋势　从未来发展看，射频功率放大器技术主要向宽带、高频率、高线性度、多通道及智能化方向发展。目前，所有的射频功率放大器主流厂商都已经由真空放大技术过渡到以高功率MOSFET和大规模功率合成技术为基础的固态放大技术，技术和产品的主要发展方向如下：

1）采用定制型的放大器件和水冷技术，大幅度提高功率密度以实现机箱、机柜的小型化。

2）采用新型功率合成技术和数字化监控技术，简化生产工艺，提高可靠性。

3）采用数字控制技术，提高射频发射链的线性度和稳定性。

射频功率放大器未来的主要发展趋势包括：采用无磁化设计，把射频功率放大器安装在磁体旁边以进一步简化系统；采用多通道分布式射频激励方式以实现并行发射；采用高于3.0T的高场或超高场射频功率放大器等。

（4）存在的问题　磁共振系统的射频功率放大器产品长期被跨国公司垄断，国外的射频功率放大器产品无法根据国产磁共振系统的性能进行深度优化，限制了国产磁共振系统的性能，且由于该部件的高失效率和昂贵的售后成本，医院的使用成本也非常高。总体来说，研发国产的高性能射频大功率放大器迫在眉睫。

6. 多通道谱仪

（1）行业发展现状　磁共振成像系统是一套复杂的机电联合系统，其基本框架与相控阵雷达相近，运行过程又涉及人员安全管理等，其控制系统复杂，对实时性和鲁棒性要求高。射频子系统和数据采集子系统合称为谱仪系统。MRI 厂商的核心竞争越来越体现在谱仪上，国外对 MRI 谱仪的研究比较多，技术水平较高。MRI 市场占有率较高的行业巨头不仅拥有自主研发的谱仪，而且可以通过自己的谱仪对磁共振系统进行优化，使其系统性能更强。除此之外，也有几家国外公司生产商用的 MRI 谱仪，但是，这些公司生产的谱仪价格昂贵，研究资料高度保密，其部分产品也存在一定的不足。由于谱仪研制复杂，国内仅有联影医疗、东软医疗、朗润医疗（苏州朗润医疗系统有限公司）等少数几家厂商有自主研发能力。2022 年，东软医疗自主研发的下一代光纤分布式谱仪系统获得成功。

（2）主要技术进展及趋势　谱仪的性能限制成为国产品牌 MRI 与国外大厂展开竞争的最大制约。

近年来，随着电子信息技术的快速发展，国内高校与厂家在谱仪的研发上有了较大的进展。

1）采用全数字化谱仪方案。全数字化谱仪具备高集成度的信号处理单元以及良好的接口设计。全数字化谱仪基于 FPGA、数字信号处理（Digital Signal Processing，DSP）、ADC、DAC 等高精度、高性能处理器搭建的硬件平台，具有体积小、结构简单、稳定性好、精度高、成本低等优势，是一体化数字谱仪系统，可以在不改动硬件的情况下，同时兼容低场永磁型与超导型 MRI 系统，也很容易通过简单升级兼容高场强甚至9.4T 的超高场磁共振系统。全数字化光纤谱仪可以实现完全数字化，可节省信号连线，减少磁体扫描间的强磁干扰，极大地提高了采集信号的质量，达成了更优的信噪比。

2）采用高效、合理的谱仪架构设计。新型谱仪采用高效、合理的架构设计，使用主流且先进的集成电路芯片，促使技术指标达到较高的水平。

3）兼容更高场强的系统设计。针对更高场的应用需求进行系统设计，对磁共振信号进行物理分析，在不改变硬件的条件下，通过改变采样方式和对信号预处理达到采集更高频率的目标。

4）扩展谱仪的应用功能及领域。谱仪不仅可以用于磁共振系统的成像，还可以用于磁共振系统引导下的介入治疗、实时测温等。

（3）存在的问题　目前，国内磁共振厂家所采用的进口谱仪都存在一定的不足，有的谱仪集成度较低，提供给用户的功能较少，不能实现信号的实时采集，有的谱仪散热性能不佳，应用程序接口复杂，时钟不稳定，发射射频噪声干扰大。国产磁共振产品的发展仍受制于谱仪的研究和制造水平，因此，国产谱仪急需技术上的突破。

7. 数据采集系统

数据采集系统负责磁共振系统的数据处理，为图像重建提供原始数据。数据来自射频接收单元，射频接收单元接收人体产生的磁共振信号，并进行放大、混频、滤波、检波等操作，然后传送给数据采集系统。数据采集系统的主要任务是对相敏检波后的两路信号进行 AD 转换。

在数据采集系统的信号采集子系统中，核心是 ADC，转换精度和速度是其重要指标。在 MRI 系统中，一般用 16 位的 ADC 进行 MRI 信号的数字化，经一定的数据接口送往接收缓冲器等待进一步处理，信号采集子系统结构如图 2-36 所示。

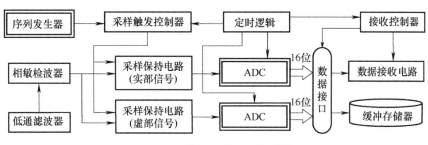

图 2-36　信号采集子系统结构

经 AD 转换所得的数据尚不能直接用来进行图像重建，还需要进行进一步的数据处理，包括传送驱动、数据字的拼接和重建前的预处理等，即拼接成带有控制信息的数据，这种数据称为测量数据，然后再对测量数据进行相应的处理，形成原始数据，最后通过专用图像处理计算机进行图像处理，主要是利用原始数据重建图像。图像重建的运算主要是采用快速傅里叶变换，重建速度也是 MRI 系统的重要指标之一，因此图像重建需要采用图像阵列处理器完成。图像阵列处理器一般包括数据接收单元、高速缓冲存储器、数据预处理单元、算术和逻辑运算单元、控制器、存储器、傅里叶变换器等。

8. 主计算机和软件系统

在 MRI 系统中，计算机的应用非常广泛，各种规模的计算机、单片机、微处理器构成了 MRI 系统的控制网络。主计算机介于用户与 MRI 系统的测量系统之间，其功能主要是控制用户与磁共振子系统之间的通信，并通过运行扫描软件来满足用户的所有应用要求。具体包括扫描控制、患者数据管理、图像归档、图像评价及机器检测等功能。同时，随着医学影像标准化的发展，还必须提供标准的网络通信接口。

MRI 系统形成的是数字图像，需要借助专用显示设备将图像呈现给医务人员。MRI 所采用的显示器为医学专用高分辨率显示器，早期多采用 CRT 显示器，近年来随着平板显示设备的发展，基本都采用了 LCD 显示器。专用显示器和专用的图像处理显示软件共同构成图像显示处理系统，通过图形用户界面提供人机对话功能。

MRI 软件包括系统软件和应用软件两大类。磁共振操作软件系统、磁共振图像处理系统及各种功能软件包都属于应用软件范畴。

系统软件指主计算机进行自身管理、维护、控制运行的软件，即计算机操作系统。目前磁共振可使用 Windows 2000、Windows XP、Windows NT、UNIX、Linux 等操作系统。

磁共振操作软件系统包括患者信息管理系统、图像管理系统、扫描控制系统、系统维护、报告打印、图片输出等模块。

磁共振图像处理系统指图像重建软件以及具有对图像进行一系列后处理，包括柔和、平滑、锐化、滤波、局部放大等处理功能的软件。

人工智能技术在磁共振系统中应用，可以实现成像流程智能化、图像重建与后处理的智能分析与辅助诊断，是磁共振应用软件发展的新方向。联影医疗基于大数据和人工智能技术，开发了类脑平台，将序列技术、图像重建技术、传感器技术、射频技术等核心技术集成融合，给出了磁共振系统的智能化解决方案。

三、超声成像装备及关键零部件技术发展趋势

（一）超声成像装备技术发展趋势

1. 传统超声成像装备技术发展趋势

频率高于20kHz的声波为超声波。由于超声波频率高、波长短，仪器可以向某个已确定方向发射超声波，声波是纵波，可以顺利地在人体组织里传播，超声波遇到不同的介质界面时会产生反射和透射。可以利用超声波对人体软组织的形态结构、物理特性、功能状态进行判断。

（1）超声成像装备分类

1）A型超声成像装备。A型超声诊断仪因其回声显示采用幅度调制而得名。A型显示是超声波诊断最基本的一种显示方式，即在显示屏上，横坐标代表被探测物体的深度，纵坐标代表回波脉冲的幅度，故由探头（换能器）定点发射并获得回波所在的位置可测得人体脏器的厚度、病灶在人体组织中的深度以及病灶的大小。可根据回波的波幅、波密度等特征在一定程度上对病灶进行定性分析。

由于A型显示的回波图只能反映局部组织的回波信息，不能获得临床诊断所需要的解剖图形，且诊断的准确性与操作医师的识图经验关系很大，因此A型超声成像装备的应用价值已渐渐降低，目前已经很少生产和使用了。

2）M型超声成像装备。M型超声成像适用于对运动脏器，如心脏的探查。由于其显示的影像是由运动回波信号对显示器扫描线实行辉度调制，并按时间顺序展开而获得一维空间多点运动时序（motion-time）图，故称之为M型超声成像，其所得的图像也叫作超声心动图。M型超声诊断仪原理及影像如图2-37所示。

M型超声成像发射和接收工作原理与A型有些相似，不同的是其显示方式。对于运动脏器，由于各界面反射回波的位置及信号大小是随时间而变化的，如果仍用幅度调制的A型显示方式进行显示，显示波形会随时间而改变，无法获得稳定的波形图。因此，M型超声成像采用辉度调制方法，使深度方向所有界面的反射回波以亮点形式在显示器垂直扫描线上显示出来，随着脏器的运动，垂直扫描线上的各点将发生位置的变动，通过定时采样回波并使之按时间先后逐行显示在屏上。但M型显示仍不能获得解剖图像，所以它虽然对多种心功能参数的检查测量具有优势，但不适用于静态脏器的检查。

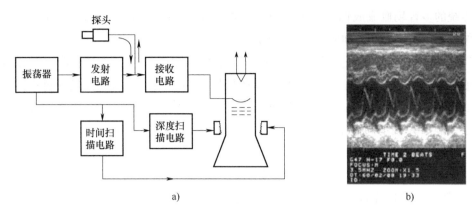

a)   b)

图 2-37   M 型超声诊断仪原理及影像

a）M 型超声诊断仪原理   b）心搏的 M 型超声影像

3）B 型超声成像装备。B 型超声成像装备实现了对人体组织和脏器的断层显示，通常将这类仪器称为超声断层扫描诊断仪。B 型超声成像诊断因其成像方式采用辉度调制（brightness modulation）而得名，其影像显示的是人体组织或脏器的二维超声断层图（或称剖面图），对于运动脏器，还可以实现实时动态显示。B 型超声诊断仪原理如图 2-38 所示。

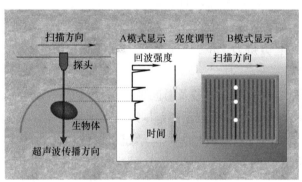

图 2-38   B 型超声诊断仪原理

4）多普勒超声成像装备。多普勒超声成像是利用多普勒效应原理，对运动的脏器和血流进行检测，通过检测回声的多普勒信号来获取人体运动目标的速度信息，本质上是运动速度成像。

将检测到的多普勒频移信号（速度信息）以频谱的方式显示，称为频谱多普勒技术。按照声源在时域的工作状态，可以分为脉冲波（Pulsed Wave，PW）多普勒、连续波（Continuous Wave，CW）多普勒和高脉冲重复频率（High Pulsed Repetition Frequency，HPRF）多普勒。

彩色多普勒技术是将检测到的多普勒频移信号（速度信息）进行彩色编码，红色表示朝向探头的运动，蓝色表示背离探头的运动，绿色表示运动速度的表异性（方差），然后叠加到 B 超图像上，获得彩色血流图，因此通称为"彩超"。

传统的多普勒血流成像检测的是血液（红细胞）运动信息，后来出现的组织多普勒成像检测的则是心肌、血管壁等组织的运动。

5）E 型超声成像装备。E 型超声成像即超声弹性成像，它通过获取有关组织的弹性或硬度信息进行成像，是医学超声新的发展方向之一。它的目标是通过超声诊断仪获取组织的弹性信息，从而提供病理参考。某些正常组织与病理组织之间存在较大的弹性差异，并且不同病变状态组织的弹性也存在差异，这就是超声弹性成像诊断的依据。

（2）超声成像装备的工作原理及重要指标

1）超声成像装备的工作原理。超声成像的基本原理就是向人体发射一组超声波，按一定的方向进行扫描，根据其回声的延迟时间、强弱就可以判断脏器的距离及性质，信号经过电子电路和计算机的处理，形成超声图像。

超声成像装置的工作原理如图 2-39 所示。

2）超声成像装备的重要指标。重要指标主要有声系统参数、图像特性参数、电气特性参数。

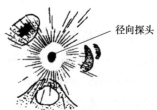

径向探头

图 2-39　超声成像装置的工作原理图

① 声系统参数：声的输出强度、总功率等；超声场的时频特性，如波型、持续时间、脉冲重复频率、脉冲形状、频率、脉冲带宽等；声场分布特性，如换能器类型、波束形状、聚焦特性、景深等。

② 图像特性参数：分辨力、位置记录精度、深度测量精度、帧频、存储器的容量、图像处理能力等。

③ 电气特性参数：灵敏度、增益及时间增益补偿（Time Gain Compensation，TGC）指标、压缩特性及动态范围、显示器动态范围以及系统带宽等。

（3）超声成像装备的行业发展趋势　医学超声成像和 X 射线成像、CT 成像、MRI 成像一起统称为现代医学四大成像技术，相应的成像装备在临床中得到广泛应用。超声成像因其具有无损伤、非介入、实时性、成本低、可移动等突出特点，装机量位居四大成像技术之首，约 30 万台。其中，医用超声影像诊断仪由于其较高的性价比，同时又具有无创伤和实时获得人体内组织图像的特点，是现代医院临床诊断中不可缺少的医疗装备。一方面，经过半个多世纪的临床应用与开发投入，医学超声成像技术得到了长足的发展，从最初的 A 型超声，演变为现在的 B、C、D、E 各种类型的超声成像模式。另一方面，临床对超声也提出了更高层次的需求，例如分辨率更高、穿透力更好的图像质量，体积更小、功耗更低的硬件设计，定量化、功能化的参数特征，操作更流畅、交互更智能的系统设计，以及更多维度、更大区域的使用场景。

市场方面，2022 年全球超声成像装备市场规模约为 469 亿元人民币，其中，我国超声成像装备市场规模约为 105 亿元人民币，占全球市场的 22.4%。从细分领域来看，在高端市场，迈瑞医疗成功打破了进口垄断的局面。2022 年，我国高端台式超声成像装备市场规模约为 59 亿元人民币，其中以迈瑞医疗为代表，包括开立医疗（深圳开立生物医疗科技股份有限公司）、飞依诺（飞依诺科技股份有限公司）等国产品牌的市场占比超过 25%。掌上超声细分市场中，索诺星（广州索诺星信息科技有限公司）、思多科（成都思多科医疗科技有限公司）和飞依诺等一批头部企业的国际市场份额也在不断增加。相较 2016 年国产品牌仅 4% 的销售额占比，国产高端超声装备的发展有了质的飞跃。

（4）超声成像装备技术发展趋势　近年来，基于软件实现的自适应波束合成成像算法在学术界和产业界备受关注，被认为有望突破现有超声成像质量的瓶颈。随着超声系统计算力的不断提升，相关技术的集成和应用是当前超声领域的重要发展方向。

1）基于图形处理单元（Graphics Processing Unit，GPU）的软件波束合成系统架构。高端超声装备的基础是高性能硬件。GPU 作为计算密集型芯片的代表，其强大的并行计算能力，将其应用从三维建模渲染、深度学习等图像后处理环节，延伸到了超声成像的核心环节——波束合成。

超声成像系统前端通过换能器的多个阵元来捕获数据，经过模数转换后传输到数据处理通道。GPU 可以并行处理多通道的海量数据，并在极短的重复发射间隙内完成复杂的波束合成，在保证实时性能的情况下，显著提升图像质量，将超声应用推向新的高度。这种软件实现波束合成的系统架构如图 2-40 所示。相较于传统 FPGA 芯片的逻辑实现，软件实现具备高灵活性、高扩展性，并且由于数据精度的提高，该架构能够实现诸如全域动态聚焦等高性能波束合成算法，进而为各种复杂的功能成像提供物理基础，为高端超声的发展打开了突破口。

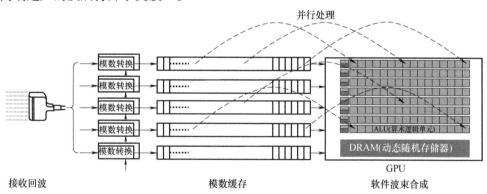

图 2-40　软件实现波束合成的系统架构

2）域成像技术。二维实时超声成像最核心的技术包括扫描方式、发射聚焦和接收聚焦。早期的二维实时超声成像使用的探头是单阵元探头，只能实现物理上的聚焦，无法发射、接收电子聚焦，而多阵元探头实现了超声波发射的固定聚焦以及分段的接收聚焦。随着数字超声成像的出现，在接收方面实现了波束控制的连续接收聚焦，即波束合成。超声成像中最广泛使用的波束合成算法是延时叠加（Delay And Sum，DAS），如图 2-41 所示。该方法依赖聚焦发射、逐线扫描，因此其图像的重要成像要素：空间分辨率、组织均匀性和时间分辨率，是相互制约的，即无法兼顾。

　　域成像技术用域扫描（即区域扫描）代替了传统的线扫描，并且实现了连续发射聚焦，提高了图像的组织均一性，其核心技术包括域扫描、全域动态聚焦、智能声速匹配。域扫描技术解决了超声波发射效率的问题。传统的超声扫描是"一线一线"地扫描，对于一幅高质量的图像而言，发射效率很低。相对于线扫描，域扫描采用的是区域发射，每一次发射采用更宽的覆盖区域，发射效率大大提升，如图 2-42 所示。

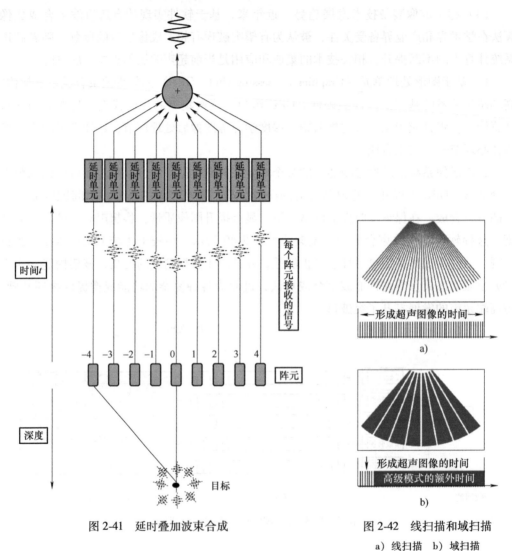

图 2-41　延时叠加波束合成

图 2-42　线扫描和域扫描
a）线扫描　b）域扫描

　　全域动态聚焦技术解决了连续发射聚焦和组织均一性问题。传统的波束合成采用的是多点发射聚焦，如传统波束合成使用三个发射焦点提高图像均一性，意味着要在同一根线上连续发射多次，所带来的问题是帧率显著下降。全域动态聚焦是基于原始数据，通过一次发射将整场数据进行相干空间合成，等效于从近场到远场的逐点聚焦，使全场的均一性明显提升。传统单焦点发射、三焦点发射、全域动态聚焦声场对比如图 2-43所示。

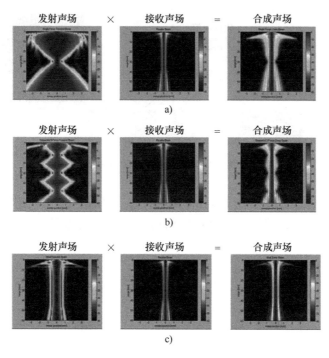

图 2-43　传统单焦点发射、三焦点发射、
全域动态聚焦声场对比

a）单焦点　b）三焦点　c）全域动态聚焦

对于帧率要求更高的功能，则可在全域动态聚焦基础上采用非聚焦波发射技术（见图 2-44），即通过一次发射获得覆盖全视野的声场，极大提升了成像的时间分辨率，是许多高级成像功能的基础。非聚焦波发射技术同样需要超声设备具有足够多的通道数和足够强大的硬件运算能力。

智能声速匹配技术能够对原始数据以不同声速值进行多次成像处理，由系统通过算法来判定，选出一个最优的声速来进行图像成像，最终达到图像优化的目的，如图 2-45 所示。

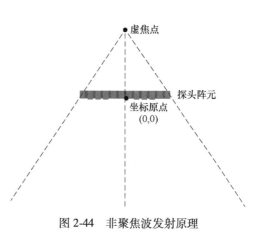

图 2-44　非聚焦波发射原理

3）新一代超声图像增强技术。新一代超声图像增强技术是一种基于全息域数据的图像处理技术，通过优化算法将系统资源集中分配到具有诊断价值的局部感兴趣区域中，通过大幅提升局部感兴趣区域内的前端信号和后端计算资源，从而明显增强局部感兴趣区域内小病灶的结构显示，最终给临床提供更多的诊断信息。

迈瑞医疗在 Resona 系列高端台式彩超发布的 HD Scope 功能已实现该超声图像增强

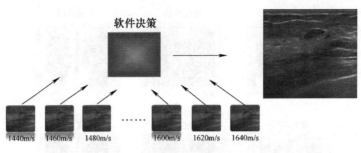

图 2-45　智能声速匹配原理

技术。它通过将系统资源向局部感兴趣区域倾斜，并有效利用闲散的资源，通过资源在局部感兴趣区域的集中，使局部感兴趣区域内的图像质量达到最优的效果，如图 2-46 所示。

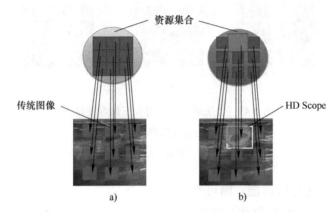

图 2-46　传统图像和 HD Scope 图像资源分配示意图
a）传统图像　b）HD Scope 图像

　　HD Scope 对成像资源在局部感兴趣区域的集中主要通过两种方式来实现：一是根据局部感兴趣区域的大小和位置信息，通过资源优化算法来集中优化感兴趣区域内的系统前端发射和接收模块；二是在后端数据处理模块，根据局部感兴趣区域内接收到的图像信号，通过多种优化算法集中分析感兴趣区域内的图像信号特征，并根据这些特征针对性地进行图像对比分辨率的优化和斑点噪声的抑制。

　　4）非线性造影成像技术。非线性造影成像技术充分利用了造影剂微泡的特异性，提取超声造影剂产生的非线性基波、二次谐波以及更高阶的非线性信号进行处理，可以提高造影剂的检测灵敏度。该技术已成功应用于迈瑞 Resona 系列超高端台式彩超的超宽带非线性造影成像功能。

　　超宽带非线性造影成像技术，通过检测造影剂产生的非线性基波信号和二次谐波信号并综合处理，可以显著提高造影成像的组织造影信号比、灵敏度、特异性，进而提高造影剂图像的对比分辨率和空间分辨率。超宽带非线性造影成像技术使用的发射序列中包括多个具有不同相位和幅度的脉冲波形，发射端对发射脉冲幅度和相位的精确控制以及接收端对接收回波的处理，使系统能够把组织反射的线性基波信号与造影剂受到激励产生的非线性信号分离开，如图 2-47 所示。

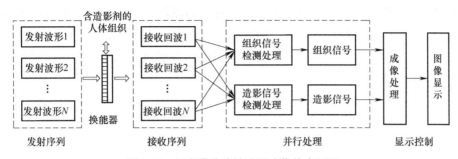

图 2-47　超宽带非线性造影成像技术原理

为了更好地满足临床研究需求，造影成像还需要结合新的成像平台进一步发展。迈瑞超声基于全域动态聚焦技术和非聚焦波技术，完成了高帧率造影功能的开发。帧率的提升使造影成像能以更高的时间分辨率呈现病灶完整的灌注过程，进而为医生提供更为丰富的诊断信息，特别是在富血供小病灶的良恶性判断中起到了关键的作用。

造影成像的另一个发展方向为超分辨率造影成像技术，又称超声定位显微镜技术，效果如图 2-48 所示，是一种通过对超声造影微泡定位追踪的新的微血管成像技术，能够超出声学衍射极限，使前所未有的微米级超分辨率成为可能，提供了研究和探索疾病在微循环水平病理生理变化的有力工具，也为功能成像带来了新的途径，有潜力成为下一次超声技术革命的里程碑。其核心技术除了成像环节的全域聚焦等，还包括针对呼吸干扰的图像去噪和基于时空滤波的微泡检测与定位技术、高浓度造影微泡定位及多目标追踪技术。

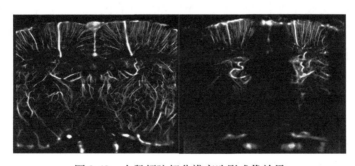

图 2-48　小鼠颅脑超分辨率造影成像效果

5）动态向量血流成像技术。在人体内不仅只有层流，在某些血管分叉处（如颈动脉分叉处即颈动脉窦）或弯曲的血管内存在更为复杂的血流形态。相关研究表明，动脉斑块的形成和生长特别倾向于发生在某些形状复杂的血管处，在那里可以发现涡流的存在。传统彩色多普勒超声无法正常显示涡流，因为它只能测量一个维度上的速度。而且，即使在长而直的血管内，当血流被斑块阻挡时，层流也会发生完全的改变。因此，对于血流动力学的研究，特别在病变或弯曲的血管处需要比传统彩色多普勒超声更高级的血流测量方法，既能获得血流速度的绝对值又可以得到各点的速度方向。

动态向量血流成像技术克服了传统多普勒角度依赖的技术瓶颈，可以捕获各个方向上的血流信息，成像结果如图 2-49 所示。在复杂的流场下，动态向量血流技术能获得精准的血流速度大小和方向。同时，动态向量血流技术有极佳的时间分辨率，是传统彩色多普勒超声的 40 倍以上，达到毫秒级，这对深入分析血流动力学变化与时相之间的关系是至关重要的。

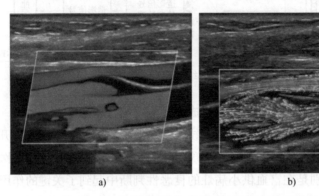

图 2-49　传统血流多普勒成像和动态向量血流成像
a）传统血流多普勒成像　b）动态向量血流成像

6）融合成像技术。超声引导下的肝脏造影诊断和介入治疗，是近几十年迅速发展的重要临床技术。与 CT/MR 相比，超声引导下的造影和介入实时性好、费用低、无辐射，但是对于某些病灶体积小、位置深或受气体干扰的情况，普通超声难以清晰成像，同时也难以有效地进行介入引导。

融合成像这一突破性技术可以将 CT/MR 和超声的优势结合起来，如图 2-50 所示。与汽车的 GPS 导航系统类似，提前采集好的并且已经导入超声系统中的三维的 CT/MR 图像数据，相当于 GPS 系统中的地图，而实时的超声图像则相当于人的眼睛。融合成像系统能够实时地在 CT/MR 的三维数据中提取出与当前超声扫查切面一致的二维 CT/MR 图像，并与超声实时图像精确匹配后进行对比及融合叠加显示。借助 CT/MR 的高分辨率影像信息和超声的实时优势，融合成像实时导航可以帮助医生准确地定位病灶的位置。在融合成像的帮助下进行诊断和治疗，不仅可以提高医生诊断肝脏疑难病症的信心，还可以有效地提高肝脏超声介入治疗定位的准确性，并帮助医生及时准确地评估介入治疗的效果。

一般来说，由于 CT/MR 数据是在某一固定的呼吸相位采集静态数据，而实时超声图像是随着病人呼吸相位周期变化而实时变化的，因此，即使在进行配准的时刻也可以做到两种图像的精确配准。由于病人的呼吸不可避免，实时融合导航过程中就不可避免地存在由于病人呼吸运动而造成的融合误差。在毫米级精确度的运动传感器的基础上，呼吸补偿专利技术可以在很大程度上弥补由于病人呼吸而引起的融合匹配误差，极大地提升了融合成像的精准度，以及医生诊断、介入和治疗的信心。

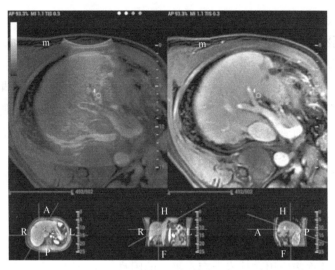

图 2-50　融合成像

7）光声成像技术。近年来，光声成像（Photoacoustic Imaging，PAI）展现出独特而强大的能力，从而成为国际上深受瞩目、大力发展的临床影像新方向。光声成像的原理是当生物组织受到短脉冲（纳秒量级）激光照射时，组织中具有强光学吸收特性的物质（如血液）吸收光能量之后引起局部升温和热膨胀，从而产生超声波并向外传播，并被超声探头检测到，再利用相应的重建算法就可以高分辨地重建吸收体在组织内的位置和形态，如图 2-51 所示。

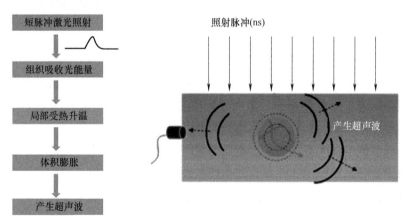

图 2-51　光声成像原理

与光学成像不同，PAI 系统检测的是光声效应产生的超声波，通过重建光声效应的初始声压场从而反映出生物组织的光学吸收特性。同时，PAI 可以有效避免光学成像中光子在生物组织中的散射带来的各种问题。此外，由于超声波的频率较高，因此可获得高空间分辨率的生物组织结构信息。同时，光声成像具有更深的成像深度，突破了活体光学高分辨成像的深度壁垒。光声成像结合了光学成像的高对比度特性和超声成像的高空间分辨率及较深的穿透深度特性。同时，采用多光谱技术可以对组织成分进行定量分析，例如可实时获得血液中氧合血红蛋白和脱氧血红蛋白的相对含量，从而获得可以反映组织新陈代谢状态的血氧饱和度这一重要生理参数，真正意义实现对人体组织进行实时、无创的功能成像。

基于上述优点和特点，近年来，光声成像在生命科学和基础医学上取得了巨大的成果。前期的临床研究领域涵盖了皮肤病（如黑色素瘤）、关节炎、乳腺癌、妇科、眼科、消化系统疾病和血管内窥等。很多研究成果都显示了光声成像能够提供非常有价值的信息，有着巨大的临床研究和应用前景。

8）剪切波弹性成像技术。剪切波弹性成像是医学超声领域内一种新兴的成像技术。有别于传统的 B 超仅能提供组织器官的结构形态，剪切波弹性成像通过在组织内激发剪切波并追踪其传播过程，不仅可以反映组织的弹性大小，而且可以提供量化结果，为医生提供全新、准确且可靠的诊断参考信息，具有极高的临床价值。然而，剪切波弹性成像的功能实现以及临床应用在技术上存在极大的困难，包括但不限于剪切波的激发与追踪、剪切波位移的计算、结果参数的整理与显示等。为了解决上述问题，在剪切波弹性成像的发射接收策略、算法以及显示参数等方面需进行突破性创新。迈瑞 Resona 7 的

STE/STQ 剪切波弹性成像是一种可以实时定量显示感兴趣区域内组织硬度信息的成像方法，成像效果如图 2-52 所示。基于常规超声检查的探头，向组织发射医学诊断超声功率范围内的聚焦超声波，基于声辐射力效应，即可在组织内部目标区域内产生剪切波，系统随即追踪剪切波的传播过程，持续地检测并记录感兴趣区域内剪切

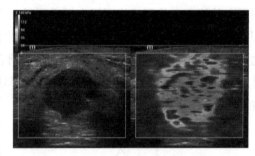

图 2-52　恶性肿瘤的剪切波弹性成像效果

波传播所引起的组织位移改变。最终，通过一系列的计算可获得剪切波的传播速度，进而推导出组织的弹性模量等参数，极大地提高了剪切波弹性功能在临床应用中的准确性、稳定性及诊断效率，达到了业内领先水平。

随着临床研究的深入，更具临床意义的超声黏弹性成像技术应运而生。黏弹性成像技术可同时定量显示组织的弹性参数和黏性参数，将更准确地表征组织力学特性，从而为组织病理的诊断提供更合适的依据。目前，超声黏弹性成像商用产品尚处于初步研究阶段。基于剪切波频散的超声黏弹性成像是一种较为可行的技术方案。方案中涉及的超声发射与接收策略，特别是聚焦波束的波形、发射位置与次数，对剪切波传播检测的起止时间，以及回波信号处理流程等，均关系到弹性和黏性参数计算的准确性。相应的，如何兼顾上述计算的复杂度与硬件的性能限制，也是该技术面临的关键挑战。

9）3D/4D 成像技术。超声三维（3D）成像是将连续采集到的动态 2D 切面数据经过计算机的一系列处理，并按照一定顺序排列重新组成 3D 数据，再利用三维可视化技术（如面绘制、体绘制等）还原出组织器官的立体结构信息，帮助医生了解复杂解剖特征的空间定位和随着时间所发生的变化规律，做出更为详细的临床诊断。超声四

维（4D）成像是在三维（3D）的基础上加入了时间维度，辅助医生观察组织、器官随时间的变化情况。

超声 3D/4D 成像技术在临床上有着广泛的应用，例如心血管病学、肿瘤学、外科学、产科学等，其中典型代表为产科三维成像技术。该技术的关键零部件为容积探头，如图 2-53 所示，其通过电机驱动和传动机构，将传动传递给声头，驱动声头高速摆动，在声头高速摆动的过程中采集数据，构建出 3D 图像。

在容积探头基础上，并行计算技术、三维斑点噪声抑制技术、容积精细成像技术也是获取高质量产科三维图像的关键技术。产科三维图像如图 2-54 所示。

 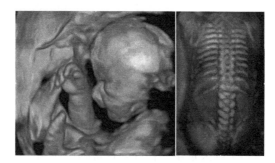

图 2-53　容积探头　　　　　　　　图 2-54　产科三维图像

从未来发展趋势来看，3D/4D 成像领域内临床价值最突出、技术挑战最大的，无疑是动态三维心脏超声成像技术。

动态三维心脏超声装备是超高端和高端医学超声影像诊断设备的代表性产品，2019年全球心脏超声装备市场共计 14.3 亿美元。心脏超声主要包括常规的经胸心脏超声（Transthoracic Echocardiography，TTE）和经食道心脏超声（Transesophageal Echocardiography，TEE），已成为心脏病诊断的重要手段。经食道心脏超声是将专用的经食道超声探头，经口置入被检者的食道内，从被检者心脏的后方向前扫描，近距离探查被检者的心脏结构。经食道心脏超声与普通的经胸心脏超声相比，避免了胸壁和肺气等因素的干扰，还可清晰地显示出心脏的三维图像，大大提高了诊断的敏感性和可靠性，如图 2-55 所示。经食道超声还可用于心脏介入手术中的监测与评估。如果心脏超声是超声医学影像诊断设备的"皇冠"，那么动态三维心脏超声则是皇冠上的"明珠"。

10）人工智能技术。随着算法能力的进步、硬件平台的升级、临床认知的深入，人工智能在超声领域的应用将围绕智能成像、智能工作流、智能定量分析以及智能辅助

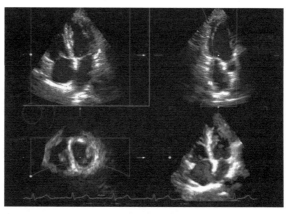

图 2-55　心脏动态三维超声图像

诊断四个主要方向，全栈式覆盖从获取图像，到筛查、分析、诊断、科研的完整临床路径，如图2-56所示。法规层面上，国家监管部门也将逐步完善针对超声临床场景的指导原则、审评要点，使得技术突破的同时，兼顾设备质量安全。助力国家分级诊疗战略实现，有效缓解当前面临的医疗资源分布不均的问题。

图2-56　全栈式人工智能解决方案

（5）存在的问题及建议　经过多年的发展和积累，国产厂家在超声成像技术方面已取得了巨大进步，在许多日常临床应用中可实现进口替代，但在超高端应用、系统设计等方面仍与国外巨头存在一定差距。作为超高端多普勒彩超的核心技术，高性能超声成像系统平台技术存在以下问题需要解决：

1）利用GPU取代传统FPGA芯片来实现软件波束合成技术，突破超声成像质量，攻克高性能超声成像系统平台技术。

2）通过大幅增强系统前端和后端的处理能力，实现快速非聚焦波成像，为各种复杂的图像后处理算法和智能化应用的部署提供必要的计算力支持。

3）在超声功能成像方面，建议开发更具有临床意义的超声黏弹性成像技术。研究合适的脉冲发射和接收策略，以适应于黏弹性成像，特别是聚焦波束的波形、发射位置与次数，对剪切波传播检测的起止时间等。研究回波信号处理算法，即对模型中的弹性参数和黏性参数进行求解的算法，以同时兼顾计算的复杂度与硬件的性能限制。

4）在光声成像方面，需要攻克多光谱组织成分分析技术，实现对除血红蛋白外的水、脂类和胶原物质成分的定量分析，并在探头灵敏度和带宽方面提升探头的性能。虽然国外Fujifilm已有成熟的商用小动物超声光声多模式成像系统，但光声成像系统应用于人体还有待时日。

5）人工智能技术在超声领域虽然应用需求大，但目前临床上落地的案例相对较少，往往难以解决医生的痛点。特别是对于智能超声来说，存在数据标准化、数据合格性、图像质量、信息局部化、标注规范化、样本均衡性等关键问题。建议在智能成像、智能工作流、智能定量分析及智能辅助诊断方面进行技术攻克。

2. 便携式超声成像装备技术发展趋势

（1）便携式超声成像装备的行业发展趋势　美国是最早实施床旁（Point of Care，POC）超声检查的国家。根据IHS Markit 2018年的统计，POC已成为继心脏、妇产、放射之后的又一大超声应用市场。欧美发达国家已针对 POC 超声发表了相关规范指南。POC 超声技术在我国医学领域（重症、急诊、麻醉等）仍处于发展阶段。超声不仅可用于病情评估，及时发现问题，还可以进行多目标整合动态评估，与其他监测手段共同获得重要数据，为诊断与治疗的调整提供及时、准确的指导。近年来，国内 POC 超声在重症、急诊、麻醉领域得到迅猛发展，从简单的穿刺引导逐渐发展为覆盖容量管理、血流动力学评估、神经阻滞引导等各方面的全身超声。

POC 超声的典型形态即为便携式超声。2022 年，全国便携式彩超装备市场规模约为 17 亿元人民币，发生台数 15400 台左右，国产品牌销售台数占比超过 75%。

（2）便携式超声成像装备的技术发展趋势　POC 场合下需要频繁移动超声设备且操作空间有限，因此小型化是 POC 超声的代表性发展方向，对低功耗集成电路设计、高效率电源技术提出了更高要求。在降低使用门槛方面，基于人工智能技术的自动量化分析功能，可以显著提高 POC 超声使用的可及性和规范性，是 POC 超声在临床发展道路上的关键驱动力。另外，在便携超声的应用场景中，多设备的信息互联将使超声真正融入临床信息生态系统中，可为临床应用与科研提供更高的价值。

1）小型化低功耗技术。针对各种小型化超声影像设备的需求研究对应的系统技术，开发适用的系统架构，关键是保证基础图像性能满足临床诊断需求。系统技术攻关具体包括：低功耗的系统架构，高性能、高效能的基础图像算法，精简的系统控制，无损超声影像数据压缩等。

另外，换能器是超声影像设备实现电声转换的关键，传统的超声换能器能量转换效率很低。小型化超声影像设备必须攻克超声换能器技术，把热损降到最低，最大程度提高能量转换效率。换能器技术攻关具体包括：更低电压的电声转换材料和技术，更高灵敏度的声电转换材料和技术，新型高转换率的电声转换材料和技术等。

最后，低功耗的硬件技术是实现超声影像设备小型化的基础。要实现高性能、低功耗、小型化的超声影像设备必须攻克专用集成电路技术，使用最先进的半导体技术，开发专用的集成电路芯片，在一块芯片上实现多通道、高性能、低功耗的模拟前端，足够计算力和存储空间、超低功耗的数字后端，高速率、低功耗的无线传输功能，实现超声单片系统（System on Chip，SoC）。

2）自动量化分析技术。无论在 ICU 还是麻醉科，病人由于自身血管调节功能障碍、心脏储备能力较差等原因，往往会出现液体容量过多或过少，例如组织水肿、组织灌注不足。针对这种情况，需要进行容量管理。已有充分研究证明，超声检测是容量管理中最为便捷且无创的工具，这其中离不开频繁的量化分析操作，包括下腔静脉内径测量、血流速度时间积分测量，以及 B 线量化分析。然而便携式超声装备的用户一般为非医学影像专业出身的临床医生，精细的图像辨认、复杂的操作步骤成为这类人群使用超声装备的限制。

因此，基于人工智能技术的自动量化功能，可以帮助用户自动识别特征区域、定位测量标尺、计算量化指标，（见图 2-57），进而降低了超声装备使用门槛，提升了超声装备应用的可及性及工作效率。

3）信息互联技术。对于便携式超声的主要应用场景——急重症科室，信息化建设的意义尤为突出。在床旁常规诊疗中，需要打破设备信息壁垒，"化零为整"，将呼吸、输注泵等床旁设备的数据汇聚到统一的监护仪数据平台；在病房外，需要以中心监护系统为基础，搭接护理系统，系统自动传输数据，以便在中央站、工作站、查看站等多客户端浏览全病房患者的体征数据、报警信息（事件回顾），达到实时观测用药效果，掌控患者实时状态，判

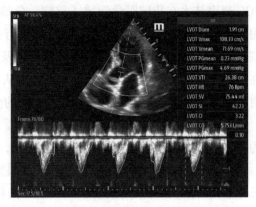

图 2-57　血流速度时间积分自动测量功能界面

断病情预后，提供最优诊疗方案的目的。这一切都有赖于急重症科室病人数据信息管理效率的提升，而超声设备目前是床旁设备中的信息孤岛，尚未融入床旁信息网络中，有悖于临床信息化的发展趋势，制约了超声检测在 ICU 中临床价值的进一步发挥。

迈瑞推出的 X-Link 解决方案通过信息技术及数据同步技术，首次实现了超声装备与监护仪、中央站的无线连接、数据交互，如图 2-58 所示。在超声检查过程中，监护仪参数信息会实时显示在超声屏幕上，方便 ICU 医生同时观察超声影像与监护仪参数。例如，结合心电图参数进行超声心动图检查，或结合呼吸机压力参数进行下腔静脉超声检查，提高临床分析效率。在超声检查结束后，超声影像信息可直接发送并显示于中央站，即为中央站提供了一个便利、直观、融合了超声影像信息的床旁数据工具，可以匹配 ICU 医生综合性、动态性的临床思维，满足其病情分析、诊疗决策及大数据科研等各类需求。

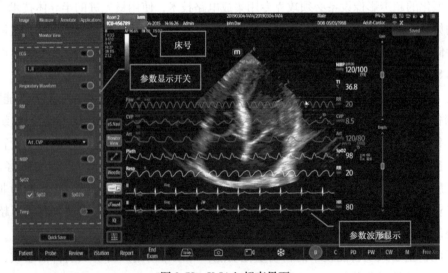

图 2-58　X-Link 超声界面

3. 掌上超声装备技术发展趋势

（1）掌上超声装备的行业发展趋势　掌上超声又叫"手执超声""超声视诊器""超声听诊器"或"口袋超声"等，设备技术形式多样，可与屏幕一体或分体，可单头，也可集成一体多头，可以用于腹部、心脏、浅表器官和外周血管、腔内等检查。在功能方面，掌上超声既可以完成常规超声诊断，又可以引导微创治疗，同时，实时远程会诊和人工智能诊断功能显著拓展了其应用场景，从临床科、院前特殊环境到家庭病房等，如同听诊器一样成为临床医生的"第三只眼睛"。基于上述这些特点，业内的专家建议将掌上超声设备称为"视诊器"，从而体现掌上超声设备与其他大型超声设备的区别。

目前，国外掌上超声设备以 GE 的 Vscan 系列、Philips 的 Lumify、Butterfly Network 的 Butterfly 为代表，引领了国际市场掌上超声设备的先进技术和能力。2011 年，GE 推出 Vscan，终端显示设备是一款手机，已具备彩色血流成像功能。2015 年，Philips 推出了首台迷你型掌上彩超设备 Lumify，单晶探头设计使其图像质量有了质的飞跃。到 2020 年，美国 Butterfly Network 公司推出了 Butterfly，Butterfly IQ 采用单一探头即可以完成全身多部位检查，并通过对"掌上超声+AI"的研发和应用，引领了医学影像的去中心化变革，使超声成像技术更加便捷。

在国内，掌上超声设备的发展始于近 10 年，2012 年，中国人民解放军总医院自主研发了首款掌上超声（黑白超）设备，显示屏借助于智能手机屏幕，采用无线连接。2016 年之后，随着掌上超声成像系统被我国科学技术部列为重点研发项目，多家企业开始投入掌上超声产品的研发。到目前为止，国内掌上超声产品已形成 30 余个品牌，如思多科、汇声科技（成都汇声科技有限公司）、索诺星、启佑生物（武汉启佑生物医疗电子有限公司）、智影（北京智影技术有限公司）等。当下，国内掌上超声仪器设备发展迅速，产品形式多样，从 16 通道到 64 通道，从单纯黑白超、M 型到综合彩色多普勒、脉冲多普勒，探头从单头到多头，从标配的凸阵探头、线阵探头、相控阵探头到腔内探头、贴片探头等，由于质优且价格合理，部分已远销海外。

（2）掌上超声装备的主要技术进展及趋势

1）掌上超声装备发展历程。从全球来看，掌上超声装备经历过三个阶段。

第一阶段：2009—2011 年，以 GE、Siemens 等为首的巨头企业先起跑。产品包括 GE 的 Vscan 一代机，Siemens 的 Acuson P10 和 Mobisante 的 MobiUs。由于设计理念和技术水平问题，这些产品在易用性和成像质量上存在不少缺陷。

第二阶段：2016—2017 年，海内外初创企业同时起步。在该阶段，我国企业与外国企业基本同步。在这两年间，掌上超声产品相继获批，国内朗昇科技［朗昇科技（苏州）有限公司］为第一家，索诺星和斯科特（苏州斯科特医学影像科技有限公司）紧随其后；国外有澳大利亚的 Signostics、加拿大的 Clarius 以及美国的 Butterfly Network。新一代的产品在设计理念和技术手段上相比于第一代产品都有了很大改进，在易用性和成像质量上有了显著提升，基本淘汰了第一代产品都。

第三阶段：贴片式超声的涌现。2023 年 7 月，加利福尼亚大学圣迭戈分校率先发布了贴片式超声设备及其应用，通过无线传输将超声贴片连续收集到的紧急情况下的心率和血压等信息传递到一台笔记本电脑或智能手机终端，从而可以用于家庭病房。同期，国内华西医院麻醉手术中心宋海波教授团队和中国人民解放军总医院急救部陈威教授团队均研发出了贴片式超声设备，前者的研发目的是针对生命体征检测，后者的研发目的是用于院前创伤救治。

2）掌上超声产品关键技术。全球的大部分掌上超声产品厂商都以初创企业为主，且多采用"FPGA+前端专用芯片"方案，综合图像去噪与增强、空间复合、频域复合、余辉等算法提高图像质量，探头物理通道数可以从 8、16 达到 32 或 64，而且通过图像算法可以让 16 通道硬件模拟出 32 通道的图像质量。近年来随着前端专用芯片的快速发展，多个掌上超声产品已经具备 32 通道和 128 阵元，使掌声超声图像拥有更高的清晰度。随着在基层医院疾病筛查、院内其他科室查房、院前救治、灾害救援等场景的应用及不断拓展，结合集成电路、通信技术的发展，掌上超声产品有向高技术性能和操作便捷发展的趋势。2016 年，国内首款智能掌上超声设备 mSonics MU1 诞生于优途科技（成都优途科技有限公司）并正式医用，仅有 6 寸智能手机大小。2017 年，哈尔滨工业大学航天学院基于 ZYNQ 开发了 32 通道的掌上彩超系统，具备 B 模式、B/M 模式、彩色血流模式和 PW 模式，无线数据传输速度最高 20Mbit/s，现已集成基于深度学习的智能诊断模型，具有基于多维度注意力机制的像素级图像分割以及基于相似形积分的甲状腺体积估算与诊断功能，同时能够开展 5G 实时远程诊断。2021 年，GE 发布了无线手持式超声仪 Vscan Air，具有全身扫描功能，可实现患者随时随地超声检查。该产品运用无线设计，手机 App 支持掌上无线系统，Android 系统和 iOS 系统均可使用，体积约为 131mm×64mm×31mm，重量仅 205g 左右。它采用单探头设计，内置两个压电式传感器，通过一键转换高频线阵和凸阵换能器的设计，可轻松实现浅表器官和深层组织的检查。

2021 年，索诺星发布了多款掌上超声产品，探头类型包括单探头和双探头，已取得注册证，具有 Wi-Fi、Wi-Fi 和 USB 双模连接功能，专用于浅表、腹部、妇产及全身扫查，由于其体积小而轻，方便置于口袋，从而可实现患者随时随地超声检查。其免费 App 可安装在多种手机和平板设备上，支持本地存储。高集成度双探头掌上超声 D2CL，体积仅为 121mm×53mm×19mm，重量仅 120g，集成了凸阵、线阵或腔内探头，三合一扫查，可实现腹部、妇产、浅表、心脏等全身检查，可广泛应用于疾病初筛、检伤评估和可视化引导。

2023 年，贴片式超声技术有了新发展。根据前端声头的材质特性，贴片式超声可分为柔性超声和非柔性超声；根据前端信号到主机的信号传输方式可分为有线贴片超声和无线贴片超声。由于贴片超声前端主要负责收发信号，不做成像信号处理，因此传输的底层较为原始，信号的数据量较大，如何用无线传输是目前业内研究的一个重点，也是无线贴片超声在产品化过程中的一个瓶颈。超声仪器体积大小和形态的发展如图 2-59 所示。

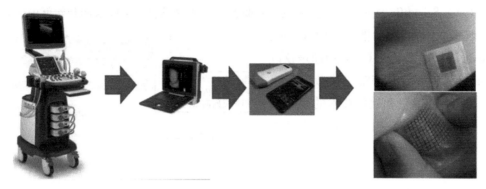

图 2-59　超声仪器体积大小和形态的发展

近年来，掌上超声设备的主要关键技术发展方向除了硬件电路的高度集成和微型化、低功耗设计、超声数据的高速实时传输外，还突出表现在智能远程会诊技术和计算机深度学习的图像自动识别技术，用以解决掌上超声多场景应用的"上不去""不会用"和"难诊断"等问题。

（3）存在的问题　一是国内掌上超声产业发展迅速，价格竞争激烈，图像质量良莠不齐，部分成像质量差而遭到临床医生质疑并影响其推广应用；二是尽管国内外学者已在高度关注人工智能在超声图像中的应用，但目前相对成熟的超声图像识别模型仅限于甲状腺和乳腺等浅表器官，其他大量与掌上超声应用场景相关的人工智能模型相对较少；三是掌上超声产品的使用者可以是超声医生，也可以是经过培训的其他学科医生，而目前关于技能应用的培训与设备发展速度存在矛盾，设备技能应用培训对解决当前基层医生不会用、图像看不懂而限制掌上超声产品的普及问题极为重要。

4. 血管内超声成像仪技术发展趋势

（1）血管内超声成像仪　血管内超声（IVUS）成像是利用安装在心导管前端的微型超声换能器（即探头），从血管内部成像来检测管腔大小和管壁结构的介入性超声诊断技术。它能够实时显示血管横断面解剖结构，观察附着于管壁表面的粥样硬化斑块形态及发展过程，测定冠状动脉狭窄程度，从而指导经皮冠脉介入治疗以及评价治疗效果。例如资料表明，约 89% 的患者冠脉造影正常，而通过 IVUS 检查发现左主干病变，因此近年来，血管内超声成像已成为冠心病等心血管疾病诊断治疗的重要影像手段，被认为是冠脉血管检查的新"金标准"。

目前所用的 IVUS 成像仪器基本结构相似，主要由 IVUS 探头、探头运动与回撤系统和超声成像主机三个部分构成。由于血管介入的需要，IVUS 探头一般都安装在心导管内部，因此心导管也被称为 IVUS 超声探头导管（IVUS catheter）。其成像原理示意图如图 2-60 所示。

（2）血管内超声成像仪技术发展现状　目前全世界 IVUS 的两个主要生产厂商为 Boston Scientific 和 Philips Volcano。

Boston Scientific 是血管内超声领域的先驱者，从 20 世纪 90 年代末期开始就引领着技术和市场的发展，先后推出了 Clearview、Clearview Ultra 等模拟式血管内超声仪以及 Galaxy 和 Galaxy2 等第一代数字式机型。而随着计算机和软件技术的突飞猛进，Boston Scientific 在 2005 年推出了新一代 iLab 血管内超声仪，并于 2005 年和 2006 年分别通过了美国 FDA 和欧洲 CE 验证。iLab 血管内超声采用单阵元机械旋转式探头，使用 40MHz 或者更

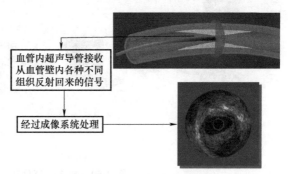

图 2-60　IVUS 探头成像原理

高频率的探头导管，具有极佳的分辨率，其特点为操作流程简单，图像质量出色，是目前国际市场上的新型主流产品。

Philips 收购的 Volcano 公司是一家专业从事血管内超声产品生产的厂家，其最新机型 S5 可以一机多用，可以兼容相控阵和机械式两种探头。相控阵探头中心频率为 20MHz，由于不需要旋转，成像相对稳定，探头导管的中心频率与穿透深度成反比，因此较低频率的探头成像深度比较深，所以图像显示层次多，利于分辨血流、血栓、软斑块等不同组织。相控阵探头的不足是因为频率只有机械式探头的一半，图像细节分辨率较弱。机械式探头采用中心频率 45MHz，图像较 Boston Scientific 的较早期主流产品（40MHz）更清晰。不过，目前 Boston Scientific 和两家国产品牌都推出了 50MHz 以上探头，45MHz 探头在图像分辨率方面暂时不具备优势。

目前上述两家公司的血管内超声成像导管设计如图 2-61 所示，其成像效果分别如图 2-62 所示。

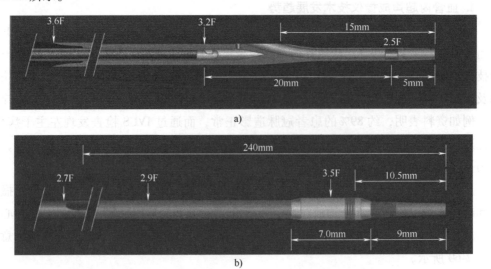

图 2-61　Boston Scientific 和 Philips Volcano 血管内超声成像导管设计
a）Boston Scientific 单阵元探头成像导管　b）Philips Volcano 阵列探头成像导管

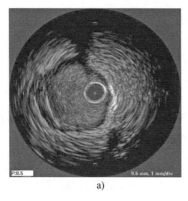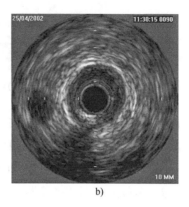

a)　　　　　　　　　　　　　　　b)

图 2-62　Boston Scientific 和 Philips Volcano 血管内超声成像设备成像比较

a）Boston Scientific 40MHz 探头成像　b）Philips Volcano20MHz 探头成像

我国最早的血管内超声成像仪的相关研发始于 2012 年的科技部支撑计划支持下的"专科化超声设备研发"，其中的子课题"开发超高频血管内超声探头与成像系统样机"由中国科学院苏州生物医学工程技术研究所团队承担。通过 3 年多攻关，完成了具有独立知识产权的基于压电陶瓷、压电单晶和压电复合材料的 50MHz 以上超高频血管内超声换能器和成像系统样机的研发，并通过了第三方检测，各主要性能指标达到国外同类产品水平。在此基础上，团队在 2015 年获批承担了国家重点研发计划项目"体内超声诊断设备检测体模研发及质量安全性研究验证"中的"血管介入超声内镜的安全可靠性研究验证"课题任务，并于 2017 年牵头制定了血管内超声首个行业标准《血管内超声诊断设备通用技术要求》（YY/T1659—2019）。该标准于 2019 年正式发布，对国产血管内超声成像仪的研发与检测报证等起到了推动作用。

到目前为止，我国获得国家药监局三类医疗器械注册证可以上市销售的血管内超声成像产品生产商仅有两家，分别是北芯（深圳北芯生命科技股份有限公司）和开立医疗，这标志着我国血管内超声成像相关产品正式参与国际、国内市场竞争。

（3）血管内超声成像仪技术发展趋势　作为实现血管内超声成像的关键技术，超声换能器的设计与制造是首当其冲的关键问题。血管内超声的换能器导管尺寸一般为 2.6~9F（直径 0.83~2.86mm）。如前文所述，目前用于冠状动脉内显像的超声换能器的频率较高（20~60MHz），适合于比较近距离的成像，其轴向（axial）和侧向（lateral）的分辨力分别可达到 50~120μm 和 200~250μm。

按设计类型不同，IVUS 换能器导管及其相应的成像系统主要分为两种：机械旋转式和阵列式。

机械旋转式高频 IVUS 换能器的原理是利用驱动电路以 1800r/min 左右的转速引导体内导管内的单阵元换能器旋转，换能器发射和接收信号约以 1°递增。这些脉冲的不同延迟时间和振幅可为每幅图像产生 256 个独立径向扫描线。机械旋转式血管内换能器以 Boston Scientific 的 40MHz 换能器为代表，其截面尺寸非常小，大约为 0.5mm×0.6mm，如图 2-63 所示。

图 2-63 Boston Scientific 的 40MHz 单阵元机械旋转式超声换能器

IVUS 超声成像的另一实现方式是采用相控阵方式，由多个超声传感器阵元呈环形排列（目前最多为 64 阵元），通过时序调控产生图像。经过时序编码，第一组超声传感器发射信号时，第二组超声传感器可以同时接收信号，各组超声传感器通过合成孔径矩阵优化合成图像。多阵元阵列式换能器以 Philips Volcano 的 20MHz 换能器为代表，其结构如图 2-64 所示。

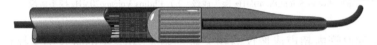

图 2-64 Philips Volcano 公司的 20MHz 多阵元阵列式超声换能器

（4）存在的问题 电子相控阵式血管内超声成像产品生产商有且仅有 Philips Volcano 一家，其换能器研制方面的挑战是对前端 64 个单元的分时控制芯片技术，目前暂时无法突破。

5. 超声机器人装备技术发展趋势

（1）超声机器人分类

1）主-从式超声机器人。主-从式超声机器人分为医生端和检测端两个子系统，通过有线或无线网络实现子系统间的音视频、高保真超声影像、交互命令等数据传输，由医生端的医生通过操作主手，对检测端装载超声探头的协作机械臂进行操控，完成对受检者的实时超声检查。

2017 年，法国 AdEchoTech 公司研发的远程超声机器人 Melody 获得 FDA 认证。检测端助理首先移动带有超声探头的支架到受检者检测部位的起始位置，医生端专家可实时与检测端助理及受检者进行音视频沟通，同时远程控制探头的姿态进行检查。该类机器人所使用的机械臂只支持 3 自由度，移动的维度和空间有限，且检测端需要助理全程协助才能完成完整的超声检查。

2020 年 1 月，武汉华大智造科技有限公司研发的新型远程超声机器人 MGIUS-R3 获得 CE 认证，并于同年 5 月获得国家药监局Ⅲ类医疗器械资质认证。该设备由于采用了成熟的 6 自由度人机协作机械臂，检查空间及操控灵敏度有了很大提升，检测端仅需要助理医师协助涂抹耦合剂，医生端专家通过仿形探头即可完成主-从扫查。

2）自主式超声机器人。相较于主-从式超声机器人，自主式超声机器人更加自动化和智能化，检查过程不需要医生参与，机器人能够构建受检者的人体模型，根据选定检查部位将超声探头快速定位到初始位置，沿事先规划好的路径，完成超声影像的自动采集。目前国内外多家科研机构、院校、企业均在开展该类超声机器人的研发工作，由于系统方案具有较高的技术难度，临床有效性和可靠性也需要大量的验证，迄今为止尚未有商业化的产品推出。

主-从式超声机器人解决的是医疗资源地域分布不均衡的问题，而搭载人工智能辅助诊断功能的自主式超声机器人，才能从根本上将医生从繁重的体力劳动中解脱出来，投入更加有意义的疾病诊断和临床研究中去。

（2）超声机器人主要技术及发展趋势

1）大带宽、低时延、高保真的数据传输。主-从式超声机器人主要用于远程场景，要实现流畅的实时检查，需要同时保障对机械臂的精确操控、对超声图像和现场音视频的连续采集、海量数据信号（机械臂运动控制指令、力传感信号、高保真超声影像、超声设备参数调节指令、音视频多媒体信号等）的高度同步。一方面，网络服务提供商日益发展的通信技术和日益完善的基础设施建设，为主-从式超声机器人的应用构筑了"高速公路"；另一方面，通过弹性自适应传输算法、数据加密算法、无损压缩算法等一系列软件算法，可以最大限度地保障各种环境下的操作流畅度和可靠性。

2）受检者组织识别。超声检查属于接触式检查，探头移动的过程中经常会碰到骨骼，传统超声检测下，医生的手部有丰富的神经元分布，可以很容易地感觉到这种变化，进而移动探头进行规避。超声机器人要分辨不同硬度的组织，可以从软件算法层面实现，如何利用多种关联的物理变量建立有效的分析模型具有一定的技术挑战。

3）路径规划和自动导航。自主式超声机器人的关键技术是路径规划和自动导航。路径规划是通过机器视觉的方式完成受检者的三维建模，并基于该模型和检测部位确定探头初始位置和扫查路径，理想的路径规划要能高效地完成对受检者检测部位的完整超声扫查，且不漏扫，还要充分考虑组织形变、呼吸补偿等影响因素。自动导航即探头沿着规划好的路径进行扫查，期间可能需要根据采集到的图像与解剖学的经验知识进行比对，实现对路径的校正和微调。

4）AI 辅助诊断。超声影像因其独有的实时动态特点，数据更为庞大和复杂，人工分析数据的工作量巨大且准确性易受人为主观因素影响。基于大量高质量的超声图像和专家标注，通过深度学习的方法训练出 AI 辅助诊断模型，可协助医生提供诊断意见，减轻医生的工作量。目前国内外已有多家机构布局超声 AI 辅助诊断产品，涉及乳腺、甲状腺、颈动脉、心脏、产科等应用部位，但临床有效性尚需要大量的对比验证，目前还没有一个超声影像 AI 软件产品获得国家药监局的认证。

5）柔性机械臂。作为超声机器人中持握探头和运动控制的关键部件，目前市面上的同类产品均采用较为成熟的工业协作机械臂，虽然有关节电流保护、力传感器阈值保护等软硬件安全防护措施，但对于受检者而言，仍然不算友好。一款灵活度高、重量轻、负载大、包裹柔性外壳的柔性机械臂，更加符合超声机器人的应用场景。

（3）主-从式超声机器人当前存在的问题

1）难以模拟检查部位的复杂形状及触感。

2）在使用主-从式超声机器人时，医生通过对仿形探头的滑动、旋转、偏转及按压等单一或组合手法实现对受检者的超声检查，但由于仿形探头的载体是一个平板，外形和硬度与受检者实际部位相差较大，很难实现使用传统超声设备时持握探头检查的手感。临床方面，某些检测部位图像易获性不好，对于医生的手法要求很高，更加考验医生通过仿形探头对协作机械臂的精细控制。因此，关于机械臂的自由活动空间、机械臂压力值的反馈及保护性反应机制的技术值得进一步研究。

3）难以实现力反馈。

4）采用 Force Dimension 公司的 Omega 系列主操作手可以实现力反馈，但由于网络信号传输延迟，导致检测端回传的力的信息与医生端实际操作感受的力的信息产生混叠，操作体验并不好。因此，目前的主-从式超声机器人基本都采用力控模型，即医生端施加多大的力，检测端的机械臂就产生多大的力。

5）临床感不佳。

6）目前专家的"眼睛和手臂"是通过检测端的一个或多个摄像头回传现场操作场景的影像实现，受限于现场影像的精度，以及缺少深度信息等原因，机械臂与患者体表间的相对位置的空间感不佳，影响了操作的精度，同时也限制了检查的效率。

（二）超声成像装备关键零部件技术发展趋势

1. 超声换能器

（1）行业发展现状　医用超声换能器，也称作超声探头，是医疗超声系统中最为核心的部件之一，其作用是发射和接收超声波：发射时将电信号转换为超声波进入人体，接收时将人体反射的超声波转换为电信号。超声换能器技术涉及电子、声学、材料、化学、物理等多个领域。围绕医学超声临床需求，声学性能突破与应用专业拓展是超声换能器的典型发展方向。声学性能包括灵敏度、带宽、分辨率等指标，其关键在于压电材料技术；应用专业指特殊的临床场景，如心脏介入手术、腹腔镜手术等，其代表技术有面阵探头技术、超声内镜技术。当前，有多家国内企业具备超声换能器的制造能力，但在上述探头技术方面，国内水平较国际领先水平差距较大。

医用超声换能器最为核心的部分是压电材料，目前应用最广泛的压电材料是压电陶瓷。压电陶瓷需要经过高精度机械切割制成单个换能器元件，无法像半导体芯片一样大规模制造，造价高昂，很难构建大规模二维换能器阵列进行三维成像，同样也很难制造微型高频植入式换能器并进行合适的声阻抗匹配。这些因素限制了超声成像的使用范围和受众规模。最近十几年来，也涌现出许多新的材料，如压电复合材料、压电单晶材料等。

1）压电复合材料超声换能器。复合材料是将压电陶瓷和高分子材料按一定的连通方式、一定的体积比例和一定的空间几何分布复合而成，目前研究和应用最广泛的为1-3型压电复合材料，其具有高灵敏度、低声阻抗、较低的机械品质因数和容易加工成型等特性。复合材料超声换能器中高分子材料的使用会影响陶瓷的有效面积、声阻抗等，且复合材料制作工艺复杂，如何进一步提升复合材料性能及解决工艺问题是压电复合材料超声换能器的研发重点。

压电复合材料超声换能器可实现多频率成像、谐波成像和其他非线性成像，其性能明显优于压电陶瓷材料制作的换能器。

2）压电单晶材料超声换能器。以铌锌钛酸铅（PZNT）和铌镁钛酸铅（PMNT）为代表的新型弛豫铁电单晶换能器，其压电系数和机电耦合系数等指标远远高于目前普遍使用的 PZT 压电陶瓷材料，可达到更高的灵敏度和带宽。

压电单晶材料超声换能器的发展得益于压电单晶材料的发展，压电单晶材料近些年的发展趋势并不在于提高其压电性能，而是克服其体系本身的一些缺陷。由于单晶生长工艺复杂，成品率较低，目前仅国外的一些单晶材料厂商具有量产能力。国内研究所与部分厂家具备一定的单晶材料研发能力，但性能稳定性有待提升。未来，如何进一步改善单晶成分的均匀性和温度稳定性，探索新的单晶换能器加工工艺，开发新的单晶换能器种类，完善高密度单晶换能器的引线难题、能耗散热问题，减轻换能器的质量等，都值得所有换能器研究工作者思考。

3）微机械超声换能器（Micro-machined Ultrasonic Transducer，MUT）。MUT 是利用半导体微纳加工工艺制造的 MEMS 超声器件，基于静电和压电原理可分为电容式微机械超声换能器（Capacitive Micro-machined Ultrasonic Transducer，CMUT）和压电式微机械超声换能器（Piezo Micro-machined Ultrasonic Transducer，PMUT），两者优缺点对比见表 2-7。它们的生产规模大、成本低，容易集成到各种电子设备之中，可以满足体内、体外多种场景的应用需求；它们的频带宽，频率控制灵活，无须添加声阻抗匹配层，一体性好，集成度高，单个换能器即可进行全身通用成像及三维成像，与人工智能结合可进行智能化诊断；它们的体积小、质量轻、功耗低、灵敏度和可靠性高、成像分辨率和质量优异，非常适用于便携式、手持式、穿戴式甚至是植入式应用场景，具有跨越医疗级进入消费级市场的巨大潜力。

表 2-7　CMUT 与 PMUT 优缺点对比

MUT 分类	CMUT	PMUT
优点	加工工艺相对成熟，与 CMOS 兼容	发射效率高、灵敏度高、内阻相对较小、不需要高电压驱动
缺点	内阻大，发射效率较低；同时，需要接入上百伏的高电压驱动电路	工艺相对复杂

因此，MEMS 超声诊疗被认为是革命性技术，它的成功及大批量使用将为全球健康事业贡献巨大力量。基于 MEMS 技术的手持式超声影像仪器的研发受到当下学术界和产业界的深度关注。其中，美国 Butterfly Network 公司利用 CMUT 技术，于 2018 推出全球首款完整的基于 MEMS 超声的成像系统——Butterfly iQ 掌上超声仪，目前已历经两代，给全球手持式超声系统带来了巨大变化。美国 Exo Imaging 公司基于 PMUT 技术，截至 2021 年 7 月已融资 3.2 亿美元，研发了名为 Cello™ 的经济型医疗超声平台，旨在放入每位护理人员和临床医生的口袋。

（2）行业应用现状与趋势　　动态三维心脏超声的关键零部件是面阵探头，包括经胸心脏超声（TTE）面阵探头、经食道心脏超声（TEE）面阵探头及心腔内超声（Intracardiac Echocardiography，ICE）面阵探头。它是开发超高端心脏超声成像系统必须攻克的关键零部件技术，有助于形成具有自主知识产权的特色关键技术，占领医学超声影像诊断设备的制高点，促进产业技术的更新换代，提高我国医学超高端超声影像诊断设备产业的研究开发能力和国际竞争力。该类探头结构极其复杂，工艺难度大，应用场景要求高，目前探头制备技术被 Philips、GE、Siemens 等少数国外厂商垄断，在当前国际背景下，采购困难且限制使用，是阻挡我国进军超高端超声设备市场的"卡脖子"环节。

1）TTE 面阵探头（见图 2-65）。从发展方向上看，面阵探头会朝着阵元数更多、体积更小、重量更轻的方向发展，最终取代传统的一维探头，成为超声探头的主流技术。

面阵探头在开发中需要克服的几项关键技术包括阵元的切割、电连接、基于 ASIC 的探头内第一级波束合成器设计、阻抗匹配以及探头整体体积和重量的控制。具体表现在以下几点：面阵探头有几千个独立阵元，

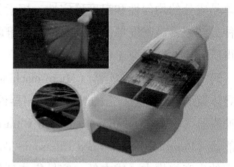

图 2-65　TTE 面阵探头

如何将每个阵元都有效连接出来一直是行业的难题；每个阵元的尺寸很小，阵元非常脆弱，生产制作工艺难度极高，同时由于阵元数目多，对应相关零部件尺寸小，相关零部件制造难度也大大增加；几千个阵元的发射和接收需要 ASIC 芯片转换，芯片的功率控制及整个探头的发热控制十分具有挑战性；ASIC 芯片本身由于集成度高，其抗干扰和抗信号混叠的要求也十分高；探头属于手持设备，外形尺寸直接影响客户体验，由于阵元多，所需要的电器元件及结构如何布局于探头内也将是极大的挑战；由于阵元尺寸小、电容小、受设备本身及外界干扰大，如何防止干扰，做好一致性也会直接影响探头的质量和品质。

迈瑞医疗已通过专有的阵元互联技术，结合多年的工艺技术积累解决了上述问题，发布了首款国产 TTE 面阵探头。

2）TEE 面阵探头（见图 2-66）。TEE 面阵探头经口置入被检者的食道内，从被检者心脏的后方向前扫描，可以近距离探查被检者的心脏结构。经食道超声与普通的经胸心脏超声相比，避免了胸壁和肺气等因素的干扰。TEE 面阵探头另外还可清晰地显示心脏的三维图像，诊断的敏感性和可靠性大大高于经胸超声。TEE 面阵探头结构极其复杂，工艺难度大，应用场景要求高，尚未实现国

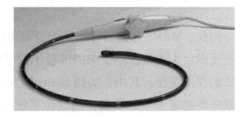

图 2-66　TEE 面阵探头

产化，已有的商用仪器只有 GE、Philips、Cannon 等外国公司能研制，价格极其昂贵，在当前国际背景下，采购困难且限制使用，是阻挡我国进军超高端超声设备市场的"卡脖子"环节。

TEE 面阵探头阵元数目多（大于 2000），单阵元尺寸小（小于 0.2mm×0.2mm），其开发存在着很多技术难题，主要面临的问题有原材料的可采购性问题，以及影响生产良率所必须解决的一系列技术问题：声学设计及仿真技术、可靠性技术、探头热设计和控制技术。它们是决定探头图像质量及可靠性的关键，需要结合临床与系统的应用，通过合理的材料选择、声学模型建立进行声学设计、计算与仿真。另外，面阵探头由于阵元数目多、阵元尺寸小，阵元互联技术、切割技术、材料表面处理及黏接技术均是行业目前的难题。目前，国内超声设备制造厂商虽然已经取得了一定突破，但互联连通率、切割一致性、材料表面处理及黏接技术尚不稳定，影响探头良率，离大规模量产还有一定距离。

鉴于以上问题及现状，建议尽早启动技术攻关立项，鼓励国产超声设备厂家与国产材料供应商进行合作研究，打破国外技术垄断局面，进而降低国家和老百姓的医疗负担，解决 TEE 面阵探头"卡脖子"问题，并有力拉动探头上、下游产业链，促进上游零部件厂商及研究机构的发展，为促进我国先进医疗设备产业和核心零部件产业链的良性发展奠定基础。

3）ICE 面阵探头（见图 2-67）。ICE 通过将微型的探头安装在心导管的尖端，再经外周血管（静脉）送至心腔，探头发射声波，然后再将接收到的回波转换为电信号，经计算机处理后形成超声图像。ICE 可提供心腔内解剖结构及其他心腔内导管和设备的高分辨率实时影像，实时监测血流动力学状态。ICE 可以提高房颤射频消融术、左心耳封堵术等手术的精准度和安全性，降低手术风险，减少并发症，缩减手术成本。ICE 面阵探头技术目前仅为国外少数几家厂家所掌握，且构建起了牢固的专利壁垒和商业闭环壁垒。

ICE 面阵探头需要解决的首要关键问题是声头，其性能会直接影响超声图像的质量。为获得更优异的超声影像，需要开发出高灵敏度、大带宽的声头。同时，ICE 面阵探头作为一种经血管介入至心脏内的特殊探头，要求探头前端的尺寸非常小才能方便操作及获取图像。在有限的尺寸范围内获得性能优异的声头，是 ICE 面阵探头开发的关键，对探头的结构设计、材料及工艺都提出了极高的要求。首先，ICE 面阵探头的尺寸形状非常小，同时又需要能在外部装置的控制下在心脏内完成较大角度的弯曲功能，

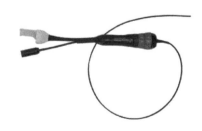

图 2-67　ICE 面阵探头

涉及关键零部件的材料和工艺、控制和传动相关技术以及相关零部件的装配技术等多个方面。其次，ICE 面阵探头的应用场景要求十分严苛，对探头材料及结构的安全性能也有非常高的要求。再者，法规和临床对于介入类探头的表面发热有着更为严格的标准，

在标准范围内提供优质的图像质量是探头实现临床应用的关键，为了解决这一技术难题，需要对探头温度测量、功耗整体控制等一系列热设计、控制相关技术进行深入研究。最后，ICE 面阵探头相较于常规探头，结构尺寸非常小，应用场景要求高，探头整体工艺技术难度大，对产品的性能、可靠性、成本等均提出了不小的挑战，为了实现ICE 面阵探头的产品化，需要有较高的工程技术能力作为支撑。

2. 超声成像模拟芯片

（1）行业发展现状　模拟前端（Analog Front End，AFE）芯片是超声检测关键核心部件之一，它主要用于超声信号的发射、接收，回波信号的放大、滤波，以及模数转换，是超声成像系统最前端的环节，决定了超声成像系统的图像质量。AFE 芯片包括低噪声放大器、可变增益放大器、抗混叠滤波器、ADC 和解调器，其动态范围、分辨率、采样率、保真度均是影响超声图像的关键指标。

以 AFE 芯片为代表的模拟芯片，可实现超声回波模拟信号的数字化采集及处理功能，AFE 芯片内部包括多路（至少 8 路）低噪声放大器（Low Noise Amplifier，LNA）、可编程增益放大器（Programmable Gain Amplifier，PGA）、ADC 等模拟电路，以及低电压差分信号（Low Voltage Differential Signaling，LVDS）、解调、数字滤波等数字电路。当前，国内企业具备单独 ADC 芯片的设计、制造能力，但不具备 LNA、PGA、ADC 等的集成能力，水平与国外领先水平差距较大，具体情况见表 2-8。

表 2-8　AFE 研究现状

大类	小类	国外最高水平	国内最高水平
AFE	模拟集成度	TI 的 AFE5832 可集成 32 路 12 位、80MSPS 或 10 位、100MSPS 的 ADC，含输入衰减器、LNA、低通滤波器（Low Pass Filter，LPF）、ADC、连续波（Continuous Wave，CW）混频器等	4 通道 14bit 分辨率 80MHz ADC，无 LNA、PGA 集成
	数字集成度	TI 的 AFE58JD18 支持 5Cb/s JESD（双速型电机综合保护器）、含 LNA、VCAT、PGA、LPF、ADC 和 CW 混频器等功能	无

未来，临床场景越来越需要小型化的医用超声诊断技术和设备，以覆盖急救、ICU、全科诊所等传统超声科以外的环节。国际医疗影像设备巨头 GE、Philips、Siemens 等都在研究超声影像设备小型化技术，不断推出各种形态的小型化超声影像设备。小型化超声设备对 AFE 芯片的性能指标提出了更高的要求。

（2）主要技术进展及优势

1）低噪声设计的发展。2008 年，美国 TI 公司已为医疗电子应用推出了模拟前端 AFE58××系列芯片，其中 AFE5804 为 8 通路模拟前端芯片，内置 LNA、VCA、PGA、LPF 等，支持 0.89nV/Hz 低噪声优化、12bit、40MSPS 模数转换。2010 年，AFE5807 芯片支持 1.05nV/Hz 低噪声优化、12bit、80MSPS 模数转换，后续会朝着更高采样率、更高采样精度的方向发展。

2）高集成度设计的发展。自 2012 年后，AFE 芯片内置模拟采样通路由 8 路提升到 16 路甚至 32 路，数字接口由简单的 LVDS 接口提升到 JESD 接口，数字功能由简单的 I/Q 解调功能提升到复杂的 I/Q 解调及数字滤波器功能。随着集成度的不断提高，企业可以用更小的 PCB 面积、更低的功耗打造具有更高性能的产品。

当前所有核心 AFE 芯片全部依赖进口，并且大部分从美国进口，导致芯片成本占主机成本的 50% 以上。目前，美国 TI 公司是超声 AFE 芯片最大、最先进的供应商，全球市场占有率约 70%，我国面临 AFE 芯片被"卡脖子"的严峻形势。

（3）技术发展趋势　AFE 芯片的性能决定了超声检测系统的原始图像性能，其技术的提升与发展对系统方案及后续图像处理技术影响重大。AFE 芯片设计要求低噪声、高频率、广带宽和多通道，而且随着超声设备的小型化和手持化，对功耗的要求也日益提高。随着技术的发展，逐渐还提出了需要在模拟芯片基础上实现数字逻辑超声算法，研发数模混合芯片的需求，这就需要解决数字电路对模拟点数的干扰，极具挑战。

（4）存在问题及建议　近年来美国逐步收紧对我国集成电路芯片的出口，一旦限制出口，国产超声设备的研发和制造将难以为继，而当下最突出的问题便是国产集成电路芯片无法满足超声设备厂家的要求。因此，建议在国家政策、资金支持下，由国产芯片厂家牵头，联合国内超声设备厂家，开展攻关科研项目，推广临床应用，实现超声 AFE 芯片的国产化，解决"卡脖子"的核心技术。

3. 超声成像计算密集型芯片

（1）行业发展现状　以 FPGA、GPU 为代表的计算密集型芯片，在超声整机中广泛应用。其中，FPGA 为复杂可编程逻辑器件，在超声整机中多用于实现信号波束合成、处理等核心功能；GPU 为图形处理器，在超声整机中多用于实现 3D 及 4D 建模渲染、人工智能计算等功能。当前，有多家国内企业具备中小容量 FPGA 及 GPU 的设计能力，其中 GPU 的代表企业有景嘉微（长沙景嘉微电子股份有限公司），该公司是国内首家成功研制国产 GPU 并实现大规模工程应用的企业，也是国内唯一具备完全自主研发 GPU 能力并产业化的上市公司，在图形显控领域走在了行业前列。2021 年，景嘉微研发的第三代 GPU 产品已成功流片，可满足中低端需求，有望进一步缩短和海外龙头企业的技术差异。另外，GPU 代表企业还有海光信息（海光信息技术股份有限公司），其系列产品以 GPU 架构为基础，兼容通用的"类 CUDA"环境，技术先进，生态丰富，可广泛应用于大数据处理、人工智能、商业计算等领域。国产 FPGA 的代表企业为紫光同创（深圳市紫光同创电子有限公司），它有 10 年的可编程逻辑器件发展史，FPGA 产品系列覆盖高、中、低端，占我国 FPGA 市场总额的 4%。

（2）主要技术进展及优势

1）SoC 系统的发展。基于 FPGA 的 SoC 系统设计理念将 FPGA 可编程的优点带到了 SoC 领域，可综合实现 FPGA 的高性能与 SoC 的灵活性。系统设计方法是 SoC 常用的设计方法，其优势在于可进行反复修改并对系统架构实现情况进行验证。

Xilinx 的 SoC 当前有三代产品：第一代 ZYNQ7000 为 28nm 的芯片，FPGA 中集成了双核 CORTEX-A9；第二代 MPSoC 为 16nm 的芯片，集成了 4 核 A53 加双核 R5 处理器，也集成有 GPU；第三代是 Versal，除了集成 A72 和 R5F 的核外，还集成了 AI 引擎及高带宽存储器（High Bandwidth Memory，HBM），侧重于边缘计算等应用。

2）动态可重构技术的发展。基于硬件的实现方案和基于软件的方案相比，往往存在不能迅速适应输入或环境改变的问题，此问题可通过动态可重构技术解决。

动态可重构 FPGA 是指在一定条件下，芯片不仅具有在系统中重新配置电路功能的特性，而且具有在系统中动态重构电路逻辑的能力。对于数字时序逻辑系统，动态可重构 FPGA 的意义在于其时序逻辑的发生不是通过调用芯片内不同区域、不同逻辑资源组合而成，而是通过对 FPGA 进行局部或全部的芯片逻辑动态重构而成，以此获得更高的处理能力。

3）高层次综合设计的发展。虽然 FPGA 具有较高的性能，但是采用 RTL 语言设计 FPGA 代码需要较长的开发时间。通过采用高级语言逻辑综合技术，可支持在 FPGA 上利用 C/C++进行设计，为极大地提高设计效率和减少设计—验证—生产周期提供了可能。使用高层次综合设计工具进行编译，可产生 VHDL 语言或者 Verilog 代码，也可以 IP 的形式供使用。有研究表明，相比传统基于 RTL 的人工编码，高层次综合设计能够将原来需要几周完成的工作缩短到几天，并且逻辑资源消耗比人工编码节省 10%以上。

Xilinx 的软件发展迅速，现在 Vitis 集成了之前 Xilinx 所有的软件开发工具，包含高层次综合 HLS 工具，以及 AI 的 DPU 开发工具等。

（3）技术发展趋势　今后，FPGA 将向高密度、高速度、宽频带、高保密，低电压、低功耗、低成本、低价格，IP 软硬核复用、系统集成，动态可重构及单片集群，紧密结合应用需求，多元化方向发展。

今后，GPU 将向计算能力持续提升、复杂图像算法支持（如实时光线跟踪）、并行处理架构、软件开发平台提升、人工智能方向深度优化等方向发展。

从技术上来看，相对于传统中央处理器（Central Processing Unit，CPU）架构，GPU、FPGA 都具有较大的发展优势。

四、核医学成像装备及关键零部件技术发展趋势

（一）核医学成像装备技术发展趋势

1. 核医学成像装备分类

核医学成像技术包括伽马相机（γ相机）成像、单光子发射计算机断层成像（Singlephoton Emission Computed Tomography，SPECT）和正电子发射断层成像（Positron Emission Tomography，PET）等。随着多模态影像装备的兴起，又衍生出了单光子发射计算机断层成像及 X 射线计算机体层成像（SPECT/CT）系统、正电子发射断层成像及 X 射线计算机体层成像（PET/CT）系统，以及正电子发射断层成像及磁共振成像（PET/MR）系统等。

进入 21 世纪以后，核医学进入了分子影像学时代。分子影像学（molecular imaging）是医学影像技术与分子生物学相结合的产物，它涉及核医学、影像学、物理、化学、计算机等多门学科。以 PET/CT、PET/MR 为杰出代表的核医学成像装备在分子影像学中占有重要的地位，PET/CT 扩大了核医学的内涵，同时也拉近了病人和广大医生与核医学的距离。

2. 典型的核医学成像装备

（1）伽马相机　第一台 γ 相机于 1957 年由 Anger 采用整块的 NaI（Ti）晶体耦合 7 根光电倍增管阵列制成，为了纪念他，这种 γ 相机又称为 Anger 相机。

1）伽马相机工作原理及系统结构。伽马相机由准直器、闪烁晶体、光导、光电倍增管矩阵、位置和能量电路等部分组成。准直器选择性地让伽马光子透过，到达闪烁晶体，伽马光子射入闪烁晶体，产生闪烁光，每一次闪烁光经过光导，都会被光电倍增管接收。光电倍增管输出的电脉冲幅度会随着闪烁光的变化而不同，位置和能量电路会根据电脉冲信号还原出伽马光子的入射位置和能量，并进行能量甄别，如果伽马光子的能量落在能量窗内，则记录下来作为一个计数，反之则不记录，最终将这些信息传递给显示装置得到二维图像。

2）伽马相机重要指标及范围。衡量伽马相机性能的主要指标有空间分辨率、均匀性和灵敏度等，空间分辨率性能由本征分辨率以及准直器分辨率共同决定，不同装备之间差异比较大。

目前，随着技术的不断发展，核医学成像装备从低级进入高级，从平面显像进入断层显像，从单模式显像进入多模式显像。在此趋势下，伽马相机已退出舞台，单 SPECT 和单 PET 则分别呈现出被 SPECT/CT 和 PET/CT 取代的趋势。

目前我国市场上，还有少量由滨松光子［滨松光子科技（廊坊）有限公司］生产的小视野伽马相机，专门用于甲状腺疾病的显像和诊治。

（2）SPECT 装备　SPECT 是将短半衰期的放射性药物经口服或注射引入人体，经代谢后在脏器内外或病变部位和正常组织之间形成放射性浓度差异，由探测器探测并通过计算机处理再形成图像。SPECT 除能显示结构外，可着重提供脏器与病变组织的功能信息，为肿瘤等疾病的诊治提供多方位信息。

1）SPECT 装备的工作原理和系统结构。SPECT 装备通常使用伽马相机一样的探头，在安装平行孔准直器后，增加运动控制使伽马相机围绕病人进行旋转运动，从而获得多个视角下的放射性活度分布投影图像，将投影信息数字化以后送入计算机，再进行图像重建，可以求解出各个断层的图像，再将它们顺次组织在一起，就得到了三维图像。

SPECT 记录下来的计数值越高，图像信噪比越好。为了提高探测效率，可以围绕人体放置多个探头，同时采集多个视角的投影图像，从而改善图像质量或者缩短扫描时间。临床上通用的 SPECT 系统通常都由双探头构成，单探头和三探头比较少见。双探头 SPECT 系统有许多优点：全身扫描可以同时得到前位、后位两幅全身图像；探头互相垂直放置时，可以专门用于心肌的显像，探头配上厚晶体和符合电路可以实现511keV双光子符合探测，得到简易的PET图像。

近年来，也有将多个伽马相机探头摆放形成一个全环结构的SPECT装备问世，比如Spectrum Dynamics Medical公司生产的VERITON-CT，其探头可根据目标物体尺寸调整环直径，使探头最大程度地靠近患者，得到更加清晰的图像。此类系统中的探头尺寸明显小于传统SPECT探头，但数量会达到十个以上。

2）SPECT装备分类。SPECT装备通常会集成同机CT，即SPECT/CT，SPECT/CT和SPECT常统称为SPECT（/CT）。

依据探测器、临床应用范围等特征可将SPECT装备进一步细分：依据SPECT（/CT）机器上的伽马相机探头的数量可以分为单探头、双探头和三探头SPECT（/CT）；依据所集成的CT排数，可以分为2排、6排、16排和64排及以上SPECT（/CT）；依据探测器晶体材料是否使用碲锌镉（CZT）晶体可以分为CZT SPECT（/CT）和非CZT SPECT（/CT），后者以碘化钠晶体最为常见，即NaI SPECT（/CT）；依据临床应用范围可以分为通用型、脑专用和心脏专用SPECT（/CT）等。

3）SPECT装备重要指标及范围。衡量SPECT装备的性能指标除了和伽马相机一样的空间分辨率、均匀性和灵敏度等之外，包括针对其机械系统的旋转中心偏移和探头倾斜等，这两种参数要求越低越好，旋转中心偏移和探头倾斜都将导致SPECT图像出现伪影。

4）SPECT装备行业发展现状。SPECT装备在集成CT后，可以CT的高分辨率解剖图像弥补SPECT功能图像分辨率的不足，形成了1+1>2的优势。SPECT/CT装备问世后，迅速在中国、美国、日本等诸多市场形成取代SPECT装备的趋势。然而，纯SPECT装备由于成本低廉，保留了少数市场份额。

同时，得益于碲锌镉晶体在能量分辨率、灵敏度以及最终图像质量上的优势，CZT SPECT（/CT）也得到了市场和临床科室的欢迎，然而由于CZT晶体成本高于传统的NaI晶体，导致此类设备售价较高，因此限制了其推广和应用。

传统SPECT装备都需要引入准直器，从而判断入射光子的方向。近年来，由清华大学马天予提出的自准直SPECT技术，将利用晶体本身作为准直器，取代原有的重金属准直器，从而在量级上提高了传统SPECT设备的灵敏度，具有很大的市场潜力。

SPECT（/CT）装备的生产商以国际巨头为主，包括GE、Siemens和Philips等，国内医院在用的SPECT（/CT）装备多由这三家公司生产。近年来，随着CZT等新技术的普及，又有如加拿大的Spectrum Dynamics Medical等新公司涌现。我国国内有永新医疗（北京永新医疗设备有限公司）在生产可变角双探头SPECT产品，滨松光子在生产固定角双探头SPECT产品，目前还没有国产双模态SPECT/CT产品注册。

我国SPECT（/CT）装备的装机量逐年增长，从2011年的605台迅速增长到了2019年的903台，而其中带CT的SPECT/CT的占比从2011年的23%上升到55%（上述数据来自中华医学会核医学分会《2020年全国核医学现状普查》，由于疫情影响，

2020 年以后中华医学会核医学分会一直没有再公布更新的普查数据）。

5）SPECT 装备临床应用现状。目前我国的 SPECT（/CT）装备最常见的应用为骨扫描，常用于骨肿瘤疾病的诊断和良恶性鉴别，具有成本低廉、医保覆盖易推广的优势，但是扫描时间相对较长，图像质量比 PET 低，显像剂性能也不如 PET 显像剂 NaF，因此其诊断效能低于 PET。2019 年，全国累计进行了 158 万例 SPECT 骨扫描，占全年 SPECT 检查总数 251 万例的 63%左右，其次依次为内分泌系统、泌尿系统、循环系统以及消化系统等疾病，分别检查了约 40 万、30 万、10 万和 5 万例。

（3）PET 装备　PET 是核医学领域中最先进的影像装备之一，PET 的工作原理和系统结构如下：

1）正电子湮灭辐射。PET 成像是基于正电子的物理特性。正电子为电子的反粒子，除带正电荷以外，其他性质与电子相同。正电子核素经过 β+衰变使原子核中的一个质子转变为中子，同时释放出一个正电子及一个中微子。正电子的寿命很短，会很快与组织中的负电子结合而消失。由质能转换公式 $E = mc^2$ 可知，正负电子消失后会转化为能量并以光子的形式放出，由能量和动量守恒定律可知，放出的是能量相等飞行方向几乎背靠背的两个 511keV 的 γ 光子，上述过程称湮灭辐射。

2）符合探测。PET 通过对向放置的两个探测器探测由电子对湮灭辐射所产生的两个 511keV 的 γ 光子来反推正电子湮灭时的位置，这种探测方式称为符合探测，两个探测器之间的连线称为符合响应线（Line Of Response，LOR），代表相反方向飞行的两个光子所在的直线，湮灭事件的位置必定在这条直线上。符合探测的两个 γ 光子以光速向前传播，几乎同时到达在这条直线上的两个探测器，被 PET 系统记录为一个符合事件。

符合事件有三种类型：真符合，探测到的两个光子来源于同一湮灭事件，且未被散射；散射符合，探测到的两个光子虽来源于同一湮灭事件，但被散射而偏离了原来的飞行方向；随机符合，探测到的两个光子分别来源于不同的湮灭事件。散射和随机符合会降低 PET 重建图像质量，需要在重建过程中引入相应的纠正技术。

3）系统结构。临床全身 PET 的系统结构通常为一系列相同的探测器组成一个圆环，称为探测器环，探测过程中没有运动部件，通过探测器环上各个探测器之间的灵活组合实现对目标物体的全面探测。

（4）PET/CT 装备　PET/CT 装备分类：依据所集成的 CT 排数可以分为 16 排和 64 排及以上 PET/CT；依据探测器晶体材料可以分为硅酸镥/硅酸钇镥（LSO/LYSO）PET/CT 和锗酸铋（BGO）PET/CT，其中 LSO/LYSO PET/CT 也可写作 L（Y）SO PET/CT；依据是否具有飞行时间（Time of Flight，TOF）技术分为 TOF PET/CT 和 Non TOF PET/CT；PET/CT 通常为全身通用型，而专门针对特定临床应用的还有乳腺 PET/CT、脑 PET/CT 和小动物 PET/CT 等。

1）PET/CT 的重要指标及范围。衡量 PET 系统的标准以美国电器制造商协会的 NEMA 标准及国际电工委员会的 IEC 标准为主，这 2 种标准的检测项目大同小异。PET/CT 的主要评价指标有：空间分辨率、灵敏度、计数率特性和图像质量等。其中，计数率特性、各项物理校正以及图像质量等实际上依赖于更底层的 PET/CT 系统的死时间性能、时间分辨率、能量分辨率以及 CT 性能等指标。目前，国内外主要厂家 PET/CT 主打型号及技术参数对比见表 2-9。

表 2-9　国内外主要厂家 PET/CT 主打型号及技术参数对比

厂家	GE	Siemens	Philips	联影医疗
型号	Discovery IQ	Biograph64/TrueV	Vereos	uMI780
探测器环数	—	52	—	112
探测器单元尺寸/mm	6.3×6.3×30	4×4×20	3.9×3.9×19	2.76×2.59×18
探测器材料	BGO	LSO	Digital Photon Counting（DPC）	LYSO
孔径/cm	70	70	70	70
采集时间/min	7	10	3（体部采集）	6
系统灵敏度/kBq	22.80	6.95	22（等效）	15
3D 散射分数	38.9%	32%	31%	38%
CT 层数	32	128	微平板 CT	64

注：该表为现场询查数据，仅供参考，具体数据以厂家提供的正式文件为准。

2）PET/CT 行业发展现状。PET/CT 第一台原型机在 1998 年 8 月安装于美国匹兹堡大学医院，2001 年在瑞士苏黎世大学医院用于临床，我国则于 2002 年在西安和山东用于临床。PET/CT 双模态成像不仅仅是核医学 PET 和影像医学 CT 技术的简单相加，其功能成像与解剖成像相结合的方式，可以进一步提高诊断的特异性和正确度，达到 1+1>2 的效果。

截至 2023 年 5 月 31 日网站数据检索，注册证在有效期内的 PET/CT 产品共有 40 款，其中 GE 公司 7 款、Philips 公司 1 款、Siemens 公司 8 款、联影医疗 8 款、东软医疗 3 款、明峰医疗 5 款、锐视康（北京锐视康科技发展有限公司）3 款、锐世（合肥锐世数字科技有限公司）2 款、赛诺联合［赛诺联合医疗科技（北京）有限公司］3 款。在 PET/CT 领域，我国目前已经基本打破了国际巨头的垄断，国内生产企业主要有 8 家，即联影医疗、东软医疗、明峰医疗、赛诺联合、锐视康、大基医疗（北京大基医疗设备有限公司）、锐世、高能医疗（杭州高能医疗设备有限公司）（仅有 PET）。除联影医疗拥有 PET/MR 以外，其余企业产品均为 PET/CT 或者 PET。以联影医疗为代表的国产厂商占据了可观的市场份额，自 2016 年以来，联影医疗一直占据着每年新装机 PET/CT 市场份额第一，超过了 GE、Philips 和 Siemens，2021 年联影医疗以 31.2% 的市场占有率高居榜首，且成功打开了国际市场并获得了数十台国际订单。

与此同时，我国每年 PET/CT 的装机量增长颇为可观，从 2011 年的 162 台（含单 PET）增长到了 2019 年的 404 台 PET/CT 和 23 台 PET/MR，装机量前五名的省市分别为广东、江苏、北京、上海和山东（上述数据来自中华医学会核医学分会《2020 年全国核医学现状普查》获悉，由于疫情影响，2020 年以后中华医学会核医学分会一直没有再公布更新的普查数据）。

根据国家卫生健康委发布的"十四五"大型医用设备配置规划，计划 2021—2025 年新增 860 台 PET/CT 扫描仪（规划总数将达到 1667 台）。

在正电子显像设备领域，PET/CT 已经完成了对单 PET 的全面取代，在此基础之上，诞生了诸多基于 CT 应用和 PET 应用相结合的一站式检查临床解决方案。

在 PET 领域，存在以 L(Y)SO 晶体为基础的中高端机型与以 BGO 等传统晶体为基础的普通机型。基于 L(Y)SO 晶体的快速发光特性，TOF 这一 20 世纪七八十年代的技术得以再次复兴。TOF 计数可以提升 LOR 上湮灭事件的定位精度，从而提升图像质量。TOF 分辨率的提升是各大厂商目前努力的一个方向，通过晶体性能、探测器组装、电子学优化等方法多管齐下，目前 TOF 分辨率主流已经从原本的 500~600ps 提升到了 200~400ps，其中，以联影医疗 uMI Panorama 的 196ps 和 Siemens Biograph Vision 的 214ps 为目前业界先进水平。

为了提升 TOF 时间分辨率，在使用 LYSO 晶体取代 BGO 晶体的同时，各厂家都在逐步用硅光电倍增管（Silicon Photomultiplier，SiPM）取代传统的玻璃真空光电倍增管（Photomultiplier，PMT）。

近年来，超长轴向视野 PET/CT 系统进一步拓展了 PET 在临床科研中的应用。以2018 年联影医疗轴向视野为 194cm 的 uEXPLORER 的问世为代表，一些厂商近年来在轴向视野的提升上投入关注，如 Siemens 于 2020 年推出了轴向视野为 1m 的 Biograph Vision Quadra 机型。随着轴向视野的提升，PET 的系统灵敏度也得到了显著的提升，Vision Quadra 相较于传统机型，灵敏度提升了 10 倍，而 uEXPLORER 则实现了 40 倍的灵敏度提升。灵敏度提升意味着大量新型临床应用，如屏息扫描、低剂量扫描、短时间扫描等纷纷得以实现。近年来已经有大量的基于 uEXPLORER 的相关研究成果在国际期刊上发表。

空间分辨率的提升也是 PET 技术发展的一个重要方向，相较于上一代设备，GE 和 Siemens 的新型 PET/CT 产品均在空间分辨率上有了明显提升，将原来 4~5mm 的空间分辨率提升到了 3.7~4.1mm 的水平。临床系统空间分辨率目前最高水平为联影医疗，其全线产品均达到了 2.8~2.9mm 的空间分辨率。

除了硬件方面的更新换代，各个商家在软件设计及算法方面也做出了巨大的努力，降低噪声影响、提高分辨率、提高图像对比度、图像重建算法、人工智能等软件纷纷开发并进入临床应用。

通过这几年在硬件和软件方面的不断改进，PET/CT 装备在小病灶的检出能力、给患者使用更低剂量的放射性药物、缩短病人扫描时间等方面都大大提升。

3）PET/CT 装备临床应用现状。目前我国 PET/CT 装备最常见的应用为肿瘤相关显像，2019 年度进行了 82 万例，占全国总数 85 万例的 96%，PET/MR 装备情况类似，2019 年度，肿瘤相关显像 1.2 万例，占年检查总数 1.4 万例的 82% 左右。得益于氟代脱氧葡萄糖（FDG）的高灵敏度和高特异性，PET/CT 装备在肿瘤的分期、分级和分型，治疗计划制订，预后判断，疗效跟踪，再分期和治疗计划调整等方面具有突出优势，然而受限于显像成本较高、药物生产依赖回旋加速器及医保未覆盖（目前仅浙江省医保覆盖了示踪剂和检查全部费用，部分省市覆盖了示踪剂费用，大多数省市处于无覆盖的状态）等因素，目前 PET/CT 技术大多停留在大型三甲医院中，未能普及到基层医院。

（5）PET/MR 装备　PET/MR 装备是医疗影像领域中最高端的装备之一，一直是影像技术领域的前沿研究热点，并且在过去几年间，随着技术的成熟，逐渐走入了常规临床应用，为疾病诊疗提供了全新的视角。

1）PET/MR 装备的工作原理和系统结构。PET/MR 装备是将 PET 与 MRI 在硬件上进行一体化融合，两种模态等中心同步成像的新型装备，同时具有 PET 和 MRI 的检查功能。典型的 PET/MR 硬件架构如图 2-68 所示，其中整环 PET 探测器被嵌入传统 MRI 系统中梯度线圈和射频线圈之间。因此，在射频线圈和梯度线圈发射射频脉冲和梯度脉冲时，PET 探测器同时接收正电子衰变事件，从而实现完全等视野、等中心的同步成像。

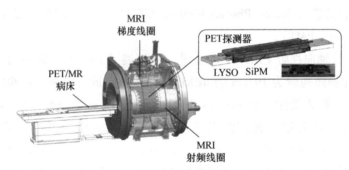

图 2-68　典型的 PET/MR 硬件架构

然而，将 PET 探测器嵌入已经成型的 MRI 系统通常是极其困难的，面临多重挑战。第一，传统磁共振设计紧凑，患者孔径小，梯度线圈和射频线圈几乎没有空间容纳额外的硬件设备。因此 PET/MR 装备中，射频线圈和梯度线圈通常需要进行大幅的改进和优化设计，在保证磁共振性能的前提下降低器件厚度，为 PET 探测器留出安装空间。即使如此，由于增加了大量的 PET 探测器晶体，PET/MR 整机的重量将有 0.5t 左右的增加，而患者孔径通常将会被压缩到 60cm。第二，由于传统磁共振的病床厚度大、质量大且电子密度高，对 PET 成像造成了严重的衰减效应，因此 PET/MR 装备的病床通常需要采用更加轻便的材料，用以提高 PET 成像的灵敏度。第三，考虑到 PET/MR 装备的科研潜力，目前市面上主流的 PET/MR 装备均采用 3T 主磁体，这对脑部科研应用和肿瘤成像中软组织对比度的提高有着重要意义，但这也让 PET/MR 装备继承了 3T 磁共振所面临的众多技术挑战，如磁敏感效应、射频发射驻波效应等。

PET/MR 系统集成同样也是挑战重重，其核心难点是要解决 MRI 和 PET 之间的相互干扰，实现 MRI 和 PET 硬件的兼容性。

2）PET/MR 装备的分类。目前市场上的 PET/MR 产品主要有三种形式：异室布置 PET/MR 系统、同室布置 PET/MR 系统和同机融合一体化 PET/MR 系统。

① 异室布置 PET/MR 系统：可以看作是将两套独立的、布置在两个不同扫描室内的 PET（或 PET/CT 系统）和 MR 系统组合在一起使用。早期，GE 和美国部分研究机构曾经研发出过此类型的产品，但是由于该技术成像时间长、占地大、融合精度低，其临床效果并不好。

② 同室布置 PET/MR 系统：PET 和 MRI 系统布置在同一扫描室内，但它们是两套独立的系统，其扫描室需要同时具有 MRI 扫描室的射频屏蔽性能、磁屏蔽性能和 PET 扫描室的放射防护屏蔽性能等，置于其内的 PET 系统需要与 MRI 系统完全兼容，实验对象或被扫描患者需要通过特别设计的检查床在两套系统之间转移。

③ 同机融合一体化 PET/MR 系统：该系统是 MRI 系统与 PET 系统的同机和同中心复合设计，实现了同步扫描，是最先进的 PET/MR 架构。联影医疗推出的 uPMR790、Siemens 推出的全身扫描型 Biograph mMR 及 GE 推出的 Signa PET/MR 都属于此系统。

3）PET/MR 的行业发展现状。PET/MR 装备在单一系统内融合了 PET 和 MR 两种成像模态，作为唯一在时间和空间上一体化多模态的影像设备，能够提供其他影像技术无法比拟的丰富信息。目前，国际医疗巨头 GE 和 Siemens 公司都开发了 PET/MR 成像系统并投入市场，对市场形成了垄断局面。国内关于 PET/MR 的研究起步较晚，联影医疗作为国内高端医疗影像装备的领军企业，已完成对 PET/MR 装备的研发，填补了国内该领域的空白。

我国每年 PET/MR 装备的装机量也在逐步增长，从 2015 年的 6 台增长到了 2019 年的 23 台。根据国家卫生健康委发布的"十四五"大型医用设备配置规划，计划 2021—2025 年新增 141 台 PET/MR 成像系统（规划总数将达到 210 台）。

4）PET/MR 装备临床应用现状。在国际上，PET/MR 装备的临床实践已经证明了其在头颈部肿瘤、腹部肿瘤、神经退行性病变、全身淋巴瘤等疾病诊断中，相比其他成像方式的显著优势。通过 PET/MR 装备可以完成低剂量、低风险的早期大病筛查，可以有效提高恶性肿瘤的诊断准确率，高效评估治疗效果，从而降低肿瘤患者全生命周期的治疗费用，提高病人生存质量。然而，国内对 PET/MR 装备相关应用的研究整体上较为落后，对于 PET/MR 装备大规模临床应用方面积累的经验还不足，随着近两年 PET/MR 装备国内装机量的增加，PET/MR 装备临床应用的相关工作也在有条不紊地推进。作为最高端的医疗影像技术之一，PET/MR 在临床应用上仍有巨大潜力尚待开发探索。

5）PET/MR 技术发展趋势。PET/MR 系统目前主流的架构为一体化设计，其中 PET 和 MRI 两种模态同时、同步、等中心采集。但是目前除衰减矫正和图像融合，绝大部分 MRI 信息和 PET 信息均没有实现有机整合。PET/MR 在系统层面的发展趋势是进一步发掘时空一体数据采集的优势，将 PET 和 MRI 数据有机结合，产生出 MRI 引导 PET 高清重建，PET/MR 联合多模态影像组学，MRI 引导 PET 运动矫正等一系列具有

PET/MR 特色的跨模态应用。

PET 与 MRI 装备性能更加有机地匹配也将成为一体化 PET/MR 的发展方向。MRI 装备具有轴向视野大、图像分辨率高等特点，而 PET 装备具有单床成像时间短、图像特异性好等特点。进一步对 MRI 和 PET 子系统和将其结合的控制系统的创新，将推进 PET/MR 装备整体性能的提升。

人工智能技术的发展也将为 PET/MR 装备未来的发展注入持续动力。人工智能技术主要用于基于磁共振的 PET 衰减矫正，可大幅提高 PET 图像定量的准确性，有助于实现 PET/CT 和 PET/MR 跨模态多时间点随访，促进 PET/MR 装备的临床应用。除此之外，人工智能的全自动扫描工作流、全智能设备质控及全智能扫描协议推荐等功能，将大幅提高 PET/MR 装备操作的便捷性、一致性，为提升 PET/MR 装备临床患者扫描效率、图像稳定性提供重要支撑。

6）存在的问题与建议。由于技术门槛高，行业垄断性强，当前国内配置 PET/MR 装备的高水平研究型医院和科研院所极少，无法大面积有效开展 PET/MR 装备的临床研究。

根据中华医学会核医学分会《2020 年全国核医学现状普查结果简报》，截至 2019 年，全国共有影像医学与核医学专业博士研究生导师 128 人，硕士研究生导师 376 人，在读博士研究生 302 人、硕士研究生 961 人，其中以影像医学方向为主，核医学为辅。高学历人才的匮乏无疑将直接影响科研活动的开展，并对医院科室发展乃至全国的核医学发展产生不利影响，需要国家有关部门加大投入和支持。

（二）核医学装备关键零部件技术发展趋势

1. PET 探测器

（1）行业发展现状　PET 探测器是完整 PET 和 PET/CT 等分子成像装备中最核心、最有价值的一部分，其对分子成像装备的机能有着决定性作用。目前，PET/CT 装备临床应用需要进一步提高 PET 整机的探测灵敏度和 TOF 定时精度，以降低扫描需要的打药剂量，减少病人受到的辐射伤害，以及加快扫描时间，提高病人流通量。因此，开发更高性能的光电传感器以及配套的前端多通道集成电路芯片，掌握其相关的设计、制造技术，才是决定下一代 PET 和 PET/CT 整机产品是否能处于世界领先地位的关键。

PET 探测器技术壁垒较高，长期以来，国外市场一直由国外企业占据主导地位，包括 GE、Siemens、Philips 等。但近年来，随着本土企业不断突破关键技术，我国 PET/CT 成像装备及其核心部件 PET 探测器的市场国产化水平正持续提升，行业呈现出良好发展态势。国内 PET 探测器企业主要有联影医疗、明峰医疗、永新医疗、智核医疗（沈阳智核医疗科技有限公司）、大基康明（北京大基康明医疗设备有限公司）、锐视康、锐世、赛诺联合等。其中，联影医疗为国内 PET 探测器行业龙头企业。

PET/MR 装备的 PET 探测器目前已经解决了与 MRI 同时工作状态下的电磁干扰难题，但是由于空间限制，工作环境恶劣，环境温湿度变化大，发展速度不及行业前沿的 PET/CT 探测器。后续随着新型电路基材，新型专用信号处理 ASIC 芯片，新型光电转化器件硅光电倍增管，新型屏蔽和机械支承材料，以及新型高效冷却技术的持续发展，PET/MR 的探测器将逐步与最新型的 PET/CT 探测器实现性能上的统一甚至超越。

（2）主要技术进展及优势 PET 探测器是 PET/CT 装备最为核心的部件，一个典型的 PET 探测器包括闪烁晶体、光电转换器件和前端电子线路部分。目前国内外还没有能独立批量提供该部件的供应商，各核医学装备企业主要通过自主研发解决 PET 探测器问题。图 2-69 所示为 PET 探测器模块。

研究进展：现阶段，PET 探测器采用的是基于闪烁晶体与 SiPM 一对一的整体化设计。

关键技术：信号提取技术和探测器工艺封装技术。

图 2-69 PET 探测器模块

技术优势：PET 探测器技术可以提高探测器模块的探测效率，降低光损失，从而获取更优质的图像质量。

（3）技术发展趋势 发展高时间分辨以及高空间分辨的 PET 探测器是目前的技术发展方向。目前主流的 PET 探测器中采用的半导体光电传感器 SiPM 主要来自日本滨松光子学株式会社和美国 onsemi 公司，SiPM 技术也是近年来 PET 探测器技术发展的关键技术。

技术发展趋势：在 PET 领域，PET 探测器将从 SiPM 与晶体间的一对一读取，趋于更高分辨的一对多读取。

现阶段采用的技术：PET 探测器的自主研发采用晶体与 SiPM 间采用一对一读取。

新技术应用：国内基于 SiPM 与晶体一对多高集成读取技术的 PET 探测器亟待研发。

2. 闪烁晶体

（1）行业发展现状 闪烁晶体是 PET 探测器中最关键的部件之一，也是决定 PET 探测器质量档次的主要零部件。目前，用于 PET 装备的闪烁晶体主要包括：①慢闪烁晶体：锗酸铋（BGO）；②快速闪烁晶体：硅酸镥（LSO）和硅酸钇镥（LYSO）。随着 PET 技术的不断发展，对快速闪烁晶体（LSO 和 LYSO）的需求越来越旺盛。前些年，国内外能实现稳定量产 LYSO 晶体的供应商只有美国的 CPI 公司，近年国内 LYSO 闪烁晶体材料技术进展显著，已基本能满足 PET 装备量产需求。

LYSO 是一种铈离子掺杂镥基硅酸盐闪烁晶体。LYSO 闪烁晶体具有优异的光学和闪烁性能，被广泛应用于医学成像、核物理实验和高能物理实验等领域。它具有高闪烁效率、快速闪烁响应、较高的光输出和较低的能量分辨率等特点，使其成为一种理想的闪烁材料。它的高闪烁效率和较低的能量分辨率使得图像质量更高，能够提供更准确的诊断结果。

与 BGO 晶体对比，LYSO 晶体的优势是支持 TOF 算法，未来的医疗行业，LYSO 晶体和 LSO 晶体将是主导。LSO 晶体和 LYSO 晶体一样，支持 TOF 算法，但 LSO 晶体之前的专利一直在 Siemens 公司，直到最近才过期。LYSO 晶体相对 LSO 晶体来说，多一种元素，长成的过程也更复杂。

LYSO 晶体国内的主要生产厂家有：联影医疗的全资子公司新漫晶体（上海新漫晶体材料科技有限公司）、天乐信达（四川天乐信达光电有限公司）、西卡思（上海西卡思新技术有限公司）、晶特晶体（苏州晶特晶体科技有限公司）、烁杰晶体（上海烁杰晶体材料有限公司）、中国电科［中电科芯片技术（集团）有限公司］、博雅新材（眉山博雅新材料股份有限公司）、觅深科技（苏州觅深科技有限公司）等。

（2）主要技术进展及优势　LYSO 是一种稀土正硅酸盐类晶体，属于单斜晶系，以其高光输出、快发光衰减、有效原子序数多、密度大等特性引起了国际闪烁晶体界的极大关注，并且物化性质稳定、不潮解、对伽马射线探测效率高，被认为是综合性能最好的无机闪烁晶体材料，是代替 NaI（Tl）、BGO 的理想 PET 用闪烁晶体，如图 2-70 所示。LYSO 晶体可与 PMT、SiPM 和硅光电二极管（Silicon Photoelectric Diode，SiPD）较好匹配。LYSO 晶体在 400~800nm 范围内的透过率可达到 83%，可以保证产生的闪烁光被自身吸收最小。LYSO 晶体的光输出与组分中 Lu 的含量有关，为 BGO 的 4~5 倍，能量分辨率为 8%~14% 不等。由于 LYSO 晶体能够提供优良的时间分辨率和能量分辨率，是新一代全数字 PET 普遍采用的晶体材料。

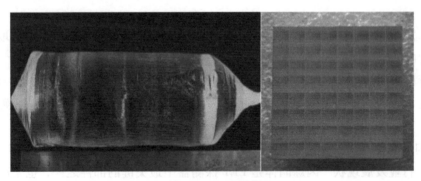

图 2-70　LYSO 晶体

研究进展：现阶段用于 PET 装备的快速闪烁晶体主要为 LYSO，其具有发光效率高、衰减时间短（40~45ns）等优点。新漫晶体具有独特的 LYSO 晶体生产配方，其晶体生长尺寸、良率、性能和生产工艺等方面均可以达到世界领先水平；其独家的蜂眼切割工艺，使晶体尺寸达到业界最小的 2.76mm，从硬件上保证了更高的空间分辨率；其独创的钻石镜面工艺，将有效光产额较传统晶体工艺提升了 30%，为系统更高时间分辨率奠定了基础。

关键技术：长晶技术、控制技术。

技术优势：LYSO 闪烁晶体用于 PET 设备中，能保证 PET 设备的时间分辨率小于

500ps，从而提高信噪比且减少扫描时间。

（3）技术发展趋势　目前，LYSO晶体主要在晶体质量和生长方法两个方面进行技术改进。一方面，晶体在生长过程中包括坩埚材料在内的杂质会造成晶体质量下降，甚至产生余辉问题；另一方面，镥基闪烁晶体的熔点比较高，基本都在2000℃以上，因此对生产设备要求很高。以上两个方面说明镥基闪烁晶体的生长是影响其开发和应用的关键因素。现阶段镥基闪烁晶体的主要生长方法是提拉法、改进的穆萨托夫方法和溶胶-凝胶法。

在PET领域，闪烁晶体材料会趋于向衰减时间更短、光输出更高的新型材料方向发展。

3. 硅光电倍增管

（1）技术发展趋势　SiPM作为PET探测器中的光电转换器件，主要功能是将光信号转换成电信号。目前，用于PET探测器的SiPM主要依赖进口。北京师范大学等研究机构对SiPM器件的研究，由于受到封装工艺、性能等的约束，现阶段还处于实验室研发阶段。因此，在医疗领域的核医学装备上，目前还没有国产化的SiPM可供使用。随着国家对芯片产业的大力扶持，会加速SiPM的国产化进程。

国际上，SiPM经过多年发展，技术已经成熟，其快速的时间响应特性能够满足TOF的要求，同时具备紧凑的结构和较高的信噪比，大大提高了PET的空间分辨率。目前SiPM的主要供应商有滨松光子学株式会社、SensL、Broadcom、KETEK等，北京师范大学韩德俊教授的新器件实验室具有小批量生产SiPM的能力，2023年中广核技（中广核核技术发展股份有限公司）投入重金，未来将牵手韩德俊教授实验室共同研发和生产国产化的SiPM。

（2）主要技术进展与优势　SiPM是一种新型的半导体光子计数探测器件，由数百至数千个硅雪崩光电二极管微元（Si-APD microcell）分别串联淬灭电阻集成。工作于盖革模式下的SiPM具有快速的光子响应速率、卓越的光子数分辨能力、较高的光子探测效率、宽的光谱响应范围、低的工作电压、较强的抗磁场干扰能力及抗冲击等性能优点，在微弱荧光探测、核医学成像、DNA排序、高能物理、天体物理等领域有着极其广泛的应用前景。

当前，光电倍增管已经由传统PET所用的PMT向新一代全数字PET探测器所用的SiPM进行过渡。SiPM阵列结构如图2-71所示。

图2-71　SiPM阵列结构

研究进展：现阶段，用于 PET 装备的 SiPM 主要依赖进口，国内的 SiPM 还处于研发阶段。

SiPM 关键技术：CMOS 工艺技术和 TSV 工艺技术。

技术优势：SiPM 技术可以使 PET 设备具有更高的探测效率，更高的空间分辨率。

技术发展趋势：近些年，随着 SiPM 技术的日臻成熟以及价格的不断下降，SiPM 正推动着 PET 装备的革命性发展。SiPM 作为一种新型的半导体探测器，相比传统 PMT 有很多优点，比如量子效率高、工作电压低、对磁场不敏感、结构紧凑等。同时，SiPM 具备更好的可定制特性，供应商能够根据用户需求，定制相应的通道数量。结合具有飞行时间算法的 LYSO 晶体，传统的 PET 探测器在向新一代全数字 PET 探测器升级，相较于传统 PET，新一代全数字 PET 探测器具备体积小、功耗低、时间分辨率高以及对磁场不敏感等优势。传统 PET 探测器结构与新一代全数字 PET 探测器结构对比如图 2-72 所示。

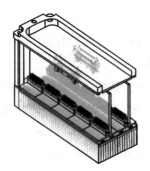

图 2-72　传统 PET 探测器结构与新一代全数字 PET 探测器结构对比

（3）技术发展趋势　在 PET 领域，对 SiPM 的需求将从以下方面考虑：光子探测效率高、增益大、噪声低、填充系数大、尺寸小等。

现阶段采用的技术：采用基于 CMOS 的 SiPM。

新技术的应用：国内基于具有 TSV 封装技术的 SiPM/PET 正在研发中。

（4）存在的问题　LYSO 和 SiPM 这两个关键部件中，LYSO 晶体已经实现了国产化，并且国内厂商已经能够满足产业链需要，但是像 SiPM 这类半导体关键部件，国外厂商具备较高的性能优势，PET/CT 厂商都需要采购进口产品，所以国产 PET/CT 装备依然受制于国外厂商。

4. 探测器信号处理芯片

（1）行业发展现状　PET 探测器信号处理芯片可以实现对事件的位置、能量和时间的处理，是 PET 探测器的关键零部件之一。目前，行业内用于 PET 装备的探测器信号处理芯片由 FPGA、时间数字转换器（Time to Digital Converter，TDC）等分离元器件采用多通道复合的方式逐渐发展为由专用型集成电路 ASIC 芯片采用通道一对一的方式。基于 ASIC 芯片，可以实现将 ASIC、FPGA、TDC 等集成在同一个电路处理板上，可以减小电路板的面积、提高产品的可靠性、降低功耗等。国内外对用于 PET 系统的专用型集成 ASIC 芯片技术只有少数厂家掌握，且价格昂贵。图 2-73 所示为 FPGA 芯片，图 2-74 所示为 PET 用 ASIC 芯片。

图 2-73　FPGA 芯片

图 2-74　PET 用 ASIC 芯片

（2）主要技术进展与优势

研究进展：现阶段，各 PET 厂商主要采用 FPGA、TDC、ADC 等分离器件实现探测器的信号处理。联影医疗在国内率先打造出了全芯无极数字探测器（uExcel UDP），搭载了其与联影微电子（上海联影微电子科技有限公司）联合研发的"中国芯" PET 探测器专用芯片，不仅使飞行时间分辨率首次突破 200ps 级，更打破了行业长期以来依赖进口通用芯片的历史格局，填补了我国在高端分子影像医疗装备领域自研专用芯片的空白，也使得联影医疗成为国内唯一一家实现了 PET 晶体和 PET 探测器专用 ASIC 芯片等核心部件自主研发和生产的企业。

探测器信号处理芯片的关键技术有全通道信号读取技术和信号全数字化技术。

技术优势：探测器信号处理技术能实现 PET 探测器中各信号单元的一对一通道读取，同时提高了信号的能量和时间提取精度。

（3）技术发展趋势　在 PET 领域，探测器信号处理芯片趋于专用集成化 ASIC 芯片设计。

现阶段采用的技术：采用基于 FPGA、TDC 等分离元器件进行搭建。

新技术的应用：目前国内联影医疗已经实现了 PET 探测器专用 ASIC 芯片的自主研发与生产制造。

五、内镜成像装备及关键零部件技术发展趋势

（一）内镜成像装备技术发展趋势

1. 内镜成像装备简介

内镜成像装备由内镜体、冷光源和图像处理器（软性内镜用）组成，经人体的自然腔道或者微创小切口进入人体内，导入即将检查或手术的病灶区域进行光学成像，经摄像系统、显示器为医生提供疾病诊断的图像信息，并可在器械配合下进行手术治疗，

是一种常用医疗器械。相对于传统开放式的医学诊治方式，微创和无创的医学方式提高了诊治效率，减轻了患者痛苦，是医学技术发展的革命性进步，也预示着未来医学的发展方向。内镜成像装备的辅助器件常搭配在内镜检查或手术中使用，起到活检、止血、扩张和切除等作用。

2. 内镜成像装备的分类

（1）按成像原理分类　内镜成像装备按成像原理可分为光学内镜（柱状透镜）、纤维内镜、电子内镜和复合内镜。

（2）按镜体的类型和应用场景分类　内镜成像装备按镜体的类型和应用场景可分为硬式内镜和软式内镜，如图 2-75 所示。硬式内镜和软式内镜在外观形态、内部结构、应用领域、清洗消毒流程、干燥流程、储存方式等方面均有差异。硬式内镜主体不可弯曲或扭转，由物镜和棒透镜组成的光学系统传导图像、光导纤维传递照明光源，进入人体无菌组织、器官或者经外科切口进入人体无菌腔室，如腹腔镜、胸腔镜、宫腔镜、关节镜和椎间盘镜等；软式内镜通过前端传感器将光信号转换为电信号，通过管内视频线传至主机（电子内镜），或通过柔性导像束进行传像（纤维内镜）。软式内镜的镜身可弯曲，通过人体的自然腔道完成诊断和治疗，如胃镜、肠镜、支气管镜等主要通过消化道或呼吸道进入人体，相比于硬式内镜，软式内镜较舒适，但成本和技术壁垒高。

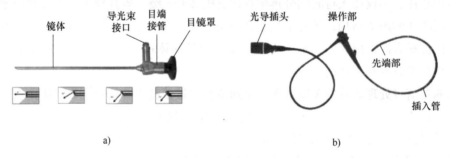

图 2-75　硬式内镜和软式内镜
a）硬式（硬管）内镜　b）软式内镜

（3）按治疗领域分类　内镜成像装备按治疗领域可以分为腹腔镜、关节镜、呼吸内镜和消化内镜等，如图 2-76 所示。根据相关研究数据显示，目前内镜应用最多的是普外科的胸腔镜和腹腔镜，主要为硬镜，占比超过 30%；消化内镜同样是内镜的重要应用领域，主要为软镜，占比 14.6%，排名第三。消化内镜又可分为胃镜、结肠镜、十二指肠镜等。

（4）按复合成像功能分类　内镜成像装备按复合成像功能可分为常规内镜和超声内镜。超声内镜具有内镜成像功能和超声成像功能，复合了内镜成像技术和超声成像技术，处于普及发展阶段，日本企业已有成熟的系列化产品，国内企业开始相继推出超声内镜产品。

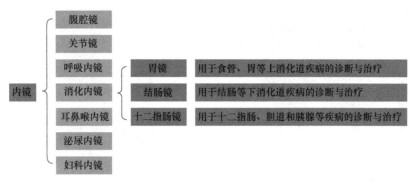

图 2-76　内镜成像装备按治疗领域分类

（5）根据超声扫描方式分类　超声内镜成像装备根据超声扫描方式可以分为环阵超声内镜和凸阵超声内镜。

环阵超声内镜的扫描平面与内镜的长轴垂直。当应用这种超声内镜进行穿刺时，穿刺针在超声下仅显示为一点，穿刺不好用也很不安全，因而其应用一般只限于诊断。

凸阵超声内镜的扫描平面与内镜的长轴平行。应用这种超声内镜进行检查称为纵轴内镜超声检查。在进行穿刺时，穿刺针始终在超声影像的监视之下，适用于开展内镜超声介入和治疗。

（6）根据探头运动方式分类　超声内镜成像装备根据探头运动方式可以分为机械扫描超声内镜和电子扫描超声内镜。

机械扫描超声内镜的前端为机械换能器，在内镜手柄处有一电机，通过内镜中的钢丝带动前端的机械换能器旋转，得到360°的影像。优点：360°的影像使操作更方便，横轴环扫的超声内镜能同时显示消化道壁一周，可以缩短检查时间，减少了遗漏；并且可以提供多种扫描频率，便于清楚显示病变。缺点：电机易损坏；在检查中镜身弯曲过大时，钢丝及前端的换能器会旋转不畅，影响图像质量。

电子扫描超声内镜的探头是将晶片排列成环形或凸形的阵列，采用组合工作的方式，在电子开关的控制下按一定的时序和编组进行声波的发射和接收，从而形成特定超声切面的影像。优点：图像清晰稳定；具备彩色多普勒功能，能测量血流速度与方向；超声机能用于体表检查，一机多用。缺点：超声内镜的先端部和插入部较常规的电子肠胃镜粗，凸阵超声内镜声像图呈扇形，内镜角度为斜视，操作时对操作者的内镜技术要求较高。

以下所示的是开立医疗生产的超声内镜系列产品，图 2-77 所示是机械扫描内镜用超声小探头、图 2-78 所示是电子扫描用环阵超声内镜、图 2-79 所示是电子扫描用凸阵超声内镜。

图 2-77　机械扫描内镜用超声小探头

图 2-78　电子扫描用环阵超声内镜　　　　　图 2-79　电子扫描用凸阵超声内镜

3. 内镜成像装备的工作原理及系统结构

（1）工作原理　纤维内镜成像原理：将冷光源的光传入导光束，通过凹透镜照射于脏器内腔的黏膜上，照射到脏器内腔黏膜面上的光即被反射，反射光（即成像光线）再反射回观察系统，先后经过直角屋脊棱镜、成像物镜、玻璃纤维导像束、目镜等的光学反射，便能观察到被检查脏器内腔黏膜的图像。

电子内镜成像原理（见图 2-80）：主要依赖于镜体前端的小尺寸镜头和微型图像传感器［（电荷耦合器件，Charge Coupled Device，CCD）/CMOS］。内镜光源所发出的光经导光纤维导入受检体腔内，CCD/CMOS 图像传感器接收经光学镜头反射的体腔内黏膜面图像信号，将此光转换成电信号，再通过导线将信号输送到图像处理器，图像处理器对这些电信号进行贮存和处理，最后传输到电视显示器的屏幕上，显示出受检脏器区域的彩色黏膜图像。

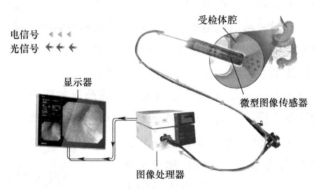

图 2-80　电子内镜成像原理

超声内镜成像原理：超声内镜成像装备通过超声成像探头和光学成像模块（含光学镜头、CCD/CMOS 图像传感器）进行体腔内黏膜面图像信号采集，分别进行超声图像处理和光学图像处理，如图 2-81 所示。

超声图像处理原理是利用换能器材料的逆压电效应将高频电脉冲激励以声波的形式发射出去，然后通过正压电效应将反射波转换为电信号输出成像。发射的声波在组织当中传播的同时其强度会被组织的声阻抗特性调制，接收回波信号获取图像就是将组织声

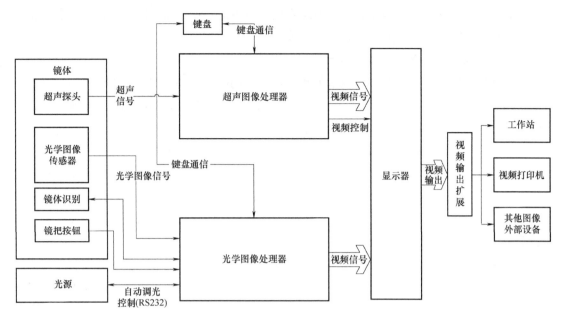

图 2-81　超声内镜复合成像装备原理

学特性解调出来的过程。光学图像处理原理是利用光学成像镜头的 CCD/CMOS 图像传感器的光电效应获取图像，经过光学图像处理后，输入给显示器。

（2）系统结构　医用内镜成像系统包括五部分：光学视镜（内镜）、内镜摄像系统、医用显示器、冷光源、刻录系统。其中，内镜摄像系统采用单晶片或三晶片，高端内镜摄像系统多采用三个 CCD 或 CMOS 传感器。

医用硬式内镜一般由物镜端、镜体主轴、光缆接口和目镜组成。光学成像系统由物镜系统、转像系统和目镜系统三部分组成。物镜是在光学系统中第一次对实际物体成像的光学部件，目镜是将物镜所成的像放大后供眼睛或连接摄像头显示在显示器上观察用的光学部件。在内镜中，物镜和目镜通常是各由一组透镜组成的透镜组，故称为物镜系统和目镜系统。转像系统应与物镜系统和目镜系统具有良好的耦合性。

前端物镜端包含物镜与导光窗；镜体主轴（插入部分）由不锈钢管制造，是装配光纤及光学系统的光学视管。能够进行治疗的内镜还具有器械通道出口，可通过手术器械，如宫腔镜、椎间孔镜、输尿管镜等；或者治疗装置从另外的穿刺切口伸入患者体内，内窥镜只起到观察手术部位的作用，如腹腔镜等。

医用软式内镜一般由前端部、弯曲部、插入部、操纵部、接目部与显示部组成。其中，前端部包含多个腔道和创面，分别为送水送气孔、器械通道孔、物镜及导光窗。送水送气孔用于术中腔道的扩张与清洁；器械通道孔供术中活检、切除、穿刺所需器械诊治所用。弯曲部位于前端部与插入部中间，由多个环状零件组成蛇管，在操纵部的控制下实现上下、左右不同角度的弯曲。插入部由特殊材料制成，可自由弯曲，内部为光纤和电信号线。操纵部位于体外，供医生操纵控制弯曲部角度、送水送气、器械伸入等。

电子内镜主要由软性镜镜体、照明光源、图像处理器和电视显示器四个主要部分组

117

成。此外，还会配备一些辅助装置，如录像机、照相机、吸引器，以及用来输入各种信息的键盘和诊断治疗所用的各种处置器具等。

4. 内镜成像装备的行业发展现状

内镜的发展经历了4次大的技术革新，从最初的硬式内镜（1806—1932年）、半曲式内镜（1932—1957年）、纤维内镜（1957年以后），到了如今的电子内镜（1983年以后）。纤维内镜比半曲式内镜有更好的照明效果，但产品寿命较短且图像在传输过程中容易出现黑点。电子内镜使用高性能微型图像传感器替代了光导纤维导像术，具有图像更清晰、色彩更逼真、分辨率更高等诸多优势，可供多人同时观察，目前已逐步取代纤维内镜，成为市场主流。电子内镜技术发展迅速，目前已经衍生出胶囊内镜、超声内镜等多种新型电子内镜，以满足各类临床需求。小型化、多功能、高画质是内镜技术未来的发展趋势。

随着技术的发展和进步，硬式内镜的传像从普通透镜，到现在的柱状透镜、非球面透镜，极大地改善了光学系统的性能，使成像质量更清晰、分辨率更高、图像色彩更自然逼真。

全球内镜厂商集中度较高，尤其是在软式内镜行业，少数企业把持了基于CCD图像传感器技术的内镜技术，从而形成了长年的市场垄断。其中，Olympus、Pentax、Fujifilm等国际知名内镜企业凭借其先进的技术和加工能力、领先的工艺水平垄断了市场。随着科技的进步，尤其是在CMOS替代CCD图像传感器技术的趋势下，国际知名内镜企业的技术垄断将被打破，给其他国家的内镜企业带来了机遇。近几年来，随着我国精密机械加工技术、光学技术、生命科学技术的不断发展，企业的自主创新能力不断提升，我国内镜技术的自主研发也在不断进步。普通标清内镜的产品性能正逐渐与日本产品缩小差距。近年来，以开立医疗、沈大内窥镜（沈阳沈大内窥镜有限公司）为代表的国产内镜企业通过立足自主创新取得了非常迅速的发展，在高清内镜、超声内镜、多光谱复合早癌诊断技术等多项关键核心技术领域接连取得重大突破，医用内镜技术和市场长期被国外企业垄断的格局正被逐渐改变。2019年以来，以开立医疗为代表的国产品牌，发布了环阵超声内镜EG-UR5、凸阵超声内镜EG-UC5T等复合型医疗器械，其技术参数达到同类产品国际先进水平，标志着我国成为全球第二个超声内镜生产制造国，也标志着开立医疗成为继Olympus、Fujifilm与Pentax之后的全球第四家掌握超声内镜关键技术的医疗器械企业。在国产小探头以及主机产品上，近两年来国产品牌开立医疗、英美达（深圳英美达医疗技术有限公司）、乐普医疗相继突破了进口品牌技术垄断，推出了消化科和呼吸科的小探头产品，已经能够满足临床国产化的基础应用，但在高级应用以及配套附件上还有提升的空间，比如3D重建和水囊等。未来国内企业将凭借不断提升的技术和高性价比优势加入全球竞争的队伍中去，在抢占中低端市场的同时，逐渐向高端市场发展，并逐渐打破市场垄断。

5. 内镜成像装备临床应用现状

内镜在临床中被广泛应用于不同科室治疗不同疾病。临床上常用的腹腔镜属于硬式内镜，最大的优点是成像清晰，可配多个工作通道，选取多个视角。软式内镜现已应用在消化内科、呼吸内科、耳鼻喉科、泌尿外科、肛肠科、胸腔外科、妇科等多科室，如胃镜、肠镜、喉镜、纤维支气管镜等。从简单的疾病筛查到复杂的贲门失弛缓症的治疗，给患者带来了诊治及时准确、风险性低、手术创伤小和术后恢复快等益处。

近几年来，内镜技术正从检查向治疗扩展。随着适应证的扩大，消化内镜已经逐渐成为内外科联合手术的治疗工具，其应用领域也从消化科延伸至肝胆外科，成为多学科治疗的微创治疗装备，大型医院对高清内镜设备的需求保持稳定增长。在社会医疗保险费用控制的压力以及设备国产化趋势下，技术领先、品质有保证的国产设备也将逐步走向高端，替代进口产品。尤其是 CMOS 高清技术带来的技术突破，给本土内镜厂商带来重大机遇，有望从根本的技术上打破外资品牌的垄断。

6. 内镜成像装备主要技术进展及趋势

内镜的发展与工业制造技术和医疗临床使用需求密不可分。从工业技术看，20 世纪 50 年代之前，也就是内镜技术发展的早期，瓶颈主要是拍照与光源问题，因此当时创立的 Wolf 和 Storz 品牌至今也是以生产硬式内镜为主。在 20 世纪 60 年代光纤发明后，可弯曲的肠道镜才真正做到了实用的水平。此后在 20 世纪 80 年代又经历了制造工艺的发展，出现了带有钳道、可以用于手术的内镜。在 2000 年后又出现了强调高清成像、窄波成像等其他技术特点的新型产品。从应用看，内镜从早期单纯的拍照，发展到了后来的实时观察，甚至是辅助诊断和辅助手术。随着 20 世纪 90 年代以来微创手术的普及，内镜得到了越来越广泛的应用。目前在各类科室，针对人体的各种主要器官，内镜都有普遍的诊断和治疗应用。

随着影像质量的不断提升、临床应用的普及，内镜朝着微型化、多功能、高像质方向不断发展。

（1）内镜的微型化　内镜的微型化发展可分为两个方面：第一是用于上消化道常规检查内镜的微型化，目的是减少患者检查的痛苦，现在外径 6mm 的产品已经进入商品化阶段；第二是开发超细内镜，使内镜的应用领域扩展到以往只能用光镜观察的胰腺和胆道等细小器官。实现微型化的关键技术包括：①开发超小型 CCD、CMOS；②光学镜头的微型化设计；③在内镜前部装载高度集成化的电子元器件。

（2）多功能集成与诊疗智能化

1）多光谱复合内镜早癌诊断技术。通过光束合束方式可实现多光谱复合成像，实现包括蓝光成像技术（Blue Light Imaging，BLI）、联动成像技术（Linked Color Imaging，LCI）等在内的多种成像模式，解决了传统基于氙灯照明光谱形状不可调、早癌诊断模式下远景观察图像亮度低的问题。

2）超声内镜复合技术。超声内镜结合了内镜技术与超声成像技术的优势，既可通过内镜观察黏膜表面的病变形态，又可进行超声扫描，获取器官各个断层的组织学特征，大幅扩展了内镜的应用范围。由于其距离组织较近，超声内镜相比传统超声设备成像更加精确，对微创手术十分有利。

3）光动力荧光诊断（Photodynamic Diagnosis，PDD）技术。目前该技术在内镜领域最重要的应用是膀胱镜检查。PDD技术有助于发现肉眼难以识别的隐藏病灶。

4）腔镜下吲哚菁绿（Indocyanine Green，ICG）荧光成像技术。静脉注射一定剂量和浓度的ICG溶液，ICG分子易与血浆蛋白结合，可在815nm附近波段的近红外光照射下产生峰值波长约为835nm的荧光，可用于辅助引导腔镜手术，帮助外科医生更好地识别病灶边界，提高手术效率和治疗效果。

5）3D内镜、人工智能诊疗及机器人融合技术。随着计算机、大数据、精密仪器等产业的不断发展以及医疗技术的不断进步，内镜技术正在与其他新兴技术相互融合，衍生出具有更加强大附加功能的内镜产品，如3D软式内镜可以提高临床医生对体内组织和器官的细节感知，借助计算机辅助识别的AI诊断系统，可在医生经验的基础上提高诊断的敏感性和特异性，保障诊断的正确率，借助机器人动作精确、稳定的特性，可使内镜手术更具安全性、准确性和便利性，大大减轻了医务人员的劳动强度。

（3）图像高清化

1）高清成像技术。高清视频图像解析度更高，能够分辨更多细节，在医学诊断上更易识别微小病灶，是后续图像处理和信息提取的基础和来源。CCD图像传感芯片具有感光度高、暗噪声小等优点，是目前国际内镜厂商采用的主流图像传感器芯片。但医用微型CCD芯片价格高，且受Sony等日本厂商垄断，是国内厂商研发高端内镜的关键技术壁垒。随着背光照明技术的发展，硬件电路更为简单的CMOS图像传感器的性能指标得到极大提升，性能上已经可与CCD芯片媲美，且功耗更低、成本更低，更利于小尺寸封装，是电子内镜研发的理想选择。

2）光学变焦放大内镜技术。内镜光学放大倍率的提升，能够为医务人员提供更清晰的观察对象细节轮廓信息，对于识别和判断病灶边界、在体内实施基于黏膜微血管及微结构形态学分析的癌症分型具有重要意义。光学变焦放大内镜技术涉及微小光学模组设计封装和装配工艺，对内镜镜体的可靠性和操控性设计要求较高，国产内镜企业在该领域尚处于研发阶段。

3）3D、4K显示技术。在硬镜领域，Storz、Olympus、Wolf等国际顶级厂商均致力于提升手术过程中的图像显示效果，已将3D显示技术及支持BT2020广色域的4K超高清显示技术应用于硬式内镜系统，从而帮助医生提高手术效率，减少手术失误风险。4K超高清内镜系统和荧光内镜系统需要更复杂的光学设计，国内内镜企业在这方面还刚起步，可考虑跟进相关技术，投入相关产品研发。

7. 内镜成像装备存在问题及建议

首先，日本和德国等发达国家及地区内镜行业发展历史较长，相关企业已经在行业内积累了技术、品牌、资金等方面的巨大优势，并借此占据了内镜领域的高端市场。国内生产企业的技术水平、品牌影响力、资金实力等方面与发达国家同类企业尚存在差距，需要从国家政策、科研攻关及市场推广等多个层面增加对国产厂商的扶持力度。

其次，内镜成像装备的使用监管非常薄弱。相对其他医疗器械，内镜成像装备具备较高的临床风险，医疗机构现阶段主要依赖生产企业的服务，国家监管要求难以触及这些医疗服务的末端。对于内镜成像装备来说，在使用、维护、保养、检测校准、感染控制、临床效果评价等各个方面的监管都亟待加强。

最后，超声内镜的操控性是隐形的差距，在智能弯曲+可变硬度+强力传导等方面国产产品还有改进空间，还需要依托临床反馈持续改善。日资品牌操控性方面不断精进，Olympus 的反应性插入技术（Responsive Insertion Technology，RIT）是三种 Olympus 专有技术的独特组合：被动弯曲（Passive Bending，PB），新镜体插入部分包括一段柔软的被动弯曲部分，可以更好地跟随通过急转弯的通道；强力传导（High Force Transmission，HFT），能够将推力和旋转力以 1：1 的比例传递到结肠镜的远端，从而提高人体工程学和范围响应能力；硬度可调（Variable Stiffness），允许通过操纵灵活性调节环来逐步改变范围的灵活性。RIT 便于插入及操作控制，可缩短操作时间，降低病人痛苦，提升操作效率。Fujifilm 的 COLOASSIST 技术同样也是通过硬度调节、智能弯曲及强力传导多重方式提升镜体的依从性和医师的操控感。本质上来看，Olympus 的 RIT 技术有专利保护，并非设计或者制造难度问题，绕过专利其他日资企业可实现类似效果，国产厂商可借助更多的临床反馈持续改进，依靠具备本土优势的医工合作，在操控层面有快速提升的空间。

（二）内镜成像装备关键零部件技术发展趋势

1. 小型高清 CCD

（1）行业发展现状　目前，我国还未掌握小型高清 CCD 制造技术，医疗行业完全依赖来自日本、美国等国家的进口产品；我国部分掌握高精度微小透镜技术，但是稳定性及成品率较低，并且不能加工小型非球面透镜，德国、日本掌握该技术。

我们进口国外的 CCD，然后针对此芯片进行后期的开发；小型透镜需要引进高精度加工设备及工艺才能够保证产品的合格率和稳定性。国内企业大部分可以进行电子内镜后端的设计开发，但是硬件及设备需要进口。

（2）主要技术进展及趋势　CCD 的发展趋势是小型化和高清化，并且越来越受到医疗器械制造商的欢迎，可使病人减轻痛苦，极大缩短手术恢复时间；高精度微小透镜的加工，国内企业经过几十年的摸索，目前已经初具规模，需要结合先进制造设备及工艺，将精度和稳定性再度提高。

目前 CCD 的购买渠道不稳定，一旦出现购买受阻，将不能形成产品，国产设备将受制于人；而国内企业也只能生产中低端高精度透镜产品，产品竞争力略逊于进口产品。若上述关键技术能够解决，将极大推进我国医疗设备制造的发展和核心竞争力。

Olympus、Storz 和 Stryker，代表了日本、德国、美国三个工业强国的内镜发展水平，他们走在内镜发展的前沿，拥有成系列的各个科室的内镜系统解决方案，从 HD 高清内镜系统到 4K 超高清内镜系统、荧光内镜系统、3D 内镜系统，产品品类齐全，产品质量优秀，一致性好，耐用性好。根据 2018 年内镜成像装备国内市场的份额占比数据分析，国内厂家的占比在 5%~6%，远远落后于国外厂家。

2. 微型 CMOS 图像传感器

微型 CMOS 图像传感器目前主要应用于移动设备、照相机等领域，医疗方面的占比较小，但最近几年呈快速增长的趋势。Sony、三星和 onsemi 三家企业共占据约 73% 的市场份额，OmniVision 市占率约 12%。目前，国产 CMOS 图像传感器集中在民用领域，无成熟的医疗产品。国产内镜品牌，如开立医疗和澳华内镜（上海澳华内镜股份有限公司）所采用的 CMOS 图像传感器均为外购。在国内液晶显示器（Liquid Crystal Display, LCD）驱动芯片及 CMOS 图像传感器芯片领域，国内企业格科微〔格科微电子（上海）有限公司〕出货量排名第一，但均为手机、数码和安防领域使用，暂未进入医疗领域。

自 20 世纪 80 年代电子内镜诞生并逐渐得到普及以来，我国内镜市场一直被进口品牌垄断，光学成像技术即光电传感器的落后是主要原因。光学成像技术对于图像亮度与清晰度至关重要，是内镜产品最基本的准入壁垒。传统 CCD 传感器货源一直被日本厂家严格把控，核心技术至今仍未突破，直到 CMOS 图像传感器兴起，越来越多的国产高端内镜转而采用 CMOS 图像传感器，日企在内镜市场的垄断格局才逐渐被打破。CMOS 图像传感器的快速崛起使得我国自主研发高端软式内镜与硬式内镜取得"从无到有"的突破，迈过最高的技术门槛后产业寒冬已过，国产替代不再是一纸空谈，而是发展提速的内在动力与价值导向。

3. 插入管

（1）行业发展现状　国际上公认的消化内镜的两大技术瓶颈，除光学图像外，另一个则是镜体的操作性与插入性能，而内镜的蛇骨和插入管则是影响镜体插入性能的核心部件。内镜的插入管和蛇骨已严重制约国产内镜性能的提升，如果能够实现技术突破，将大大提升国产电子内镜系统的市场竞争力。

（2）主要技术进展及趋势　组成插入管的主要零部件有弹簧钢管、编织软管、螺旋弹性弯管和高分子外皮，其各自的性能和作用如下：

1）弹簧钢管：为编织软管提供支承，保证插入管的弯曲半径，具备耐弯曲疲劳特性，为插入管提供长期稳定的弯曲性能。弹簧钢管的金属钢材原材料采用特殊的配方，通过先进而复杂的锻轧工艺，不断调整钢片的组织和相结构，最终得到韧性和刚度满足插入管要求的钢片。钢片通过冷轧成型后，经过特殊的热处理和化学处理，最终得到弹簧钢管成品。优质的弹簧钢管保证了插入管长期使用后的回弹性和刚度，可防止短期使用后的插入不良。

2）编织软管：编织软管为弹簧钢管提供披覆，为外皮提供表面附着基础，保证外径一致及与外皮的结合。编织软管需要保证较高的软管密度、压缩回弹性和外径一致性，以及较低的拉伸伸长率和压迫变形率。高密度保证了高分子外皮不会在成型时进入编织层，从而避免了插入管的"假刚性"（开始使用时比较硬，用过一段时间后插入管变软，医生无法将管子插入狭长的腔道），保证了插入管长期使用时的可靠性。

3）螺旋弹性弯管：为编织软管提供支撑，保证插入管的弯曲半径，具备耐弯曲疲劳特性，可为插入管提供长期稳定的弯曲性能。螺旋弹性弯管采用特殊不锈钢材料，通过复杂的多次辊轧、精细切割工艺加工成韧性和刚度满足插入管要求的窄带薄板钢带，然后通过特殊精密弯曲压制加工工艺，最终得到螺旋弹性弯管成品。优质的螺旋弹性弯管可保证插入管长期使用后的回弹性和刚度，防止短期使用后的插入不良问题。

4）高分子外皮：为插入管提供适中的、长期稳定的硬度，保证镜体不会在使用一段时间后硬度下降。外皮成型后在表面丝印刻度并附着保护涂层。涂层要求与患者消化道的接触顺滑，摩擦力小，耐受消化内镜常用的消毒方式（戊二醛、邻苯二甲醛、过氧乙酸、电解酸化水等），与此同时需要满足生物相容性测试。

传统的高分子成型采用单个成型，依靠人工作业，因此每一根管子上外皮的厚度都有较大差异。同时，在材料成型过程中，落后的工艺也损失了材料 20%~30% 的模量。

采用优化的成型生产线和成型工艺，将传统的人工间歇作业升级成设备连续作业，不仅可以大大提高生产效率，保留高分子材料的性能不被损耗，同时也可以保证每根管子的一致性。

4. 蛇骨

（1）行业发展现状 目前，电子内镜主要厂家 Olympus、Fujifilm、Pentax 使用的内镜插入管、蛇骨都是在自有工厂制造，且不对外销售，其研发团队和技术对外严格保密。他们长期进行插入管的研发，在材料、工艺、设备、结构设计方面有着深厚的积累。

其他国内厂家及维修市场使用的插入管、蛇骨均为国内厂家生产，加工工艺落后，结构设计不能非常好地符合临床需求、所用材料的抗疲劳性能较差，可靠性及寿命远低于三大家自制的部件，临床使用出现了插入性能不良、短期使用后插入困难、材料老化、表面脱胶、僵硬、短期使用后弯曲角度变化等现象，无法达到良好内镜产品的质量标准。

（2）主要技术进展及趋势 为提升使用性能，内镜逐步向小型化发展，为缩小整机尺寸，内镜蛇骨和插入管的整体尺寸和壁厚都需要进一步减小，同时还需要保留用于转动和连接驱动钢丝的凹凸结构，传统的钣金和钎焊工艺已不能满足需求。采用 3D 打印技术或非晶材料成型技术，可以加入复杂微孔结构，在改变蛇骨结构形式的同时可以提高整体物料强度。

蛇骨采用"激光切割—模具冲压成型—粗抛—冲孔—激光焊接—研磨—热处理"的工艺流程，可提升部件精度和可靠性。某蛇骨的冠状面结构如图 2-82 所示。

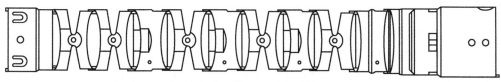

图 2-82 某蛇骨冠状面结构

（3）存在的问题与建议 国产软式电子内镜在整个内镜市场的占比较小，整个产业链不成熟，配套零部件及材料生产厂家也难以形成规模。国内的插入管和蛇骨厂家多为作坊式家族企业，其质量和性能难以得到保障，对于新技术的应用也没有太多研发资金和动力。在这些关键零部件生产制造方面给予政策扶持和资金支持，将对产业发展有非常大的推动作用。

5. 小探头驱动轴

超声内镜小探头在使用过程中由微电机带动弹簧管高速转动，现有小探头都将电机置于驱动器，即活检通道之外，这主要是由于采用电磁电机的原因。虽然电磁电机的微型化问题已经得到解决，但现有的微型电磁电机存在两个缺点：

1）转速快、转矩小。电磁电机由于转速太快使得转矩难以达到驱动要求；如果增加减速机构又会增大电机的体积，不符合内镜机械扫描系统需要的微型、慢速、大转矩的需要。

2）电磁干扰严重。由于换能器输出信号为毫伏级，极易受到干扰而失真；同时由于空间有限，无法进行有效的屏蔽。基于以上两点原因，现有的探头设计都将电机置于驱动器。电机后置设计引入了电机与换能器之间的传动问题，要在外径约 2mm、长度为 2m 的细径内实现匀速传动是比较困难的。目前采用一根弹簧管绕制的驱动轴进行传动，但平均使用寿命只有几百次左右。由于驱动轴和小探头是一体的，所以小探头在得到充分利用之前就必须报废，导致很大的浪费。

有研究提出使用微型超声电机前置的方案，可以很好地解决上述问题。超声电机是 20 世纪 80 年代迅速发展起来的新型电机，具有低转速、大转矩、能量密度大、响应速度快、无噪声干扰、可控性好、能自锁等优良特性。在精密仪器和机器人等领域有着广阔的应用前景。超声电机按驱动模式不同可以分为行波电机、驻波电机、行波驻波混合电机以及蠕动电机。超声电机前置方案所采用的圆柱定子超声电机，又叫弯曲振动模态超声电机，是行波电机，利用振子的弯曲振动产生的摩擦力来传递能量。与其他超声电机相比，它具有以下优点。

1）体积小。目前清华大学物理系研制的电机直径已达 0.5mm。

2）转矩密度大，约是同样大小电磁电机的 3 倍。清华大学物理系研制的直径 10mm 的夹心式电机堵转转矩达 0.8N·cm。

3）响应时间快，低于 1ms。由于是靠摩擦力驱动，所以可以将惯性的影响降低到最低并能实现自锁。

4）噪声低。如果加工工艺好，给予压力适合，它的运行安静、无噪声。

5）能耗低。它的能耗远远低于电磁电机和其他超声电机。

6）加工相对容易。

正是由于弯曲振动模态超声电机具有以上优点，所以可以作为超声内镜小探头的前置驱动电机。不足的地方是，研究仅进行了方案设计，还有待于对超声电机的稳定性、使用寿命、小型化等领域进行进一步的研究。国外已对此类型电机实现了产业化，并且在医疗、航天等领域得到了应用。

六、眼底成像装备及关键零部件技术发展趋势

（一）眼底成像装备技术发展趋势

眼底成像装备是一种主要用来观察眼底视网膜、脉络膜等病变的眼科诊断仪器，具有直观、准确、易用等优势，是医生诊断眼科疾病的可靠助手。眼底成像装备主要包括眼底照相机、光学相干断层成像、直接和间接检眼镜、眼部超声等设备，其中眼底照相机适用面更广、应用也更加成熟。

1. 眼底成像装备的分类

基于成像光谱特性，眼底成像装备目前主要分为两大类：第一类是使用宽光谱光源的装备，主要是由红、绿、蓝或者白光来形成图像，该技术的优势是光源技术相对简单，对相机的帧频要求较低，图像处理的复杂度较低，但缺点是对不同病灶的细节区分不够；第二类是使用多个窄光谱光源的装备，一次拍摄可以产生多幅图像，主要通过眼底不同光谱的吸收反射特性来分辨病灶，该技术的优势是眼底对不同光谱的吸收反射特性不一样，可以更细地分辨不同的病灶，但缺点是光源技术相对复杂，对相机帧频要求较高，图像处理的复杂度较高。此外，眼底成像装备也可以基于成像光源类型、成像角度、针对人群等多种方法进行分类。

2. 眼底成像装备的工作原理及系统结构

（1）工作原理　眼底成像装备的基本原理是将光通过人眼瞳孔投射到眼底，然后将人眼的反射光收集到图像传感器，通过图像传感器成像后判断眼底的病灶。

（2）系统结构　眼底成像装备系统包括光学系统、控制系统、图像采集系统和成像显示系统。

3. 眼底成像装备行业发展现状

国外眼底成像装备厂家起步早，技术较为成熟先进，产品稳定性高，但价格偏高，主要厂家包括 Topcon、Canon、ZEISS、Optos、CSO 等。国内部分厂家也有不错的技术能力，包括康华瑞明（重庆康华瑞明科技股份有限公司）、六六视觉（苏州六六视觉科技股份有限公司）等。临床应用方面主要还是外资品牌占据市场主导地位。

4. 技术发展趋势

眼底成像装备技术主要向大视场角、高分辨率、人工智能识别病灶、快速响应报告等方向发展，通过一次闪光拍摄，能够快速识别出整个眼底的视网膜状况，由视网膜的病灶合理推断影响全身相关器官的病变，实现依据眼底图像的筛查，预判全身的健康状况。

近年来，在国家有关部门的指导下，国产眼底成像领域获得了较大的突破，应用领域也进一步拓展。微清医疗（苏州微清医疗器械有限公司）的超广角共焦激光技术可在5°视场角内清晰展示视细胞轮廓及小微动脉血流流速，揭示视网膜微结构的细节，处于国际领先地位；中山大学中山眼科中心联合鹰瞳科技（北京鹰瞳科技发展股份有限公司）等开展的真实世界研究中，使用207228张眼底彩照成功训练出可以识别14种常见

眼底异常的人工智能软件，可应用于多种眼底照相机系统；盛达同泽（深圳盛达同泽科技有限公司）通过眼底成像信息可快速生成屈光地形图，并据此设计了可进行青少年近视防控的个性化离焦定制眼镜，这均属全球首创，国外尚无达到同等技术指标的类似产品。

5. 存在问题及建议

目前多光谱眼底照相机发展的问题主要有以下几个方面：

1）宽光谱的图像传感器成本相对较高，且可选产品太少，限制了该设备的普及。

2）大功率的理想光谱光源较少，一般需要定制，成本较高。

3）光学系统的部分镜片，加工难度较大，价格偏高。

（二）眼底成像装备关键零部件技术发展趋势

1. 宽光谱图像传感器

（1）行业发展现状　目前国内基本没有高分辨率宽光谱图像传感器或照相机的供应商，产品均被国外厂商垄断。图像传感器的供应厂商主要有 Sony、onsemi 等，而这些图像传感器是高分辨率成像系统的关键组件，成本很高，不利于国内眼底成像装备的普及。

（2）主要技术进展及趋势　多光谱眼底照相机 MSIC 2008P 图像传感器采用的图像传感器是 Teledyne 公司制造的 G3-GM32-M4095BB，其主要参数如下。

像素：4096×4096。

采集帧频：30f/s（Burst Mode）。

数据传输：千兆以太网（1000Mbit/s）。

像素尺寸：4.5μm×4.5μm。

不同波长的感光效率如图 2-83 所示。

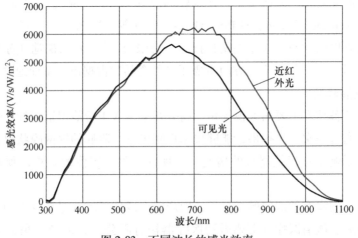

图 2-83　不同波长的感光效率

该波长响应范围刚好覆盖了 MSI C2008P 的期望范围 488~940nm，不过在 700nm 左右的感光效率最高，在短波长和长波长端的感光效率较低。G3-GM32-M4095BB 的核心传感器芯片是 onsemi 的 N0IP1FN016KA，这是一款数字图像传感器，传感器输出的已经是数字信号，所以 Teledyne 公司主要基于该传感器的数字输出，进行诸如坏点抑制等数字图像处理，将数据通过 FPGA 转接板，转成千兆以太网通信协议（GigE）接口传输出来。同时，该照相机提供了丰富的软件应用接口。

当前，MSI C2008P 图像传感器是将图像数据从 N0IP1FN016KA 传输到 G3-GM32-M4095BB，然后从相机传输到 MSI C2008P 的主板，再传输到阅片计算机。由于多光谱图像数据量极大，这种反复传输的方式影响了图像传输的速率，同时造成了数据传输硬件资源的浪费。今后技术发展的趋势是开发 N0IP1FN016KA 芯片直接到 MSI C2008P 主板的硬件平台。

（3）技术发展趋势 眼底照相机的光通过人的瞳孔进入眼底并反射到图像传感器，所以人眼瞳孔的大小会影响到系统的照明光路和成像光路，同时影响到图像传感器的选择。由于分辨率的要求，需要眼底照相机的图像传感器的靶面尽量大，加上高分辨率、高帧频的要求，导致了其成本也较高。如何在临床要求和设备成本之间平衡非常关键。

（4）建议 为了能够推动国产眼底成像装备的发展及临床应用，建议首先对国内宽光谱图像传感器公司的研发及生产进行支持，使其有能力参与国际竞争，迫使国外的公司降低大靶面图像传感器的成本，降低眼底照相机的采购成本，推动眼底照相机筛查的普及。

2. 眼科光学系统

（1）行业发展现状 光学系统大部分已实现自主生产，但加工工艺和国外公司相比尚有一定差距，国内加工产业还有待进一步提升。

针对多光谱眼底照相机的光学系统，可以在以下两方面进行突破：首先，光学系统需要在更宽的光谱范围内保持很好的光学性能，如高分辨率和抗几何畸变性；其次，在视场角方面，国内已有企业在研发基于发光二极管（Light Emitting Diode，LED）面光源的 63°大视场角装备，超过了市面上主流的 45°视场角。这给杂散光的抑制带来了很大的挑战，其在拍摄屈光介质不良的病人时，仍然有很大的改进空间。

使用高光谱已实现了对特殊人群的脉络膜成像，正向一般人群的适用方向努力。通过改进光学系统和光源，优化传感器配置，扩大拍照视场角，设备最终有望实现脉络膜清晰成像。

（2）主要技术进展及趋势 据悉，国外知名的眼底照相机研发、制造企业已经在超广角和高分辨率成像光学系统方面取得进展，Optos 能做到 200°眼底拍照，图像分辨率 14μm。Zeiss 可以做到 133°眼底照相，虽然范围较 Optos 小，但图像分辨率已达到 7μm，在控制视网膜周边图像畸变方面做得更好。

在追求超广角、高分辨率的基础上，解决屈光介质不良对眼底成像的影响，是众多研发、制造企业需要面对的挑战，也是光学系统的发展方向。

（3）技术发展趋势 大视场角、高成像质量、强调焦能力，始终是眼底成像光学系统的发展方向。可以有效提高视网膜成像质量的眼底照相机光学结构，包括自由曲面式眼底照相机、自适应光学眼底照相机、折反式眼底照相机光学系统等也会在眼底照相机上逐步应用。

现阶段绝大多数的眼底照相机设备只能简单地对眼底表面成像，无法获取眼底的三维信息。而医疗领域对医学影像数据的三维可视化需求日益迫切，因此具有视网膜三维重建功能的新型眼底照相机将会成为新的研究方向，这需要光学系统、光源、图像传感器、图像处理等各方面的整体进步。

（4）存在问题及建议　当前，眼底照相机的光学系统设计和制造工艺在国外已经日趋成熟，国内制造企业在镜片加工制作方面与进口产品差距不大，但整体设计、制造水平与国外相比仍存在一定的差距。眼底成像装备涉及几大系统融合，需要重点培育核心企业，实现医、工、研三者结合，从而推动整体式跨越。

3. 大功率多光谱光源

（1）行业发展现状　传统眼底照相机的光源技术是采用卤素灯或者激光光源，但近年来，国内外开始逐步应用 LED 光源技术。LED 阵列多光谱光源技术是将多个不同波长的 LED 密集布置在一个基板上，然后用片选的方式来驱动各个 LED。

（2）主要技术进展及趋势　目前国内阵列光源的封装工艺已经比较成熟，不过多光谱光源的核心是各种不同波长的大功率 LED 晶粒，目前主要是由 Epistar、EPILEDS、OS-RAM 和 Bridgelux 提供。以下几种大功率 LED 晶粒，甚至在国际上都比较少见。

1）560nm、580nm 和 590nm 大功率 LED 晶粒。

2）宽带单色 LED 晶粒，如 430~500nm、500~585nm、585~660nm。

3）大功率红外 LED 晶粒，940~1100nm。

（3）存在的问题与建议

1）行业资源整合不足。比如光学系统设计能力较弱，从业者期望在国内能够有更多的光学设计合作团队，尤其是理解人眼光学特性的人才。

2）从业者期望能够在国内找到性能与 N0IP1FN016KA 接近或更优的图像传感器芯片，能够接收覆盖 450~1000nm 的光谱。

3）目前 G3-GM32-M4095BB 约占多光谱眼底照相机 MSI C2008P 物料成本的 30%，从业者期望能够通过企业之间的合作降低成本。Applied Vision 等公司虽也提供基于 N0IP1FN016KA 核心芯片的产品，但是价格也居高不下。

第二节　放射治疗装备

自 1895 年伦琴发现了 X 射线，到 1953 年世界上首台医用直线加速器在英国投入临床使用，放射治疗伴随着计算机技术与物理生物技术的进步取得了突飞猛进的发展。放疗治疗经历了常规放疗→精确放疗→快速放疗→自适应放疗→FLASH 放疗的演化。

一、医用电子直线加速器装备及关键零部件技术发展趋势

（一）医用电子直线加速器装备发展趋势

1. 医用电子直线加速器装备简介

医用加速器是临床医学上的一种用来对肿瘤进行放射治疗的装置，也是现代放射治疗领域的主流装备，而其中绝大多数又是医用电子直线加速器。医用电子直线加速器通过利用微波电场对电子进行加速，产生高能射线作用于各种肿瘤来进行远距离外照射放射治疗。

医用电子直线加速器之所以能够成为现代放射治疗装备的主流产品，首先是其射线的能量、穿透性以及剂量率可以满足多数肿瘤患者的临床放射治疗需求，应用广泛；其次，相对于手术、化疗等其他肿瘤治疗手段，医用电子直线加速器的治疗成本相对较低。医用电子直线加速器的多功能和高性价比是其迅速发展的根本原因。

2. 医用电子直线加速器装备的分类

医用加速器按粒子类型可以分为电子加速器、质子加速器、重离子加速器和中子加速器；按加速路径可以分为直线加速器和回旋加速器。其中，医用电子直线加速器按功能可分为常规放疗的直线加速器设备、以射波刀（cyberknife）为代表的立体定向放疗设备，以及执行特殊放疗任务，如术中放疗的设备等。

3. 医用电子直线加速器装备的工作原理及系统结构

（1）工作原理　医用电子直线加速器的工作原理是在控制系统的统一协调控制下，一方面，高压脉冲调制系统激励微波源向加速管内注入微波功率，建立起动态加速电场；另一方面，电子枪向加速管内适时发射电子。一旦注入的电子与动态加速电场的相位和前进速度（行波）或交变速度（驻波）保持一致，那么，就可以得到所需要的电子能量。如果被加速后的电子直接从辐射系统的"窗口"输出，就是高能电子射线；如果为打靶之后输出，就是高能 X 射线。

（2）系统结构　从工作原理可知，高压脉冲调制系统、微波源、加速管、电子枪是医用电子直线加速器的核心部分。为了让电子束能按照预定目标加速并得到所需的能量，还必须配置众多附加系统进行协调配合，如微波系统、电子发射系统、真空系统、束流控制系统、辐射系统、温度控制系统等。其中，微波系统用于传输微波的功率并将微波频率控制在允许的范围之内；电子发射系统用于控制电子的发射数量、发射角度、发射速度和发射时机等；真空系统用于保持电子运动区域和加速管内的高度真空状态，一方面可避免电子发射系统的灯丝因氧化而烧断，另一方面可避免电子与空气分子的碰撞而损失能量，此外防止极间打火也是设置真空系统的主要目的之一；束流控制系统用于让被加速的电子束聚焦、对中和偏转输出；辐射系统用于按照需要对电子束进行X 射线转换和均整输出，或直接均整后输出电子射线，并对输出的 X 射线或电子射线进行实时监测和限束照射；温度控制系统用于让加速管、微波源（磁控管或速调管）、聚焦线圈、导向线圈盒、X 射线靶等产热部件保持恒温以达到稳定工作的基本条件。除此

之外，机械系统、电气控制与安全保护系统及计算机网络系统等也都是医用电子直线加速器持续稳定工作的必备条件。

行波加速器系统结构如图 2-84 所示，驻波加速器系统结构如图 2-85 所示。

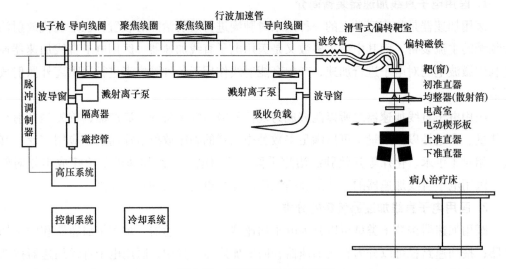

图 2-84　行波加速器系统结构

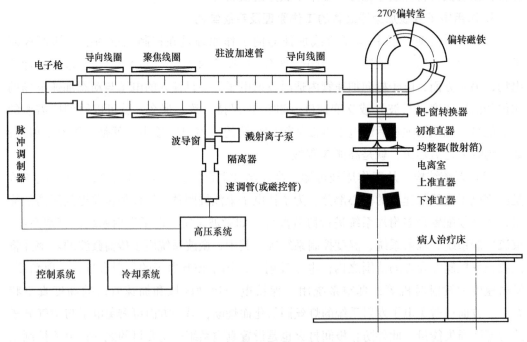

图 2-85　驻波加速器系统结构

（3）重要指标及范围　医用电子直线加速器的主要性能指标可以分为射线质量指标、机械精度指标和临床功能三部分。

射线质量指标除了规定光子或电子射线各档能量与剂量率之外，还包括射野（照射区域）内的射线平坦度和对称性指标。一般来说，光子的射线平坦度和对称性都好于±3%；电子的射线平坦度好于±5%，对称性好于±2%。

机械精度指标主要规定了等中心精度和射野精度。通常规定等中心精度好于±1mm。光子的射野半影不能大于 8mm，适用于立体定向放射治疗（Stereotactic Radiation Therapy，SRT）的小野半影不大于 6mm。

临床功能主要包括图像引导放射治疗（Image Guided Radiation Therapy，IGRT）、三维适形放射治疗（Three-Dimensional Conformal Radiation Therapy，3DCRT）、调强放射治疗（Intensity Modulated Radiation Therapy，IMRT）、容积调强放射治疗（Volumetric Modulated Arc Therapy，VMAT）。

4. 医用电子直线加速器装备的行业发展现状

医用电子直线加速器利用自身产生的电子线、光子线，对病患体内的肿瘤予以照射，可实现减小或消除肿瘤的目的，使放射治疗成为肿瘤的主要治疗手段之一。随着近几年国内肿瘤发病率、死亡率的逐年升高，恶性肿瘤现已逐渐成为导致我国人口死亡的主要原因。市场需求量的不断上升，推动了放疗技术的快速发展，同时也推动了医用电子直线加速器的发展。

目前，医用电子直线加速器领域进口装备市场占有率高达 80% 以上，主要有 Varian、Elekta、Accuray、Siemens 等。虽然 Siemens 于 2011 年退出放疗市场，但在 2020 年收购了 Varian，随着 Siemens 影像装备与 Varian 放疗装备的结合，未来可能会有更多全新的产品。Varian 和 Elekta 的产品线，覆盖了从常规放疗到快速放疗，从低端到高端的绝大部分需求。不仅如此，Varian 的低端机型 Unique、Halcyon 不仅能满足常规放疗，还可以做调强治疗、容积调强放射治疗，以及可以配 120 片的多叶光栅（Multi-Leave Collimators，MLC）。Varian 的高端机型 Truebeam、Edge 和 Elekta 的高端机型 Infinity、Versa HD 等基本都是中高能多光子、多电子且配置各种高级功能的装备，目前也是市场上销量较好的装备。

在国产装备研发方面，1974 年北京和上海同时成立了医用电子直线加速器会战组，开启了我国本土医用电子直线加速器的研制进程。会战组成功研制出了国内首台医用电子直线加速器 BJ-10，会战成果孵化了北京医疗器械研究所。新华医疗在 20 世纪 60 年代开始生产制造钴 60 治疗机的基础上投入国产医用电子直线加速器设备的研发，在国内的市场占有率一度达到 50%。但在 21 世纪初，由于国内基础技术实力的落后，差距逐渐拉大，市场占有率最低的时候下降到 10% 以下，随着后期加大研发投入，缩小与进口品牌差距后，市场占有率逐步回升。

近些年来，我国各企业和研究机构在放疗装备上加大投入、奋力追赶，取得较大的进步，市场占有率回升至 20% 左右，并呈现持续增长的态势。国产放疗装备在技术的先进性、质量的可靠性、产品的一致性和稳定性方面都得到了显著提升，特别是"十三五"和"十四五"期间进步明显加速。联影医疗在 2018 年推出了世界首创的 CT 一体化电子直线加速器；新华医疗 2019 年研发成功国内首台高能全数字化双光子医用电子直线加速器，填补了国内领域空白；大医集团（西安大医集团股份有限公司）2020年推出了一体化实时影像引导的、可连续旋转的环形电子直线加速器，成为46年来首个获得美国FDA认证的国产医用电子直线加速器，在高端领域占据了一席之地。

针对放疗装备国产化的需求以及目前技术落后的态势，科技部也通过诊疗装备研发重点专项进行了规划，并在"十三五"和"十四五"期间布局了多项重大项目，取得了一系列的创新突破，包括大医集团、新华医疗对高端多模态放疗设备的研制、联影医疗研发的磁共振引导加速器、中科院上海高等研究院与华中科技大学研制的国产质子设备、兰州泰基（兰州科近泰基新技术有限责任公司）研制的国产小型化重离子设备等。

虽然国产放疗装备已经在主要的性能参数上追赶或达到了世界先进水平，但目前仍未彻底扭转国产化率不足的态势。长远来看，国产医用电子直线加速器应着力于技术创新，开发出更多先进的功能，打造高端旗舰产品，提升国产装备品牌知名度与信心。与此同时，还应提升整机和部件的稳定性及可靠性，并实现核心部件的国产化，在易用性和经济性上也能实现和进口设备的匹敌。

5. 医用电子直线加速器装备临床应用现状

目前，虽然国内开展放疗的单位数量呈现缓慢增长的趋势，但2020年全国每百万人口放疗装备（加速器+钴60）仅1.5台，仍低于世界卫生组织的要求。放疗资源分配严重不平衡是目前制约我国放疗装备整体发展水平的重要因素之一，据悉仅在北京、上海、山东、河南和吉林5个直辖市和省份能够满足每百万人口放疗设备数量高于2台的要求，其余地区尚未达标，尤其是中西部地区，其中宁夏、贵州、云南和西藏的每百万人口放疗设备数量不到1台。

随着现代放疗技术的发展，国内有能力开展国际主流放疗技术，如三维适形放射治疗技术、固定野调强放射治疗技术进行治疗的单位分别达到94.9%和81.7%，能完成先进放疗技术，如容积调强放射治疗技术、螺旋体层放射治疗技术进行治疗的单位占33.4%和3.7%，较2015年调查，相关比例已有很大的提高，然而先进放疗技术与发达国家仍存在较大差距。

6. 医用电子直线加速器装备主要技术进展及趋势

目前放疗装备已从以加速器为主的相对单一的体系发展成为加速器+高精度治疗头+高精度定位系统+影像系统+计划软件和管理软件+各种辅助设备的综合性治疗平台，主要技术进展及趋势如下：

（1）基于图像引导的精确放疗　各种先进影像技术的利用和融合，以及机载图像引导设备的使用，使得放疗的精确度大幅提升，支持常规、动态及螺旋调强技术的实施，也使得治疗时间大幅减少，患者治疗舒适度显著提升。

（2）自适应放疗技术的开展　图像引导技术的普及以及治疗计划系统靶区勾画速度的大幅提升，使得患者在分次间实时修正计划变成临床上可实践推广的治疗模态，从而可在更大程度上消除患者肿瘤位置和形状改变带来的不利影响，实现更精确、更定制化的治疗，提升治疗效果。

（3）立体定向放疗　随着立体定向放疗技术的广泛应用，越来越多的放疗装备厂家开始探索在医用电子直线加速器上实施立体定向放疗，部分新一代医用直线加速器（如 Edge、Truebeam 等）在适形调强功能的基础上增加了立体定向放疗功能。

（4）运动靶区追踪治疗　对于运动的靶区治疗，目前一般会采用设置内靶体积（Internal Target Volume，ITV）、门控等方式，而利用实时的图像引导驱动装备实时追踪治疗是运动靶区治疗的未来趋势，具有精准化、高效率、智能化等特点。

（5）结合生物学效应　肿瘤组织由于高度异质性，对电离辐射的敏感度并不均匀，借助 PET/SPECT 等多模态影像学手段，可以给予病灶区差异化的剂量分布，进一步降低正常组织的剂量受量，也被称之为生物效应引导放疗（Biological Guided Radio）。另外，选择更大的分次剂量（即立体定向放射消融）以及超高剂量率照射，对肿瘤组织的破坏以及对正常组织的副作用的机理和效果也会显著改变。

7. 存在的问题及建议

医用电子直线加速器技术复杂且是多学科的综合体，装备的进步和提升离不开关键核心零部件和关键技术的突破，而这又得益于大量基础研究的突破，如加速管、磁控管、电子枪等。受到产业规模限制，基础研究推进相对缓慢，建议政策加大鼓励基础研究，奖励采用国产器件，提高设备注册效率，营造良好的研究氛围。

（二）医用电子直线加速器装备关键零部件技术发展趋势

1. 加速管

（1）行业发展现状　加速管之于医用加速器，犹如发动机之于汽车。采用什么类型的加速管，基本决定了该类型加速器的产品特性及功能，Varian 采用高效边耦合结构驻波加速管技术方案，Elekta 采用行波加速管技术方案，近些年来，Elekta 在其新产品核磁引导加速器 Unity 上也采用了驻波加速管技术方案。相比行波加速管，驻波加速管的工艺更加复杂，效率更高，物理尺寸更小。

目前，已知的国内外具备医疗装备类加速管供应实力的第三方有清华大学、十二所、奕康（成都奕康真空电子技术有限责任公司）、美国 Altair 公司等，其中清华大学的加速管品类较丰富，实现了批量化生产，在全球处于领先地位，其他第三方厂家均存在品类功能较为单一、价格昂贵、非批量化生产、在供货和产品质量等方面还存在差距。因此，基于现阶段加速管行业内采购成本高、核心部件供应受限制、高端加速器需求大的情况，国内外医用电子直线加速器主流厂商，如 Varian、Elekta、新华医疗、联影医疗等，都自主研发生产加速管，且都只是对内部供应，不对外部医疗装备类生产厂家销售。

（2）主要技术进展及优势　加速管是加速器的核心器件，其加速方式有行波加速和驻波加速两种方式，与之对应的加速管分别为行波加速管和驻波加速管两种。加速器通过由磁控管或速调管产生的大功率微波能量将电子枪发射的千电子伏级能量的电子束在加速管中加速为兆电子伏级能量的电子束，高能量的电子束再轰击靶产生 X 射线，对肿瘤病灶区进行高能 X 射线辐照治疗，杀死病灶细胞组织，从而达到治疗的目的。

图 2-86 所示为 6MV 耦合驻波加速管。

目前，加速管主要技术进展及优势如下：

1）连续可调能量开关技术。Varian 借助其高能加速器 Truebeam 新机型，完成了能量开关技术的全新升级，发展出了连续可调型能量开关技术，在实现 6MV 能量分档的同时，发展出了 2.5MV 成像用低能射线。目前国内具备加速管能量开关技术的是清华大学和新华医疗，目前此项技术已经在新华医疗的 XHA2200 机型上得到应用。

图 2-86　6MV 耦合驻波加速管

2）X 波段加速管技术。X 波段由于波长仅有 S 波段的 1/3，对应的加速管以及束流系统的横向尺寸和重量都大幅降低，并且射线焦点也更小，因此可以支持更灵活的机架和更高精度的放疗。目前广泛采用 X 波段加速管的是 Accuray 的 Cyber knife，结构紧凑、小巧，安装在一台机器手臂上，可以实现非共面照射。

（3）技术发展趋势

1）高稳定性、高可靠性。医疗用加速器要求加速管具有较高的剂量稳定性、能量稳定性、频率稳定性，且具有较高的使用寿命。同时，要求束流可控（栅控枪），能够快速出束。

2）高剂量率。当前 FLASH 放疗的发展引起了广泛关注，FLASH 放疗对于剂量率的要求一般不低于 40Gy/s，是传统放疗的数百倍。目前还没有商用放疗装备可以满足此要求，但国内外已有科研机构成功研制出了剂量率超过 40Gy/s 的加速管，正在研制放疗整机。

3）同源双能。同时具备成像和治疗两种射线，可以消除成像和治疗在坐标系上的不一致性，提升治疗精度。成像射线能量越低，对不同密度组织的分辨率越高，但两档能量差距过大会导致加速管研制难度太高。TOMO 以及 Onrad 产品实现了低至 3MV 的成像，Varian 借 Truebeam 新机型完成了加速管和能量开关的全新升级，成像射线能量低至 2.5MV，新华医疗的 XHA600 系列可以提供 1.5MV 的成像档，联影医疗的 uRT506 设备也可提供 2MV 左右的成像档，清华大学成功研制了 600kV 和 6MV 两档能量的加速管，正在研制相关的整机产品。

4）小型化。随着 X 波段功率源技术的成熟，应用 X 波段驻波加速技术的小型化、高剂量率加速管研制成功，目前国内整机产品正在推向市场。

2. 电子枪

（1）行业发展现状　电子枪是加速器束流的生成部件，特别是计算机控制栅控电子枪基本都是进口产品。电子枪的研究在国外较为活跃。2000 年，美国在实验室中研究出会切磁电子枪，该电子枪导流系数好，电子波动小于 10%。2002 年，改进后的会切磁电子枪能在 70kV 电压下产生 8A 的电流，为增强会切磁电子枪的性能，可在阴极的表面增加一磁环，以减小横向速度零散。2003年后，出现了冷阴极替代热阴极的电子枪。除此之外，乌克兰于2002年利用O形晶体管绝热枪形成平滑且可以调节的直流电子束，通过翻转磁场形成大回旋电子注；英国利用热离子磁会切电子枪，用120kV的阳极引起热离子发射，产生绕轴的环形空心电子注；国内中国科学院电子学研究所等科研机构也在积极研发新型电子枪技术。近些年来，国外厂家如美国L3公司研制了一款医用栅控阴极组件，大幅简化了阴极电压和电流的控制难度。国内主要有中国科学院电子学研究所、中国电子科技集团公司第十二研究所、安徽华东光电技术研究所有限公司等单位在研制相关的关键技术。

（2）主要技术进展及趋势　电子枪（见图2-87）是加速管的心脏，由阴极组件、安装在真空室内的高压陶瓷组件、高压引出线陶瓷组件构成。电子枪为加速管提供轰击靶所需要的电子束，在几万伏的脉冲高压下电子枪向靶方向发射电子束。近几年发展的栅控电子枪，由于其控制简易被放疗行业大幅采用。栅控电子枪主要由阴极组件、栅极和聚焦极、高压绝缘陶瓷组件等几部分组成。只需要控制栅极的小幅度脉冲电压即可控制阴极电流的发射。但栅极和聚焦极的增加，使电子枪的研制难度大大增加，其精密的装配和焊接工艺等相关技术是研制成功的关键。目前，国内中国科学院电子学研究所和中国电子科技集团公司第十二研究所在进行相关技术的攻关，基本上可以达到国际水平。

图2-87　电子枪

3. 磁控管

（1）行业发展现状　磁控管是微波电子管中的一种大功率器件，在民用和军用领域应用都比较广泛，在医疗领域主要用于医用电子直线加速器。目前在医疗领域，磁控管主要被英国、俄罗斯和美国等国家的产品占据，应用比较广泛的型号是E2V的MG5193和MG7095。国内也有些厂家在生产，较典型的是国力股份，其MG5193替代型号的性能、寿命与MG5193具有可比性，但MG7095替代型号的性能及使用寿命与进口产品相比还有一定差距。

磁控管是医用电子直线加速器主要的供能部件，属于耗材。国内在 E2V MG5193 的替代型号上较为成熟，在医疗、工业领域均有较广泛的应用。但是，目前我国没有一家供应商可以提供替代 E2V MG7095 的大功率、稳定、长寿命的磁控管。在我国医用电子直线加速器装备不断增加的前提下，整机制造厂家的磁控管单一部件基本依赖进口，并以 E2V 公司的产品为主。E2V 已于 2016 年被美国航天与国防电子及工程系统公司 Teledyne 收购。

（2）主要技术进展及趋势　磁控管（见图 2-88）是一种用来产生微波能的电真空器件，管内电子在相互垂直的恒定磁场和恒定电场的控制下，与高频电磁场发生相互作用，把从恒定电场中获得的能量转变成微波能量，从而达到产生微波能的目的。

根据工作状态的不同，磁控管可分为脉冲磁控管和连续波磁控管两类。医用电子直线加速器主要用的是脉冲磁控管。作为加速器的微波功率源，磁控管相对于速调管的一大优势就是本身可以产生大功率的微波，而

图 2-88　磁控管

速调管需要一个微波激励源才能产生大功率微波。

（3）技术发展趋势　磁控管经历了几十年的发展，在提高功率输出、效率、频率稳定性和延长使用寿命等方面都取得了显著的进展。未来其在医用领域的技术发展重点是在动态调强工作条件下提高工作稳定性、频率稳定性和延长使用寿命。

（4）存在的问题与建议　磁控管在工作中可能出现的问题有打火、跳模、噪声输出、功率从阴极泄漏、频率牵引、频率推移、热漂移等。

鉴于上述可能出现的问题，今后建议发展方向如下：

1）磁控管的理论研究，主要是大信号分析、计算机模拟分析等。

2）磁控管新材料、新工艺应用的研究，以提高可靠性，降低成本。

3）磁控管新结构的研究，以满足不同场合的需求，尤其是动态调强工作条件下的稳定性和寿命。

4. 速调管

（1）行业发展现状　国外速调管以 CPI、Thales、Toshiba 为主要代表，三家公司在医用速调管领域技术成熟，均可以为现在的高能医用电子直线加速器提供配套的脉冲速调管产品及聚焦线圈、聚焦电源、离子电源等部件。

国内从事速调管研制生产的主要有十二所。十二所是我国主要从事电真空器件研制生产的龙头单位，产品包括行波管、磁控管、速调管、闸流管、加速管、X 射线管、电力开关管等，广泛应用于通信、医疗、集装箱在线检测、工业无损检测、电力开关柜等领域。近年来，十二所研制的速调管已在国产医用电子直线加速器整机上实现应用。

（2）主要技术进展及优势　核心微波器件速调管市场基本被 CPI、Thales、

Toshiba 三家公司垄断，其中以美国 CPI 公司技术最为成熟。

CPI 公司可以生产用于医疗用途的 2.856GHz 和 2.9985GHz 的两大类 VKS-8262 系列速调管，峰值输出功率最高可达 7.5MW。峰值输出功率为 5.5MW 的 VKS-8262S（2.856GHz）速调管已被广泛应用于美国 Varian 的医用电子直线加速器几十年，其可靠性和稳定性得到了很好的验证。

Thales 公司主要为 Siemens 公司的医用电子直线加速器提供 TH2157 速调管微波源，累计供应数量大于 1000 只，可以配套提供电磁铁、射频连接器、离子泵电源等附件。该公司同时能生产医用粒子治疗系统使用的四极管高功率射频源。

Toshiba 公司可生产用于医用加速器的速调管（E3779，A7.5MW），并提供与速调管配套的聚焦线圈、聚焦线圈电源、离子电源等附件。

三家公司速调管的性能参数和工作参数略有差异。

（3）技术发展趋势　传统用于医用电子直线加速器的微波功率源以磁控管为主，其输出功率较低，一般应用于低能的 6MV 医用加速器或 6~10MV 的中能加速器。高能医用电子直线加速器的微波功率源一般使用大功率脉冲速调管。从提供最先进放疗设备的供应商来看，Varian 使用速调管为功率源，Elekta 使用磁控管为功率源。两种技术均被广泛使用，不同之处是磁控管本身就是震荡放大器，能产生微波功率；速调管需要配以射频激励源，对激励源产生的小功率微波信号进行放大。

（4）存在的问题与建议　近年来，国家已立项支持医用电子直线加速器的速调管研制开发，需要进一步加强国产速调管在医用电子直线加速器整机上的应用验证，不断优化提升国产速调管产品性能。

5. 动态多叶光栅

（1）行业发展现状　为适应人们对生存质量、医疗保健和安全性提出更高要求的国际化趋势，三维调强适形治疗已成为 21 世纪放射治疗技术的主流。从某种意义上讲，调强适形放射治疗通过限束装置实现了将射线束流的空间剂量分布调制成与肿瘤的外轮廓形状相同，周围正常组织的剂量也可以人为调整的功能。

适形放射治疗已广泛应用于临床领域，目前主要有铅模准直器、手动多叶准直器、动态多叶光栅三种实现形式。铅模准直器最早用于临床适形放射治疗，由于它有诸多缺点，很快被手动多叶准直器取代。手动多叶准直器仍然存在切割模型、半影及安装方面的缺点，所以动态多叶光栅目前已经成为常规配置。

多叶光栅最早出现于 1966 年，与直线加速器相匹配，20 世纪 90 年代后它普遍用于 Varian 和 Elekta 生产的直线加速器中，目前与加速器高度系统整合的"内置"多叶光栅已成为国内外加速器厂家的标准配置。

临床放射治疗中使用动态多叶光栅有三个主要原因。第一，常规放疗中使用射野挡块有许多缺点：①射野挡块的制作费时费力，且在熔铅和挡铅加工过程中产生的蒸发气体和铅粉尘对工作人员健康有影响；②射野挡块都比较重，治疗摆位不仅效率低，而且操作不方便，多叶光栅的设计初衷主要是代替射野挡块，形成不规则射野，提高治疗摆位的效率。第二，采用计算机技术后，在旋转照射过程中可用多叶光栅系统调节射野形状以跟踪靶区的投影形状。第三，照射过程中，可利用由计算机控制的叶片运动，实现静态多叶光栅和动态多叶光栅调强。基于上述三个原因，动态多叶光栅已逐渐成为直线加速器的标准配置。

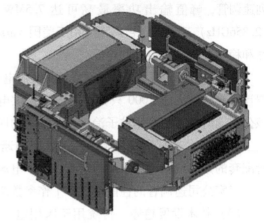

图 2-89　动态多叶光栅

（2）主要技术进展及优势　动态多叶光栅（见图 2-89）是现代放疗系统的重要组成部分，临床放疗应用对于光栅有较高的要求，比如支持与设备机型和束流控制系统一体化控制，可以高精度地实现调强适形、动态旋转调强等高难度放疗技术等。在调强设备中采用叶片 5～10mm、开野较大、具备叶片位置二次反馈的多叶光栅；而在放射外科产品中采用叶片 2.5～5mm、开野较小的多叶光栅。

在放射治疗中，动态多叶光栅的作用是利用重金属材料制作的光栅叶片形成各种特殊的射野形状，以屏蔽照射到正常组织的射束，使射线穿过光栅叶片开孔照射到病灶的形状与靶区形状相匹配，在对靶区进行照射的同时达到保护靶区周围正常组织的目的。目前，国内厂家新华医疗、联影医疗等均自主研制出了"全自动多叶准直器"，即动态多叶光栅，可以与具有等中心治疗功能的医用电子直线加速器配合，进行三维适形放射治疗，适用于常规放射治疗，还适用于三维适形立体定向放射治疗等高难度放射治疗。

动态多叶光栅依赖于放疗计划系统（Treatment Planning System，TPS），临床可通过两种使用多叶光栅的方式来实现其治疗计划：其一是把 TPS 输出的射束方向视图（Beam's Eye View，BEV）下的不规则野图形报告转换成多叶光栅叶片位置文件；其二是 TPS 直接把计划结果的不规则野图形转换成多叶光栅位置文件，多叶光栅控制系统用载入的多叶光栅位置文件来控制叶片成形。动态多叶光栅作为直接面向治疗的装置，对系统可靠性与稳定性提出了很高的要求。因此，动态多叶光栅控制软件系统作为整个调强放疗加速器控制系统的重要组成部分，除满足软件系统的各项功能要求，能够长期可靠稳定运行是系统研制的重要指标。

海明医疗（江苏海明医疗器械有限公司）的全自动多叶准直器叶片投影在等中心平面的最大运动速度不低于 30mm/s，叶片在等中心平面的重复定位精度误差小于 1mm，自动多叶准直器各个叶片运动灵活自如，使用时能在任意位置定位，自动多叶准直器照射野的半影宽度小于 10mm，照射时，透过自动多叶准直器叶片间的泄漏射线空气比释动能率未超过标称固定源-皮距（Source-Skin Distance，SSD）处照射束轴上最大空气比释动能率的 2%。

（3）技术发展趋势　从问世到现在，为适应各种不同的功能和用途，动态多叶光栅的结构设计一直在改进、完善，其改进主要是围绕着提高适形度、减小透射半影、降低漏射、适应动态与动态楔形板等高级功能展开的。例如：叶片对数由少到多、叶片宽度由大到小；最大照射野按需要向大和小两端发展；聚焦方式由无聚焦到单聚焦或双聚焦；相邻叶片之间由平面接触到凹凸插合；对侧叶片由不过中线到过中线且行程由小到大等。独立驱动机构硬件的快速开发，使动态多叶光栅系统功能大增，逐渐向满足临床应用要求、降低造价、便于加工、操作简便、高可靠性、低故障率的方向发展。

（4）存在的问题与建议　动态多叶光栅属于精密机电一体化产品，产品研发和产品注册周期长，企业需要投入大量的人力和物力，承担较大的风险。国内的动态多叶光栅行业起步晚，基础薄弱，人才紧缺。随着动态多叶光栅叶片宽度越来越小，由于叶片加工精度的限制，多个叶片需要反复打磨，不利于大规模产业化，且在多叶光栅运行过程容易出现叶片卡住等情况，整机故障率较高。对于调强快速治疗，高速多叶光栅也是以后的发展趋势，但是能满足需求的可靠微型电机基本被 maxon 垄断，国产的替代产品还没有问世。针对目前动态多叶光栅行业发展存在的问题，希望政府能出台政策鼓励更多人才进入这一行业，减轻企业的负担，扶持和帮助企业在这一行业继续发展。

6. 调制器

（1）行业发展现状　调制器一般分为线性调制器和固态调制器两种类型，其中线性调制器采用仿真线和闸流管形成脉冲高压，固态调制器的核心部件是 IGBT 开关。固态调制器的体积更小，更适合放疗设备，并且在最近 10 年中其成本显著下降，逐步取代了线性调制器。目前国外调制器的生产商主要以瑞典的 ScandiNova 为代表，其产品性能和可靠性整体处于领先地位，在医用电子加速器上被广泛使用，性能非常稳定。

国内调制器行业发展趋势较快，在国内高功率微波装置、各类粒子加速器的研发驱动下，国内调制器企业快速发展，主要包括麦克威（芜湖麦可威电磁科技有限公司）、雷科电子（合肥雷科电子科技有限公司）等，但关键组件包括 IGBT 开关还依赖进口，存在贸易上的风险。

（2）主要技术进展及趋势　主要技术进展及趋势是小型化和高稳定性。首先是随着 IGBT 开关的广泛应用，可以显著减小调制器的体积，并且通过布局优化，在满足绝缘距离和散热的前提下仍然可以显著缩小体积。另外对于磁控管类设备，由于其伏安特性曲线近似于二极管，较小的电压波动将导致很大的电流改变，进而影响功率的稳定性，因此需要较高精度的控制电路，这也是固态调制器的一个主要挑战。

7. 电子射野影像系统

电子射野影像系统（Electronic Portal Imaging Device，EPID）是放射治疗中监测照射野、体位重复性的主要工具，可取代照射野胶片。随着 EPID 的临床应用，人们逐渐意识到，利用 EPID 进行照射野、体位验证的关键是改进处理照射野影像中体位变化信息的方法并研究效率更高的分析工具。

EPID 由射线探测和射线信号的计算机处理两部分组成，是重要的加速器成像组件，目前主要用于射野的验证和锥形束计算机体层成像等功能。随着放疗设备的发展，EPID 的性能需求也在不断上升。目前国际上 EPID 最大的第三方供应商是 PE 和 Varex

公司，但随着 PE 被 Varex 收购，目前几乎已经处于被单家国外公司垄断的状态。我国虽然有个别厂商已经开始设计生产 EPID，但放疗用兆伏级别的产品与进口产品相比，性能还有差距，因而销量极低。我国需要研发技术参数与进口产品相似、具有替代价值的产品。

8. 控制系统

（1）行业发展现状　自20世纪30年代以来，控制系统经历了几十年的发展，演变出了全面整合、全数字化的先进控制系统解决方案。分布式控制系统（Distributed Control System，DCS）是当代主流的控制系统架构之一。起初发展 DCS 的主要目标是降低大规模控制系统的复杂性，解决多点数据的复制问题，最终成熟的 DCS 形成了完整的以分层设计、接口标准化、客户/服务器模式（client/server）结构等为特点的成熟软硬件系列产品。成熟的技术和完整的产品线让越来越多的控制系统采用 DCS 方案，也使得医用电子直线加速器控制系统设计的实现有了一个很好的可选方案。

当前国内外新型加速器控制系统已普遍采用分布式控制系统的标准模型：两层或三层体系结构。其中，管理层位于系统最上层，它通过操作员接口计算机来监控系统状态、发送命令或设置值、提供报警信息。前端控制层（Front-End Controls）通过网络接受管理层的控制，前端控制计算机又叫输入输出控制机（Input Output Controller，IOC），IOC 通常运行实时操作系统、保存动态数据、负责过程控制并实现控制算法，是控制任务的主要执行者。根据被控设备的种类，设备控制层结构灵活多样，可采用嵌入式设备控制器并通过现场总线或串行通信与设备相连，也可采用可编程逻辑控制器（Programmable Logic Controller，PLC）实现对加速器各个子系统的过程控制和监测。分布式控制系统可以全面实现远程诊断和监控功能，其具有安全、稳定、故障少等优点。

（2）主要技术进展及趋势　中央控制系统是医用电子直线加速器的又一核心系统，用于实现整个装置的运行，协调控制装置的各子系统与部件，按照设定的要求，准确安全地将规定能量、规定剂量、规定分布形状的 X 射线，在规定时间内投照到患者的肿瘤组织，完成快速放射治疗精准、安全的目标。

加速器的中央控制系统涉及多个子系统协调、多种功能的可靠实现。分布式控制方式可以实现对机器所有部件设备全面运行的控制。加速器的中央控制系统提供各种灵活易用的设备监控以及数据获取手段，可满足加速器的治疗运行、维护、数据存取等不同类型的需求，并且提供基本的扩展支持能力和灵活性，可满足多种机型的系统开发和未来扩展的需求。中央控制系统可通过控制台随时掌握机器的各种运行信息，调整各种相关参数，保证机器达到最佳运行状态，提供高品质的治疗束。在此基础之上，中央控制系统还可提供各种附加的扩展能力，包括提供治疗计划接口、统一的加速器数据库存取接口和各类分析程序接口，控制系统远程访问能力等，以满足不同用户的多种需求。

9. 三维、四维非接触式光学体表检测系统

非接触式光学体表检测系统是放疗加速器的重要配套设备，主要用于患者治疗前的摆位、治疗过程中的门控信号采集和体位监测等环节。该系统能够在一定程度上提高治疗的准确性和安全性。目前，该系统仅由国外厂商生产，价格昂贵，并且主要用于国外中高端直线加速器产品的配套，因此，只有大型放疗中心有能力购买该系统。虽然我国中高端加速器产品也逐渐上市，但尚缺乏与之匹配的国产非接触式光学体表检测系统，需要打破国外产品的垄断。目前，国际市场上主要有三家公司提供此类产品，分别是 Vision RT、C-RAD 和 humediQ（Varian 新收购）。由于该系统涉及光学硬件、算法等复杂技术，同时临床要求精度达到亚毫米级，并对实时性和监控视野大小提出了严格要求，因此技术复杂度和门槛较高。国内目前仅有通过在患者体表安装反光体，间接反映个别点位置的系统，技术相对滞后。

10. 放射治疗计划系统

（1）行业发展现状　放射治疗计划系统是医用电子直线加速器系统中的关键组成部分，每位患者的治疗计划（包括辐照靶区、辐照剂量、辐照坐标、辐照靶点数、辐照时间、敏感组织照射剂量等）都需要治疗计划系统软件经过精密计算给出，直接关系到放射治疗的最终疗效。临床医生在治疗实施前，均需要通过治疗计划系统软件进行治疗计划方案的制订和评估。当前国内的放射治疗计划系统软件供应商较多，其中作为整机厂商自主研发的有新华医疗、联影医疗和大医集团等，还有很多第三方公司或机构也提供 TPS 产品，其中的代表包括北京航空航天大学、奇林科技（成都奇林科技有限责任公司）、中科院核能安全技术研究所 FDS 团队、求索健康（苏州求索健康科技有限公司）等，其产品可以基本满足使用要求，但从工作效率、剂量计算的准确性、软件操作体验、可用性等方面来看还有很多不足。

（2）主要技术进展及趋势　随着计算机技术的发展，计算机的处理能力大大加强，很多新的图像处理算法（如蒙特卡洛算法）逐步投入临床应用，放射治疗计划系统软件的计算精度在稳步提高，计算速度也发生了很大的变化。

影像引导、大数据和人工智能技术的发展也推动了放射治疗计划系统软件的发展。近年来，多模式图像融合、多治疗计划融合对比、自动靶区勾画、自动计划、逆向计划等，尤其是人工智能的应用在自动靶区勾画与自动计划上大大提升了医师与物理师的工作效率，从而使得类似自适应治疗等先进放疗理念成为临床上可以实践的技术。

（3）存在的问题　国内放射治疗计划系统软件存在最突出的问题不在技术和功能上，而是软件的易用性不足、可靠性低。从技术指标和功能实现来看，与进口产品差距不大，但实际临床应用指标较差，导致市场认可度不高，这需要在后续的发展中重点关注。

二、质子、重离子放射治疗系统及关键零部件发展趋势

（一）质子、重离子放射治疗系统技术发展趋势

1. 质子、重离子放射治疗系统简介

放射治疗是不同病期恶性肿瘤患者的主要治疗方式之一。目前，大多数癌症患者最常用的放射治疗方法是基于光子（X 射线）的调强外照射。1946 年，哈佛大学物理学

家 Robert R. Wilson 博士首次提出将带电质子和重离子应用于癌症治疗的想法。美国劳伦斯伯克利国家实验室的研究团队分别于 1954 年、1957 年和 1975 年将质子、氦离子和氖离子等重离子放射治疗应用于癌症患者。此后，美国、德国、日本等国相继开始了质子、重离子在医学领域的研究。1973 年，哈佛回旋加速器实验室开展了使用质子治疗不同部位肿瘤的项目。1975 年，美国劳伦斯伯克利国家实验室利用高能重离子同步回旋加速器开始进行重离子治疗癌症的临床试验。1988 年，质子治疗获得美国 FDA 的批准。1993 年日本政府在千叶县日本国立放射科学研究所建成世界上首台医用重离子加速器。据粒子治疗协作组织（Particle Therapy Co-Operative Group，PTCOG）官网统计，截至 2023 年 8 月，全球共有 120 家已运营的质子、重离子治疗中心，其中质子治疗中心 106 家，重离子治疗中心 8 家，质子、重离子治疗中心 6 家，按地域划分，亚洲 42 家（我国 6 家），欧洲 34 家，北美洲 44 家。

质子和重离子治疗癌症的原理有所不同，质子治疗主要破坏癌细胞的 DNA 单链，细胞有修复的可能性；重离子治疗主要破坏 DNA 的双链，癌细胞修复的可能性低，可以达到更好杀死癌细胞的目的。

质子即氢原子剥去电子后的带有正电荷的粒子；重离子即碳、氖、硅等原子量较大的离子，粒子种类如图 2-90 所示。质子、重离子技术是放疗中的一种，是国际公认的尖端放疗技术。质子和重离子同属于离子射线，质子或重离子射线束经加速器加速最高至约 60%（质子）和 70%（重离子）的光速后被引出并射入人体。与传统的光子射线不同，离子射线在穿越物质损失能量的过程中，能量沉积曲线会在其射程末端形成一个峰，称为布拉格峰（Bragg Peak）。布拉格峰在人体中的位置可以通过调节离子射线束进入人体前的初始能量而改变，将拥有大部分能量的布拉格峰递送到肿瘤中，可以形成对肿瘤的定向"爆破"，同时离子射线在射程终点后的剂量几乎等于零，因此使用质子与重离子放射治疗在能够对肿瘤病灶进行强有力照射的同时又能避开正常组织，实现疗效最大化。

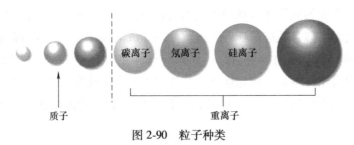

图 2-90　粒子种类

2. 医用质子、重离子放射治疗系统的工作原理及系统结构

（1）工作原理　由加速器产生的单一能量的质子和重离子束流在人体中的射程（深度）终止处传递最大剂量值（见图 2-91），不同深度的肿瘤可用不同能量的质子或重离子束流来照射治疗，但单一能量的离子束流能够照射的肿瘤厚度受限于布拉格峰的宽度，一般约为 3~5mm，远小于现实中常见肿瘤的厚度。因此，质子和重离子束流用于临床治疗时的能量分布需要经过调制，使束流中不同能量的布拉格峰深度曲线之和形成一个具有平坦高剂量区的深度曲线，并覆盖肿瘤的纵向深度，这样的能量分布曲线就是扩展布拉格峰（Spread-Out Bragg Peak，SOBP），如图 2-92 所示。

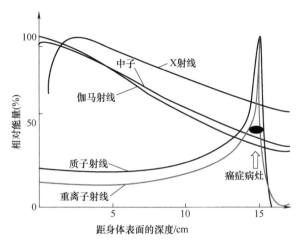

图 2-91　X 射线、质子射线、重离子射线等能量分布曲线（图片源自网络）

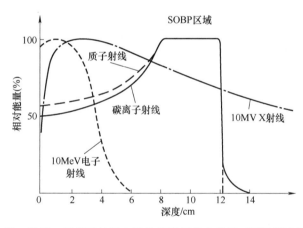

图 2-92　质子、碳离子扩展布拉格峰能量分布曲线（图片源自网络）

加速器将治疗用的高能质子或重离子加速，通过能量选择系统对质子能量进行调节（如果选用同步加速器，则不需要能量选择系统），选择治疗所需的能量，然后通过束流传输系统引至治疗室，并通过旋转机架调整束流照射角度（如果是固定角度治疗头，则不需要调整治疗角度），再通过离子束调制装置对束流进行适形调制，最后由治疗控制系统控制束流照射肿瘤靶区。对于运动肿瘤的治疗，还需要通过呼吸门控系统对肿瘤进行监测和控制。

（2）系统结构　质子、重离子治疗系统是一个既庞大又复杂的软硬件系统。目前临床应用的质子、重离子治疗设备根据加速器产生离子的种类分为质子治疗系统、重离子治疗系统、质子重离子一体机。

基于回旋加速器配置的质子治疗系统，主机系统包括回旋加速器、能量选择系统、束流传输系统、旋转机架、治疗头、治疗床等部件，以及对其实现集成控制的束流产生及控制系统、剂量监测及控制系统、系统运行状况监测及报警系统等，辅助系统包括影像引导系统、治疗计划系统和肿瘤信息系统等。

基于同步加速器配置的重离子治疗系统，主机结构组成包括加速器系统（初级加速器系统、主加速器系统、束流传输系统）、束流配送系统（束流调制系统）、固定治疗头（或旋转机架治疗头）、治疗床、剂量及位置监测装置等部件，以及对其实现集成控制的束流产生及控制系统、系统运行状况监测及报警系统（联锁系统）等，另外还需要配备影像引导系统、治疗计划系统和肿瘤信息系统等。

（3）重要指标及范围　质子、重离子治疗系统的重要技术指标有：加速器能量、引出流强、射程范围（射程是指束流在体内入射的距离，射程随人体器官密度及束流能量的不同而变化，在质子治疗中都以质子在水中射程的等效厚度表示）、能量精确度、照射位置精度等，具体要求见表2-10。

表 2-10　质子和重离子治疗对加速器技术参数的常规要求

物理量	技术参数
最高能量	质子：对应体内最大射程 30cm 时，为 250MeV 碳离子：对应体内最大射程 30cm 时，为 425MeV；对应体内最大射程 20cm 时，为 320MeV（已考虑从加速器引出到等中心治疗点之间的降能值）
能量精确度	对应体内治疗量程的精度是 ±0.2mm/20min；$1\sim2$MeV/射程 1mm 时，能量精确度为 $\pm(0.2\sim0.4)$MeV/20min
引出流强	质子：在 20cm×20cm×20cm 照射容积内剂量率为 2Gy/min，对应流强为 1×10^{10} 质子/s，考虑流强损失后，引出流强为 1×10^{11} 质子/s 碳离子：在 20cm×20cm×20cm 照射容积内剂量率为 2Gy/min，对应流强为 1×10^{8} 离子/s，考虑流强损失后，引出流强为 1×10^{9} 离子/s
系统能量调节分辨率	在量程范围内，系统能量调节分辨率优于 ±0.1MeV
能谱宽度	当后沿下降小于 1mm，等中心处束流的能谱宽度 <0.1MeV
引出束流横向发射度	在规定的束流能量和强度稳定性时，为 $0.2\sim0.5\pi$cm·mrad
引出束流偏角	在规定的引出束流截面时，其偏角 <1mrad

3. 质子、重离子放射治疗系统的行业发展现状

（1）医用质子设备研发机构和厂商　目前，全球领先的质子治疗装置供应商有比利时的 IBA 公司，美国的 Varian 公司、Mevion 公司、ProTom 以及日本的 Hitachi 公司等。国内医用质子设备研发机构和厂商主要有：中广核技、艾普强（上海艾普强粒子设备有限公司）、中科离子（合肥中科离子医学技术装备有限公司）、迈胜医疗（迈胜医疗设备有限公司）。

1）中广核技。2020 年 8 月 26 日，IBA 与中广核技及其全资子公司中广核达胜电子加速器技术有限公司签署《多室质子治疗系统技术许可协议》和《战略合作协议》。根据协议，中广核技将完整引入 Proteus PLUS 质子治疗系统技术，并获得该技术及产品在我国大陆地区独家开发、制造、销售、安装、运营、维修的权利。

Proteus PLUS 质子治疗系统为多室质子治疗系统，使用固定能量等时性回旋加速器，包含能量选择系统、束流传输系统、治疗安全系统、患者定位系统、图像引导系统，可提供旋转机架治疗室和固定束治疗室，并提供笔形束扫描技术，如图 2-93 所示。

图 2-93　Proteus PLUS 多室质子治疗系统（图片来源：IBA 官网）

2）艾普强。公司成立于 2011 年 6 月，是上海联和投资有限公司控股，由中国科学院上海应用物理研究所和上海克林技术开发有限公司联合参股的面向我国市场的质子放疗设备产业化公司。公司主要从事肿瘤质子治疗设备及加速器粒子相关设备的研发、生产、集成及维护。其质子治疗系统由自主研发的质子注入器、同步加速器、固定束治疗室、180°旋转束治疗室、360°旋转束治疗室、眼束治疗室、高能传输线、治疗计划系统、治疗控制系统、治疗定位系统、质控系统等组成。

主要技术指标：质子能量范围：70～235MeV，最高能量 250MeV，SOBP 区域为 1～14cm，治疗剂量率为>2Gy/min，最大治疗射野 30cm×40cm，束流配送方式：点扫描，最大扫描速度：2cm/ms，束斑尺寸 5～14mm，平坦度 5%，计量重复性 0.5%，剂量相对精度±2%。

项目进展：2013 年装置研制启动，2014 年开始设备制造，装置由中国科学院上海应用物理研究所研发，艾普强负责运行和维护，首台质子治疗系统安装于上海交通大学医学院附属瑞金医院。2016 年基本完成加速器关键系统设备的研制并开始安装。2017 年 4 月完成治疗系统关键部件的研制，包括点扫描治疗头、高精度 6 维机器人治疗床、治疗控制系统和眼束治疗室专用设备。2017 年 6 月基本完成治疗软件系统的研制与集成，包括放疗信息系统、治疗计划系统、治疗控制软件。2017 年 9 月完成加速器 70～235MeV 初步调试，完成旋转机架测试。2017 年 11 月旋转机架安装。2018 年加速器达到设计指标。2019 年 2 月开始治疗系统联调。2019 年 8 月开始 180° 旋转束流调试。2020 年 6 月 28 日，上海交通大学医学院附属瑞金医院肿瘤质子中心举行试运营启动仪式。2022 年 9 月，取得注册证。

3）中科离子。中科离子是中国科学院和安徽省人民政府共同打造的合肥综合性国家科学中心创新平台，致力于提供质子治疗中心建及运营全周期解决方案，推动质子高端医疗装备的产业化，其超导质子治疗系统如图 2-94 所示。

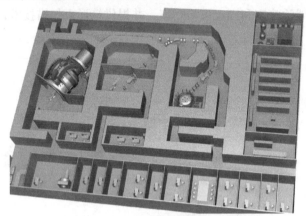

图 2-94　超导质子治疗系统（图片来源：中科离子官网）

2021 年 3 月 22 日，由中国科学院等离子体物理研究所研发的超导回旋质子治疗系统加速器束流经过能量选择系统和治疗头等传输系统到达系统治疗头，成功实现 200MeV 稳定质子束流从治疗室引出，标志着国产紧凑型超导回旋质子治疗系统研制成功，实现了紧凑型超导加速器技术的自主可控（见图 2-95）。

图 2-95　紧凑型超导回旋质子治疗系统加速器（图片来源：中科离子官网）

加速器超导磁体电流密度达到 140A/mm² ，是国内外同类装置磁体水平的 3 倍；静电电场达到 170kV/cm 的国际应用水平；加速器实现 3.0T 最高场强；直径缩小 25%，仅 2.2m，总重不超过 50t。

4）迈胜医疗。迈胜医疗的质子治疗系统为集成化单室质子治疗系统，产品为MEVION S250i，将加速器置于旋转机架上，结构如图 2-96 所示。2004 年公司成立。2006 年公司与麻省理工学院共同开发高场强磁体用于减小加速器尺寸。2010 年公司成功开发出世界最小的用于治疗的质子加速器。2012 年世界首台小型单室质子治疗系统获得 FDA 上市批准。2013 年安装首台质子治疗系统。2018 年新一代笔形束扫描质子治疗系统获得 FDA 上市批准。

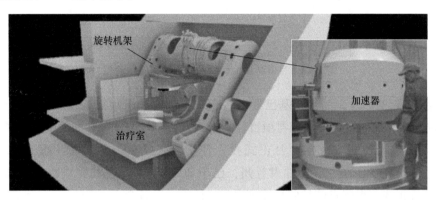

图 2-96　迈胜医疗质子治疗系统

（2）医用重离子设备研发机构和厂商　重离子治疗技术属于高精尖、多学科的综合性工程技术，目前全球范围内只有美国、日本、德国、中国等少数国家掌握。重离子治疗技术的背景主要源于几个国家的综合实验室，包括早期美国的劳伦斯伯克利国家实验室（LBNL）、哈佛大学回旋加速器实验室（HCL）、德国的德国重离子研究中心（GSI）、瑞士的保罗谢勒研究所（PSI）、日本的日本国立放射线医学综合研究所（NIRS）、我国的中国科学院近代物理研究所（IMP）等。重离子治疗设备主要供应商有日本的 Hitachi、Toshiba 以及我国的兰州泰基。

兰州泰基是目前国内唯一具有重离子治疗装置研发、生产、销售、运维等全流程服务能力的公司，其技术发展依托于中国科学院近代物理研究所。中国科学院近代物理研究所 20 世纪 90 年代开始进行基础研究（设备研发、放射生物研究、放射物理研究、治疗计划系统研发），后进行循证医学研究（临床实践现状研究、临床方案制订），2010 年开始临床研究（临床实践、重离子适应证、禁忌证），目前兰州泰基基于中国科学院近代物理研究所的研究成果已完成设备转化，并处于设备升级阶段。兰州泰基的重离子治疗系统，配备主动式点扫描与均匀扫描束流配送系统，其自主研发的放射治疗计划系统 PHOENIX Plan［能进行自动勾画、碳离子蒙特卡洛计算、多治疗头联合调强、多模式计划（2D/2D-LS/3D-SS）设计］、治疗控制系统 ciTreat、患者摆位验证系统 ciGPS、治疗计划剂量验证系统 ciDose，可实现的治疗模式有 2D 适形治疗、2D 分层适形治疗和 3D 点扫描适形治疗。兰州泰基杭州项目医用重离子加速器如图 2-97 所示。

兰州泰基重离子治疗系统主要技术指标：能量范围为 40～430MeV/u，射程可达 30cm，最大照射野为 20cm×20cm，最高流强大于 $1×10^9$ ppp。

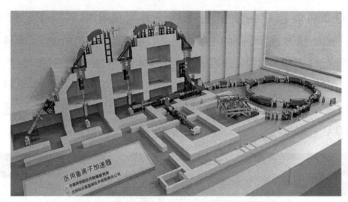

图 2-97　兰州泰基杭州项目医用重离子加速器

截至 2023 年 9 月，兰州泰基已经与多个地方政府和医疗机构开展项目洽谈合作，先后布局了多台医用重离子加速器项目。其中，安装在甘肃武威肿瘤医院重离子中心的重离子示范装置已于 2020 年 4 月正式投入使用，完成 900 余例患者的治疗。同时，第二台重离子治疗装置落地于甘肃兰州，已于 2023 年 1 月顺利完成临床试验，并于 2023 年 6 月正式获得国家药品监督管理局批准注册，预计 2024 年正式投入运营。另外，莆田、武汉、杭州、长春等项目正在建设当中。

兰州泰基相比进口重离子治疗系统的优势：结构紧凑，占地面积小；拥有完全自主知识产权，成本远低于国际同类产品；低成本高效率的本土运维团队；项目周期短；配置许可优势。

2021 年 5 月，科技部陆续发布了"十四五"国家重点研发计划专项指南及揭榜挂帅榜单，"小型化重离子治疗装置研发"被列入"诊疗装备与生物医用材料"重点专项及"揭榜挂帅"榜单三个任务之一。该项目目前已经立项，由兰州泰基牵头，联合多家单位共同研发。该项目以兰州泰基国产重离子治疗系统为基础，超导磁铁技术为核心，旨在实现超导同步加速器及旋转机架的研发，从而大幅缩小碳离子治疗系统的占地面积。

4. 医用质子、重离子放射治疗系统临床应用现状

截至 2023 年 9 月，我国质子、重离子治疗项目 41 个，其中已运营项目 10 个，在建项目 23 个，拟建项目 8 个。目前，我国大陆地区共有三家已运营质子、重离子中心，分别为山东淄博万杰肿瘤医院、上海市质子重离子医院、甘肃武威肿瘤医院重离子中心。

5. 存在的问题及建议

目前，我国的质子、重离子治疗技术逐步发展，多个质子、重离子放射治疗系统处于安装或建设阶段，多项质子、重离子放射治疗系统合同已经签署，多家机构渴望启动自己的质子或重离子治疗项目。人们对这种先进的放射治疗技术兴趣巨大，与质子、重离子放射治疗系统配置许可的稀缺形成了鲜明的对比。2019 年，质子放射治疗系统配置许可首次颁发给 5 家公立医院，2020 年又增加 1 家私立医院。此后，国家卫生健康委对《2018—2020 年大型医用设备配置规划》进行调整，将质子放射治疗系统配置规划总数从 10 个扩大到 16 个，努力满足迅速扩大的需求。2021 年，质子放射治疗系统准予许可颁发给 10 家医院，包括 9 家公立医院和 1 家私立医院。2023 年发布的"十四五"大型医用设备配置规划数文件显示，将在全国建设 60 家质子、重离子放射治疗系统。

我国的质子、重离子放射治疗系统配置许可程序与美国纽约州类似，要求申请人在申报配置许可时必须满足若干特定条件，另外，《质子和重离子加速器放射治疗技术管理规范（2017 年版）》规定了医疗机构及其医务人员开展质子或重离子放射治疗技术的最低要求，包括医疗机构需有 10 年以上的调强放射治疗技术肿瘤治疗的经验，年收治肿瘤患者不少于 10000 例；拟开展质子或重离子放射治疗技术的医师要求应当接受至少 6 个月的系统培训等。这些条件旨在确保安全、准确地使用质子、重离子治疗。众所周知，质子、重离子治疗系统是有史以来销售的最复杂、最昂贵的医疗设备，需要非常具体和深入的专业知识，以实现设备的最佳运行和应用。随着在质子、重离子治疗中心的许可和运营中获得更多的经验，也许可以在多个方面改善获批条件。

（二）质子、重离子放射治疗系统关键零部件技术发展趋势

1. 加速器

加速器是一种用控制电场的方法有效地对带电粒子加速使之具有一定能量的装置。按照目前临床的使用情况，加速器可分为同步加速器、回旋加速器、直线加速器等；按是否应用超导技术又可分为常温加速器和超导加速器两种。

（1）行业发展现状

1）回旋加速器。回旋加速器可以简单地理解为是一个垂直方向分离的两个半圆的圆盒（D 盒），在两个半圆盒的间隙中加上一个电场，此外，两个半圆盒上都加上一个二极磁场，质子束流先入射到中心，然后束流每次穿过电场就加速一次，固定不变的磁场控制着被加速的束流在半径随束流能量增大而增加的横平面内运动。当束流在回旋加速器的边缘达到最高能量时，束流从回旋加速器的边缘向治疗室的方向引出，兰州泰基现有产品就采用回旋加速器作为初级加速器，如图 2-98 所示。

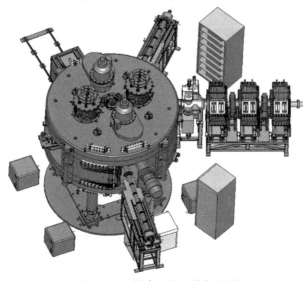

图 2-98　兰州泰基的回旋加速器

2）同步加速器（见图2-99）。同步加速器是在带电粒子逐步加速的过程中，通过保持加速器磁场和高频电场同步增加，从而维持带电粒子的轨道保持恒定的一种加速器装置。经初级加速后的束流从同步加速器外沿注入线注入同步加速器后在环内循环，运动过程中反复通过置于环上的高频电场而获得加速，同步加速器的磁场强度随被加速粒子能量的上升而同步上升，从而保持粒子的轨道不变，并通过调节高频频率来保持粒子持续加速。

图2-99　兰州泰基的同步加速器

（2）发展趋势

1）小型化。目前质子治疗系统中常用的加速器大多数采用回旋加速器和同步加速器，重离子治疗系统均采用同步加速器，制造商力图通过减小加速器体积来降低质子治疗成本。回旋加速器小型化研发的主要进展是采用超导技术减小设备体积。目前超导回旋加速器已应用于临床。同步加速器引入超导技术同样能极大减小设备面积，目前常规重离子治疗装置的同步加速器周长最小为兰州泰基的56m，通过引入超导技术可以将同步加速器周长缩小到35m以内。作为科技部"十四五"国家重点研发计划专项指南及揭榜挂帅榜单之一，由兰州泰基主导的"小型化重离子治疗装置研发"项目已立项并按计划顺利开展。

这些技术进展迄今为止尚未对设备成本带来显著减少，但设备的小型化减少了设备占地面积及辐射屏蔽的建筑成本，因而有望降低初期投资成本，该成本的降低对单次治疗的成本影响尚未见分析。未来5~10年，回旋加速器的技术还将持续升级，尽管在技术成果和时间成本上这些进展的潜在优势尚不明确，但降低设备生产、运营和建筑设计成本是必然的趋势。通过改进磁铁、射频系统、束流注入和提取过程，提高注入速度以及更快更精确地控制束流参数必然可以降低同步加速器的成本，但这也将是一个漫长的过程，需要一步一步实现，成本有望在技术持续进展的过程中逐渐降低。

2）新型加速器。

① 质子直线加速器。质子直线加速器具有潜在的优势，如能在几毫秒内改变质子能量、减少横向发射度，从而使束流磁铁更轻且降低能量损失，进而降低辐射防护要求及运营困难等，这些优势也推动了质子直线加速器的进一步发展。目前，第一台系统完

整的 230MeV 质子直线加速器正在欧洲进行检测，由此质子直线加速器也从实验室阶段进入商用阶段。但由于生产商对设备技术参数的保密，迄今尚未有证据证明此类加速器的体积及制造成本比现有加速器设计明显降低。

② 固定磁场交变梯度加速器。在过去的 10 年间，加速器研发人员一直在探讨固定磁场交变梯度（Fixed Field Alternating Gradient，FFAG）加速器能否用于质子（或氦离子、碳离子）治疗。目前 FFAG 仍处于实验室阶段并且成本较高，在短期内并不会应用于临床质子治疗。但 FFAG 加速器的研发，尤其在氦离子或碳离子治疗中的应用仍具有很大意义。

③ 激光加速器。激光加速器的理念最初于 1979 年被提出，原理为在气体中或等离子体中设置激光脉冲，激光和等离子体的相互作用能够产生大的加速梯度并加速质子和重离子（如碳离子）。如何将激光激发的具有宽能谱并异向等量分布的质子束流改造为临床适用的近单能同向质子束流或是激光加速器成功前必须解决的问题。

2020 年 6 月，国家重点研发计划"重大科学仪器设备开发"专项"拍瓦激光质子加速器装置研究与应用示范"项目启动会在北京大学召开，项目将针对肿瘤治疗需求，基于重频拍瓦激光器的激光质子加速器，开发具有自主知识产权、质量稳定可靠、核心部件国产化的激光质子治疗系统。研发者介绍说："相比大型的传统质子加速器，激光加速器在设备需求空间、安装难度、运行和维护成本、辐射防护难度、系统复杂程度等方面具有独特优势。"但可支持该说法的样机或详尽分析数据尚不存在，且激光加速器采用的激光系统具有较高的成本，未来是否会大规模应用有待商榷。

2. 能量选择系统

目前治疗用的加速器主要是回旋加速器和同步加速器。同步加速器可以引出不同能量的质子，不需要另外的能量选择系统，而回旋加速器只能输出固定能量的粒子，因此需要独立的能量选择系统。就质子回旋加速器而言，能量选择系统的功能是将加速器引出的 235MeV 的质子能量转变成 70~235MeV 的不同能量，供治疗所需。能量选择系统由降能器、数个偏转磁铁等组成。对能量选择系统的研发或应包括其小型化，探索使用超导磁铁的可行性；同时高速的能量选择及切换对提高治疗效率及减少患者体内器官的运动对笔形束扫描治疗进度的干扰仍有改进余地。IBA 的能量选择系统如图 2-100 所示。

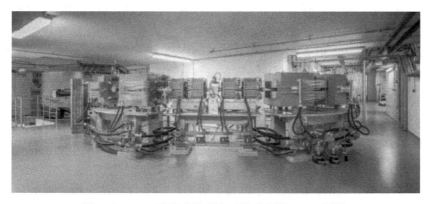

图 2-100　IBA 能量选择系统（图片来源：IBA 官网）

3. 束流传输系统

束流传输系统由双极弯曲磁铁、四极聚焦磁铁、转向磁铁和束流监测器等构成，可按照各治疗室的需求高速精准地切换束流功能。束流传输系统在照射时对束流的实时监测及对多室离子放疗系统治疗室之间束流的切换目前已经拥有成熟的技术。

4. 旋转机架

（1）行业发展现状　旋转机架的主要功能是使束流可从不同的角度对患者实施照射。目前国际及国内无公认的标准型旋转机架，因此各个生产厂商都有自己的旋转机架产品。旋转机架分为等中心旋转机架和非等中心旋转机架。等中心旋转机架是旋转机架随束流轴旋转，肿瘤放在治疗头中心轴和束流轴的交点，也就是等中心点；非等中心旋转机架是旋转机架随束流轴旋转，患者治疗台固定在机架的偏心圆某处，旋转机架旋转，患者治疗台也随之转动，直到束流以某个角度照射患者。兰州泰基作为国内的重离子治疗装置生产商，其旋转机架也已经完成技术论证和工程转化，目前处于生产阶段，如图 2-101 所示。

图 2-101　兰州泰基旋转机架

（2）发展趋势

1）重离子旋转机架的普及。目前在重离子治疗装置上旋转机架并没有真正普及，重离子治疗装置是目前医疗行业中用于癌症治疗的一种先进设备，它能够利用高能离子束精确治疗肿瘤，同时最大限度地保护周围正常组织。虽然重离子旋转机架在技术和成本方面具有一定的挑战，但它在临床实践中已经取得了显著的突破和成就，随着技术的发展和临床的需求，重离子旋转机架必将逐渐普及。

为了普及重离子旋转机架，可以采取以下一些举措：

① 技术进步和研发：持续投入研究和开发，改进重离子旋转机架的技术性能和可靠性；不断提高治疗效果和安全性，并降低设备的成本和维护费用，以便更多的医疗机构和患者能够接受和使用。

② 建立合作伙伴关系：促进医疗机构、研究机构和设备制造商之间的合作，共同开展研究和创新，并分享知识、经验和资源，共同推动重离子旋转机架的发展和普及。

③ 提供教育和培训：组织培训课程、研讨会和学术会议，向医生、治疗师和其他医护人员培训重离子治疗的原理和技术；提供实践指南和操作手册，帮助医疗机构培养专业技术人员，提高治疗质量和效果。

④ 经验分享和推广：在成功推广重离子旋转机架的医疗机构之间建立经验分享平台，通过案例介绍、数据统计和病例分析，向其他医疗机构展示重离子治疗的疗效和优势。

2）旋转机架的轻量化。旋转机架的轻量化是一种将机架结构设计得更轻、更紧凑的方法，以减少整个设备的重量和空间占用。为了实现轻量化，可以采取以下一些措施：

① 材料选择：选择高强度、轻质的材料，如高强度铝合金或碳纤维复合材料，以替代传统的钢材。这些材料具有良好的强度和刚度，但重量相对较轻。

② 结构优化：通过优化机架的结构设计，可以减少冗余部分和不必要的增强材料，从而减轻机架的重量。采用先进的结构分析和优化方法，如有限元分析和拓扑优化，可以帮助找到最优的结构形式。

③ 集成设计：将机架与其他部件进行集成设计，可以减少不必要的连接件和连接点，提高结构的整体刚度和稳定性；通过减少部件数量和简化装配方式，可以减少机架的总重量。

④ 制造工艺优化：采用先进的制造工艺和技术，如3D打印和复合材料成型，可以实现更精确的成型和更高的材料利用率，从而减轻机架的重量。

⑤ 引入超导技术：超导技术的引入可以减少旋转机架束线部分重量和尺寸，能有效降低旋转机架整体的重量，同时能减少机架的空间占用。

5. 束流配送技术

（1）行业发展现状 目前应用于临床治疗的束流扩展方式主要有两种：双散射技术和笔形束扫描技术，如图2-102所示，目前笔形束扫描技术为发展趋势。根据PTCOG数据显示，自2014年，笔形束扫描治疗室数量开始超过散射束治疗室数量，并且散射束治疗室数量呈逐渐下降的趋势。

双散射技术：是一种被动束流扩展方式，输入的束流先后打在两个散射板上，质子束流穿过散射板介质时，质子在介质内受到多次小角度弹性库仑散射，从而偏转扩展成二维类高斯分布，达到横向扩展束流的目的。束流还需通过射程调节器、准直器和射程补偿器才能用于患者治疗。

笔形束扫描技术：笔形束扫描技术的主要原理是通过调整束流的能量和强度，在肿瘤内部按照预定的轨迹逐点地"画"出剂量分布，从而精确照射肿瘤并最大程度地保护周围正常组织。与传统扫描方式相比，笔形束扫描技术具有以下几点优势：

1）剂量控制精确：笔形束扫描技术可以非常精确地控制重离子束的位置和强度，在肿瘤内部形成复杂的剂量分布，有效地照射肿瘤。这种精确性可以降低对周围正常组织的辐射剂量，减少治疗时的副作用。

2）适应性治疗：由于笔形束扫描技术的灵活性，治疗计划可以根据肿瘤的大小、形状和位置进行动态调整。对于复杂的肿瘤形状或位于靠近关键器官的区域，笔形束扫描技术可以更好地适应治疗需求，提供个性化的治疗方案。

3）快速治疗：相比传统扫描方式，笔形束扫描技术可以更快地完成治疗。通过调整重离子束的强度和时间，可以在更短的时间内完成剂量的照射，减少患者的治疗时间和不适感。

4）适用范围广：笔形束扫描技术适用于各种类型的肿瘤，包括静止肿瘤和移动肿瘤。对于移动肿瘤，可以通过配合运动补偿技术来实现精确的照射。

总体而言，笔形束扫描技术是重离子治疗中的一项重要进展，它提供了更高的精确性、适应性和治疗效果，为肿瘤患者提供了更好的治疗选择。随着技术的不断进步和设备的普及，笔形束扫描技术在重离子治疗中的应用将会得到进一步的推广和发展。

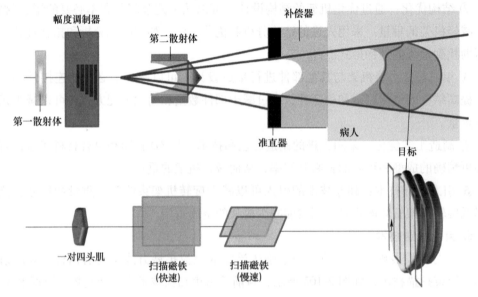

图 2-102 双散射技术和笔形束扫描技术原理

（2）发展趋势

1）扫描弧形质子治疗（Scanned Proton Arc Therapy，SPArc）。SPArc 是一种新颖且先进的质子调强放疗（Intensity Modulated Proton Therapy，IMPT）技术，并且相对传统IMPT 在计划质量、剂量学、鲁棒性等方面具有潜在优势。扫描弧形质子治疗的优势在于提高靶区处方剂量的适形性，针对摆位误差、束流水等效深度变化和器官运动提高治疗计划的鲁棒性，不显著增加开束（beam-on）时间；但扫描弧形质子治疗的低剂量率和累积剂量更高。尽管目前对于扫描弧形质子治疗的可行性和必要性仍存在争议，但多角度质子照射可以减少射程不确定度，同时剂量分布更加均匀，毒性反应减少，因此仍有必要发展扫描弧形质子治疗。美国博蒙特（Beaumont）医院的 Li Xiaoqiang 团队已与IBA 开展科研合作，共同研发新一代质子治疗技术 SPArc，并且已建立第一个 prototype SPArc 系统的模型，与传统 IMPT 相比，SPArc 能减少 388s（58%）的递送时间，能减少 1.3~2.56h（约 15%~25%）的治疗时间。

2）FLASH 治疗。FLASH 治疗是指采用超高剂量率（≥40Gy/s）对肿瘤靶区进行照射的放疗方式，可在微秒到数百毫秒时间内完成照射，在保证肿瘤治疗疗效的同时可极大减少对正常组织的损伤。

2019 年 10 月，辛辛那提儿童医院医疗中心/辛辛那提大学医学中心质子治疗中心与 Varian 共同宣布，联合研究小组成功完成了对模体靶区的 FLASH 照射。该试验是世界上首次使用质子治疗系统进行的肺部立体定向 FLASH 照射。2020 年初，*International Journal of Radiation Oncology* 杂志公布了美国宾夕法尼亚大学设计的一种新型治疗系统，利用在 CT 引导下的双散射质子进行 FLASH 质子治疗。在对小鼠的动物研究中，研究人员还首次报道了 FLASH 质子治疗对正常组织更好的保护效果。尽管 FLASH 治疗已被证明可显著改善肿瘤与正常组织之间的差异效应，但仍需要对其生物学效应有更好的了解，并且在大规模应用于临床前仍需要解决诸多技术挑战。

3）迷你束放疗。迷你束放疗（Minibeam Radiation Therapy，MBRT）是使用一系列非常窄（亚毫米级）的平行微型束形成剂量分布的空间分次放疗方法，该方法产生了由峰谷模式组成的剂量剖面。MBRT 采用 $500 \sim 700 \mu m$ 宽的束流，使较低的设备成本成为可能。迷你束放疗的原理是，束流的尺寸越小，健康组织的剂量耐受性就越高，这使该方法仍然可以达到治疗的目的，这种现象被称作剂量体积效应（dose-volume effect）。已有研究报道，MBRT 的神经毒性小于标准放疗。MBRT 是一种新的放疗方法，可以增加正常组织的耐受剂量，目前研究人员正致力于开展Ⅰ期临床试验。MBRT 具有以下优势：对儿童肿瘤有潜在益处；可以降低并发症的风险；允许剂量递增；可以有效治疗放射抵抗性肿瘤；降低成本；支持大分割放疗方案；降低定位要求。

6. 放疗计划系统

（1）行业发展现状　放疗计划系统（一个专用的计算机系统）通过对束流和患者建模来模拟计划实施的放射治疗。系统采用一个或多个算法对患者体内吸收剂量分布进行计算，计算结果供放射治疗计划制订者使用。

国科离子（国科离子医疗科技有限公司）作为中科院旗下质子、重离子等粒子治疗的代表性高新技术企业，研发的全自主知识产权的国产 Phoenix Plan 放射治疗计划系统目前已在重离子治疗系统上随整机一起通过第三方检测，并获得注册许可。

（2）发展趋势　随着质子、重离子治疗技术和临床要求的不断发展以及计算机软硬件水平的持续进步，治疗计划系统功能将不断丰富，计算性能将持续提高。未来，系统将不仅支持通用的如多高斯笔形束物理剂量引擎、各主流 RBE 模型、多目标函数逆向调强优化、自动勾画和自动配准，还将实现基于 GPU 加速的多粒子快速蒙卡引擎，并支持能谱 CT 建模，以实现对复杂靶区病例更加精准的计算；在支持机架的弧形治疗计划以及非机架的多治疗头联合调强优化外，还可融入相关的鲁棒性优化及多粒子 LET 优化，同时考虑肿瘤运动的不确定度，并以 RBE 分布、LET 分布及 LET 直方图等方式统计并展示，以更加符合粒子治疗的计划设计和评估流程的特点；在背景剂量基础上进行新计划的优化及叠加，可实现再程放疗计划、离线适应性计划及剂量追踪等功能。同时，未来更多将采用云架构设计，使用多台应用服务器搭建云平台，客户端不承担数据存储和剂量计算的任务。在保证私有域内临床运行安全可靠的同时，还可支持网页端远程直接访问。

另外，在大数据及人工智能发展趋势的不断推进下，质子、重离子治疗计划的智能化水平也将不断提高。基于深度学习的靶区及危及器官自动勾画、自动计划的生成、质控和审核等方面的突破与完善，将使得在线自适应计划及在线自适应治疗在不久的将来成为可能，并将大大提高质子、重离子这一放疗利器的治疗效果。

7. 图像引导系统

（1）行业发展现状　治疗室内的兆伏级成像系统多年来用于修正患者摆位，立体千伏级成像系统在临床中也有较多应用。然而，触发图像引导放疗革命的是直线加速器的容积 CT 成像技术。

（2）发展趋势

1）双能、多能 CT。双能 CT 利用高低两种能量的 X 射线进行 CT 检测，得到不同能量下的 CT 图像，并能够根据 X 射线与物体的相互作用计算出电子密度和等效原子序数等特性，更有利于计算质子束的射程，减少不确定性。目前，德国国家肿瘤放射治疗研究中心已开始在临床上应用双能 CT 进行质子治疗。

2）质子成像。质子成像应用质子束对患者进行成像，所得图像上的每一点均表示质子的水等效路径长度（Water Equivalent Path Length，WEPL），通过从不同方向照射及重建，可得到类似 CT 的三维图像。质子成像能够得到质子束的 WEPL 图像，将得到的 WEPL 图像与计算的 WEPL 图像进行比较，通过优化 CT-RSP（Relative Stopping Power，相对阻止本领）转换图使二者的差异降至最小。

3）瞬发伽马射线成像。瞬发伽马射线成像（Prompt-Gamma Imaging，PGI）技术是一种体内射程验证技术，应用的是照相机原理，当有束流时，会发生波谱改变，从而根据波谱位置实时监测束斑在体内的位置。目前只有一种商业化并且经临床测试的瞬发伽马信号测量系统。还需要进行大量的硬件开发来研制出完整的、便于临床应用的测量系统。

4）正电子发射成像。质子进入体内后可产生同位素，同位素发生 β 衰变并放出一个正电子，因此可以通过检测正电子湮灭位置和密度来验证质子束的位置。但麻省总医院既往的研究显示，体内的血液流动会使经照射产生的同位素发生再分布，在某些情况下，成像效果并不理想。

5）MR 成像。实现图像引导质子治疗的途径之一是借鉴 X 射线放疗的方法，在治疗过程中利用 MRI 实时监测肿瘤靶区。德国 OncoRay 中心目前正在研发 MR 集成（MR-integrated）质子治疗系统，2021 年 4 月已发布其实时 MR 图像引导质子治疗系统设计。OncoRay 中心已搭建一台集成 MR 系统的质子治疗设备原型机，并应用这套系统在质子束照射的同时对美国放射学会（American College of Radiology，ACR）小型 MRI 膝盖模体进行了成像。OncoRay 中心下一步会将 MR 扫描装置与笔形束扫描质子治疗系统集成,更加贴近临床治疗情形。新的技术挑战包括笔形束扫描磁铁对 MR 成像质量的影响,以及 MR 弥散场对束流导向系统的影响等。

三、伽马射线立体定向放射治疗系统及关键零部件发展趋势

(一)伽马射线立体定向放射治疗系统技术发展趋势

1. 伽马射线立体定向放射治疗系统简介

伽马射线立体定向放射治疗系统是一种融合立体定向技术、现代放疗技术和计算机技术于一体的放射治疗设备,其利用立体定向聚焦原理,将经过剂量计算的多束伽马射线聚焦于预选靶点,可一次性大剂量摧毁靶点内的病灶组织。因伽马射线立体定向放射治疗设备剂量梯度大,靶区边缘锐利如同刀割,可达到类似于外科手术切除病灶的治疗效果,因此被形象地称为伽马刀。

伽马刀治疗技术的特点是在给予病灶组织大剂量照射的同时,周围组织仅受到少量或瞬间照射,受放射线的损害很小,对正常组织及重要结构具有很好的保护作用。

凭借精度高、可靠性高、副作用小、操作简单等特点,伽马刀在脑部疾患和人体小肿瘤的立体定向放射手术和立体定向放射治疗中具有不可替代的临床优势。

按照治疗范围的不同,伽马刀可分为头部伽马刀(见图 2-103)、体部伽马刀(见图 2-104)和全身伽马刀。目前,头部伽马刀在国内和国外均有生产和应用,体部伽马刀和全身伽马刀是国内特有的放疗设备。

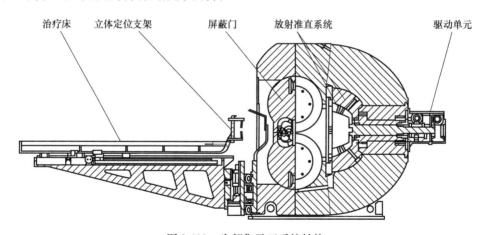

图 2-103　头部伽马刀系统结构

2. 伽马射线立体定向放射治疗系统的工作原理、系统结构及重要指标

(1)工作原理　通过几何聚焦原理,将众多钴 60 放射源发射的能量较低的窄束伽马射线,通过引导、准直、限束、聚焦,形成具有足够治疗剂量强度的剂量焦点,通过立体定位系统将病变组织置于该焦点处,每一束射线通过正常组织的剂量都是安全剂量,而若干束射线聚焦到焦点的是致死剂量,以此来达到摧毁病灶和保护正常组织的双重效果。

(2)系统结构　伽马刀的主要结构包括放射准直系统、治疗床、立体定位系统、电气控制系统等。

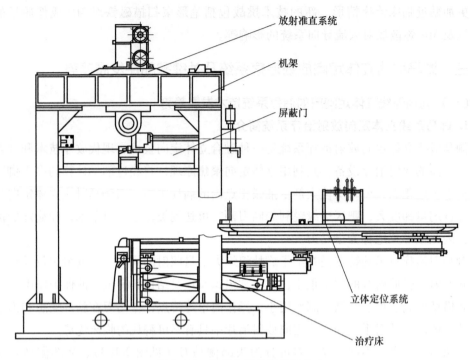

图 2-104　体部伽马刀系统结构

放射准直系统是伽马刀的核心模块，是放射源的载体，也是用来进行射线准直聚焦照射的模块，主要包括放射源、源匣、准直系统、屏蔽系统、驱动单元等。钴 60 放射源封装在圆柱形不锈钢包壳内，再安装在半球壳形的源体中。准直系统由两部分组成，即装设在源体上的预准直器和装设在准直体上的终准直器。屏蔽系统由铸铁制成，为半球形，包围着源体、准直系统以及其中的治疗空腔。

治疗床在治疗时供患者躺卧，由固定床身和移动床面组成，通过伺服电机驱动控制移动床面的进床、退床和定位，从而将患者送到合适的治疗位置。

立体定位系统主要包括立体定位框架、CT/MRI 图框与适配架等。

电气控制系统主要包括电源系统、控制台和操作台等。

此外，控制系统、放射治疗记录与验证系统、放射治疗计划系统等软件也是伽马刀正常工作的必备配置。

（3）重要指标　伽马刀的主要指标可以分为技术性能参数和临床功能两部分。

技术性能参数中的重要指标包括焦点标称吸收剂量率、吸收系数、定位参考点偏差、剂量计算综合误差、治疗计划参考点位置误差等。行业标准要求：头部伽马刀焦点标称吸收剂量率应不小于 3.0Gy/min、吸收系数应不小于 0.7，体部伽马刀焦点标称吸收剂量率应不小于 2.0Gy/min、吸收系数应不小于 0.6；定位参考点偏差应不大于 0.5mm；剂量计算综合误差应不大于 5%；治疗计划参考点位置误差应不大于 1.5mm。

临床功能主要包括立体定向放射外科（SRS）、立体定向放射外科治疗（Stereotactic

Radiosurgery Therapy，SRT）、体部立体定向放射外科治疗（Stereotactic Body Radiosurgery Therapy，SBRT）和图像引导放射治疗（IGRT）。

3. 伽马射线立体定向放射治疗系统的行业发展现状

（1）国际情况　1968 年瑞典神经外科医生 Leksell 发明了世界上第一台静态聚焦伽马刀并用于临床，标志着伽马刀行业的形成。Leksell 后来创立的 Elekta 公司发展成为现在放疗行业的大型跨国医疗企业。

国际伽马刀市场上，作为伽马刀行业开创者的 Elekta 一家独大。从最早期 Leksell 发明第一台头部伽马刀至今，Elekta 产品历经多次升级换代，目前在售的有两款，其中 2015 年推出的 Icon 是一款影像引导头部伽马刀，通过外置的锥形束 CT 成像进行治疗前影像引导摆位验证，通过外挂红外光学相机进行实时体表位移监测。

近年来，美国伽马刀新秀 Akesis 公司发展势头迅猛。2019 年 9 月至今，Akesis 已有 3 款头部伽马刀获得 FDA 上市许可，其中 2021 年 3 月刚刚获批的 Galaxy RTi 配备有目前最先进的实时影像引导系统，可实现基于内置一体化的锥形束 CT 成像和千伏级 X 射线正交成像的治疗前摆位验证，也可实现基于连续千伏级在线成像治疗中实时影像的引导。

（2）国内情况　1995 年奥沃医学（深圳市奥沃医学新技术发展有限公司）发明了世界上第一台旋转聚焦伽马刀，1998 年奥沃医学研发出世界上第一台体部伽马刀，2002 年海博科技（深圳市海博科技有限公司）研发出了第一台头部和体部都可以治疗的全身伽马刀。我国伽马刀行业持续蓬勃发展，目前我国拥有世界上最多的伽马刀企业和最大的伽马刀装机量，是名副其实的伽马刀生产和应用第一大国。

国内伽马刀市场国产率较高，奥沃医学、玛西普［玛西普医学科技发展（深圳）有限公司］、海博科技、一体医疗（深圳市一体医疗科技有限公司）、伽玛星（上海伽玛星科技发展有限公司）、圣爱医学（深圳市圣爱医学科技发展有限公司）、尊瑞科技（深圳市尊瑞科技有限公司）、新奥沃（武汉新奥沃医疗新技术有限公司）等国产伽马刀品牌长期占据国内市场 90% 左右的份额，进口品牌只有 Elekta 一家。

近年来影像引导已经成为新一代伽马刀的必备配置，国内伽马刀企业也纷纷投入影像引导技术研发，并取得巨大进展。奥沃医学在 2015 年率先研发成功影像引导体部伽马刀，随后 2017 年又推出国内首台影像引导头部伽马刀，两款产品均采用 X 射线球管和双平板构成影像系统，通过千伏级 X 射线正交成像实现治疗前影像引导摆位验证。大医集团目前有两款实时影像引导全身伽马刀在研产品，其中一款 CybeRay 于 2019 年 1 月通过《创新医疗器械特别审批程序》，并于 2022 年 7 月取得国家药监局注册证，另一款 TaiChiC 于 2021 年 2 月取得 FDA 上市许可，目前也已获得国家药监局注册证。以上两款产品均使用内置 X 射线球管和单平板构成影像系统，可通过千伏级 X 射线正交成像和锥形束 CT 成像两种方式实现治疗前影像引导摆位验证和治疗中实时影像引导，该技术处于国际领先水平。其他厂家，如玛西普、海博科技、一体医疗也开始研发可配套影像引导系统使用的伽马刀。

4. 伽马射线立体定向放射治疗系统临床应用现状

（1）头部伽马刀　头部伽马刀的临床适应证包括：脑部小体积原发肿瘤（听神经瘤、垂体瘤、脑膜瘤、松果体区肿瘤、淋巴瘤等）、脑转移瘤、功能性疾病（三叉神经痛等）和血管性疾病（颅内动静脉畸形等）。

临床病例统计分析显示，头部伽马刀治疗后，近期肿瘤客观缓解率为72.1%，患者中位生存期为14个月。单因素分析显示，性别、病灶最大直径、脑转移瘤的原发肿瘤种类和转移病灶数目是影响疗效和患者生存的有意义因素。

影像引导头部伽马刀治疗开启了无创分次模式，不仅减轻了患者的痛苦，提升了患者的体验感，而且使治疗方案的选择与实施不受限制，可以完整实现分次立体定向放射外科治疗，在控制治疗副作用和提高治疗效果方面取得了显著效果。已发表文献统计分析显示，加入影像引导功能后，头部伽马刀平均治疗有效率提升2.4%。

（2）体部伽马刀　体部伽马刀的临床适应证主要是体部小体积实体肿瘤，如原发性肺癌和肺转移癌、原发性肝癌和肝转移癌、胰腺癌、腹腔淋巴结转移癌、原发性骨肿瘤及骨转移癌、各种肉瘤等。

临床病例统计分析显示，体部伽马刀治疗后，近期肿瘤客观缓解率为69.6%，中位生存期为14.9个月。单因素分析显示，肿瘤种类、肺癌中病理类型、肝癌中肿瘤最大直径、AFP值、Child-Pugh分级是影响疗效和患者生存的有意义因素。

临床数据分析还显示，体部伽马刀治疗胰腺癌使患者五年生存率由0%上升到12%，高于美国的6%，有了突破性提升。因为体部伽马刀为我国特有，或可认为体部伽马刀对我国胰腺癌五年生存率的提升做出了主要贡献。

影像引导体部伽马刀治疗实现了更高精度，成为实施SBRT的首选设备，具有不可替代的临床优势。已发表文献统计分析显示，加入影像引导功能后，体部伽马刀平均治疗有效率提升1.7%。

5. 伽马射线立体定向放射治疗系统主要技术进展及趋势

（1）影像引导伽马刀技术　影像引导伽马刀技术在过去几年取得了长足发展，引导方式和功能呈现多样化发展趋势。

1）千伏级X射线正交成像。千伏级X射线正交成像是放疗设备中常用的成像技术之一，目前多数影像引导伽马刀都采用了这种技术方式。其利用千伏级X射线正交成像得到两张正交二维影像，重建后可获得靶区三维影像，与治疗计划进行影像配准后，可得到需要治疗床调整的参数，实现影像引导摆位验证。

2）锥形束CT。锥形束CT技术采用宽束成像，不需要移动治疗床或旋转机架就可以实现较大范围的扫描，探测器接收信号包括原射线及通过其他组织的散射线，射线的利用率较高，患者检查时接受的剂量较小。锥形束CT的空间分辨率更高，可以更清晰地分辨软组织结构。

3）红外光学监测。使用红外光学相机进行实时体表位移监测，可以判断治疗中的靶区位移情况，从而决定是否需要暂停治疗，重新摆位验证。

4）实时影像引导。将影像系统内置于治疗舱中，与治疗中心同轴共面，使影像中心与治疗中心重合，可以在治疗中连续采集影像，实时重建后与计划影像配准，可实现实时影像引导。

5）多模式影像一体化引导。核磁影像具有更优的软组织分辨率，对肿瘤靶区定位及边界区分具有更多优势。PET/CT 或 PET/MR 对肿瘤代谢极为敏感，在伽马刀的靶区确定和剂量方案制订方面有较大的指导意义。目前，核磁一体化、诊断级 CT 一体化、PET 一体化的影像引导医用直线加速器产品均已上市，但伽马刀领域发展相对较慢，预计不同模式影像引导与伽马刀的一体化集成会成为未来几年的热点。

（2）人工智能技术融合应用　人工智能在放疗领域的应用已经大大改变了放疗工作的流程。大数据与机器学习结合，可以大大简化靶区勾画、治疗计划制订等过程中技术含量较低但繁琐耗时的部分，不但能解决低年资医生经验不足、水平参差不齐的问题，还能让高年资医生有更多精力投入更重要环节的把控中。同时，人工智能技术在治疗计划评估、放疗毒性与预后预测、机器误差预测等方面也有更多的应用。基于人工智能技术的智能伽马刀将成为新的发展方向。

（3）不同治疗手段融合　伽马刀在立体定向放疗中有其独特性，影像系统的加入提高了精准度和适用性，但在大型肿瘤的常规分次治疗上仍然有局限性，和医用直线加速器的结合能充分发挥二者的优势，提供更好的治疗效果。2021 年 11 月，大医集团首创的多模式一体化放疗设备 TaiChiB 已经拿到 FDA 注册证。

6. 存在的问题及建议

伽马刀行业的发展历史约 60 年，是一个技术含量高、发展速度快但尚未完全成熟的行业，发展过程中还存在一些问题需要解决。

从功能类似产品来看，高端直线加速器配备各种立体定向放射外科平台在很大程度上可以兼容伽马刀的应用场景，并且在颅内多发脑转移、体部肿瘤方面具备很大潜力。

基于直线加速器的 SRS/SRBT 技术的普及与推广，以及专为立体定向放射外科打造的加速器平台的出现，增加了行业竞争。

从研究层面看，伽马刀相关的基础研究无论在数量还是水平方面均远远落后于临床实践，导致临床实践缺乏足够的理论指引，也导致了一定的推广应用障碍。对此，建议由政府及行业相关学会、协会牵头组织，伽马刀研发企业、应用医疗机构和行业专家共同参与，通过布局基础研究项目、应用示范项目、制定标准规范与专家共识等方式，促成全行业共同积极参与基础研究，推进伽马刀行业基础研究水平。

从企业层面看，伽马刀作为大型高端医疗设备，研发投入大，资本回收周期长，体量小的企业难以支撑。对此，伽马刀企业一方面应该积极寻求"产学研医用"合作，整合利用多方资源，另一方面应积极布局下游肿瘤服务市场，伽马刀企业的服务型转型是未来必然的发展趋势。

从监管层面看，伽马刀具有安全要求严格、使用技术复杂、资金投入量大、运行成本高、对医疗费用影响大等特点，因此政府的监管不能放松，但监管方式需要优化。对此，政府应针对伽马刀行业供给侧和需求侧的实际情况，制定更加科学合理的监管政策和便捷高效的监管流程，促进伽马刀行业健康快速发展，为人类健康事业做出更大的贡献。

（二）伽马射线立体定向放射治疗系统关键零部件技术发展趋势

1. 放射源

（1）行业发展现状　我国是伽马刀产品的使用大国。据不完全统计，我国大陆地区的伽马刀数量在 300 台左右，不管是从商业角度还是从战略角度来说，伽马刀放射源的国产化刻不容缓。

目前，国内伽马刀设备使用的医用钴 60 放射源比活度要求在 200Ci/g 以上，几乎全部依赖进口，由加拿大、阿根廷、俄罗斯的放射源厂家提供原料或者半成品，国内公司完成封装和测试并交付设备生产厂家使用。每个伽马刀厂家的放射源规格存在一定的差异，不仅放射源活度不同，源包壳的尺寸也不同，导致放射源生产效率低下，互换性差。

自 2011 年日本福岛核电站辐射事故发生以来，国际上医用钴 60 放射源供应紧张，加拿大和阿根廷都缩小了放射源生产规模，导致国内的伽马刀设备"一源难求"，严重限制了国内伽马刀产业的发展。钴 60 放射源国产化是大势所趋。

（2）主要技术进展及趋势　自 2000 年以来，在国家核安全局、国家国防科技工业局等大力支持下，中核集团将钴 60 放射源国产化列入"龙腾 2020"计划。中核集团（中国核工业集团有限公司）、中国同辐（中国同辐股份有限公司）联合秦山三期核电站、上海核工院（上海核工程研究设计院股份有限公司）、中国原子能科学研究院、中核工程（中国核电工程有限公司）、中核北方核燃料元件有限公司等国内放射源研究单位联合攻关，大力开展国产放射源的研制工作，于 2010 年实现了工业钴 60 放射源的国产化。

2016 年，中核集团在龙腾计划中正式批复了"医用钴 60 放射源研制"项目，并于2019 年 4 月在秦山核电站实现第一批国产医用钴 60 原料的自主生产，填补了国内技术空白，为医用钴 60 放射源国产化、批量化生产奠定了基础。

另外，在国家"十三五"数字诊疗装备研发重点专项支持下，奥沃医学、大医集团与中国原子能科学研究院合作进行了 γ 放射源的国产化研制工作，目前即将结项验收。中国伽马刀产品一直以来依赖进口放射源的困境即将摆脱。

（3）存在的问题与建议　当前国内伽马刀放射源主要存在以下问题：供应量不足，规格差异大，受国际大环境的影响大，国产化速度缓慢。

解决上述问题的关键路径就是医用钴 60 放射源的国产化。只有国产化够快、够彻底，我们才能统一产业标准，才能不受制于外部环境，才能不受产能的限制，伽马刀产业才能获得更大、更快的发展。

2. 准直器

（1）行业发展现状　伽马刀用准直器（见图 2-105）一般都是使用钨合金材料，经过精密机械加工设备加工而成。钨合金材料对伽马射线有很好的屏蔽功能，其半值层厚度为 9mm 左右，相对铅屏蔽材料 12mm 的半值层厚度，屏蔽体的体积可以做得比较小，所以被大量用来制作伽马刀的准直器，但其缺点是价格较高。钨合金材料生产工艺相对复杂，需要前期根据准直器的形状制作相应的毛坯模型，再将钨粉装入模型进行高温烧结，形成钨合金毛坯件，最后按照图样要求进行精密加工。目前国内可自主生产钨合金材料的厂家主要集中在西安、北京和株洲等地。

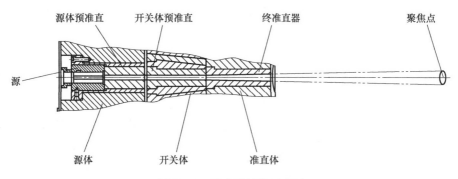

图 2-105　准直器结构示意图

准直器除了对材料有特殊要求外，其加工精度也会直接影响最终的焦点质量和剂量分布。旋转聚焦式头部伽马刀，是将多个钴 60 放射源产生的多束伽马射线，通过准直器聚焦到设备的旋转焦点上，在设备焦点处形成需要的聚焦野尺寸。准直器的加工出现偏差会导致射线准直路径和设计存在偏差，将直接影响设备焦点处的剂量和剂量场分布。由于准直器的准直孔相对很小，且有角度要求，一直以来都要通过制作专用的定位工业装置或者专用的加工设备进行加工。由于加工设备数量有限，精度也不稳定，准直器的加工精度很难保持一致。

（2）主要技术进展及趋势　国内的生产厂家现在可以按需定制准直器使用的钨合金材料，对于大尺寸的钨合金毛坯，也可完成烧结成型工作，从材料来源的角度来说已经基本解决了供应问题，但材料供应的周期还比较长，存在质量不稳定的情况。相信随着生产工艺的进一步完善，在市场需求的大力推动下，准直器钨合金材料的问题会很快得到解决。

十多年来，我国的数控机床获得了长足进步，以沈阳机床集团（通用技术集团沈阳机床有限责任公司）、华中数控（武汉华中数控股份有限公司）为代表的国产机床研发单位逐步解决了数控机床的核心模块问题，推出了多款高精尖的五轴加工中心类产品。同时，随着我国市场的日益壮大，国际贸易壁垒的逐步解除，很多欧美国家限制出口的机械加工设备也陆续进入了我国市场。之前限制准直器加工精度的设备问题已经逐步得到解决，准直器加工的一致性也得到了保证。

（3）存在的问题与建议　当前伽马刀准直器存在的问题主要体现在准直器的加工精度和产品的重复性上。相信随着数控加工设备的升级和加工工艺的进一步完善，伽马刀准直器的问题应该能够很快得到解决。

采购满足准直器尺寸要求的钨合金材料毛坯件，通过数控加工中心一次性完成准直器加工，通过数控加工设备的精度来保证准直器的精度，这应该是产品工业化的发展道路。

3. 治疗计划系统软件

（1）行业发展现状　治疗计划系统软件是伽马刀系统组成中的关键部分，每个患者的治疗计划（包括辐照靶区、辐照剂量、辐照坐标、辐照靶点数、辐照时间、敏感组织照射剂量等）都需要治疗计划系统软件经过精密计算给出，其直接关系到患者使用伽马刀进行放射治疗的最终疗效。

在临床实践中，当靶体积（Target Volume，TV）被确定时，（在伽马刀的情况下）治疗计划的制订由操作者使用多个不同大小、权重和立体定向坐标的等中心来执行。Elekta 公司的 Perfxion 和 ICON 型伽马刀，每个扇区的 24 束射线束的大小可以变化或可以被遮挡。经过多年的实践，放射外科专家已经具备了快速进行高覆盖率和高选择性剂量计划的能力。但是，根据学习曲线，剂量计划的质量在很大程度上取决于计划者的专业知识。因此，自动逆向剂量计划可以让新进入放射外科领域的人立即制订出高质量的剂量计划。逆向计划可以通过求解优化问题来确定计划变量，从而简化伽马刀的计划过程。当逆向计划中使用多个计划目标且无法同时满足时，计划者只需要调整多个计划目标之间的优先级，即可实现医师对每个特定患者的优先取舍。逆向计划还允许计划者更好地探索解决空间，从而更好地利用现代伽马刀单元的全部能力。然而，伽马刀计划涉及的搜索空间巨大，优化问题的计算成本较高，且往往超过临床常用计算设备的容量，据报道，对一个典型的伽马刀病例进行逆向计划需要大约 5TB 的内存。为了解决这一问题，现有的大多数伽马刀逆向计划算法都采用了序贯计划策略，包括目前流行的 Leksell 伽马刀商用治疗计划系统提供的逆向计划算法 Leksell GammaPlan。具体来说，等中心位置是通过 grass- fire and sphere-packing（GSP）算法或其他一些基于治疗靶点几何形状的几何方法预先确定的。然后，在这些预定位置优化射针形状和持续时间，以实现良好的剂量分布。通过预先确定等中心位置，这种顺序策略大大减小了搜索空间，使得到的优化问题易于处理。然而，由于邻近等中心之间的剂量相互作用和贡献，确定最佳等中心位置并不完全是一个几何问题。因此，序贯计划方案不一定能得到最优的等中心位置，也不一定能得到全局最优的治疗计划，无论对这些预先选择的等中心的射野形状和持续时间如何优化。为了实时提供高质量的剂量计划，近年来国内外专家不断探索，2020年 Tian Z 等提出了多分辨率逆向计划策略迭代方法，2021 年 Jean Régis 等提出了基于"高效凸优化算法"的逆向计划方法。

剂量计算方法同样至关重要。伽马刀常用的剂量计算方法依次为基于组织最大比值（TMR）的方法、卷积/叠加（CS）方法和蒙特卡罗（MC）方法。TMR 算法是一种基于校正的方法，通过放射距离和平方反比因子对深度剂量和横向剂量进行校正。CS 是一种基于模型和基于校正的算法的混合。MC 剂量计算是一种基于模型的方法，模拟微观效应，如光子和电子的辐射轨迹及其相互作用，最终的宏观效应通过统计来体现。

国内方面，2022 年大医集团 RT Pro TPS/TaiChi 计划系统取得了国家药监局的注册证，该产品可配合伽马射束立体定向放射治疗系统使用。另外，国内高等学府（如东南大学、北京航空航天大学）也在从事相关研究，可以满足基本使用要求，但从工作效率、剂量计算的准确性、软件操作体验、可用性等方面来看还有很多的不足。

（2）主要技术进展及趋势 随着计算机技术的发展，计算机的处理能力大大加强，很多新的图像处理算法（如蒙特卡洛算法）逐步投入临床应用，治疗计划系统软件的计算精度稳步提高，计算速度也发生了很大的变化，很多治疗计划系统软件都推出了逆向计划功能，方便操作人员快速制订患者的治疗计划。

除此之外，PET/CT、MRI、DSA 等新的影像设备投入临床使用，治疗计划系统软件也逐步增加了图像融合功能，方便医生和物理师更清楚地识别肿瘤靶区和敏感组织，以及进行靶区勾画，制订出适形度更高、定位更准确的治疗计划。

图像引导放射治疗技术的发展，对治疗计划系统软件也提出了新的要求。新的治疗计划系统软件也考虑了图像引导系统对 TPS 软件的要求，推出了可匹配正交 X 射线图像引导系统、CBCT 图像引导系统的治疗计划系统软件。

多模式图像融合、多个治疗计划融合、自动治疗计划以及自适应治疗计划是未来治疗计划系统软件发展的方向。

（3）存在的问题与建议 伽马刀治疗计划系统软件在自动计划（如逆向计划）、自适应计划功能方面还有待完善。参照美国 FDA 对医疗器械产品注册的要求，软件的可用性差、网络安全无法保证也是治疗计划系统软件目前比较突出的问题，都需要在后续的工作中重点关注。

四、FLASH 先进治疗装备及关键零部件技术发展趋势

近年来，采用超高剂量率的 FLASH 放疗成为下一代放疗技术的重要候选方向。超高剂量率射线可降低正常组织副作用、保持肿瘤组织控制的"FLASH 效应"，理想情况下可能将数周放疗疗程缩短到单次。实现 FLASH 放疗装备的关键是超高剂量率的射线源，通常情况下被认为剂量率应不小于 40Gy/s。Varian、IBA 以及迈胜医疗等公司正在大力推动质子 FLASH 放疗，以改变质子治疗高成本、低回报的问题；中国科学院近代物理研究所、北京大学等单位正尝试在重离子治疗中实现 FLASH 效应；法国 PMB、美国 Intraop、意大利 SIT 等致力于发展低能电子 FLASH 放疗装备；欧洲核子研究中心（CERN）、德国 PITZ、美国 TIBARay 等将重点放在了高能电子 FLASH 上。这里主要介绍 MV 级光子 FLASH 先进治疗装备及关键零部件技术发展趋势。

为保证治疗效果，理想的光子 FLASH 剂量率应在临床常见 SAD（50~100cm）处实现不小于 40Gy/s，这需要至少 10MeV、平均功率为 40~100kW 的电子束轰击转换靶产生轫致辐射。如果光子 FLASH 装置能够小型化，则可被视为医用电子直线加速器的剂量率升级版。实现光子 FLASH 放疗的主要难点在于极高的电子束功率、能承受超高功率的辐射转换靶，以及超高剂量率的计量与精确控制。国际上，光子 FLASH 放疗主要

集中于美国、加拿大等国，Varian 公司申请了系列专利，设计了用于 FLASH 放射治疗的粒子束枪控制方法、辐射阳极靶系统、超高剂量辐射和治疗机及治疗计划，未见实验结果报道；TIBARay 公司基于 SLAC 实验室的 PHASER 方案，设计了一套紧凑型高能效的 FLASH 放射系统；Reflexion Medical 公司设计了可用于 FLASH 放射治疗并可兼容多种医用放射源（MV 级 X 射线、高能光子，伽马射线、电子、质子等）的射线系统及方法；劳伦斯利弗莫尔实验室甚至设计了用于 FLASH 放疗的高梯度直线感应加速器，理论上可以达到 100Gy/s 单源照射或者 4 个 25Gy/s 的多源照射。因超高剂量率实现困难，上述国际进展均尚未实现动物实验。

不同于常规剂量率放疗，FLASH 放疗难点集中于加速器技术，国内与国际差距较小，在 X 射线 FLASH 放疗方面，国内研究暂时领先于国外，关键技术如下。

1. 强流电子加速器

（1）超导电子直线加速器　中国工程物理研究院应用电子学研究所采用高平均功率太赫兹自由电子激光（CTFEL 装置）的超导电子直线加速器，建成首个兆伏级 X 射线 FLASH 实验平台，并在全球率先实现兆伏级 X 射线 FLASH 效应的演示验证，该系统电子束能量 6~10MeV 可调，束流功率最大 50kW，不足以在足够远的距离内产生 40Gy/s 的剂量率，因此采用拉近照射的方式开展临床前实验，辐射转换靶为高速旋转靶，目前该实验平台已经开展过 40 余轮次的 FLASH 实验，产生了系列科研成果。

超导电子直线加速器平均电流可以高达 50mA 以上，这使其成为 X 射线 FLASH 放疗的重要备选，但其缺点是需要巨大的液氦循环低温制冷系统，因此整套设备的尺寸甚至比质子放疗设备还要大。

超导电子直线加速器可采用驱动多个治疗室的方式开展 FLASH 照射，其形式类似于多室质子放疗，各治疗室治疗时间短，不存在相互挤占加速器机时的现象。

近期接触式制冷技术迅猛发展，有望去掉庞大的液氦循环低温制冷系统，从而大规模降低超导电子直线加速器 FLASH 射线源的体积，中国科学院近代物理研究所在该方向申请了系列专利。

（2）常温电子直线加速器　常温电子直线加速器是光子 FLASH 放疗的理想选择，它的优点是对现有常规剂量率放疗装备的形态改变程度较小，并且装置体积小巧到可以摆放在现有的标准医用电子直线加速器机房内。

清华大学的原理验证实验证实了采用常温直线行波和驻波加速器可以实现超高剂量率：行波加速器已在 SSD＝0.7m 处实现了 43Gy/s 的超高剂量率，目前正开展动物临床前实验研究；而驻波加速管则长度更小，长度为 63cm，可以实现小型化的多机头照射设备。清华大学计划在此研究基础上，实现 FLASH 放疗样机的研制。

中国工程物理研究院应用电子学研究所、中玖闪光（中玖闪光医疗科技有限公司）联合开展了常温电子直线加速器 FLASH 装备研制，目前已初步实现 SSD＝1m 处总剂量率不小于 80Gy/s，初步具备临床工程可达性，其装置尺寸偏大。

（3）电子花瓣回旋加速器　电子花瓣回旋加速器可作为超大功率辐照加速器使用，

IBA 的相关产品最高束流功率可达 700kW 以上，因此也可作为 FLASH 放疗的可选方案。

国内中国工程物理研究院流体物理研究所近年来实现了 10MeV、50kW 电子花瓣回旋加速器出束，并将其改装为一套 FLASH 放疗临床前实验平台，当前正在开展动物实验。

2. 高功率辐射转换靶

光子 FLASH 的电子束平均电流很高，采用常规固定转换靶会引起靶受热超过熔点而击穿，因此必须采用特殊设计的辐射转换靶。目前，清华大学将电子束由大功率电子窗导出真空系统后，轰击旋转靶实现了 X 射线转化；中国工程物理研究院应用电子学研究所采用的高速旋转靶，目前已经完成了两代设计；高速金属液体靶也可以作为 FLASH 高功率辐射转换靶的重要备选，此类液体靶往往封装在钼等热膨胀系数很小的金属内。

第三节　手术治疗装备

一、超声手术装备及关键零部件技术发展趋势

（一）超声手术装备技术发展趋势

1. 超声手术装备简介

超声外科手术是近年来在临床应用并迅速发展起来的新技术，它实现了以无损伤剂量改善组织生理或病理状态的治疗模式。超声外科手术利用超声技术进行外科治疗，超声手术装备是超声治疗装备的重要形式，超声手术刀作为超声手术装备的主要组成部分，具有切割精度高、出血量少、极少产生烟雾，以及术后恢复快等特点，已成为国内外相关领域的研究热点。

2. 超声手术装备的分类

典型的超声手术装备可分为超声切割止血刀（Ultrasonic Harmonic Scalpel，UHS）、聚焦超声（Focused Ultrasound，FUS）治疗装备、超声穿刺装备、白内障超声乳化刀和超声吸引器。

3. 典型超声手术装备

（1）超声切割止血刀（UHS）　UHS 是临床外科的新型手术装备，可用于除骨组织和输卵管之外所有人体组织的切割，已较广泛应用于各种外科手术。

UHS 出现于 20 世纪 50 年代，20 世纪 80 年代开始应用于临床，并在国际范围异军突起，开始了全新的蓬勃发展的时代。1995 年，Robbins 和 Ferland 首次采用超声能量进行腹腔镜子宫切除。近年来在欧美发达国家、日本等已广泛应用于外科手术之中，市场饱和度较高，我国的市场饱和度仅为欧美国家的一半。

UHS 的原理是超声波使刀头振动，使与其接触的组织细胞内的水分汽化，蛋白质氢链断裂，细胞崩解重新融合，组织被凝固后切开，与组织蛋白接触的刀头通过机械

振动破坏胶原蛋白结构，导致蛋白凝固，进而实现封闭血管、止血的目的。UHS 由压电陶瓷片、变幅杆、刀头组成。压电陶瓷片由预紧螺钉固定，将电源的电能转换成机械能；变幅杆的作用是将超声能量聚集到较小面积上来放大机械振动的位移或速度，有复合型、指数型、悬链型及阶梯型等不同类型；刀头的主要作用是辐射声能，切断组织。

1）UHS 的行业发展现状。目前，UHS 仅有极少数厂商可以生产，如美国的 Johnson & Johnson、日本的 Olympus 等，其中美国的 Johnson & Johnson 占据了绝对优势，主要市场占比均在 90% 以上。国内市场中美国 Johnson & Johnson 的市场占比在 93% 左右，呈绝对优势，剩余市场大部分被 Olympus 等国外品牌占领。

2）UHS 的临床应用现状。目前，外科手术技术的发展趋势越来越倾向于微创化，而腔镜手术正是微创外科手术的重要组成之一。腔镜手术的主要优势有：手术创伤小、术后恢复快、住院时间明显缩短；术后疼痛轻微；手术失血机会少（90% 腹腔镜手术基本没有出血）；术后治疗简单，费用降低，患者病休时间缩短，可提前恢复工作，减轻家庭照顾负担等。

尽管腔镜手术有如此巨大的优势，但其对解剖精确度要求高，对有效处理血管的能力要求强，对手术器械要求高。传统的电刀（单极电刀或双极电凝器）不可解决的热传导范围太广（容易给重要脏器带来副损伤）、不能有效处理血管、烟雾大影响视野等缺陷，严重制约了腔镜手术范围的拓展。直到 1996 年 UHS 的诞生，使腔镜技术得到突飞猛进的发展，使以腔镜手术为主的微创外科技术能够广泛应用在各外科领域。UHS 主要应用于五官科手术、头颈外科手术、乳腺外科手术、胸外科手术、肝胆外科手术、腹部外科手术、泌尿外科微创手术及微创妇科手术。其中微创妇科手术包括子宫肌瘤切除术、附件切除术、子宫全切除术、盆腔淋巴结清扫术等。在微创妇科手术中，超声刀能够安全地关闭淋巴管；其较小的侧向热损伤可以减少输尿管、膀胱或其他黏连脏器的损伤，使处理盆腔黏连更加安全，能够有效地保护卵巢的机能并减少正常卵泡的功能损伤；空洞化效应方便阔韧带前后叶和膀胱腹膜返折的打开；5mm 血管关闭能力可以安全处理子宫动脉和卵巢固有韧带及其他韧带。

3）UHS 存在的问题及建议。当前国内外 UHS 存在的主要技术问题是：

① 电声转换效率低，导致切割速度较慢以及手柄长时间使用后发热。

② 需要解决手术刀具及加工工艺问题，延长刀具的使用寿命。

③ 超声手术机理研究不足。

因此，在超声外科手术关键技术的攻关上首先要深入研究超声刀具的选材、加工及处理问题，延长刀具寿命；其次，探索新型超磁致伸缩材料的设计与应用，在超磁致伸缩材料应用上获得突破，研制出超轻小、大功率的超声振动系统；最后，进行超声手术设备的微创、无创研究治疗。

（2）聚焦超声（FUS）治疗装备　FUS 治疗技术利用超声能量对人体内目标组织进行处理，无手术切口、无离子辐射、可以实施门诊化治疗、舒适程度高、并发症少、康复快。作为一种新兴的平台性非侵入治疗技术，FUS 通过改变多种适应证的治疗作用机制和方法，有望对于手术、放疗、给药、化疗、康复、美容及肿瘤免疫治疗进行颠覆性的，或者说改变游戏规则的替代或补充，具有改善各种严重疾病患者生活质量和降低医疗护理成本的巨大潜力。

FUS 技术的作用机理类似于采用凸透镜聚焦太阳光束的物理原理，它将多束低能量密度超声波聚集起来形成一个高能量密度的焦点，利用超声波在组织中的穿透性和能量沉积性，在保证声通道和靶区外正常组织安全的前提下，借助 B 超或 MRI 等医学影像技术的引导和监控，精确地对人体内组织或器官的靶区进行处理，利用超声波在靶区内诱发的各种生物效应，实现对多种疾病的治疗。目前已应用于临床和正处于研究中的聚焦超声作用机制已超过 20 种，包括热消融、组织损毁、微血管破坏、声动力治疗、细胞破碎、增强免疫治疗药效、提高药物递送效率、局部递送治疗药物、增加血管通透性、开放血脑屏障、增强细胞膜通透性、替代电离辐射、放疗增敏、化疗增敏、神经调节、免疫调节等。

通过调节超声输出功率，利用超声连续或脉冲工作模式，以及改变超声作用时间等方式，可以实现不同的超声治疗应用目的。这些应用可以根据超声所提供的能量类型——热能或机械能，以及超声处理的效果是永久性的还是暂时性的来进行分类。

当聚焦超声产生高功率、连续压力波，也就是人们常称的高强度聚焦超声（High Intensity Focused Ultrasound，HIFU）时，热能在焦点处迅速沉积，利用温度瞬间造成焦点处细胞凝固性坏死，这种技术又被称为聚焦超声消融手术（Focused Ultrasound Ablation Surgery，FUAS）。FUAS 会在组织中产生永久性的生物效应，通常用于肿瘤治疗，是目前 FUS 技术最成熟、治疗病例数最多的临床应用。我国在 FUAS 技术医疗装备和临床应用领域全球领先，图 2-106 所示海扶医疗（重庆海扶医疗科技股份有限公司）JC300 型高强度聚焦超声肿瘤治疗系统（海扶刀®）为该技术医疗装备的典型代表。

采用高强度脉冲超声破碎生物组织达到治疗目的的技术被称为组织损毁术（Histotripsy），其主要利用超声空化效应破坏靶区组织。聚焦超声可以在人体组织中诱导出"气泡云"，这些微气泡在强超声作用下剧烈震荡并崩塌，伴随产生足够强大的机械力，瞬时非侵入性和非热地摧毁细胞和亚细胞水平的生物组织。该技术近年来已进入早期临床试验阶段，典型设备代表是美国 HistoSonics 公司开发的 Edison，如图 2-107 所示。

另外一种采用超声治疗恶性肿瘤的临床应用技术称为超声热疗（Hyperthermia），其原理是利用恶性肿瘤组织细胞耐受温度较正常组织细胞更低的机制。研究表明，恶性肿瘤组织细胞处于 42.5~44.5℃温度范围内一段时间后会发生不可逆性凋亡，而正常组织细胞却能耐受。通常，超声热疗在临床应用中采取多次治疗方案。由于在人体复杂组织结构中实现精确的区域温度控制难度极大，因此采用超声热疗治疗恶性肿瘤的技术方案近年来已逐渐淡出人们的视线。

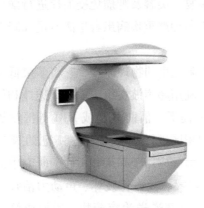

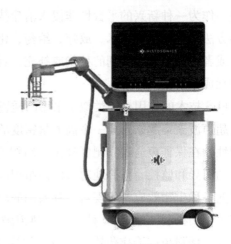

图 2-106　JC300 型高强度聚焦
超声肿瘤治疗系统（海扶刀®）

图 2-107　Edison

　　较低功率的聚焦超声可用于多种疾病的治疗，例如变应性鼻炎、骨关节炎、外阴白色病变、子宫颈炎、子宫颈 HPV 感染、高血压、静脉曲张、甲状旁腺功能亢奋、软组织损伤、青光眼、帕金森病、阿尔兹海默症、强迫症、抑郁症、自闭症、神经性疼痛、癫痫、药物成瘾等。已获批临床应用的医疗装备包括以色列 InSightec 的 ExAblate Neuro、法国 Theraclion 的 SONOVEIN®，以及我国海扶医疗的 CZF、CZB 等（见图 2-108）。

ExAblate Neuro　　　　　　SONOVEIN®　　　　　　CZF　　　　　　CZB

图 2-108　聚焦超声治疗装备示例

　　采用低强度的非聚焦或弱聚焦超声可实施理疗。通常理疗超声的声强上限为 $3W/cm^2$，主要利用超声波在生物组织中的机械效应和热效应达到按摩生物组织、促进血液循环、改善生物组织微环境等功效。

　　近来正在开展 FUS 极有应用前景的临床试验，采用低功率超声脉冲方式产生温和的机械力，通过开放血脑屏障（opening the blood-brain barrier）提高药物向大脑的输送能力以及施行液体活检（liquid biopsies）。这种作用是暂时的，经过超声处理的组织在几小时内即可恢复正常功能。其活跃的研究领域是免疫调节（immunomodulation），通过改变组织的免疫反应达到提高人体系统免疫功能的目的。

　　据美国聚焦超声基金会 2023 年度 FUS 行业发展报告最新统计资料，截至 2022 年年底，全球范围内已有32种FUS适应证获得了市场监管批准，FUS商业治疗中心、临床研究中心、临床前研究中心、技术研究中心和作用机制研究中心数量持续增加（见表2-11），FUS产业相关设备制造商数量已突破100家。

表2-11 全球聚焦超声商业治疗中心、临床研究中心、临床前研究中心、技术研究中心和作用机制研究中心数量统计（截至2022年年底）

中心类型	总数	北美洲	欧洲	亚洲	南美洲	大洋洲	非洲
商业治疗中心	932	219	290	405	7	4	7
临床研究中心	293	85	104	99	—	5	—
临床前研究中心	152	69	41	39	—	3	—
技术研究中心	180	80	42	55	—	3	—
作用机制研究中心	151	61	49	39	—	2	—

（3）超声穿刺装备 La Crange于1978年首次报道了超声引导下的臂丛神经阻滞。这些早期报道并未用于临床。随着技术的发展，超声成像质量有了明显提升，超声引导穿刺技术有望让经验不足的穿刺医生尽快告别不敢定位的被动局面。国际上超声穿刺装备技术发展现状见表2-12。

表2-12 国际上超声穿刺装备技术发展现状

公司名称	产品技术发展情况
SonoSite	S-Series产品有穿刺针显像技术，可以在辅助穿刺针显影的同时，保证靶目标及其周围结构高清显示
Ascension Technology	生产的组件3D Guidance driveBAY具有导航功能，国际上Ultrasonix、GE、Siemens、Philips等公司在使用该组件，需要专门设计导航软件，并与超声设备对接
GE	通过VNav，可导入超声、CT等容积数据集，向3D容积图像注册实时超声图像的位置，然后使用位置传感系统，同时并列显示实时超声图像与3D容积数据集中的相应切片，主机尺寸141cm×58.5cm×83cm，重量135kg
Ultrasonix	SonixTouch可加配3D Guidance driveBAY实现穿刺导航功能，主机尺寸为45cm×17cm×41cm，重量为15kg
祥生医疗（无锡祥生医疗科技股份有限公司）	电池续航长达2.5h，采用专用探头，探头上有快捷键（冻结键、深度调节和定制键），配有导针器可选择最佳穿刺角度

1）超声穿刺装备技术现状。磁场导航智能定位技术相对于传统穿刺引导有一定的进步，但系统设计复杂，设备比较庞大，不适合在狭小的手术室或床旁使用，而且在使用定制的穿刺针时，为了达到较好的效果，需要维持较强的、稳定的电磁场，其精度易受周围磁场及金属器件等影响。

2）超声穿刺装备技术发展趋势。临床科室对超声产品的需求不断增加，各厂家纷纷研究细分市场，并加大力度研制针对泌尿、麻醉、床旁等应用的产品，这些产品功能具有针对性，图像质量满足诊断即可，操作简单，价格较低。超声穿刺是其中的一个细分市场。

超声穿刺在临床的应用日益广泛。目前，常用的有徒手穿刺和导架引导穿刺两种方法：前者角度灵活多变，但准确性难以保证；后者借助穿刺架，角度固定，灵活性较差。常规超声引导下的穿刺操作受超声探头的角度、操作者的经验等诸多因素影响，有经验的超声医生掌握该技术需要经过3~5年的培训，并需要配以高档的超声设备，这在一定程度上限制了该技术的临床普及。医生操作时手部的抖动或者用力不均匀，均会造成穿刺路径的偏移，从而造成多次穿刺和操作时间较长等问题，并发症的发生率也将增加。

磁场导航智能定位系统是一种新兴的辅助穿刺技术，磁场定位与虚拟成像丰富了操作者的观察视角，有望提高穿刺准确性，其磁场定位装置主要由磁发射器、磁接收器和控制电路箱三部分组成。美国 Ascension Technology 公司生产的产品 3D Guidance driveBAY 就是这样的组件，目前，加拿大 Ultrasonix、GE、Siemens、Philips 等公司在使用该组件。

（4）白内障超声乳化刀　白内障是眼科常见疾病，传统手术治疗恢复期长、切口大，且等到时机成熟后才能手术，给患者带来很多不便。白内障超声乳化刀通过微小切口深入眼睛内，利用超声波对人体组织的空化效应和碎裂效应，将白内障乳化并吸出。这种方法比传统方法迅速、出血少、恢复快。换能器作用的区域仅需升温1℃，就能把白内障乳化后吸出。白内障超声乳化刀形状如图 2-109 所示。

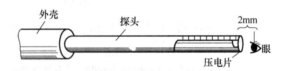

图 2-109　白内障超声乳化刀形状

20 世纪中期，受到牙科洁牙用超声探头的启发，美国医生 Kelman 成功研制出了世界上第一个白内障超声乳化刀头。1970 年，白内障超声乳化仪开始在市场上销售。据统计，美国眼科医师每年通过白内障超声乳化刀完成 150 万~180 万例白内障摘除手术。白内障超声乳化刀由换能器、变幅杆、乳化刀头等部分组成。由钛合金制成的乳化刀头一般前端有 15°、30°、45°的倾角，倾角越小，乳化时越不容易形成堵塞和产生负压；而实现对硬核的粉碎，则要求倾角越大越好。

（5）超声吸引器　超声吸引器是白内障超声乳化刀的演变。它利用圆管状刀头，在临床手术时，通过管道向手术切口喷注液体，使刀头振动剥落并乳化组织微粒，在负压下沿管道吸引排出。超声吸引器易作用于高含水量的功能组织，因为它可以少出血或者不出血，一层一层地把病变组织剥离、乳化和吸除。

（二）超声手术装备关键零部件技术发展趋势

1. 压电陶瓷

（1）行业发展现状　目前，使用的压电陶瓷主要以锆钛酸铅（PZT）为基材。近十年来，以钛酸铅（PT）、PZT 为基础，各种新型的功能陶瓷得到了快速的发展。对压电陶瓷进行性能改进的主要手段是在其化学组成上添加含 Bi^{2+}、W^{6+}、Nb^{3+}、La^{3+} 等高价离子的氧化物或者 K^+、Mg^{2+}、Fe^{3+} 等低价离子的氧化物，将 PZT 材料变成相应的"软性材料"或"硬性材料"，可获得压电性能更好、应用范围更广的材料。在此基础上，发展了 $Pb(Mg1/3Sb2/3)03$、$Pb(Co1/3Nb2/3)03$ 等复合钙钛矿型化合物的三元系、四元系压电材料，多元系压电陶瓷能够弥补低元系压电陶瓷性能单一的缺陷，改进压电、介电、机械性能等参数，应用领域更加广阔。

（2）主要技术进展及优势　压电陶瓷的研究主要集中在美国、日本、德国、韩国等发达国家，其中日本的研究工作比较突出。在烧结工艺上，Ananta 等采用煅烧法、加入钙钛矿添加剂等，通过低温条件（800℃和830℃）成功制备出了高致密度、高压电性能、低介质损耗的银镁酸铅（PMN）、铌铁酸铅（PFN）压电陶瓷。这种方法既减少了氧化铅的挥发又不会引起第二相产生，且节约能源。现代压电陶瓷材料正在向着无铅化、复合化及纳米化方向发展，应用前景广阔，是一种极有发展潜力的材料。

1）无铅压电陶瓷。无铅压电陶瓷，也被称为环境协调性压电陶瓷，它要求陶瓷材料在制备、使用、废弃处理的过程中不产生对环境有害的物质，避免对人体健康造成危害，从而减少环境污染。然而，目前使用的压电陶瓷材料主要以 PZT 为基材料，其压电性能远远优于最有应用前景的无铅压电材料。虽然无铅压电陶瓷的开发和研究已经取得了较大的进步，但要让无铅压电陶瓷完全取代含铅压电陶瓷目前还无可能，无铅压电陶瓷的研究与开发任重而道远。

2）压电复合材料。压电复合材料的优选和机电耦合系数的提高，克服了单纯的压电陶瓷的脆性和压电聚合物高成本的弊端。但存在以下问题：极化处理工艺、复合材料在较高压力下的退极化问题、压电复合材料除外的其他耦合模式的开发与应用问题、压电陶瓷压电性能的提高问题、压电复合材料理论模型的进一步完善和应用研究问题。随着新技术的出现和发展，压电复合材料的应用领域逐渐变广。

3）纳米压电陶瓷。之前的压电陶瓷晶粒通常为微米级，这种粒径在能量超声系统方面已经非常优越，但传统的晶粒较大的陶瓷材料已经难以完全满足应用方面的需求，材料晶粒甚至开始由微米级向纳米级方向发展。

近年来，随着纳米技术的飞速发展，纳米陶瓷逐步受到关注。纳米粉体经成型和烧结，可形成致密、均匀的块体纳米陶瓷。纳米陶瓷的韧性、强度和超塑性大幅提高，克服了工程陶瓷的许多不足，并对材料的力学、电学、热学、磁学、光学等性能产生了重要影响，通过精选材料组成体系和添加纳米级颗粒、晶须、晶片纤维等加以改性，可以获得高性能的纳米压电陶瓷材料。通过控制纳米晶粒的生长可获得量子限域效应，以及性能奇异的铁电体，可提高压电热解材料的机电转换和热释性能。

纳米粉料可弥补工程陶瓷材料的诸多不足，但减小粒径在带来诸多好处的同时也会影响压电陶瓷材料的压电效应。相关研究者在促进畴壁移动方面对传统工艺进行了改进，使纳米晶粒的压电效应达到与粗晶粒陶瓷较为一致的水平。

（3）存在的问题与建议 我国对压电材料的研究起步较晚，但经过较长时间的努力，对压电材料的研究取得了很大的进展。压电陶瓷的应用范围从 20 世纪 80 年代开始不断扩展。人们开发出了各种具有综合性能的器件，比如结合了电学和声学的声表面波滤波器。之后压电材料发展突飞猛进，出现了薄膜技术，使用该技术制作的 PZT 为小型化元器件的发展起到了进一步的推动作用。

传统的压电陶瓷，包括以 PZT 为基的二元系、三元系陶瓷材料，虽然具有一系列优异的性能，但均含有大量的铅，其中 PbO（或 Pb_3O_4）的含量约占原料总重量的 60%以上，这类陶瓷在制备、使用及废弃处理过程中会散发有毒物质，有悖人类发展和环境保护要求。但无铅压电陶瓷、压电复合材料及纳米压电陶瓷在性能、工艺方面还存在种种不足，还需要做大量的研究和开发工作，故有以下几点建议：

第一，利用纳米掺杂改良传统加工工艺的方法，改善银酸盐基无铅压电陶瓷压电常数偏低、居里温度范围不合适等缺点。

第二，寻找合适的元素和配比，改良压电陶瓷的压电常数，提高其居里温度，减小其与 PZT 的性能差距，细化钛酸铋钠（BNT）基无铅压电陶瓷，提高电导率，从而减小极化难度。

第三，积极开展压电、铁电的基础知识研究，提高并完善压电理论，发明不同于传统压电陶瓷的材料，取而代之。

2. 钛合金

（1）行业发展现状 钛及钛合金以其优良的生物相容性、力学适应性、可加工性以及在生物环境下的抗腐蚀性，在生物医用金属材料中具有其他材料所无法比拟的优势。

钛及其合金的发展可分为三个时代：第一个时代以纯钛和 TC4 为代表；第二个时代以 TC15 和 TC20 两种新型 α+β 型合金为代表；第三个时代则是一个开发与研制具有更好生物相容性和更低弹性模量钛合金的时代，其中对 β 型钛合金的研究最为广泛。

最初应用于临床的钛合金主要以纯钛和 TC4 为代表。纯钛在生理环境中具有良好的抗腐蚀性能，但其强度较低，耐磨损性能较差，限制了其在承载人体较大部位方面的应用，目前主要用于口腔修复及承载较小部分的骨替换。相比之下，TC4 具有较高的强度和较好的加工性能，这种合金最初是为航天应用设计的，20 世纪 70 年代后期被广泛用作外科修复材料，如髋关节、膝关节修复材料等。为了避免 V 元素的潜在毒性，20 世纪 80 年代中期，两种新型 α+β 型医用钛合金 TC15 和 TC20 在欧洲得到了发展。这类合金的力学性能与 TC4 相近。虽然这两种合金及 TC4 与组织弹性模量最为接近，但仍为组织弹性模量的 4~10 倍。这种材料与组织之间弹性模量的不匹配，会使载荷不能由器械很好地传递到生物组织，出现"应力屏蔽"现象，从而导致器械传输能量的减弱甚至失效。20 世纪 90 年代，Smith & Nephew 公司通过加入生物相容性元素铌（Nb）和锆（Zr）研制出了 TC26 合金，此合金不仅弹性模量（79GPa）低于纯钛和 TC4，而且完全生物相容，但此合金的强度相对较低。

因此，开发研究强度较高、生物相容性更好、弹性模量更低的新型特种钛合金，以适应临床对能量超声器械材料的需求，成为能量超声领域的主要研究热点之一。

（2）主要技术进展及优势　根据合金设计理论设计的 α+β 型特种钛合金，经800℃固溶处理后，可得到单一的 β 等轴晶组织，弹性模量较低（66GPa），但强度仍低于TC4。冷变形为金属或合金在再结晶温度以下所进行的变形或加工，通常情况下，经冷变形后金属或合金的强度有所提高，而弹性模量有所下降。因此众多研究者力图探索对特种钛合金进行冷轧变形来提高该合金的综合力学性能。

研究冷轧变形对特种钛合金组织、微观结构、冷轧织构和力学性能的影响，也是获得合金最佳处理工艺的一条捷径。

（3）存在的问题与建议　我国对能量超声钛合金材料的应用和开发研究起步较晚，整体水平不高，跟踪研究多，源头创新少，相关产业基础薄弱，产品技术结构和水平处于初级阶段，技术含量高的产品主要依赖进口。

因此，巨大的医疗需求与我国生物医用钛合金材料及器械的薄弱基础之间形成了巨大的矛盾，说明我国生物钛合金研究和医疗器械类产业还很弱，远不能满足社会发展的需求，需要加大投入，快速发展。

3. 超声手术刀刀杆

（1）行业发展现状　超声手术刀领域的竞争关键在于刀具材料，而刀具材料的技术关键在于刀杆，其质量直接影响到超声手术刀设备的输出效率，进而影响临床切割效果。

1）刀杆材料。超声手术刀刀杆的材料是钛合金棒料。目前超声手术刀刀杆原材料一般采用国外成品钛合金棒料，加工成成品刀杆以后根据刀杆性能的差异采取不同的热处理方法，满足产品对刀杆的需求。

2）刀杆加工工艺。超声手术刀刀杆属于细长杆，加工难度极大。钛合金加工有以下特点：变形系数小，切屑在前刀面上滑动摩擦的过程大大增加，加速了刀具磨损；由于钛合金的导热系数很小，切屑与前刀面的接触长度极短，切削时产生的热不易传出，集中在切削区和切削刃附近的较小范围内，切削温度极高；切屑与前刀面的接触长度极短，单位接触面积的切削力大大增加，容易造成刀具崩刃，还容易造成加工零件弯曲变形，引起振动，加快刀具磨损并影响零件的精度；冷硬现象严重，不仅会降低零件的疲劳强度，而且会加剧刀具磨损；钛合金对刀具材料的化学亲和性强，在切削温度高和单位面积切削力大的条件下，刀具很容易产生黏结磨损。

3）刀杆包胶工艺。刀杆包胶是指在超声手术刀刀杆节点上包一层硅胶，起到支撑刀杆与防水的双重作用，因此，刀杆硅胶圈需要满足尺寸精度高、耐磨和不脱漏等要求。

（2）主要技术进展

1）刀杆材料热处理研究。目前超声手术刀刀杆常用的热处理方法有退火、固溶和时效处理。退火是为了消除内应力、提高塑性和组织稳定性，以获得较好的综合性能，

通常 α 合金和 α+β 合金的退火温度选在（α+β）→β 相转变点以下 120~200℃。固溶和时效处理是从高温区快冷，以得到马氏体 α′相和亚稳定的 β 相，然后在中温区保温使这些亚稳定相分解，得到 α 相或化合物等细小弥散的第二相质点，达到合金强化的目的。通常 α+β 合金的淬火在（α+β）→β 相转变点以下 40~100℃进行，亚稳定 β 合金淬火在（α+β）→β 相转变点以上 40~80℃进行，时效处理温度一般为 450~550℃。

2）刀杆加工工艺研究。目前，超声手术刀刀杆使用走心机加工。走心机属于精密加工设备，可一次同时完成车、铣、钻等复合加工，在精密轴类异型非标件的批量加工时，有非常明显的优势。

走心机采用双轴排布刀具，极大地减少了加工循环时间。机床配备自动送料装置，可实现单台机床的全自动化生产，减少人工成本和产品不良率，提高了加工精度。走心机非常适合加工精度要求高、难度大的刀杆零件的大批量生产。

4. 换能器

（1）行业发展现状　聚焦超声换能器和驱动源是聚焦超声治疗装备的关键零部件，其可产生超声波，并有效聚焦在病灶，从而达到治疗疾病的目的。换能器由具备压电效应的压电陶瓷阵元构成，这种压电材料在选定的工作频率下发生机械振动，于是换能器可以把电能转换成动能（机械波）传递到需要治疗的人体组织。有各种不同的聚焦超声换能器以满足临床使用需求，换能器的参数由临床适应证确定。

压电材料、换能器设计（包括结构设计、仿真等）、检测和工艺是聚焦超声换能器的基础。目前，超声换能器聚焦方式主要有透镜聚焦、壳式聚焦和相控聚焦。其中，相控聚焦的技术难度、工艺难度和成本是最高的，但它可以用于脑部疾病的治疗，如打开血脑屏障，治疗特发性震颤、阿尔茨海默病、抑郁症、肌张力障碍、癫痫等疾病，以及拓展新的适应证和解决临床问题，是未来的重点发展方向。

三种类型的聚焦超声换能器在国外均有使用，且有专业的换能器和驱动源生产厂家，如法国 Imasonic 和美国 Sonic Concepts 公司。

国内换能器主要采用前两种聚焦方式。相控聚焦换能器在国内还处于研究或者临床试验中，尚未进行商业化。同时，聚焦超声适应证的选择由装备制造商主导，不同适应证需要的换能器参数是不同的，因此，聚焦超声换能器基本由装备厂家或公司自主研发、自主制造、自主配套，高校和研究所仅对感兴趣的技术点开展研究。

高强度聚焦超声换能器的工作频率一般在 0.8~2MHz、声功率≥400W，工业超声驱动源频率通常不高于 200kHz。现在基本没有商用的高强度聚焦超声驱动源，国内的驱动源基本也是装备厂家或公司自主研发、自主配套的。

（2）主要技术进展　国内聚焦超声换能器的主要进步表现在设计能力的进步上，这几年有更多的人投入换能器的设计研究中，使用 comsol 和 PZFLex 等换能器设计软件进行仿真设计和研究，产出了很多的科研论文和专利，推动了聚焦超声换能器的进步，尤其是相控聚焦换能器技术，研究进展喜人，缩短了与国外的科研差距。

换能器材料的进展主要体现在两方面：一是大功率压电材料的研究和质量稳定性的

研究有较大的进步；二是1-3压电复合材料的研究，它可提高换能器的电声转化效率和带宽，是相控聚焦换能器主要采用的材料。换能器材料的进步将提高换能器性能，为国产相控聚焦换能器走向应用奠定一定的基础。一些先进装备的引进，也使换能器的加工工艺得到提升。

在高强度聚焦超声驱动源方面的技术进展：一体式超声驱动源技术，引入了开关模式电源技术（Switch Mode Power Supplies），可以明显提高电源效率；采用分时-功率合成技术，可满足大功率和高频率的需求。

5. 压力传感器

（1）行业发展现状　压力传感器是一种将受力的物理信号转变为可测量的电信号的输出装置。目前主要有两种压力传感器，一种是压阻式柔性薄膜式压力传感器，另一种是应变片式拉压传感器。目前，市面上国内外产品种类基本相同。由于制作所用压敏材料的不同，产品性能上存在较大差距，产品的价格相差较大。

（2）主要技术进展及趋势

1）柔性薄膜式压力传感器。柔性薄膜式压力传感器采用精密印刷工艺制作，受压时电阻发生变化，主要应用在运动、健康和机器人感知领域。该传感器封装为开放式，不适合在水中使用，但该传感器制作简单，价格较低。

2）应变片式拉压传感器。应变片式拉压传感器采用惠斯通电桥原理制作，工艺较为成熟，大多应用在称重领域。该传感器部分产品可进行密封，可以在水中使用。由于该传感器制作工艺复杂，价格相对较高。

目前，压力传感器的研究向光纤压力传感器方向发展。这是一类研究成果较多的传感器，但投入实际应用的并不是太多。它的工作原理是利用敏感元件受压力作用时的形变与反射光强度相关的特性，在由硅框和金铬薄膜组成的膜片结构中间夹了一个硅光纤挡板，在有压力的情况下，光线通过挡板的过程中会发生强度的改变，通过检测这个微小的改变量，人们就能测得压力的大小。这种敏感元件已被应用于临床医学，同时在加工与健康保健方面的应用也在快速发展。

与传统压力传感器相比，光纤压力传感器体积小、重量轻，具有电绝缘性，不受电磁干扰，测量范围广。

（3）存在的问题　目前，在压力传感器的选择方面存在以下问题：

1）小型化、微型化仍是一大难题。医疗装备设计比较紧凑，需要一些体积较小的传感器，但市面上存在的传感器体积相对较大，可选范围很小；同时产品形式比较单一，适用场合狭窄，设计选型比较困难。

2）压力传感器过载能力较差。目前市面上的产品在标准量程上使用，性能尚可，一旦出现较大量程的过载，就会发生永久性损坏，无法修复。

6. 硅橡胶水囊膜

（1）行业发展现状　高抗撕硅橡胶是硅橡胶品类中的高强度类型，具有耐高温、高抗撕裂、高透明度、生物相容性好的性能。我国高抗撕硅橡胶大部分还依赖进口，进口硅橡胶相比国产硅橡胶价格高昂，当然产品质量过硬也是国内广大厂家依赖进口硅橡胶的原因。国内橡胶制品公司采购进口硅橡胶原料，通过硫化工艺制成产品，但由于硫化工艺的影响，产品性能和透明度还不能完全满足使用需求。

（2）主要技术进展及趋势　提高硅橡胶的强度和抗撕裂性能是目前行业的主要发展方向。其方法有：在硅橡胶中加入高补强白炭黑、表面处理白炭黑及某些特殊配合剂；使硅橡胶与其他有机聚合物并用，提高抗撕裂性能；改变硅橡胶分子链结构，合成具有高抗撕裂性能的新型硅橡胶。

随着纳米技术的进步，硅橡胶材料的性能改良方法朝着硅橡胶纳米复合材料的方向发展。新型的纳米材料一般都具有独特的结构，如层状或准一维，作为橡胶的补强材料，其在理论上具有明显优势，会成为硅橡胶补强材料的新方向。加入适量的层状硅酸盐蒙脱土，可有效提高硅橡胶的阻燃性能、阻隔性能和耐热性能；混入高模量纳米材料碳纳米管可有效提高其抗撕裂强度等。新型纳米材料在硅橡胶补强中的应用，使硅橡胶在性能上展现出诱人的前景。

（3）存在的问题　目前，行业内使用的产品多采用美国 Dow Corning 的高强度抗撕裂硅橡胶，价格高，不易采购。国内的类似产品，其抗撕裂性能和耐热性能一般。新型碳纳米管硅橡胶性能较优，目前仍处于研发阶段，如能应用，可很大程度上缓解现状。

7. 无创测温装置

（1）行业发展现状　高强度聚焦超声（HIFU）治疗装备在临床治疗过程中，需要在引导装备的引导下工作，引导装备是 HIFU 的关键部件，应该具备以下特点：对人体无危害；成像质量高，能准确分辨肿瘤组织范围并实现准确定位；能实时监控声传播区域组织温度的变化及治疗靶区凝固性坏死发生的情况；系统价格便宜，易于实现等。目前，HIFU 治疗装备应用于临床的引导装备主要为 B 型超声诊断仪和 MRI。B 型超声诊断仪除不具备无创测温功能，可满足其他功能要求。MRI 除图像实时性差些、价格昂贵，具备无创测温及其他功能。

（2）主要技术进展及优势　HIFU 治疗装备中 HIFU 关键部件引导装备的技术对比如下：

1）MRI 无创测温技术。MRI 是一种无损无电离的方法，可以生成任何方向的解剖图像。MRI 参数中，氢质子共振频率对温度比较敏感，并且与温度变化呈线性关系，在 1.5T 的磁场中，温度每升高 1℃，氢质子共振频率就增加 0.52Hz；自旋-晶格弛豫时间（T_1）对温度变化也比较敏感，组织温度升高将引起弛豫时间延长，导致图像中 T_1 信号减弱，因此可以使用这两个参数估计组织温度。该方法的检测灵敏度比 X-CT 法要高，然而，环境温度的灵敏性和 T_1 与其他参数的多相关性，决定了 T_1 的准确测量是很困难的。

MRI 温度测量的精确度很高，MRI 能监测到静止组织中低于 1℃ 的温度变化，即使受到呼吸、心跳和血管搏动的影响，也能监测到 2~3℃ 的温度改变。目前，MRI 温度成像引导 HIFU 治疗时，温度的分辨率可达 1℃，成像时间可达秒级，虽不能实现实时监控，但已可满足对术中监控和疗效评价的需求。采用高速成像技术，有利于消除此弊端，但会带来仪器造价增加、复杂性提高、对控制系统要求更高等问题。

2）B超无创测温技术。超声无创测温的方法有很多种，如超声透射声速法、超声波衰减系数法、超声非线性参数法、有限元法、超声图像法、分层介质声速模型下的时频分割法、生物组织离散随机介质散射模型下的时移及频移和能量法等。每种超声无创测温方法各有优缺点，目前都处于实验研究阶段，离临床应用还有较大距离。

超声波在生物体内传播时，声速会随组织温度的变化而变化，超声透射声速法就是利用声速进行测温。声速的测量基于超声波经过一段路径的渡越时间，只要测量加热前后同一声路上固定两点之间的超声渡越时间，就可求得声速。

软组织中声衰减系数的温度系数比声速的温度系数大十多倍，因此利用声衰减系数的温度相关性可获得更高的温度分辨率。生物声衰减系数的测定一般采用反射法，因为透射法受生物体积大小的制约，在体积较小时测定较困难。由于反射波受组织散射和折射的影响，用其测得的组织声衰减系数精度普遍不高。有研究者采用双脉冲超声法测量组织的声衰减系数，可以有效克服组织散射和折射的影响。

因为超声非线性参数 B/A 的温度系数相对较大，因此利用 B/A 来测量组织温度也可获得很高的温度分辨率。采用双脉冲法测量介质的非线性参数 B/A，需要给介质中传播的探测超声波一个大的声压扰动，以增强其传播的非线性畸变。使用该方法测温必须知道待测生物组织 B/A 的温度系数，因此需要事先建立各种生物组织 B/A 的温度特性数据库。

有限元法，是利用适应性较强的有限元法，解生物热传导方程，并根据超声源强度和组织外表面温度值求出组织表层和体内的温度分布。该方法可以获得较好的测量精度且无须另外附加超声收发换能器。上海交通大学王鸿樟、丁缨等人于 1993 年、1998 年先后发表了有关这方面的研究成果。他们使用该方法得到了超声热疗中人体内的瞬态温度分布，并讨论了超声聚焦、血流扩散和表皮温度等对超声加热的影响，提出了一种超声热疗无创控温的方案。

自 1989 年以来，由于计算机应用技术和成像技术的发展，利用 B 超成像技术进行无创测温的研究受到了广泛的重视。该方法利用超声探头向皮下组织发射超声波，然后接收这些组织的反射回波，将反射回波以 B 超图像的形式显示出来，通过不同的数学算法描述体内各个点的温度变化情况，进一步推测体内的温度场。在这个方面，美国、日本、英国等国家研究比较深入。近期，俄罗斯在这方面的研究也取得了长足进步。相关研究人员使用多种数学方法对组织内的热辐射的声学特性进行了研究并重建了组织内的温度分布场，组织内的热量是组织表面向组织内发射的超声波引起的，重建后的温度场分布与实验结果基本一致。我国在这一领域的研究基本达到国际先进水平。哈尔滨工业大学的侯珍秀、徐祯祥，以及西安交通大学的钟徽、万习明等人于 2002 年、2005 年也先后发表了有关研究成果。

当温度发生变化时，生物组织 B 超图像像素的灰度值、小波系数、分维数等图像参数会随之而变化。不同温度下的组织界面内超声散射回波信号强弱不同，造成超声图像的各种图像参数按照一定规律变化，只要分析图像参数与组织温度变化的对应关系，就可以利用这种关系获取组织温度的变化规律。

（3）存在的问题与建议　HIFU 作为一种新的局部治疗手段，其临床应用及研究方兴未艾。由于其具有无放射性、安全、有效、治疗后患者康复快等特点，在肿瘤治疗方面得到广泛的应用。随着 HIFU 技术的进步和对 HIFU 生物学效应的认识，其应用范围将不断拓展。为了确保 HIFU 治疗过程的安全和有效，对组织温度以及对组织是否发生蛋白质凝固的监控成为治疗中的关键。超声监控设备成本较低，且易与 HIFU 设备配合，因此利用超声进行无创测温及损伤评价已成为当前研究的一个热点。

利用超声进行无创测温以及损伤评价是一个集超声学、生物医学、热学、电子学、计算机科学、图像图形学、数学等众多领域于一体的多学科交叉的前沿课题，它要求理论和工程实践完美结合，是当前极具临床医学意义和极富挑战性的课题之一。

随着计算机技术的不断发展，利用 B 超成像技术进行无创测温的研究是目前 B 超无创测温的发展方向。通过采用不同的数学算法描述体内各个点的温度变化情况，与正常二维 B 超图像融合，以 B 超图像的形式显示体内的温度场分布，并直接与 HIFU 治疗规划结合，修正治疗参数及治疗规划，能有效地提高 HIFU 的治疗效率及安全性。

目前，HIFU 采用 B 超引导的引导设备尚无 B 超无创测温功能的主要原因是 B 超无创测温方法还停留在实验室阶段，离临床应用有着较大距离，存在资金、人力及时间投入问题，最终产品还需要通过长期临床试验及病例累积等进行研制改进。

二、高频手术装备及关键零部件技术发展趋势

（一）高频手术装备技术发展趋势

1. 高频手术装备简介

近年来，随着我国电子技术的进步和发展，高频电刀应运而生。高频电刀（高频手术器）是取代机械手术刀进行组织切割的电外科器械。它通过有效电极尖端产生的高频高压电流与肌体接触时对组织进行加热，实现对肌体组织的分离和凝固，从而起到切割和止血的目的。

高频电刀因突出的优越性被广泛应用于普外科、五官科、妇产科、脑外科、胸外科的手术治疗中，还可以被应用于各类内镜手术中。

2. 高频手术装备的工作原理及系统结构

（1）工作原理　高频电刀其实是一个变频变压器，通过电磁波干扰射频原理，经过变频变压和功率放大将输入的交流 220V、50Hz 低压低频电流转换成 300～4000V、400～1000kHz 的高压高频电流。高频电刀工作时，在经主电源电路缓冲整流、滤波稳压作用下，外部输入的电源电压变成直流电压，从而负责为整个电源模块供电。在开关驱动电路和主动电路的共同作用下，开关电源产生直流高压电流，负责整个高频功率放大器所需电源。高频功率放大电路将电磁波干扰高频振荡器产生的高频振荡信号，经过输

出电路的调谐和平衡抑制，生成输出功率、电压幅值、波形、脉冲振幅等重要参数，最终将上述参数传输至负极板、手控刀、脚控刀、双极镊子。在高频功率放大器的作用下，高频电刀的工作电流、电压、高频信号的采样信号同设定模式、功率参数对比，实现控制实际输出电流、电压和功率的目的，从而保证工作的安全性和稳定性。在经隔离变化后，极板阻抗会产生极板信号，并将其反馈到主控电路上，以便判断其工作状态、是否允许启动电刀。而负极板只能在单级电刀模式下使用，其功能是将输出高频电路组成回路，以免电流返回电刀中，影响高频电刀的正常输出从而引发安全事故。

（2）系统结构　高频电刀主要由主件和联用附件两部分组成。其中，联用附件包含各种刀头、脚踏开关、电源线、镊子、保护接地线等，主件则包含主机、双极电极、中性电极和手术电极。

1）主机。主机主要由电源、微处理器、大功率振荡器、传感器、调制器、耦合电路等构成。

2）双极电极。这类电极是指在同一个支架上存在两个手术电极，受激时高频电流在两个手术电极间流动。

3）中性电极。这类电极同患者身体接触面积较大，主要提供低电流密度的高频回流回路。中性电极常被称为接地电极、负极板和板电极等。

4）手术电极。手术电极的功能是形成手术所需要达到的物理效应，如凝结或切割等，手术电极又被称为阳极、刀笔、激励电极等。

3. 高频手术装备的分类

高频电刀产品主要包括单极高频电刀、双极高频电刀和血管密封高频电刀。其中，双极高频电刀的市场份额最大，在 2018 年达到了 52.4%，并且 2014—2019 年，其市场份额在不断增加。

根据功能及用途的不同，高频手术装备大致可分为以下类型：

1）多功能高频电刀：具有纯切、混切、单极电凝、电灼、双极电凝功能。

2）单极高频电刀：具有纯切、混切、单极电凝、电灼功能。

3）双极电凝器：具有双极电凝功能。

4）电灼器：具有单极电灼功能。

5）内镜专用高频发生器：具有纯切、混切、单极电凝功能。

6）高频氩气刀：具有氩气保护切割、氩弧喷射凝血功能。

7）多功能高频美容仪：具有点凝、点灼、超高频电灼功能。

4. 高频手术装备行业现状

在最近几年中，全球高频电刀发展比较平稳，2014—2019 年销量的复合增长率是 5.43% 左右，在 2018 年全球高频电刀的销量是 24 万台，而销售额达到 16.3 亿美元。在全球范围内，未来的几年中，预计医疗保健实践中的技术进步以及微创手术的增多将是高频电刀的主要增长动力。

2017 年，全球高频电刀市场规模达到了 23 亿美元，预计 2025 年将达到 46 亿美元，年复合增长率为 9.16%。

目前，以 Medtronic、Johnson & Johnson、Braun、康美（Conmed）等为代表的行业国际巨头的产品在市场占据主流位置，占全球市场的大部分份额。我国企业，如贝林电子（北京贝林电子有限公司）、沪通电子（上海沪通电子有限公司）、康迪电子（苏州康迪电子有限公司）等在国内占据的市场份额比较大，相对国际厂商产品技术仍然存在差距。

高频电刀主要应用于开放手术和微创手术中，其中，主要的应用还是开放手术，在 2018 年占比大概是 67.4%，但是随着微创手术的增加，未来越来越多的高频电刀也将应用到微创手术中。

（二）高频手术装备关键零部件主要技术进展趋势

高频电刀自 1920 年应用于临床至今，已有 100 多年的历史，经历了火花塞放电—大功率电子管—大功率晶体管—大功率 MOS 管四代的更变。随着计算机技术的普及、应用和发展，高频电刀实现了对各种功能下功率波形、电压和电流的自动调节，各种安全指标的检测，程序化控制，以及故障的检测及指示，大大提高了设备本身的安全性和可靠性，简化了医生的操作过程。

同时，随着医疗技术的发展和临床要求的不断提出，以高频手术器为主的复合型电外科设备也有了相应的发展：高频氩气刀、高频超声手术系统、高频电切内镜治疗系统、高频旋切去脂机等设备，在临床中都取得了显著的效果。随之派生出来的各种高频手术器专用附件（如双极电切剪、双极电切镜、电切镜汽化滚轮电极等）也为临床手术开拓了更广泛的使用范围。

高频电刀装置本身的技术发展特点包括：已采用响应速度快、稳压效果佳的大功率晶体管或 MOS 开关电源取代可控硅高压电源；采用高频率、高可靠性 MOS 全桥或半桥开关式功放电路，取代大功率晶体管推挽式高频功放电路；采用多道隔离、调谐、平衡输出回路，取代简单的高频高压输出回路；采用 CPU 取代一般数字模拟集成电路进行控制，并向模块化方向发展。此外，高频电刀的技术对安全性的要求越来越高，新的技术，如极板监测、系统自检、漏电控制、瞬间放电、自适用闭环控制反馈等系统的研制，可以确保设备长时间稳定运行，也将进一步提升高频电刀在组织融合和消融中的应用拓展。

相比于市面上现行的超声手术刀设备，现行高频电刀在凝血上依然保有优势：因为超声手术刀的直接作用部位仅限于刀头物理接触的一层血管横截面，且因工作温度低于高频电刀，其热效应扩散导致血管形成的变性组织厚度远低于高频电刀；而高频电刀（特别是现行市面上有"高级凝血"功能，针对凝血效果进行了特别优化的双极高频电刀）通过更大的双极截面、更广泛的电流通路，可以在血管上形成更厚的变性组织，从而达到更好的凝血效果，临床上可以凝闭直径更大、血压更高的动静脉血管。

三、射频超声手术装备及关键零部件技术发展趋势

（一）射频超声手术装备技术发展趋势

射频超声手术装备近年来才开始出现，是未来微创手术的发展趋势，对其进一步的

临床研究，将有利于评价该产品在外科手术中的疗效，制定相关临床及技术标准，促进新技术新设备的普及、降低医疗成本，促进腹腔镜下微创手术技术的提高，推广微创技术，造福患者。

1. 射频超声手术装备简介

射频超声手术装备可同时输出射频和超声能量。射频能量输出为双极方式，是通过一对电极向组织提供射频电流，使两极之间的组织脱水凝固达到止血目的。超声能量的输出方式和工作原理与超声手术刀相同：主机中超声频率的电流传导至换能器，换能器内压电陶瓷片激活工作，压电陶瓷片将电能转换成机械能，产生纵向机械振动并在传导轴节点处放大，机械振动传导至刀头咬口达到机械振动，刀头与组织蛋白接触摩擦发热，蛋白氢键断裂，随后蛋白结构重组，蛋白凝固闭合小管腔，蛋白受振动产生二级热能，深度凝固闭合较大的管腔，从而达到切割、凝闭组织和止血的目的。

2. 射频超声手术装备主要工作原理及组成

射频超声手术装备主要由射频超声能量主机、射频超声刀具、换能器、脚踏开关和台车等组成，射频超声手术装备如图 2-110 所示。

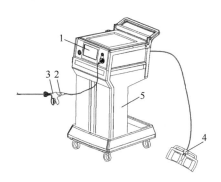

图 2-110　射频超声手术装备

1—主机　2—换能器　3—射频超声刀具　4—脚踏开关　5—台车

射频超声手术装备工作原理如图 2-111 所示，微控制器（CPU）产生射频信号和超声信号，经过控制、功率放大后隔离输出；输出功率信号经反馈单元采样负反馈到微控制器，根据预置的功率值或能量设定值精确控制输出功率以及超声能量的大小。

在治疗过程中，微控制器接收工控机输入的超声能量档位值和射频输出功率值，根据反馈单元的采样信号，实时调整输出功率，保证整个治疗过程中能量输出的稳定和安全，达到最佳的治疗效果；射频超声手柄和刀具用于将射频源定点介入指定组织，射频超声手柄和换能器以及变幅杆用于将超声能量介入特定组织。另外，除超声能量或射频功率档位调整界面外，整个系统还设置有多种报警或故障提示，在操作过程中会实时检测刀具的工作状态，检测被操作组织的凝血程度，通过实时的阻抗检测，当凝血完成时，系统将自动停止射频输出，不再完全依靠医生自己来判断，精准的凝血时间控制在切除组织的同时降低了对正常组织的伤害。友善的人机交互界面，给用户（医护人员）带来了非常好的使用体验。

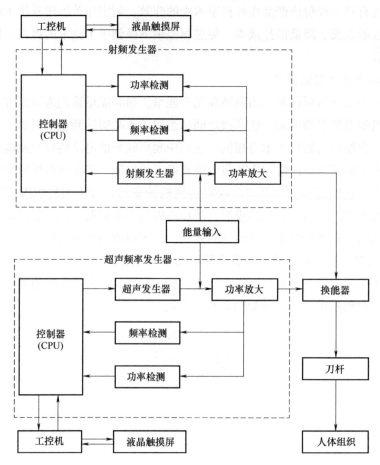

图 2-111　射频超声手术装备工作原理

3. 射频超声手术装备的特点及优势

射频超声手术装备在单个设备中提供先进的双极和超声波能量，并通过对两种能量的精确分工利用（装置中心部分的超声波能量专注于切割与辅助凝闭，中心两侧部分的较低功率高频电能专注于加强凝闭效果），兼具了超声手术刀优势（热损伤小，切割更快）与高频电刀的优势（凝血效果更好）。射频超声手术装备即使在大血管中也能实现高爆破压力，在动物实验中已稳定实现对直径不大于 7 mm 血管的凝血，在所有常用的先进能源设备中具有最快的切割速度。

同时，在临床需要单纯使用双极电凝的场合（例如仅闭合，不切割血管时），射频超声手术装备也能提供射频能量输出模式，无须再耗时耗资源地更换一把高频器械。半边天医疗（武汉半边天医疗技术发展有限公司）的 BTW-RUS-100 型双极高频超声双输出软组织手术设备为该技术医疗装备的典型代表，如图 2-112 所示。

射频超声手术装备适用于实质及空腔脏器的离断、切除、止血、凝闭，国内产品在安全性和有效性上与国外同类产品相比有明显优势。国外带射频功能的超声手术刀多是射频、超声分体设计，未将各自优点整合。通过将超声能量与射频能量进行整合，可形

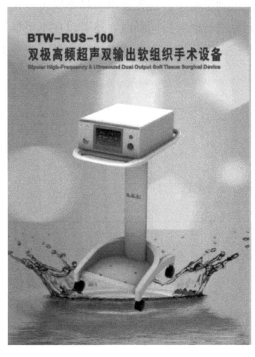

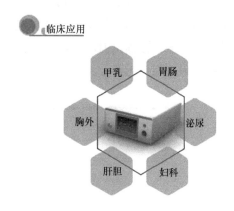

图 2-112　BTW-RUS-100 型双极高频超声双输出软组织手术设备

成一种整合射频凝血和超声切割功能的新型外科微创手术器械，实现更好的切割、止血、凝固或消融的目的，有效缩短手术时间和并发症，达到微创和降低医疗成本的效果。射频超声手术装备能够实现一站式多种能量输出，实现一械多用，避免术中反复更换器械。

（二）射频超声手术装备关键零部件技术发展趋势

1. 射频超声刀具简介

　　射频超声刀具射频输出的两极分别和刀具钳头两端连接，射频能量可直接传递到刀具钳头两端，刀具钳头两极之间的组织形成负载回路，从而产生射频能量。超声电能进入换能器后，通过换能器将电能转换成机械振动，机械振动通过刀具的中心杆进行传递，刀具钳头夹住物体后，中心杆的高频振动则能产生超声机械能量将物体进行切割。射频超声刀具结构如图 2-113 所示。

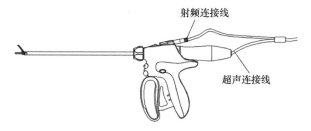

图 2-113　射频超声刀具结构

射频超声刀具能将射频和超声能量同时应用到手术中。射频超声刀具不仅可以在刀头同时输出射频超声能量，一键实现切割的同时进行射频协同凝血，还可以在不更换器械的前提下，仅输出射频双极能量，很大程度提高了手术效率及手术的安全性，半边天医疗的射频超声刀具如图 2-114 所示。

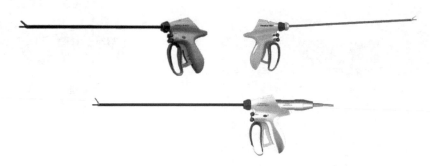

图 2-114　射频超声刀具

2. 射频超声刀具的分类及组成

射频超声刀具按刀头形状分为直线型、弯型、长钳型、中钳型、短钳型；按超声手术设备激励频率分为（55.5±5.5）kHz 型、（47±2）kHz 型；按外管结构分为可拆卸型和不可拆卸型。

射频超声刀具由手柄、刀头和电缆线组成，手柄包含花旋柄、开关按钮、抠手和操作手柄；刀头包含刀杆、钳头和外管；电缆线包含换能器和连接线。

3. 射频超声刀具的工作条件及性能

射频超声刀具正常工作条件是环境温度 5~40℃，相对湿度≤80%，大气压力 70~106kPa，超声手术设备激励频率（55.5±5.5）kHz、（47±2）kHz。

射频超声刀具性能能达到刀具尖端最大振动幅度≥80μm，刀具头端的硬度≥105HV0.3，刀具表面粗糙度 Ra≤1.6μm，阻抗值≤5Ω，耐腐蚀性应能达到 YY/T 0149—2006 的要求，手柄部与电缆线的连接牢度大于 20N。

四、冷冻手术装备及关键零部件技术发展趋势

（一）冷冻手术装备技术发展趋势

冷冻消融术是一种通过低温技术冷冻病变组织，以达到原位灭活实体组织的方法。冷冻过程会对细胞造成冰晶损伤、溶质损伤和微血管栓塞，引发细胞坏死或凋亡，从而实现治疗目标。与常规的放疗和化疗相比，冷冻消融术采用能量交换的物理方法，对人体创伤和副作用较小，因此被誉为"绿色疗法"，该技术在肝癌、肺癌、肾癌、乳腺癌、胰腺癌、骨肿瘤、软组织肿瘤等实体肿瘤治疗领域有着广泛的应用，为患者提供了一种安全、有效且创伤较小的治疗选择。

1. 冷冻治疗装备简介

早在 1961 年，美国神经外科医生、现代低温手术的奠基人 Irving S. Cooper 与工程

师合作研制了一种液氮冷冻治疗装备，将液氮输送至探针尖端，对靶区组织进行冷冻治疗，通过该治疗方法在一年内进行了 100 例帕金森症患者的冷冻丘脑切除术，这一开创性的治疗技术获得了显著疗效，推动了现代冷冻消融技术的应用。1984 年，美国医生 Gary Onik 率先把超声影像监测技术融合到冷冻治疗的临床应用中，对冰球的位置和大小进行监测，可有效减少对正常组织的损伤，促进了冷冻消融技术的快速发展。20 世纪 90 年代，美国 Endocare 公司利用焦耳-汤姆逊节流原理研制了一种氩氦冷冻治疗设备，该设备采用氩气节流制冷和氦气节流加热复温，可实现快速冷冻治疗和复温拔针，用于肺癌、肝癌等多种实体肿瘤的消融治疗。1999 年，氩氦冷冻治疗设备进入我国开展临床应用。

　　由于氩氦冷冻治疗设备采用的冷媒和热媒均为高压气体，运输、储存和临床使用存在极大的安全隐患。氩氦气价格昂贵，且氦气为被国外垄断的国家战略物资，限制了其在县级医院的推广应用。发展至此，冷冻治疗设备仍仅具备单一的低温冷冻消融功能，存在不可克服的缺点，即消融针道出血和种植性转移风险。20 世纪 90 年代，中国科学院理化技术研究所在国内外首次提出和实现集成深低温冷冻和高强度加热的复合式冷热治疗模式和技术解决方案，最终完成了创新产品复合式冷热消融系统（康博刀）（见图 2-115）的开发。

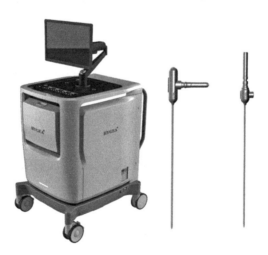

图 2-115　复合式冷热消融系统（康博刀）

　　复合式冷热消融技术创新地集成了超低温冷冻消融和高温热疗的优点，显著地提高了冷冻消融肿瘤的治疗效果，扩大了冷冻治疗的杀伤范围，还解决了以往冷冻消融产品治疗不够彻底、术后针道易出血、存在针道种植转移风险等问题，具有显著的临床优势，目前已广泛应用于肺癌、肝癌、肾癌、胰腺癌、前列腺癌、骨肿瘤、软组织肿瘤、乳腺癌等多种实体肿瘤的治疗，为肿瘤消融治疗提供了更为安全有效的手段，为失去手术、放化疗等传统治疗机会的年老体弱患者提供了一种新的选择和希望。

2. 复合式冷热治疗装备的工作原理

如图 2-116 所示，复合式冷热消融手术将直径约 2mm 的复合式冷热消融针经皮穿刺进入肿瘤部位，消融针换能区给予肿瘤组织深度冷冻（-196℃）和加热（80℃）的物理刺激，使肿瘤细胞肿胀、破裂，呈现不可逆的充血、水肿、变性和凝固性坏死过程；同时，深度冷冻可在细胞内外、微静脉及微动脉内迅速形成冰晶，导致小血管破坏，造成局部缺氧的联合作用；细胞结构的破坏导致更多肿瘤抗原的呈递，可激发人体免疫响应，产生异位抑瘤的效果，在即刻杀灭肿瘤的基础上提升了长期疗效。

康博刀治疗特点：

1）冷冻消融温度低至-196℃，是目前临床治疗的最低温度，能够快速形成大面积的杀伤范围。

2）高温加热温度高达 80℃，避免针道出血和肿瘤细胞种植转移等单一冷冻消融的风险。

3）高低温治疗近 300℃的温差能够在组织内形成巨大的热应力，强化肿瘤细胞的损毁。

4）在医学影像下冰球能清晰成像，可实现实时监测和精确调控，防止损伤其他重要器官，安全性好。

5）微创治疗，创口仅 2mm 左右，可减轻患者痛苦，大大降低了手术风险和并发症率，术后恢复快。

6）消融过程无痛感，不需要全身麻醉，患者耐受性好。

7）是只有能量交换而没有物质输入的纯物理治疗，对正常组织细胞无毒性，副作用发生概率极低。

8）可以激发患者自身免疫，抑制肿瘤生长及复发，远期效果好。

9）患者可重复接受手术。

10）安装起搏器的患者也可接受手术。

11）尤其适用于不能接受其他治疗的中晚期及老年肿瘤患者。

3. 康博刀的临床应用情况

自上市以来，康博刀已在全国 200 余家医院开展了临床应用，治疗病例过万例，既可用于早期恶性肿瘤的根治，也能用于晚期癌症的减瘤治疗，患者对康博刀的疗效和安全性给予了充分肯定。在长期应用康博刀进行临床治疗的基础上，国内临床专家不断总结经验，由中国抗癌协会肿瘤介入学专业委员会、中国医师协会介入医师分会、中国临床肿瘤学会放射介入治疗专家委员会、中华医学会放射学分会介入学组联合发布了《冷热多模态消融治疗肝脏恶性肿瘤操作规范专家共识》和《经皮穿刺冷热多模态消融治疗肺部恶性肿瘤操作规范专家共识》，为广大医生群体应用康博刀实施肿瘤消融提供了指导，提升了我国肿瘤治疗水平，普惠广大肿瘤患者。

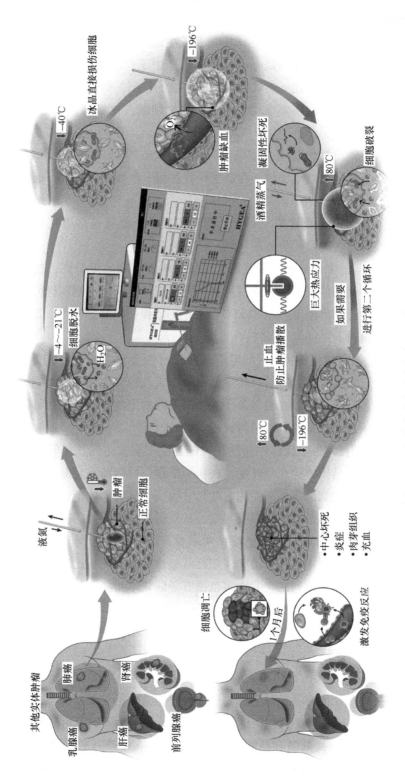

图 2-116 复合式冷热治疗装备的工作原理

（二）冷冻手术装备关键零部件技术发展趋势

1. 低温阀门

（1）行业发展现状　　阀门是流体输送系统中的控制部件，具有截止、调节、导流、稳压及泄压等功能。低温阀门是一种在低温流体中工作的阀门。随着现代科技的发展，液氢、液氧、液氮以及液化天然气等得到了广泛的应用，低温阀门的需求也越来越大。

在全球工业阀门的市场需求中，石油天然气领域占比最高，达到37.40%，其次是能源电力和化工领域，分别占比21.30%和11.50%。而在国内，化工、能源电力和石油天然气行业也是阀门销售的主要市场，分别占比25.70%、20.10%和14.70%。低温阀门则主要应用在液化天然气领域，在低温医疗器械、生物样品保存、低温工程等领域也有一定应用。

（2）主要技术进展及优势　　对于低温阀门技术，低温与高压是该技术领域关注的焦点，其主要技术进展及优势如下：

1）阀体材料越来越成熟。低温下，一般材料强度和硬度升高，塑性和韧性大幅下降，严重影响了阀门的安全性。通过材料研究发现，奥氏体不锈钢材料低温变形小，没有明显的低温冷脆临界温度，在-200℃以下，仍能保持较高的韧性，是目前低温阀门选用最多的阀体材料。

2）新型低温密封材料研究。低温下，橡胶材料会发生玻璃化转变，存在着冷脆和严重冷流现象。目前，低温密封材料主要有聚四氟乙烯和改性聚四氟乙烯等，其中，聚四氟乙烯线膨胀系数很大、冷流现象严重，而改性的聚四氟乙烯类材料能较好地克服以上缺点，是目前使用较多的低温密封材料。

3）低温处理技术。奥氏体不锈钢在较低温度下会发生马氏体转变，宏观上尺寸会发生改变，为确保马氏体的充分转变，在精加工阀门材料前，宜对材料进行两次深冷处理，尽量减少阀门在低温条件下使用时的尺寸改变。对奥氏体不锈钢进行深冷处理，能有效解决材料在超低温条件下的形变问题，从而保证低温阀门的密封性能。

（3）存在的问题与建议　　以全球视角来看，国际领先的阀门企业大多已经登陆资本市场，经历了利用资本市场推动和实现行业整合的过程。相比之下，国内阀门企业整体规模偏小，即便排名前列的企业大多也没有登陆资本市场，缺少资金长期支持，国内外差距明显。为获得密封性好、使用寿命长、控制精准的低温阀门，进一步推动低温技术在相关领域的应用，需要加强在低温密封材料、机电控制技术方面的研究。

2. 绝热压力容器

（1）行业发展现状　　绝热压力容器作为贮存工作介质的容器、尽可能满足工作介质储存条件是绝热压力容器最基本的要求，也是很重要的技术指标。由于液氮常压下的饱和温度极低（-196℃），因此相比热罐，贮存液氮的冷罐的绝热性能要求会更严格。

国外一直比较重视低温容器的绝热性能研究，在绝热材料的多层复合选择、导热系数、放气率、材料发射率等方面做了大量工作，同时，对绝热方式和绝热材料的具体应用进行了长期研究，开发的产品与具体应用相结合，型号较多，综合性能较为稳定。近年来，随着低温技术的广泛应用，国内针对低温容器的绝热研究也呈现出蓬勃发展的态势，许多学者对绝热材料、绝热结构进行了大量的实验研究，但系统性、长期性的产品技术开发相对缺少，产品型号相对较少，性能稳定性不高，仍有长足的发展空间。

（2）主要技术进展及优势　冷热罐的常用绝热形式包括堆积绝热、真空粉末绝热、高真空绝热和高真空多层绝热。考虑到绝热性能及经济性等指标，不同的绝热形式均有应用。堆积绝热、真空粉末绝热主要用于大中型低温装置中，如天然气液化装置、空气分离装置等；高真空绝热和高真空多层绝热主要用于小型低温系统和设备中，在移动式低温容器以及对绝热性能要求较高的各类低温设备中，高真空多层绝热应用更为广泛。

随着技术进步及应用要求的提高，具有"超级绝热"之称的高真空多层绝热形式越来越得到重视，其凭借卓越的绝热性能以及重量轻、预冷损失小、稳定性好的优势，在低温容器市场上占据了较大的份额，是未来低温绝热形式的主要发展方向。

真空绝热空间的大部分热量通过辐射传递，小部分通过材料和残余气体导热传递。反射屏主要采用低发射率的金属材料，用于削弱绝热空间的辐射传热，金、铜和铝等都可作为反射屏材料，在工业应用中，考虑到造价和实际情况，一般选用铝箔或镀铝薄膜作为反射屏；间隔物主要用于辐射的吸收和散射，一般选用低热导率的材料，如玻璃纤维纸、尼龙、涤纶等。

（3）存在的问题与建议　影响绝热压力容器绝热性能的因素有很多，包括材料性质、多层中的真空度、多层结构（如层密度、松紧度、总层数或总厚度）、多层绝热承受的机械载荷等。例如，高真空多层绝热材料在大气环境下和生产过程中会吸附气体，当材料置于真空环境时，材料会因解吸而出气，从而导致夹层真空度恶化，如果容器夹层真空度无法保持，其绝热性能会严重降低。国内针对上述影响因素的研究还不完善，针对不同具体应用的产品性能指标还缺少系统性数据支持，相应的多层绝热材料的分类应用、性能检验方法及标准等还有待建立和完善。绝热压力容器集成了材料、真空、低温、机械、工艺等方面的技术，复杂程度较高，需要行业长期、稳定的发展才能获得理想的标准化产品。

3. 工控机

（1）行业发展现状　在互联网不断发展、智能制造不断推进的背景下，工控机市场呈现出以下发展趋势：传统的自动化产品从单一化走向智能化，标准化工业协议和数据平台的运用发展使得控制系统与外界的交互更加便捷，而工控产品的操作也会更加简单，模块化程度更高，使用更加方便。未来的工控机不仅仅只是扮演原本自动化机台的角色，可能还会根据需求来调整软件与固件，承上启下，串联起服务端需求的生态链。

嵌入式工控机主要以应用为中心、以计算机技术为基础，可以应用于对功能、可靠性、成本、体积、功耗有严格要求的专用计算机系统，在应用数量上远远超过了各种传统的工控机。据分析，未来嵌入式系统复合增长率还会不断增加，嵌入式工控机能够获得较大的市场份额。

（2）主要技术进展及趋势　随着嵌入式技术的不断发展、不断进步，基于嵌入式系统的工控机产品也成为近年来工控行业的一大发展趋势，小型化工控机、低功耗工控机、无风扇工控机等具有适应恶劣工作环境的优势，在市场上受到人们的欢迎。如今客户已经不仅仅只满足于单一的产品，而是更加倾向于厂商能够提供以工控机为核心的整体解决方案，这种需求改变了整个工控机产业的服务模式。标准化数据通信线路和通信网络的发展，助力各种单（多）回路调节器、PLC等工控设备构成大系统，以满足工厂自动化要求。

在医疗领域，嵌入式工控机的发展趋势主要表现在智能化、高性能化和集成化等方面。随着人工智能技术的不断进步，嵌入式工控机能够通过深度学习、机器学习等算法进行自我学习和自我优化，提高自身的智能化水平，这种智能化不仅体现在对医疗数据的处理和解析上，还表现在对医疗设备和系统的智能控制和优化管理上。随着临床诊断治疗对数据处理量和处理效率的要求日趋增大，高性能已成为嵌入式工控机发展的重点，处理器、内存等硬件技术的不断进步使得嵌入式工控机能够实现更快速的数据处理和更高效的医疗设备控制。随着医疗领域的不断拓展和医疗设备的日益增多，医疗设备和系统的集成化变得越来越重要。嵌入式工控机能够通过标准化接口和通信协议，实现医疗设备和系统的无缝集成和协同工作，这种集成化不仅能够提高医疗设备的效率和精度，还能够实现医疗数据的共享和利用，为医疗行业的发展提供有力支持。

（3）存在的挑战与建议　目前我国产业面临的挑战：掌握核心技术，实现工控机主板的国产化；自主创新，解决 Compact PCI 总线主机板的冗余设计问题；提高系统 I/O 设计和配套能力，提供系统级解决方案；嵌入式工控机的硬件约束条件决定了其应用范围，因此需进行特定优化并采用专为嵌入式系统设计的深度学习框架。

目前，国内外企业站在了同一起跑线上，我国企业可以抓住机遇缩小与国外先进水平的差距，走向世界。此外，随着工控技术的不断发展，我国企业可以提高工控机的产业化水平，打造民族品牌，将工控机产业做大做强。

第四节　生命支持与急救装备

一、呼吸机装备技术发展趋势

（一）呼吸机装备简介

呼吸机是用来给患者提供通气支持的设备。临床上，呼吸机可以部分代替患者的自主呼吸，是帮助患者实现有效气体交换的重要手段。目前，呼吸机广泛应用于各种原因导致的呼吸衰竭、大手术期间的麻醉呼吸管理、呼吸支持治疗和急救复苏等临床场景。在现代医学领域，特别是重症医学领域中，呼吸机占有十分重要的地位。呼吸机通过给病人提供设定压力或容积的气体，改善患者氧合，排出 CO_2，减少呼吸做功。在院内，呼吸机广泛应用于重症医学科、呼吸科、急诊科等科室，特别是在 2003 年爆发的 SARS 和 2019 年年底爆发的新冠疫情中，呼吸机作为"救命神机"在抗疫中发挥了举足轻重的作用。

呼吸机按用途可以分院内使用和院外使用两大类型。院外使用类型包括家用无创呼吸机、家用睡眠呼吸机；院内使用类型包括重症或亚重症呼吸机（主要应用于有创通气，兼顾无创通气功能）、新生儿呼吸机、转运呼吸机、院内无创呼吸机，其中新生儿呼吸机又可以分为新生儿高频呼吸机、新生儿常频呼吸机和新生儿无创呼吸机。

呼吸机按照动力源主要分为气动电控和电动电控两大类型。

气动电控呼吸机：外接氧气、压缩空气及电力，采用电子或计算机技术，以及高精度的流量、压力传感器和耐用的控制阀，能实现多种通气模式、多种呼吸参数的监测、呼吸力学的曲线波形以及趋势分析等，可用于呼吸衰竭治疗、急救复苏、麻醉、术后恢复等。目前，临床上的高端重症呼吸机多以气动电控呼吸机为主，如迈瑞的 SV600、SV800 系列呼吸机（为了保证持续安全通气，在没有高压空气时，配置涡轮模块的 SV600、SV800 呼吸机可以以电动模式工作）。

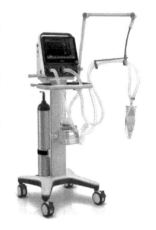

图 2-117　迈瑞医疗 SV300
系列电动电控呼吸机

电动电控呼吸机：通过内置的电动器件（如涡轮）提供通气压力，不需要压缩空气进行驱动，可以实现与气动电控类似的通气效果。这类机器的空气可以由电动器件提供，但一般还需要额外的氧气气源，以支持通气时不同氧浓度的输出。功能上，电动电控呼吸机与气动电控呼吸机相差无几。迈瑞医疗的 SV300 系列电动电控呼吸机如图 2-117 所示。

在呼吸机厂商方面，迈瑞医疗作为国际领先、国内最大的呼吸机产品研发和制造商，经历了十几年的发展，产品覆盖重症、新生儿、高频、急救转运等多个领域，如高端重症呼吸机 SV600、SV800 系列（见图 2-118），重症或亚重症电动电控呼吸机 SV300 系列，新生儿专用无创呼吸机 NB300、NB350，急救转运呼吸机 TV50、TV80 系列（见图 2-119）等。迈瑞医疗凭借 SV600、SV800 系列高端重症呼吸机打破了进口品牌对国内高端呼吸机市场的垄断，SV300 系列呼吸机在新冠疫情中凭借其轻便易用，氧疗、无创和有创通气等功能全覆盖的优势，被一线临床医生称为"抗疫神机"。TV50、TV80 系列呼吸机不仅具有重症呼吸机的通气模式和通气性能，而且具有小型化、轻量化的特点，可满足更严格的温度、防水、振动等要求，适用于院内、院外、救护车、飞机等多场景转运，特别是 TV80 系列呼吸机可集成监护仪，方便医护人员使用。

国外呼吸机厂商有 Drager、Maquet、Hamilton、Care Fusion、Philips、GE 等，国内厂商还有谊安医疗（北京谊安医疗系统股份有限公司）、普博医疗（深圳市普博医疗科技股份有限公司）等。

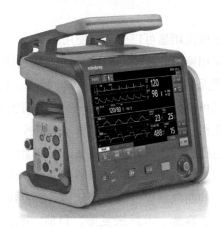

图 2-118　迈瑞医疗 SV800 高端重症呼吸机　　图 2-119　迈瑞医疗 TV80 急救转运呼吸机

（二）呼吸机装备的系统结构、工作原理、重要指标及范围

1. 系统结构

呼吸机主要组成模块有吸气模块、呼气模块、显示模块等，其中呼吸机的核心是吸气和呼气模块等组成的气路系统。

气动电控呼吸机系统结构如图 2-120 所示。吸气模块包括空气支路和氧气支路，分别连接高压空气和高压氧气作为输入气源，分别通过空气和氧气比例阀控制空气和氧气的流量输入，流量大小通过各自支路的空气和氧气流量传感器进行实时监测。空气和氧气在混合腔进行混合后，形成用户所设置氧浓度的混合气体，同时该混合气体的氧浓度可以通过氧传感器进行实时监测。混合气体流过安全阀通过吸气支路送气口输出，经吸气管路进入病人肺内实现通气。同时吸气支路设有吸气压力传感器用于测量支路气道压力。患者呼出气体经呼气管路呼出，到达呼气模块，呼气模块通过流量传感器测量呼气流速大小，通过呼气阀控制封阀压力，产生呼气末正压。

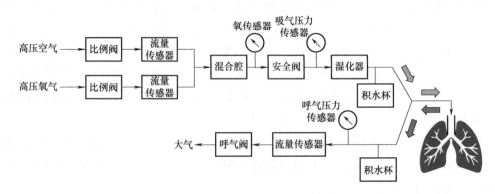

图 2-120　气动电控呼吸机系统结构

电动电控呼吸机与气动电控呼吸机的最大区别在于空气气源，结构如图 2-121 所示，电动电控呼吸机不需要高压空气作为气源输入，它通过涡轮抽取空气并与氧气混合产生混合气体，混合气体通过吸气阀控制，以实现特定流速或压力的气体输入。后端结构与气动电控呼吸机基本相同。

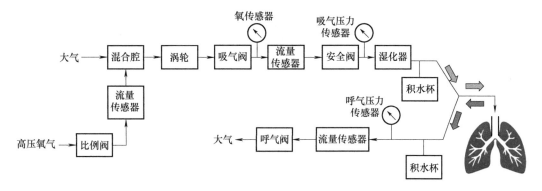

图 2-121　电动电控呼吸机系统结构

2. 工作原理

呼吸机是一个涉及医学、电子、机械、软件等多个学科的集合体，可以部分替代病人的通气功能。以气动电控呼吸机为例，在吸气阶段，吸气阀打开，高压的空气和氧气气源输入呼吸机内部后，经过一个空气和氧气混合腔，形成特定氧气浓度、特定流速或压力的新鲜气体，这个气体经过管路输送到病人的肺内。在呼气阶段，吸气阀关闭，呼气阀打开，利用气路压差作用完成气体呼出。

吸气控制：机械通气吸气阶段，按照设定氧浓度和流量通过电流控制空气和氧气比例阀输出空气和氧气，空气和氧气流量分别通过流量传感器进行实时闭环反馈控制，以精确输出设定氧浓度的特定流速气体。空气、氧气混合后通过吸气管路进入病人肺内，吸气支路安全阀的作用是在气道压力过高等异常情况时开放气道以进行压力释放从而实现安全保护。在吸气阶段，呼气阀需要以一定的电流进行控制封阀，以保证新鲜气体不会从呼气阀溢出。

呼气控制：机械通气呼气一般是被动呼气，呼气阀以用户设置的呼气末正压为目标进行封阀，肺内气体经呼气阀排出。此时吸气阀一般以动态或静态基础流的形式输出一定流速的气体以满足吸气触发的需求。

吸呼气切换：机械通气的吸呼气切换是呼吸机的核心性能之一。总体来说，吸呼气之间切换有时间触发和病人触发两个途径：时间触发是指按照用户设置的吸气时间或呼气时间进行吸呼气的控制，吸气时间到了转呼气，呼气时间到了转吸气；病人触发是指吸呼气切换由病人控制，比如呼吸机检测到病人吸气努力时转吸气阶段，当病人吸气流速降低到吸气峰值流速的一定百分比（该百分比一般由医生手动设置）时转为呼气阶段。

3. 重要指标及范围

呼吸机控制参数和监测参数见表 2-13 和表 2-14。

表 2-13　呼吸机控制参数

名称	单位	范围
氧浓度	—	21%～100%
潮气量	mL	2～4000
呼吸率	次/min	1～150
吸气流速	L/min	2～180
吸气压力	cmH_2O	1～100
呼气末正压	cmH_2O	0～50
吸气触发灵敏度	L/min（流速触发）	0.5～20
	cmH_2O（压力触发）	−20～−0.5
呼气触发灵敏度	—	1%～85%

注：$1cmH_2O=0.098kPa$。

表 2-14　呼吸机监测参数

名称	单位	范围
气道峰压	cmH_2O	−20～120
平台压		
平均压		
呼气末正压	cmH_2O	0～120
吸入潮气量	mL	0～6000
呼出潮气量		
分钟通气量	L/min	0～100
呼吸率	次/min	0～200
阻力	$cmH_2O/(L/s)$	0～600
顺应性	mL/cmH_2O	0～300

（三）呼吸机装备的行业发展现状

近十几年来，随着我国对危重病诊疗技术的日益重视，越来越多的医院都建立了ICU，而基本上所有的ICU都配备了呼吸机，呼吸支持技术引起了广泛的重视，呼吸机的各种通气方式和通气模式，以及呼吸机上与呼吸治疗相关配套的功能，如高流量氧疗、雾化吸入治疗、脱机自主呼吸试验、跨肺压监测、体外膜肺氧合（Extracorporeal Membrane Oxygenation，ECMO）等高级功能也获得更多的临床研究、验证和应用，从而促进了呼吸机行业向更加精细化和智能化的方向发展。

调查数据显示，2020 年，我国院内呼吸机行业的市场规模约为 45 亿元人民币，较 2019 年同比增长 60%；2021 年，我国院内呼吸机行业的市场规模与上一年基本持平。

目前，我国呼吸机行业主要参与者包括 Drager、Hamilton、Maquet、GE、Care Fusion、Covidien 等国外品牌，以及迈瑞医疗、谊安医疗等国产品牌，没有垄断型企业。2019 年，国内呼吸机市场销售前三的是 Drager、迈瑞医疗、Maquet，其中迈瑞医疗作为国产呼吸机的代表，已经达到了与许多进口产品相当的水平（见图 2-122）。

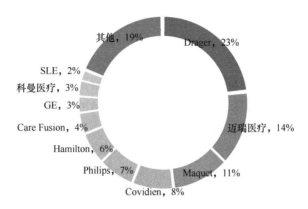

图 2-122　2019 年我国医用呼吸机市场占比情况

（图片来源：华经产业研究院）

随着迈瑞医疗等国内呼吸机企业的发展和崛起，国产呼吸机提供了从基层医疗到高端呼吸治疗管理应用的临床解决方案，进一步丰富了国内呼吸机市场产品，并且降低了进口呼吸机的采购成本。

1. 呼吸机装备临床应用现状

呼吸机在临床上主要用于控制或改变人的生理呼吸，增加肺通气量，改善通气功能，减少呼吸做功消耗。

在机械通气临床应用的发展过程中，趋于关注通气的有效性、通气管理的精细化和基于网络的临床数据融合应用。近年来随着呼吸机在临床中的广泛使用，医生也逐渐从关注通气控制的精准、小潮气量通气、防止气压伤，到关注更全面的肺保护通气、鼓励尽早脱机、更加智能的机械通气过程管理等。例如，利用食道压实现跨肺压的监测；利用自动人机同步调节，减少人机对抗；通过机械能等参数，全面评估肺损伤的可能性；通过自适应支持通气，根据患者的呼吸力学特点自动调整通气参数实现肺保护通气等。另外，智能化应用在临床上越来越广泛，比如新生儿机械通气中的氧浓度自动反馈调节，支持根据患儿需要，更加及时地调节氧浓度，可避免氧不足或氧中毒；呼吸机信息的互联互通，可实现集中的呼吸监测和管理等。

在临床应用进展方面，不得不提及呼吸机对新冠肺炎患者治疗的重大意义。国家卫生健康委、国家中医药局 2023 年 1 月印发的《新型冠状病毒感染诊疗方案（试行第十版）》中提到，针对重型、危重型病例，采取高流量氧疗、无创或有创机械通气方式对患者进行呼吸支持，是重要的诊疗方式之一。研究表明，新冠病毒对感染者肺部具有极强的攻击性，可能引发肺炎或急性呼吸窘迫综合征（Acute Respiratory Distress Syndrome，ARDS），唯有用呼吸机辅助呼吸，才能保证患者的血氧含量，避免呼吸系统和重要脏器发生器官衰竭，为其他的临床治疗实施争取时间。

在呼吸机设备配置方面，《重症医学科建设与管理指南（2020版）》建议ICU每床配置1台常规呼吸机，每个ICU病区应另外配置至少一台常规呼吸机备用；为便于安全转运患者，每个ICU病区应至少配置1台便携式呼吸机；根据需要配置适当数量的高流量氧疗仪和无创呼吸机。

综上，从呼吸机诊疗技术的诊疗个性化、精细化、智能化，到新冠肺炎诊疗过程中呼吸支持的重要性，以及临床科室呼吸机设备的配置建议中可以看出，呼吸机在重症监护病房中起着重要作用，呼吸机相关技术也需要进一步的提高和发展。

2. 呼吸机装备主要技术进展及趋势

呼吸机装备的技术发展主要集中在重症呼吸机领域和急救转运呼吸机领域。

（1）重症呼吸机领域　近年来，重症呼吸机领域的技术发展主要集中在人机同步和肺保护两大领域。

人机同步是重症呼吸机的关键性能之一。在人机同步方面，迈瑞医疗的IntelliCycle Pro技术在性能和易用性等方面均达到国际领先水平。该技术不需要额外的附件，不增加任何医疗成本，依靠呼吸机本身就有的压力和流量波形进行智能识别，进而实现自适应的人机同步。从要求病人适应呼吸机，转变为呼吸机自动适应病人。

机械通气为正压通气，其较正常的自主呼吸具有反生理性，而这个反生理性在临床上会导致肺损伤等一系列并发症。因此重症呼吸机领域肺保护策略是临床研究和应用的热点。近年来在肺保护方面陆续推出各种技术手段，如迈瑞医疗SV600、SV800呼吸机推出的自适应通气模式（Adaptive Ventilation Mode，AVM），它能够根据患者呼吸力学特征和自主呼吸情况，以最小呼吸功为目标，自动进行呼吸率和潮气量的调控，从而达到自适应通气和自适应肺保护的目的。该模式能够适应机控和自主呼吸等全病程。研究表明，AVM能够减少临床医生操作，降低工作负担，显著减少报警，并能够降低机械通气时的机械能。食道压是肺保护策略的重要手段之一，通过食道压监测可以滴定通气参数，以实现肺保护的目的。迈瑞医疗高端重症呼吸机作为国内首家集成食道压功能的呼吸机，通过研发自制食道压附件解决了国内食道压附件的瓶颈，满足了临床应用。对病人有效监测是肺保护的重要前提，迈瑞医疗呼吸机实现了驱动压和机械能的实时监测，为肺保护策略的临床实施提供了全面的数据支撑。

传统呼吸机仅有一维的压力或流量监测能力，这样只能把肺作为一个整体来评估其呼吸力学状态，而临床上病人的肺是不均一的，因此需要床旁简便的二维信息来监测病人的通气分布。呼吸机集成电阻抗成像（Electrical Impedance Tomography，EIT）模块可以很好地解决这一问题。EIT的优势是无辐射，床旁即可实施，通过电阻抗的原理能够对肺部的通气分布进行成像，从而可以支持医生对病人的通气状态进行更加全面的评估。同时，较单体的 EIT 设备来说，呼吸机集成 EIT 模块在呼吸机和 EIT 的融合方面更具优势，如可以进行自动化的 PEEP 滴定，同时以呼吸机的呼吸力学结合 EIT 的成像信息能够对病人的肺部状态做出更加全面的评估。

随着人工智能技术的成熟以及在医疗行业应用的逐渐深入，未来人工智能在机械通气领域将发挥越来越大的作用，也是呼吸机产业发展的大趋势。通过多维度参数进行机械通气的辅助决策也是未来呼吸机应用的重要方向之一，比如进行脱机失败的预测或者无创通气失败预测，提示病人需要转有创通气等。在具体技术层面，肺保护依然是机械通气的重要研究方向。

（2）急救转运呼吸机领域　由于重症患者转运设备众多，转运过程中多设备的繁琐切换和携带给医护人员带来沉重负担，且容易引发转运不良。因此，提升转运效率、改善救护质量是未来的发展趋势。

迈瑞医疗推出的 TV80 系列呼吸机，不仅打造了一体化转运平台（见图 2-123），而且对转运流程进行了融合创新，推出了通气配置转移功能（见图 2-124），提升了转运效率。一体化转运平台集成了重症患者所需的呼吸机、监护仪和输注泵，以及高压氧气瓶，让转运过程化繁为简，让重症患者的转运更加简单可靠。通气配置转移功能依托迈瑞医疗的瑞智联生态系统，通过与床旁设备高效共享数据，促进转运流程的优化，实现了转运过程中的监护线缆不重连、通气参数不重设、患者通气监护数据完整，大幅提升了转运交接效率。

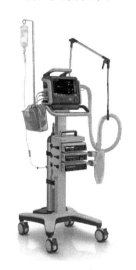
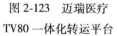

图 2-123　迈瑞医疗
TV80 一体化转运平台

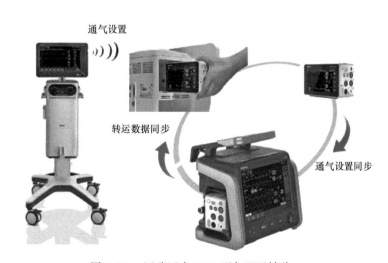

图 2-124　迈瑞医疗 TV80 通气配置转移

3. 存在的问题及建议

机械通气的反生理性依然是临床上呼吸机使用的最大问题。因此，如何在高效进行通气的同时最大限度地降低机械通气对患者的副作用是呼吸机研发面临的最大问题。同时，呼吸机的操作对临床医生的要求极高，如何用好呼吸机也是临床面临的问题。

人工智能技术作为未来发展的大趋势，其技术应用于医疗产品所面临的最大障碍是注册问题。从数据库的建立，到验证，甚至临床试验都对呼吸机研发厂家提出了极高的要求。因此，建议在人工智能技术应用于呼吸机装备的注册方面给予厂家更多的支持。

二、麻醉机装备技术发展趋势

（一）麻醉机装备简介

麻醉机是临床麻醉的重要装备，其作用是向患者提供氧气和麻醉药物，并进行呼吸管理，使患者吸入的麻醉药物浓度精确、稳定、易控制。现代麻醉机通常还配备有生命体征监测、患者意识监测、痛觉水平监测、肌肉松弛水平监测等模块，如气道内压监测、呼气末 CO_2 监测、吸入麻醉药物浓度监测、氧浓度监测、脑电信号监测、肌松监测等，组成临床麻醉工作站。

（二）麻醉机装备的工作原理、系统结构、重要指标及范围

1. 工作原理

麻醉机的工作原理是向病人输送指定流速和浓度的氧气和麻醉气体，通过肺部的气体交换实现氧气和麻醉药物的输送，再通过循环系统输送至器官和脑部，维持病人的氧合和麻醉效果。

2. 麻醉机的系统结构

麻醉机系统包括气体输送系统、呼吸机和呼吸回路，如图 2-125 所示。

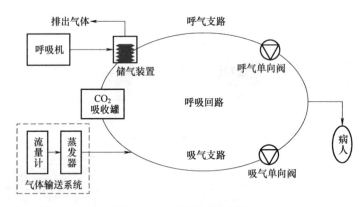

图 2-125　麻醉机系统结构

气体输送系统由流量计和蒸发器组成，用来产生向病人回路传输的新鲜气体。流量计主要负责产生载气，将高压的氧气与空气调压后按照设定流速和氧浓度输出。蒸发器主要负责产生一定浓度的吸入麻醉药物气体，载气流经蒸发器后，携带设定浓度的吸入麻醉药物，形成进入回路的新鲜气体。

呼吸机用来产生周期性的驱动力以产生呼吸流速和压力，将气体送入病人肺中。麻醉中常用的通气模式有容量控制通气（Volume Control Ventilation，VCV）、压力控制通气（Pressure Control Ventilation，PCV）、压力支持通气（Pressure Support Ventilation，PSV），以及这三种模式互相组合的复合通气模式，如间歇同步指令通气模式、容量保

证压力控制通气（PCV-VG）。

呼吸回路用来建立气体输送系统、呼吸机与病人之间的气体通路，通常采用半紧闭式结构的重复呼吸回路。由于麻醉药物价格较贵，并且是较强的温室气体，重复呼吸回路可以将呼出的麻醉气体重复利用，减少麻醉费用和对环境的污染。呼吸回路通常包含储气装置、CO_2 吸收罐、吸气支路、呼气支路以及位于各支路上的单向阀。吸气支路连接储气装置和病人，将呼吸机驱动的吸入气体送入病人肺中；气体在进入病人肺之前需要先流经 CO_2 吸收罐，以去除呼出气体中的 CO_2；呼气支路连接病人和储气装置，将病人呼出的气体传入储气装置；储气装置负责在呼气阶段储存病人呼出的气体，并在吸气阶段将气体以驱动的流速和压力传输到病人肺中。传统储气装置一般采用风箱折叠囊的形式，但由于折叠囊的自重导致呼气末正压不能为零。新一代麻醉机也采用容量交换器作为储气装置，避免了系统自带呼气末正压的问题，进一步提高了控制通气的精准度。回路中的吸气单向阀和呼气单向阀负责在呼气阶段和吸气阶段阻断反方向的流速，保证吸入气体的流向，并防止 CO_2 重复吸入。

3. 重要指标及范围

麻醉机最重要的作用是向病人提供呼吸支持、氧支持与麻醉药物浓度控制，因此其最重要的指标包括呼吸控制指标、流速与氧浓度控制指标和麻醉药物控制指标。市面主流产品的重要指标及范围见表 2-15～表 2-17。

表 2-15　呼吸控制及监测指标及其设定范围

参数		设定范围
呼吸控制指标	潮气量	5～1500mL
	吸气压力	3～80cmH$_2$O
	呼气末正压	OFF, 3～50cmH$_2$O
	呼吸频率	2～100 次/min
	吸呼比	4∶1～1∶10
	吸气暂停	OFF, 5%～60%
	吸气时间	0.2～10.0s
	压力上升时间	0, 0.1～2.0s
呼吸监测指标	潮气量	0～3000mL
	分钟通气量	0～100L/min
	呼吸频率	0～120 次/min
	呼吸比	50∶1～1∶50
	气道压力	−20～120cmH$_2$O
	呼气末正压	0～70cmH$_2$O
	阻力	0～600cmH$_2$O/(L/s)
	顺应性	0～300mL/cmH$_2$O
	氧浓度	18%～100%

表 2-16　流速与氧浓度控制指标及其设定范围

参数	设定范围
氧气调节范围	0~15L/min
笑气调节范围	0~12L/min
空气调节范围	0~15L/min
总流量调节范围	0~20L/min
辅助供氧	0~15L/min
高流量给氧	2~80L/min
呼吸机吸气峰值流速	≥180L/min
氧气、笑气混合气中的氧浓度范围	≥25%
氧浓度控制精度	±5%

表 2-17　麻醉药物控制指标及其设定范围

麻醉药物	浓度设定范围（体积分数,%）
地氟醚	0~18
异氟醚	0~6
七氟醚	0~8

（三）麻醉机装备的分类

现代麻醉机有空气麻醉机、直流式麻醉机和循环紧闭式麻醉机三种。

空气麻醉机属于半开放式麻醉装置，轻便适用，可直接利用空气和氧气作为载气，能进行辅助呼吸和控制呼吸，满足各种手术要求。空气麻醉机的工作原理：病人在完成麻醉诱导后，将空气麻醉机与密闭式面罩或气管导管连接，吸气时，麻醉混合气体经开启的吸气单向阀进入病人体内，呼气时呼气单向阀开启，同时吸气单向阀关闭，排出呼出的气体。当使用辅助或控制呼吸时，可利用折叠式风箱，吸气时压下，呼气时拉起，保证病人有足够的通气量。同时，可根据实际需要调整麻醉机控制开关，以维持稳定的麻醉水平。

直流式麻醉机由高压氧气、减压器、流量计、麻醉药液蒸发器组成。该装备仅能提供氧气和调节吸入气体的麻醉剂浓度，必须有其他装置与输出部位串联才能进行麻醉。

循环紧闭式麻醉机以低流量的麻醉混合气体，经逸气单向阀单向流动供给病人，呼出的气体经呼气单向阀进入 CO_2 吸收罐重复使用。循环紧闭式麻醉机主要由供氧和氧化亚氮装置、气体流量计、蒸发器、CO_2 吸收罐、单向阀、呼吸管路、逸气单向阀、储气囊等组成，现代的循环紧闭式麻醉机还配备有通气机气道内压、呼气流量、呼气末 CO_2 浓度、吸入麻醉药浓度、氧浓度监视仪，以及低氧报警和低氧-氧化亚氮自动保护装置。

按麻醉呼吸机原理，现代麻醉机还可以分为气动电控型麻醉机和电动电控型麻醉机。气动电控型麻醉机是气体驱动、电子控制的麻醉机，由回路外部的驱动气体驱动储气囊、风箱，产生病人通气的流速与压力；电动电控型麻醉机是电力驱动、电子控制的麻醉机，由回路内部的器件产生驱动力驱使回路内气体流动。电动电控型麻醉机常用的内部驱动器件为内部涡轮或金属气缸。

气动电控型麻醉机与电动电控型麻醉机的主要区别是驱动气体作用在呼吸回路内还是呼吸回路外，而不仅仅只依据驱动气体是否由活塞和涡轮提供而判断。由图 2-126 所示麻醉机原理可判断出其为气动电控型麻醉机，该麻醉机虽然采用了涡轮作为驱动器件，但涡轮的主要作用还是产生较高压力的驱动气体，驱使储气囊、风箱运动，与传统气动电控型麻醉机并无差别。

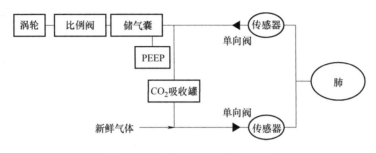

图 2-126　气动电控型麻醉机原理

另外，麻醉机还可以按功能结构分为全能型、普及型和轻便型；按流量分为高流量麻醉机和低流量麻醉机（也可施行高流量麻醉）；按年龄分为成人用麻醉机、小儿用麻醉机、新生儿用麻醉机和兼用麻醉机；按使用对象分为人用麻醉机和兽用麻醉机。

（四）麻醉机装备的行业发展现状

现代麻醉学经过 150 余年的发展，目前已成为临床医学的重要组成部分，麻醉机也已成为麻醉医师实施麻醉的必备工具，对保障病人术中生命安全起着举足轻重的作用。

我国的麻醉机行业近年来取得了快速发展。从需求角度来看，受医保体系覆盖范围扩大、消费者支付能力提升以及政府基层医疗体系建设的投入增加三大因素影响，我国对麻醉机的市场需求正在快速增长。

数据显示，2018 年，我国麻醉机行业市场规模为 10.4 亿元人民币，较上年同比增长 7.2%；2019 年，我国麻醉机行业市场规模为 10.6 亿元人民币，较上年同比增长 1.9%。目前我国麻醉机行业主要参与者包括 Drager、GE、Maquet 等国外品牌和迈瑞医疗、谊安医疗等国产品牌。近年来国产麻醉机品牌发展迅速，竞争力不断提升，2019 年迈瑞医疗麻醉机国内市场份额已超过 GE，位居第二，达到 29%。国内麻醉机企业的发展和崛起，生产出了更多符合国情、符合基层医疗需求的产品，使国内麻醉机市场的产品更加多样化，并且使进口医疗器械产品的价格大幅度下降。从进出口情况来看，我国麻醉机国产品牌已经成功打入海外市场。数据显示，2020 年 1~11 月，我国麻醉机出口数量远远高于进口数量，达到 1579.25 万台。

（五）麻醉机装备临床应用现状

麻醉机在临床中的主要作用是为手术病人提供吸入麻醉和呼吸支持，麻醉医生在手术过程中还需要使用镇痛、镇静、肌松等药物维持患者合适的麻醉深度，密切关注患者的一系列生理指标，确保患者状况平稳。所以，现代麻醉机除了提供基本的吸入麻醉气体和机械通气功能，还集成了呼吸监测、麻醉气体监测、麻醉深度监测、肌松监测等功能。集成众多功能的麻醉机（如 Drager 的 Zeus、迈瑞医疗的 A 系列）也逐渐以麻醉工作站或麻醉系统的概念出现在手术室。在实际临床使用场景中，麻醉机工作站也是监护仪、麻醉信息系统、输注泵等手术设备的载体，更加体现了其作为手术室中集成化工作站的特性。

麻醉机的临床应用可以贯穿全麻手术的三个阶段：诱导、维持和复苏。在进行麻醉诱导和气管导管插管通气前，医生可以使用麻醉机提供的辅助供氧为患者吸氧，提升患者氧储备。近年来，高流量鼻导管（High Flow Nasal Cannula，HFNC）给氧功能已经开始走向手术室，越来越多的文献和指南都表明 HFNC 可以提高困难气道的病人和肥胖病人安全插管的时间窗，提高麻醉的安全性。目前手术中使用 HFNC 主要是通过单独的高流量氧疗仪（如 Fisher & Paykel AIRVO 2）来实现，2021 年首台集成 HFNC 的麻醉机（迈瑞医疗 A8、A9）也已经出现在手术室，给氧流量能达到 80L/min。在成功的诱导、插管，开始手术进入麻醉维持阶段后，麻醉机可以为病人提供机械通气。现代麻醉机具备了和 ICU 呼吸机相媲美的多样化机械通气模式，除了传统的容量控制通气、压力控制通气、同步间歇指令通气（Synchronized Intermittent Mandatory Ventilation，SIMV）、压力支持通气模式，一些高端的麻醉机还可以配置气道压力释放通气（Airway Pressure Release Ventilation，APRV）、自适应分钟通气（Adaptive Minute Ventilation，AMV）等高级通气模式，可以满足不同手术患者的通气需求和麻醉医生的使用需求。同时，麻醉机还可以在麻醉维持过程中监测病人的麻醉深度、气道压力、潮气量、吸入/呼出气体浓度等指标，并及时给出各项生理报警，提醒医生对患者情况做出干预和调整。通过闭环控制麻醉功能可以在手术过程中自动调节新鲜气体和麻药浓度来维持病人的麻醉深度，可有效减轻医生的工作负担，而且更加节省麻药，Drager 和 GE 最高端的麻醉机（Zeus、Aisys）有闭环控制麻醉功能，但只是在 CE 认证地区上市，2021 年首个带有闭环控制麻醉功能的麻醉机（迈瑞医疗 A9）也已经在国内上市。在麻醉复苏阶段，麻醉医生可以利用麻醉机众多的机械通气模式或者手动通气为病人复苏期间的通气进行支持，同时监测各项生理指标，确保病人安全拔管。

除了在临床中为患者提供麻醉维持、机械通气和各种监测功能，得益于计算机科学和互联网技术的发展，现代化的麻醉工作站不仅可以作为各类设备在手术室中的物理安装载体，同时也具备了强大的信息化功能。信息化体现在麻醉机可以和医院信息系统、监护仪、手麻系统等设备建立数据传输通路，传递手术期患者监测指标和通气、麻醉相关参数，以及麻醉机设备的各类信息，信息化的赋能一定程度上减少了医护、医工人员工作量。

（六）麻醉机装备主要技术进展及趋势

1. 主要技术进展

（1）低流量麻醉技术　在气体监测手段越来越普及的今天，低流量麻醉因经济节约、污染少的优点越来越受到重视。当实施低流量麻醉时（新鲜气体流量≤1L/min），被排出的气体流量也被降低到很低的水平，大部分麻醉气体都被重复利用，减少了麻醉药物的使用，大大节约了麻醉的实施成本。麻醉药物用量减少的同时也降低了对手术室内环境的污染，降低了医护人员长期接触麻醉气体造成的潜在损害。另外，现在常用的氟烷类麻醉气体也是温室气体的一种，减少麻醉气体用量也会减少对大气的污染。除此之外，低流量麻醉会使更多的 CO_2 被吸收，向回路气体释放更多的水汽和热量，有助于保护病人的气道。

尽管低流量麻醉具有很多优点，但在临床上仍没有推广开，其主要原因是低流量麻醉时医生控制病人的麻醉深度更困难。如前所述，当使用较低新鲜气体流量时，病人获得的吸入麻药浓度与医生设置的蒸发器浓度差别较大，病人对麻药吸收的个体差异也会显著影响肺内的麻药浓度。有研究表明，即使对麻醉医生培训了如何实施低流量麻醉，在一段时间后，医生仍倾向于使用接近 $2L/min$ 的新鲜气体流量。医生在使用低流量麻醉时，蒸发器设置值与病人端监测值的巨大差异，会让医生感觉到"失去控制"。

市场上现有的麻醉机仍然沿袭了传统麻醉机的操作方式，医生观测病人的麻醉效果，根据经验不断调节麻醉机各组件，从而获得所需要的输出。这种不直观、依赖经验的调节方式给麻醉医生在关注病人之外增加了额外负担，同时也阻碍了更好的麻醉方式——低流量麻醉的推广。因此，为了改变这种不直观的操作方式，将医生从"操作机器"的模式中解放出来，能够投入更多的精力到看护病人上，目标控制麻醉技术、麻醉预测技术等也应运而生。

（2）目标控制麻醉技术　目标控制麻醉是一种自动的新鲜气体控制模式，由医生直接设定期望病人的吸入或呼出浓度，由机器监测病人端气体浓度与医生设定目标之间的差值，自动地闭环调节新鲜气体流量和气体浓度，以达到并维持设定目标。在目标控制麻醉模式下，医生不需要关注机器如何调节，只需要关注在当前手术进程、病人状态下所需要的麻醉浓度，并且自动实施低流量麻醉。研究表明，目标控制麻醉技术可以实现更好的吸入或呼出麻药浓度控制，可以更快、更精准地达到目标麻醉深度，而在血压、麻醉深度监测等方面的表现与医生手动控制的麻醉相比并无明显差异。

在当前监测手段越来越成熟、控制手段越来越完善的情况下，研究者们更加关注目标控制麻醉功能在经济性、环保性、易用性等方面的表现。通过与传统医生手动控制对比，目标麻醉控制功能在经济性和环保性方面显示出了较大的优势。研究结果表明，使用自动的目标控制麻醉，可以降低27%的麻醉费用，降低47%的温室气体排放。在易用性方面，目标控制麻醉功能也显示出了巨大的优势，大大降低了医生介入的调节次数。大量的临床试验已经证明了目标控制麻醉功能在临床应用中的巨大潜力。

目标控制麻醉技术的基础是电子化控制的流量计和蒸发器，而目前只有少量国外高端品牌拥有电子蒸发器。虽然国外高端品牌的麻醉机早已推出目标控制麻醉功能，但都尚未在国内注册。迈瑞医疗推出的 A9 系列高端麻醉机，是首个在国内获得注册证的拥有电子蒸发器和目标控制麻醉的麻醉机，国产品牌首次在麻醉领域赶超了国外品牌。

（3）麻醉预测技术　对于没有配备电子蒸发器的中低端麻醉机来说，无法实施自动的目标控制麻醉，麻醉预测技术可以帮助医生更好地手动控制麻醉，特别是低流量麻醉。麻醉预测技术以基于人群的药物代谢动力学模型为基础，根据病人信息和医生设置的麻醉机参数，包括新鲜气体流量、麻醉药物浓度、通气量等，计算未来一段时间内病人吸入呼出气体浓度的变化趋势。通过麻醉预测技术，医生可以了解到自己的麻醉机设置在病人端会产生何种变化，氧浓度能否保证，麻醉药物浓度是否符合预期，从而更好地实施低流量麻醉。

（4）全自动自检技术　麻醉机自检是医生每天都要使用的重要功能，医生需要在每天首台麻醉开始前做好麻醉准备，包括麻醉机的状态检查、药物准备、器械准备等。麻醉机自检是确保麻醉机状态的重要功能，是医生工作流程中的重要组成部分。自检效率和全面性是麻醉机自检技术最重要的性能。

随着电子技术的发展，麻醉机中器件的电子化也越来越多，能够支持麻醉机进行更全面的自检。全自动自检技术能够允许医生按要求连接好管路后，一键完成对所有关键组件的自检，不需要医生中途介入。全自动自检技术能够提升医生麻醉准备的工作效率，减轻医生的工作负担，使医生将精力更多地投入医疗过程而非机器操作。

2. 关键技术发展趋势

（1）麻醉呼吸机　麻醉呼吸机负责向病人输送指定压力或容量的呼吸气体，以维持病人的通气与氧合。随着麻醉质量需求的提高、肺保护理念的推广、手术室外麻醉的发展，麻醉呼吸机需要提供更高品质、更灵活多样的通气模式，更丰富的肺保护工具，更多形式的通气方式。

1）ICU品质的通气。在最初的麻醉机通气过程中，由于病人处于麻醉状态，虽然呼吸肌不再动作，但肺气体交换功能仍然正常，传统的PCV、VCV可以满足最基本的通气需求。随着对肺保护的重视，压力调节容量控制通气（Pressure Regulated Volume Control Ventilation，PRVCV）在麻醉中的应用越来越多，既能保证通气量，又不会产生过高的气道压力。随着手术技术的发展，术中需要保留自主呼吸的场景也逐渐增多，支持自主呼吸的通气模式也被引入麻醉呼吸机，如连续气道正压通气（Continuous Positive Airway Pressure，CPAP）、APRV等。一些智能化通气模式也在麻醉中崭露头角，如迈瑞医疗公司推出的A9系列麻醉机提供了自适应分钟通气功能，它以呼吸功最小为原则，根据病人肺部阻力和顺应性自动调节潮气量和呼吸率，使病人始终处在最优化的通气状态。它还可以自动切换机控通气与自主通气，实现病人从诱导到复苏的全流程通气。对于术中病人肺部阻力和顺应性发生变化的情形，如内镜手术，自适应分钟通气模式能够自适应调节通气并有效防止吸气压力过高。

2）肺保护工具的应用。机械通气导致的肺损伤（Ventilation Induced Lung Injury，VILI）是麻醉通气中不可忽视的问题。由于机械通气是正压通气，不同于生理性呼吸，使用不当可能引发机械通气相关性肺损伤和呼吸机相关性肺炎并发症等。在临床麻醉实施过程中，进行机械通气的患者数量远远高于其他医学专科，如何在麻醉过程中实施肺保护通气，防止机械通气导致肺损伤，近年来也越来越受到重视。肺状态监测是实施肺保护性通气的基础。只有通过肺状态的准确监测，进一步通过机械通气进行干预才能有的放矢，实施个性化肺保护通气策略。跨肺压是作用在病人肺上的压力，是肺内压和胸腔内压的差值。过高的跨肺压是造成肺泡气压伤的直接原因。可以通过监测食道压来预估胸腔内压，进而实现跨肺压的监测。医生可以通过调节呼气末正压（Positive End Expiratory Pressure，PEEP）和吸气压力，将跨肺压限制在安全范围，降低肺损伤发生的概率。跨肺压也可以用来指导 PEEP 滴定，保证呼气末跨肺压为正，防止肺泡塌陷。

3）高流量给氧技术的集成。高流量给氧也称经鼻湿化快速喷射通气交换，是指将一定氧浓度，经过湿化的高流量持续气体（一般流速大于 15L/min）传输给患者的一种氧疗方式。

对于进行全麻插管手术的病人，在麻醉诱导和气管插管前要对患者进行预充氧，增加患者氧储备，来延缓呼吸暂停引起的缺氧，为医生预留更多的插管时间。传统的预充氧方式是采用面罩进行给氧（给氧流量小于 15L/min），但对于肥胖患者、产科患者、儿科患者，即使预给氧充分，患者血氧饱和度下降到 80% 只需 1.5~4min。对麻醉医生来说，在如此短的时间内完成插管是一种挑战，尤其是对于插管风险高、难度大的困难气道患者。临床研究证明，利用高流速给氧，病人的安全窒息时间可以大幅延长（对于成年人可以提升至 14~30min），安全窒息时间的大幅延长可以使麻醉医生更加从容地应对困难气道插管，减少麻醉医生的负担。

除了可以提高麻醉诱导和气管插管操作的安全性，临床研究也证明高流量给氧可以直接作为一些手术的术中通气方式，为手术患者提供充分的氧合，避免患者承受插管的痛苦，提高手术舒适性。已有临床研究报道高流量给氧安全应用于全麻下保留自主呼吸的胸腔镜手术，全麻下进行的胃镜手术、支气管镜检，以及全麻下进行的短时喉气道手术等。

4）非插管全麻的通气支持。随着麻醉和手术技术的发展，我国非插管全麻占比的整体趋势逐年上升。《2020 年国家卫健委专业质控中心工作报告》数据显示，三级公立综合医院的非插管全麻占比上升到 31%。对于气道狭窄的患者，本身气道空间受限，无法进行气管插管，而在一些气道手术中，麻醉医生需要和外科医生共享气道，气管插管将影响外科医生的术野，影响手术操作的进行，而麻醉药物也可能抑制呼吸，增加呼吸管理难度。因此，在非插管全麻手术中气道管理至关重要。高频喷射通气是解决非插管全麻手术临床痛点的重要手段，气管插管与高频喷射通气的术野对比如图 2-127 所示。

高频喷射通气是一种开放气道通气方式，通过喷射导管将气体直接喷射进病人肺内（见图 2-128）。由于频率高、流速急促，高频喷射通气可以利用文丘里卷吸效应和窒息通气效应实现氧合。高频喷射通气能够提供良好的手术视野，同时提供可靠的通气保障，使外科医生和麻醉医生操作互不干扰，减少医生工作复杂度，提升工作效率。

随着监测和通气技术的发展，高频喷射通气也越来越安全，气胸等并发症多发生在手动喷射通气设备，使用高频喷射呼吸机可以减少并发症，同时提供的压力监测以及压力过高自动保护措施也能让通气更加安全。同时也发展出了高频叠加常频的喷射通气模

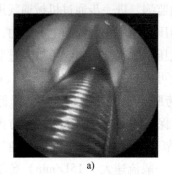 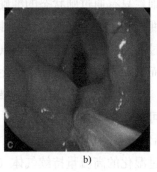

a)   b)

图 2-127　气管插管与高频喷射通气的术野对比
a）气管插管　b）高频喷射通气

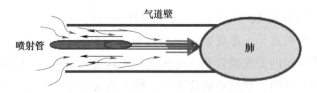

图 2-128　高频喷射原理

式，能够通过两根独立喷针分别输出不同频率的送气。其中，常频喷射通气能保证有充足的吸气压水平，让患者获得足够通气量，促进二氧化碳排出，避免重复吸收；而高频喷射通气可维持呼气末正压，提高肺泡氧浓度，维持肺组织复张状态，从而更利于氧气利用。由于存在卷吸效应，叠加喷射通气夹带的周围气体量增加，气体交换更充分，可解决 CO_2 储留问题。

　　传统的高频喷射呼吸机产品种类少，被少数几家国外厂商垄断，价格高昂，且需要额外备用的独立单机，对手术室内原本宝贵的空间也构成挑战。目前国内医疗器械厂商迈瑞医疗推出了集成高频喷射通气模式的麻醉机，同时支持高频和常频的叠加通气，既满足了临床需求，又节省了空间，优化了麻醉工作流，进一步优化了全场景下的通气支持。

　　（2）呼吸回路　麻醉机中病人呼吸的气体会被重复利用，传统麻醉机通常采用风箱结构实现驱动气体与病人呼吸气体的隔离，以减少病人呼出麻醉药物的损失。呼气时，新鲜气体及病人呼出气体一并进入风箱内的折叠囊；吸气时，驱动气体进入风箱中，驱动折叠囊内的气体再次进入病人的肺中。病人肺内的气体压力和流量均通过控制驱动气体于折叠囊实现。但由于折叠囊材料柔软具有一定的弹性，在通气量较小时很难精确控制，并且无法避免呼气末正压，尤其对新生儿的通气有着严重的影响，可能导致通气不足。

　　随着高端麻醉机对通气控制的更高要求，以迈瑞医疗和 Maquet 为代表的麻醉机厂商，相继推出了有别于传统麻醉机的新型驱动气体隔离技术，其原理如图 2-129 所示。

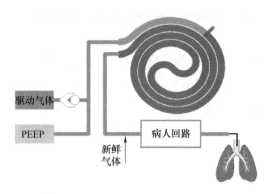

图 2-129　新型驱动气体隔离技术原理

新型驱动气体隔离技术在呼吸系统的比例阀（提供驱动气体）和病人回路（呼吸气体）之间连接细长的管路，由于管路的截面积较小，驱动气体和病人呼吸气体只在两股气体交汇处有局部区域的混合，管路两头的气体并没有发生混合，从而实现驱动气体与病人呼吸气体的隔离。如果病人端有新鲜气体补充，混合段会往麻醉废气排放系统（Anesthesia Gas Scavenging System，AGSS）端移动，病人端的呼吸气体不会受到驱动气体的影响。

通过上述技术，采用固定管路替代传统麻醉机的折叠囊运动部件，减小了漏气的风险，提高了产品的可靠性。同时，不会受到折叠囊的体积和弹性的影响，能够实现更大的潮气量、更小的基础 PEEP、更快的麻药浓度上升速度。此外，如果手术过程中呼吸系统突然出现严重泄漏，麻醉机也能够增大驱动气体进行补偿，不会出现传统麻醉机因风箱塌陷导致病人窒息的风险。

（3）蒸发器　蒸发器是麻醉机实施吸入麻醉的关键组件。蒸发器将挥发性麻醉药物汽化，并通过新鲜气体携带麻药输送至回路呼吸系统，使患者达到预期的麻醉状态。

传统机械蒸发器的原理是旁路式，通过将新鲜气体分流后流经蒸发器内，通过携带出饱和麻药蒸气的方式向回路中输入吸入的麻醉药物。这种旁路式的蒸发器输出设定浓度的前提是药池内药物挥发为饱和状态，但随着麻醉药物被持续带走，饱和状态难以一直维持，因此机械蒸发器输出麻药时调节过程慢，输出浓度不稳定，难以持续大浓度输出。另外，机械式的调节方式也使医生难以精确控制输出的麻药浓度，难以实施精准麻醉。

电子可控的蒸发器是未来技术的发展趋势。电子化控制技术的引入能够使调节更加精准，同时可为未来自动控制的闭环麻醉、智能麻醉提供基础。GE 最早推出了旁路式的电子蒸发器，将医生手动转动调节的刻度盘改成了电子控制，允许医生精确定量地设置麻药浓度。但旁路式的原理决定了其输出浓度受环境影响大、调节过程慢、难以持续大浓度输出的问题。最新型的电子蒸发器采用直接喷射技术，向新鲜气体中直接喷射定量的麻醉药物，并辅以加热保证药物全部汽化。这种方式可以通过调节单次喷射时长快速调节新鲜气体中的麻药浓度，高精度的喷射器件可以保证每次都精准输出所需的麻药量，并能长时间持续输出。Drager、Maquet 和迈瑞医疗的最高端麻醉机都采用了喷射式的电子蒸发器。

（4）静吸复合麻醉工具　随着临床麻醉水平的提高和药理学的发展，静吸复合麻醉在临床应用越来越广泛。因为复合麻醉通过多药物联合给药可以达到与单一药物的相同麻醉效果，且每种药物的用量都更低，具有更快的代谢时间，以及更低的循环影响和副作用。但静吸复合用药时，要合理地选择麻醉的药物和剂量，必须深入了解每种药物的药代动力学、药效动力学特点以及药物使用禁忌，考虑到药物之间的协同作用、相加作用和拮抗作用，并根据病人的病理生理特点和手术要求调整所用药物的种类、剂量和用法。上述原因使得临床静吸复合麻醉具有较高的经验门槛，因此，提供能够帮助医生直观了解药物相互作用药效的静吸复合麻醉工具是非常有必要的。

反应曲面模型是一种用于描述麻醉药物之间相互作用的建模方式，它通常用多维曲面的方式来描述多药物共同使用时不同浓度组合下的综合麻醉药效。该综合麻醉药效用对某一特定手术刺激无反应的概率来描述，如图 2-130a 所示。多维曲面的结果呈现并不直观，通常用一些常用药效的等高线来表示不同浓度组合的药物能够达到相同的麻醉效果，例如，EC50 表示人群中 50% 的患者能够对手术刺激无反应，EC95 表示人群中 95% 的患者能够对手术刺激无反应，如图 2-130b 所示。有研究表明，向医生呈现药代动力学、药效动力学信息，能够帮助医生更好地调节麻醉给药，降低术中低血压事件的严重程度，降低用药量，缩短苏醒时间。

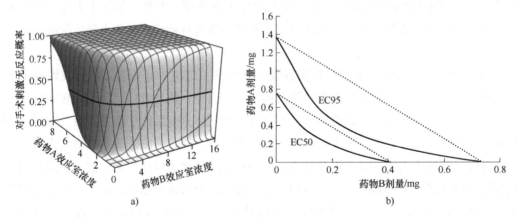

图 2-130　反应曲面模型
a）多维曲面　b）药效等高线

但以上呈现方式仍然不够直观，常用的 EC50、EC95 之间的范围太过宽泛，难以定量衡量不同药物浓度组合之间的药效，难以形成有效的临床经验，对于不熟悉药代动力学、药效动力学的医生仍然难以推广。因此有研究者提出一种将多种药物联合的综合药效等效为纯吸入药物的 MAC 值的方法，可以定量地描述不同药物浓度组合相互作用后的麻醉药效。首先通过获取当前用药的效应室浓度，再通过反应曲面模型计算其达到的综合麻醉药效，然后寻找在该综合麻醉药效等高线上的纯吸入麻醉药物浓度，即产生同样麻醉效果的吸入 MAC 值，可以用等效 MAC（eMAC）表示。通过这种方法，可以将麻醉中联合用药所产生的麻醉药效用 eMAC 值表示，借用传统纯吸入麻醉的经验帮助医生更平稳方便地管理麻醉过程。

（七）存在的问题及建议

麻醉临床技术发展到现在已经比较成熟，单纯因麻醉而导致的死亡率已降低为 1/250000，麻醉机设备的功能已经能够基本满足临床安全性和有效性的需求。目前我国麻醉临床面临的主要问题是日益提高的麻醉质量与麻醉医生极其短缺之间的矛盾，以及地区医疗水平差异较大。未来麻醉机设备可以从以下几个方面应对这些临床问题：智能化临床应用以提高医生工作效率，例如麻醉临床决策系统、可视化的病人生理状态显示等；自动化操作以减轻医生工作负担，例如闭环控制功能可以减少医生重复性的给药调节；利用规范化流程和远程控制等方式，使高水平专家的经验和知识应用于医疗水平较落后的地区医院，提高基层麻醉水平质量。

三、监护仪装备技术发展趋势

（一）监护仪装备简介

监护仪可对患者进行心电图（Electrocardiogram，ECG）、呼吸、体温、脉搏血氧饱和度（Pulse Oximeter Oxygen Saturation，SpO_2）、脉率（Pulse Rate，PR）、无创血压（Non-Invasive Blood Pressure，NIBP）、有创血压（Invasive Blood Pressure，IBP）、心排血量（Cardiac Output，CO）、二氧化碳、氧气、麻醉气体（Anesthetic Gas，AG）、阻抗心动描记（Impedance Cardiography，ICG）、脑电双频指数（Bispectral Index，BIS）、呼吸力学（Respiratory Mechanics，RM）、连续心排量（Continuous Cardiac Output，CCO）、中心静脉血氧饱和度（Central Venous Oxygen Saturation，$ScvO_2$）、肌松（Neuromuscular Transmission，NMT）、局部脑血氧饱和度（Regional Cerebral Oxygen Saturation，rSO_2）监护，并通过脑电图（Electroencephalography，EEG）模块进行测量和分析，监护信息可以显示、回顾、存储和打印。

监护仪主要在医疗机构使用，其应用领域包括手术室内、麻醉诱导及术后复苏、重症监护病房、急诊护理、呼吸护理、心脏护理、神经护理、透析护理、新生儿护理、老年人护理、产科护理、内科及外科护理。监护仪必须由经过专业培训的临床医护人员使用。

（二）监护仪装备的工作原理及系统结构

（1）工作原理　病人监护仪产品由主控系统、附件及参数测量模块组成。主控系统可实现系统的总体控制功能、系统供电功能、集成显示和外接显示处理功能、用户输入功能、声光报警功能、对外接口及通信功能和数据存储功能等。

以下是一些常规参数的测量原理。

1）ECG 测量原理。

① ECG 电极：连接病人。

② ECG 电缆：连接电极和 ECG 模块。

③ ECG 模块：对采集数据进行信号处理，并分析出 ARR、ST、PR，基本原理如图 2-131 所示。

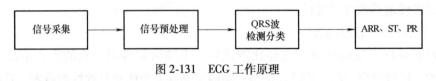

图 2-131　ECG 工作原理

2）脉搏血氧饱和度测量原理（见图 2-132）。

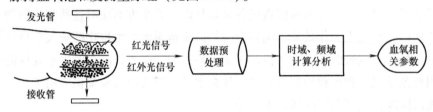

图 2-132　脉搏血氧饱和度测量原理

① SpO_2 探头：连接病人，发射红光和红外光，并采集病人组织吸收后的信号。

② SpO_2 探头延长线：连接 SpO_2 探头和含 SpO_2 测量的模块。

③ 测量的模块：对 SpO_2 信号进行处理和计算，将 SpO_2 值传给监护仪主机。

④ 算法原理：利用特定波长的红光和红外光照射测量部位，光经由测量组织吸收后在探测器端即可获得包含血液搏动信息的采样数据（红光和红外光）。采样数据经过算法预处理后，传递给时域计算模块和频域计算模块进行并行计算，并基于时域和频域结果进行状态分析，获得血氧相关参数结果予以输出。

脉搏血氧饱和度计算：根据红光与红外光交流量和直流量计算 R 值。

$$R = (ACRed/DCRed)/(ACIred/DCIred)$$

式中，ACRed 为检测到红光的交流量；DCRed 为检测到红光的直流量；ACIred 为检测到红外光的交流量；DCIred 为检测到红外光的直流量。

将 R 值输入 R 值曲线（R 值曲线反映 R 值与 SpO_2 值的映射关系，经由血气实验研究实证得出），查表即可获得 SpO_2 值。

3）无创血压测量原理（见图 2-133、图 2-134）。

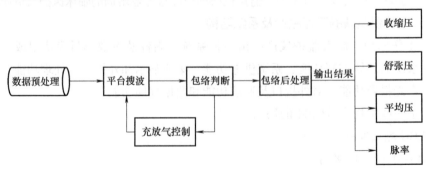

图 2-133　无创血压测量原理

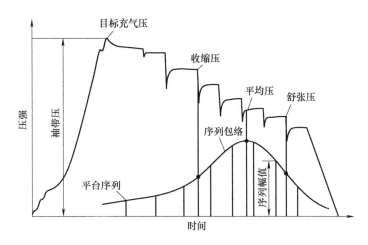

图 2-134 血压指标分析过程

示波法是自动化血压测量装置中使用最广泛的无创血压测量技术,该技术的基本原理是外界压力使动脉血流发生变化从而产生振荡波,NIBP 模块对袖带进行充放气来阻断和释放动脉血流,并通过传感器检测袖带压中微弱的振荡波,通过测量和分析不同袖带压下振荡波的幅度(取决于袖带压)和频率(取决于患者的脉率),NIBP 模块可以无创地测量出血压和脉率值。

测量过程:先给袖带充气到足够压力,阻断脉搏波,然后逐步放气,测量不同压力下脉搏波的强度,直到可分析出所需参数为止,全部放气。

脉搏分析:通过波形幅度变化、斜率分析,进行各压力台阶下的脉搏波识别,根据脉搏波的间距计算脉率。

血压分析:通过上面识别到的不同压力台阶下的脉搏波,构造出"压力-脉搏波强度"曲线,依据该曲线,将脉搏波强度最大位置处的压力作为平均压,然后根据临床经验参数,采用比例法取不同比例幅度的脉搏波强度对应的袖带压分别作为收缩压和舒张压。

其他参数的测量原理与上述几个参数类似,需要传感器和参数测量模块进行信号采集和分析,将测量分析结果及波形(有的参数不需要波形比,如无创血压和体温)上传给主控系统显示、存储或打印。

(2)系统结构 监护仪测量系统结构如图 2-135 所示。

(三)监护仪装备重要指标及范围

监护仪装备功能性指标的制定均依据了国内外相关的专业标准,如 YY 9706.249—2023《医用电气设备 第 2-49 部分:多参数患者监护仪的基本安全和基本性能专用要求》,心电专用标准 GB 9706.227—2021《医用电气设备 第 2-27 部分:心电监护设备的基本安全和基本性能专用要求》、YY 1139—2013《心电诊断设备》,无创血压专用标准 YY 0667—2008《医用电气设备 第 2 部分:自动循环无创血压监护设备的安全和基本性能专用要求》、YY 0670—2008《无创自动测量血压计》,二氧化碳和麻醉气体专用

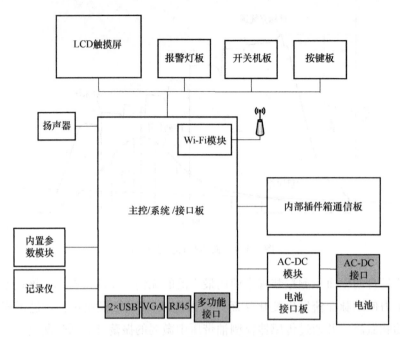

图 2-135 监护仪测量系统结构

标准 GB 9706.255—2022《医用电气设备 第 2-55 部分：呼吸气体监护仪的基本安全和基本性能专用要求》、YY 0601—2009《医用电气设备 呼吸气体监护仪的基本安全和主要性能专用要求》，脉搏血氧饱和度专用标准 YY 0784—2010《医用电气设备 医用脉搏血氧仪设备基本安全和主要性能专用要求》，体温专用标准 YY 0785—2010《临床体温计 连续测量的电子体温计性能要求》，有创血压专用标准 YY 0783—2010《医用电气设备 第 2-34 部分：有创血压监测设备的安全和基本性能专用要求》，以及脑电专业标准 GB 9706.226—2021《医用电气设备 第 2-26 部分：脑电图机的基本安全和基本性能专用要求》，并结合临床应用情况确定了各个参数指标的范围，同时也借鉴了国外业界同行对监护设备参数指标的通用要求。

（四）监护仪装备的分类

根据使用科室的不同，监护仪装备可分为床边监护仪、生命体征监护仪、遥测监护仪等。床边监护仪主要用于手术室、ICU 以及普通护理病房，生命体征监护仪主要用于急诊、诊所和社区健康服务中心，遥测监护仪用于患者可自行移动场景下的监护。

（五）监护仪装备行业发展现状

随着我国医疗器械市场的稳步增长，医疗监护仪装备也从过去主要用于危重病人的监护，发展到目前普通病房的监护，甚至基层医疗单位和社区医疗单位也提出了应用的需求。随着生命体征监测技术的发展，监护仪从最初的心电图、呼吸、无创血压、脉搏血氧饱和度、脉率、体温标准六项参数监测，发展出有创血压、呼吸末二氧化碳、呼吸力学、麻醉气体、心排量（有创和无创）、脑电双频指数等更丰富的参数监测。

监护仪装备形态也从最初的单参数监护仪，逐渐发展为多参数监护仪。按照结构划分,监护仪装备可以分为三类:一体式监护仪(便携式监护仪)、插件式监护仪和遥测监护仪。按照功能划分,监护仪装备可以分为床旁监护仪、MRI 监护仪、转运监护仪。另外,伴随着宠物市场的繁荣,兽用监护仪也蓬勃发展。受到网络互联技术发展的影响,监护仪的发展已经逐渐趋于网络化,以中央监护系统为基础,可实现远程查看及病人数据的保存和记录。

(六)监护仪装备发展趋势

监护仪装备发展趋势有以下几个方面的特点。

1)监护仪成为数据汇集器,不仅仅可以显示自身监测的参数,还能够集成床旁其他设备,如呼吸机、输液泵、ECMO、透析机等床旁治疗、支持设备的数据和信息,为临床医护人员床旁获取病人多维度的信息提供便利和可能。这些集成的数据通过互联网可以共享到中央监护系统和第三方医疗系统,从而实现病人临床数据的汇集。

2)基于监护仪的监护系统和网络蓬勃发展。全球流行的新冠疫情加速了医疗互联的发展进程,尤其是监护网络互联的发展。隔离病房监护、远程监护、远程会诊等需求层出不穷,临床人员开始寻求将更多的病人数据类型,如影像、实验室指标、视频、声音等多形态的信息汇总到一起,借助网络实现随时、随地查看。

3)新的商用技术逐步用于监护仪,一方面使监护仪更加易用,另一方面,可以进一步扩展监护仪的监测内容。例如,电容屏的使用使多点触摸、手势操作成为可能,语音和手势识别也逐渐用于特定的临床场景,提高了产品的易用性,视频、声音识别技术则有可能进一步准确识别病人的临床风险。

4)穿戴式监测技术和传感器的使用,能够在提高病人舒适度和活动能力的同时,促进病人更快恢复,并进一步促进了家庭病房等新形态远程监护系统的发展。

(七)监护仪装备主要技术进展及趋势

监护仪装备的主要技术进展表现为依托电子信息产业的提升,产品逐渐小型化、无线化、信息化和智能化。发展趋势为将传统的患者监护工作流设计、信息化设计立足于能够基于患者的数据提供全面的临床辅助决策工具(智能化工具),同时简化患者数据的管理工作,比如存储、浏览、打印等,从而提升医护人员的工作效率并降低人为错误的概率。

通过信息化手段可以全面做好设备协同管理和提升设备使用效率,让繁杂的工作变得有序,可助力临床使用人员应对各种挑战,以患者为中心全面提升医疗服务质量和效率。比如对于手术科室,以病人为中心,通过物联方案可汇聚床旁设备及信息系统数据于监护仪屏幕上集中呈现,助力麻醉医生全面掌握病人病情,通过监护仪上的辅助决策,提供关键信息给医生,从而有效保障病人安全。医院也可通过完整的信息化解决方案进行设备的管理,降低医院的运营成本。设备小型化和无线化,使得移动监护成为可能,便于患者更好地进行术后康复。

(八)存在的问题及建议

监护仪内部使用的一些核心部件依赖进口。监护仪本质上就是一种医用电子设备,对可靠性的要求不同于常规的消费电子产品，临床上使用时间往往可达 10 年甚至更长。目前，监护仪使用的关键零部件是专用芯片和传感器件，部分器件未能实现国产化。建议发展国内芯片产业，实现监护仪核心芯片的国产化。

四、体外膜肺氧合装备及关键零部件技术发展趋势

（一）体外膜肺氧合技术发展趋势

1. ECMO 装备简介

体外膜肺氧合（Extracorporeal Membrane Oxygenation，ECMO）技术最初起源于体外循环技术。ECMO 设备包括血液驱动装置（血泵）、气体交换装置（氧合器）、动静脉管路及插管、空气氧气混合调节器、变温器、各种血液参数监测仪、各种安全监测仪及各种应急装置等，临床上主要用于重症呼吸功能不全和心脏功能不全的支持。ECMO 技术能有效地进行血液气体交换和组织灌注，可通过保护性肺通气，减少呼吸机对肺的损伤；通过降低前后负荷和正性肌力药及血管活性药，心脏和肺脏能得到充分休息，可为心肺功能的恢复或脏器移植赢得时间。

ECMO 技术能迅速清除患者体内的 CO_2，显著提高血氧分压，因此，从广义角度上来说也属于一种血液净化技术。近年来，在对 SARS、H1N1、H7N9、COVID-19 等重大公共突发疾病的协同救治过程中，ECMO 技术已凸显了其在危重心肺衰竭患者中的治疗价值。而在移植领域，由于其强大的支持作用，已越来越广泛地应用于器官移植前后的心肺功能支持。

2. ECMO 设备工作原理、系统结构、重要指标及范围

（1）工作原理　ECMO 设备的工作原理是将血液在 ECMO 有源设备驱动下从患者静脉引至体外，经氧合器（又称人工膜肺）进行氧合和将 CO_2 排除后再将血液灌流入体内，以实现气体交换和（或）部分血液循环的功能（见图 2-136）。其中，氧合器的工作原理是简单的弥散，就像自然肺的功能（见图 2-137）。在氧合器中，气体在空心

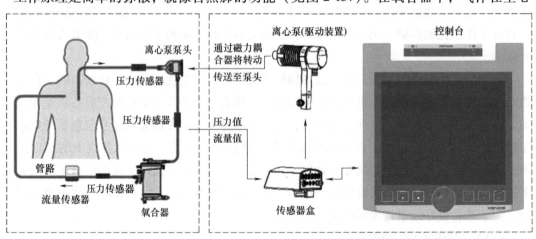

图 2-136　ECMO 设备作用原理图

纤维（见图 2-138）内腔流动，而血液则透过纤维外部纤维束之间的空间流动。O_2 沿其浓度梯度穿过纤维壁弥散到血液中，而 CO_2 则沿其浓度梯度从血液中分离，弥散到穿过纤维流动的扫气中。有些氧合器会带有集成式热交换器，水可作为加热或冷却血液的介质，用于加热或冷却患者的血液。

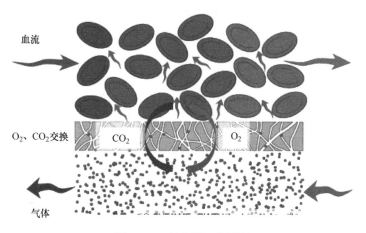

图 2-137　氧合器工作原理

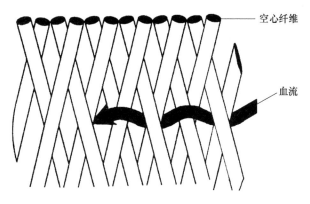

图 2-138　氧合器空心纤维

（2）系统结构　完整的 ECMO 套包通常包括血液管路（含压力监测功能）、氧合器、泵头、预充套件等，如图 2-139 所示。

ECMO 设备通常包含离心泵、控制台以及监测装置等，如图 2-140 所示。目前市场上的 ECMO 产品均配备有流量与气泡监测功能，根据定位不同，中高端产品还集成了压力监测、温度监测、血气监测等功能。

此外，ECMO 治疗还需要插管、空氧混合器及变温水箱。

（3）重要指标及范围

1）气泡与流量监测。ECMO 治疗过程中需要持续监测系统及患者的生理参数。通常 ECMO 系统会配备有监测流量及气泡的装置。ECMO 流量的多少是反映心脏做功和机械辅助占全身血供比例的重要指标，流量监测是必不可少的。通常最大流量达到 6~8L/min 即可满足治疗需求。由于 ECMO 是一个相对封闭的辅助系统，系统运转时如所有接头的连接均紧密牢固，则基本不会在血路中出现气泡，因此 ECMO 系统不配备动脉微栓过滤器，并且目前 ECMO 氧合器多带有气泡捕获和排气功能。但是，这样无法完全保证系统中不会出现气泡，因此 ECMO 系统都会带有气泡检测功能。出现在管路内的单个直径超过 5mm 的气泡应可被检出并触发设备相应反馈。流量监测允许偏差应在 ±8% 或 ±0.1L/min 以内。

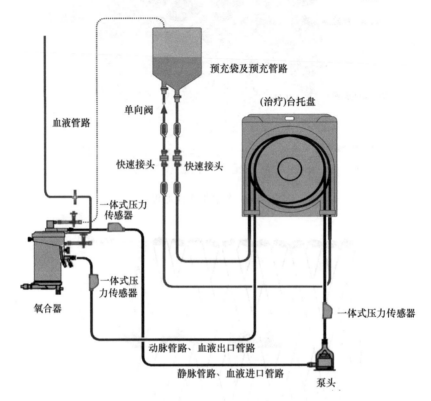

图 2-139 ECMO 套包

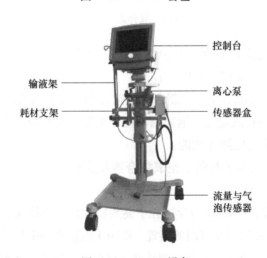

图 2-140 ECMO 设备

2）压力监测。ECMO 系统管路中各个不同位置的压力是不同的，离心泵泵头前压力属于引流压力，为负压，泵头后压力为正压。通常 $-400 \sim 400$ mmHg 的测量范围可以满足 ECMO 治疗需要。为保证安全，至少应监测血液通路中三个点的压力值：泵前压力、泵后压力、患者血液回流压力。压力监测允许偏差应在 ±8% 以内。

3）离心泵转速的准确度与稳定性。离心泵与离心泵泵头是 ECMO 治疗中驱动血液流动的装置。离心泵转速的准确度与稳定性是保证 ECMO 治疗时血液流量保持准确和稳定的前提条件。转速示值允许偏差应在 ±20r/min 或者指示值的 ±2% 以内，并且在制造商声称的使用时长之内应保证不下降。

4）氧合器气体交换率。在最大血流量时，血红蛋白含量（120±10）g/L、血氧饱和度 65%±5% 的血液进入膜式氧合器后，O_2 的结合量应不低于 45mL/L。最大血流量时，在血液内 CO_2 分压小于 45mmHg 的条件下，血液经过氧合器后 CO_2 的排出量应不低于 38mL/L。

5）系统血细胞破坏。血细胞破坏是评价 ECMO 系统安全性的关键指标之一。ECMO 系统血细胞破坏宜达到以下要求：游离血红蛋白增加量不大于每 100mL 血液 20mg/h，白细胞及血小板每小时下降率不超过 20%。

3. ECMO 装备的分类

根据泵驱动器不同，ECMO 装备可分为滚压泵和离心泵两大类。

在离心泵问世之前，ECMO 装备通常使用滚压泵（见图 2-141）。滚压泵主要由两部分组成，一部分为滚轮压轴，另一部分为泵槽，滚压泵通过压迫管道驱动管内的血液流动。当滚压泵推动血液向前时，其后方产生的负压将血液从储存罐吸入管道，在灌注过程中滚轮压轴速度可调，血液流量与滚轮压轴速度及管道内径成正比。

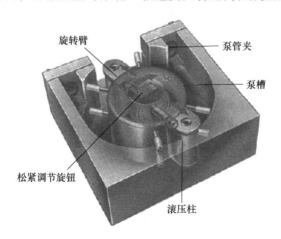

图 2-141　滚压泵示意图

（摘自《ECMO 体外膜肺氧合》第 2 版，龙村、侯晓彤、赵举主编）

目前临床应用在 ECMO 治疗中的血泵以离心泵为主（见图 2-142）。离心泵设计原理为在密闭圆形容器（泵头）的圆心和圆周部位各开一个孔，当其内圆锥部分高速转动时，圆心中央部位为负压，可将血液吸入，而圆周部位为正压，可将血液甩出。

图 2-142　离心泵（DP3，费森尤斯）

（1）驱动部分　驱动部分由电机和泵头组成。电机具有体积小、重量轻、噪声小、磨损小等优点。早期的泵头为涡流剪切式，采用分层塔状锥体形设计，利用液体剪切应力使其产生流动。为了增加液体运动，减弱转速，减少产热，中期的离心泵头内设计有转子叶片，泵效率高。目前新型离心泵头平滑，预充体积小，为了避免长期使用会产生血栓的缺点，甚至设计为没有中轴的磁悬浮结构。离心泵的转子与电机用导线连接，增加了活动性，可进行远距离操作。泵头内采用了涂层技术，生物兼容性好，可不用或少用肝素，更增加了离心泵的安全性。

（2）控制部分　离心泵要求操作简单、调节精确、观察全面，所有的离心泵均采用计算机控制技术以达到上述要求，可对自身状态进行检测，一旦出现问题，可及时报警并出现提示信息以利调整。为了预防意外断电，离心泵还备有内部电池，在断电时能在 5.0L/min 流量下至少工作近 30min。为了使灌注更接近生理，依靠微处理器控制电机高速和低速交替运转而使血流形成脉冲进行搏动灌注。离心泵通常配有一个流量传感器，分为电磁传感和超声多普勒两种类型。电磁流量传感器精确度高，干扰因素小，但需要特制的一次性无菌探头；超声多普勒传感器不需要探头，可反复使用。

虽然离心泵安全性较高，但由于离心泵非阻闭的特点，体循环阻力或血压上升、动脉插管扭折、患者翻转时压迫胸腔都会导致泵输出量明显降低；同时，容量血管扩张、全身循环阻力降低、低血容量、静脉回流管路扭折也会因引流量减少而导致泵输出量降低。此外，有报道称在低流量（0.3L/min）时，使用离心泵比滚压泵溶血指标显著升高，这是由离心泵的高转速和产生的热量造成的。

现在的离心泵，比如 Fresenius 的 Xenios 平台（见图 2-143），控制系统体积小、重量轻、移动性强、集成度高，能实时进行流量、压力、温度、气泡、外接监测。目前 ECMO 驱动泵以离心泵为主，比如 Fresenius 的 Xenios 离心泵，其特殊设计增加了血液驱动力的同时，减轻了热能和血栓的产生，采用了更小的泵头容积，能最大限度地降低对血液的影响，同时流量控制比较精准，可以做到真正意义上的全流量治疗，不仅适合成人，也适合婴幼儿。

4. ECMO 行业发展现状

（1）国外技术发展历史　1953 年 5 月，Gibbon 使用人工心肺机为心脏手术实施的

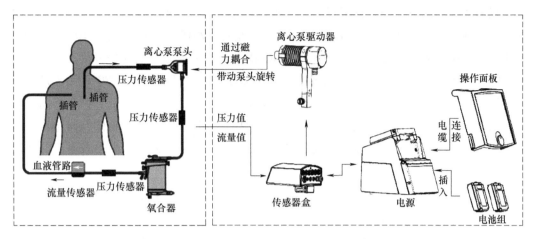

图 2-143　离心泵系统（以 Fresenius 产品为例）

体外循环具有划时代的意义，开创了心脏外科的新纪元。这不但使心脏外科迅猛发展，同时也为急救专科谱写了新的篇章。在心脏手术期间，体外循环可以短期完全替代心肺，从而可以实施心内直视手术。同时，在心脏手术室快速建立体外循环后的抢救成功率非常高。学者们立即有了将此技术转化为一门支持抢救技术的想法。从那年开始，使体外循环技术走出心脏手术室，来到患者床边。实现人工心肺支持技术的大跨越，一直是临床医务工作者孜孜不倦追求的目标，他们不断完善设备，改进技术，努力使之付诸现实。

1975 年，ECMO 技术被成功用于治疗新生儿严重呼吸衰竭。1980 年，美国密歇根医学中心 Bartlett 医师领导并建立了第一个 ECMO 中心，1989 年，美国建立了体外生命支持组织（Extracorporeal Life Support Organization，ELSO），对世界范围内使用 ECMO 设备的病例进行注册登记，便于统计分析并总结 ECMO 治疗病例，进行技术培训及推广。近 10 年来，随着新的医疗方法的出现，ECMO 技术有了很大的改进，应用范围较以前扩大。

（2）国内技术发展历史　ECMO 技术起源于 20 世纪 50 年代，伴随着体外循环技术的诞生和发展而衍生，并随着体外循环和危重症医学理论、技术和设备的发展而发展。在国际上，该技术已普遍应用于大型危重症和心肺疾病临床医疗中心。20 世纪 90 年代，我国也开始了 ECMO 治疗方法的应用。1993 年，中国医学科学院心血管病研究所、阜外医院的龙村等 8 名医生，在《中国循环杂志》1993 年第 8 卷第 8 期发表论文《体外循环膜肺支持疗法（附一例临床报告）》，介绍了他们一例病例在临床中使用 ECMO 的过程和经验教训。这篇稿件的收稿时间是 1991 年 7 月，这是我国最早有记录的使用 ECMO 技术的病例。虽然论文说是 ECMO，但它仍属于 CPB 范畴，所采用的设备包括循环机、膜肺、血氧饱和度仪、温度检测仪、心电监护仪等，均为国外品牌。这次治疗虽以失败告终，但是 ECMO 延长了患者生命，尤其使其肺部病变得到明显改善。直到 2002 年，中山市人民医院才首次使用 ECMO 技术救治了一名急性暴发性心肌炎患者，成为我国大陆地区最早一例真正意义上的 ECMO 支持病例。但此后，这一设备并没有得到大范围推广，每年新增的 ECMO 中心在 10 家左右，2015 年才终于突破 104 家。2017 年我国的 ESLO 成立，从这一年开始，ECMO 技术在我国开始了快速的发展。ECMO 技术的临床使用对医生提出了严格的要求，一般要求半年以上的培训。2018 年 3 月，由中国医师协会体外生命支持专委会发布了我国第一部《成人体外膜肺氧合循环辅助专家共识》，规范了 ECMO 技术在循环衰竭患者中的应用。2020 年 1 月 28 日，湖北省首例运用 ECMO 技术成功救治的新冠肺炎患者出院，ECMO 被称为新冠肺炎患者最后的救治方法。

ECMO 设备是由一整套设备体系组成的，其运行逻辑是用血泵代替心脏、膜肺代替肺，将血液持续运输到人体，维持各个器官运转来维持生命，所以 ECMO 设备的核心部分为膜肺和血泵，所需重要原材料 PMP 供应紧张，全球仅美国 3M 公司旗下 Membrana 公司供应。

我国市场的 ECMO 设备目前以国外品牌为主。基于国内相关政策等方面的支持，2023 年有多家国产品牌 ECMO 产品陆续上市。ECMO 国外品牌包括 Fresenius 公司的 Xenios 品牌，Maquet（属于 Getinge 集团），Medtronic 和 Sorin。国内企业主要包含汉诺医疗（深圳汉诺医疗科技有限公司）、长征医疗［航天新长征医疗器械（北京）有限公司］与赛腾医疗（江苏赛腾医疗科技有限公司）等。新冠疫情使得我国对医疗器械研发的重视加强，随着国家政府部门的支持及金融市场资本的进入，更多的企业将会投入 ECMO 设备这类高端医疗器械的研发当中去。

5. ECMO 临床应用现状

近年来，ECMO 技术在我国有着突飞猛进的发展，表明我国越来越多的危重症心肺衰竭患者获益于 ECMO 技术。2023 年 6 月，第七届中国医师协会体外生命支持年会发布了《2022 中国体外生命支持发展现状》，其中显示了 2004—2022 年，全国 ECMO 治疗病例数已达 13491 例，较 2021 年（10656 例）增加 26.6%（见图 2-144），国内开展 ECMO 治疗的中心总数为 675 家。虽然开展过 ECMO 治疗的医院数量增加，但约 16% 的中心不能持续开展；其中开展 5 例以下的中心占 39%，5~9 例的中心占 15%，10~19 例的中心占 18%，20~29 例的中心占 9%，30~49 例的中心占 10%，50 例以上的中心占 9%。

在患者人群与适应证方面，成人患者占绝大多数，但非儿科专科机构开展的儿科 ECMO 治疗病例数在逐渐增多。

随着 ECMO 在重症新冠肺炎患者救治中的应用，越来越多的医务工作者开始认识并应用这一高级体外生命支持技术为许多病患的救治争取到了宝贵的时间。同时，为加强 ECMO 技术管理，规范 ECMO 技术临床应用，保障医疗质量和医疗安全，国家卫生健康委员会于 2020 年 9 月制定并发布了《体外膜肺氧合（ECMO）技术临床应用管理规范》，进一步促进了 ECMO 治疗的规范和推广。

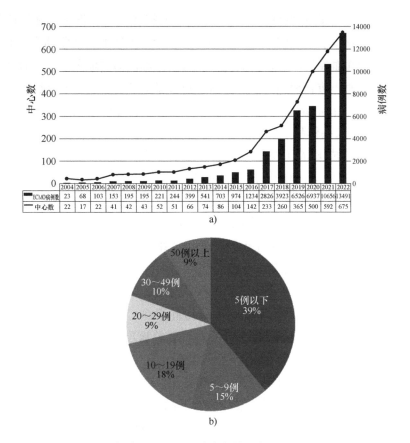

	2004	2005	2006	2007	2008	2009	2010	2011	2012	2013	2014	2015	2016	2017	2018	2019	2020	2021	2022
ECMO病例数	23	68	103	153	195	195	221	244	399	541	703	974	1234	2826	3923	6526	6937	10656	13491
中心数	22	17	22	41	42	43	52	51	66	74	86	104	142	233	260	365	500	592	675

a)

b)

图 2-144　2004—2022 年我国 ECMO 治疗病例数及各中心开展 ECMO 治疗的情况

a）ECMO 治疗病例数　b）各中心开展 ECMO 治疗的情况

6. ECMO 主要技术进展及趋势

（1）膜肺　ECMO 设备的膜肺要求具有长时间的气体交换能力，硅胶膜肺在这方面虽有优势，但其交换能力有限，预充量大，阻力高，无抗凝涂层。传统中空纤维膜肺抗血浆渗透能力弱，限制了其在 ECMO 设备中的应用。现在的一些中空纤维经过涂层处理后，不仅可保持长时间良好的气体交换能力，还具有抗凝、抗血浆渗透的功能，从根本上克服了硅胶膜肺的一些缺陷，其应用越来越广。

由于应用人群不同，膜肺发展出了不同规格。婴幼儿和儿童膜肺一直走在追求"小型化"的道路上，以成人膜肺的小型化为基础，重新配置并缩短体外循环回路管道长度，并使用尽可能小巧的组件，可以减少预充量，并减少暴露在外与血液接触的人工材料的面积，减少炎症反应。

动静脉压差可驱动无泵 ECMO 膜肺进行血气交换，目前已在国外上市的有 iLa 膜肺，可应用于体外 CO_2 清除。密歇根大学研发了两款无泵 ECMO 设备：M-lung 和人工肺，M-lung 可驱动高达 2L/min 血流量，人工肺放置在肺动脉和左心房之间，经动物试验证实可实现高于 7L/min 的血流量，如能验证可长期应用，可用于支持等待肺移植的患者。

223

（2）离心泵头　老式离心泵头驱动力小，血液损伤大，易发热，在基底易产生血栓。新型离心泵头克服了上述问题，泵头的涡轮设计，可增加血液驱动力，对血液摩擦力小，减少了热量和血栓的产生，其流量控制较为精确。通过流量监测反馈系统，离心泵头可保持一定转速，防止血液倒流。Skorckert Ⅲ型离心泵为ECMO设计有温度监测、压力监测功能。Jostra离心泵设计轻巧，整个ECMO系统可设计成手提式，利于野外急诊抢救。Medos离心泵头体积小，预充量小，且可进行非同步或同步搏动灌注。

（3）可穿戴式集成ECMO设备　新型的ECMO设备进一步向小型化发展，将膜肺与离心泵集成为一体，儿科使用的便携式泵肺甚至可轻至280g。匹兹堡大学研发了一种体外非卧床辅助肺（见图2-145），将膜肺与离心泵集成至可穿戴规格，体内外研究证实能维持高达3.5L/min的血流量。小型化的集成ECMO设备可大大减小血液接触表面积和预充量。

图2-145　体外非卧床辅助肺模型

（4）新型涂层　ECMO体外管路涂层分为肝素涂层和非肝素涂层。目前应用最广泛的ECMO体外管路涂层为肝素涂层，但是患者依然需要应用肝素抗凝，凝血现象和炎症反应仍然存在。

ECMO体外管路表面将来的发展方向可能是类似血管表面的具有抗血栓形成特性的涂层材料。内皮细胞可以产生前列环素和NO，抑制血栓形成，已经在兔模型中成功应用了带有可释放NO的聚合物涂层的体外循环管路。动物试验另外发现，管路局部释放凝血酶抑制物可以进行局部抗凝，但不会影响全身凝血状态。

其他新型涂层还包括类似荷叶的防流体微纹理全疏水表面材料和管路内皮化。内皮化的管路表面是理想的管路表面类型，可以加强内皮祖细胞功能，抑制血栓形成，并可以长期使用。

可以预见，ECMO设备的驱动系统将更加智能化、小型便携化、可自动反馈，并集合各种监测设备（见图2-146），甚至可以通过无线通信技术，将患者的各种信息上传至管理中心和特定的网站，以利会诊，并制订最佳的治疗方案。目前的科技与创新将促进膜肺未来向生物化和小型便捷化发展。新型ECMO的膜肺阻力更小，具有更强的抗凝能力和抗血浆渗透能力，以利更长时间的气体交换。随着生物分子技术的发展，膜肺和管路涂层的生物相容性将更加接近人类，ECMO设备运行中的凝血现象、炎性介质反应将降至最低水平。ECMO体外管路也可包括肝脏和血液透析功能。ECMO技术作为生命支持手段将可用于多脏器衰竭的长期支持。

（5）行业发展趋势

1）应用人群和转流方式。全球范围内，ECMO设备呼吸支持比例逐渐降低。1992年ELSO统计的新生儿ECMO呼吸支持为1281例，但到2011年则下降至680例，主要是因为其他呼吸治疗技术取得了长足的进步。ELSO的资料表明，采用ECMO设备体外循环支持的比重越来越高，因导管技术可使循环衰竭得以及时治疗，ECMO在急诊室、

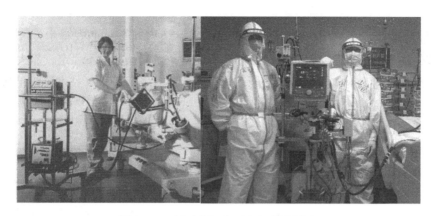

图 2-146　新（右）老（左）设备对比

导管室的建立越来越多见。

对于单纯需要呼吸支持的 ECMO 治疗，临床中发现，静脉-静脉（VV）转流患者血流动力学更平稳，易于管理，目前呼吸支持 ECMO 的 VV 转流比例逐渐增大。近年来流行性重症病毒性肺炎频发，成人为易感人群，成人 ECMO 呼吸支持日益增多。随着临床经验的增多、器械的完善，成人 ECMO 呼吸支持的临床疗效将明显提高。

此外，其他支持转流方式，如体外二氧化碳清除和连续性血液净化机器联合使用的呼吸透析也越来越多地应用在临床上，评估这些支持方式患者的获益情况也是目前研究的热点。

2）通路建立技术。迅速建立 ECMO 体外循环对抢救危重患者有积极意义。ECMO 治疗大部分需要外科技术协助插管。近年来随着导管技术的不断完善，很多情况可以通过经皮穿刺插管（见图 2-147），使 ECMO 体外循环建立速度明显加快。双腔 VV-ECMO 方式的应用使得插管更加简便，对小儿可避免结扎颈内动脉，减少 ECMO 治疗后脑并发症的发生，成人也可以采用此项技

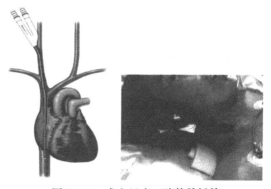

图 2-147　成人经皮双腔静脉插管

术。近年来在导管室中采用导管房间隔穿透术（即通过周围静脉进入右心房，再通过穿透的房间隔至左心房），可不开胸建立左心辅助。在离心泵的负压吸引下，血流可有效地引至体外，再通过周围动脉注入体内。估计此项技术今后应用前景广泛。

3）ECMO 治疗的意义。大多数学者认为 ECMO 技术只是一种支持方法，而不是治疗方法。阜外医院在大量临床实践中发现，利用 ECMO 技术可对心室肌进行力量训练，一般为 5~7 天。具体的适应证有：心脏移植供体不能耐受受体的肺动脉高压；移植供体心脏太小，不能满足供体血流需要等。上述实践证明，ECMO 技术对于一些患者有治

疗作用。

4）辅助器官移植。近年来有报道，ECMO 技术在移植受体的获得中发挥了积极作用。一些供体患者特别是交通事故患者内环境紊乱，血流动力学不稳定，靠大量的血管活性药物维持，这会对供体脏器产生严重的损伤。此时采用 ECMO 技术可满足移植供体的血流，减少血管活性药物的应用，对内环境可进行有效的纠正，使供体器官活力较强，在完成移植后，可在短时间内恢复相应功能。

5）ECMO 技术临床管理。如果以 2008 年为历史分界，可以清晰地看到 ECMO 技术在临床管理上有了很大的变化。2008 年以前，大部分接受 ECMO 治疗的患者采用麻醉肌松、气管插管、辅助呼吸机；现在很多患者在 ECMO 治疗期间可保持清醒状态（见图 2-148），维持自主呼吸，或气管切开，辅以面罩给氧，使得 ECMO 系统可以更长时间运行，桥接移植，可实施非卧床 ECMO 治疗，而且这种状态利于

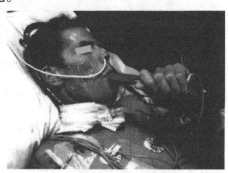

图 2-148　清醒状态的 ECMO

护理，可减少呼吸机带来的感染，减少了压疮的发生，利于肠道营养和肠道菌群正常平衡。2008 年以后，涂层技术的发展使得并发症减少，不需要专家实时看管，现在很多医院可常规开展此项技术，一般情况下只需一名护士按照常规看护即可。无泵 ECMO 技术利用患者动静脉压力差驱动血液经过低阻力膜肺进行氧合和 CO_2 清除，形成简便呼吸支持，使得管理更趋于简便。正是上述变化使得 ECMO 治疗的并发症越来越少，成功率越来越高。Barlett 在他的 10 年展望中认为，随着 ECMO 技术对慢性心功能和肺功能衰竭患者的支持，2025 年家庭 ECMO 治疗有望成为可能。

6）适应证和禁忌证变化。表 2-18 反映出了 ECMO 技术适应证和禁忌证的变迁。随着技术进步和 ECMO 器材的改进，原来的禁区被不断突破。现在可用 ECMO 技术救治胎龄在 32 周的早产儿（原来胎龄应大于 34 周），其生存率可达 40%。以往将颅脑出血列为 ECMO 技术的绝对禁忌证，现在认为此类患者通过 ECMO 救治，尚有一线存活的希望。现在认为 ECMO 治疗前机械呼吸时间时限可放宽至 10~14 天，原来认为心脏停搏不适宜应用 ECMO 技术，现在可通过 ECMO 技术的有效支持等待心脏收缩功能的恢复。原来认为 ECMO 技术效果不佳，现在通过 ECMO 技术可对感染引起的休克或呼吸衰竭进行有效救治。

一般认为，ECMO 循环建立的前提是心肺功能的恢复，对于慢性晚期的呼吸衰竭、心脏衰竭为禁忌证。在实践中认识到，如果患者的经济条件许可，患者家属的态度积极，ECMO 技术不失为挽救生命、延长寿命的有效方法。因此，目前比较公认的 ECMO 适应证已经扩展为：无论因何种原因导致发生威胁患者生命的呼吸和（或）心脏功能不全时，为紧急支持患者生命均可实施 ECMO 辅助治疗，从而为进一步诊治赢得宝贵时间。

表 2-18　ECMO 技术适应证和禁忌证的变迁

状况	1990 年	2000 年	2010 年
脑出血	×	×	×
高龄	×	×	×
多脏器衰竭	×	×	×
严重出血	×	×	×
慢性脑功能损伤	×	?	?
使用呼吸机时间过长	×	×	?
免疫抑制状态	×	×	?
癌症患者	×	?	?
长途转运	×	?	○
一般性出血	×	○	○
感染性休克	×	○	○

注：×表示禁忌证；○表示适应证；? 表示不确定。

世界在进步，技术在发展，ECMO 技术也是如此。预计今后的 ECMO 技术将向小型化、接近生理，以及多种技术联合的方向发展。未来，ECMO 技术的发展趋势是操作简单、并发症较少。技术的进步会带来生存率的提高，ECMO 技术将给更多生命垂危的患者带来生的希望。

（6）存在的问题及建议

1）生存率。生存率是考量 ECMO 治疗有效性最重要的指标。2020 年，ELSO 注册报告中，成人呼吸支持、心脏支持和 ECPR 的生存率为 60%、44% 和 20%。由于 ECMO 治疗的患者一般都处于极其危重状态，接近一半水平的生存率似乎可以接受。然而，与传统治疗相比，ECMO 技术的使用对生存率的提升程度有多少，缺乏有力的循证医学证据。由于 ECMO 治疗的特殊性，大多数临床证据以病例报告、病例系列、登记报告为主，高等级的临床证据较罕见。2011—2018 年，一项由法国卫生部支持的研究再次评估了 ECMO 的使用对 ARDS 患者治疗的有效性。这是一项国际多中心的随机对照研究，共 64 个中心，249 名患者参与，对照组为传统机械通气，治疗组为传统机械通气+ECMO 治疗。本研究计划纳入 331 名患者，但在入组 75% 的阶段，启动了提前终止程序，实际入组 249 人。研究结果，对照组生存率 54%（68/125）；ECMO 组生存率为 65%（81/124），虽然 ECMO 组的生存率高于对照组，但两组的生存率并没有统计学差异。该研究出于伦理考虑，部分对照组交叉到试验组对研究结果产生干扰，由于交叉因素存在，导致生存率的差异难以分析。但试验组与对照组生存率未能显示出统计学差异这点，对 ECMO 的有效性产生了一定的质疑，提高 ECMO 的生存率，是当下 ECMO 治疗亟待解决的问题。

2）并发症。在以生存为主要治疗目的前提下，相对于风险收益比来说，似乎一定程度的可逆的并发症是可以接受的。然而，ECMO 的并发症为生存率提高增加了不确定风险。ECMO 并发症可分为机体并发症和技术并发症两大部分。患者机体常见的并发症有手术创面和插管部位出血、血栓、溶血、肾功能不全、感染等，患者机体并发症是患者基础疾病与 ECMO 治疗综合作用的结果，难以预判，可通过加强 ECMO 管理，减少感染、溶血、血栓事件的发生；技术并发症往往与 ECMO 系统的异常相关，并可导致 ECMO 回路更换等情况，回路更换分为紧急（急性）更换和选择性（主动）更换。需要紧急更换系统的技术并发症包括机械（技术）故障（Machine Failure，MF）和氧合器内急性氧合器血栓或急性泵头血栓形成。MF 被定义为泵头、控制模块或传感器系统的故障，以及氧合器的空气、血液或水泄漏；急性氧合器血栓会引起跨膜压降的增加和在相同泵速下的血流量减少；泵头突然发生故障会引起溶血和血小板减少，从而引起泵头血栓。选择性（主动）系统更换，主要原因是氧合器的气体交换性能降低、患者出现凝血功能障碍和弥漫性出血事件。氧合器气体交换功能受限伴随着气体流速的增加与气体交换能力的恶化。技术并发症除了加强 ECMO 管理外，也可以通过改进 ECMO 器械（技术进步）等得到改善。

3）培训与学习曲线。ECMO 辅助治疗需要一个有经验、良好组织的团队来完成，这个团队需要有一定的病例积累。廉波等人在 2018 年的研究报道了 37 例 VA-ECMO 的学习曲线，来评价 VA-ECMO 技术的掌握情况。结果显示，随着手术例数的不断增加，ECMO 准备时间明显缩短，手术操作时间比较稳定，总时长随手术例数的增加有缩短的趋势，出血量随手术例数的增加有减少趋势，可能与术者的手术经验和出凝血管理经验有关。研究得出第 16 例出现学习曲线的拐点，提示术者在 16 例后基本掌握 VA-ECMO 辅助的动静脉插管技术。

也就是说，熟练掌握 ECMO 技术，要求医务人员有一定的 ECMO 操作经验，ECMO 的操作存在明显的学习曲线。缺乏成熟的 ECMO 培训体系仍然是限制当前我国 ECMO 临床应用拓展的关键因素。临床医护人员应用 ECMO 的经验不足，是 ECMO 发展亟待解决的问题。

ECMO 中心的规模对患者生存率有一定影响，临床培训和经验对 ECMO 发展有重要意义。ELSO 组织也推荐应用仿真教具培训 ECMO 临床技术人员。联合人体模型和用于培训的可远程更改的编程 ECMO 系统有助于促进临床 ECMO 故障排除和患者临床管理。

4）ECMO 治疗已在全国范围开展，但医保报销待遇仍较低。患者在 ICU 进行 ECMO 治疗的费用支出主要为 ECMO 运行监测费（按小时或天）和一次性耗材使用费。一次性耗材/耗材套包价格在数万元人民币左右，且随着治疗的持续通常需要更换。此外伴随 ECMO 治疗，还会产生其他药物、检测、监测等治疗费用，因此患者每天需要承担上万元的综合治疗费用。目前各省/市 ECMO 运行监测收费标准存在较大差别，且仅有少部分省份将监测费用及耗材费用纳入了医保报销范围，患者经济负担较重。建议提高 ECMO 治疗医保报销待遇，推动 ECMO 临床应用，惠及更多患者。

ECMO 是一项技术难度很高、风险很大的救治技术，对治疗和护理团队的要求较高，往往需要重症医学科、心血管科、呼吸科的临床经验丰富的医生和护士一起精密合作。也就是说,实施 ECMO 不但需要多学科团队通力合作,而且对团队的临床经验和医疗水平也有较高的要求。这大大提升了医护人员的学习操作成本,也提高了 ECMO 的推广难度。

5)关键技术的突破。ECMO 设备背后涉及很多技术领域。国内很多企事业单位已经做了一些相关研究工作。

① 泵头。泵头在过去 40 余年历史中已经迅速从第一代发展到了第三代,最早的第一代泵头是仿照心脏研制的搏动泵(即容积式泵头)。磁力驱动离心泵头属于第二代泵头,它分为叶片式和无叶片式两种,至今国内人工心肺机所用泵头大多数仍是容积式泵头,只有少部分应用了离心泵头,且基本全部依赖进口。

第三代泵头,应用磁悬浮技术。目前国内第三代离心泵头大多处于研发阶段,设计和制造离心泵头的技术还不够完善。虽然国内第三代泵头发展较迅速,但较国外还有很大的差距。

② 氧合器。在技术方面,在气体交换能力方面仍然不足;无泵和生物相容的膜肺依然保持在研发阶段,但随着临床和经济因素的进一步驱动,这些膜肺必将得到优化和发展。

③ 泵驱动器。和离心泵泵头类似,离心泵驱动器目前国内仍处于研发阶段,设计和制造离心泵驱动器的技术还不够完善,与国外成熟产品相比还有很大的差距。

④ 变温水箱。变温水箱是 ECMO 应用中一个重要的部件。因为血液在管路中流动时接触的表面积很大,很多热量在体外循环过程中丢失,所以 ECMO 系统中需要有一个热交换水箱,对血液进行加温或者降温处理。

目前在国内,已经有企业研发生产出用于 ECMO 的热交换水箱。加热器-冷却器设备包括向外部热交换器或通过闭合回路提供温控流体(通常是水)的水箱。尽管回路中的液体不会与患者直接接触,但受污染的液体有可能进入设备的其他部分或通过设备的排气口或其他未密封的开口通过空气传播细菌(雾化)。2022 年 5 月,FDA 批准了 Spectrum Medical Quantum Heater-Cooler 和兼容的 Qura Quantum PureFlow 热交换器。Quantum Heater-Cooler 设备不使用水,而是调节基于乙二醇的传热流体(HTF)的温度,然后进入兼容的 PureFlow 热交换器,最终调节患者循环血液的温度。Quantum Heater-Cooler 的 HTF 证明它能通过抑制非结核分枝杆菌和其他细菌的生长来降低设备污染的风险。另外变温水箱温度控制精度及温升变化速率等参数也需要考虑。

因为 ECMO 产品的保有量有限,与之配套的热交换水箱也相应受限。从经济利益来讲,国内厂商鲜有产品。而国外厂商有一些不同的产品,但是均未在国内进行注册销售。所以国内企事业单位也应从这方面有所突破。

⑤ 监测系统。监测系统分为持续性血气和氧饱和度监测、流量气泡监测、血凝监测、压力监测和温度监测等。

气泡流量监测传感器、压力监测传感器、温度传感器均被认为是应用部件,在设计之初应考虑防除颤要求。

另外关于气泡传感器的选择，应结合临床需要考虑把何种指标作为设计输入。

而对于持续性血气和氧饱和度监测及血凝监测，已有国外公司将其集成于ECMO产品中，这也将是今后产品开发的方向。

⑥ 与其他医疗设备的配合使用。由于ICU病房的设备在不断更新，很多设备在短期内会被淘汰，新的设备不断涌现。又由于ICU的设备众多，抢救病人时间紧急，医护人员面对不同设备往往应接不暇。基于特定传输协议，通过信号端口可以将ECMO相应数据传输给监护仪等设备，方便医生通过一个屏幕读取两个设备的信息。更好的情况是通过进一步增强协议将动态报警信息通过监护仪来传递。不过，相关的风险点需要考虑，比如数据的安全性、网络安全等相关要求。

⑦ 耗材的精准选择。ECMO厂家开发出新功能，在不同使用场景下，设备可智能选择需要与之配套的耗材，其目的是为了简化临床使用的步骤、缩短上机时间及避免因错误使用套包而产生的风险。

（二）体外膜肺氧合技术关键零部件技术发展趋势

实施ECMO疗法时，需要相关设备和耗材配合，其中比较关键的设备是离心泵及其专用泵头，以及氧合器。离心泵及泵头的作用是给血液驱动力，氧合器的作用是进行血液中的气体交换：CO_2清除和血液氧合。

1. 氧合器

（1）行业发展现状　体外氧合技术主要依靠的是体外氧合器，也可以叫作人工肺或膜肺，其工作原理是代替人肺，排出血液中的CO_2，摄取O_2与血液结合，是一种进行气体交换的人工器官。

目前，应用于临床研究的"人工肺"主要有膜式气泡型和平面接触型两种类型。ECMO技术多采用膜式氧合器，由高分子渗透膜制成，血液和气体通过这种半透膜进行气体交换。这样的好处是血、气不直接接触，血液中的血细胞等有形成分不易被破坏，可减少血细胞的损耗，有利于术后恢复。其缺点是CO_2的排出较差，因此渗透膜制造所用的高分子材料仍需进一步研究改进。

我国不少单位也于20世纪80年代展开了中空纤维膜式氧合器的研制，比较有代表性的有汉诺医疗、复旦大学、西京医疗（西安西京医疗用品有限公司）、广东省医疗器械研究所等。部分产品经临床试验证明已达到国外同类产品水平，并已在临床应用，填补了国内空白。中空纤维膜式氧合器的膜材料主要采用进口聚丙烯中空纤维，分单丝状和双交织帘状，经特殊工艺绕制而成，并采用管外走血、管内走气形式，使用医用聚氨酯胶对氧合腔进行封端。

（2）主要技术进展及优势　现今氧合器的主要技术点在于中空纤维，中空纤维在医学上主要应用于人工肺、人工肾、人工肝、生物培养等方面，这是因为中空纤维具有以下优点：①中空纤维集束制成的膜管可分成内、外两腔，两腔间可通过膜进行物质交换，模拟微血管的某些功能；②膜材料不同，截留相对分子量也不同，可根据设计的截留分子量选取所需材料；③中空纤维集束在单位体积内具有较大的有效膜面积；④生物相容人工器官中的中空纤维可起到免疫屏障作用。用于制造中空纤维的材料主要为一些成纤性能良好的高分子材料，对膜材料的要求是具有良好的成膜性、热稳定性、化学稳定性、耐酸碱性、微生物侵蚀性和抗氧化性。目前常用的中空纤维膜材料有聚砜、聚醚砜、聚丙烯腈、聚偏氟乙烯、醋酸纤维素、聚氯乙烯、聚乙烯醇、聚酰胺等。

另外，传统中空纤维膜肺抗血浆渗透能力弱，限制了其在 ECMO 中的应用，尤其是长效（>6h）应用领域。现在的一些中空纤维经过涂层处理后，不仅可保持长时间良好的气体交换能力，还具有抗凝、抗血浆渗透的功能。

Aiping Zhu 等首次报道了一种新的涂层：磷酸胆碱-O-苯甲酰壳聚糖分子聚合物。把磷酸胆碱-O-苯甲酰壳聚糖分子聚合物涂覆到聚氨酯表面后的血液相磷酸胆碱-O-苯甲酰分析结果表明：有涂层与无涂层相比，表面无吸附的细胞物质、凝血时间和血小板吸附分析肯定了此涂层的良好抗凝性。由日本国家脑心血管中心（National Cerebral and Cardiovascular Center，NCVC）设计出一种水温敏感性抗血栓形成的新型涂层材料，可以减少血液与体外循环时各种人工材料接触所形成的血栓。进一步实验和开发正在进行中。

（3）技术发展趋势　人工膜肺及其组件的不断发展创新表现在表面涂层、血液滤过和小型化三个概念。

ECMO 管路抗凝涂层的出现是为了增加人工膜肺的抗凝性。人工膜肺和循环管路被多种涂层处理过，其中应用肝素涂层被认为是最有效的方法。

ECMO 联合连续性肾脏替代治疗可以完成心、肺、肾多脏器联合治疗，是治疗和抢救多脏器衰竭患者的重要手段。而氧合器不仅仅能起到血气交换的作用，同时可将病人部分血液引流到连续性肾脏替代治疗装备中，从而能持续缓慢地清除机体内的炎性因子、水分及代谢废物。

小型化也是当下 ECMO 系统发展的趋势，主要是为病人院内及院外转运创造更好的转运环境，那么氧合器也应相应地在体积上缩小而在效率上提高。

（4）存在的问题及建议　从技术方面来说，当前受表面积的限制，作为肺功能恢复和移植的过渡，氧合器在气体交换方面的性能仍然不足；无泵和生物相容的膜肺依然保持在实验室的阶段，但随着临床和经济因素的进一步驱动，这些膜肺必将得到优化和发展。研究建议：①气体交换，需求的气体交换量是变化的，用作自然肺部分功能的补充时需要一半的基本流速；②血液相容性，包括接触活化、血小板激活以及因此而产生的凝血、血纤维蛋白酶原系统的激活、补体和白细胞的激活等。从市场方面来说，3M 旗下的中空纤维膜占据了全球市场很大的份额，国内亟须在长效膜肺方面实现技术上的突破，并完成产业化。

2. 泵头

图 2-149 所示为第一代容积式泵头的原理图，其主要作为心脏的辅助循环装置。此类泵头采用气动或电动挤压泵腔，通过泵腔容积的变化改变搏出血液，

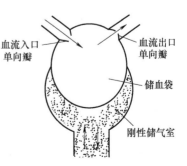

血流入口单向瓣　血流出口单向瓣　储血袋　刚性储气室

图 2-149　第一代容积式泵头原理

231

但其体积大、易感染、寿命短、易产生溶血与血栓。这些缺点严重制约了它的广泛应用，为减少甚至消除这些缺陷，人们开始研究带有机械轴承的旋转泵，即第二代泵头。

第二代泵头为磁力驱动离心泵头，它分为叶片式和无叶片式两种。叶片式泵头是将叶片装在轴上，当轴高速旋转时，叶片将引导血液并将其抛至外沿，叶片对血液的动力作用将形成动脉压，显然，压力的大小取决于叶轮的转速。一般情况下，转速越高所形成的动脉压也越高。无叶片式离心泵头是将叶片退化为一系列旋转锥体，最里面的一个锥体与泵控制仪磁性连接，当其高速旋转时，产生的离心力带动外面两个锥体旋转。当圆锥部分高速旋转时，圆心部分为负压，可将血液吸入，而圆周部分为正压，可将血液泵出。由于叶片的退化大大减小了叶片对血细胞的剪切作用，因此与叶片式离心泵头相比，无叶片式泵头在血栓和溶血方面有更好的表现，溶血指数小、血液相容性更好，但对速度要求更高。当流量要满足 $0 \sim 8000$ mL/min 时，无叶片式泵头转速需达到 $0 \sim 10000$ r/min。

基于磁力耦合驱动方式的离心泵头无过载现象，压力、流量稳定，且对血液破坏程度小、驱动效率高、使用方便，在结构上用静密封传动代替动密封，有效减少了漏血的发生，因此可延长体外循环的辅助时间，扩大临床应用范围。但它的主要缺陷是有与血液接触的机械轴承，因此易对血液造成污染，且轴承磨损易导致泵的耐久性降低。

针对前两代泵头的缺点，研究者们研发了第三代泵头——磁悬浮泵头。第三代泵头多数设计为离心式。近年来，磁悬浮泵头得到了飞速的发展，越来越多的证据表明，第三代泵头在性能上要优于前两代产品。第三代泵头的体积小，由于应用磁悬浮技术，叶轮悬浮于泵头体内，没有摩擦和挤压，溶血明显减少，血栓的发生率显著降低。泵头应用悬浮技术，无轴承磨损问题，提高了泵头使用的耐久性，更适合于长期的循环辅助。由于避免了机械摩擦导致的能耗和温度升高，第三代泵头的能效比更高，更有利于长期辅助。

（1）主要技术进展及优势

1）流体动力学和材料学的技术发展现状。经过近十几年的发展，第三代泵头已经广泛应用于全世界临床领域。随着临床大量数据的反馈支持，已经有越来越多的研究机构开展了对第三代泵头的研制开发工作。由于第三代泵头已经属于当下较为领先的技术，且人们对其的认知也逐步提高，所以大家越来越关心如何来评定第三代泵头的性能和功能及对血液的破坏影响。

在影响泵头性能的因素和作用机制的研究方面，目前动力学效果研究相对比较完善，难点和重点则是如何改善泵头的血液相容性，包括血栓形成和血液中红细胞破坏的影响因素和作用机制。血液相容性能的优劣是衡量一个泵头能否进行临床应用的基本条件。经研究，血栓的发生机制比较明确，泵内血栓的形成因素有：①泵内涡流区、负压区、相对静止区的存在，即血栓部位通常在泵头内的紊流区及很少受血流冲刷的滞止区或缓流区；②血液接触面材料的影响，泵头应使用质量轻、血液相容性较好的材料。溶血的发生因素有很多，就泵头本身而言主要是泵头作用于流过它的血细胞的剪切力的大小和作用时间的长短。剪切力越大，作用时间越长，则发生溶血越多。

近年来，随着有限元分析技术和流体力学等相关学科的进一步成熟，泵头的溶血性能可通过计算流体动力学（Computational Fluid Dynamic，CFD）方法在泵头的设计阶段加以评估，然后通过优化泵的结构，防止滞留和高剪切力的出现，确定合适的接触面积，改良与血液接触的表面材料，以解决血栓和溶血的问题，从而大大缩短了泵头的设计周期，同时降低了研发费用。

2）驱动方式的技术发展现状。磁力驱动离心泵头，即第二代泵头，采用圆盘形磁力耦合器驱动方式。图 2-150 所示为圆盘形磁力耦合结构原理图。

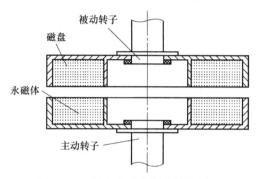

图 2-150　圆盘形磁力耦合结构原理

根据磁体磁极间同性相斥、异性相吸的原理且磁场力可以跨越一定空间距离发生作用的特性，当主动转子旋转时，其中的 S 极就会给被动转子磁盘中的 N 极一个吸力，且给被动转子磁盘中的 S 极一个斥力；主动转子磁盘中的 N 极就会给被动转子磁盘中的 S 极一个吸力，相应地给被动转子磁盘中的 N 极一个斥力；这 4 个力在方向上具有叠加作用，保证了主被动转子转矩的传递，这就是圆盘形磁力耦合器的组合推拉磁路工作原理。磁场中的这 4 个力随工作气隙的相对位移增大而减小；当外磁体的 N 极（S 极）刚好位于内磁体的 S 极和 N 极之间时，产生的推拉力达到最大，从而带动内磁体旋转。在传动过程中，隔离罩将外磁体和内磁体隔开，磁力线穿过隔离罩将外磁体的动力和运动传给内磁体，从而实现了无接触的密封传动。另外，主动转子与被动转子中的永磁体的布置方式采用组合推拉式结构，如图 2-151 所示。组合推拉磁路与间隙分散式磁路相比，具有体积小、磁能利用好、漏磁少、工作磁场强度高、功率损耗小、结构紧凑、不易滑脱等许多优点，是现今圆筒形磁力驱动装置采用的一种最佳磁路结构。

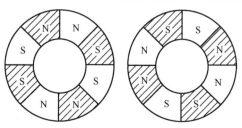

图 2-151　组合推拉式结构

图 2-152 所示为 Fresenius 磁力驱动离心泵头磁极分布图，离心泵头的磁性后室与带有磁性装置的驱动电机通过磁性耦合连接，当驱动电机高速旋转时，带动泵头内圆锥部分高速旋转，产生涡流和离心力，推动血液向前。

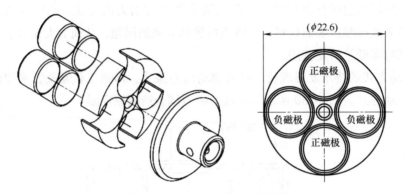

图 2-152　Fresenius 磁力驱动离心泵头磁极分布图

（2）技术发展趋势

1）改进泵头溶血和血栓性能的研究。现今绝大多数离心泵头均是非搏动式，然而随着医疗技术的提升和临床应用的扩大，搏动式泵头也是现在重点研究的一个方向。由于搏动泵头的 CFD 仿真比较复杂，包括推板的运动、血囊的变形以及瓣膜的运动等，所以计算资源消耗较大，在血液破坏性的预测中当前的研究者主要关注搏动泵头的血栓性能。

在对搏动泵头的血液破坏性研究中，可通过同时改进溶血和血栓性能来降低搏动泵头的血液破坏性。一是以泵头的溶血值和血栓值为优化指标来改变泵头血室的几何参数，使得在某种参数组合下泵头的溶血值和血栓值同时达到一个较低的水平；二是通过研究泵头的工作参数，如搏动率、推板运动曲线和辅助模式等对溶血值和血栓值的影响，进而确定一组合适的工作参数，使得泵头在该参数下运行时的血液破坏性降低。仿真研究的结果显示，搏动泵头的进出口位置和直径对血液破坏性有明显的影响。另外，搏动率、每搏输出量的增加会显著增加溶血，但也会减少血小板在血室内壁上的沉积。相对于同搏辅助方式，搏动泵头工作在反搏模式下的血液破坏性更低。但是，相关工作只是仿真研究，尚需要进一步动物模型试验的验证。

2）驱动方式的技术发展趋势。磁悬浮离心泵头，即第三代泵头是在第二代泵头的基础上增加了悬浮系统。它以磁悬浮轴承代替原来的机械轴承，使叶轮悬浮起来。磁悬浮方式分为电磁悬浮与永磁悬浮两种。国外研发的基本上都是电磁悬浮方式，其又可分为三个阶段：第一个阶段是悬浮系统与驱动系统分离的外电机间接驱动叶轮阶段；第二个阶段是悬浮系统与驱动系统分离的内电机间接驱动叶轮阶段；第三个阶段是悬浮系统与驱动系统融合阶段，其代表泵头为 VentrAssist，它将悬浮与驱动系统融合起来，泵头设计将悬浮与驱动系统的电磁线圈融合组成定子，用一个定子来兼作驱动与悬浮叶轮的功能（即动力悬浮轴承），因此泵头的设计更加简洁、体积进一步缩小，性能得到进一步改善，为临床应用带来方便。目前 Fresenius 的 ECMO 产品就利用了此项技术，达到了很好的效果。

（3）存在的问题及建议　第三代泵头应用磁悬浮技术，优势很明显：溶血减少，血栓发生率降低，机械磨损消失，能效比增高。但第三代泵头的发展历史较短，很多技术未得以完善，稳定性能的临床试验测试不多。第三代泵头产品主要集中在经济、科技发达的西方国家及日本等国，目前约有 20 余种，其中大多数仍处于研发阶段，仅有少部分产品已通过动物及临床试验，开始小范围临床应用。国内对第三代泵头的研究很少，除了江苏大学在离心泵领域研究较多以外，其他鲜有报道。目前国内第三代离心泵头大多处于研发阶段，设计和制造离心泵头的技术还不够完善。虽然国内第三代泵头发展较迅速，但较国外还有很大的差距。

至今，国内人工心肺机用泵头大多仍是滚压泵头，只有少部分应用了离心血泵，但大多局限于第二代泵头，即使用磁耦合驱动离心泵头，且全部依赖进口。此类离心泵头在国外的发展相当成熟，由于国内关于圆盘形磁力耦合驱动方式还没有形成系统成熟的设计理论和方法，对于磁场强度、转数、空气间隙等参数与传递力矩的变化关系，迄今未有详细研究，从而使得第二代泵头在国内无法实现产品化。虽然第二代泵头血液相容性等不如第三代，但其在国外已经发展得相当成熟，在临床使用上已相当普遍，因此，对第二代泵头及其驱动方式的进一步研究和全面的试验测试，使其实现国产化以降低使用成本具有十分重要的意义。

另外，由于长期运用离心泵等连续性泵作为体外循环用泵头是今后的发展方向。有实验表明，血管长期不发生搏动会导致主动脉管壁结构的改变以及血管收缩功能的下降，对患者有负面效应，会影响患者的康复和长久的健康，因此根据人体不同情况对泵头的流量进行精确控制也是泵头未来发展的一个重要目标。

3. 泵驱动器

（1）行业发展现状　泵驱动器也称为血泵，它是 ECMO 系统的核心部件。血泵从静脉储血罐或直接从患者体内引出血液，然后将血液泵入氧合器并最终输回患者体内。最早的 ECMO 技术由体外循环发展而来，沿用的是体外循环使用的滚压泵，但随着技术的逐渐发展，滚压泵无法满足危重病人长时间支持辅助的更高需求，离心泵应运而生。

1）滚压泵。滚压泵通过在泵槽内挤压管道而推动血液。当滚压泵推动血液向前时，其后方产生的负压将血液从储血罐吸入管道。其驱动原理是通过一台直流电机直接或通过传动带驱动滚压泵泵轴。传动带需要调节松紧或更换，而直接驱动装置进水很容易造成损坏，如泵槽。与离心泵相同，滚压泵如果出现断电，可人工转动。滚压泵的输出量取决于泵槽内泵管口径、泵滚轴的阻断压力、泵的转速和供血量。使用滚压泵必须选择合适的泵管口径，以提供足够的输出量。使用直径较大的泵管能降低转速、减少管道磨损。为此，新生儿、儿童和成人患者要使用不同直径的泵管。对新生儿和体重小于 14kg 的儿童，使用内径 1/4in 的泵管，这种泵管能实现的传输速率约为 9.7mL/r（使用 6in 泵头）。体重 14～30kg 的患者，使用内径 3/8in 的泵管，传输速率约为 22mL/r。体重大于 30kg 的患者，使用内径 1/2in 的泵管，传输速率约为 39mL/r。

滚压泵直接并反复挤压泵管，用于体格较大的患者时，旋转频率会超过 120r/min，时间可能会超过 300h。因此，泵管必须耐折叠、耐磨损。"Super Tygon"泵管（Saint Gobain Performance Plastic Corporation，Valley Forge，宾夕法尼亚）材料的分子链长于标准普通泵管，因此更加耐用。泵的松紧必须调节适当以保证泵头每次旋转推出的血液容量能满足需求，而松紧调节的方法各不相同。

滚压泵的主要优点：能提供稳定的流量，并且能降低新生儿使用时低流量产生的溶血。滚压泵的缺点：无论引流量是否足够、泵管内压力高低如何，滚压泵都会继续运转。使用随动调节装置调节血泵流量可以克服泵管内容量或压力超过安全范围的缺点。

2）离心泵。离心泵是由聚碳酸酯材料制成的一个圆锥体，该圆锥体又由几个更小尺寸的小圆锥环绕而成，这些圆锥体固定在一个磁铁底盘上，当连接到离心泵控制器上后，可以按照设定转速旋转。当这个底盘旋转时，可产生一个驱动涡流，在离心泵头内形成负压。这样可以驱动血液进入离心泵头，并推动血液从涡流顶端射出。该原理类似于龙卷风将经过之处的碎片吸入，而从其顶端吹出的自然现象。离心泵将能量传递给流入离心泵头的血液，产生的流量取决于泵前负荷（可以从患者引出的血容量）、泵后负荷（阻碍血流进入患者的力量）、泵头的尺寸和泵的转速。在设定的转速下流量会发生变化，因此用电磁或多普勒流量探头测定实际流量很重要。

离心泵的优点：与滚压泵相比，离心泵的优点是驱动一定量的血液所需的能量较少，在高流量时，与滚压泵相比需要的能量较少；另外，通常不会产生过大的负压而形成血液空泡，也不会产生过大的正压；此外，离心泵能俘获少量气体，使其停留在泵头中。离心泵的缺点是：虽然离心泵不会产生过大的负压或正压，增强了它的安全性，但如希望稳定维持设定的流量，这些限制就成为缺点，在高转速时，如果流入量突然减少会造成红细胞破坏；任何血液流出阻力增加的情况都会减少泵出至患者的血流量；患者体循环阻力（Systemic Vascular Resistance，SVR）或血压上升、动脉插管扭折、患者翻身时压迫胸腔都会导致泵输出量明显降低，同样血压或 SVR 降低、低血容量、静脉回流管路扭折也会导致泵输出量降低；此外，有报道在低流量时，相比滚压泵，使用离心泵时溶血指标显著升高，这是由于离心泵的高转速和产生的热量造成的。

（2）技术发展趋势　机械灌注（Machine Perfusion，MP）技术早在 20 世纪 30 年代就被提出，近十年来又逐渐引起人们重视，并已在肾脏及其他脏器保存领域得到广泛应用。机械灌注是指在器官离体后通过带有转动泵、控温装置、控压装置、氧合装置及计算机控制装置的设备用离体保存液或灌注液进行体外循环灌注的一项器官保存技术。目前应用于临床肝移植的机械灌注技术尚未成熟，国外虽已有众多肝脏机械灌注方案，但都仍处于临床试验阶段，尚未大规模应用。已有可靠的研究证实，应用机械灌注对离体肝脏进行保存可以有效扩大供体池，降低术后并发症的发生率。

现今随着临床应用的推广和技术的提升，人们发现搏动式泵头驱动及血泵泵头能够完成机械灌注部分功能。

对于搏动式泵头而言,其优点在于可以降低血清中缩血管物质的浓度,抑制肾脏血管过度收缩。同时,其驱动形式在很大程度上决定了整个系统的设计,常见的驱动有电机驱动、气动驱动、液压驱动等。由于气、液类驱动需外置气源装置,造成装置的便携性差,故较少使用。对于电机类驱动,实现搏动流输出的主要方式是借助机械转换机构,因此降低了驱动装置的效率。此外,由于全程输出刚性驱动力,在驱动血泵过程中容易使血液产生挤压,造成溶血,以及组织损伤。因此,为了达到理想的血泵搏动驱动,要求驱动装置能够具有满足每搏输出量需求的行程及外形大小;产生满足灌注压力需求的驱动力;产生与自然心率相近的往复运动频率。但是此机械结构相对复杂,且造价较高。

德国 Fresenius 的 Xenios 离心泵可在特殊设置下进行搏动功能操作而无须在硬件上进行特殊设计。收缩和舒张波形如图 2-153 所示,可通过改变电机的转速来模拟心脏的收缩和舒张,并产生稳定占空比的搏动血流,从而实现机械灌注。这为临床创造了一个非常好的搏动灌注条件。

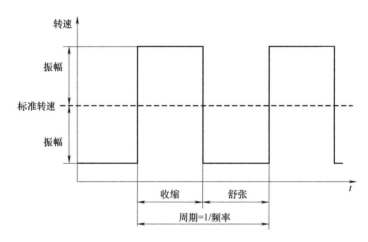

图 2-153 收缩和舒张波形

现今国内部分科研院所也进行了相关可行性研究,上海理工大学及上海市杨浦区市东医院基于电磁力学原理联合设计了一种新型搏动式泵头驱动装置,该装置能够输出往复直线运动,避免了复杂的机械转换。该装置在驱动过程中存在的"柔性驱动"能够避免因过载造成的血液破坏,此外通过驱动电流的调节能够输出不同的灌注压力,满足实际的临床需求。

(3)存在的问题及建议

1)关键零部件。和离心泵泵头类似,离心泵驱动器目前国内仍处于研发阶段,设计和制造离心泵驱动器的技术还不够完善,与国外成熟产品相比还有很大的差距。

对于国内公司而言,应更多关注某些重要的离心泵驱动器子部件。首先,电机的选取至关重要。日本、德国、瑞典等国家都有先进的无刷电机,可以非常好地满足 ECMO 治疗需要,同时其发热控制得非常出色,从而也进一步提升了电机的可靠性。国内需要从电机上有所突破，才能带动离心泵驱动器的进一步发展。

其次，由于 ECMO 是生命支持类设备且兼顾有医院内外转运功能，所以系统设计之初就需要考虑在不同应用场景下的电磁兼容问题。在电磁辐射方面，需要兼顾用于救护车或飞机上的要求，这些都有相应标准，且要求非常高，这就要求对电机和整个系统电路及结构设计也相应提高要求。在安全与性能方面，需要充分考虑环境多样性，确保在相应工作环境下产品能正常使用。

由于离心泵驱动器前端和泵头有磁耦合，所以对永磁体的选择也至关重要。应该在耐腐蚀、耐高温、对外部磁场抗干扰、剧烈振动或冲击上进行有效的评估，确保磁体之间能够有稳定且持续的磁耦合。

2）搏动功能。如上所述，从技术上来说，上海理工大学及上海市杨浦区市东医院联合设计出的新型搏动式泵头驱动装置，能够输出搏动流，其中所运用的堆叠螺线管驱动线圈结构是首次提出的。通过实验和理论分析得出，该结构驱动线圈在设计过程中所依据的理论基础及数学模型是正确的，且设计过程科学合理。该结构在满足驱动的同时，能够避免因系统过载对血液造成的机械压迫。此外，该驱动装置能够根据设定的压力值选择驱动电流特性，很好地满足了实际临床中的需求。通过理论分析与实验研究，验证了该装置作为搏动式泵头驱动的可行性，但就其作为一整套驱动系统而言尚缺乏对实时数据的采集与反馈，且该驱动装置的驱动效率仍有待改进，在后续的研究中会逐一进行完善。

另外，搏动式泵头所产生的脉动式血流尚需在临床上获得更多支持，其推广更需要兼顾临床需求。

4. 监测系统

（1）行业发展现状

1）气泡与流量监测。现在气泡与流量一体式的产品已有很多。图 2-154 所示是 Fresenius 所用的一款气泡流量一体式传感器。

图 2-154　气泡流量一体式传感器

2）压力监测。在为医院诊断设备选择传感器时，高分辨率、高精度和高稳定性都是要着重考虑的关键因素。因此，诊断设备一般都具有较高的分辨率要求，通常是 16 位或更高。传感器的精度和稳定性对于获取精确的数据是很重要的，而精确的数据对于实验室检测结果至关重要，会直接关系到病人的生命安危。

ECMO 系统管路中各个不同位置的压力是不同的，离心泵泵头前压力属于引流压力，为负压，泵头后压力为正压。为保证安全，有些产品会监测血液通路中三个点的压力值：泵前压力、泵后压力、患者血液回流压力。图 2-155 所示为 Fresenius 产品中的三个压力监测点。

泵前压力也称引流压力或吸引压力，是患者和离心泵间的压力，可用于监测引流侧的吸引压力，以防止溶血发生。吸引压力过高（负压过高），尤其是长时间过

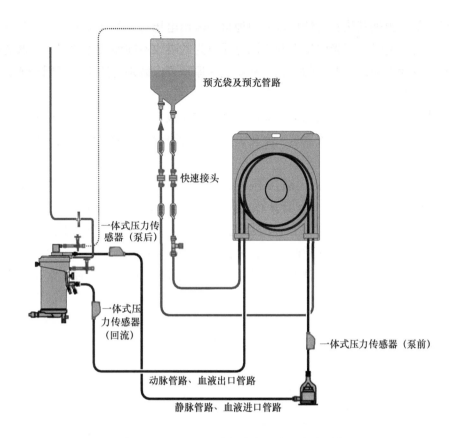

图 2-155　Fresenius 产品中的三个压力监测点

高时，患者很有可能出现溶血。负压过高也可提示患者的静脉充盈不足或插管位置不当。

熟悉 ECMO 治疗的医护人员可以基于氧合器入口前压力判定氧合器的状态是否发生改变，通过计算泵后压力与回流压力差值（跨膜压差）可以判断氧合器的状态（氧合器气体交换膜上是否有纤维蛋白形成，造成氧合器中有血液凝固）。

回流压力也称灌注压力，是氧合器后压力，可用于监测将血液回输到患者体内的压力。此压力也可以监测管路是否发生脱落扭折等现象。

（2）主要技术进展及优势

1）气泡与流量监测。目前为止，市面上所有 ECMO 设备均配备有气泡与流量监测功能，其均是第三方公司提供或特殊定制化而来。ECMO 厂商自身出于技术和成本的一系列原因，不会单独为此功能开发新的功能部件，但是其会与气泡流量传感器供应商合作开发适用于自身产品的定制化传感器。

医用气泡检测传感器主要分为三类：红外气泡检测传感器、电容式气泡检测传感器和超声气泡检测传感器。

红外气泡检测传感器具有响应快、精度高、非接触测量等特点，广泛用于自动化检测与控制技术中。其理论基础是光电器件的光电效应，常用的光电器件有光敏晶体管、光敏二极管等。根据其伏安特性可以方便地得到输出电压与光照强度的关系，当在液体输送管路中有气泡时由于光的反射和不同介质对光的吸收不同而使光敏器件接收光强度发生变化，从而引起输出电压的变化，利用这一原理可以区别管路中的不同介质，从而探测出空气气泡。

电容式气泡检测传感器根据电容器的原理，在输液管路两侧各放一个电容极板测量两极板间的电容变化情况，根据这一变化，可推测管路内介质的变化情况，从而达到探测的目的。

超声波与一般声波的主要区别在于：振动频率高（$f > 20\text{kHz}$，测量中常用频率在 $0.25 \sim 20\text{MHz}$ 范围）、波长短，因而具有束射特性，方向性强，可以定向传播，其能量远大于振幅相同的一般声波，有很强的穿透能力。超声波在均匀介质中按直线方向传播，但到达界面或遇到不同介质时也会像光波一样产生反射和折射，并服从与几何光学类似的反射、折射定律，在检测技术中利用超声波检测的方法有多种，常用的有透射法、反射法、频率法等。超声气泡检测传感器是选用透射法，根据超声波在气体、液体、固体中的吸收和衰减不同，利用透射法来探测超声波发射和接收换能器之间是否有气体存在，从而制成气泡探测器，如图 2-156 所示。

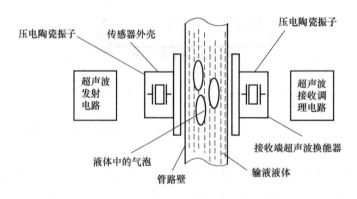

图 2-156　超声气泡检测传感器原理

经过表 2-19 对比可以得出，红外气泡检测传感器只对介质的颜色敏感，虽然具有响应快、精度高、非接触测量、电路简单、性能稳定等特点，但是由于采用红外技术会对液体产生红外的照射作用，存在潜在的污染药液的风险，并且容易受环境光源和管路是否避光等因素的影响。不能明显区分液体和气泡的电容式气泡检测传感器虽然具有结构简单、灵敏度高、便于实现非接触测量等优点，但它性能不稳定，极易受电路干扰，且很难由电路消除这种干扰。超声气泡检测传感器在液柱和固体中衰减很小、穿透能力强，具有明显的界面反射和折射现象，加之超声波的高频特性，便于对时基脉冲和超声波脉冲计数，以判断气泡大小和连续液柱的长度，因而它灵敏度高、可靠性好，还能测出小间隙的连续小气泡，因此在 ECMO 设备中多采用超声气泡检测传感器。

表 2-19　三种气泡检测传感器对比

项目	红外气泡检测传感器	电容式气泡检测传感器	超声气泡检测传感器
外界光源干扰	受影响	不受影响	不受影响
对液体的影响	有影响	无影响	无影响
对管路的要求	避光管路不适用	无要求	无要求
与单片机接口信号	电平	电平	脉冲
使用范围	小	小	广泛

2）压力监测。压力监测分为介入式和非介入式两种。介入式也称为侵入式，主要以直接放入血管进行血压测量为主；非介入式更多以压敏传感器为基础，通过血液在隔膜上形成的压力传导至压敏传感器。

现今对于 ECMO 产品来说，压力监测更倾向于采用非介入式。临床上可以避免空气的进入、凝血的发生，且无须特殊灌注，尤其对儿科患者无须血液稀释。

从技术上，精度是很重要的，特别是对线性和迟滞误差而言。因为整个系统的灵敏度和所使用的传感器的灵敏度有关，所以应该尽量减小迟滞作用。0.25% 的精度误差是最佳的（非线性和迟滞误差），而 0.5% 通常是允许存在的最大值。

Fresenius 的非介入式传感器，如图 2-157 所示，能够满足上述所有要求，同时在成本上有着很大的优势。

图 2-157　Fresenius 的非介入式传感器

（3）技术发展趋势

1）气泡与流量监测。由于分离式的气泡流量传感器需要有与之匹配的电路设计，而且需要和第三方公司进行合作，无疑会延迟项目开发周期。现在已有相关公司将气泡和流量监测功能集成于 ECMO 设备中。这样不仅可以减少研发投入及时间，更能在临床上降低灌注师操作的复杂程度。

2）压力监测。对于压力监测部分，技术发展集中在小型化、高分辨率、高稳定性、易操作几个方面。

ECMO 设备的应用场景有医院内外转运，"小型化"显得尤为重要。

高分辨率是至关重要的，一些传感器制造商通过高分辨率的 AD 转换器来提供带放大的产品。注意，高分辨率 AD 转换器并不是传感器的分辨率，需要考虑传感器本身的分辨率。如果传感器的分辨率较低，那么 AD 转换器所具有的额外位数提供的只能是额外的无用数据。

稳定性是非常重要的，因为漂移可能会意外地影响传感器的读数。如果传感器在设备制成之后发生漂移（校准在设备发运之前完成），结果就会出现偏差。传感器在制造和安装启用过程中，必须考虑如何防范热应力和机械应力的影响，因为这些会影响到设备性能的稳定。在医院诊断应用中，对于与漂移和不稳定性有关的误差而言，0.5% 是可接受的最大值。

临床操作的简便易操作也是现今急需改进的方向。对于非介入式传感器，势必会有零点校准，那么校准应具有易操作性，能够让灌注师快速地完成灌注工作。

（4）存在的问题及建议　由于 ECMO 是生命支持类设备且兼顾医院内外转运功能，所以系统首先应设计成需考虑防除颤隔离要求。根据 GB 9706.1 的定义，气泡流量监测传感器、压力监测传感器、温度传感器均被认为是应用部件，设计之初应考虑防除颤要求。所以不能将这三个传感器仅仅作为单个器件考虑，也应从系统上对其进行有效隔离。

另外关于气泡传感器的选择，应结合临床需要考虑何种指标作为设计输入，例如是检测单个气泡还是连续性气泡，气泡的大小、形状等，这些对于超声气泡检测传感器的选择来说至关重要。

五、连续性血液净化机及关键零部件技术发展趋势

（一）连续性血液净化机技术发展趋势

1. 连续性血液净化机简介

连续性肾脏替代治疗（Continuous Renal Replacement Therapy，CRRT）是指一组体外血液净化的治疗技术，是所有连续、缓慢清除水分和溶质治疗方式的总称。CRRT 运用弥散、对流、吸附的原理，主要是针对急性肾损伤（Acute Kidney Injury，AKI）等危重疾病进行救治，与间歇性血液透析或血液滤过相比，CRRT 的血液循环更稳定，更加有利于肾功能的恢复，可降低危重患者的病死率。

因此，连续性血液净化机的主要功能是根据医生的治疗方案，完成从基本的血液吸附、连续血液净化治疗，到相对复杂的血浆吸附、双重血浆置换等集成治疗模式，实现治疗目的。

2. 连续性血液净化机的工作原理及系统结构

（1）工作原理　连续性血液净化机的工作原理是利用动力（气压、蠕动泵驱动）实现血液、透析液、置换液、废液的流动控制，利用弥散、对流、超滤及吸附来清除血液中的溶质，实现血液净化的目的。

工作流程如下：开机并完成设备自检，安装一次性体外循环管路，连接滤器、透析液、置换液桶（或袋）、生理盐水袋（如果需要）、废液袋并完成管路排气及预冲洗，形成液体通路，进入循环模式，待患者准备好后，立即将动脉和静脉管路接入患者的外接导管，形成血液通路，治疗开始。血液从患者体内流出，进入动脉端，流经滤器，经过净化后从静脉端返回患者体内，透析液、置换液从透析液袋、置换液袋流出，流经滤器后经过废液口再流入废液桶（或袋）。

（2）系统结构　连续性血液净化机的外部结构一般由主机、体外血液循环模块、液体平衡系统、监控系统、温控模块、操作显示模块、电源、报警模块及扩展模块等组成。具有远程医疗功能的连续血液净化机还应配有 Wi-Fi/GPRS 等上网模块，以及配合建立数据保护、收集、分析、辅助决策的支持系统。

3. 重要指标及范围

连续性血液净化机的重要指标包括：

1）稀释模式。主要稀释模式包括单独前稀释、单独后稀释、同时前后稀释。

2）透析液、置换液温度控制。控温范围为 35~39℃，应不大于 39℃，控温精度应为±3℃以内。

3）血泵控制。血流量范围为 30~450mL/min，可调幅度为 10mL/min，血泵精度±10%。

4）透析液、置换液流量控制。透析液、置换液流量范围为 1000~4000mL/h，可调幅度为 10mL/min，透析液泵、置换液泵精度为±10%。

5）体外循环管路凝血控制。由于连续工作时间长，因此连续血液净化机需要有防止凝血模块。

4. 连续性血液净化机的分类

按照血液净化原理和形式的不同，连续性血液净化机可分为血液透析滤过技术类、吸附技术类、血浆分离技术类及血浆成分分离技术类。

血液透析滤过技术包括血液滤过技术和血液透析技术。血液滤过技术主要利用对流原理清除溶质，即依靠膜两侧的压力差，使溶质从压力高的一侧向压力低的一侧流动。血液滤过清除的溶质大小取决于所采用的血滤器或透析器的膜孔径大小，主要清除小于其标称的截留相对分子量的溶质。血液滤过器的截留相对分子量一般在 30kDa 左右。以血液滤过为主要工作方式的治疗技术有连续性静静脉血液滤过（Continuous Veno-Venous Hemofiltration，CVVH），也称作连续血液滤过（Continuous Hemofiltration，CHF），以及缓慢连续性超滤（Slow Continuous Ultrafiltration，SCUF）等。血液透析技术主要利用弥散原理清除溶质，即依靠膜两侧的浓度差，使溶质从浓度高的一侧向浓度低的一侧流动。血液透析所能清除的溶质大小也取决于所采用的血滤器、透析器的截留相对分子量。以血液透析为主要工作方式的治疗技术有间歇性血液透析（Intermittent Hemodialysis，IHD）、延长低效透析（Sustained Low Efficiency Dialysis，SLED），以及连续性静静脉血液透析（Continuous Veno-Venous Hemodialysis，CVVHD）也称为连续血液透析等。连续性静静脉血液透析滤过（Continuous Veno-Venous Hemodiafiltration，CVVH-DF）也称为连续血液透析滤过，同时利用了滤过和透析两种技术。

吸附技术主要利用吸附原理来清除溶质。非特异性吸附技术所能清除的溶质范围比较广，包括大、中、小分子，其中以中分子溶质为主，对于黏附性较强的大分子或带有苯环的小分子溶质（如百草枯）也有比较强的吸附作用。免疫吸附是利用抗原抗体反应或特殊的理化性质将某种特定溶质吸附到吸附柱载体上的高选择性特异吸附。以吸附为主要工作方式的血液净化技术包括血液吸附（Hemadsorption，HA）、血浆吸附（Plasma Adsorption，PA）和免疫吸附（Immunoadsorption，IA）等。

血浆分离技术是指用血浆分离器将血浆从血液中分离出来的技术。血浆成分分离技术是指用血浆成分分离器进一步将血浆中的大分子蛋白与小分子蛋白分离开来的技术。从本质上来讲，血浆分离技术和血浆成分分离技术均利用了对流的清除原理，只不过后者清除和分离的溶质为相对分子量较大的血浆蛋白。

5. 连续性血液净化机的行业发展现状

1990 年，首台全自动专业 CRRT 设备是法国 Hospal 公司研发的 Prisma。此后，随着 CRRT 技术的发展，国外品牌，包括 Fresenius multiFiltrate 及 multiFiltratePRO、Baxter Prismaflex、NIKKISO Aquarius、Braun Diapact、Asahi KASEI PlasautoΣ 等；国内品牌，包括山外山（重庆山外山血液净化技术股份有限公司）SWS-5000、健帆生物科技集团股份有限公司 DX-10、伟力医疗（北京伟力新世纪科技发展股份有限公司）WLXGX-8888 等。除了传统的 CRRT 治疗模式外，这些设备普遍还可开展血浆置换等治疗模式。

目前 CRRT 设备以进口品牌为主，其中又以 Fresenius multiFiltrate、multiFiltrate PRO 及 Baxter Prismaflex 占主导地位，占据了一半以上的市场。国产 CRRT 设备处于快速发展阶段，但由于产品技术及设备稳定性等因素，以及耗材供应品种规格不齐全等原因受限，主要定位于中低端市场，占整体市场份额不足 20%。高端市场以进口设备为主。

6. 连续性血液净化机的临床应用现状

CRRT 指一组体外血液净化的治疗技术，是所有连续、缓慢清除水分和溶质治疗方式的总称。与间歇性血液透析，即患者按照规律的时间间隔接受规定时间内的治疗不同，CRRT 的最大特点是可以连续（超过 24h）、缓慢和等渗性清除液体与溶质，更接近肾脏的功能，符合人体清除溶质和溶剂的生理特点，可更好地维持患者治疗过程中的血流动力学稳定。传统上 CRRT 应持续治疗 24h 以上，但临床上可根据患者的治疗需求灵活调整治疗时间。

CRRT 是危重病患者的重要生命支持体系。一项来自 97 个重症监护室 1800 多例患者的多国研究报告显示，57% 的患者在入院后一周内发生了急性肾损伤，39% 的患者发生了重度（2 期或 3 期）急性肾损伤，13.5% 的患者需要肾脏替代治疗。CRRT 治疗的目的不仅仅局限于替代功能受损的肾脏，近来更扩展到常见危重疾病的急救，成为各种危重病救治中最重要的支持治疗措施之一。临床工作者对 CRRT 的认识，已从"连续性血液净化治疗"发展至"组合式体外多器官功能支持治疗"。

与传统 IHD 相比，通过使用特定的滤器 CRRT 对中、大分子物质（≤50kDa）有更好的清除能力，因此其应用范围超出了传统的尿毒症毒素清除，可扩展至分子量更大的溶质，如横纹肌溶解症中的肌红蛋白（经血浆置换清除）或脓毒症中的细胞因子（经血浆吸附清除）。

CRRT 可以连续、缓慢清除体内液体，更符合人体肾脏的自然生理，对于已出现的利尿剂治疗无效的液体超负荷、根据出入量预期即将出现的液体超负荷等情况，研究发现 CRRT 可以改善患者相关症状和预后。因此，在新版的血液净化 SOP 中推荐：除了急性肾损伤，CRRT 在包括多器官功能障碍综合征、脓毒血症或感染性休克、急性呼吸窘迫综合征、挤压综合征、乳酸酸中毒、急性重症胰腺炎、心肺体外循环手术、慢性心力衰竭、肝性脑病、药物或毒物中毒、严重容量负荷、严重的电解质和酸碱代谢紊乱、肿瘤溶解综合征、热射病等治疗过程中均可发挥重要作用。

2021 版《血液净化标准操作规程》中提到了目前 CRRT 主要包括以下技术：缓慢连续超滤（SCUF）、连续性静脉-静脉血液滤过（CVVH）、连续性静脉-静脉血液透析滤过（CVVHDF）、连续性静脉-静脉血液透析（CVVHD）、连续性高通量透析（Continuous High Flux Dialysis，CHFD）、连续性高容量血液滤过（High Volume Hemofiltration，HVHF）、连续性血浆滤过吸附（Continuous Plasma Filtration Adsorption，CPFA）。基于患者不同的临床需求，可采用 SCUF、CVVH、CVVHD 和 CVVHDF 等不同的 CRRT 模式进行治疗（见表 2-20）。

表 2-20　不同 CRRT 治疗模式间的比较

比较项目	SCUF	CVVH	CVVHD	CVVHDF
主要机制	超滤	对流	弥散	弥散和对流
治疗时间	连续	连续	连续	连续
血液流速	100mL/min	50~300mL/min	50~300mL/min	50~300mL/min
透析液流速	无	无	500~4000mL/h	500~4000mL/h
置换液流速	无	500~4000mL/h	无	500~4000mL/h

连续性静脉-静脉血液滤过（CVVH）、连续性静脉-静脉血液透析（CVVHD）及连续性静脉-静脉血液透析滤过（CVVHDF）均可应用于重症 AKI 患者的治疗。既往认为 CVVH 对中大分子的清除存在优势，然而近年来较多研究发现，CVVH 与 CVVHD 或 CVVHDF 相比较，并没有降低重症 AKI 患者的病死率。由于相同剂量下 CVVH 的滤过分数明显高于 CVVHD 及 CVVHDF，因此并不适用于目前主流的枸橼酸抗凝模式。目前国内外多个学者认为，血液吸附技术的发展可以弥补 CVVHD 模式对中大分子清除的不足。特别是在脓毒症-AKI 中，因常规 CRRT 难以有效清除白细胞介素-1、白细胞介素-6 等炎症介质，新型具有吸附作用的 CRRT 滤器值得期待，可有效清除体内革兰阴性

杆菌释放的内毒素及多种炎症介质。

CRRT 常联合使用一些其他血液净化技术，例如血浆置换（Plasma Exchange，PE）、双膜血浆置换（Double Filtration Plasmapheresis，DFPP）、内毒素吸附技术、体外二氧化碳去除技术（Extracorporeal CO$_2$ Removal，ECCO2R）、体外膜氧合（Extracorporeal Membrane Oxygenation，ECMO）及人工肝技术。

体外循环的凝血是 CRRT 所面临的一个重要问题，频繁的凝血不仅会缩短宝贵的治疗时间，增加治疗成本和医护人员的工作量，还会造成患者流失较多的血液和需要更多地输血。同时，滤器凝血、机器故障等原因导致治疗中断，也会使 CRRT 的最终达成或交付剂量小于处方剂量，患者无法获得理想的治疗效果。因此，减少体外循环的凝血、延长滤器及管路的寿命具有重要的临床意义。

CRRT 治疗过程中的抗凝方式主要有局部枸橼酸、肝素和低分子肝素，2012KDIGO 建议优先使用枸橼酸局部抗凝，对无枸橼酸使用禁忌的患者不建议肝素抗凝（2B 级）；对于存在枸橼酸使用禁忌的患者，CRRT 治疗期间建议使用普通肝素或低分子肝素抗凝，而非其他药物（2C 级）；对于出血高危的患者，避免 CRRT 治疗过程中进行局部肝素化（2C 级）。

随着循证医学证据的积累，中华医学会肾脏病学分会专家组在 2022 年的《连续性肾脏替代治疗的抗凝管理指南》中进一步扩展了局部枸橼酸抗凝的使用范围：合并肝硬化或肝衰竭患者在严密监测下可考虑使用局部枸橼酸抗凝，建议治疗模式采用 CVVHD 或者 CVVHDF（3C 级），阿加曲班和甲磺酸萘莫司他为代表的新型抗凝药物，以较好的安全性受到临床的广泛关注，使用经验也在快速积累中。

CRRT 治疗时，血管通路常使用大口径的双腔静脉置管以满足血流量需求。2012KDIGO 指南推荐置管部位优先选择右颈内静脉，之后为股静脉、左颈内静脉，为减小穿刺及血管狭窄风险，应尽量避免锁骨下静脉置管。

一项包含 750 例受试者的随机对照试验（Randomized Controlled Trial，RCT）表明，股静脉置管与颈内静脉置管相比，导管细菌定植、菌血症及血栓形成的风险并未增加，考虑到操作安全性，临床实践中股静脉置管仍为主要置管部位。CRRT 导管功能障碍可能导致血流中断、滤器凝血，因此 CRRT 治疗时需注意评估导管功能。2023 年发布的《重症血液净化血管通路的建立与应用中国专家共识》中推荐：存在感染高危因素的重症患者可考虑使用抗菌血液净化导管。抗菌导管是指使用抗菌药物、消毒剂和含金属制剂等抗菌物质涂层或浸润的导管，有助于阻止导管定植菌的繁殖和迁移。现有的研究和已发表的高质量文献，提示米诺环素/利福平、氯己定/磺胺嘧啶银导管可减少导管相关血流感染的发生，降低与感染相关的死亡率。该指南还推荐对建立血管通路的医生进行包括理论知识及模拟人操作的系统培训。统计数据显示，应用模拟人培训的医生在实际临床操作中有更高的穿刺成功率、更少的并发症及更短的操作时间。

何时启动 CRRT 是一个伴随技术发展而持续存在争议的话题。现有研究 CRRT "早期"与"延迟"启动时机的三项大型临床随机对照试验（RCT）ELAIN、AKIKI 及 IDE-AL-ICU 得出了不同的结论。ELAIN 研究认为早期启动 CRRT 可降低患者 90 天病死率，AKIKI 及 IDEAL-ICU 的结论则是早期与晚期启动 CRRT 患者病死率并无差别。值得注意的是，AKIKI 及 IDEAL-ICU 研究将"早期"的标准界定为改善全球肾病预后组织（KDIGO）AKI 3 期，ELAIN 研究的"早期"标准则为 KDIGO-AKI 2 期，同时因 AKIKI 及 IDEAL-ICU 研究将需要紧急行 CRRT 的患者（严重高钾血症、肺水肿等）排除，纳入的主要为脓毒症患者，而 ELAIN 研究纳入的主要为心脏术后存在容量过负荷、肺水肿患者，纳入人群的差异可能是导致差异性结论的主要原因。综合而言，对于有紧急 CRRT 指征的重症 AKI 患者如严重容量过负荷及高钾血症等，CRRT 应当尽早启动，关于 CRRT 的最佳启动时机仍待大型 RCT 进一步进行探究。

CRRT 治疗开始后，治疗剂量的选择关乎患者治疗效果，应依据患者治疗需求和残存肾功能水平选择治疗剂量。推荐采用体重标化的流出液容积作为剂量单位 [mL/(kg·h)]。目前，CRRT 推荐的达成剂量为 20~25mL/(kg·h)，若采用前稀释治疗模式时，治疗剂量可增加 5%~10%。若须缩短治疗时间，则应适当加大治疗剂量。应至少每 24h 对 CRRT 的处方剂量和达成剂量进行评估，要求达成剂量至少大于处方剂量的 80%。

IVOIRE 研究证实，在脓毒症休克患者中，大剂量 70mL/(kg·h) CRRT 与 35mL/(kg·h) 剂量相比，不能降低患者 28 天病死率。RENAL 研究将采用 CVVHDF 模式治疗的患者分别配入 40mL/(kg·h) 组和 25mL/(kg·h) 组，发现 40mL/(kg·h) 组患者 90 天病死率、透析依赖率及血流动力学改善情况并未优于 25mL/(kg·h) 组。大剂量 CRRT 可能导致患者营养成分及药物丢失、增大电解质紊乱风险、增加护理强度，因此并不能使患者获益。关于不同疾病的 CRRT 的最佳治疗剂量仍待 RCT 进一步进行研究。

2016 年急性疾病倡议组织专家共识认为，若肾脏功能已经恢复到足以满足机体目前及下一步治疗需求、达到预期水平或者总体治疗目标已经改变时，可考虑停止肾脏替代治疗（RRT）。目前，CRRT 的最佳停止时机也尚未得到确认，仍需进一步临床试验去探究。

7. 连续血液净化装备主要技术进展及趋势

1945 年，荷兰学者 Willem Johan Kolff 利用自己设计的转鼓式人工肾脏成功治疗了 1 例急性胆囊炎伴急性肾功能衰竭患者，这是第一例由人工肾脏成功救活的急性肾功能衰竭患者。

1960 年，美国学者 Scrihner 等首先提出了连续性血液净化概念，即缓慢、连续地清除水和溶质的治疗方法。

到 1983 年末，CRRT 经过约 20 年探索之后，已经由初期以心脏作为动力泵、以动静脉压力差作为驱动力的模式，发展为单一血泵、辅助体外循环的模式，并研制出将血泵、置换液泵、超滤泵及透析液泵整合为一体，专为进行 CRRT 而设计的床旁机。

1995 年，首届国际 CRRT 会议在美国圣地亚哥正式举行，会上确认了 CRRT 的定义，即采用每天24h或接近24h的一种长时间、连续的体外血液净化疗法以替代受损肾功能。

2004年，第九届美国圣地亚哥CRRT会议上，Ronco教授把CRRT的治疗扩展为多器官支持疗法。随着连续性血液净化技术的问世与发展，CRRT在急危重症等肾脏疾病及非肾脏疾病领域有了突飞猛进的发展。

CRRT的发展趋势有以下三方面。

（1）精准医疗　大数据与CRRT精准医疗的结合是基于基因差异、环境和生活方式的创新研发方向。精准CRRT则是要通过使用患者个体的监测及救治数据以达到CRRT的应用和CRRT处方的个体化。这些信息将包括炎症反应、氧化应激、基因构成、血流动力学、并发症和患者接受的治疗等诸多方面。同时，CRRT设备本身对于治疗剂量的有效达成及治疗的稳定性有着越来越高的要求，更少的治疗中断，如大称重量、关爱模式、下次干预事项提醒等，能有效减少治疗中断时间及频率，达成更高的治疗剂量。

在现有的CRRT机器上，绝大多数设备使用称进行治疗期间平衡误差的控制。有一种新的理念不再使用称来进行设备治疗期间平衡误差的控制，如平衡腔，能减少治疗期间由于称的抖动引起的报警，以及由于称的称重范围导致的频繁换袋。

（2）人工智能　人工智能（Artificial Intelligence，AI）技术的核心是使机器能够模拟人类智能的各种能力，包括感知、理解、推理、学习和交流等。结合AI技术的CRRT未来潜在研发方向主要包含以下方面：①智能监测和预测，通过分析大量的病人数据，来监测和预测病人的病情变化，医生可以提前采取相应的治疗措施，有效避免并发症的发生，提高治疗效果；②个体化治疗，AI可以通过深度学习和机器学习算法，根据病人的特征和病情，提供个性化的治疗方案，更好地满足不同病人的需求，提高治疗效果和生存率；③优化治疗过程，AI可以通过自动化和智能化技术，优化CRRT的治疗过程，例如智能化能自动调整超滤率，以及监测和控制溶液的成分和浓度，提高治疗的精确度和安全性；④数据分析和研究，人工智能可以帮助医生和研究人员分析大规模的病人数据，发现和研究与CRRT相关的新的疗法。总之，AI技术未来有望继续推动CRRT的创新和发展。

（3）有关CRRT的其他研究方向　今后的研究方向可能还包括体内微流体学、设备小型化、生物人工设备、新型吸附技术、纳米技术和改进，以及推广可穿戴、可移动设备等。CRRT未来将向集成的多器官支持平台发展，以一个设备同时实现对肾脏、肝脏、肺脏等多个脏器的支持为目标，这要求能在一台界面友好、参数和处方可调的设备上实现多个器官功能的支持，从而通过使用不同的一次性套装耗材实现不同的治疗需求。此外，新一代的CRRT设备应该能在不同的医院和条件中被不同操作者使用，因而对设备的智能性、操作便利性和远程维护支持能力提出了更高要求。

8. 存在的问题及建议

1）收费和报销问题。连续性血液净化在全国各地收费标准差异巨大，范围为30~281元/h，全国中位数为80元/h，并且主要耗材（滤器和管路）尚有约40%的省份无法报销。

　　建议收费过低的地区能够测算当地连续性血液净化运行成本，适当提高收费，并对主要耗材（滤器和管路）按比例进行报销，减少患者负担。

　　2）监测与控制。在目前的连续性血液净化设备上，对病人进行连续性血液净化治疗的过程中，缺乏对血容量、血气相关的病人生理指标的监测和监控，使得在使用CRRT时完全凭借医生经验进行治疗，很难减少或者避免治疗过程中并发症的发生。虽然目前有一些厂家给出了在连续性血液净化设备使用过程中通过辅助设备进行病人血容量等相关生理参数监测的解决方案，但由于需要额外的操作，需要付出额外的成本。所以一体式的能够通过连续血液净化设备本身去监测并反馈在治疗过程中的病人的相关生理参数的变化，并通过参数变化自动调整治疗方案的技术，应是今后连续血液净化设备的发展趋势，并且在技术上这一点也不是很难实现。

（二）连续血液净化机关键零件技术发展趋势

1. Ci-Ca 泵/肝素泵

　　（1）行业发展现状　目前可用的抗凝方法大致有以下几种：肝素抗凝、枸橼酸盐局部抗凝、低分子肝素、局部肝素-鱼精蛋白、血小板抑制剂、凝血酶拮抗剂、生理盐水冲洗（无肝素）等。在 CRRT 中应用最多的抗凝手段仍旧是肝素抗凝。肝素抗凝有给药方便、有效、价廉、获得方便等优点，但同时也存在代谢过程复杂、个体差异较大、肝素相关性血小板减少、出血风险增大等缺点。现阶段 CRRT 设备使用肝素泵推注肝素。肝素泵包含机架、步进电机，以及与转子相连的注射器推进结构等。步进电机作为注射器推进机构实现肝素泵注射的动力源。现阶段如何能够既保证有效的抗凝，又能使患者额外风险降至最低是这个行业需要着重考量的事。肝素抗凝示意图如图 2-158 所示。

　　（2）主要技术进展及优势　近年来一系列前瞻性试验表明，与肝素相比，局部枸橼酸盐抗凝可显著降低接受 CRRT 治疗患者的出血风险。枸橼酸盐可以满足血液净化抗凝需求，同时又对血液凝固系统影响较小，还具有生物相容性好，没有肝素相关的血小板降低、白细胞减少等优点。枸橼酸盐能与血液中的钙离子结合生成螯合物，起到抗凝作用。大部分的枸橼酸钙可通过滤膜排至废液袋中，回流的枸橼酸钙在肝、肾、肌肉中进行代谢分解，重新释放至血液中，该种抗凝活动可逆，只要在血液中再加入足量的游离钙离子，凝血功能可即刻恢复。因此，未来肝素在 CRRT 抗凝中的使用将显著减少。此外，目前市场上已研发出半自动输送枸橼酸的机器，使枸橼酸盐输注速率可以由设备软件调节，使用蠕动泵来进行枸橼酸盐滴和钙滴的注入，以枸橼酸滴计数器和钙滴计数器来控制枸橼酸盐和钙的输入量，以达到在 CRRT 治疗体外循环管路中进行抗凝，如图 2-159 所示。

　　（3）技术发展趋势　局部枸橼酸抗凝的标准化方案及预充配方会是 CRRT 抗凝技术发展的新方向。在未来，CRRT 机器将提供更全自动的枸橼酸输注，同时抗凝膜也会被逐步开发，以减少或消除 CRRT 期间的抗凝需求。目前有消息称表面修饰版本的 AN69膜已开发，但临床数据显示，可接受的 CRRT 期间执行无抗凝剂的可用透析回路仍然缺乏。应注意，与 CRRT 期间血栓形成有关的问题之一是导管。导管血栓形成是一种非常常见的治疗并发症，导致治疗量减少，并增加治疗成本。近期的数据表明，使用表面修饰过的导管（与标准的未经修饰的聚氨酯导管相比）可以延长导管的使用寿命，减少功能障碍（以血流量衡量）。未来，表面修饰导管将取得进一步的进展，从而减少导管相关的功能障碍。

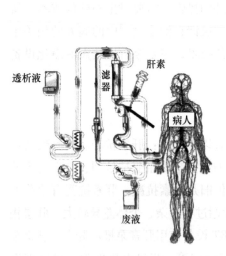

图 2-158　肝素抗凝示意图

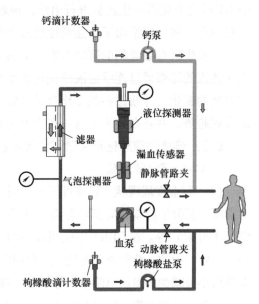

图 2-159　枸橼酸抗凝示意图

目前，行业依旧是以减小在治疗过程中凝血的风险保证病人生命安全为首要需求，但任何一种抗凝的措施都做不到完全防范凝血并且都存在其他的风险。寻找出一种既能在治疗过程中有效抗凝，又能不引入其他额外风险，类似于大出血或代谢性酸中毒等并发症的抗凝技术势在必行。新材料以及依托人工智能大数据对病人进行个体化定制的抗凝管理技术，会是比较好的技术突破口。

（4）存在问题及建议　在上述提到的所有抗凝技术中，没有任何一种抗凝技术是完全无副作用和并发症的，只要存在副作用或者并发症就都会对病人的生命安全产生威胁。目前在临床上虽然都在使用抗凝剂，但大多数没有进行凝血状态评估，各类肾病患者间抗凝剂用量也没有明显差异，但理论上而言，不同的病患抗凝剂的使用需要精细调整和个体化实施，并且需要进行凝血指标检测和评估。在 CRRT 治疗中应不断完善和加强抗凝治疗和知识普及，亟待建立标准化和规范化的抗凝治疗方案，提高治疗质量和安全性。制造连续性血液净化设备的厂商应结合临床需求和未来可能的技术（包括大数据、人工智能和新材料等），在现有基础上研发出能够针对不同的病人一键生成定制化治疗方案的设备。医生只需要输入病人相应的初始数据，在整个治疗过程中，设备会精准地根据当前病人的生理状态和生化指标，随时进行治疗方案的调整。

2. 漏血探测器

（1）行业发展现状　在连续性血液净化治疗过程中，常见的静脉端发生堵塞，会导致静脉压急剧升高，引起跨膜压升高，发生透析器破膜，或是透析器质量不合格，或是运输、储存不当等，都有可能导致治疗过程中出现破膜漏血，一旦发生漏血，严重时将威胁病人的生命安全。所以在CRRT治疗过程中实时监测体外循环的漏血情况是非常有必要的，漏血传感器成为连续血液净化设备的重要组成部件。

早年间，漏血传感器采用光电传感器，通过漏血造成废液中光线透过率的变化进行监测，易受管壁沉淀物影响而发生误报警。随后采用单色光源及颜色传感器来检测红光分量和白光分量，然后将传感器芯片的检测值传输给信号采集板，与参考值进行对比，以此来判断是否漏血。现代连续血液净化设备的漏血传感器主要采用发射红、绿双色光，用颜色传感器芯片采集数据的方式判断是否漏血，但由于很多原理的实现需要基于模拟电路的设计，复杂且灵敏度不高，影响了漏血检测的可靠性。

在规定方面，近些年对于连续性血液净化设备漏血监测的要求逐渐趋于严格。最新版的YY 0645—2018《连续性血液净化设备》中的5.9节"漏血防护系统"规定：设备应有漏血防护系统，最大报警限值应小于或等于0.35mL/min（血液的HCT为32%）。

（2）主要技术进展及优势　随着漏血传感器技术的发展，模拟电路设计的漏血检测系统已经不能满足实际使用需求，数字化漏血传感器应运而生。数字化漏血传感器基于颜色传感器芯片设计红、绿双光检测漏血传感器，采用一个红、绿双色发光二极管作为检测光源，通过微处理器协同控制光源的颜色和颜色传感器接收到光的颜色，实现红、绿双色光检测的目的。废液中的血红蛋白可以折射、散射和吸收部分光源发出的光，减少颜色传感器可接受到的光，触发漏血传感器的报警，以及停止血泵，确保病人的生命安全。

数字化漏血传感器具有很强的判别血细胞或者污染物引起的颜色传感器接收到光强变化的能力，可以有效避免漏报警或者误报警，具有较高的可靠性和灵敏度，对外部变化有较强的抗干扰性，结构简单便于安装集成。

（3）技术发展趋势　漏血传感器位于废液回路中，用于识别从废液中漏血的情况。在使用这种传感器时，会因气泡引起错误触发，因为不仅血液进入而且空气进入也会因为散射、折射、反射等引起信号衰减。有一种设计理念提出，使用与传统漏血传感器不同的测量方法，检测与传统漏血传感器不同的测量参数。这种设计理念需要设置另外的传感器，这些另外的传感器的测量值受空气存在的影响，但是不受或者最多轻微地受血液存在的影响，并在时间上以与漏血传感器信号相关联的信号，作为用于开始查错程序的抑制标准。数字化漏血传感器设计理念示意图如图2-160所示。

（4）存在的问题及建议　目前市面上传统的CRRT设备均采用了血液透析、血液滤过、血液灌流等技术进行连续性肾脏替代治疗，这些技术在现有的漏血传感器设计及规定要求下使用没有任何问题。但随着临床需要，清除大分子物质，例如免疫球蛋白（主要是自身抗体）和促炎因子（冷冻球蛋白、脂蛋白、免疫复合物、免疫球蛋白轻链）

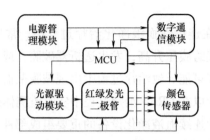

图 2-160　数字化漏血传感器设计理念示意图

等需求也日益增多。这些物质对于多种疾病的发病机制至关重要。此外，清除过量药物和毒物、减轻机体损伤等在临床上也存在需求，这就意味着现有的 CRRT 设备已无法满足治疗性血浆置换技术的需要。现阶段已有部分厂家在 CRRT 设备上使用了治疗性血浆置换技术来满足临床需求，这就带来了一个问题，对于一些胆红素过高的患者，过滤出来的废液会持续偏（红）黄色，现有的漏血传感器会在治疗性血浆置换技术下就会一直发生漏血传感器限值报警，在临床使用时，增加了医护人员的负担，同时还有可能造成医护人员忽视其他的报警。在这种治疗模式下，漏血传感器或者说漏血传感器报警可用性就不是那么强，相应的标准要求不是很适用。符合临床上进行治疗性血浆置换模式要求的漏血传感器或者漏血传感器报警处理技术有待面世。

第五节　临床检验装备

一、血细胞分析装备及关键零部件技术发展趋势

（一）血细胞分析装备技术发展趋势

1. 行业发展现状

血细胞分析仪又称为血液细胞分析仪、血常规分析仪、血球仪、血球计数仪等，是医院临床检验中应用非常广泛的仪器之一。随着近几年计算机技术发展的日新月异，血细胞分析技术也从三分群转向五分类，从二维空间转向三维空间，分析的灵敏度和准确性不断提升；同时分析的参数也不断完善，从最早的血细胞计数，发展到血细胞计数+白细胞五分类，再到近年的血细胞计数+白细胞五分类+网织红细胞+有核红细胞+幼稚细胞检测，最近几年 C 反应蛋白（C-Reactive Protein，CRP）检测也被整合进血液分析仪的一体化报告中。

血细胞分析仪产品市场相对较为成熟，在整个中国体外诊断（In Vitro Diagnosis，IVD）行业市场中，是国产替代进口较为深入的一个细分领域。在品牌占有率方面，我国迈瑞医疗和日本 SYSMEX 加起来占据我国市场 80%左右的市场份额，占据其余份额的血细胞分析仪企业在这几年也经历了大浪淘沙，很多品牌由于多种原因已不复当年的辉煌，市场萎缩严重，比如日本 Nihon Kohden、美国 Beckman Coulter、德国 Siemens、

美国Abbott 等，同时近些年也有一批国产品牌如帝迈生物（深圳市帝迈生物技术有限公司）、优利特（桂林优利特电子集团有限公司）、迈克医疗（迈克医疗电子有限公司）等正在成为后起之秀，在低端市场占有率加大，下面开始逐一介绍具体市场情况。

（1）我国血细胞分析仪市场

1）血细胞分析仪市场规模。如图 2-161 所示，从国内市场来看，2016—2022 年血细胞分析仪市场平稳发展，2018 年后市场容量保持在 50 亿元人民币以上。

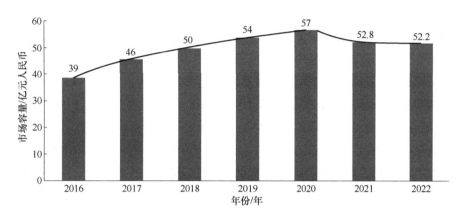

图 2-161　2016—2022 年血细胞分析仪市场规模

2）血细胞分析仪各品牌市场占有率。2022 年各血细胞分析仪品牌市场占有率见表 2-21，2022 年血细胞分析仪国产品牌占有率达到 58%。血细胞分析仪市场国产化率自 2016 年起逐年递增，是医院检验科常规检测中产品成熟度及国产化率最高的子产品领域。其中，国产品牌以迈瑞医疗为首，后起之秀有帝迈生物、优利特、迪瑞医疗（迪瑞医疗科技股份有限公司）、迈克生物、开立医疗、理邦仪器（深圳市理邦精密仪器股份有限公司）等，进口品牌以 SYSMEX 为主，Beckman Coulter、ABX、Siemens、Abbott 等进口品牌厂家市场份额逐年降低。

表 2-21　2022 年各血细胞分析仪品牌市场占有率

排名	品牌	销售额/亿元人民币	份额	增长率（相对 2021 年）
1	迈瑞医疗	25.3	49%	12%
2	SYSMEX	19.0	36%	−14%
3	帝迈生物	2.8	5%	6%
4	优利特	1.1	2%	−15%
5	迈克生物	1.0	2%	47%
6	Beckman	0.8	2%	−5%
7	其他	2.1	4%	−25%
		52.1（合计）		−1%（合计）

（2）行业发展趋势

1）分析能力多参数化。更加细致的细胞分类和细胞的物理、化学特性不断被发现和挖掘，利用计算机技术加以识别、统计和分析，经过与临床共同研究，血细胞分析仪能够提供给临床的参数和信息量越来越多，从最早的已在各种贫血的诊断和治疗中发挥重要作用的红细胞体积分布宽度（Red blood cell volume Distribution Width，RDW），到与网织红细胞相关的网织红细胞数量（Reticulocyte Number，RET#）、网织红细胞百分比（RET%）、网织红细胞血红蛋白含量（Cell Hemoglobin content of reticulocytes，CHr）、血红蛋白浓度均值（Mean Corpuscular Hemoglobin Contentration，MCHC）、血红蛋白分布宽度（Hemoglobin Distribution Width，HDW）、血红蛋白含量（Hemoglobin Content，CH），高荧光（Hyper Fluorescence，HF）、中荧光（Moderate Fluorescence，MF）和低荧光（Low Fluorescence，LF）网织红细胞百分比（HFR%、MFR%、LFR%），未成熟网织红细胞荧光（Immature Reticulocyte Fluorescence，IRF）百分比（IRF%），再到幼稚粒细胞（Immature Granulocyte，IG）百分比（IG%）、幼稚粒细胞数量（IG#）和未成熟血小板（Immature Platelet Fraction，IPF）百分比（IPF%）等，在临床疾病诊断、鉴别诊断、治疗监测、预后判断和随访等方面发挥着日益重要的作用。除了传统的血细胞参数外，由于临床上血常规同时联合CRP/SAA开单检查，为满足用户一体化检测的需求，CRP/SAA也逐渐成为血细胞分析系统的一个检测参数。

2）检体种类多样化。随着微量检测技术和信号处理能力的突破，一方面新推出的一些血细胞分析仪所能检测的样本种类不再局限于血液，而是扩展至体液，比如脑脊液、胸腔积液、腹腔积液和关节腔滑液等，可以对这些体液中的细胞数目，包括红细胞、白细胞、有核细胞、单个核细胞和多个核细胞进行快速和高精度的检测。另一方面，血细胞和血浆检测项目的分界正在被模糊化，随着全血样本免疫反应技术的突破，一些传统的免疫项目被整合到血细胞分析仪中，如BC-5390 CRP、BC-7500 CRP、BC-7500CS等血细胞分析仪不仅可以在短时间内完成血常规的检测，还可以完成CRP及血清淀粉样蛋白A（Serumamyloid A，SAA）的检测。未来如降钙素原（Procalcitonin，PCT）等参数整合到血细胞分析仪中也极为可能。此外，可利用单克隆抗体和免疫荧光标记技术，在细胞计数的同时，利用针对白细胞分化抗原（Cluster of Differentiation，CD）的抗体对血细胞进行免疫表型分析，从而更准确地得到细胞亚群的信息和计数。CELL-DYN Sapphire产品已经尝试检测CD4淋巴细胞计数，对于艾滋病，特别是在非洲地区的诊断、监测中发挥了不可替代的作用。

3）仪器的高度自动化。血细胞分析仪的自动化步伐从未停止，经过半个多世纪的发展，血细胞分析仪已经从手动、半自动、全自动发展到自动进样、自动推染片甚至自动细胞形态统计分析的由轨道连接的流水线。目前单机的测试速度，最高可达到每小时200个样本以上，采用自动进样器，仪器自动闭管穿刺、吸样，操作技术人员打开样本管盖和手动上样的历史即将结束，在节省人力的同时，更提高了操作的安全性。轨道连接的流水线系统，可以串联4~6台仪器同时工作，当与推片染色机、数字细胞形态分析系统等连接在一起时，根据设定的规则，由控制系统统一进行样本的调度、分配、复测、推片、染色及阅片，更是大幅度提高了工作效率、减少了操作误差和工作人员的劳动强度、有效缩短了样本检测周转时间（Test Turnaround Time，TAT），也因此改善了患者的就诊体验，节约了社会资源。检验人员可以将更多的时间和精力投入检验结果审核、检验质量提高和为临床服务中。未来随着检测项目的多样化，更多的相关产品，如流式细胞分析仪、血沉仪、糖化血红蛋白分析仪、血型分析仪等产品也将可以接入血细胞分析流水线中。

4）信息化与网络化。随着计算机技术的飞速发展，血细胞分析仪的信息化程度也越来越高。仪器内置的条形码扫描仪可以自动扫描样本管条形码，读取检测申请信息并据此灵活调配样本。目前，高端血细胞分析仪还实现了内置复检规则，自动筛选需要复测、推片和染片的样本，通过与医院信息系统（Hospital Information System，HIS）连接获取患者的历史数据，还可以对样本结果进行趋势分析，或者获取其他检测项目的结果以便对不同项目的结果进行综合分析判断。通过对临床诊断路径、样本审核要求等信息的分析和整理，智能的信息管理和审核系统可以快速地筛选异常样本，并可以按照设定的规则对样本进行后续处理，如重新测量、制作涂片、更换模式确认等操作。随着移动互联网技术和远程医疗业务的发展，未来样本结果的移动端发布和远程接收、分享、审核及云终端存储等也将在血细胞分析设备上实现。

2. 主要技术进展及优势

我国在 20 世纪 60 年代中期也曾进行过电阻抗原理技术的血细胞分析仪的开发和生产。1965 年在上海生产了简单的血细胞计数仪，1975 年北京医疗仪器厂也模仿设计出了简单的红、白细胞计数仪。但受限于国内当时科技和生产力的规模与水平，这些血细胞计数仪并未能成为商业化的产品。直至 20 世纪 90 年代末期，三分群血细胞分析仪在国内陆续研制和开发，一系列商业化的产品陆续推出，如迈瑞医疗的 BC-2000、BC-3000，江西特康科技有限公司（特康科技）的 TEK2000、TEK-Ⅱ型等。经过十几年的发展，国内厂家在三分群市场上已经占据了绝对优势，部分厂家年生产量在 5000 台以上，装备了国内的基层医院。

随着三分群技术的成熟，国内厂家也开始投入力量进行五分类产品的研究、开发和生产。近十余年来，随着样本处理量日益增大，处理速度要求提高，国际厂家产品的开发重点转入实验室自动化和智能化。这一研究领域也列入了我国体外诊断产业的重点方向，在国家高度重视、重点投入的形势下，2014 年我国首套由全自动血细胞分析仪、全自动推片染色机和轨道系统组成的血细胞分析流水线 CAL 8000 上市，经过多家医院试用和专家评估，该系统被认为达到了当前国际先进水平。历经 15 年，我国血细胞分析仪的发展，终于达到了与国际同行相同的高度和水平。

（1）血细胞分析仪分类及构成

1）血细胞分析仪分类。

按自动化程度分：半自动血细胞分析仪、全自动血细胞分析仪、血细胞分析工作站和血细胞分析流水线。

按检测原理分：电容型、电阻抗型、激光型、光电型、联合检测型、干式离心分层型和无创型。

按仪器分类白细胞的水平分：二分群、三分群、五分类、五分类+网织红细胞分析仪、五分类+网织红细胞+CRP分析仪。

2）血细胞分析仪构成。各类型血细胞分析仪结构各不相同，但大多由机械系统、电学系统、血细胞检测系统、血红蛋白测定系统、计算机和键盘控制系统等以不同的形式组成。

机械系统：各类型的血细胞分析仪虽结构各有差异，但均有机械装置（包括全自动进样针、分血器、稀释器、混匀器、定量装置等）和真空泵，以完成样品的吸取、稀释、传送、混匀，以及将样品移入各种参数的检测区。此外，机械系统还发挥着清洗管道和排除废液的作用。

电学系统：包括电路中主电源、电压元器件、控温装置、自动真空泵电子控制系统，以及仪器的自动监控、故障报警和排除系统等。

血细胞检测系统：包括电阻抗检测器、光散射检测器、激光源、监测区域装置和检测器。①电阻抗检测器：由信号发生器、放大器、甄别器、阈值调节器、检测计数系统和自动补偿装置组成，主要用于二分类或三分类仪器中；②光散射检测器：主要由激光源、监测区域装置和检测器组成；③激光源：多采用氩离子激光器，以提供单色光；④监测区域装置：主要由鞘流形式的装置构成，以保证细胞混悬液在检测液流中形成单个排列的细胞流；⑤检测器：散射光检测器是光电二极管，用以收集激光照射细胞后产生的散射光信号；荧光检测器系光电倍增管，用以接收激光照射荧光染色后细胞产生的荧光信号。

血红蛋白测定系统：由光源（一般波长为540nm）、透镜、滤光片、流动比色池和光电传感器组成。

计算机和键盘控制系统：包括计算机和键盘控制系统，使检测过程更加快捷、方便。

（2）血细胞分析仪国内外主流厂家技术特点　目前国际市场上主流的血细胞分析仪厂家包括日本SYSMEX、美国Beckman Coulter、德国Siemens、美国Abbott、日本HORIBA（收购了法国ABX）及我国的迈瑞医疗。但在我国国内市场，日本SYSMEX和我国迈瑞医疗两家独大，两者合占的市场份额为总的血细胞分析市场容量的80%，其他厂家的市场份额都在3%以内。从这些厂家的技术特点上看，主流的血细胞分析技术包括：①流式细胞术结合核酸染色血细胞分析技术；②激光散射结合荧光染色多维分析（SF Cube）技术；③VCS分析技术；④激光过氧化物酶染色分析技术；⑤双鞘流结合细胞化学染色技术；⑥多角度偏振光散射分析技术（Multi-Angle Polatised Scatter Separation，MAPSS）。下面简单介绍一下前三种技术的原理：

1）流式细胞术结合核酸染色血细胞分析技术，代表厂家为日本SYSMEX。

血细胞分析仪通过分析前向散射光（Forward Scatter, FSC）和侧向散射光（Side Scatter, SSC）信号识别细胞的体积和内部结构，可将正常外周血中白细胞分为淋巴细胞、单核细胞、中性粒细胞、嗜酸性粒细胞和嗜碱性粒细胞，血细胞分析仪中还设定了滤光片和侧向荧光（Side Fluorescence, SFL）探测器，用于检测细胞内被标记的核酸（DNA 和 RNA）荧光染料的量。

2）激光散射结合荧光染色多维分析（SF Cube）技术，代表厂家为我国的迈瑞医疗。

迈瑞公司 BC-6 系列和 BC-7 系列血细胞分析仪主要采用此分析方法，其中 S 代表散射光（Scatter），包括前向和侧向散射光，分别检测细胞大小及细胞内颗粒复杂度；F 为荧光信号（Fluorescence），用于检测细胞内核酸物质含量；Cube 是由散射光和荧光信号组成的多维分析。该方法实现了主要白细胞亚群（淋巴细胞、单核细胞、中性粒细胞、嗜酸性粒细胞）的区分，并就幼稚粒细胞、异常淋巴细胞、原始细胞等异常细胞进行识别和报警，同时可排除脂质颗粒、聚集血小板等对白细胞计数的影响。

此外，光学法检测血小板技术，能够准确捕捉血小板内部核酸物质，准确定位血小板，从而避免血小板聚集以及小红细胞、红细胞碎片、大网织红细胞、白细胞碎片对血小板的干扰，在遇到低值血小板样本时，自动增加粒子统计量分析，提高低值血小板检测精度。同时血小板聚集自处理技术能够避免 EDTA 依赖性（EDTA-Pseudothrombocytopenia, EDTA-PTCP）的假性血小板减少（血小板聚集）的干扰，保证血小板检测的准确性。

3）血细胞分析仪体积（Volume）、电导（Conductivity）、激光散射（Scatter）法，简称为 VCS 分析技术，代表厂家为美国 Beckman Coulter。

VCS 分析技术集三种物理学检测技术于一体，在细胞处于自然原始的状态下对其进行多参数分析，也称为体积、电导、激光散射血细胞分析法。此技术采用在标本中首先加入红细胞溶血剂溶解红细胞，然后加入稳定剂来中和红细胞溶解剂的作用，使白细胞表面、胞浆和细胞体积保持稳定不变。然后应用鞘流技术将细胞推进到流动细胞（Flowcell）计数池中，接受仪器 VCS 三种技术的检测。

3. 存在问题及建议

虽然在体外诊断的血细胞分析这个细分市场中，目前国产产品的市场占有率已经超过了 50%，但也应看到其中存在诸多问题。

（1）研发与生产　总的来讲，国内血细胞分析厂家的研发实力弱于国际的几个主要厂家。除迈瑞医疗外，其他厂家尚不具备系统的、高质量的用户需求调研、差异化产品需求定位、新产品立项、规划性产品的研发能力。多数厂家是跟着龙头企业的节奏，省去耗时费力的用户需求调研，龙头企业做什么产品就跟着做什么产品；或者在资本的驱动下，盲目追求利润高、速度快的连带产品的研发而踏错节奏，没有耐心把时间和精力用在夯实血细胞分析这一基本功上。

（2）销售渠道　体外诊断领域的厂家绝大部分采用分销模式，产品通过渠道商销售给终端用户。销售渠道的先发优势非常显著，国际厂家如日本 SYSMEX、美国

Beckman Coulter通过近30年的耕耘，已经形成了厂家-渠道商-终端用户紧密联系的关系网络。在体量上，国内的体外诊断生产企业甚至要远少于国际厂家在国内的渠道商。随着国内体外诊断厂家的成长与发展，这些情况正在慢慢改变。

（3）售后服务　体外诊断行业的产品销售不是一锤子买卖，以血细胞分析产品为例，仪器的销售完成后，试剂的销售还会贯穿整个仪器的使用生命周期。所以厂家和渠道商对终端用户的服务一直贯穿于售前、售中、售后，其中售后服务通常长达5年以上，而且直接关系着下一代仪器的销售。售后服务的内容包括维修、校准、学术、培训等，建立一套流畅的售后服务体系需要多年的沉淀。国际厂家及其渠道商经过几十年的耕耘，建立起了非常完善的、系统的售后服务体系。相比之下，除了深圳迈瑞外，国内厂家及渠道商在售后服务方面，有待进一步提升。

虽然国内目前的血细胞分析领域还存在着一些问题与不足，但是推动和促进血细胞分析仪发展的多因素条件已基本具备。一方面是临床诊疗工作对血液分析更准确、更快速和更多参数等的要求，另一方面是科学技术的发展，尤其是电子科技、计算机技术、激光等光源开发和生物化学及染色标记技术的进步奠定了检测仪器发展的基础。同时，随着人们生活水平的提高、健康意识的增强，对疾病的预测、预防、治疗和监控有了更全面深入的认识和提升，临床检验的工作强度也快速增加，为顺应这一发展，一代接一代更加高速、便捷、智能的产品将不断推陈出新。

（二）血细胞分析装备关键零部件技术发展趋势

（1）分血阀行业发展现状　分血阀是目前国外医疗仪器中采用的一种新型流体计量装置，是中、高档三分类及五分类血细胞分析仪实现快速、准确、稳定、可靠等性能不可缺少的体积计量部件，是开发高档血细胞分析仪的前提条件。

分血阀是五分类血细胞分析仪的核心部件，目前国内在开发和制造方面还处于空白。国外血细胞分析仪生产厂商大都根据其产品性能需求来设计、制造适合自己的分血阀，因此在国外也买不到成品。

要想得到满足血细胞分析仪需求的分血阀，一个选择是将设计好的图纸发给国外的陶瓷制造商进行外协加工，费用相当昂贵（据美国Mindrum Precision公司、美国Morgon公司、瑞士Ceramaret SA等公司的报价，每个版本首批10套样品的价格均达到60万元人民币左右），并且某些精度指标并不能完全达到要求，每一个版本的交货期至少需要3个月，而且对制造商来说，满足分血阀高精度的要求也只是一种技术尝试，还不能确保样品的进度和质量，这会对产品性能带来极大的风险。

目前国内陶瓷行业的加工技术分散，而且有些单项制作技术还远远不能满足分血阀的技术要求，正因为像分血阀这些关键技术的限制，国内中高档五分类血细胞分析仪产品市场完全被几家知名的国外制造商所垄断，无论是仪器的售价和日常使用试剂的价格都很高。

（2）分血阀主要技术进展及优势　与仪器中采用的一些传统的流体计量装置，如注射器、泵类产品等相比，分血阀只依靠本身结构尺寸的大小对流体进行计量和取样，即采用组合式流道，以定长定截面（即定容积）的管道来准确截取和计量流体，以机械动作改变流道的组合来完成取样及清洗过程，基本上排除了外界因素的影响，计量结果准确可靠；而且分血阀根据需要，可在同一时间截取多段液体，相当于多个注射器或多个泵同时工作，从而简化了仪器的结构。分血阀由三个陶瓷片组成，片与片之间依靠加工质量良好的平面来保证密封，其耐磨性和使用寿命等性能以及流体体积的计量重复性是注射器等计量器件所远不能相比的。

陶瓷分血阀的批量加工问题是大规模应用此项技术的一大障碍，国内的陶瓷加工工艺水平与要求有很大的差距。陶瓷材料具有脆而硬的特性，其硬度远远高于普通的刀具硬度，普通刀具和通用设备根本无法满足陶瓷批量加工的需求。目前国内在结构陶瓷件上最小只能加工直径为3mm、深度小于10mm的孔，且孔的位置精度低，而血细胞分析仪所需要的最小孔径不到1mm，且小孔的表面粗糙度、尺寸精度和位置精度都有苛刻的要求，甚至密封面的平面度指标是难以想象的，并且其表面粗糙度只有很小一个范围适合使用，表面粗糙度值太高会导致流体从密封面泄漏，所能承受的液路压力变小，而表面粗糙度值太低则容易使得各组成片相互抱合、咬死，导致分血阀功能失效，所以分血阀的设计要求需要特殊的工艺才能达到。

（3）分血阀存在的问题与建议　目前国内较少企业掌握了血细胞分析仪分血阀自制的技术，国内的陶瓷加工工艺水平与医疗设备的性能需求还有很大的差距，需要进一步提升陶瓷的加工工艺水平。在用血量上和流体通道优化方面可以进一步探索和改善。可以采用数控加工等自动化设备进一步增加产量和提高质量。

二、生化分析装备及关键零部件技术发展趋势

（一）生化分析装备技术发展趋势

1. 行业发展现状

生化分析仪是根据光电比色原理来测量体液中某种特定化学成分的仪器，是将生化分析中的取样、加试剂、去干扰物、混合、恒温反应、自动监测、数据处理以及实验后清洗等步骤的部分或全部由模仿手工操作的仪器来完成的检测设备。生化分析仪是临床检验中最常使用的重要分析仪器之一，主要用于测定血清、血浆或其他体液的各种生化指标，如葡萄糖、白蛋白、总蛋白、胆固醇、转氨酶等，在辅助诊断、疗效检测、健康检查、药物滥用等方面具有重要意义，是各级医疗、疾病控制单位必不可少的临床检测设备，也是防疫、检疫及生物学研究的常用仪器，其临床应用范围越来越广，是当今世界医疗器械产业发展最快的领域之一。

生化分析仪按自动化程度分为半自动、全自动生化分析仪；按反应装置结构分为管道连续流动式、分立式、离心式生化自动分析仪；按反应方式分为液体、干式生化自动分析仪；按反应速度分为低速、中高速、高速生化分析仪，低速：800速以下，包括100速、200速、300速、400速、600速等，中高速：800速、1000速、1200速等，高速：1600速、1800速、2000速。

经过十多年的发展，国内在全自动生化分析仪行业已经取得了显著的进步。继2003年迈瑞医疗推出我国第一台全自动生化分析仪BS-300以来，国内相继涌现出多家初步具备研发和生产全自动生化分析仪能力的厂家，比如科华生物（上海科华生物工程股份有限公司）、迪瑞医疗、优利特等，国产设备与国际的差距在逐步缩小，甚至在部分功能与实用、易用性上超越进口设备。不仅如此，国内公司在中高端产品上也取得了突破，迈瑞医疗已经推出第二代模块化2000速全自动生化分析仪BS-2800M。迪瑞医疗等其他国内厂家也陆续研制出模块化流水线产品。

（1）生化分析市场规模 生化分析整体规模：2016年中国临床生化分析市场容量超过100亿元人民币，2012—2016年复合增速为13%，早期检测市场的快速发展与国内生化分析厂家的推动有密切的关系。2019年中国生化分析市场容量为135亿元人民币，增长率为8%。行业普遍认为生化分析领域增速将逐年放缓。根据最新的市场研究机构的数据显示，预计2026年全球生化分析仪市场规模可能逐步达325亿元人民币。

（2）国产化情况 生化分析市场国产化率自2015年起逐年递增，是医院检验科常规检测中产品成熟度及国产化率最高的子产品领域。2022年生化分析产品国产品牌占有率达到六成以上，国产化产品增速达20.6%。国产生化检测系统品牌中，迈瑞医疗市场占有率（43.09%）远高于其他品牌，且其高速产品已逐步覆盖综合三甲医院。国内以生化试剂为主要业务的厂家有九强生物（北京九强生物技术股份有限公司）、利德曼（北京利德曼生化股份有限公司）、美康生物（美康生物科技股份有限公司）、迈克医疗、中元汇吉（中元汇吉生物技术股份有限公司），进口品牌生化分析仪以Hitachi、Beckman Coulter、Roche、Siemens、Abbott等为主，近年来进口品牌厂家市场份额逐年降低。

生化诊断具有技术成熟、操作简便、分析时间短、检验成本低等特点，经过二十余年的发展，国内生化分析产品的质量得到了质的飞跃，在国内外都得到了专家的认可。生化分析产品由生化分析仪、生化试剂、校准品共同组成检测系统来使用，仪器、试剂、校准品来源于同一家的系统，称为溯源配套系统，是在国际上被主流认可的系统，但是在我国，这并不是唯一的系统。不同厂家的仪器、试剂、校准品（试剂、校准品一般来源于同一厂家）组成的系统，通过标准化传递进行量值溯源，保证其结果准确互认，这种方式目前也被国内检验科认可。生化试剂已成为我国体外诊断产业中发展最为成熟的细分领域，生化试剂类产品主要以国产品牌为主，在整个中国IVD行业市场中是国产替代进口较为深入的细分领域，整体技术水平已基本达到国际同期水平。而在技术要求相对较高的生化分析仪上，国产产品已具备相当的竞争能力。国产生化产品市场的领先品牌有迈瑞医疗、华科生物、迪瑞医疗、美康生物等，迈瑞医疗生化产品具有质量稳定、抗干扰能力出色等特点，其技术实力、客户口碑、客户质量近年来不断攀升，在市场占有率上已经超越进口竞品成为国内第一大生化产品品牌，成为进口替代的绝对主力军。

（3）系统化情况 参考国际上对封闭配套系统的认可，未来生化诊断会向着仪器和试剂封闭系统化的方向发展，国内厂家在设备上应继续完善生化诊断仪器的整体设计、生产工艺及轨道功能等，在试剂上应持续追求更适用于临床的检测项目、抗干扰能力、稳定性等，仪器与试剂协同发展。

随着医疗机构对质量控制的要求越来越高，系统化将成为未来的趋势，国内各厂家也纷纷意识到了该产业方向，试剂厂家逐步进入仪器领域，仪器厂家也开始关注与试剂的系统集成。具有试剂或仪器先发优势的厂家，由于技术的多年传承，已经在该领域具有一定的口碑和品牌效应，如果能尽快补足产品的短板，强化专业溯源系统的系统集成，未来无论是招标还是直接采购，都具有一定的优势。国内代表性生产企业包括迈瑞医疗、迪瑞医疗、科华生物、九强生物等；国外代表性生产企业包括 Beckman Coulter、Roche、Siemens、Hitachi、Johnson & Johnson 等。

（4）发展趋势　大型自动化：为满足大型公立三甲医院的需求，目前我国诊断产品已经朝高集成及自动化流水线方向发展。实验室自动化是检验医学的发展趋势之一，高速、高通量仪器是高端医院的刚需，因此研发此类仪器的能力也是未来进入大型医院的前提要求。

检测系统化：随着体外诊断对精度的要求逐步提升，仪器和试剂配套使用专业性的加强，以及企业获取更大利润空间的驱动，体外诊断仪器与试剂形成封闭式系统将成为未来发展的重要趋势，生化诊断将向封闭化趋势发展，生化检测系统产品将成为市场主流。随着人们生活水平的提高、健康意识的增强，对疾病的预防、治疗和监控有了更全面深入的认识和提升，临床检验的工作强度也快速增加，高速化带来了更高的单机测试速度，提高了测试样本量，开展项目日益增多，大大改善了实验室的测试效率。微量化减少了测试所需样本量及试剂量，从而降低了检验的成本，降低了患者的负担。系统化促进了厂家从提供单纯的仪器向提供包括仪器、试剂、校准品构成的检测系统转化，把临床结果的准确度和精密度又向前推进了一大步，检测系统产品在市场应用上占据着越来越大的份额。

质量标准化：随着国家医保控费等政策的逐渐推进和技术的不断更新，IVD 行业迎来快速发展的机遇。目前由于不同检验机构之间还没有建立完善的检验流程和相应标准，加上操作人员技术水平参差不齐，导致检验结果在不同医疗机构之间无法得到相互认可，重复检测现象比较严重。随着国家医疗体制改革的不断深入，建立完善的检验一致性评价标准是未来体外诊断行业的重要趋势。

信息智能化：检验过程和结果的应用实现信息化。根据我国医疗体制改革的要求和医疗发展的规划，实验室单台仪器的检验结果将要求联网，不仅是实验室数据的集成，而且还要进入各临床科室，还要实现远程化，特别是"云健康""大数据"等概念，已经在技术上、经济上完全可行，将推动体外诊断产业信息化进入一个新阶段，逐步实现信息智能化。

2. 主要技术进展及优势

生化分析仪主要是通过硬件和软件两个方面来不断改进、充实和扩大仪器的使用范围和改善各种功能。硬件的发展主要表现在对各种尖端技术和材料的应用，比如光学系统的光栅、二极管、清洗系统的日趋成熟与科技加持；软件的发展主要是适应高速自动控制的要求、对检测结果精益求精的帮助和更贴近客户应用习惯的要求等。从近几年的发展来看，硬件和软件两者的发展使得仪器在应用的灵活性、多功能性、准确性、精密度、工作效率和成本效益等方面提升效果显著。

提高临床实验室管理水平：系统的临床应用，有利于加强检验质量管理，减少操作环节，降低差错率，充分发挥条形码技术及实验室信息系统的优势。通过实验室自动化系统（Laboratory Automation System，LAS）可避免或减少操作环节人为出错的机会，提高检验结果的准确性，为临床提供高效优质的检验结果，简化检验标本的传送手续；LAS 系统标本检测速度快，极大地减轻了劳动强度，具有快速样品前处理系统，可大幅度提高工作效率与样本的检测速度；降低人力成本、节约人力资源：LAS 系统应用后所节省的人员可充实到临床实验室资源重组和利用，在某种程度上减少了检验仪器的重复购置，节约了成本。富余出来的检验技术人员可充实和加强血、尿、便、体液、骨髓、微生物等形态学检验诊断，加强检验科与临床的沟通与交流，增强分析前质量保证等薄弱环节的建设，真正发挥临床检验在疾病诊断、鉴别诊断、疗效评价、预后判断、治疗监测中的作用，并可参与健康体检或疾病监测以及更多地从事科研活动。

自动质控功能、自动定时开关机保养功能、轨道式进样方式、模块式联机等优势，可以提高检验科检测效率，节省时间，解放人力，并且为后续联机拓展提供可能。

3. 存在问题及建议

从近几年国内企业的发展来看，硬件和软件两者的发展使得仪器在应用的灵活性、多功能性、准确性、精密度、工作效率和成本效益等方面提升效果显著。特别是 2019年以来，中高速国产的全自动生化分析仪在稳定性及降低故障率方面有了长足的进步；国产中低速生化分析仪（即≤800 测试/h）及部分国产中速生化仪检测精密度、性能稳定性及厂家的售后维修能力都有了很大提高。

主要的差距：在三级医院，国产大型仪器（2000 速高速生化分析仪）正在逐步进入高端市场，但仍需要不断努力，提升产品性能和扩大品牌影响力，同时，扎根技术创新，以便未来在国际市场的竞争中站稳脚跟。

另外，在体外诊断试剂原材料方面，国内目前已有一些本土化的原料供应商，但还需要进一步提升自身的创新能力与产品质量，不断增强自己的核心竞争力，并且要更加系统且严谨地进行有效的质量控制，从原材料到最后的生产纯化及工艺都必须严格把关，做好体外诊断试剂、仪器生产的坚实后盾，共同推动我国体外诊断行业走上更加健康的发展道路。

（二）生化分析装备关键零部件技术发展趋势

1. 生化分析仪玻璃反应杯

（1）行业发展现状　全自动生化分析仪反应杯在生化分析仪中是反应试剂的盛装容器，试剂和样本都要注入反应杯中进行混匀、孵育，并由光度计测量反应杯中反应液在反应过程的吸光度变化，从而实现对被测对象浓度的测量。生化分析仪反应杯一般有塑料杯和玻璃杯两种，塑料杯有使用寿命，而且需要经常浸泡维护，使用起来非常不方便，但塑料杯国内即可开模制作，成本便宜；而玻璃反应杯则具有免维护和永久使用性能不衰退的优点，但大部分依赖进口，价格高昂。作为需要反复使用的关键零部件，反应杯必须具备以下特征：

1）化学兼容性方面需要兼容所有生化试剂及清洗剂。

2）尺寸精度要求高，以满足高精密度测量要求。

3）携带污染小，要求内腔侧棱和底部有圆角过渡特征。

4）透光率足够高，保证光学测量有足够的信噪比。

为了满足上述内腔侧棱和底部有圆角过渡的特征要求，通常需要采用一体成型的工艺。

目前能制作满足以上特征或性能要求的反应杯的制造商主要在美国和日本，价格高昂，一台高速生化仪通常有几百个反应杯，反应杯总成本很高，严重制约了玻璃反应杯在全自动生化分析仪中的使用。

如果没有完全自主知识产权的玻璃反应杯，国产高性能全自动生化分析仪将长期受制于人，开展高性能全自动生化分析仪用玻璃反应杯的研制已经迫在眉睫。如果自主研制，可以打破国外技术壁垒，减轻对进口核心零部件的依赖，降低整个社会的医疗成本。

（2）主要技术进展及优势　全自动玻璃反应杯（见图2-162）的制作工艺复杂，国内厂商的反应杯制作仍只能采用玻璃片粘接或玻璃粉熔接工艺，侧棱和底部无法实现圆角过渡，使用过程中残留水和携带污染的情况较多。

玻璃反应杯目前比较成熟的工艺过程为先成型一条长方管→截成短条→烧结封底成型→磨抛外形尺寸。

图 2-162　全自动玻璃反应杯

1）玻璃方管成型技术。精密玻璃方管拉制成型，是保证反应杯精度和性能的最关键工序，需要满足内腔尺寸精度和均一性、内表面平面度、玻璃内部均匀性和去应力、内表面的表面粗糙度、侧棱倒角的精度和均匀性。需要解决以下关键技术：

① 通过大量试验摸索出的关键工艺参数：

a）熔融区拉制方向上的温度梯度分布参数。

b）冷却区温度梯度分布。

c）与温度梯度配套的玻璃方管运行速度。

d）初始原材料的结构参数。

e）内芯模具的材料和尺寸精度要求。

f）内芯模具表面粗糙度。

② 以上参数的一致性控制。

③ 玻璃方管运行方向与内芯模具方向一致性控制。

④ 玻璃方管运行稳定性控制。

2）封底技术。在玻璃方管的基础上采用熔融封底技术成型反应杯，需要满足底部倒角、平面度、表面粗糙度等方面要求。需要解决以下关键技术：

通过试验摸索出的关键工艺参数：

a）内芯模具的材料和结构参数。

b）熔融区位置。

c）熔融区温度。

d）烧结时间。

3）磨抛技术。批量反应杯磨抛，可保证外形尺寸、壁厚差、杯底厚度满足要求，其中壁厚差的控制是关键。

4）尺寸检测。内腔尺寸高精度测量，需要三坐标仪或高精度气动测量仪。

（3）技术发展趋势　目前国内有宜兴晶科（宜兴市晶科光学仪器有限公司）、华科光电（福建华科光电有限公司）等厂家开展了相关的工艺研究，逐渐地从原来的融熔粘接技术走向了方管拉伸和底部熔接技术，把玻璃反应杯的制作推进了一大步，很大程度上接近了日、美等国的技术水平。

（4）存在问题　目前国内的玻璃反应杯拉管和封底技术的参数满足度和成品率较低，大大制约了产品量产化和进口替代的步伐。

2. 平场全息凹面衍射光栅

（1）行业发展现状　平场全息凹面衍射光栅与平面衍射光栅不同，它具有不使用凹面镜等成像元件就可构成分光光学系统的优点，因此广泛应用于各种分析仪器、光通信、生物、医疗器械，尤其是全自动生化分析仪等领域（见图 2-163）。

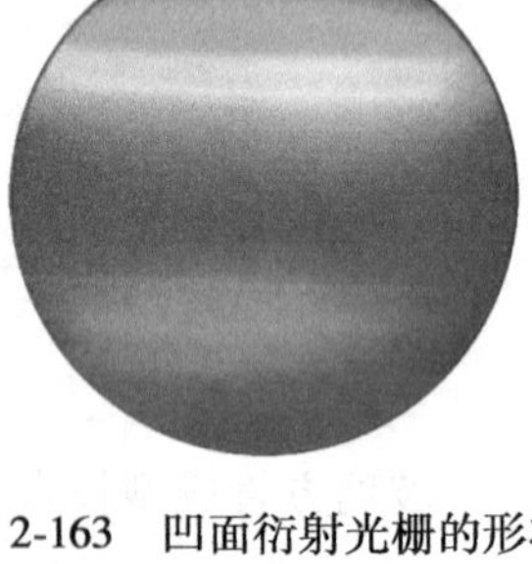

平场全息凹面衍射光栅有以下特点：

图 2-163　凹面衍射光栅的形状

1）光栅自身就具有校正像差的功能，因此，与传统的机刻衍射光栅相比，具有更高的分辨率，并可构成紧凑的分光光学系统。

2）平场多色仪用和定偏角单色器用的凹面衍射光栅，采用包括非球面波曝光法在内的特别适合的曝光法进行像差校正，具有出色的成像性能。

3）光栅刻线是采用全息曝光法，利用双光束激光干涉，按光精度进行制造。因此，与机刻衍射光栅相比，避免了由刻线的周期误差造成的杂散光，是杂散光极少的衍射光栅。

4）采用离子束刻蚀法进行闪耀加工，因此，可容易地制造出具有各种闪耀角（闪耀波长）的闪耀全息光栅。

5）可低价格、容易地制造每单位长度刻线根数多的高分辨率衍射光栅。

高精度、低噪声的生化分析仪使用的平场全息凹面衍射光栅基本上被进口厂家，如Shimadzu等垄断，国内的一些科研院也在进行研究，包括中国科学院长春光学精密机械与物理研究所等，但均没有形成量产化产品。

（2）主要技术进展及优势　衍射光栅的设计制造历史至今已有一百多年，在这期间衍射光栅的制造技术经历了几次大的改进，而每次改进都依赖于理论上的突破和先进技术的发展。

1）刻划光栅。随着电子技术和自动控制理论的发展，衍射光栅刻划技术实现了从纯机械控制向光电控制的飞跃。衍射光栅的刻划在采用了干涉控制后，提高了衍射光栅的刻划精度，以及衍射光栅的刻划密度（由原来的每毫米几百条到现在的每毫米一万多条），消除或减小了各种周期误差，改善了衍射光栅的各项技术指标。光栅刻划密度及刻划面积的增大使得光栅的色散率和分辨率增加了数倍，光栅集光效率也得到了提高，而鬼线和杂散光则减小了两个数量级。

2）全息光栅。全息光栅的制备原理为：在基坯的表面上先涂光敏材料，然后将它置于单色激光双光束干涉场内进行曝光，经过显像与处理，再放入真空系统中镀反射膜和保护膜即得光栅。这种方法完全消除了在刻划光栅中经常遇到的由于刻划机的周期误差和刻痕的不平整所引起的鬼线和杂散光，而且光栅的生产效率也获得了极大的提高。随着精细加工技术的迅猛发展，提出了全息闪耀化技术，也就是制造非对称锯齿槽形全息光栅的方法。它是利用大面积离子束以一定的角度刻蚀光栅，从而使全息光栅的正弦槽形变成具有定向闪耀角度的锯齿槽形，这样就解决了全息光栅对某一波长闪耀效率低的缺陷，大大提高了全息光栅的闪耀效率。

（3）技术发展趋势　提高短波段的衍射效率：由于全自动生化分析仪使用的光源在短波处的能量相对较弱、检测器在短波处的灵敏度也相对较小，因此要求光栅在短波处有高的衍射效率以提高信噪比。

更小的杂散光：杂散光是影响测量线性误差的重要因素，杂散光越小，线性误差越小。

衍射效率的一致性：大批量生产对光栅衍射效率的一致性提出了更高的要求。

稳定性：在仪器使用寿命内，光栅的性能应保持一致。

平场全息凹面光栅是全自动生化分析仪的核心关键性能部件，其制作的关键技术难点是工艺复杂。平场全息凹面光栅的制作主要包括基片处理、匀胶、前烘、全息曝光、显影、后烘（热熔）、离子束刻蚀、清洁处理、镀膜等过程（见图2-164）。对每一个工艺环节都应高标准、严要求，每一步工艺中的任何细微纰漏都会造成光栅质量的下降，甚至导致制作的失败。尤其要注意平场全息凹面光栅基底上涂敷光刻胶时的胶厚控制及均匀化。平场全息凹面光栅要求光栅面具有相同标准的光栅槽形，对凹面基

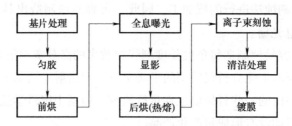

图 2-164　平场全息凹面光栅制作工艺

底上的光刻胶厚度均匀性具有很高的要求，涂敷方法在工艺中加以具体化时，还需要根据设备情况探索出更为简易、实用、有效的手段，要归纳出监测胶厚及均匀性的通用方法。

基片处理是平场全息凹面光栅制作的第一步，也是很重要的一步，会直接影响最终光栅的表面质量。在匀胶前必须对光栅基底进行彻底的清洁处理，基底处理的质量决定了光刻胶与基底之间附着力的大小。

匀胶工艺最关键是要控制好光刻胶层厚度及其均匀性，光刻胶的厚度会直接影响最终制得光栅的衍射效率。在光栅基底上涂敷光刻胶主要有三种方法：提拉法、喷涂法和离心式涂敷法（旋涂法）。制作平场全息凹面光栅所使用的光栅基底一般是口径较小的凹球面基底，涂胶时一般采用旋涂法更加方便实用。

前烘是指将刚刚涂好光刻胶的基底置于一定的温度下进行一段时间的烘焙，其目的是除去光刻胶中的残余溶剂，增强胶层与基底之间的粘附性。前烘时较为合适的温度为90℃，时间为30min。

曝光过程是光刻胶分子吸收激光光子能量后发生光化学分解反应的过程。一般情况下，光刻胶分子只对波长短于绿光的光子产生吸收效应，对波长较长的红光、黄光几乎不吸收。不同空间位置的光刻胶按照光强的空间分布吸收了不同曝光量后的折射率和吸收系数将产生程度不等的微小周期性变化，形成潜像光栅。

显影是指将曝光后带有潜像光栅的光栅基底浸入显影液中，潜像光栅演变成浮雕图形的过程。制作平场全息凹面光栅所使用的显影液一般是弱碱性溶液，光刻胶分为正型光刻胶和负型光刻胶，其显影机理也有所不同。若使用的是正型光刻胶，则显影时被溶解的是曝光量大的也就是明条纹处的光刻胶；若使用的是负型光刻胶，被溶解掉的是暗条纹处的光刻胶。

显影结束后的平场全息凹面光栅需要在高温下烘焙一段时间，即为后烘（热熔）。后烘的目的是除去光栅表面的水分，增强光刻胶与基底的黏附力。一般可以选择在120℃下烘焙30min。

离子束刻蚀是为了将平场全息凹面光栅的正弦、梯形或矩形槽形转化为三角形槽，是平场全息凹面光栅的闪耀过程，目的是使光栅达到更高的衍射效率。

经过离子束刻蚀后，光栅表面会残留一些碎屑，必须进行清洁处理，否则会大大增加光栅的杂散光水平。清洁的方法是将光栅放入去离子水中，利用超声波进行清洗，之后烘干即可。

镀膜是在处理完毕的离子束刻蚀光栅表面蒸镀一层铝膜以提高光栅衍射效率。

（4）存在问题　目前国内已有很多厂商可以批量制作平场全息凹面光栅，性能参数也已接近国外先进水平，主要差距在于衍射效率的一致性比国外厂家要稍差一些。

三、化学发光分析装备及关键零部件技术发展趋势

（一）化学发光分析装备技术发展趋势

1. 行业发展现状

化学发光免疫分析，是将具有高灵敏度的化学发光测定技术与高特异性的免疫反应相结合，用于各种抗原、半抗原、抗体、激素、酶、脂肪酸、维生素和药物等的检测分析技术，是继放射免疫分析、酶联免疫分析和时间分辨荧光免疫分析之后发展起来的一项最新免疫测定技术，主要覆盖传染病、肿瘤标志物、甲状腺功能、激素、感染、高血压、肝纤维化等检测。

化学发光免疫诊断为目前国内体外诊断领域最大的细分市场，年复合增长率接近17%，发展迅猛。从国际市场上来看，化学发光免疫诊断已经基本实现了对酶联免疫方法的替代，占到了免疫诊断市场90%左右的市场份额。从国内统计来看，2011年之后，化学发光免疫诊断发展速度加快，市场占比从50%提升至73%。到2021年年底，国内化学发光免疫诊断市场占免疫诊断市场约88%。统计数据显示，2022年我国化学发光免疫诊断行业市场规模达到394亿元人民币，预计2025年达到632亿元人民币，年复合增长率为17.4%。

从目前国内竞争格局来看，化学发光分析由于其较高的技术壁垒以及国产品牌介入的时间相对较晚，总体而言还是国外巨头相对垄断的阶段。但国产品牌发展迅速，逐步实现了技术升级与更迭，检测速度、检测菜单丰富性等方面已基本追赶上了国外巨头，且价格整体而言低于进口产品，显示出一定的替代趋势。随着我国化学发光免疫诊断行业产品的不断增加以及技术的不断提高，我国化学发光分析装备品牌发展也突出重围。例如迈瑞医疗自主研发的首台全自动化学发光仪自2013年上市后，不断推出适合各层级医院使用的型号，检测项目也越来越丰富，满足了临床检测的基本需求，由于性价比的优势，不断推动进口替代。新产业生物（深圳市新产业生物医学工程股份有限公司）研发出国内首台全自动管式化学发光仪，并以繁多的检测项目、巨大的价格优势以及完备的营销策略，迅速抢占国内市场。安图生物（郑州安图生物工程股份有限公司）在2013年推出自主研发的磁微粒式化学发光试剂，与传统的板式化学发光产品相比，检测速度更快、更灵敏，为公司带来了巨大的利润增长。

未来行业进口替代将成为主流趋势。主要有以下三方面的原因。①国产产品目前在项目检测数和化学发光仪器的检测速度上均已经与进口仪器没有太大的差异，例如目前迈瑞医疗、安图生物、新产业生物的检测项目分别在80、100、120个以上；检测速度方面，迈瑞医疗的CL-8000i已经达到了500测试/h，新产业生物的MAGLUMI X8和安

图生物的 AutoLumo A6000 已经达到了 600 测试/h。②检测质量方面，部分项目，特别是传染病项目，各级医院认可度已经比较高，准确性、检出率、稳定性已经没有太大问题，进口替代情况已经比较好，特别是在二级医院已经普及。③在价格方面，进口各项目目前普遍比国产企业平均水平贵 30% 左右，在医保控费和诊断相关分类（Diagnosis Related Groups，DRGs）推行的大趋势下，检验科由原来的利润端变成成本端，二级医院和部分三级医院成本控制压力明显加大，更倾向于使用性价比更高的国产产品。进口产品虽有一定的降价空间，但由于其在全球有系统的价格体系，短期内降价意愿很低，长期看即使降价，其空间也小于国产企业，医院为了符合切实的自身利益，会优先考虑优质国产产品。

2. 主要技术进展及优势

免疫诊断已经衍生出了各种不同的技术方法，主要包括放射免疫、胶体金、酶联免疫、时间分辨荧光免疫和化学发光免疫诊断技术。化学发光免疫诊断技术作为最新的技术，具有灵敏度高、线性范围宽、光信号持续时间长、分析方法迅速、结果稳定、误差小等优势，已成为免疫诊断主流技术。不同免疫诊断技术对比见表 2-22。

表 2-22　不同免疫诊断技术对比

技术名称	发展历程	原理	特点
放射免疫	20 世纪 60 年代	利用同位素标记的与未标记的抗原同抗体发生竞争性抑制反应的放射性同位素体外微量分析方法	由于存在放射线辐射和污染的问题，目前临床已经很少应用
胶体金	20 世纪 70 年代	以胶体金作为示踪标志物应用于抗原抗体的一种新型的免疫标记技术	检测速度快、成本低，但是较少用于定量检测，灵敏度存在问题，目前临床主要用于即时检测（Point Of Care Testing，POCT）的妊娠、毒品等检测
酶联免疫	20 世纪 70 年代	酶标记抗体与抗原进行反应形成酶标记抗体的复合物，再与酶的底物反应生成有色产物，借助分光光度计定量计算	成本低、检测速度快，但检测灵敏度不够，且大多需要手工操作，目前临床已逐渐被化学发光替代
时间分辨荧光免疫	20 世纪 80 年代	以具有独特荧光特性的镧系元素及其螯合剂作为示踪物，建立的一种新型的非放射性微量分析技术	灵敏度大幅提高，但在检测某些指标时可能找不到对应的检测试剂（稀有元素标记），临床上应用不多
化学发光免疫	20 世纪 90 年代	将具有高灵敏度的化学发光测定技术与高特异性的免疫反应相结合，用于各种抗原、半抗原、抗体、激素、酶、脂肪酸、维生素和药物等的检测分析技术	灵敏度高，线性范围宽，光信号持续时间长，分析方法迅速，结果稳定误差小，已成为免疫主流技术

化学发光免疫诊断技术根据检测原理、标记物类型不同而分别有不同的检测方法（见表 2-23）。电化学发光、直接化学发光及酶促化学发光均是主流的化学发光免疫诊断技术，三者目前暂不存在替代。电化学发光分析装备以 Roche、普门科技（深圳普

门科技股份有限公司）为代表，电信号稳定，低值区背景信号低；直接化学发光分析装备代表企业有迈克生物（迈克生物股份有限公司）、基蛋生物（基蛋生物科技股份有限公司）、亚辉龙（深圳市亚辉龙生物科技股份有限公司）等。吖啶酯作为小分子标记物，相对于酶不容易形成大分子聚合体，在低值区灵敏度更高一些。酶促化学发光分析装备根据酶底物的不同，分别有辣根过氧化物酶、碱性磷酸酶底物的酶促发光分析装备，其中前者以安图生物等企业为代表，成本优势较为明显，后者以迈瑞医疗、Beckman Coulter 等企业为代表，成本高但灵敏度较好。各种发光检测方法均已满足临床上的大部分需求，三者暂不存在替代关系。

表 2-23　不同化学发光免疫诊断技术特点总结

项目	电化学发光	直接化学发光	酶促化学发光
原理	电化学发光是电场参与化学发光所产生的结果，是指通过施加一定的电压进行电化学反应，通过对发光强度的检测来进行定量检测	用化学发光剂直接标记抗原或抗体，与待测标本中相应的抗体或抗原结合后，加入发光促进剂进行发光反应，通过对发光强度的检测来进行定量检测	用特定酶作为标记物，通过标记酶所催化生成的产物作用于发光物质，以产生化学发光，通过对发光强度的检测来进行定量检测
分离方法	常用磁颗粒分离技术	常用磁颗粒分离技术	常用磁颗粒分离法、微离子捕获法、包被珠分离法等
标记物类型	三联吡啶钌	吖啶酯、鲁米诺、异鲁米诺等	碱性磷酸酶（Alkaline Phosphatase，ALP）或辣根过氧化物酶（Horseradish Peroxidase，HRP）等
发光底物	三丙胺	氢氧化钠-过氧化氢	金刚烷-鲁米诺等
代表企业	Roche、普门科技	迈克生物、亚辉龙	安图生物、迈瑞医疗、Beckman Coulter

各品牌产品的技术竞争力主要有仪器和试剂两方面：①单台仪器的分析速度、仪器性能；②优势检测项目，常规检测项目检测实力强才是真的强，尤其是肿瘤标志物、传染病、甲状腺功能和激素等常规项目。目前国内厂家技术更新迭代，不断推出性能更优的产品。

3. 存在问题及建议

化学发光免疫诊断是 IVD 巨头的必争之地，跨国巨头的化学发光分析产品从 21 世纪初进入我国，2003 年 Siemens 最早进入我国市场，随后 bioMerieux、Beckman Coulter、Johnson & Johnson、Abbott 纷至沓来，2006 年 Roche 的电化学发光分析产品进入我国，进口品牌迅速扩张领土。之后 Solin、SYSMEX、Tosoh 等跨国企业也加紧在我国市场攻城略地。

自 2011 年新产业生物和迈克生物首批推出国产全自动化学发光分析仪以来，国产品牌加入竞争。目前国内发光市场基本形成"4 + 5"的竞争格局，Roche、Abbott、Siemes、Beckman Coulter 4 家外资巨头占有超过 70% 的市场份额，三甲医院是其主要客户，国内企业迈瑞医疗、新产业生物、安图生物、迈克生物、亚辉龙 5 家占有约 20% 的市场份额。

对于整体化学发光分析产品市场趋势的问题如下：

1）国内品牌技术创新体系尚未形成，研发投入不足。客观来讲，目前国产品牌的化学发光分析产品在准确度、稳定性、试剂质量和仪器检测速度等指标上与进口品牌有一定差距，且由于化学发光检测多种技术路线并存，厂家难以通过量值溯源等方式证明产品质量，短期内国产品牌对进口品牌大面积替代的可能性较低。长期来看，化学发光免疫诊断毕竟是一项相对成熟的检测方法，随着国产产品的质量逐步被三甲医院认可和接受，检验科室的低值检测项目将逐渐被替代，在国产化学发光分析产品占化学发光总检测量30%以上的传染病和肿瘤标志物领域有望率先实现进口替代，国内迈瑞医疗、安图生物等企业的检测结果已和Roche的"金标准"相差无几，五年后化学发光分析产品的整体国产占有率有望达到35%以上。

国内很多专家学者在临床诊疗中也做了很多相关的研究，针对其疾病领域诊断的需求发现了一些新型标志物，在此学术氛围下，国产厂家可以通过与专家学者合作开发更多新型标志物用于临床诊断，此项研发需要评估临床需求量和产出，匹配相应的研发资源投入。

2）医院对化学发光分析仪质量的要求会越来越高，而国内品牌技术参差不齐。对于三级医院，精确、稳定的检测结果是其关注重点，也是进口品牌的"基本盘"。国内顶尖三甲医院中心检验室大约拥有几十台化学发光分析仪器，仪器厂商较为分散，进口品牌占据检测量的90%；普通三级医院拥有约10台化学发光分析仪器，专机专用，检测该厂家的拳头项目，例如Roche的肿瘤标志物、Abbott的传染病等，进口仪器与国产仪器的比例约为7∶3；对于二级医院，平均拥有4台化学发光分析仪器，由于其关注检验的性价比，平均拥有3台国产仪器，这也是国产品牌的主战场；对于一级医院，更为关注是否可以开展化学发光检测项目及性价比，平均拥有1台仪器，多为国产。

随着医院发展和国家医疗水平的提高，对检测结果的要求会越来越高，国内品牌要立足于我国IVD市场，必须在产品性能上更加用心，提高结果准确性和稳定性，并且降低仪器的故障率。

3）原材料的限制。化学发光检测结果的准确性和稳定性除了与仪器性能相关，同时也离不开原材料，如抗原抗体的性能。进口原材料由于技术优势和时间沉淀，能提供较好的稳定性和稳定批次，但价格较高，因此会限制试剂成本。国产品牌因为进入医院的竞争点在于价格的因素更大，因此会选择国内一些批次不太稳定的原材料供应商，从而导致检测结果的准确性和稳定性有所局限。

目前由于国家的大力扶持，国产化学发光分析产品厂家正在逐步摆脱酶、抗原抗体等核心原料严重依赖国外进口的现状，如迈瑞医疗并购芬兰HyTest，进一步加强体外诊断产品及原材料的核心研发能力，优化上、下游产业链的全球化布局；安图生物已经实现70%以上原材料自产。近两年来，菲鹏生物（菲鹏生物股份有限公司）与瀚海新酶（武汉瀚海新酶生物科技有限公司）等国内公司已完成了对于诊断试剂原料的初始布局,攻克了部分原料酶的研发与生产难题。随着研发的持续进行,国内 IVD 诊断原材料领域的空白将被逐步填补。

4) 酶联免疫替代进程。从国际市场上来看,化学发光免疫诊断已经基本实现了对酶联免疫方法的替代,占到了免疫诊断市场 90% 左右的市场份额。对于我国来讲,由于酶联免疫诊断具有较高的灵敏度、成本低等特点,二级以下医院往往面临的成本问题较为严重,因此酶联免疫在二级以下医院仍占据着相当大的市场份额。

酶联免疫诊断同时存在灵敏度低、线性范围窄、突变株检测能力受限等问题,从而高端医院不会选择其进行临床样本检测。随着医疗意识水平的提高和化学发光免疫诊断推广的普及和学术推动,酶联免疫替代将会占比越来越高。

5) 进口替代进程。化学发光免疫诊断是典型的技术驱动型产业,研发壁垒较高。国产品牌的可靠性和稳定性暂时难以满足大型三甲医院的要求,但与二级及以下的基层医院的刚性需求相契合。国产品牌在三甲医院虽投放了少量特色检验项目,但难以获得肿瘤标志物等核心项目,市场有限;而二级及以下的基层医院存在传染病(肝炎检测)、性腺、甲状腺功能等大容量项目的刚性方法学替代需求,且较低的试剂价格(一般为进口试剂的 30%~50%)也满足了医院对经费预算的限制。

因此,目前国产替代进口比例提升的主要动力来自医保控费和国家政策支持采购国产器械。在集中采购推行难度较大的情况下,医保局对 IVD 试剂的控费可能会从收费目录着手,也就是逐渐统一各省的收费标准,在收费标准被限定后,试剂采购成本对医院的重要性提升,国产低价试剂的空间增大。国家及各省份都已经陆续出台了增加采购国产器械的政策,甚至在部分省份采购某些领域比较成熟的国产产品时,做出了只能采购国产设备的要求。

除了以上政策层面的因素,化学发光分析产品生产厂家本身技术的提升才是最基本的因素。在做到"技术追赶+项目完善+性价比高"的情况下,控费环境下国产化学发光分析产品将加速替代进口产品。

(二)化学发光分析装备关键零部件技术发展趋势

(1) 单光子计数模块行业发展现状 化学发光免疫分析通常用来测量人体体液内的极微量物质,其微弱发光信号甚至低到几万个光子量级,因此需要采用光子计数光度计来进行发光信号的测量。

高精度、低噪声、宽线性范围的化学发光分析仪用的单光子计数模块基本上被进口厂家,如日本滨松光子学株式会社等厂家垄断,国内厂家及科研院所鲜有研究。

(2) 单光子计数模块主要技术进展及优势 单光子计数光度计(见图 2-167)是利用工作在光子计数模式下的光电倍增管(PMT)实现的,具有高灵敏度、低噪声的特点,能够实现单光子探测。其工作过程为:光子照射到光电倍增管的阴极,在阴极面上激发产生光电子,光电子在各倍增极间实现数目的倍增,最后在阳极形成较强的电信号,再经过后续的高速放大和比较电路,形成脉冲信号,为实现测量范围的拓展及信号的抗扰能力,通常加入分频电路,最后通过脉冲计数器,得到相对发光强度(Relative

Light Units，RLU）信号或每秒计数值（Counts Per Second，CPS）。

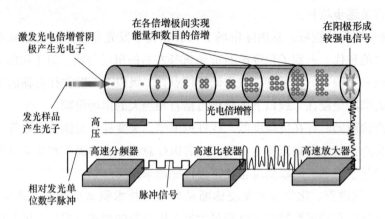

图 2-165　单光子计数光度计技术示意图

（3）技术发展趋势　用于化学发光免疫分析的光子计数光度计除了需要具有低噪声、高灵敏度的特征，还需要满足宽线性范围的要求。对于某些技术路线（如碱性磷酸酶标记，AMPPD 作为发光底物），测量信号的计数值可能从几千 CPS 到几千万 CPS，跨越 5 个数量级，因此，单光子计数器在此范围内有良好的线性是未来免疫检测发展的趋势。

（4）存在问题与建议　能够满足较高线性范围的市售光子计数光度计模块是非常少见的，这不仅要求光电倍增管器件的高性能，同时对于后端处理电路的响应速度及带宽也有极高的要求，只有个别进口高端产品能够满足要求，然而模块的尺寸限制了它们在分析仪上的应用。进口化学发光免疫分析仪的制造商通常采用定制光子计数光度计模块，但这会增加仪器的物料成本。因此，同时具有尺寸小、低噪声、高灵敏度和宽线性范围，并且成本可接受的光子计数光度计是一个比较大的挑战。

另外，作为光子计数光度计核心器件的 PMT，其测量结果受到环境温度的影响，对于同一信号源，环境温度越高，测量得到的发光值越小。同时，随着使用时间的增加，PMT 的阴极和倍增管会出现老化，直接导致计数值的漂移和衰减，从而导致测量结果的偏差。因此，需要设计光度计的自校准器件和测试过程中的自校准流程，以保障测量结果的准确性。

四、凝血分析装备及关键零部件技术发展趋势

（一）凝血分析装备技术发展趋势

1. 行业发展现状

凝血分析市场是近几年发展非常快的 IVD 细分领域，近几年的复合增长率在 20% 左右。近五年，凝血分析在高速发展的国内 IVD 领域的市场占比从约 5%，逐渐上升到约 10%，年复合增长率为 6.4%。

目前，我国的凝血分析市场容量为 50 亿元人民币左右，外资企业在该领域具有绝

对优势，分别为美国国家仪器实验室（IL，Werfen 集团）、日本 SYSMEX、法国 Stago。国内厂家以迈瑞医疗为代表，围绕高端客户需求，通过产品创新和技术突破，加速扩大了市场份额。

随着近几年分级诊疗政策的不断深入，社区医院等相关概念的不断推广，中、低端凝血仪市场将显著普及凝血项目检测；另一方面，随着自动化凝血检测的日臻完善，高端市场将逐渐整合升级以满足高通量要求，产品向自动化和智能化方向不断迈进。

2. 主要技术进展及优势

近年来，随着医疗水平的不断提高和医疗需求的持续增长，患者对于医疗服务的需求不断提升，临床对于检测质量与效率提出了更高的要求，凝血检测技术正在经历一场自动化与智能化的变革。

凝血检测技术自动化的发展是为了通过改善质量和安全性，提高处理能力和简化工作流程，以提高检测效率，降低劳动力成本，并能够及时准确地发送报告，实现全面网络化管理，为科研工作和患者提供更好的医疗服务。另外操作人员不接触样本，降低了生物感染的风险。同时，凝血检测技术自动化还为临床实验室标准化和质量认证打下了良好的基础。

1）凝血分析仪检测处理能力不断提升，急诊样本出报告时间更短，检测速度从单项测试速度提升转向综合多项测试速度的提升；从独立单机测试转向多机联机测试发展；凝血分析仪与标本前处理系统和全实验室自动化（Total Laboratory Automation，TLA）设备的组合成为大趋势。

凝血自动化不是简单地把凝血检测单机和样本前处理系统用轨道连接起来，而是真正从客户的实际情况和真实需求出发，提供一套高效的凝血自动化整体解决方案，减少检测环节，从而缩短 TAT 时间，满足临床需求。

2）试剂及相关耗材自动实时加卸载功能不断提升，工作流程简化，检测效率提高，劳动力成本降低。在全自动凝血分析仪中，不同检测项目需要添加不同种类的混合试剂（或稀释液）和触发试剂，不同种类的凝血试剂需要采用不同规格的玻璃瓶或者塑料瓶进行包装。这种设计初衷主要是便于固态试剂进行复溶，然后上机检测。如何进行高效试剂管理，保证检测性能的准确性，降低用户的测试成本成为凝血分析仪自动化发展的一个重要方向。

随着全液态试剂的推出，用户不再需要在测试前费时费力地进行试剂复溶。将凝血检测中某一项目所需的全部类型试剂进行整合，利用联杯试剂盒的形式集成到一个试剂盒上，可以一次性完成该测试项目全部试剂的加载或更换。通过上述试剂管理综合系统的设计，可以实现试剂不停机实时加卸载，必将使凝血检测系统的自动化程度迈上一个全新台阶。

在全自动凝血分析仪中，试剂多采用固态试剂复溶后上机进行检测，自动化程度较低。以迈瑞医疗为代表的国内厂家逐步推进的全液体试剂消除了操作人员对试剂的复溶稳定过程，极大地减少了因不同人员之间的操作差异而产生的分析误差。针对全液态试剂，试剂有效期的提升对企业生产、物流周转、客户使用都会带来显著的优势，因此，全液态试剂的有效期从当前的 12 个月延长到 18 或者 24 个月成为重要需求点。

（二）凝血分析装备关键零部件技术发展趋势

（1）具有加热功能的试剂针行业发展现状　凝血分析过程对反应温度的控制要求很高，要求在试剂转移过程中能够对试剂进行快速精确温控，使得样本与试剂混合后能够在要求的温度环境下进行凝血反应，从而保证测试结果的准确性。

目前所有的凝血分析仪都配备了加热试剂针，试剂使用加热试剂针进行预热已经是行业内较为统一的设计标准。

（2）具有加热功能的试剂针主要技术进展及优势　试剂针的加热时间是目前限制凝血分析设备复杂程度和仪器速度的关键因素，同时，试剂针加热的准确度是影响凝血分析设备性能的关键因素，因此，当前凝血加热试剂针的技术改善重点都是围绕提升加热时间和温控准确度两个点展开。

加热试剂针包含针管、加热装置、温度传感器、液面信号传感器等零件，通过上述零件建立一套温度控制的负反馈系统，然后根据仪器自身的流程特点，设计一套匹配当前仪器的温度控制方法来实现加热针的温控效果。当前高端凝血分析仪的加热时间一般是在 3~5s 之间，温控的准确度在（37±1）℃范围内，目前迈瑞医疗的试剂针能够很好地满足该指标，处在行业的头部位置。

（3）具有加热功能的试剂针技术发展趋势　加热试剂针未来的发展方向是在安全性、稳定性、可制造性、尺寸控制等方面进行技术突破。

加热装置的可制造性是亟须突破的重点，高速加热试剂针需要提升加热功率，当前比较先进的聚酰亚胺（Polyimide，PI）加热膜受制于热流密度不能过大的限制，导致其最大功率受限，无法在加热试剂针上使用。

加热试剂针零件的小型化、微型化也是趋势之一，以温度传感器为例，准确的温度控制需要在加热试剂针内部布置超微型、小体积、高灵敏温度传感器来准确及时地获取试剂针内液体的温度，以便快速准确地进行温度调节与控制，确保加热试剂针内的温度不会超温以影响试剂性能。与此同时，传感器的体积是限制加热试剂针外针直径的核心因素，传感器的微型化会减少对安装空间的需求，从而减少加热试剂针的整体尺寸，该尺寸的减小会降低加热试剂针对定位精度、安装精度等方面的需求。

目前传统的温度传感器在制造、封装和校准方面都有了很大的突破。制造方面的突破主要体现在小型化、高分辨率、高准确度、低响应时间、低热容量等方面。以响应时间为例，目前迈瑞医疗供应链能拿到的温控制传感器最低响应时间能够低于 1s。该类型传感器的出现，极大地缩短了温控系统的迟滞时间，对精准温控有很大的帮助。在体积方面，迈瑞医疗供应链能拿到的温度传感器直径可小于 0.5mm，极大减少了对安装空间的需求。

在封装方面，目前有树脂、玻璃等封装方式。不同的封装方式拓宽了传感器的测温场景，例如酸碱等腐蚀性的环境均有对应的传感器供选型。

在校准方面，温度传感器也取得了一些进展，行业内目前可自动在全量程范围内对传感器温度进行校准，相对于仅在单一温度下进行校准的方法，新技术能够保证温度传感器在工作量程内的准确性。

（4）具有加热功能的试剂针存在问题与建议　由于超微型、小体积、高灵敏温度传感器的加工工艺复杂，工艺技术要求高，目前国内厂商存在着性能不符合宣称、批次一致性差和品控不严的问题，其生产过程中的质量控制，不能够完全满足迈瑞医疗的标准，无法认证为迈瑞医疗的合格供应商。

目前该器件主要由国外厂家供货，成本、供货周期等对产品影响巨大。在目前复杂的国际贸易环境条件下，积极开展这些关键凝血分析仪器零部件的国产化，对于凝血分析仪行业健康持续发展有着重要作用。

五、即时检测装备及关键零部件技术发展趋势

（一）即时检测装备技术发展趋势

1. 行业发展现状

（1）即时检测检验品类

1）根据检测项目（Point-Of-Care Testing，POCT）区分。POCT 主要可以分成血糖类、心脏标志物类、血气电解质类、感染因子类、妊娠类、肿瘤标记物类、毒品（药物滥用）与酒精检测类等细分领域。其中血糖类发展最成熟，心脏标志物类发展最为迅猛，血气电解质类技术门槛最高。POCT 各大细分领域市场占比如图 2-166 所示。

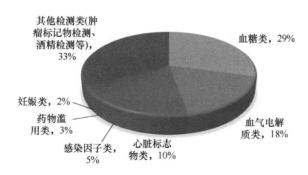

图 2-166　POCT 各大细分领域市场占比

2）根据应用领域区分。POCT 可以广泛应用于临床检验、临床诊断、重大疫情检测、食品安全监控、毒品检测和酒精检测等公共卫生领域，也可用于个体健康管理。

3）根据应用场景区分。POCT 产品可出现在大型医院的病房、门诊、急诊、检验科、手术室、监护室；基层医院、社区门诊和私人诊所；体检中心；卫生服务中心、疾病预防控制中心、灾害医学救援现场、食品安全检测现场、环境保护现场；海关检疫、违禁药品快速筛查；法医学现场；生物反恐现场等。POCT 设备可放置于规范的实验室内，也可出现在大型医院和基层医疗机构等。

（2）市场容量 一方面，POCT 检测时间短、对环境和使用者要求低，可满足急诊、ICU、基层医院等多种应用场景，受益于国家分级诊疗工作不断推进和落实，五大中心建设工作逐年落地，POCT 市场前景更是不断向好；另一方面，科技水平不断提高，技术的进步、交叉学科的发展，为 POCT 产品的技术迭代提供了基石。新技术的出现，提供了更多快速、准确的检测手段，扩大了 POCT 的临床应用场景，丰富了 POCT 的检测参数。我国 POCT 市场有望维持 20% 左右的年复合增长率。

（3）POCT 血气电解质设备的发展历程

1）血气生化分析仪常见品类。血气生化分析对精确度要求极高，往往涉及危重症患者。血气生化分析仪分为干式和湿式，主要检测技术是电极法。由于此前国内厂家技术所限，目前市场份额 80% 以上为外企占据，以理邦仪器为代表的国产血气，成功打破进口垄断，市场占有率不断提高。由于技术壁垒较高、仪器价格较高，国内 POCT 血气生化分析仪渗透率较低，国内厂家有理邦仪器、万孚生物（广州万孚生物技术股份有限公司）普朗医疗（南京普朗医疗设备有限公司）、梅州康立（梅州康立高科技有限公司）、明德生物（武汉明德生物科技股份有限公司）等。

2）市场规模。2020 年国内血气生化分析装备约有 18 亿元人民币市场，随着我国分级诊疗、医保建设、国家政策趋向国产化等形式，血气生化分析装备市场未来一片光明，预计未来年增长率将持续超过 15%。

3）发展趋势。血气生化分析装备市场增长主要归因于对自动化 POCT 血气电解质分析仪需求的增长以及医疗环境发展的改变，越来越多的医院要求精准医疗、快速检测。从临床使用情况来看，重症监护病房、麻醉科、新生儿科、急诊科、产科等临床科室对血气生化分析产品的需求越来越多，也进一步驱动该市场的增长。在国家政策的扶持下，床旁血气分析生化业务的增速加快，血气生化分析装备国产替代空间日渐变大。

2. 主要技术进展及优势

从技术角度看，POCT 经历了从定性、半自动定量，到半定量产品，再到全自动定量产品四个发展时代，精度与自动化程度逐渐提升。

第一代试条试纸产品属于定性检测，主要以干化学试纸检测血糖及尿糖为主。

第二代色板卡比色或半定量仪器阅读产品属于半定量产品。

第三代是全定量系统的手工操作，其中免疫层析和斑点金免疫渗滤等免疫测定技术推动了传染性疾病、心脏标志物等 POCT 检测领域的发展。

第四代的技术平台实现了自动化、信息化和智能化。

（1）免疫层析技术 该技术一般以条状纤维层析材料为反应固相，通过毛细作用使液体流过被包被在固相材料上的抗原或抗体，与待测物中的抗体或抗原发生高特异性的免疫反应，通过标记物的光信号放大效应得到待测物浓度。标记物一般为胶体金、荧光素或荧光微球、量子点或稀土元素等。

免疫层析技术操作简单，尤其是胶体金法肉眼即可看到结果变化，判读十分方便，且成本低廉，非常适合大规模筛查操作；但该技术灵敏度较差，线性范围不能够满足临床需求，因材料所限，受环境温湿度影响非常严重，结果易产生较大偏差。

（2）干化学技术　干化学技术是将多种反应试剂干燥在纸片上，用被测样本中所存在的液体作为反应介质，被测成分直接与固化于载体上的干试剂进行反应。加上检验标本后产生颜色反应，用眼观定性或仪器检测（半定量）。适用于全血、血清、血浆、尿液等各类样本。

该技术无须定标，操作方便，试剂稳定时间长，可应用全血检测。

（3）化学发光免疫分析技术　化学发光免疫分析系统可拆分为化学发光分析系统及免疫反应系统两部分，利用化学反应中的能量转化，通过发光物质的标记，结合高特异性的抗原抗体反应，最终可得到精确的反应结果。

化学发光免疫分析技术灵敏度高，线性范围宽，特异性强，且因是液相反应体系，试剂的稳定性和精度都较层析法优异，目前已经是临床检测中主流的技术手段。

（4）微流控技术　依托微机电系统加工技术，将反应全流程，包括采样、样本前处理、分析、分离等实验室功能微缩在芯片上进行分析，具有在微米尺度级别实现微量流体的操控能力。

该技术自20世纪90年代问世以来，已经趋于成熟，基于微流控技术基础，使得POCT设备得以进一步微型化，且不会对反应结果产生很大的影响，能够做到快速、准确、高通量的检测。如理邦仪器的m16磁敏免疫分析仪，9min内即可获得NT-proBNP、cTnI、Myo、CK-MB、D-Dimer等多项标志物的检测结果。

近年来，基于微流控技术的POCT分子诊断产品也不断涌现，微流控技术的应用使核酸检测的样本前处理、核酸提取、扩增及检测集于一体，实现了分子诊断的小型化、集成化、自动化、快速化，大大丰富了分子诊断产品的应用场景。

（5）生物芯片技术　生物芯片又称微阵列，是利用20世纪末提出的以微机电系统（Micro Electro Mechanical System，MEMS）加工技术为基础的微全分析系统（micro-Total Analysis System，mTAS）的概念，将所有试样处理及测定步骤合并于一体，分析人员可在很短的时间和空间间隔内获取以电信号形式表达的化学信息，常与微流控技术结合应用。在面积很小的支持物表面，有序点阵分布一定数量的可寻址分子，这些分子与待测物结合，以荧光、发光或显色反应等显示结果，从而实现对核酸、蛋白质、细胞、组织等的快速分析。

该技术在疾病筛查和早期诊断中具有相当大的优势，因芯片阵列的特点，可实现同时对多个项目进行检测，通量高、速度快，极大地提高了分析效率，已成为检验医学的热点技术之一。

（6）磁敏免疫技术　磁敏又称巨磁阻技术，该技术于2007年获得了诺贝尔物理学奖，最开始应用于固态磁盘存储。巨磁阻原理为微小的磁信号改变即可引起电阻的巨大变化，对磁颗粒包被进行标记，通过对磁信号的识别及转化，结合高特异性的抗原抗体反应，可实现对待测物单分子级别的检测。目前唯一应用磁敏免疫技术的就是理邦仪器公司的磁敏免疫分析仪。该产品结合磁敏免疫、生物芯片、微流控等多个技术基础，可实现高通量、快速、准确的心肌标志物和炎症标志物检测，属于POCT检测产品中的创新产品。

未来，微流控芯片技术、微阵列蛋白质生物芯片、磁敏免疫技术等高新技术的发展将带动POCT产品与传统医学检验技术、互联网技术相互融合，实现集精准、智能、云端为一体的智慧POCT平台，使POCT向小型化、智能化、高通量、多八项发展，在精准医疗、分级医疗、远程医疗、移动医疗中发挥巨大作用，实现未来互联网时代医学诊断的新模式。

3. 存在问题

POCT产品虽然小巧便携，但在现阶段的应用中仍有不足，主要表现在操作人员水平参差不齐、方法学多样、参考值不统一、科室设备不统一、设备质控管理难等诸多实际问题；尤其牺牲敏感度、特异性而追求速度等问题日渐突出。为此，如何保障POCT的管理质量，越来越受到医疗机构及医务人员的重视。

（二）POCT血气、电解质分析仪装备关键零部件技术发展趋势

1. 生物芯片技术

（1）行业发展现状　微流控芯片（Microfluidic Chip）是uTAS中当前最活跃的领域和发展前沿，它集中体现了将分析实验室功能转移到芯片上的理想，即芯片实验室（Lab-On-a-Chip，LOC），它是系统集成微刻技术的结晶，是可以完成生物化学分析的微型芯片。可实现对原有检验仪器的微型化，制成便携式仪器，用于床边检验。如血细胞分析、酶联免疫吸附试验（Enzyme Linked Immunosorbent Assay，ELISA）、血液气体和电解质分析等都可进行即时检测。

（2）主要技术进展及优势　目前生物芯片可分为基因芯片（Genechip或DNA Chip）、蛋白质芯片（Protein Chip）、细胞芯片（Cell Chip）和芯片实验室（Lab-On-a-Chip，LOC），具有高灵敏度、分析时间短、同时分析项目多等优点，是将生命科学研究中所涉及的许多分析步骤，利用微电子、微机械、物理技术、传感器技术、计算机技术，使样品检测、分析过程连续化、集成化、微型化，而且还可促进缩微实验室的构建。

（3）技术发展趋势　随着科学技术的发展，生物芯片将更多应用于应急救援、军事医学等领域中。其次，蛋白质芯片、基因芯片等也将应用于更多领域，比如生物标志物的检测，生物分子间相互作用的研究与质谱分析，以及药物靶标及精准医疗等研究领域。

（4）存在问题与建议　生物芯片技术虽有如上许多特点、许多优势，但其能否按预期的设想发展，关键还在于质量。其质量的难点在于不同于以往均质的液相试剂，一批试剂可做成千上万个标本，质量是一致的，而生物芯片的每一个测试单元都是独立的，如何保证每批产品及每批产品中每个测试单元质量一致性至关重要。目前生物芯片技术质量怎么控制至今还没有完全成熟的经验或法规，需要进一步的摸索和提升。

2. 微流控技术

（1）行业发展现状　微流控研究起始于 20 世纪 90 年代，至今已经有 20 余年的发展历史，此期间经历了基础理论奠定、单元操作技术发展、小规模集成和大规模集成几个历史发展阶段。至今，微流控技术发展臻于成熟，已经在多个领域得到认可并被广为利用，其产业化趋势也是愈发明显。

微流控芯片技术的特点来自两个方面：一是微流体的特性，即微尺度下流体的一系列特殊效应，包括层流效应、表面张力及毛细效应、快速热传导效应和扩散效应等，这些效应有利于精确流体控制和实现快速反应；二是微加工工艺带来的结构复杂性，微加工工艺具有加工小尺寸、高密度、微结构的能力，便于实现各种操作单元的灵活组合与规模集成。因此，样品前处理、分离与分析、检测等实验流程得以在同一芯片上集成化和并行化，从而达到微型化、自动化、低消耗和高效率的目的。微流控芯片作为当代极为重要的新型科学技术平台，非常符合国家层面的产业转型规划。目前，微流控芯片研究的主流已从平台构建和方法发展转为不同领域的广泛应用，理邦仪器生产的血气生化分析仪、磁敏免疫分析仪也采用了微流控技术，由此控制标本流速、标本类型、检测时间、检测试剂等因素的干扰。

（2）主要技术进展及优势　微流控技术在体外诊断行业中目前广泛应用于分子诊断、免疫检测、病原微生物检测等相关领域。我国正处于巨大的社会变革过程当中，一方面国力的增强和科技的进步促进了新技术的发展和推广，另一方面新形势对于体外诊断行业提出了新的要求。体外诊断作为一个高附加值行业，将会在未来相当长的阶段中快速发展。随着医疗体制改革的推进，三级医疗体系将逐渐完善，随之而来的是医疗资源由集中模式转变为分散模式，第三方检验机构的兴起，以及共享经济模式的冲击，势必会对体外诊断技术提出更高的要求。在这种形势下，微流控技术将会对体外诊断行业的发展提供一个有利的契机。

目前，承担体外诊断的单位主要是医院的检验科和第三方检验机构。体外诊断是典型的流体操控过程，追求操作便利性和分析结果的准确性，因而微流控芯片是实现体外诊断的有利技术平台，这表现在以下几个方面：

1）应用场景拓展：传统的检验设备多为大型仪器，虽然在测试通量和稳定性上具有优势，但其使用局限于专业实验室。微流控芯片系统体积小巧、操作简单，完全可以在门急诊、基层医疗单位甚至床边进行检测，这极大地拓展了体外诊断的应用空间。

2）分析效率提高：集成化和并行化设计的微流控芯片系统，有能力在短时间内提供更为丰富的诊断信息，因而显著提升了分析效率。

3）测试成本下降：微流控芯片使用微小反应体积，有利于减少试剂样品消耗，从而降低测试成本。概括来讲，微流控体外诊断技术的优势可以归结为"多、快、好、省"四个字，这种分析技术无疑是对现有体外诊断技术的巨大提升。

（3）存在问题　虽然微流控体外诊断技术得到了学术界和产业界的普遍认可，现实中的微流控体外诊断产业进程仍然是步履艰难。相比较研究领域取得的巨大进展，微流控体外诊断技术的产业化进程要缓慢得多。

从技术角度来看，微流控体外诊断产品开发涉及多个学科领域，包括医学、生物、化学和工程等。任何一个企业，想要建立这样一个规模的研发队伍都绝非易事。以微流控芯片为载体的微分析体系并非只是对应的宏观体系的简单微缩，其在很多方面有别于传统产品。例如，微分析体系的表面效应特征非常突出，这是由于其比表面积的显著增加。相应地，各种表面效应变得非常显著，无论是表面张力、表面吸附还是热传导效应都与宏观体系有很大差别。因此，与表面效应相关的各种因素，包括材料性质、通道尺寸、试剂成分、表面处理工艺都会对分析功能造成显著影响。还有，微流控芯片制造涉及的 MEMS 技术，也并非传统的加工工艺。由于传统体外诊断制造业对上述问题了解有限，导致了微流控产品的研发难度远高于传统体外诊断产品。

从产业环境角度看，研究、生产和应用单位的脱节，高端加工技术的欠缺也增加了微流控产品开发的难度。

从临床应用角度看，现阶段的微流控产品仅在某些临床应用中的检测性能或效率可以达到甚至超越传统技术方法平台，但尚未形成全面超越的优势，特别是微流控技术存在的一些局限，包括难以快速处理大体积中的低丰度样品、高比表面积带来的样品吸附损失加剧等问题，也给其临床应用造成了不利影响。

从质量控制体系角度看，对于新入场者的微流控诊断产品尚未建立或健全与之相适应的质量控制体系，在一定程度上也限制了其在包括基层医疗单位及家庭等更广泛场合的推广应用。令人欣慰的是，目前已经有部分微流控诊断产品开始步入临床应用，其相比于传统平台方法的一些优势已初露端倪。

第六节　手术机器人

1. 手术机器人概述

医疗机器人是在医院、诊所等医疗机构中使用的机器人，用于提供医疗或辅助医疗服务。由于临床适应性和交互性的提高，医疗机器人可以帮助医生更有效地诊断和治疗患者。根据医疗应用领域的不同，医疗机器人可分手术机器人、康复机器人、诊疗机器人、辅助机器人和其他类型医疗机器人。其中，手术机器人是融合多学科和多项高新技术，用于手术影像导航定位和临床微创手术的综合化医疗器械。

手术机器人可以克服人体生理限制，以其较高的操作精度、重复性和操作稳定性，适用于各种精度要求较高的微创治疗，带来巨大的临床优势。与传统手术相比，手术机器人通过高分辨率 3D 立体视觉和操作自由度，能提供超高清视觉系统，以便在狭小、密闭的手术空间中进行操作；具备位置导航、灵活运动和精准操作能力，能有效改善手术效果。

2. 手术机器人分类

按照医疗应用领域划分，手术机器人分为腔镜手术机器人、骨科手术机器人、血管介入手术机器人、神经外科手术机器人等。按照机器人技术特点划分，手术机器人分为主从操作手术机器人和导航定位操作手术机器人。手术机器人的分类和应用见表2-24。

表2-24 手术机器人的分类和应用

按手术机器人技术特点分类	按医疗应用领域分类	主要功能	代表性企业
主从操作手术机器人	腔镜手术机器人，适用于普通外科、泌尿外科、妇科、儿科等腔镜下微创手术	腔镜可使外科医生的视线延伸至病人的体内，而机械臂则模仿双手以操纵腔镜及手术器械	达芬奇、北京术锐、微创医疗、精锋医疗等
	血管介入手术机器人，适用于心血管、脑血管、外周血管的介入手术	该机器人能提高血管介入手术操作便利性和精准度，减少医生受辐射量	Siemens、Robocath、Johnson & Johnson、维迈医疗等
导航定位操作手术机器人	骨科手术机器人，适用于创伤骨科、关节置换及脊柱外科手术	骨科手术机器人能提供更好的手术部位影像，对正常组织的损伤较小，缩短了患者的康复时间	天智航、Medtech、Medtronic等
	放射介入手术机器人，适用于经皮穿刺手术，主要为收集组织样本用作诊断，例如穿刺活检、消融、粒子植入等	经皮穿刺手术机器人能够提高单次穿针成功率，减少并发症，提升穿刺手术精度	Perfint、Interventional System等
	神经外科手术机器人，适用于微创神经外科、内镜辅助神经外科、显微神经外科等各种类型手术	神经外科手术机器人能辅助神经外科医生微创、精准、高效、安全地完成神经外科手术	柏惠维康、Medtech、Neuromate等
	口腔种植手术机器人，适用于口腔种植手术，包括单颗、多颗以及全口无牙颌	口腔种植手术机器人能辅助口腔医生精准完成牙列缺失手术	柏惠维康、雅客智慧、Neocis等

（1）主从操作手术机器人 主从操作手术机器人能让医生通过操作主端力位交互装置，实时控制患者体内的从端机械臂和末端手术器械的动作。主要适用于各类内窥镜引导下的微创手术和血管介入手术。

目前此类手术机器人主流产品的构成分为"主手"和"从手"，"主手"是医生操作的力位交互装置，"从手"是手术机械臂和末端的手术器械，对于腔镜手术机器人还包括内窥镜视觉模块。主从操作手术机器人能够实现医生手部抖动过滤和运动比例缩小的功能，因此医生手部的大范围运动可以通过机械臂控制变成更精确的小空间精巧运动。

主从操作手术机器人的核心部件为机械臂、力位交互装置、内窥镜视觉模块。

（2）导航定位操作手术机器人　导航定位操作手术机器人能按照医生术前制订的手术方案自主运动，实现导航定位、穿刺、磨削等功能，适用于神经外科、骨科、口腔等刚性组织狭小空间的精细手术操作。

目前此类手术机器人主流产品的构成分为"脑、眼、手"三部分。"脑"是计算机手术规划软件，其作用是利用医学影像在计算机上重构手术部位的三维图像，为医生制订安全的手术方案提供地图，并融合"眼"和"手"的信息实现手术模拟和定位控制；"眼"是光学跟踪定位仪，通过机器视觉算法准确识别标志物，建立计算机三维模型和手术场景空间的对应坐标关系，实现手术注册和实时跟踪导航机械臂运动姿态的作用；"手"是多自由度灵巧机械臂，根据手术规划方案自动执行钻孔、穿刺、磨削等手术操作。导航定位操作机器人将手术规划、导航和操作三者统一，辅助医生微创、精准、高效、安全地完成各类手术。

目前国内外绝大部分神经外科手术机器人、骨科手术机器人、口腔手术机器人产品都由"脑、眼、手"三部分组成，这种技术构成代表了导航定位操作手术机器人的主流技术发展方向。小部分导航定位操作手术机器人产品的组成部分缺少了具备空间立体定位功能的"眼"，即缺少独立的光学跟踪定位功能，使得产品的精度、性能和适应证范围受到了很大影响。

导航定位操作手术机器人的核心部件为光学跟踪定位仪、机械臂。

一、放射介入手术机器人及关键零部件技术发展趋势

（一）放射介入手术机器人技术发展趋势

1. 行业发展现状

放射介入手术是以影像和临床诊断学为基础，在影像设备的引导下利用经皮穿刺等技术，对一些疾病进行治疗或者获取组织学、细菌学、生理生化材料以明确病变性质。放射介入手术包括穿刺活检、消融、粒子植入等。其中，穿刺活检是肿瘤诊断的金标准；消融和粒子植入是治疗肿瘤的常用手段，相比传统临床术式具有微创、预后效果好等优势。然而，目前放射介入手术仍存在射线辐射、穿刺不精准、术中需反复扫描确认等临床痛点。

随着机器人技术的发展，手术机器人越来越多地用于辅助医生进行手术以解决临床痛点。目前，国内获批上市的放射介入手术机器人有印度 Perfint Healthcare 公司的 RobioEX 及 MAXIO V2、新加坡 Biobot 公司的 Mona Lisa 前列腺穿刺活检机器人、法国 Quantum Surgical 公司的 Epione 肿瘤介入机器人、真健康（广东横琴）医疗科技有限公司的真易达软组织穿刺手术机器人、佗道医疗科技有限公司的佗术经皮穿刺手术机器人等数款产品。此外，国内外也有多家企业的产品已取得国外认证或正在研发，比如奥地利 Interventional Systems 公司的 iSYS 机器人、以色列 XACT 公司的 XACT 机器人、美国 Noah Medical 公司的 Galaxy 肺癌活检机器人、珠海横乐医疗科技有限公司的 SGNIO-面向

肝部实体肿瘤穿刺介入手术机器人等。

与其他手术机器人类似，放射介入手术机器人包括"脑、眼、手"三部分，即规划、导航和定位操作三个环节。目前，现有机器人系统在规划和导航环节较为成熟，能满足临床的基本需要。但在定位操作方面，现有产品多为导航定位操作手术机器人，无法完全自主实施手术。此外，放射介入手术机器人的应用引入了新的临床操作流程，增加了手术的复杂性。

总体而言，放射介入手术机器人临床意义重大，能够在一定程度上辅助医生提升手术的精度和效率，但能够较好解决临床痛点的产品在国内外均为空白。

2. 主要产品及其特点和性能

放射介入手术机器人目前尚处于发展阶段，面市产品相对较少，且尚未形成统一技术路线，从产品形式上主要分为两类：一类是固定于 CT 扫描床或与患者固定的小型自动化穿刺设备上，如 iSYS 机器人、XACT 机器人；另一类是独立推车式床旁手术机器人设备，主要代表为 MAXIO 导航机器人、真易达软组织穿刺手术机器人、SGNIO 实体肿瘤穿刺介入手术机器人等。

放射介入手术机器人主要面市产品功能如下：

（1）iSYS 穿刺机器人　Interventional Systems 为一家奥地利公司，成立于 2004 年，第一代产品 iSYS 1 于 2014 年面市，可用于 CT 及 CBCT 引导下的胸腹部介入穿刺。

iSYS 穿刺机器人使用时需对 CT 扫描床进行改装并将机器人固定于 CT 扫描床旁，由医护人员将穿刺机器人拖动至穿刺区域并锁定被动关节，通过术前扫描完成注册配准，在手术规划完成后使用操作杆调节穿刺角度并同步在主控显示器上显示穿刺针与靶点之间的位置关系，确定好穿刺角度后由医生完成最终的穿刺操作。iSYS 穿刺机器人经过 3 次产品迭代，目前最新型号为 Micromate 穿刺机器人，其产品形态如图 2-167 所示。

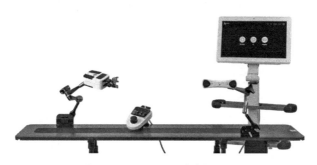

图 2-167　Micromate 穿刺机器人

（2）XACT 穿刺机器人　XACT 为一家以色列公司，成立于 2013 年，其主要产品为 XACT ACE，于 2019 年 10 月完成美国 FDA 认证，可用于全身多个部位的介入穿刺。

XACT ACE 穿刺机器人的产品形态如图 2-168 所示，使用时需将机器人固定于患者体表，术前扫描时自动完成注册配准，医护人员可在工作站上完成手术规划，由机器人自主定位入针点并完成自动穿刺进针。XACT ACE 是为数不多采用自动穿刺进针的机器人，并提供专有 S-Drive 技术根据术中影像持续调整仪器的轨迹，以克服靶区运动或组织形变带来的偏差，更精确地达到所需目标。

图 2-168　XACT ACE 穿刺机器人

（3）MAXIO 穿刺机器人　Perfint Healthcare 为一家印度公司，成立于 2005 年，其主要产品有 ROBIO、ROBIO Ex 及 MAXIO，其中 MAXIO 是 2012 年面市并通过欧洲 CE 和美国 FDA 认证的最新产品，主要用于胸腹部介入穿刺术式，包括穿刺活检、消融、引流等。

MAXIO 穿刺机器人的产品形态如图 2-169 所示，使用时需将穿刺机器人固定于 CT 扫描床旁，并通过机械与光学系统进行配准，医护人员可在工作站上完成手术规划，由机器人自主定位至穿刺入针点并确定好穿刺角度，由医生完成最终的穿刺操作。

（4）真易达软组织穿刺手术机器人　真健康（广东横琴）医疗科技有限公司成立于 2018 年，其研制的真易达软组织穿刺手术机器人于 2022 年获得 NMPA 认证，主要用于肺及腹部实体器官穿刺手术的导航定位。其产品形态如图 2-170 所示，该设备由医学影像系统、光电导航系统、6 自由度机械臂辅助穿刺系统构成，可用于组织穿刺活检、放射性粒子植入治疗、肿瘤消融治疗、肺微创术前定位。该机器人还提供了呼吸追踪系统，能实现呼吸运动门控穿刺，以减少呼吸对穿刺精度的影响。

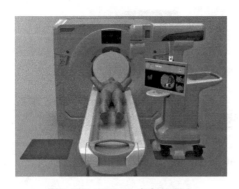

图 2-169　MAXIO 穿刺机器人

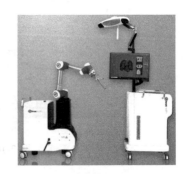

图 2-170　真易达软组织穿刺手术机器人

（5）Epione 穿刺手术导航定位系统　该系统由法国 Quantum Surgical 公司研发，先健医疗（东莞先健量子医疗科技有限公司）引进，于 2023 年获得 NMPA 认证，主要用于腹部实体肿瘤消融治疗。其产品形态如图 2-171 所示，该产品由影像分析及穿刺计划系统、光学导航系统、同步呼吸监控系统、6 自由度机械臂等构成。该产品的特色是针对肿瘤消融提供了术前消融方式规划及消融区域预测可视化、术后消融区域评估等功能。该系统也提供了呼吸运动跟踪及门控穿刺功能。

（6）SGNIO-面向肝部实体肿瘤穿刺介入手术机器人　珠海横乐医疗科技有限公司成立于 2021 年，其 SGNIO-面向肝部实体肿瘤穿刺介入手术机器人主要用于肝部穿刺活检、消融、粒子植入等经皮穿刺术式。其产品形态图如图 2-172 所示，也主要由影像分析及穿刺计划系统、光学导航系统、同步呼吸监控系统及 6 自由度机械臂等构成。该系统可以集成术中的超声和 CT 影像，提供实际穿刺路径信息。该系统也提供了呼吸运动跟踪及门控穿刺功能。

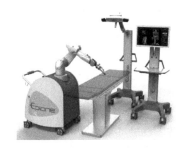

图 2-171　Epione 穿刺手术导航定位系统

图 2-172　SGNIO-面向肝部实体肿瘤
穿刺介入手术机器人

3. 存在的问题及建议

如上调研，目前已有多款国内外介入手术机器人上市，且还有多款产品在研发中。但现有产品在解决呼吸运动影响、穿刺针实时定位、穿刺力的感知、基于柔性针的机器人介入手术等方面仍需要提升。针对放射介入手术机器人存在的问题及建议详细描述如下：

（1）呼吸运动影响穿刺效果　身体组织会随呼吸发生位移和非刚性形变，而医学影像空间与病人空间之间的位置映射是基于刚性匹配实现的，这使得在术中难以准确定位组织和肿瘤。此外，在呼吸作用的影响下，穿刺针进入体内后会与周围组织产生相对运动，对穿刺路径周围的器官造成威胁。呼吸运动是实施胸腹部介入手术系统必须要面对和解决的问题，现有系统主要通过呼吸运动监测及门控穿刺来减小呼吸运动影响，但其效果仍有待提升，是需要重点突破的难题之一。

（2）穿刺针实时定位　传统介入手术中，医生多采用步进式进针，进针与 CT 等 X 线成像校验交替进行，手术效率较低，且增强患者受辐射剂量。也有一些产品采取术中 X 线实时影像引导策略，患者受辐射剂量更高，且有些系统需要医生在 X 线下操作，对医生影响也较大。利用超声等安全成像手段进行穿刺针的实时定位是下一步发展方向。比如，SGNIO 手术机器人提供了数字孪生界面以方便医生调整穿刺位姿，同时提供术中实时超声影像功能，帮助医生感知更多信息。另外，在抵达入针位后，医生还可以根据超声影像观察实时穿针路径与规划穿针路径的偏离情况，通过微调机械臂末端以减少不确定因素带来的手术误差。

（3）基于柔性针的机器人介入手术　穿刺针是穿刺介入手术中常用的器械，主要分成刚性和柔性两种。刚性穿刺针以直线运动进行穿刺，进针路径往往受血管和神经等重要组织的限制，且其刚体特性也易损伤重要组织。相比而言，不对称的斜尖柔性针在体内受到组织产生的作用力和摩擦力等时能发生弯曲，可实现弯曲的穿刺路径来避开重要组织、执行更精细的介入操作，减少手术损伤。基于柔性针的介入技术是目前的研究热点。

（4）穿刺力的感知　在传统穿刺中，医生需要根据感受到的穿刺反馈力判断针尖是否对准相应脏器或靶点，从而对进针角度与速度进行相应的调整。目前已有的穿刺介入手术机器人系统大多只有视觉反馈而缺乏力反馈，无法实时感受穿刺过程中的精细变化。为了对穿刺机器人实现更精准的控制，需要在穿刺系统的反馈模块中增加用于实时检测穿刺反馈力的传感器，给医生真实的穿刺临场感，并探索多种反馈机制实现穿刺过程中对器官和软组织等产生的接触力感知。目前已面市的介入穿刺手术机器人还未研发出较好的力反馈感知方案。

（5）核心部件严重依赖进口　目前国内尚无完全自主知识产权的放射介入手术机器人产品面市。在手术机器人领域，诸如高精度机械臂、力位交互装置等核心部件存在严重的进口依赖现象，一定程度上制约了特异性系统功能开发，提高了产品的成本，带来了技术、市场、供给等多方面不可控的潜在隐患，因此核心部件应早日实现自主化、国产化，避免将来被"卡脖子"。

（二）放射介入手术机器人关键零部件技术发展趋势

1. 具有力反馈及形状感知能力的穿刺针

（1）行业发展现状　为更安全、更精准地实现自主或主从穿刺控制，必须要获取穿刺力与穿刺针形状的信息。目前具有力反馈和形状感知能力的穿刺针尚在研发中，尚无成熟的产品。

（2）主要技术进展及优势　在穿刺力感知方面，一种方法是利用较为精准的力传感器检测穿刺力，如日本早稻田大学通过一根引导管将穿刺力传递到力传感器，从而实现穿刺力的检测。但这种方法在穿刺深度较深时难以建立有效的穿刺受力评价方法。近年来，随着光纤传感器技术的研究，基于光纤传感器测量穿刺力成为研究的热点。比如荷兰代尔夫特理工大学基于光纤布拉格光栅（Fiber Bragg Grating，FBG）测量末端穿刺力。但目前用于末端穿刺力检测的光纤传感器方案，尚难以兼顾核磁兼容、小体积、温度灵敏度、力分辨率、机械强度、稳定性等多种条件。

在穿刺针形状感知方面，基于光纤拉伸或压缩时反射光波长也发生变化的原理，通过检测反射波长的变化来计算光纤栅区的弯曲半径，进而计算穿刺针空间曲率是一种可行的方法。如北京理工大学研制的基于FBG光栅的穿刺针就采用这种机制。但如何将FBG集成于不同类型的穿刺针中可能需要不同的加工工艺，是需要解决的问题。

（3）技术发展趋势　基于光纤光缆进行穿刺针力及形状检测的发展趋势，在未来医疗领域具有巨大的研究与应用潜力。但如何能够同时兼顾多种临床需求，且能同时实现穿刺针的力感知与形状感知是需要攻关的技术难点。

（4）存在的问题及建议　目前国内外尚无具有力反馈及形状感知能力的穿刺针成熟产品，是下一代介入穿刺机器人的重点发展零部件。建议加大该领域研发投入，国内企业有望成为该领域的引领者。

2. 力位交互装置

（1）行业发展现状　力位交互装置是实现智能主从穿刺控制的另一关键零部件。国外在力位交互装置的研究上相对成熟，商业化也比较成功，并逐步在微创手术机器人中使用，但是其价格普遍昂贵，系统软件也不开放。国内在力位交互装置方面也有较多的研究，研发出了多款与国外产品对标的样品；但是由于研究开展较晚，在关键技术上还需要进一步突破以达到良好的力反馈效果，目前还没有商业化特别成功的力反馈设备公司。

（2）主要技术进展及优势　1993 年，美国 Sensable Technologies 公司研发了Phantom 系列力反馈设备并很好地完成了商业化。按照力反馈维数和工作空间，Phantom 系列设备可以分为五类：Phantom Omini、Phantom Desktop、Phantom Premium、Phantom Premium 6DOF 和 Phantom Premium 1.5HF/6+1DOF，如图 2-173 所示。其中，Phantom Omini 和 Phantom Desktop 都为 6 自由度、3 维力反馈，只在力反馈值、工作空间大小、质量属性、刚度及封装方面有所区别。Phantom Premium 系列包括 Phantom Premium 1.0、1.5（1.5High Force）和 3.0 三种产品，三者的工作空间依次增大，均具有三维力反馈，与 Phantom Omini 和 Phantom Desktop 相比，Phantom Premium 反馈力更大、工作空间更广。Phantom Premium 6DOF 系列包括 Phantom Premium 1.5/6DOF（1.5High Force/6DOF）和 3.0/6DOF，这一系列除了具有三维力反馈，还具有三维力矩反馈，能够为操作者提供全方位的力和力矩感知。Phantom Premium 1.5HF/6+1DOF 是Sensable Technologies 公司推出的一款最为先进的力反馈设备，该设备是在 Phantom Premium 1.5/6DOF 的基础上在操作手末端加上了一个可拆卸的末端操纵装置，可以实现从手器械末端的夹持操作，但是只有 6 个方向的力反馈，没有夹持力反馈。

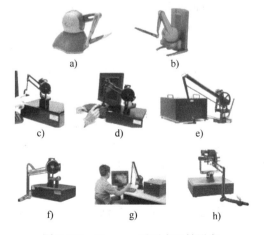

图 2-173　Phantom 系列力反馈设备

a）Phantom Omini　b）Phantom Desktop　c）Phantom Premium 1.0　d）Phantom Premium 1.5
e）Phantom Premium 3.0　f）Phantom Premium 1.5/6DOF　g）Phantom Premium 3.0/6DOF
h）Phantom Premium 1.5HF/6+1DOF

Phantom 系列力反馈设备在技术方面已经相对成熟，能够非常真实地对许多外部环境信息进行模拟，被认为是目前虚拟现实领域最为理想的力反馈设备之一。但其软件系统不对用户开放，用户不能针对自身需求对设备进行调节。另外，Phantom 系列力反馈设备价格昂贵，只在少数领域中有所应用。目前，Phantom 系列力反馈设备已被 3D systems 公司收购，其力反馈设备的型号分别为 Geomagic Touch（原 Phantom Omini）、Geomagic Touch X（原 Phantom Desktop）和 Phantom Premium［包括 Phantom Premium 1.5、1.5 High Force（HF）、1.5 6DOF、1.5 High Force/6DOF］。

瑞士的 Force Dimension 公司基于独特的并联 Delta 机构研发了 Omega、Sigma 和 Lambda 系列的力反馈设备，系统刚度大，操作灵活方便。其力反馈装置采用平行连杆系统，可实现出色的定位精度和刚性，非常适合远程控制和显微操作等需要精细规划和可靠反作用力响应的应用。

图 2-174a 所示为 Force Dimension 公司生产的 Omega.3 力反馈设备，采用具有空间三维运动的 Delta 并联机构，该机构精度高，各向同性且动态响应性好，可实现对虚拟现实环境中的物体进行三维空间平移操作，或对空间点的位置进行控制。图 2-174b 所示为 Force Dimension 公司生产的 Omega.6 力反馈设备。Omega.6 是具有广泛手腕动作的笔型末端效应器的 3 自由度+3 轴旋转检测的力觉反馈装置。完美的重力校正与无漂移校准相结合，提升了用户舒适度和设备精度。Omega.6 采用左手或右手配置，并且具有 Omega.3 的所有平移力反馈功能。图 2-174c 所示为 Force Dimension 公司生产的 Omega.7 力反馈设备，除了具有三维力反馈，还具有夹持力反馈，可用于控制物体三维运动，同时执行一定的操作，通用性强，应用范围广。Omega.7 凭借其独特的 Active Grip Extension，是当今最通用的力反馈设备，具有 3 自由度 + 3 轴旋转检测 + 1 轴抓握。末端执行器可产生高达 8N 的夹持力，涵盖人手的自然运动范围，并与双手遥控控制台设计兼容。全重力补偿和无漂移校准相结合，提高了用户的舒适度和准确性。图 2-174d 所示为 Force Dimension 公司生产的 Sigma.7 力反馈设备，引入了 7 个主动自由度，具有高精度主动抓取能力，经过对重力精确补偿，末端执行器拥有了优质的力和扭矩反馈性能，具有三维力和力矩反馈，还具有夹持力反馈，能够与复杂的触觉场景进行交互。Sigma.7 专为高级航空航天工业和医疗工业而设计，设计精巧、能远程控制机器人，基于人机工程学的独特设计，它已成为安全性至关重要的应用参考设备。图 2-174e 所示为 Force Dimension 公司生产的 Lambda.7 力反馈设备，是 Force Dimension 触觉设备系列的最新成员。与 Sigma.7 相比，该设备引入了更大的底座，还提供了平移、旋转和抓取方面的 7 个主动自由度。Lambda.7 专为 OEM 应用而设计，可轻松定制以集成手术控制台。新手腕还提供了 3 个主动自由度，最后一个自由度是角色角度。腕关节的这种新配置设计有助于与手术机器人系统集成。表 2-25 列出了 Force Dimension 力反馈设备的主要性能参数。

Force Dimension 力反馈设备目前主要应用于三维建模和虚拟现实技术中，其并联 Delta 机构决定了其相对于串联型主手具有更大的刚度和更好的工作性能。在虚拟现实应用中，Force Dimesion 是一款理想的力反馈设备。但其存在操作空间有限的缺陷，且价格昂贵。

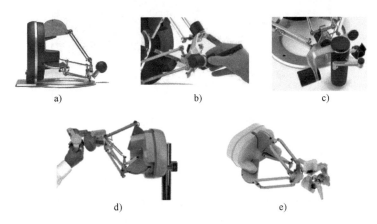

图 2-174　Force Dimension 力反馈设备

a）Omega. 3　b）Omega. 6　c）Omega. 7　d）Sigma. 7　e）Lambda. 7

表 2-25　Force Dimension 力反馈设备的主要性能参数

设备名称	工作空间	反馈力	反馈力矩	夹持力
Omega. 3	移动 ϕ160×110mm	12. 0N	—	
Omega. 6	移动 ϕ160×110mm 转动 240°×140°×320°	12. 0N	—	
Omega. 7	移动 ϕ160×110mm 转动 240°×140°×320° 夹持 25mm	12. 0N	—	8. 0N
Sigma. 7	移动 ϕ190×130mm 转动 235°×140°×200° 夹持 25mm	20. 0N	400mN·m	8. 0N
Lambda. 7	移动 ϕ240×170mm 转动 180°×140°×290° 夹持 15°	20. 0N	200/400/100mN·m	8. 0N

国内，越疆科技（深圳市越疆科技有限公司）2021 年发布了国内首款自研 6 自由度力位交互装置 Haptics 6D 及遥操作系统 Matrix. OS（见图 2-175），该系统基于 5G 技术，达到了 0. 005mm 位置分辨率、0. 1N 力反馈精度、4kHz 触觉刷新率和 60 帧视频流畅度。力位交互装置 Haptics 6D 是一个 6 自由度，具有力反馈功能，可无重力、低阻力自由拖拽的遥操作主手设备。

（3）技术发展趋势　力位交互装置是医生的操作端，同时也可以作为力信号的反馈端。从技术的发展趋势来看，一方面需要进一步提升力位交互装置的灵巧性，给医生提供良好的交互体验感；另一方面，需要提升力反馈的透明性，使力反馈的效果更加真实。同时，作为医疗产品，其安全性也需要设计得更加周全。

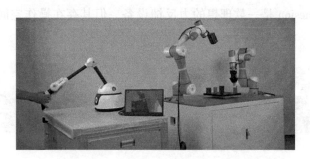

图 2-175　力位交互装置 Haptics 6D

（4）存在问题与建议

1）核心元器件国产化。力位交互装置作为医生的操作端，其工作性能会直接影响手术质量，尤其对于长耗时的大型手术，性能优良的力位交互装置有助于医生节省体力并集中精力关注手术操作。为了达到优良的性能，在硬件上，主操作手需要满足高刚性、低摩擦、低惯量和有重力补偿等特性。为了达到低摩擦、低惯量，各关节的驱动器通常放置在对应关节。通用的小型驱动器采用实时总线并有底层控制功能，目前大部分都是国外进口，价格非常昂贵，而且目前还没有合适的尺寸满足应用，所以核心元器件国产化显得尤为重要。

2）力位交互装置的动力学补偿。由于力位交互装置的复杂性，无法利用机械配重或者弹簧补偿策略完全配平，对于剩余重力通常采用动力学进行补偿。同时，为了减小反驱力，各关节的摩擦力、惯性力也需要实时补偿。

3）力位交互装置的力反馈控制策略。力位交互装置的力反馈能够真实地反映从端手术器械的工作状态，大大提升了手术医生的操作质量。力位交互装置在手术中有不同的模式，需要研究基于力反馈的附加补偿控制策略，准确地实现全维力反馈功能。

二、神经外科手术机器人及关键零部件技术发展趋势

（一）神经外科手术机器人技术发展趋势

1. 行业发展现状

神经外科手术机器人主要适用于发生在脑和脊髓中枢神经系统中疾病的治疗，是一种可在脑出血、脑肿瘤、帕金森病、癫痫、三叉神经痛等近百种疾病治疗中辅助医生定位的微创手术设备。利用手术机器人可以开展对精度要求极高的脑深部电刺激（Deep Brain Stimulation，DBS）手术（治疗帕金森病、肌张力障碍、梅杰综合征、特发性震颤等）以及立体定向脑电图（Stereotactic Electroencephalography，SEEG）手术（脑内血肿排空术、脑组织活检术、脑脓肿穿刺引流术、脑内异物摘除术及颅骨开放性手术的导航等）。

相较于传统神经外科手术，机器人辅助手术具有手术时间短、定位精准、创口小等优势。传统神经外科手术的工作量大、耗时长、人力物力资源投入多、患者恢复慢，通常一台手术需要 2~3h，并且要对病人实施开颅和全身麻醉，同时投入大量耗材及医护

人员，术后患者住院时间也较长。此外，总体手术费用高，其中仅麻醉相关费用就达数千元，以脑出血手术为例，单台手术费用约 2 万~4 万元。而使用手术机器人，能够将手术时间缩短到平均 0.5h/台，且仅需进行局部麻醉，同时由于创伤仅 2mm，在耗材、住院及恢复时间上都有很大优势，同时整体费用能降低 30% 左右。此外，手术机器人还可以实现远程手术，作为输出顶级医疗资源的重要载体，提高诊疗效率。

我国在神经外科手术机器人领域的研究始于 20 世纪 90 年代，2018 年后进入产品上市的集中期。我国是国际上较早开展无框架立体定向手术的国家之一，田增民教授等人于 1997 年曾应用国产机器人系统进行肿瘤活检等无框架立体定向手术，拉开了国内神经外科手术机器人研究序幕。目前，国内外有多家神经外科手术机器人上市销售，下面对具有代表性的三款手术机器人进行介绍。

由国内代表性企业柏惠维康（北京柏惠维康科技股份有限公司）自主研发的"睿米"神经外科手术机器人系统，于 2018 年 4 月取得国内首个Ⅲ类医疗器械注册证，该产品包括"脑、眼、手"三个部分（见图 2-176）。"脑"是计算机手术规划软件，其作用是通过多模态影像配准和分割算法，在计算机上重构颅内组织与病灶的三维模型，为医生确定手术路径提供简便、直观、高效的工具，实现术前规划和手术模拟作用；"眼"是光学跟踪定位仪，通过立体机器视觉算法使双目摄像头准确识别标志物，建立计算机三维模型和现实手术场景空间的对应坐标关系，实现了手术快速自动注册、实时患者和机械臂空间姿态跟踪导航，在定位过程中取消了框架，减轻了患者痛苦；"手"是 6 自由度机械臂，可自动定位到手术规划的路径和靶点，定位精度达到 0.5mm。"睿米"神经外科手术机器人将手术规划、导航和操作三者统一，辅助医生微创、精准、高效、安全地完成各类神经外科手术。

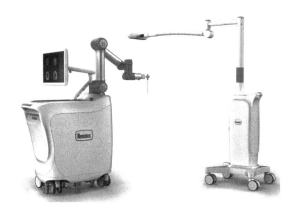

图 2-176　"睿米"神经外科手术机器人

"睿米"神经外科手术机器人自上市以来，已在国内 300 余家医院推广应用，相继开展了机器人辅助脑组织活检、DBS、SEEG、脑内血肿排空、脑脓肿穿刺引流、Ommaya 囊置入、脑瘤内放疗、开颅及显微导航等上万余例临床手术，辅助诊治了帕金森病、肌张力障碍、梅杰综合征、小脑萎缩、特发性震颤、阿尔兹海默症、脑发育不良、癫痫、低级别星形细胞瘤、渐变性星形细胞瘤、神经母细胞瘤、颅咽管瘤、垂体瘤、海绵窦血管瘤、三叉神经痛等疾病。根据临床反馈，机器人辅助神经外科手术具有精度高、用时短、创伤小等多方面的优势，产品的安全性和有效性得到了验证。

Renishaw 是一家诞生于法国 Grenoble 的公司，其研发的手术机器人 Neuromate 是最早获得 FDA 批准和 CE 认证的神经外科手术机器人（见图 2-177），是具有 5 个自由度的集成式立体定向机器人系统，将机器人系统和患者头架连接系统刚性连接，被批准用于活检、DBS、SEEG 和经颅磁刺激等手术，该款手术机器人目前主要在欧美国家进行临床应用，目前没有在国内市场开展推广。

Rosa 是由法国 Medtech 公司研发的新一代多功能神经外科手术机器人，在 2014 年获得中国食品药品监督管理局批准，在国内多家综合医院及神经外科使用。Rosa Brain 神经外科手术机器人用于辅助 DBS 手术治疗（肌张力障碍、梅杰综合征、特发性震颤等）；SEEG 手术、脑内血肿排空、脑组织活检、脑脓肿穿刺引流、脑内异物摘除，具有定位精确、计划精巧、操作简易、适用性广等特点（见图 2-178）。Rosa Spine 手术机器人主要用于脊柱腰椎和胸椎椎弓根螺钉植入手术。

图 2-177　Neuromate 神经外科手术机器人

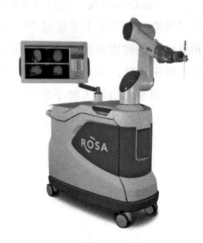

图 2-178　Rosa Brain 神经外科手术机器人

2. 神经外科手术机器人的工作原理及系统结构

（1）工作原理　以柏惠维康研制的"睿米"神经外科手术机器人为例，其采用典型的手术机器人的"脑、眼、手"相结合的产品架构。手术导航软件是机器人系统的"脑"，可读取患者术前扫描的 CT/MRI 影像，创建出颅脑三维模型，然后医生可根据自己的经验和判断利用软件设定手术靶点和路径。光学跟踪定位仪是机器人系统的"眼"，能够自动识别特征标志块，快速完成机器人注册和病人注册，从而建立图像空间与机械臂空间的转换关系。机械臂是机器人系统的"手"，能根据注册转换结果对规划靶点和路径实现精准的自动定位导航，并在到位后锁定关节，装载手术器械以支承手术操作。其中，机器人注册建立机械臂空间与光学跟踪定位仪空间的转换关系，病人注册建立图像空间与光学跟踪定位仪空间的转换关系。

（2）系统结构 神经外科手术机器人由机械臂、手术导航软件、光学跟踪定位仪、专用仪器车、定位标志点及探针组成，集手术三维规划、光学跟踪注册、自动定位导航和手术操作于一体。

3. 重要指标及范围

神经外科手术机器人的临床目的是辅助神经外科对手术器械进行空间定位和定向。机械臂作为执行机构，其定位精度和工作空间直接决定了手术机器人临床手术的有效性和安全性。下面从临床功能和安全角度出发，对涉及的关键参数进行分析。

在利用神经外科手术机器人实施手术时，以神经外科活检术为例，在手术前需要在患者头部粘贴定位标志点并扫描 CT 或 MRI 医学影像，然后医生利用手术导航软件重构患者的三维模型，并根据肿瘤位置，确定抽取活检组织的位置，医生一般将靶点位置设定在整个肿瘤的中心，靶点位置确定之后需选择入颅方向。手术中需要将病人头部固定，然后通过光学跟踪定位仪、定位标志点建立患者机械臂之间的空间变换关系，最后机械臂根据空间变换关系实施定位，医生将手术器械搭载在机械臂末端，此时手术器械末端位置即为靶点位置。通过分析神经外科活检手术的整个流程，能够发现决定能否取到活检组织的关键是系统的定位误差。在神经外科手术中，一个最基本的任务是对病人头部的病灶进行精确定位，定位精度是神经外科机器人系统最重要的性能指标。机器人作为神经外科手术机器人的执行部件，机械臂定位精度直接决定了神经外科立体定向手术的手术精度。根据上述分析，有必要将机械臂定位误差作为整个系统最重要的性能指标。如果需要神经外科手术机器人能够执行类似深脑电刺激（DBS）这类精度要求高的手术，需要机械臂的定位精度 $\leqslant 0.5\text{mm}$。

神经外科手术计划会根据手术类别、病灶位置、术中体位、生理结构等信息而变化，手术机器人机械臂的操作空间决定了神经外科手术机器人的临床手术适宜性。如果机械臂手臂可达到的手术空间相对较小，那么对于多靶点手术，比如颅内电极检测、多病灶活检等，可能存在有些手术靶点无法达到的情况，这就需要术中多次移动设备。为了使设备在使用过程中不发生移动，节约手术时间，降低手术风险，就要求机械臂移动范围较大。衡量机械臂操作空间的参数主要包括机械臂移动范围、臂展和各关节可旋转角度。为了满足临床手术操作各个方位无死角的要求，机械臂移动范围应 $\geqslant 300\text{mm}\times 300\text{mm}\times 300\text{mm}$，臂展应 $\geqslant 800\text{mm}$，第 1 和第 6 关节转动范围能够满足 $\pm 360°$ 要求，其他关节运动范围尽量不小于 $360°$。

4. 神经外科手术机器人主要技术进展及趋势

根据神经外科手术所采用技术手段，可将神经外科手术分为功能神经外科手术、内镜辅助神经外科手术、显微神经外科手术、脑血管介入手术等。1985 年，Kwoh 等医生和工程师将 PUMA 200 机械臂，联合术前 CT 影像规划系统，成功实施病灶活检和血肿抽吸等手术操作。通过神经外科医生、科学家和工程师近 40 年的不懈努力，神经外科手术机器人的研发成果几乎涵盖了神经外科各种各样的手术。比如，1989年，Neuromate成为全球最早获得FDA和CE认证的神经外科手术机器人系统，该系统集成5个自由度机械臂，能利用术前影像进行神经外科立体定向手术，主要用活检手术、脑出血抽吸、SEEG、DBS等。随着远程遥控技术和网络技术的发展，2001年加拿大卡尔加里大学开发的神经外科手术机器人NeuroArm协助术者通过远程完成了显微外科手术中的切开、烧灼、冲洗、吸引以及缝合等操作。2002年，德国法兰克福大学开发的Evolution 1机器人在神经外科内镜手术中进行临床应用，主要用于内镜下第三脑室造瘘术、脑出血清除和肿瘤切除手术。2012年，Corpath GRX被美国FDA批准用于经皮冠状动脉介入治疗，2018年获批应用于外周血管介入治疗，目前该设备已经在颈动脉支架植入术、动脉瘤栓塞术等神经外科血管疾病中进行尝试应用。

神经外科手术机器人虽然已经研究很多年，但是在临床使用过程中还存在一定的局限性。通过神经外科医生、高校科学家和企业工程师的不断探索，未来神经外科机器人的临床适用范围将更广。通过5G技术、人工智能技术等，提升产品易用性，能使医生学习曲线更短，达到医疗资源快速下沉的目的。

神经系统疾病有600多种，以癫痫、脑卒中和帕金森为例，我国患者总数已超过4100万人。神经外科手术类型、手术方式以及需要配合使用的手术工具种类众多，神经外科手术机器人临床适用范围不断扩大是一个重要的技术发展趋势。柏惠维康在世界范围内率先提出神经外科机器人手术平台化的概念，将神经外科微创手术、内镜"锁孔"手术、显微外科开发手术融合一体，也是全球首款、目前唯一一款同时适用于功能神经外科手术、内镜辅助手术、显微神经外科手术和神经脊柱外科手术的机器人。

神经外科手术机器人的一个重要价值在于让高水平的神经外科手术能够输送到更远的基层医院或者医疗水平欠发达地区。柏惠维康率先在神经外科方面进行远程神经外科手术，借助我国近年来通信技术发展的优势，解放军总医院神经外科医生应用"睿米"手术机器人在2019年完成国内首次5G远程神经外科手术，将"5G技术+手术机器人"模式变为现实，在北京和海南之间建立有效信息通道，其进行手术的关键步骤是脑内微电极植入和神经核团电信号记录。天坛医院神经外科、浙江大学医学院附属第二医院神经外科建成5G数字化神经外科空中手术室，向周边二级医院覆盖，发挥"5G技术+手术机器人"的优势。远程手术的成功，对缓解医疗资源短缺具有重大意义。

人工智能、遥操作、多传感信息融合等技术的融合，将会进一步提升神经外科手术机器人的智能化，同时有利于神经外科手术机器人逐步向自主操作迈进。比如通过遥操作和人机交互力控技术能够达到神经外科内镜在颅内的安全控制，达到主治医生不需要助手辅助，就能独立完成内镜辅助颅内操作、扶镜、精准导航的目的；利用人工智能技术可以实现个性化生理结构组织的自动分割，同时结合专家经验训练完成手术路径的自动规划，将活检、脑出血手术标准化，大大减少医生手术规划时间。

5. 存在的问题

1）目前手术机器人的核心部件——光学跟踪定位仪和机械臂都不是专门用于外科

手术，而且主要为进口产品，国内没有成熟可替代的产品，同时减速器和伺服系统仍然严重依赖进口，而这些都成为制约我国手术机器人行业发展的"卡脖子"环节，提高了产品的自主可控风险和产业链上游产品成本，导致国产产品降价困难，不利于国产品牌的产业化和产品推广。

2）目前手术机器人自主操作能力较低，所有的操作都是在医生协作或者完全有医生操作手术器械的情况下实施，在保证手术安全有效的前提下，手术机器人的自动化和智能化级别有待提高。

（二）神经外科手术机器人关键零部件技术发展趋势

1. 机械臂

（1）行业发展现状 神经外科手术机器人产品中使用的机械臂均为国外进口工业机械臂，例如史陶比尔机器人。工业机械臂可以满足手术场景中基本的定位和轨迹运动的需求，但是一般具有自重负载比过大、体积大的缺点，与手术设备轻巧灵活、方便使用的原则相悖。微创神经外科手术实施的操作空间较小，机械臂自身体积过大会挤占有限的操作空间，影响手术效果；过大的自重导致机械臂的惯性较大，人机协作的操作性和安全性都会下降。因此需要为手术场景设计一款自重负载比小、体积小、安全性更高的协作机械臂。

（2）主要技术进展及优势 随着 UR 机器人、库卡 iiwa 机器人等产品的落地，协作机械臂技术进入了快速发展期。相比传统的工业机械臂，协作机械臂具有更高的安全性，因此被当前的手术机器人厂家广泛应用，仅有少数厂家采用工业机械臂方案。为了提高安全性，协作臂应自重更轻、体积更小、运动速度更低且每个关节具有力矩检测能力。这些特点的背后，是高功率密度伺服驱动器、力位混合控制技术、高速总线技术、超小型减速器技术等关键技术的快速发展。更轻、更小、更安全将是手术机械臂的发展趋势。轻便小巧、更加类似人类的手臂，将会进一步提升手术的灵活性和手术效果，随着高功率密度关节技术的进步，该目标会逐步实现。目前，主流的协作机器人都是通过关节电机电流检测来间接计算扭矩，其精度还不够高，未来随着关节力矩传感器的普及、算法的进步及成熟，机械臂的人机安全性将会进一步提升。

（3）存在的问题及建议 近些年国内协作机械臂企业蓬勃发展，但该行业的头部企业仍在欧美国家，它们占据了高端市场后，国内企业为了生存自动下滑主攻中低端市场，其研发投入、质量管理、产品功能和性能定位全方位落后于同类型欧美国家企业。而手术机器人对机械臂的精度、质量、功能都具有较高的要求，这些原因造成了手术机器人系统以进口机械臂为主，国内同类型高端产品进步较慢的局面。

2. 光学跟踪定位仪

（1）行业发展现状 光学跟踪定位仪是医学影像导航定位手术机器人系统中的"眼"，用于识别检测标志物的坐标和姿态，系统根据这些信息对机械臂进行反馈控制。目前国内外手术机器人系统中主要使用的光学跟踪定位仪为 NDI、Claron 等欧美厂家的产品，其基本原理都是双目视觉三角测量法。其中 NDI 的产品是基于红外反光标志物定位，Claron 的产品是基于可见光标志物定位，属于新一代的标志物方案。但现有的产品在实际使用上均存在一定问题，比如红外反光标志物存在体积大的问题，不适用于口腔手术等小空间场景；Claron 的可见光标志物方案更具潜力，但其标志物形式为角点标志物，空间编码效率较低，没有做到更小的体积，且传感器分辨率和帧率较低，影响跟踪精度和速度，同时标志物属于类平面标志物，抗遮挡能力相对较弱。

（2）主要技术进展及优势　光学跟踪定位仪按采集图像类型主要分为红外类型和可见光类型。两类设备的原理都是立体视觉技术，红外跟踪定位仪使用红外反光标志物作为检测点，而可见光跟踪定位仪使用角点、圆形等图案作为检测点。早期的跟踪定位仪是基于红外的，其图像处理算法的复杂度低，对计算平台的性能要求不高，因此得到了更广泛的使用。但前者的缺点是仅能提供红外图像，没有可用于更高层次处理的双目自然图像。随着计算机硬件、并行计算、人工智能等技术的快速发展，基于可见光图像的跟踪定位算法处理速度已经赶超了红外跟踪定位仪。基于图像识别定位的自然特征在诸如口腔种植、植发、神经外科等手术领域占有越来越重要的地位，而可见光跟踪定位仪提供的双目图像信息可供用户完成上述各类处理。两类光学跟踪定位仪的发展方向都是处理速度更快、定位精度更准、标志物体积更小更多样，但发展更为迅速、蓬勃的还是基于可见光原理的定位仪。伴随着计算机视觉技术、人工智能等技术的发展，可检测的标志物从最早的棋盘格角点到现在的平面二维码、曲面二维码，再到各类自然特征，越来越丰富；传感器分辨率也越来越高，更多的图像信息可以用来做识别和定位，因此可见光跟踪定位仪在未来的发展将会更加蓬勃，同时可见光技术和增强显示技术相融合，能进一步促进手术机器人临床功能的拓展。

（3）存在的问题　该行业长期被欧美企业所垄断，国产厂家鲜有机会涉足，主要原因是欧美企业发展时间早，通过二三十年的时间建立起了技术和市场的壁垒，而且医疗器械产品注册时间长、试错成本高，更不利于该行业的后来者。

另外，该领域高技术算法、软件人才的培养也是国内企业遇到的难题。当前，掌握算法、软件技术的人才更多地流向互联网、金融等行业，由于发展的不平衡，不同行业的同类工种待遇差别较大，制造业很难吸引到这类人才，造成人才短缺的局面。

三、单孔腔镜手术机器人及关键零部件技术发展趋势

（一）单孔腔镜手术机器人技术发展趋势

1. 行业发展现状

近年来，腔镜手术机器人产业呈现高速增长的态势，微创手术的普及与市场认可，以及手术机器人技术的发展是推动市场增长的主要动力。目前，主流的腔镜手术机器人为多孔腔镜手术机器人，在该类系统中，多支手术器械和一支内窥镜可通过多个创口送入病人体腔内，同时多支体外机械臂在远心不动点的约束下协同控制手术器械和内窥镜。为了进一步减少病人体表切口，降低病人术后恢复时间，单孔腔镜手术机器人这一代表了腔镜手术未来的新型机器人，逐渐成为世界范围内科研机构研究的重点以及市场

竞争的焦点。

在机器人辅助单孔腔镜手术中，视觉模块（内窥镜）和所有手术器械经一个皮肤切口进入体内。相较于多孔腔镜手术机器人，机器人辅助单孔系统极大减少了对病人造成的创伤。但与此同时，器械的布置更加紧凑，因此手术器械要满足充足的工作空间，灵巧度和负载需求所需的技术难度也更高。在多孔手术机器人中广泛采用的直杆型腕状手术器械结合远心运动机构的技术路线难以在单孔机器人手术中应用。目前，多数单孔腔镜手术机器人仍处于样机开发阶段，世界范围内开展多科室临床应用的手术机器人仅有 Intuitive Surgical 的达芬奇 SP 系统及北京术锐（北京术锐技术有限公司）的内窥镜手术系统，如图 2-179 所示。

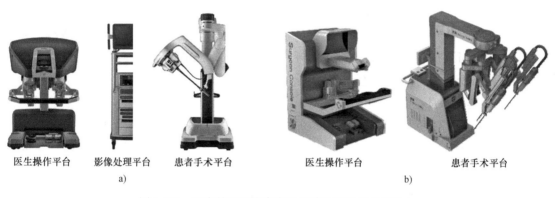

医生操作平台　　影像处理平台　　患者手术平台　　　　　医生操作平台　　　　　　　　患者手术平台

a)　　　　　　　　　　　　　　　　　　　　　　　b)

图 2-179　现有的开展临床应用的单孔腔镜手术机器人

a）达芬奇 SP 系统　b）北京术锐内窥镜手术系统

单孔腔镜手术机器人继承了多孔腔镜手术机器人的核心优点：配备 3D 高清成像系统、浸入式主控操作台及灵巧的微创手术器械等，大大改善了外科医生操作的功效和精度，提升了手术的效率，拥有传统腔镜手术不可比拟的优越性。首先，在机器人辅助单孔腔镜微创手术中，主刀医生可通过主控端力位交互装置远程操作手术器械和内窥镜，在双目立体视觉的引导下实现直观的手术操作，解决了传统微创手术中手眼不协调的问题。其次，机器人系统中的手术器械相比传统手术器械具有更多自由度、运动更加灵活等特点；相比于操作手动器械，医生操作具有对主从运动进行比例映射功能的单孔腔镜手术机器人可以实现更高的操作精度。再者，单孔腔镜手术机器人主控端具有良好的人体工程学设计，能有效减轻医生因长时间操作产生的疲劳；单孔腔镜手术机器人系统通过处理采集到的医生手部运动信号，可主动滤除手部抖动，使其相比传统微创器械操作稳定性更好。

2. 单孔腔镜手术机器人的工作原理及系统结构

（1）系统结构　如图 2-179 所示，一台单孔腔镜手术机器人系统一般由位于主控端的医生操作平台、位于从动端的患者手术平台和影像处理平台三部分构成，其中医生操作平台主要集成了视觉显示模块、力反馈主控制器、触摸屏、脚踏板等，患者手术平台一般包括定位机械臂、手术器械、内窥镜等。在手术过程中，医生就座于医生操作平台前，通过主控制器遥控操作患者手术平台的手术器械或内窥镜。影像处理平台用于集成或放置视频图像处理单元、光源、高频能量设备以及其他医疗辅助设备。

（2）工作原理　一些单孔腔镜手术机器人采用和多孔相似的"体外机械臂+灵巧腕手术器械"的配置。例如，用于达芬奇多孔系统 Si/Xi 的 Single-Site 套件，可通过一个多腔道的入腹鞘套使视觉模块和所有手术器械交错经过同一个入腹点以实现单孔的手术范式，手术器械通过体外机械臂绕入腹点的远心运动与其末端的腕状关节实现手术动作。类似的例子还有三星先进科技研究院的单孔系统和韩国科学技术院的 Apollon 单孔系统等。由于这种配置手术器械交错布置，器械的运动范围有限，在鞘套中移动有持续碰撞的问题。

目前，主要的单孔的系统采用"体外静止定位+可展开操作臂"的配置。在这种配置下，视觉模块和手术器械平行，可互不干涉地通过单孔鞘套进入体内。手术器械为全维机械臂，可以在通过鞘套后在体内展开并实现空间 6 自由度运动，而在病人体外则只需要采用一个静止的机械臂进行定位。

3. 重要指标及范围

对于单孔腔镜手术机器人系统来说，核心指标是所需的入腹直径，以及在有限直径约束下的手术器械的负载能力。创口直径越小，对病人的创伤越小，但机械系统的集成难度就越高。此外，直径过小的手术器械往往在负载能力上会受限。一般来说，多支手术器械和内窥镜的整体尺寸需要满足通用的医用鞘管，且单只手术器械至少要在 200g 负载下仍具有良好的定位精度。

4. 单孔腔镜手术机器人的分类

单孔腔镜手术机器人一般可按照器械入腹方式分为 X 布局和 Y 布局，如图 2-180 所示。在 X 布局中，多支手术器械经一个入腹点交叉深入病人体腔内，通过体外机械臂的摆动，实现手术器械末端的灵巧运动。然而在此方案中，机械臂和手术器械有较高的碰撞风险。在 Y 布局中，多支手术器械平行地通过鞘管伸入体腔后展开，这对手术器械的设计紧凑性有较高的要求，同时侧向伸展也会使得手术器械末端的受力通过较长的力臂作用在驱动端，降低了工具的负载能力。

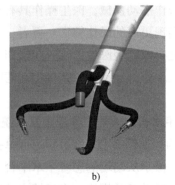

a)　　　　　　　　　　　　b)

图 2-180　单孔腔镜手术器械的 X 布局和 Y 布局

a）单孔腔镜手术器械的 X 布局　b）单孔腔镜手术器械的 Y 布局

5. 单孔腔镜手术机器人主要技术路线及趋势

单孔腔镜手术机器人的技术路线一般按照手术器械的驱动类型进行分类（见图2-181，有钢丝驱动型、电机内置型、连杆驱动型和连续体机构型。

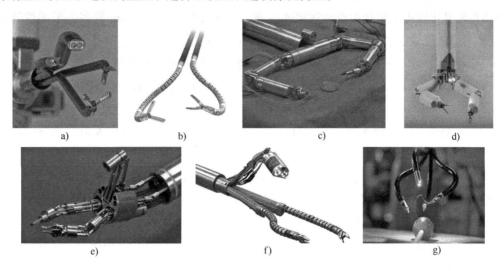

图 2-181　现存的单孔腔镜手术机器人系统的主要技术路线

a）达芬奇 SP 系统　b）Enos 系统　c）SPRINT 系统　d）RASD 系统　e）早稻田大学的 SPS 系统

f）哥伦比亚大学的 IREP 系统　g）北京术锐的内窥镜手术系统

注：a）、b）为钢丝驱动型，c）、d）为电机内置型，e）为连杆驱动型，f）、g）为连续体机构型。

钢丝驱动型，代表性系统有 Intuitive Surgical 公司的达芬奇 SP 系统和 Titan Medical 公司的 Enos 系统。此外，国内精锋医疗（深圳市精锋医疗科技股份公司）的单孔手术机器人以及哈尔滨工业大学杜志江教授所带领的团队完成的单孔手术系统也采取钢丝驱动方案。

电机内置型，即将其伺服电机内置于手术执行臂中，可实现手术执行臂的模块化布置。这样的系统主要包括意大利 Ekymed SpA 公司的 SPRINT 系统、美国 Virtual Incision 公司的 RASD 系统和以色列 ValueBioTech 公司的 MILANO 系统。

连杆驱动型，主要包括日本早稻田大学的 SPS 单孔机器人系统和韩国 DGIST 的单孔手术执行臂（无视觉模块）。

连续体机构型，主要包括美国哥伦比亚大学的 IREP 单孔手术机器人系统和上海交通大学的 SURS 单孔手术机器人系统，以及由 SURS 系统转化的北京术锐内窥镜手术系统。

6. 单孔腔镜手术机器人行业发展现状

随着新兴技术的发展以及临床范式的探索，未来单孔腔镜手术机器人在应用扩展上仍有很大的潜能。接下来将结合全球主要单孔腔镜手术机器人公司对产业现状进行介绍。

2007 年初，世界首套单孔腔镜手术机器人 IREP 系统在美国哥伦比亚大学立项，由单孔腔镜手术专家 Dennis Fowler 教授竭力倡导，由美国国家卫生署提供两百余万美元资助。该 IREP 单孔手术机器人系统在 2009 年完成基本功能展示，同年申请专利。在专利尚未授权的情况下，加拿大创业板上市公司 Titan Medical 经评估后向哥伦比亚大学申请了专利授权后的独家许可，并开始研发 SPORT 单孔机器人系统。如图 2-182a 所示，SPORT 采用开放式主控台和单臂病患侧台车，手术器械由两支 8mm 的多关节柔性臂及一个柔性 3D 摄像头模组组成，可以通过 25mm 的皮肤切口实施单孔手术。2019 年，Titan Medical 公开了一些 SPORT 系统基于动物和人类尸体的实验进展，但 SPORT 系统的产品开发始终落后于预期，过去几年一直在完成 FDA 申请前的可用性验证。2019 年 8 月，Titan Medical 推迟了 SPORT 的 FDA 申请计划，继续改善系统。SPORT 系统后更名为 Enos 系统；由于缺乏资金，2022 年公司称由于在供应链、软件人员、部分一次性消杀零部件等方面的问题，Enos 的上市推迟至 2025 年。

美国 Intuitive Surgical 公司也启动了达芬奇 SP 单孔系统的开发并于 2014 年完成，已获得单孔泌尿手术（2014 年）和经口腔耳鼻喉手术（2019 年）的 FDA 批准。目前，达芬奇 SP 系统主要用于泌尿外科手术，由于其钢丝驱动的手术器械负载能力较弱，覆盖的术式较少，无法完全替代达芬奇多孔系统 Si/Xi；而且，达芬奇 SP 系统与其正在销售的达芬奇 Si/Xi 系统不完全兼容，医院需同时购买多孔和单孔两套产品，使用户负担大。2015 年，Intuitive Surgical 公司推出可以兼容其多孔腹腔镜机器人达芬奇 Si/Xi 系统的 Single Sites（SS）组件。如图 2-182b、c 所示，SS 组件实质上就是根据单孔的术式特点新设计的纯机械手术器械，可安装在现有的达芬奇 Si/Xi 系统上，为用户节省了购置主机的开支，但由于是兼容性改型，运动灵活性和负载能力均不足，只能完成简单的手术。

美国 TransEnterix 公司推出了 Surgibot 单孔辅助操作系统，如图 2-182d 所示。该系统基于较早的 Spider 系统，采用柔性手术器械通过管状鞘套进入体内施展单孔手术。TransEnterix 于 2015 年递交了该系统的 FDA 批准申请，但在 2016 年 4 月，FDA 发现该系统不能等同于等价的合法上市器械，拒绝了该系统的 510（k）批准函申请。2017 年 12 月，TransEnterix 以 2900 万美元将 Surgibot 的知识产权和资产卖给了英属维尔京群岛的投资公司 GBIL，后者计划在我国通过国药集团的子公司商业化 Surgibot。

北京术锐于世界范围内率先提出单多孔通用型手术机器人，即一套系统同时兼容单孔和多孔手术。该公司创始人上海交通大学徐凯教授，毕业于美国哥伦比亚大学，是世界首套单孔腔镜手术机器人 IREP 系统的几位主要研发人之一。北京术锐基于徐凯教授归国后提出的"对偶连续体机构"这一创新设计，克服了连续体机构原有技术的低可靠性和性能障碍，有效解决了 Titan Medical 公司的手术机器人负载能力不足的问题，其设计定型的最新一代单多孔通用型腔镜手术机器人系统的单孔布局如图 2-182e 所示。系统共含 68 个高精度伺服电机，用于术前全自动摆位、术中操作和主从控制，创造性地设计了面向全状态安全监控的双环路独立控制硬件拓扑，全链路主从操作延时小于 50ms，每秒可实现 1000 次的亚毫米级手术精准控制。其最大特点主要集中在以下两方面：

1）手术操作灵活性更强。北京术锐机器人采用了具有自主知识产权的连续体蛇形手术执行臂，每只机械臂拥有 7 个自由度；同时，机械臂末端还增添了手腕结构，使其手术操作灵活性更强。

2）模块化搭载系统。相较于达芬奇手术机器人实施多孔、单孔腔镜手术的机器人系统互不相通需要分别购买的情况，北京术锐机器人凭借连续体机构的结构适应性，只需要一套系统就可开展单孔腔镜、多孔腔镜、内窥镜治疗等多种术式，能实现跨科室多适应证的治疗，提供了更广泛的临床应用。

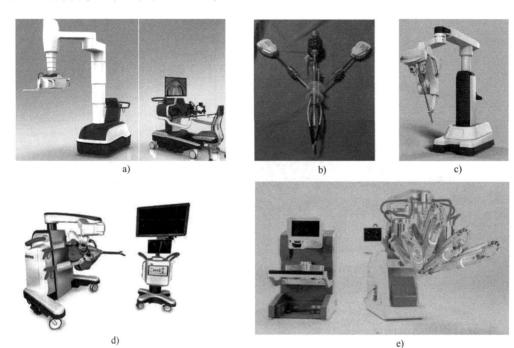

图 2-182　全球主要单孔腔镜手术机器人公司产品

a）加拿大 Titan Medical 公司的 Enos（SPORT）单孔腔镜手术机器人

b）达芬奇 Single-Site 组件（可应用于达芬奇 Si/Xi 系统实现单孔术式）

c）达芬奇 SP 单孔手术机器人　d）美国 TransEnterix 公司的 Surgibot 单孔辅助操作系统

e）北京术锐单孔手术机器人

7. 单孔腔镜手术机器人临床应用现状

目前，在国内外单孔腔镜手术机器人公司中，只有美国 Intuitive Surgical 公司和北京术锐的单孔手术机器人获得了临床应用批准。

北京术锐起步稍晚，但其运用完全自主的原创设计和理论体系，突破了系统研发的全链条关键技术。2021 年 3 月 9 日，徐凯教授团队自主研发的基于高刚度可形变蛇形连续体手术器械的术锐单孔腔镜手术机器人系统（见图 2-183），在嘉兴市第一医院完成我国首例纯单孔下执行的前列腺癌根治术。只需要在病人肚脐处开一个 2.5cm 直径的小口，这台机器人便能置入一支 3D 高清电子内窥镜和三支弯转自如、运动灵活的蛇形手术器械来完成手术，手术创伤小、恢复快，术后不留明显疤痕。该次手术依据机器人提供的 3D 高清视野对肿瘤边界进行精准判断，利用具有全维运动能力的高刚性连续体蛇形手术器械，精巧地完成手术操作，对肿瘤进行了包膜外完整切除，并高效完成了解剖结构重建和创面缝合，术中出血少，手术时间短，病灶切除完整，手术取得了圆满成功。2023 年 6 月，北京术锐单孔腔镜手术机器人获得国家药品监督管理局的上市批准，用于泌尿外科手术，成为国内首个内窥镜单孔手术系统，也是目前全球除达芬奇 SP 以外唯一获批商业化的单孔腔镜手术机器人。

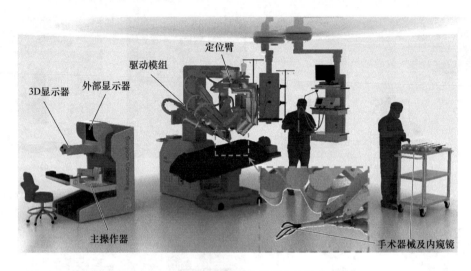

图 2-183　北京术锐单孔腔镜手术机器人系统

8. 存在的问题及建议

单孔腔镜手术机器人系统集成难度极高，研究涉及医学、机械、机器人学、光学、计算机、自动控制等多个学科的基本理论与关键技术，体现了学科的交叉性与技术的创新性，是医工结合研究成果的典型代表。单孔腔镜手术机器人系统是难度最高的手术机器人系统，当前设计的核心在于平衡尺寸与负载能力。在未来，预计可以融入人工智能技术开展手术大数据分析与自动化；结合 5G 技术开展相关远程实时操作，进而打破地域限制、实现医疗资源共享；探索医生基于增强现实和多模态成像的手术场景浸入式感知等。此外，单孔腔镜手术机器人在产业化方面还需进一步缩减成本、减少在手术室中的占有空间，并在此基础上提高操作者的人类功效性，赋予力反馈性能及手术室交互能力等。

除了技术方面，目前发展瓶颈也体现在高精产业人才紧缺、产业配套相对薄弱等方面。因此，结合我国的实际国情，鼓励相关团队加快单孔腔镜手术机器人的国产化步伐，培育更多高精尖产业人才和团队，对加速单孔腔镜手术机器人技术的产业转化、提升我国整体治疗水平、促进我国高端医疗装备发展具有重要意义。

（二）单孔腔镜手术机器人零部件技术发展趋势

单孔腔镜手术机器人关键零部件主要包括腔内灵巧手术器械、高清视觉模块、主控端力位交互设备三大部分，具体探讨如下。

1. 关键零部件类别

（1）腔内灵巧手术器械　腔内灵巧手术器械是单孔腔镜手术机器人最为关键的核心零部件，也是国内外研发的热点。手术器械的核心指标是外径尺寸及末端负载能力，然而同时兼顾小尺寸和高负载将对研发带来更高难度。目前，成功实现临床应用的公司有美国 Intuitive Surgical 公司和北京术锐。此外，诸如美国约翰斯·霍普金斯大学、美国范德堡大学、英国帝国理工大学、日本早稻田大学，以及国内的上海交通大学、天津大学、中国科学院沈阳自动化研究所、香港理工大学、哈尔滨工业大学等科研机构均有相关研究工作开展。

（2）高清视觉模块　视觉模块主要负责提供手术视野，目前主要有高清双目内窥镜和近红外荧光成像技术等途径。在高清双目内窥镜方面，较为成熟的产品有日本奥林巴斯株式会社的柔性双目内窥镜和德国 B. Braun Melsungen、Schoelly 公司的双目内镜模组等，荧光成像技术也于 2014 年整合进入达芬奇系统中。目前国内的手术机器人荧光成像产品仍处于迎头追赶阶段。

（3）主控端力位交互设备　力位交互设备集成在主控端操作平台上，可以采集医生手部的位姿信息并下发给从动端手术机器人，同时会向医生输出一定的力与力矩，使其拥有更真实的操作感觉，是单孔腔镜手术机器人的主要人机交互设备。早期的手术机器人力位交互设备多采用来自 Force Dimension、3D Systems 等公司的产品；为了进一步降低成本、提升系统的适配程度，目前大多数手术机器人公司都采用独立自主研发的力位交互设备。

2. 关键零部件主要技术进展及优势

（1）腔内灵巧手术器械　腔内灵巧手术器械驱动类型有钢丝驱动型、电机内置型、连杆驱动型和连续体机构型。

1）钢丝驱动型。在单孔系统中，钢丝传动转向部如果用滑轮，滑轮尺寸会制约手术器械的最小尺寸；如尝试让钢丝绳直接沿着机械结构摩擦，这一改动将大大缩短手术器械的使用寿命。此外，由于单关节由单根钢丝绳拉动，一定张紧力下关节上能产生的力矩也较小，因此手术执行臂负载能力较低。

2）电机内置型。为实现额定负载，电机直径通常在 10mm 以上，加上减速传动机构，会造成手术执行臂粗大，系统所需皮肤切口大、小型化困难。由于电机内置进入体腔，手术臂的封装和消毒格外困难，现存各系统所需腔镜尺寸均在 30mm 以上。

3）连杆驱动型。使用刚性连杆机构构成手术执行臂，力学性能较好，但由于空间连杆机构设计的固有难度（包括传动和避免干涉等），一般手术器械臂体运动的灵活性欠缺，且关节的封装和消毒也比较困难。连杆受销接关节尺寸的限制，进一步小型化困难，所需的切口直径也难以缩小。

4）连续体机构型。通过结构内所有超弹性镍钛合金结构骨的协同推拉、整体变形实现手术执行臂的驱动和运动，设计紧凑。上海交通大学徐凯教授在美国期间曾是 IREP 单孔手术机器人的核心研发人员，徐凯教授归国后进一步提出了新颖的对偶连续体机构，在不影响连续体机构形变弯转的运动灵活性条件下，大幅提高了连续体机构的负载能力和结构可靠性，并于 2014 年研发完成了一款 SURS 单孔腔镜手术机器人。该机器人系统远端可裹叠为一圆柱形，通过一直径为 12mm 的皮肤切口进入腹腔到达术部，集成了照明的立体视觉模块和两支手术器械依次展开、实施手术。系统在遥控操作下实现了双臂协同，完成了微小物体操作、剥葡萄皮、缝线打结和组织切割等仿真手术试验。SURS 模块化腔镜手术机器人所需的皮肤切口为当时世界最小（直径 12mm），系统整体性能居国际前列，如图 2-184 所示。

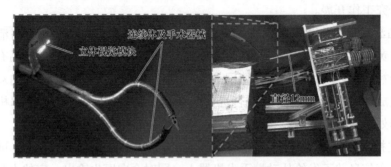

图 2-184　上海交通大学 SURS 单孔腔镜手术机器人

（2）高清视觉模块　在单孔腔镜手术中，内窥镜一般具备运动关节以提供充足的体腔内视野三角化，因此传统的光学镜头难以集成。目前的高清双目内窥镜前端多采用电子模组，通过电信号传输至后端进行图像处理和三维视野输出。

近红外荧光成像则是通过近红外光照射，根据组织的吸收和散射特性而特制的显影剂，进而获得特定手术部位与周围组织的对比视图来改善手术视野。近红外荧光成像已被应用于肾部分切除术、胆囊切除术、胸腺切除术、淋巴结切除术和肠吻合术等。另外，近红外荧光成像也用于定位标记，例如在近红外荧光成像标记的指导下对软组织进行有监督的自主缝合。

（3）主控端力位交互设备　根据感知的位姿和输出力或力矩的维度不同，力位交互设备可以分为以下几类：第一类为 3 输入 3 输出型，即可以感知医生手部操作的三维位置信息，并可以渲染 3 自由度力反馈，如 delta. 3 和 omega. 3（Force Dimension）等；第二类为 6 输入 3 输出型，即在 3 输入 3 输出型基础上，额外感知医生手部的三维姿态信息，如 Touch 和 Touch X（3D Systems）、omega. 6（Force Dimension）等；第三类为 6 输入 n 输出型，即可以感知医生手部全维位姿信息并输出多自由度力反馈，如 delta. 7 和 sigma. 7（Force Dimension），以及 Phantom Premium（3D Systems）等。

目前，各手术机器人均采用自主研发的力位交互设备，为满足单孔手术器械的全维腔内运动控制需求，这些力位交互设备一般为 6 输入 3 输出或 6 输入 n 输出的类型。从结构上来看，大部分手术机器人的力位交互设备均采用串联机械臂的结构，如达芬奇 SP 系统，（见图 2-185a）和北京术锐单孔腔镜手术机器人系统，这样的结构一般具有工作空间大、结构紧凑、位置和姿态解耦等特点；一些力位交互设备采用并联机械臂的结构，如 Titan Medical 的 SPORT（Enos）系统（见图 2-185b），这类力位交互设备具有精度高、输出力或力矩大的特点；还有一些力位交互设备采用无机械连接结构的手柄，例如 Vicarious Surgical 公司的单孔手术机器人（见图 2-185c），但这类设备无法提供力反馈输出。

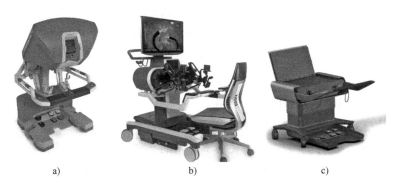

图 2-185　主控端力位交互设备

a）Intutive Surgical 公司的达芬奇 SP 系统　b）Titan Medical 公司的 Enos 系统

c）Vicarious Surgical 公司的单孔手术机器人

3. 技术发展趋势

（1）腔内灵巧手术器械　在前述 4 种驱动方案中，以电机内置型和连杆驱动型为原理的手术器械体积较大，往往不利于微创手术的实施。目前主流方案是钢丝驱动型，但是钢丝绳的绷紧设计、负载能力、磨损等情况也是制约因素。此外，基于对偶连续体机构的连续体机构型能较好地平衡负载和尺寸问题，且避开了美国 Intuitive Surgical 公司专利的壁垒，为原创手术机器人提供了产业化的理论基础。

（2）高清视觉模块　高清双目内窥镜的发展需兼顾高清信号的采集、后端图形图像处理算法及其计算效率。为了还原更加真实、细节更加丰富的术中场景，4K 立体成像技术已经在一些多孔腔镜手术机器人以及内窥镜摄像系统中应用；超清成像也是单孔手术机器人的重要发展方向。在图像处理中融合眼球追踪、组织三维重建或手术器械与器官的识别与分割算法，以提供更多样化的感知和交互方式，也是当前视觉模块的一大发展趋势。此外，第二代荧光显影技术需要利用长波段的红外光作为照明光源，借助其更强的穿透力，检测皮下更深层次的组织。对应于长波段的红外光，也应该着重研发其合适的显影剂。

（3）主控端力位交互设备　除了基于自身手术机器人系统研发适配的力位交互设备，力位交互设备正在朝着更全面的位姿感知和力渲染方向发展。例如，在力位交互设备中融入虚拟夹具（Virtual fixture）算法，可以为操作者提供包括关节极限、机械干涉等反馈信息，并提升操作的沉浸感；增加虚拟现实。双边或多边力位控制的遥操作模式也是未来的发展方向，它能够实现主从力位控制，克服机器人微创手术力反馈缺失的缺陷，但目前主要技术瓶颈仍在从端器械的传感功能集成上。此外，围绕力交互设备开发的手术模拟器、双主控功能、远距离通信遥操作等，以及相关的手术培训和教学应用场景也成为当前的重要发展趋势。

4. 存在的问题及建议

（1）腔内灵巧手术器械 目前国内外在单孔灵巧手术器械设计上的发展程度基本一致，大多处于研发阶段，且较多孔手术机器人的专利壁垒略低。因此，大力开展单孔手术器械的研发是国内在手术机器人领域实现弯道超车的较好机会。单孔腔内灵巧手术器械关节多、零部件小而精密，手术器械制造装配工艺的一致性是保证器械精度关键因素，因此提升我国医疗器械制造水平、发展精密制造业产业链、持续培养和积累自主创新技术是未来手术机器人发展的长远道路。

（2）高清视觉模块 虽然国内在双目内窥镜方面逐渐增大投入，但是核心电子元件和技术均受制于国外，亟需加快相关科学技术的突破速度，使镜头模组性能达到国际主要产品水平。此外，还需进一步提升手术气液在复杂环境下的三维成像和图像处理算法，增强内窥镜对不同手术场景的适用性。

除荧光显影技术外，需要开展多光谱成像和单、多光子成像技术，借助不同波长获取组织的多层次图像，借助组织特异性光学特性，增强手术视野。

（3）主控端力位交互设备 商业化的产品一般较为昂贵，因此目前国内已经有较多机构在自行研制，并已具有较高的技术成熟度。下一阶段应进一步提升位姿输入输出精准度，并提升设备力位交互的流畅体验，同时尝试融入触觉反馈，增强遥操作的透明感。

四、骨科手术机器人及关键零部件技术发展趋势

（一）骨科手术机器人技术发展现状

1. 行业发展现状

伴随着计算机技术、机器人技术、外科手术技术的迅猛发展，骨科手术机器人开始在临床医疗实践中扮演越来越重要的角色。目前，根据临床术式，骨科手术机器人主要分为关节置换与脊柱定位两大类。

（1）关节置换类 关节置换手术机器人以其较高的手术精确性和安全性，较好地解决了传统关节置换手术中力线不良、假体不匹配等问题。关节置换手术机器人按使用方法不同可分为三类：主动型机器人、半主动型机器人和被动型机器人。主动型机器人指手术机器人按术前规划自主完成手术操作，医生不参与其中，以美国 THINK Surgical 公司的 TSolution One 系统为代表；半主动型机器人是指机器人通过视、听、触觉等反馈来防止医生过度操作，限制医生在机器人所约束的范围内进行手术操作，以美国 Stryker 公司的 Mako 系统为代表；被动型机器人则是手术机器人本身不参与手术操作，仅提供定位、导向、导航等操作，医生在其辅助下完成手术，以美国 Zimmer 公司最近推出的 Rosa Knee 为代表。国内关节置换手术机器人的研究起步较晚，但近年来发展十分迅速。目前已经有和华瑞博（北京和华瑞博医疗科技有限公司）、天智航（北京天智航医疗科技股份有限公司）、杭州键嘉（杭州键嘉机器人有限公司）、骨圣元化〔骨圣元化机器

人（深圳）有限公司]、苏州微创（苏州微创畅行机器人有限公司）等多个企业的产品取得NMPA医疗器械产品注册证。骨内关节置换机器人产品以半主动型和被动型机器人为主，构型上普遍采用多轴串联机械臂+光学导航装置的模式。由于产品设计上绑定特定品牌关节假体，以及品牌接受度、产品配套等方面的不足，当前国产关节置换机器人的临床应用推广规模较小、发展速度较慢。

（2）脊柱定位类　脊柱外科作为骨科的一个分支，是一门高风险的学科。它所涉及的外科手术主要有颈椎前路减压固定术、腰椎损伤椎弓根钉固定术、脊柱侧凸前路双棒矫形术、腰椎椎板减压术等。脊柱外科手术的一个主要挑战是实现术中精准定位和导航，避免对脊髓、神经等重要部位造成损伤。

近年来，脊柱机器人以其精准、稳定、微创、术后康复周期短等优点受到广泛关注，衍生出来的机器人产品主要有螺钉置入类、椎板切除类、穿刺介入类等。截至目前，获得FDA、CE、NMPA认证的脊柱机器人，全部为导航定位操作类机器人，有临床实际应用的分别是以色列Mazor Robotics公司的Renaissance、Mazor X，法国Medtech公司的Rosa Spine，美国Globus Medical公司的ExelsiusGPS和我国天智航公司的天玑。

2003年，Mazor公司推出Spine Assist的雏形MARS，经过改进后，Spine Assist的可靠性与安全性已经过多项研究证实。2011年，Mazor增强了Spine Assist系统的整体性能，推出了小型6自由度并联机构Renaissance系统，Renaissance是Spine Assist的升级版，主要用于脊柱外科手术中椎弓根螺钉置入手术和经椎板关节突螺钉固定手术。Renaissance于2014年8月取得NMPA的注册证，进入我国；截至2015年6月，全球装机量已经超过80台，总手术量超过10000例，置入超过4.5万枚置入物，临床研究报道椎弓根螺钉置入准确率达98.5%，显著优于传统手术效果，置入每个螺钉的X射线暴露平均时间仅为1.3s，但存在操作较复杂、缺少实时影像监控等缺陷。2016年10月，Mazor在波士顿北美脊柱学会年度会议上发布了Mazor X，Mazor X采用了全新的设计，机器人部分采用串联机械臂，单边固定于手术整体系统的人机工程更方便医生操作。2018年，Medtronic公司收购Mazor后，结合自身的stealth station导航系统，在2018年11月推出了Mazor X Stealth Edition，于2019年正式销售，该版本主要在Mazor X的基础上添加了术中手术器械的红外导航功能。

2014年，Medtech公司推出了Rosa Spine产品，2014年7月通过CE认证，2014年年底通过FDA认证，Rosa Spine由三部分构成，分别为手术机器人、导航系统、工作站，该机器人系统使用了一个6自由度的机械臂，机械臂末端安装有力反馈系统，能够识别术中力学信号的异常，用于实现术前摆位和状态监控，提高手术的安全性。该机器人术中导航基于3D O-arm实时引导，通过双目摄像机探测机器人末端和患者脊柱上的红外靶点，实现术中实时呼吸追踪和补偿。工作站是系统的核心部分，可实现手术规划、计算、导航、机器人运动控制及轨迹跟踪，尤其是对整个手术过程的实时状态监控。初期临床研究结果显示，其38枚螺钉置入准确率为97.4%。

ExcelsiusGPS手术机器人基于2013年美国圣约瑟夫医院研发的Excelsius系统，由

Globus Medica 在 2016 年 10 月的北美脊柱学会会议上推出，2017 年 1 月获得 CE 认证，2017 年 8 月获 FDA 认证。

北京天智航基于北京积水潭医院和北京航空航天大学的 2-PPTC 结构的骨科双平面定位技术，研制出国内首个骨科手术机器人，2010 年首次取得 NMPA Ⅲ类器械注册证，2012 年推出第二代骨科机器人并取得国家医疗器械注册证，2015 年研制出第三代骨科机器人"天玑"，并于 2016 年取得国家医疗器械注册证。该机器人是通用性骨科手术机器人，可用于脊柱全长、骨盆骨折、四肢骨折等多种手术，其系统由手术计划和控制软件、机器人、光学跟踪系统组成。手术计划和控制软件具有自动识别 3D 图像中的体表特征标记点功能，并可通过标记点配准原理实现患者空间、机器人空间、图像空间的坐标映射。该机器人具有一个 6 自由度串联机械臂，臂长超过 800mm，在术中可实现定位标尺支承、手术路径定位、导针把持等功能，还具有主动定位和人机协同运动功能，可以结合医生拖动的粗定位和机器人主动定位的精准定位，实现安全准确的手术定位。该机器人术中图像失真率为 1.49%，定位精度为 0.8mm。

脊柱定位类手术机器人技术经过 30 余年的发展，成果显著，定位精度已达到 1mm 左右，成功应用于脊柱椎弓根螺钉置入等脊柱手术，可明显减少术中透视辐射剂量，提高内植物置入精准度。但椎板切除类机器人系统尚在研究阶段，尚无临床应用的报道；文献报道，北京大学第三医院骨科开展了机器人自主椎板切除手术的尸体试验，取得成功。目前已应用于临床的机器人，大多结构庞大，用途较为单一，同时有着价格昂贵、维护困难、配套设备烦琐等问题，限制了其在临床上的推广应用。

2. 主要技术进展及优势

就截至 2021 年 7 月全球范围内获 FDA 认证的共计 5 款骨科关节机器人、4 款脊柱机器人，其系统功能与性能参数的总结描述如下。

（1）关节置换类

1）Navio PFS 系统。Navio PFS（Precision Freehand Sculptor）系统是原美国 Blue Belt 公司研发的致力于膝关节置换手术的机器人（见图 2-186），2016 年被美国 Smith & Nephew 公司以 2.75 亿美元收购，2018 年全球市场份额占到 1.26 亿美元。Navio 覆盖术式包括全膝关节置换（Total Knee Arthroplasty，TKA）及部分膝关节置换（Partial Knee Arthroplasty，PKA），是集手术规划、手术导航与术中可视化技术于一体的手术机器人系统。

2）Mako® RIO 系统。Mako® RIO

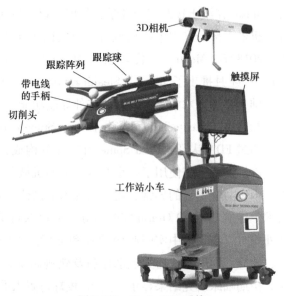

图 2-186　Navio PFS 系统

系统是原美国 Mako Surgical 公司研发的致力于骨科关节置换手术的机器人（见图 2-187），2013 年 12 月被美国 Stryker 公司以 16.5 亿美元收购，2018 年全球市场份额占到 3.5 亿美元。Mako® RIO 覆盖术式包括全髋关节置换（Total Hip Arthroplasty，THA）、TKA 与 PKA，是目前取得 FDA 认证的唯一一款覆盖关节置换手术三大术式的机器人系统。

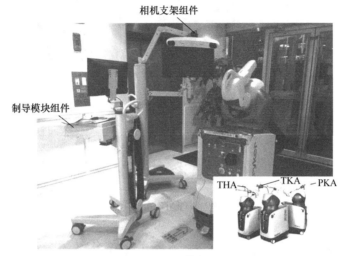

图 2-187 Mako® RIO 系统

3）TSolution® One 系统。早期产品是原美国 Curexo Technology 公司研发的致力于骨科关节置换手术的机器人 ROBODOC®，2014 年公司更名为 TSolution® One，同年 ROBODOC® 系统升级更名为 TSolution® One（见图 2-188），2018 年全球市场份额占到 0.66 亿美元。TSolution® One 覆盖术式包括 THA 与 TKA，是目前唯一一款取得 FDA 认证的主动式关节置换手术机器人系统，主要包括两部分：术前规划工作站 TPLAN 以及用于术中髋关节、膝关节置换手术的精确腔体和表面准备的计算机辅助工具 TCAT。

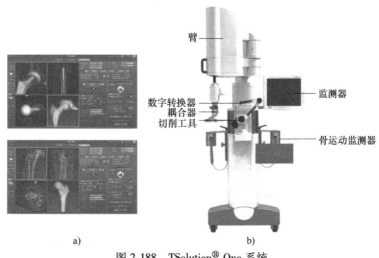

图 2-188 TSolution® One 系统
a）TPLAN 界面 b）TCAT

4）OMNIBotics®系统。OMNIBotics®系统是原美国 OMNIlife science 公司研发的致力于膝关节置换手术的机器人，2019 年 3 月被英国 Corin Group 公司收购，2018 年全球市场份额占到 0.97 亿美元。OMNIBotics®（见图 2-189）应用术式为 TKA。

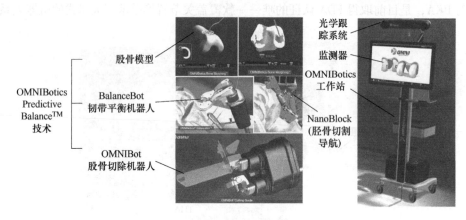

图 2-189　OMNIBotics®系统

5）Rosa® Knee 系统。Rosa® Knee 系统是原法国 Medtech 公司研发的致力于膝关节置换手术的机器人，2016 年被美国 Zimmer Biomet 公司以 1.32 亿美元收购，Rosa® Knee（见图 2-190）应用术式为 TKA。

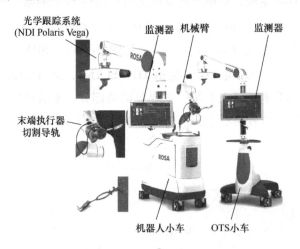

图 2-190　Rosa® Knee 系统

关节置换机器人性能参数对比见表 2-26。

表 2-26　关节置换机器人性能参数对比

机器人	关节置换				
参数	Navio PFS®	Mako® RIO	TSolution® One	OMNIBotics®	Rosa® Knee
公司、国家	Smith & Nephew，美国	Stryker，美国	Think Surgical，美国	Corin Group，英国	Zimmer Biomet，美国

（续）

机器人	关节置换				
适用术式	PKA+TKA	PKA+TKA+THA	THA+TKA	TKA	TKA
适用假体	自家假体	自家假体	开放式假体	自家假体	自家假体
基本组成	手持电钻（固定光学阵列）+导航推车	交互式机械臂+手术计划工作站推车+导航推车	术前规划工作站（TPLAN）、计算机辅助工具（TCAT）	OMNIBotics 工作站 + BalanceBot® + OMNIBot® + 导航推车	机械臂推车+导航推车+监测器推车
主要功能	1）无须 CT 影像 2）术中可规划 3）手持电钻 4）无机械臂	1）基于 CT 影像 2）6 轴自研机械臂+3 种适配末端和对应软件包=3 种术式	1）基于影像规划 2）主动式 3）非光学导航 4）5 轴机械臂+末端磨机	1）术中膝关节数字模型成形 2）不需 CT/MR 扫描 3）探针滑动取点 4）自动定位切除槽 5）韧带张力测量，软组织力学平衡评估	1）基于影像 2）术中软组织力学评估 3）2D、3D 配准 4）术中截骨验证，不需影像扫描
导航工具	NDI	NDI	非光学技术腿骨与机械臂相对固定，机器人基坐标系为世界坐标系	NDI	NDI Polaris Vega
注册方式	注册探针在股骨、胫骨表面滑动取点（点云面配准）	术前：机械臂-导航系统自动注册（光学追踪阵列） 术中：注册探针在股骨、胫骨、髋臼采解剖特征点（点配准）	第一次过 FDA：置 3 个标记骨钉（2 个位于上踝前侧，1 个位于大转子），点配准 第二次过 FDA：采用面配准注册，术中把腿固定在机器人股骨固定器上，使用数字转换器在股骨近端选取 14 个特征点，在股骨远端选取 3 个特征点；验证误差<1mm 通过	根据光学导航探针取点，3D 面模型成形，与软件中通用模型配准	两种可选： 1）基于 X 射线成像：X-Atlas，2D X-ray->3D 骨模型 2）点云注册
运动控制	1）被动保护（两种模式相互独立） 2）暴露控制模式：系统通过实时监控钻头尖端的位置来平滑调整钻头尖端的暴露量 3）速度控制模式：基于钻头尖端与目标平面的距离值来实时调整钻头的转速，距离值较小时钻头减速或停转	1）髋臼磨锉锥角约束运动 2）截骨平面约束运动 3）安装髋臼杯轴向位置约束 4）自由拖动	1）主动的运动模式：根据术前规划全自动磨骨 2）医生仅按运动使能按钮交互 3）骨运动监测系统（固定在骨上）监测到骨运动时，强行停止系统运动	OMNIBot 切割槽多角度自主定位	未调研到具体模式，从手术视频看： 1）截骨板平面的自主运动定位 2）自由拖动

（续）

机器人	关节置换				
临床精度	角度误差 RMS 1.42°~2.34° 位置误差 RMS 0.92~1.61mm	假体植入角度误差 RMS 3° 假体植入位置误差 RMS 2mm，前倾角外展角5° 髋臼旋转中心2mm	磨骨位置误差 1~2mm 磨骨角度误差 1°~2°	位置导航误差1mm 角度导航误差1°	未调研到
优势	1）无须CT扫描注册，减小辐射及费用 2）术中规划，开放平台 3）器械小巧灵活，机械臂辅助去骨	1）辅助假体尺寸选型和假体定位，术中所见即术后所得（术中预测下肢长度、TKA力线对准） 2）截骨过程中存在触觉反馈避免过切 3）覆盖THA、TKA、PKA三种关节置换术式，病人满意度高	1）全自动髋股骨柄和髋臼杯置换，磨骨精度高于传统手术，术中所见即术后所得 2）辅助假体尺寸选型 3）平台开放（开源库：US & EU），适配不同的假体厂商 4）术中股骨栓塞率降低明显，术后失血少	1）不基于影像，减少扫描辐射和费用 2）术中对假体的尺寸与定位在软件中可视 3）预演手术	1）参考主要功能点 2）两种可选注册方式
劣势	1）无触觉反馈 2）钻头尖端的安全性受限于它的灵敏性及旋转速度，如果速度过快容易出现过切事故 3）适用术式暂不支持髋关节	1）平台封闭 2）机械臂笨重 3）价格高昂（单台>1000万元人民币）	1）手术时间（注册、规划、磨骨时间显著长传统手术 2）磨骨过程产生大量热量 3）系统出现问题后安全恢复系列流程烦琐 4）术后不能进行活体运动学评估，也不提供最终的假体植入位置信息	1）无触觉反馈 2）仅限于TKA术式 3）平台封闭 4）胫骨切割导航是根据软件屏幕提示手动安装固定，非自动	仅支持TKA

（2）脊柱定位类

1）Mazor X系统（见图2-191）。Mazor脊柱机器人始于Moshe Shoham教授和Eli Zehavi先生于2000年9月12日在以色列注册成立的以色列理工学院机械工程学院机器

图2-191 Mazor X系统

人实验室。2017 年 8 月，Medtronic 扩大与 Mazor Robotics 的合作伙伴关系，成为 Mazor X 系统的全球独家经销商。2018 年 9 月，Medtronic 以 16.4 亿美元收购了 Mazor。

2）天智航天玑系统（见图 2-192）。2005 年成立的北京天智航技术有限公司，于 2010 年改制为北京天智航医疗科技股份有限公司，2015 年 11 月 9 日在新三板挂牌，2019 年 10 月与 Johnson & Johnson 签署商业合作营销和分销、共同合作研发协议，2020 年 7 月科创板上市，成为国内第一家在科创板公开发行股票的手术机器人公司。天智航公司的成功上市，迎来了手术机器人行业投资热潮，对国内手术机器人行业的发展具有里程碑意义。2020 年 9 月，Johnson & Johnson、天智航与上海仁济医院签署战略合作协议，建立机器人辅助脊柱手术的临床技术应用中心。同类临床技术应用中心已在广东、山东等地建立近 10 家。2021 年 2 月，天智航升级产品天玑 II 机器人获得 NMPA 批准。该产品在天玑机器人基础上，采用主动式光学跟踪工具实现更紧凑的结构和更高导航精度，图像注册方式更加多样化，采用了语音、触摸屏、灯带等更加自然的人机交互方式，提升了系统的精确性和易用性。

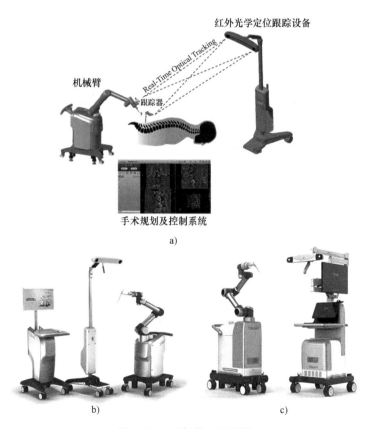

图 2-192　天智航天玑系统

a）天玑机器人工作原理　b）天玑机器人　c）天玑 II 机器人

3）Rosa Spine 系统（见图 2-193）。Rosa 脊柱微创手术机器人是法国 Medtech 公司研发的一款辅助脊柱外科手术机器人。Rosa 机器人于 2016 年 1 月通过了美国 FDA 认证。该机器人系统由一个 6 自由度机械臂和一个配有触摸操作屏的外科工作站构成。其中，6 自由度机械臂安装了触觉传感器，结合了图像导航系统，具有实时跟踪能力。由于该机器人系统具有导航及机器人的运动跟踪能力，在整个手术中，机器人可根据患者身体上和机械臂上的标记点实时跟踪两者的运动。术中机器人对脊柱的运动进行监测，对患者的呼吸等引起的运动具有补偿功能，从而使得手术更加安全准确。截至 2016 年 5 月，Rosa 脊柱手术机器人已经被用于超过 100 例的临床手术操作。

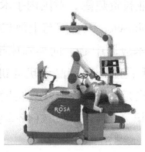

图 2-193　Rosa Spine 系统

4）ExcelsiusGPS 系统（见图 2-194）。ExcelsiusGPS 手术机器人适用于骨科和神经外科的微创和开放手术，旨在将术中数字成像与复杂的机械臂集成在一起，兼容术前、术中 CT 和荧光成像，定位精度可达亚毫米级。目前，美国有超过 50 家医院在使用 Globus 机器人系统，截至 2018 年 6 月 26 日，ExcelsiusGPS 成功置入了 3000 多个螺钉。

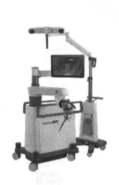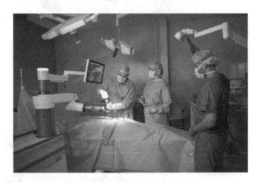

图 2-194　ExcelsiusGPS 系统

脊柱定位机器人性能参数对比见表 2-27。

表 2-27　脊柱定位机器人性能参数对比

机器人名称	Mazor Renaissance	Mazor X	Mazor X Stealth Edition	天智航机器人	Rosa Spine	Excelsius GPS
适应证范围	腰椎	脊柱全节段	脊柱全节段	脊柱全节段	胸腰椎	腰椎
定位精度	1mm	1mm	无报道	0.8mm	1.5mm	亚毫米级
规划模式	3D	3D	3D	2D、3D	3D	3D

（续）

机器人名称	Mazor Renaissance	Mazor X	Mazor X Stealth Edition	天智航机器人	Rosa Spine	Excelsius GPS
术前规划	3D	3D	3D	不支持	不支持	不支持
图像配准	2D、3D	2D、3D	2D、3D	2D、3D	3D	3D
器械导航	不支持	不支持	支持	支持	支持	支持
注册时间	2011 年，FDA	2015 年 9 月，FDA 2017 年 9 月，CE	2018 年 11 月，FDA	2016 年，NMPA	2016 年 1 月，FDA 2020 年 1 月，NMPA	2017 年 8 月，FDA
切开暴露	微创、开放	微创、开放	微创、开放	微创、开放	微创、开放	微创、开放

3. 存在的问题

骨科手术机器人目前存在的技术问题及需要重点攻克的难点，主要包括以下几个方面：

（1）关节置换类

1）开放式智能化术前规划。市面上相关骨科机器人多是封闭式规划，或者是硬件上仅支持自家假体接口，或者是软件只能针对自家假体设计手术规划，这无疑限制了机器人系统的应用场景。因此，手术机器人新项目的研发应充分发挥自主创新的优势，针对市面上的主流假体，软件、硬件应采用开放兼容式设计。术前基于患者影像智能重建患者骨关节模型，在三维交互界面中模拟关节假体规划手术方案，并通过计算机模拟关节运动情况，术中根据术前规划并基于系统的导航指导年轻医生完成骨组织的去除及假体的精准安装。

2）患者注册。市面上相关骨科机器人多基于术前模型引导医生完成骨关节表面特征点拾取，即系统首先显示一个骨关节的通用统计形状模型，并在模型上显示一系列的点，医生在术中利用探针根据显示信息获取患者骨关节表面对应点的位置后，系统将患者骨关节结构与通用模型进行配准，从而完成患者注册。然而，当患者骨关节形态发育异常时，机器人系统自带的人体骨骼通用模型便很难对患者病灶区完成注册，这样不仅会延长手术时间，增加医患的痛苦，更有甚者还会导致医生误判；此外，该类注册方式也会耗费大量手术时间。

因此，一方面应该考虑基于患者个性化模型的注册方法，另一方面也应考虑基于影像的非接触式配准，提高注册效率和成功率，使医生快速掌握并应用于临床。

3）动态追踪导航。市面上相关骨科机器人多采用光学追踪系统在术中实时捕捉患者骨关节和手术器械位置，并在导航软件里动态显示，按照术前规划指导医生选择正确的手术器械，可视化引导手术器械进入靶区，引导医生精准完成磨骨及假体植入等关键术式环节。该类技术目前多基于 NDI 公司的光学定位系统对红外反光标记的精确识别，然而该类技术目前在实践中会遇到以下问题：①追踪精度很容易受反光球的状态、洁净度，甚至环境周围反光物质的干扰影响而下降；②通常需要为反光球设计特定的支承安装架，且往往需要医生在术中将其手动安装在患者的骨头上保持紧固，且术中不能遮挡或者碰撞，这也增加了医生的手术负担和不便。因此，当代医生更迫切地需求更便捷安全的追踪导航技术。

4）高安全协作性机械臂控制。市面上相关骨科机器人，多采用机械臂夹持手术器械，基于机械臂的柔顺控制，在医生的协作下完成去骨和假体植入操作。为了保证手术的安全，同时改善术中医生与机械臂的交互体验，需要将机械臂控制的柔顺性和精度进行一体化设计，这是机器人控制的难点之一；难点之二在于，当机器人因异常而产生保护性停止时，如何快速并且安全地恢复系统的正常运作；另外，运动部件的恢复、软件数据的恢复、导航数据的恢复、系统安全的及时响应也是机器人控制的难点所在。

因此，高安全协作性机械臂控制及异常状态下可快速安全恢复的系统是当下手术机器人技术的更高目标。

5）核心部件国产化。市面上相关骨科机器人系统的核心部件，如机械臂及控制器、光学导航系统多直接外购，然后自主开发控制软件进行系统集成，尽管短期内有利于系统的快速集成及产品成型，但是核心部件严重进口依赖，一定程度上制约了系统的特异性功能开发，提高了产品的成本，带来不可控的技术、市场、供给等多方面的潜在隐患，因此核心部件必须早日实现自主化、国产化，避免将来被"卡脖子"。

随着我国人口老龄化的加剧，近年来骨科手术量稳步上升，预计未来五年的年复合增长率将超过15%。面对日益增长的患者数量，缩短医生学习曲线，增加具有骨科手术能力的医生数量将成为刚性需求，手术机器人无疑是一片蓝海。然而，在骨科机器人的核心部件方面，国内虽然也有大量高校、研究所及企业投入到相关研发工作中，但多处于原型样机开发阶段，少数上市产品的性能距国际先进水平还有一定差距。国产手术机器人还未能摆脱核心部件依赖进口的困境。在当前的国际国内形势下，国产机器人企业应乘势而为，打破国外技术垄断，支持医疗卫生领域创新技术的发展，帮助广大临床工作者和患者解决实际问题。

（2）脊柱定位类

1）脊柱机器人推广与普及困难。脊柱机器人技术发展快速，临床应用日趋成熟，但总体上临床接受度还不高。究其原因，产品本身并非在临床中不可或缺是一方面；相关的医疗政策不匹配、辅助医疗设备不配套是一方面；产品的培训教育、医患的认识和接受程度，也是非常重要的方面。国内以天智航为代表的企业虽积极进行学术推广，但少数企业的推动力量有限，市场培育预期还需要较长的过程。

2）脊柱机器人成本高昂。脊柱机器人已上市产品普遍价格昂贵，均在1500万元左右。国产的天玑手术机器人终端价格也高达1000万~1500万元，且需要配合C型臂或O型臂机使用，医院的配置成本过高，基层医院缺乏相应设备。目前国内导航手术（包括机器人辅助手术）的费用主要靠自费，社保和商保只承担少部分，患者经济负担较重。可喜的是，2021年8月"机器人辅助骨科手术"与"一次性机器人专用器械"共同纳入北京医保支付目录，其他省市也逐渐开展将机器人辅助手术费用纳入医保的工作，手术机器人应用或将迎来量的突破。

3）脊柱机器人功能单一。现有的机器人产品本身功能单一，只有定位功能，不能满足脊柱手术术中减压、椎间融合等多样性的需求。

4）脊柱机器人配套影像产品依赖进口。当前市场上的脊柱机器人产品，均要基于医学影像进行手术规划和导航，需要配合术中 CBCT 等影像设备使用。当前的术中 CBCT 设备市场主要被 Medtronic、Siemens、Ziehm 等企业的产品垄断。国产脊柱机器人依旧被国外技术"卡脖子"，同时临床应用成本被推高。近年来，术中 CBCT 设备的临床价值被认可，涌现多种国产品牌设备，例如一影（江苏医疗设备有限公司）、普爱（南京普爱医疗设备股份有限公司）等企业，但国产品牌在技术和服务整体实力方面，与国外产品差距较大，实现国产替代任重道远。

（二）骨科手术机器人关键零部件技术发展趋势

1. 光学定位跟踪设备

（1）行业发展现状　空间定位跟踪是手术导航中的关键技术之一，通过它来实时跟踪手术器械和患者实体的空间位置和姿态。空间定位跟踪的精度直接决定了导航系统的精度及手术的质量。

光学定位跟踪是目前定位精度最高、应用范围最广、发展前景最好的一种定位跟踪方法。它通过摄像头捕捉目标图像，进行空间位置跟踪。根据使用的波段不同，又可分为可见光定位跟踪设备和红外光定位跟踪设备（见图 2-195）。红外光定位跟踪设备，依靠标记点传输的红外光，基于立体视觉原理对目标对象的空间位置进行重建。根据目标对象能否主动发射光源信号，光学定位跟踪设备可分为主动式（有源，active）和被动式（无源，passive）两种。主动式光学定位跟踪设备通常在目标对象上集成能够发射光源信号的发光二极管，而被动定位跟踪设备则是利用目标对象上的反光小球来反射红外光信号。可见光的定位跟踪设备，通过跟踪黑白棋盘格的方式，实现物体位置和姿态的获取。

a)   b)

图 2-195　光学定位跟踪设备

a）红外光定位跟踪设备　b）可见光定位跟踪设备

（2）主要技术进展及优势　当前光学定位跟踪设备的主流厂商有基于红外光定位跟踪原理的加拿大 NDI 公司、瑞士 Atracsys 公司、广州艾目易（广州艾目易科技有限公司）、艾瑞迈迪［艾瑞迈迪医疗科技（北京）有限公司］，以及基于可见光定位跟踪原理的加拿大 ClaroNav 公司。

1）NDI 公司。加拿大 NDI 公司的光学定位跟踪设备当前使用最为广泛，大量应用于手术导航产品中。其当前主流产品有 Polaris Vega 和 Polaris Vicra 两款。

Polaris Vega 光学测量解决方案由两个协同工作的核心组件组成：光学定位跟踪器（有时称为相机）和导航标记器，例如被动标记球、基片、逆反射盘。光学定位跟踪器使用红外光通过标记在 3D 空间中的精确定位和三角化仪器的实时 X、Y、Z 坐标，在预先校准的测量体内执行定位跟踪，并在 Polaris 的全局坐标系内报告定位跟踪信息。

坐标数据计算为变换值，即位置和方向。与车载 GPS 导航的概念类似，定位跟踪数据可用于可视化手术仪器相对于患者图像集的位置，并规划和导航仪器到目标、治疗部位的路径。每个仪器都有一个独特的标记阵列，便于在 OEM 手术导航界面中加以区分。

Polaris Vega 和 Polaris Vicra 具有同样可靠的光学测量性能，它们的不同之处在于尺寸和精度。较大的 Polaris Vega 可在较大的测量体内跟踪较大的 OEM 手术仪器，它的测量速率至少是 Polaris Vicra 的 3 倍（具体取决于 Polaris Vega 的型号）。Polaris Vega 的体积精度也比 Polaris Vicra 高出 2 倍。

然而，Polaris Vicra 的小尺寸和小测量体积使其成为适合在狭小区域内跟踪较小工具的强大光学测量解决方案。Polaris Vicra 的紧凑型尺寸也使其适合安装在 OEM 医疗系统或手术套件内的几乎任何位置。NDI 公司产品性能参数对比见表 2-28。

表 2-28　NDI 公司产品性能参数对比

产品型号	Polaris Vega XT 三角锥体（RMS）	Polaris Vicra Vicra 测量体（RMS）
体积精度	0.12mm	0.25mm
95% 置信区间	0.20mm	0.50mm
最大帧频	250Hz	20Hz
测量体	三角锥体、扩展型三角锥体（可选）	Vicra
尺寸（长×宽×高）	591mm×103mm×106mm	273mm×69mm×69mm
重量	1.7kg	0.8kg
工具类型	被动式	被动式、主动式无线
最大工具数量	最多装载 25 件工具 （最多 6 个主动式无线工具）	最多装载 15 件工具，同时跟踪 （最多 6 个被动式和 1 个主动式无线工具）
每个工具中标记物的最大数量	6 个单面、20 个多面	6 个单面、20 个多面
产品外观		

2）瑞士 Atracsys 公司。瑞士 Atracsys 公司的产品包括 spryTrack180、fusionTrack250、fusionTrack500 三款，根据工作场景不同，可以选择使用不同系列的产品，见表 2-29。

表 2-29　Atracsys 公司产品性能参数对比

产品型号	spryTrack180	fusionTrack250	fusionTrack500
尺寸（长×宽×高）	233mm×57mm×47mm	294mm×86mm×99mm	528mm×80mm×85mm
重量	0.67kg	1.28kg	2.16kg
精度	0.13mm RMS~1m 0.24mm RMS~1.4m 0.49mm 95% CI ~2m 0.26mm 95% CI~1m	0.09mm RMS~1.4m 0.20mm RMS~2.0m 0.27mm RMS~2.4m 0.16mm 95% CI~1.4m 0.40mm 95% CI~2.0m 0.54mm 95% CI~2.4m	0.09mm RMS~2.0m 0.11mm RMS~2.4m 0.15mm RMS~2.8m 0.17mm 95% CI~2.0m 0.22mm 95% CI~2.4m 0.30mm 95% CI~2.8m
跟踪范围	Starts at 200mm	Starts at 400mm	Starts at 700mm
测量速率	54Hz	120Hz	335Hz
延迟	<25ms	≤4ms	≤4ms
测量范围			
产品外观			

3）广州艾目易公司。艾目易是国内生产红外光学导航产品的主要厂商，其当前可用于医疗机器人方向的导航产品有 AimPosition 和 AimPosition Pro 两款。其产品性能参数对比见表 2-30。

表 2-30　艾目易公司产品性能参数对比

产品型号	AimPosition	AimPosition Pro
性能	定位精度：0.12mm RMS 采样频率：60Hz 数据类型：彩色图像，近红外图像、三维坐标，工具位姿 标记点： 类型：主动式、被动式 最多跟踪数：200 个标记点	定位精度：0.12mm RMS 采样频率：250Hz 数据类型：彩色图像，近红外图像、三维坐标，工具位姿 标记点： 类型：主动式、被动式 最多跟踪数：200 个标记点
测量范围		
产品外观		

4）艾瑞迈迪公司。艾瑞迈迪是专业从事医用核心传感器与数字诊疗装备系列产品研发、生产和销售的国家高新技术企业，自主研发的光学导航设备，实现了亚毫米高精度、大范围、多目标的实时定位，可集成在医疗机器人系统中，为微创手术导航提供完整的定位解决方案。其产品具有高精度、低功耗、温差漂移小、抗电磁干扰、抗振动等特点，可提供 SDK，便于客户集成。其产品性能参数对比见表 2-31。

5）加拿大 ClaroNav 公司。ClaroNav 公司是基于可见光的光学定位跟踪设备主要厂商，其产品有 Microtracker 系列，包含 H3-60、SX60、HX40 及 HX60 四个，见表 2-32。

表 2-31　艾瑞迈迪公司产品性能参数对比

产品型号	RT-SE	RT-MAX
性能	定位精度：0.2mm RMS 采样频率：60Hz 工具位姿标记点：主动式、被动式 最多跟踪数：100 个标记点	定位精度：0.12mm RMS 采样频率：120Hz 工具位姿标记点：主动式、被动式 最多跟踪数：200 个标记点
测量范围		
产品外观		

表 2-32 加拿大 ClaroNav 公司产品性能参数对比

产品型号	H3-60	SX60	HX40	HX60
球形截面	240cm×200cm×160cm	115cm×70cm×55cm	120cm×120cm×90cm	200cm×130cm×100cm
测量速率	16Hz	48Hz	20Hz	20Hz
校准精度	0.20mm RMS	0.25mm RMS	0.20mm RMS	0.35mm RMS
偏差（静止目标）	0.007mm RMS	0.007mm RMS	0.015mm RMS	0.015mm RMS
偏差（移动目标）	0.07mm RMS	0.07mm RMS	0.14mm RMS	0.14mm RMS
检测时间	15ms	7ms	10ms	10ms
时滞	60ms	20ms	50ms	50ms
传感器分辨率	1280×960	640×480	1024×768	1024×768
尺寸	283mm×43mm×49mm	164mm×43mm×54mm	164mm×43mm×54mm	164mm×43mm×54mm
预热时间	20min			15min
光照度			50～100000Lux（HDR 模式下为 20～400000Lux）	

针对典型手术场景中的光学定位跟踪需求，将当前三家（NDI、Atracsys 和 ClaroNav）主流产品的关键指标对比呈现，见表 2-33。

表 2-33　各厂家主流产品性能参数对比

厂家	加拿大 NDI 公司		瑞士 Atracsys 公司			加拿大 ClaroNav 公司			
产品型号	Polaris Vicra	Polaris Vega	fusion Track500	fusion Track250	spry Track180	SX60	HX40	HX60	H3-60
校准精度/mm						0.25	0.20	0.35	0.20
静止测量精度/mm	0.25 (0.56~1.34m)	0.12 (0.95~2.4m)，0.15 (2.4~3m)	0.09~2m，0.11~2.4m，0.15~2.8m	0.09~1.4m，0.20~2.0m，0.27~2.4m	0.13~1m，0.24~1.4m，0.49~2m	0.015	0.007	0.007	0.015
运动测量精度/mm						0.07	0.14	0.14	0.07
视场/m³						1.15×0.7×0.55	1.2×1.2×0.9	2×1.3×1	2.4×2×1.6
应用环境限制	避免近红外发光器件		近红外发光器件			环境光太强或者太弱，类似棋盘格的干扰源			
设备价格	约 20 万元人民币		14950 美元	11907 美元	8655 美元	9000 美元	10000 美元	10000 美元	12000 美元
应用系统	Medtronic、Synaptive Medical、Brainlab、Scopis、Surgical Theater		Smith+Nephew			Remebot，广泛应用于牙科机器人			

（3）技术发展趋势

1）多功能集成化。传统的光学定位跟踪设备只能实现特定标记点的跟踪，随着光学传感器的智能化和模块化发展。现在光学定位跟踪设备的功能设计也趋向于复杂化。如 NDI 公司最新的 Polaris Vega VT 系列产品中就集成了高清视频摄像头功能，在完成光学定位跟踪的同时可实现视野内高清视频的录制，解决了当前日益发展的远程手术术中视频录制的问题，实现了多功能一体化集成。未来随着远程手术的进一步发展，集成音频功能的导航设备也会变成现实。集成化光学定位跟踪设备如图 2-196 所示。

2）高帧率低延迟。半导体和大数据技术的发展，使得计算机的计算速率得到极大提升，对于光学定位跟踪设备的影响是，其单幅图像的处理速度可以更快，每秒可以处理的图像更多，对于动态物体的跟踪性能得到极大提升。几年前，60Hz 是主流的图像跟踪帧率，现在主流厂家的最新产品已经逐渐提升到 250Hz。如此大幅度的帧率提升使得光学跟踪设备对高速运动物体的跟踪变成了可能。同时，每幅图像的输出延迟也由传统的几十毫秒提升到当前的 4ms 水平，进一步提升了系统的实时性能。

图 2-196　集成化光学定位跟踪设备

3）小型化。绝大多数光学跟踪设备的原理是基于双目立体视觉，所以两个测量相机之间的距离越远，图像精度就越高。所以早期的光学跟踪设备为了达到临床可用的精度，相机尺寸都非常庞大，经常有超过 1m 以上的大设备放在手术室内，非常笨拙，不方便使用。但是随着图像传感器技术的进步，现在出现 4K、8K 甚至更高图像分辨率的芯片，使得相机可以呈现更清晰的场景，从而降低了对双目相机的基线要求。设备尺寸也变得越来越小，对手术室空间的依赖也越来越小，使用起来更加方便。NDI 公司的小型化设计如图 2-197 所示。

a)　　　　　　　　　　　　　　　　　　b)

图 2-197　NDI 公司的小型化设计

a）早期产品（NDI Polaris Hybrid）　b）当前产品（NDI Vicra）

（4）存在的问题与建议

1）环境敏感度。光学导航设备对环境光的变化比较敏感，对于可见光跟踪相机，在大流明的无影灯下很容易受到干扰，而在光线不足的情况下又容易出现曝光不足的问题。手术室内由于光线的动态变化范围太大，在一幅图像上可能会出现一部分位置过度曝光而另一部分却曝光不足的问题，如图 2-198 所示。

对于红外光跟踪相机，手术室内红外光影响因素相对少一些，但是一些无影灯设备会发出红外线，而且一些设备表面具有很强的反射红外线的能力，这些因素都会导致设备受到干扰，特别是 800~1100nm 范围的红外光会干扰红外光跟踪相机跟踪工具的能力。例如，某些类型的手术室灯发出被检测为背景红外线的红外线。

NDI Polaris Vega 系列产品可以通过调节红外光接收的灵敏度来限制部分杂散红外光的干扰，但是在实际使用过程中，很难判断所处环境的红外光干扰因素等级，因为肉眼无法直接观察到红外光的存在，这些因素综合限制了红外光的使用性能。

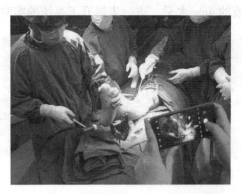

图 2-198　手术环境下曝光不足问题

2）热机时间。热稳定性是影响设备精度的重要一环，由于测量设备对双目传感器基线精度很敏感，微小的尺寸变化都会导致精度下降。而且图像传感器本身的影响在不同温度下也有差别，这些因素会综合影响设备的使用精度。一般情况下，只有达到热平衡之后传感器的精度才能保证。在刚开机时，由于存在典型的升温过程，此过程中的精度会不稳定，这种不稳定对设备的使用造成了很大麻烦。

从目前测量的一些数据来看，大部分的光学测量设备可能需要开机半小时之后才能达到良好的热稳定性，并保证测量数据满足宣称指标要求，这也是当前光学测量设备的典型问题，亟待解决。常见的一种解决方法是根据温度变化添加一定的补偿系数，但实际操作过程中，温度变化的一致性以及均匀性可能差异很大，要实现精确补偿难度巨大。

3）空间误差分布差异大。光学测量设备在测量空间的分布非常不均匀，一个原因是制造商通常在其营销材料中提供总体积 RMS 距离误差和其他代表性统计度量中的一两个；另一个原因是，正确评估给定系统所需的大部分基础信息都丢失或隐藏了，在理想情况下，位置分量误差没有系统偏差，遵循正态分布，并且在整个测量空间分布均匀，总体积 RMS 距离误差是典型误差幅度的良好指标，但是大多数跟踪系统不能满足这些要求，因为它们通常具有大量的系统误差，这些误差不能很好地拟合正态分布，并且空间分布不均匀。

图 2-199 通过显示其从特征数据中获得的距离误差，以四种不同的格式说明了 Polaris 位置传感器的空间分布。图 2-199a 所示为距离误差的空间依赖性（请注意，即使这种表示也有缺失的信息——每个网格点的距离误差本身就是其潜在 3D 误差向量到 1D 的减少，即其幅度）。该图清楚地表明，除了右上角，误差在给定的 XY 平面内大部分是均匀的，并且通常随着与相机的距离（$-Z$）增加而增加。这种类型的信息对于某些应用程序非常有用，例如用户测量主要为 1D 对象（如长条）的长度时，对象在 XY 平面上的测量结果比他们在 Z 轴上定向的对象获得的结果要好得多。将距离误差绘制为收集它们序列函数的一维图（见图 2-199b），会导致大部分空间信息丢失，但仍显示一般的 Z 依赖性，并且从图的周期性可以推断出较大的误差在体积边缘。在图 2-199c 的

曲线中，距离误差分布被绘制为频率直方图。该分布显然不正常，因为它严重偏向于更高的错误。这种类型的分布是预期的，因为被检查的数据是距离误差，根据定义，距离误差是正的。最后，图 2-199d 所示为一些描述大部分误差分布的代表性统计数据，但即使是这种最少的描述也会进一步受到损害，因为大多数制造商通常只引用这些统计数据中的一两个。

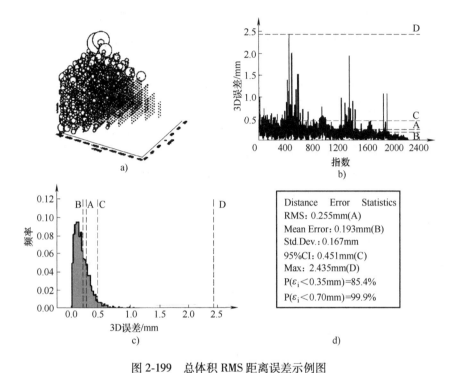

图 2-199 总体积 RMS 距离误差示例图
a）按空间表示的距离误差　b）按序列表示的距离误差　c）用频率直方图表示的距离误差
d）描述大部分误差分布的代表性统计数据

制造商表征他们的空间测量系统时，会选择最适合将系统原始信号转换为其相应测量位置所需的模型生成参数的程序。这些程序也可用作校准的体积协议，并且此类校准可以作为系统准确性的一种评估。此类评估通常在营销材料中表示为系统的一般"准确性"，但此类规范对用户的用途有限，因为最适合表征的程序很少包含用户对其应用程序要求的更一般的系统。此外，通常呈现给用户的少数"代表性"统计数据不包含用户通常需要的许多重要基础信息，无法正确评估给定系统对其预期应用的适用性。与竞争对手的系统相比，制造商经常利用这些统计数据来提高他们系统的感知性能，方法是有选择地呈现具有固有较低值的统计数据。考虑购买测量系统的用户在检查来自不同制造商的"代表性"统计数据时必须非常小心，以确保统计值和它们所基于的校准协议确实具有可比性。

因此，作为设备集成者，在使用过程中要能全面理解当前光学测量设备的使用限制，才能更好地实现产品的设计。

2. 机械臂

（1）行业发展现状　相比于立体定向的手术机械臂，骨科手术系统中的机械臂在导航定位基础上更重要的需求为安全且友好的人机协作性能：①根据医生的意图，柔顺地操纵手术器械开展手术；②灵敏的力检测技术与安全交互策略；③沉浸式触觉交互，能提高手术系统的安全度与精准度。

Mako 作为行业内骨科机械臂标杆供应商，所提供的钢丝驱动型的关节型手术机械臂，具有较好的人机协作性能。随着机器人技术的快速发展，平台通用的 7 自由度关节型柔性协作臂逐渐成为骨科手术系统有效的解决方案之一，行业内比较有竞争力的供应商为：Kuka iiwa LBR Med、Franka、非夕（上海非夕机器人科技有限公司）、思灵（北京思灵机器人科技有限责任公司）与珞石［珞石（北京）科技有限公司］。区别于普通 6 自由度协作机械臂，7 自由度关节型柔性协作臂的主要特点为：①关节配置了高精度扭矩传感器，并采用了通过底层关节直接力控制技术，可实现高动态的柔顺控制，具有较高的安全性与人机协作性；②7 自由度构型为仿人手臂构型，冗余关节增加了机械臂的运动性能，如奇异性、避障性与关节限位性等；③冗余关节增加了机械臂关节力分配调整策略，提升了系统的动力学特性。

1）Kuka iiwa LBR Med。基于德国宇航局技术，经过 15 年技术研发，Kuka 公司推出了 Kuka LBR iiwa 7 自由度协作机械臂。其核心技术为：高精度的关节扭矩传感器、全状态反馈的关节直接力控技术、高自重负载比的轻量化设计。上述核心技术的应用使得 iiwa 机械臂具有较好的运动学特性、人机协作安全性与柔顺性。

同时，Kuka Medical Robotics 致力于 Kuka iiwa 机械臂在医疗应用方面的研发。Kuka 公司于 2017 年推出了面向医疗应用的 7 自由度协作机械臂 LBR Med（7kg 与 14kg），并通过了国际"IECEE-CB"体系认证。它的特点主要体现为：安全等级的硬件与软件、安全等级电路、安全接口与可配置的安全事件等。Kuka iiwa LBR Med 协作机械臂如图 2-200 所示。

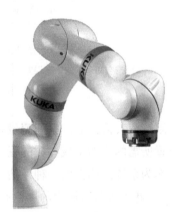

图 2-200　Kuka iiwa LBR Med 协作机械臂

目前，基于 Kuka iiwa 协作臂的特点，2020 年以来众多企业已集成骨科手术机器人系统，开展临床应用：①北京和华瑞博基于 Kuka iiwa 医疗协作臂开展了膝关节置换手术；②杭州键嘉基于 Kuka iiwa 协作臂进行了全髋关节置换手术；③元化智能科技（深圳）有限公司基于 Kuka iiwa 协作臂开展了全膝关节置换手术。以上系统均已获得国家药品监督管理局的上市许可。

2）Franka Emika。Franka Emika 是德国慕尼黑的一家高科技公司，致力于创造全新的机器人平台技术，在提高机器人性能的基础上，改善了机器人应用的便捷性。

继承德国宇航局机器人研究所的技术，该公司于 2017 年推出了负载为 3kg 的 7

自由度协作机械臂。类似于 Kuka iiwa 协作机械臂，Franka Emika 通过在各关节部署高精度扭矩传感器，实现了关节底层直接力控技术，具有与 Kuka iiwa 相同的柔顺操作性。相比于 Kuka iiwa 医疗协作机械臂，Franka Emika 协作机械臂的主要差异为：

① 负载只有 3kg，且没有经过医疗体系认证。

② 初期定位于操作的体验（图形化编程与 FE Powertool 技术）与科研服务。

③ 关节构型为非完全拟人手臂，存在一定的偏置（可能由于专利方面的因素）。

随着手术机器人应用的推广，Franka Emika 协作机械臂也逐渐出现在骨科手术机器人的原型样机中（优良的柔顺性能、友好的人机交互编程技术与强竞争力的价格）。同时，Franka Emika 协作机械臂已经开始布局医疗版机械臂的研发。但对于骨科手术应用，Franka Emika 的负载能力偏低，机械刚性不足，严重限制了其临床适应性。Franka Emika 协作机械臂如图 2-201 所示。

3）非夕。非夕成立于 2016 年，总部位于上海，继承了斯坦福大学机器人和人工智能技术，专注于研发与生产柔顺性力控、机器人视觉与 AI 集成的自适应机器人，其协作机械臂如图 2-202 所示。同时，非夕 7 自由度协作机械臂于 2020 年 11 月在佛山进行量产（4kg 与 10kg），其柔顺控制性能几乎达到了 Franka Emika 与 Kuka iiwa LBR Med 水平，相比于这两者，非夕机械臂的主要特点为：

① 自研关节扭矩传感器，具有较高的准确性、鲁棒性与性价比。

② 融合了先进 AI 算法的自适应机器人（感知、力觉引导与任务规划）。

③ 构型为非仿人手臂，前 3 个关节与最后 3 个关节轴线均存在偏置（可能为专利问题）。

图 2-201　Franka Emika 协作机械臂　　　　　图 2-202　非夕协作机械臂

类似于通用 6 自由度协作机械臂，非夕协作机械臂早期定位于工业应用场景，如汽车与 3C 电子产品等。随着手术机器人应用场景的需求扩大，非夕也逐步开始寻找医疗行业的应用场景。

4）思灵。思灵创立于 2018 年，在德国慕尼黑、我国北京设立双总部，以德国宇航局的技术为依托，核心团队拥有丰富的机器人与力传感器设计经验。目前，思灵已经推出第一代 7 自由度协作机械臂原型样机。通过关节部署高精度的扭矩传感器，其协作臂具有较强的人机协作能力。区别于上述 3 种协作臂，其构型在前 3 个关节轴线汇交，最后 3 个关节轴线存在偏置。

思灵深度研究了"人"与"机器人"之间的差异，从"人"的角度出发，自主开发了机器人"大脑"操作系统，该系统跨实时与非实时平台，可以管理软件（实施控制器、运动规划、视觉及深度学习等算法）、硬件（机器人本体、摄像头及一系列硬件设备）、通信等机器人的重要部分，帮助机器人完成"即插即用""极速部署""智能换线"等高智能化任务。思灵协作机械臂如图 2-203 所示。

图 2-203　思灵协作机械臂

（2）主要技术进展及优势　综合以上行业内处于第一赛道的协作机械臂状态分析，当前协作机械臂主要技术进展与优势如下：

1）仿人手臂构型，具有冗余自由度，可提升其运动性能与动力学性能。

2）关节部署高精度扭矩传感器，通过关节底层直接力控技术可实现柔顺控制，具有较高的动态柔顺性与安全性。

3）冗余编码器或安全等级的硬件与软件系统，可提升系统的安全性。

4）轻量化结构设计，具有高负载自重比。

5）融合 AI 技术，具有较好的人机交互与应用便捷性。

6）从传统工业应用场景向医疗应用场景部署。

同时，以上 5 种协作机械臂具体性能对比见表 2-34。

表 2-34　协作机械臂具体性能对比

厂家	Kuka	Franka Emika	非夕	思灵
技术来源	德国宇航局	德国宇航局	斯坦福大学机器人实验室	德国宇航局
应用场景	医疗应用	工业应用与科研（布局医疗）	工业应用（尝试寻找医疗场景）	工业应用（瞄准医疗）
重复定位精度	±0.1mm（±0.15mm）	±0.1mm	±0.1mm	—（报道：±0.02mm）
负载	7kg（14kg）	3kg	4kg（10kg）	
自重	25.5kg（32.3kg）	17.8kg	20kg（33kg）	—
工作半径	926mm（946mm）	855mm	780mm（810mm）	—
力分辨率	—	0.05N	0.1N	—（报道：±0.5N）

（续）

厂家	Kuka	Franka Emika	非夕	思灵
安全措施	CB 认证 灵敏力检测（各关节） 冗余编码器，安全等级硬件与软件、接口与可配置参数	灵敏力检测（各关节） 安全转矩 STO 安全 OSSD 输入	灵敏力检测（各关节） 冗余编码器	灵敏力检测（各关节）
关键技术	高精度关节扭矩传感器 高动态关节直接力控制与柔顺性 轻量化结构设计	高精度关节扭矩传感器 高动态关节直接力控制与柔顺性 轻量化结构设计 友好人机交互编程 视觉融合	高精度关节扭矩传感器 高动态关节直接力控制与柔顺性 轻量化结构设计 视觉与 AI 融合	报道： 高精度关节扭矩传感器 高动态关节直接力控制与柔顺性 轻量化结构设计 AI 融合
优势	医疗认证 高柔顺性 安全性 仿人构型	高柔顺性 性价比 图形化编程 底层接口开放	高柔顺性 价格适中 整体解决方案（硬件自研，较强算法技术）	高柔顺性（测试体验）
劣势	价格昂贵 接口开发性较低 交互性编程性较差	插销式制动方式 负载较低 未经过医疗认证	刚量产，性能待市场验证 未经过医疗认证	未量产，性能待市场验证

（3）技术发展趋势　骨科医疗手术协作机械臂关键技术体现为精准、灵巧、人机协作柔顺性与安全性。目前在高柔顺性、灵巧性与力灵敏检测方面取得了一定进展，未来的发展趋势为：

1）高负载自重比与灵巧性的轻型协作机械臂本体。协作的本质为精准复现医生的行为，同时在非结构化的环境中与医生、环境进行安全柔顺交互。协作机械臂本体技术的发展呈现高精度、高灵巧性、高负载自重比的趋势。针对协作机器人高灵活性和优良避障性能的要求，其构型优化综合向着冗余拟人的方向发展；高负载自重比在保证负载前提下，可降低系统体积与质量，有利于提高本体的运动能力与人机协作的安全性，高负载自重比为骨科手术机器人现在和未来发展的趋势；轻量化设计的引入给提高协作机器人的动态性能造成了困难，未来协作机械臂将向着高精度的方向发展；高能量密度的驱动元件、轻质高刚度材料的发展和应用为轻质、高负载自重比性能奠定了基础。

2）开放与智能化协作机械臂控制系统。在医疗手术过程中，协作机械臂对工作任务的智能性和柔性尤为重要，目前协作机器人仍然缺乏对任务的快速适应能力。因此，具有视觉、力觉传感并融合医生经验数据，能够自动规划运动轨迹、末端器械姿态以及手术参数的协作机械臂控制系统成为未来的发展方向之一。

受限于当前控制系统底层开放程度，特定场景的控制策略受到一定限制，难以满足高柔顺性、智能工作控制策略的实施。因此，更开放的底层控制系统成为未来的发展方向之一。

3）本质安全的协作机械臂。现有协作机械臂通过柔顺控制、触觉传感器、视觉传感器等方法保证人机交互的安全，但这种安全并不是绝对的，一旦机器人控制软件系统出现故障，就会对医护人员甚至机器人自身造成伤害。所以，本质安全的协作机器人是目前人机协作领域中重要的研究方向。同时，合理设计的人机协作保护系统是未来发展的方向。

（4）存在的问题与建议 在骨科医疗手术应用场景中，现有协作机械臂的主要问题为控制系统的开放性、应用的便捷性与系统本质的安全性。

在控制系统的开放性与应用的便捷性方面，目前协作机械臂开放性不够，难以实现多样化的控制需求。当前协作机械臂柔顺控制主要开放对应应用程序编程接口（Application Programming Interface，API）进行应用，柔顺控制器固定，只能根据 API 规则调整控制参数，难以满足骨科临床应用柔顺控制需求的情况。

同时，部分协作机械臂在柔顺控制方面开放了底层关节力控制接口，但必要的动力学参数未开放，增加了应用的复杂性，影响底层开发的效率与性能。针对诸如柔顺控制存在的问题，未来控制系统在开放底层的同时，还需要开放必要的机器人系统参数及模块化成熟稳定的控制单元，以提高系统的应用便捷性。

在系统本质的安全性方面，为实现机械臂系统本质的安全，合适的机械硬件、驱动器、软件、传感器以及控制等安全措施均需要综合考虑。

第七节 康复和养老装备

一、康复辅助器具及关键零部件技术发展趋势

（一）康复辅助器具技术发展趋势

1. 行业发展现状

（1）康复辅助器具的分类 康复辅助器具（简称辅具）是改善、补偿、替代人体功能和实施辅助性治疗及预防残疾的产品。辅具是对身体功能障碍者进行补偿、替代或修复最直接有效的手段之一，其服务对象既包括残疾人、失能需要辅助的老年人，也包括组织和功能暂时受损者。

ISO 9999 按照康复辅助器具的功能将其分为 12 个主类、101 个次类和 428 个支类。该标准得到国际认同。GB/T 16432—2016《康复辅助器具分类和术语》等同采用了 ISO 9999：2011 标准（见表 2-35）。

表 2-35　康复辅助器具主类名称及次类和支类数量（GB/T 16432—2016）

主类		次类和支类数量
主类 04	个人医疗辅助器具	14 个次类和 56 个支类
主类 05	技能训练辅助器具	10 个次类和 39 个支类
主类 06	矫形器和假肢	8 个次类和 71 个支类
主类 09	个人生活自理和防护辅助器具	18 个次类和 77 个支类
主类 12	个人移动辅助器具	12 个次类和 51 个支类
主类 15	家务辅助器具	3 个次类和 12 个支类
主类 18	家庭和其他场所的家具和适配件	9 个次类和 26 个支类
主类 22	沟通和信息辅助器具	13 个次类和 52 个支类
主类 24	操作物品和器具的辅助器具	7 个次类和 21 个支类
主类 27	环境改善和评估的辅助器具	1 个次类和 5 个支类
主类 28	就业和职业训练辅助器具	3 个次类和 5 个支类
主类 30	休闲娱乐辅助器具	3 个次类和 13 个支类

注：数据更新基于"关于《中国康复辅助器具目录（2023 年修订版征求意见稿）》"。

在实际应用中，康复辅助器具还有其他多种分类方式。根据使用人群不同，可将其分为肢障者用、视障者用、听障者用、言语障碍者用、智障者用等康复辅助器具；根据使用环境不同，又可将其分为生活用、移动用、通信用、教育用、就业用、文体用、公共建筑用、私人建筑用等康复辅助器具。

（2）康复辅助器具产业呈持续蓬勃发展态势　康复辅助器具产业是包括研发设计、产品制造、配置服务等业态门类的战略性新兴产业。2019 年，康复辅助器具制造已列入国家统计局健康产业统计分类表，康复辅助器具产业以促进人的有尊严生活和发展为目标，以现代智能技术和生命技术为核心，贯穿衣食住行、教育、医疗、文化、生活等方方面面，与康复、养老、大健康、特殊教育、基础建设、信息交流服务等领域交叉发展，产业体系复杂、规模大，社会民生意义突出，是支撑发展健康事业和养老服务业的重要基础。

自 2016 年国务院印发《关于加快发展康复辅助器具产业的若干意见》以来，国务院批准、民政部牵头建立了加快发展康复辅助器具产业部际联席会议制度，把握顶层设计和整体规划的功能定位，为产业发展的部署推动和统筹协调提供了有力支撑。在研发、生产、制造方面，国家发展和改革委员会将智能康复辅助器具列为相关产业政策重点支持方向；科技部从 2018 年开始每年持续组织实施"主动健康和老龄化科技应对"重点专项，将康复辅助器具研发创新和应用示范纳入支持范围；通过自然科学基金项目资助康复辅助器具领域的基础研究和前沿探索，国家中医药管理局开展了中医药关键技术装备研究。

2022 年，国家市场监督管理总局、国家标准化管理委员会发布《关于批准发布 703 项推荐性国家标准和 3 项国家标准修改单的公告》（2022 年第 13 号）。公告涉及残疾人服务和康复辅助器具领域国家标准 12 项，其中 11 项为新制定标准，1 项为修订标准。截至目前，残疾人服务和康复辅助器具领域现行有效的国家标准达 178 项、行业标准 35 项、团体标准 26 项。新发布国家标准清单见表 2-36。

表 2-36　新发布国家标准清单

序号	标准号	标准名称
1	GB/T 41697—2022	康复辅助器具　一般要求和试验方法
2	GB/T 41839—2022	腰部矫形器　弹力围腰
3	GB/T 41840—2022	下肢矫形器零部件　聚氨酯弹性踝铰链
4	GB/T 41842—2022	功能障碍者移位机　配置服务规范
5	GB/T 41696—2022	下肢康复训练设备的分类及通用技术条件
6	GB/T 18029.2—2022	轮椅车　第 2 部分：电动轮椅车动态稳定性的测定
7	GB/T 18029.25—2022	轮椅车　第 25 部分：电动轮椅车的电池和充电器
8	GB/T 30661.6—2022	轮椅车座椅　第 6 部分：模拟使用和座垫性能变化的测定
9	GB/T 40887.2—2022	无障碍客车的轮椅车及乘坐者限位系统　第 2 部分：前向式轮椅车乘坐者系统
10	GB/Z 41921—2022	视障者用辅助器具　盲道
11	GB/T 41841—2022	前臂假肢功能评估
12	GB/T 41843—2022	功能、残疾、健康分类的康复组合评定

此后，国家层面又相继发布《支持康复辅助器具产业国家综合创新试点工作政策措施清单的通知》（民发〔2020〕150 号）、《"十四五"国家老龄事业发展和养老服务体系规划》等文件，为康复辅助器具产业发展提供 29 条支持政策措施，持续保证了康复辅具产业的蓬勃发展。

形成完整产业链。在供给侧结构性改革深入推进的时代背景下，新时代康复辅助器具产业的产品服务体系总体供给能力加速发展。围绕各大产业服务模式变革，促进各大产业模式转变，智能康复辅助器具都是各行业各领域支持的重点，其涵盖领域包括资讯服务、信息交流、饮食起居、生活照料、出行旅游、康复护理、情感关怀、紧急援助、法律咨询等，这些产品和服务涉及资讯数据、互联网服务、餐饮服务业、加工制造、教育旅游、大健康产业、金融业、家政服务业等诸多产业，这些产业交叉融合、包容发展，形成了丰富多彩的康复辅助器具产业。

市场经济条件下，产业发展的模式已从产品类别的细分模式转化为以市场需求为导向的融合模式。康复辅助器具产业恰好是高度细分化领域，使得康复辅助器具在不同板块分别嵌入到医疗领域、保健领域、大健康及康养领域、消费电子领域、出行无障碍和生活服务领域。

康复辅助器具的细分领域庞大，比起多数国家，我国康复辅助器具的产业链更加完整。康复辅助器具产业链条长、附加产业多。康复辅助器具产业链主要分为三个部分：上游为零部件制造与基础材料技术，涉及的行业有纺织、机械制造、电子制造、化工、生物化学、软件等；中游为专业设备与产品的研发、制造；下游为康复辅助器具的流通（租赁）、展示和配置服务体系。

在产业的上游，康复辅助器具的上游体系供应商规模大小不等、相对分散，上游行业自身水平和发展较为迅速，上游产业链代表性的企业大部分集中于京津冀、珠三角、长三角地区，并在这三个地区逐渐形成康复辅助器具产业集群。

在产业的中游，以我国为代表的新兴市场是全球最具潜力的康复辅助器具市场，产品普及需求与升级换代需求并存，近年来的增长速度较快。我国市场规模逐渐上升，尤其在多种中低端康复辅助器具产品方面，产量居世界第一，不少产品远销国外，如中低端轮椅。针对老年群体，我国康复辅助器具产业已经形成针对失能群体的养护、日常照料、出行等多种全面的产品体系；针对伤残群体，我国康复辅助器具产业已经形成覆盖视力、听力、智力、言语、精神残障等群体的多样化体系生产线；针对骨伤、心肺、疼痛、水肿、神经损伤等多个临床伤病群体，从解决急需的代偿功能到预防伤病伤残发生发展，我国康复辅助器具产业均能为之提供综合康复辅助器具配置服务所需的产品。

在产业的下游，配置体系包括医院配置机构，工伤社保、残联等行政服务机构，门店营销，医疗服务机构，租赁机构，销售服务机构，康养中心等。社会服务包括各种公益机构、无障碍设施提供机构、民间团体民间非营利组织等，他们为社会提供大众化的公共服务。

我国制造业的优势在于产业门类齐全、产业链完整和产业配套能力强。康复辅助器具因产品品类多、产品体系跨度大，对产业链的稳定和安全依存度高。近些年来随着国家推动产业升级，康复辅助器具产业的系统供应链不断优化升级。支撑康复辅助器具产业技术升级的电子元件、电路板、芯片、电机、软件信息服务技术等电子零部件产业快速发展；支撑康复辅助器具定制化生产的小批量加工技术、中高端零部件定制生产企业的服务能力提升；支撑康复辅助器具领域的关键化工材料突破发展。

2. 主要技术进展及优势

（1）工业软件 CAx 和 EDA　CAx（CAD/CAE/CAM）技术是一项综合性强且技术复杂的系统工程，涉及许多学科领域，如计算机科学和工程、计算数学、几何造型、计算机图形显示、数据结构与数据库、仿真、数控、机器人和人工智能学科与技术，以及与产品设计和制造有关的专业知识等。通过数字化将人体模型由原来的石膏取模改为三维扫描仪采集人体相关数据，将数据远程传输给计算机，在计算机上完成设计与修型，再将模型数据输入数控雕刻机，雕刻出质量较轻的聚氨酯阳型。通常由便携式扫描设备、手机应用程序、云平台数据库、专业设计软件、7 自由度机器人制造系统组成。

2020 年，全球 CAD 市场外资厂商 Dassault、Autodesk 和 Siemens 在 CAD 市场处于垄断地位，国产软件在二维 CAD 领域已抢占 AutoCAD 市场，但在三维 CAD 领域尚处于起步阶段。但 2022 年至今，CAD/CAM 系统的产业链中的国产厂商也取得了一定的进步。如生产高端推车等全套助老产品的佛山市南海建泰铝制品有限公司已经将数码大方（北京数码大方科技股份有限公司）的 CAXA 系列软件（含 CAD、PLM 等）应用起来，加强产品研发管理，提高效率。精雕 CAM 软件 SurfMill 9.5 是北京精雕科技集团有限公司研发的一款专用于 5 轴精密加工的 CAM 软件，已可以满足医疗器械零件（如尺挠骨接骨板、牙齿基台、医用骨锉、股骨假体等）的高精度加工要求。

EDA 作为芯片设计工具，可以进行超大规模集成电路芯片的功能设计、物理设计、验证等，在芯片设计中不可或缺。目前，EDA 市场主要由美国 Synopsys、美国 Cadence 和德国 Siemens EDA 三家主导。国产 EDA 软件在产品矩阵、支撑的工艺程度、IP 布局、客户黏性等多方面均与海外存在较大差距。在产品矩阵的完整度上，国内厂商也不能像三巨头一样实现全流程、全细分领域的覆盖，国内 EDA 产品所支撑的工艺也不如三大巨头先进，目前仅有零星厂商的 EDA 能够支撑产业链部分环节较为高端的工艺制程。

（2）智能假肢　由于起步晚、产业基础薄弱，我国假肢产业存在发展不平衡、不充分的问题，可供选择的智能假肢产品较少。目前国内智能假肢市场规模较小，智能假肢生产企业数量少，市场供给缺口大，供给明显不足。从技术角度看，国内企业也有了不错的进展，但距市场认可的成熟品牌尚有一段距离。

德国 Ottobock 的 bebionic 毕加索智能仿生手通过 14 种不同的抓握模式和手的不同姿势，可以处理生活中各种各样的事情（见图 2-204）。例如吃饭、挎包、开门、开关灯、打字等等。每个手指由独立电机控制，具有比例可控的抓握速度，能进行精细的拿捏。三种尺寸、四种腕关节选择，能满足个性化需求。

图 2-204　德国 Ottobock 的 bebionic 毕加索智能仿生手

冰岛 Össur 的盘古主动力膝关节（Power Knee）是世界上第一款电机驱动的微处理器膝关节。主动辅助装置为屈曲和伸展提供动力，以模拟向心和离心肌肉活动。先进的传感器可准确检测用户的动作，然后通知微处理器，从而利用最先进的算法，使膝关节能够响应用户需求。强劲的电机可提供一致的站立相和自由摆动相。站立时提供主动伸展，下坡时提供受控阻尼，行走时提供主动屈曲和伸展，以及能量复归站立屈曲，盘古主动力膝关节因此可以促进质量对称分布和自然步态。

浙江强脑科技有限公司上市的 BrainCo 智能灵巧假腿，可以通过传感器系统进行数据实时采集获取，经过算法处理后转化为指令控制产品的液压系统，可针对用户当前运动状况进行动态的实时适配，满足下肢截肢患者日常生活活动场景所需要的动作自由度，使下肢截肢患者可以像控制自己的腿一样控制假肢，从而获得高仿生体验。

傲意科技（上海傲意信息科技有限公司）生产的 OHand 傲翼智能仿生手整合了傲意科技用 6 年时间潜心研发的"感""知""动"三个重要元素（见图 2-205）。"感"是其核心的肌电神经信号传感器阵列技术；"知"是其实现意图识别的人工智能 AI 技术；"动"是其包含了280多个定制零件构成的仿生灵巧手机械设计。

浙江臻行科技有限公司的臻行·吉光智能膝关节是一款适用于大腿截肢用户的智能膝关节假肢。产品采用6个传感器实时获取步态数据，应用领先的仿生步态控制算法，联动控制假肢模拟人类正常行走步态，时刻感知用户的运动意图。内置处理器可进行每秒千次级运算，时刻感知用户姿态。能于20ms内完成防磕绊处理，防止用户在使用假肢过程中出现跌倒、磕绊等二次伤害。其首创微型智能液压阻力系统，具备缓震减冲、被动助力的特点，使用户行走更灵活。该关节采用全碳纤维外壳，将整个产品质量控制在1.35kg左右。臻行假肢采用超低功耗电路设计与软件控制，充电4h，便可工作60h左右。

图 2-205　OHand 傲翼智能仿生手

（3）智能移动辅具　1.0时代以手动轮椅车为典型代表，技术低端、只能单一满足用户需求；2.0时代以电动轮椅车为典型代表，技术稍微升级，用电动功能补偿了用户一部分功能；3.0时代则是智能移动时代，以数字化和智能化的高端技术为主，具备多功能补偿、自主使用和人文关怀等特点。

深圳作为科技有限公司研发的一款穿戴式智能助行机器人能够戴在双肩、腰部及双脚的髋关节上，走路时可以为佩戴者提供20%～80%以上的行走力量，步行速度可以提高10%～30%。实现左偏瘫、右偏瘫及助行三种助力模式，采用五个档位调节，适合不同程度偏瘫患者的助力需求。内置多种传感器系统，可智能跟随人体步行速度和幅度，自动调节助力频率，学习并适应人体的步行节奏，具有更舒适的穿戴体验。

上海邦邦机器人有限公司的辅助出行系列，通过优秀的工业设计和智能传感技术，实现了"智能化服务+主动式安全防护+多环境适应能力"的良好用户体验。支持一键折叠、App远程操控、一键SOS、悬挂减震等众多实用功能。同时，外观酷炫时尚，科技感十足。

动思创新（北京动思创新科技有限公司）研发的智能轻型外骨骼BoostSuit系列，包含了模块化的髋、膝、踝外骨骼单元，各单元可独立使用或自由组合。动思创新首创基于深度学习算法的虚拟肌力传感器，实现了无需肌肉电传感器也可实时预测穿戴者的运动意图，能够在走、跑、跳、上下楼梯等多种工况下无缝切换、正确助力。同时动思创新自研的微型驱动器（扭矩密度高达50Nm/kg，力控精度达到0.1Nm），可实现精准且柔顺的助力，在保证患者安全性的同时，提升了患者的力量和平衡性。BoostSuit还可通过内置的软件，智能评估病理步态，自动优化助力参数，实现更好的步态矫正。

（4）生活护理类辅具　生活护理类辅具是指为了提高失能老年人、残疾人的自身潜在能力，克服功能障碍，使其较省力、省时地完成一些原来无法完成的日常生活活动，以增强其生活独立性的辅助器具。按用途分类，可分为进食自助具、穿衣自助具、个人修饰与卫生自助具、阅读与书写自助具、家务料理自助具、记忆与认知自助具、通信、信息和信号辅助器具等。目前整体上产品重功能轻设计，智能化程度较低。

北京亮亮视野科技有限公司的 AR 眼镜"听语者"是一款能够看见声音的字幕眼镜，专为听力受损人群或听力退化的老年人设计。整机质量为 79g；有无线设计、支持安卓和苹果系统。"听语者"AR 眼镜设置了 MEMS 麦克阵列，利用 AI 语音转文字功能，结合主动降噪，目前可以达到的效果是 70dB 噪声、5m 距离内、延迟时间 500ms 以内、语音转写准确率 85% 以上，能够满足日常对话需求。

深圳市臻络科技有限公司的 GYENNO 睿餐智能防抖勺是专门为针对手抖人群（震颤人群）和帕金森病患人群设计的医疗类电子产品。睿餐智能防抖勺长约 15cm，净重仅 130g，造型时尚，握感贴切。其外壳等采用最安全的医疗级超薄硅胶等材料，智能感应，全自动启用，无须学习，即拿起手柄便自动开启，放下设备自动进入休眠状态，节省用电。按 20min 一餐计算，一次充电可使用 3 天。考虑到患者吃饭、喝汤等需求，可更换叉、勺等餐头。该勺最神奇之处在于内置系统可自动上传使用者的手抖轨迹至云端系统，并进行远程自适应算法优化，自动更新内置软件，以更好地配合患者的抖动轨迹，改善防抖性能。

瑞士 Sonova，丹麦 William Demant、Widex、GNResound，美国 Sivantos、Starkey Technologies 占据了全球助听器市场的 90% 以上。与国产品牌相比，它们在我国的市场份额更高。国产助听器品牌处于加速追赶状态，包括厦门欧仕达［欧仕达听力科技（厦门）有限公司］、厦门新声（厦门新声科技有限公司）、杭州惠耳（杭州惠耳听力技术设备有限公司）、杭州爱可声（杭州爱听科技有限公司），占据国内接近 10% 的市场。

杭州爱听科技有限公司的灵犀助听器搭载专业的数字芯片，配备了数字 16 通道，能够实现 32 频段的独立调节，为用户带来更精准的言语理解度和更佳的听感舒适度。120dB 的超大功率能够满足重度甚至极重度听损患者的需求，老人耳朵再背也能听得清，支持智能降噪，准确衰减、弱化噪声，实现噪声语音分离，使得交流更清晰。只需将助听器设备与爱可声 App 以蓝牙连接，灵犀助听器便可以通过特有专利创新型技术对人耳进行 AI 测听，并对声音的频响进行调节。而且，爱可声 App 的 UI 设计也十分人性化，每一步都有提示栏，指导着用户操作，用户在使用助听器期间遇到的问题或者后期需要多次适应调试的，还能在 App 听力师进行沟通，爱可声专业的听力师也可以在线上远程调试，通过用户反馈优化验配。

（5）健康监测　德国 Variowell Development 公司的 Swayy 是一款根据人在睡眠不同阶段身体不同部位对温度的不同要求动态调整温度（升温和降温）的智能床垫，以提供最佳的睡眠体验。操作简单，只需连接对应 App 即可轻松设置。

厦门市凌拓通信科技有限公司的智能纸尿裤由智能尿湿传感器、蓝牙网关、纸尿裤三个部分组成，智能尿湿传感器可以监测尿量，网关将尿量数据发送到平台终端，便于护理人员或者子女查看纸尿裤信息，为照顾长期卧床的老年人带来极大的便利。智能健康戒指 NexRing 实现了监测睡眠状况、心率、HRV、体温变化、血氧、呼吸速率等功能，可与手机端通信，方便子女查看父母健康情况。

（6）增材制造（3D 打印）　3D 打印作为一种典型的数字化制造技术，与三维扫描、CAD 设计等数字化技术相结合所带来的数字化解决方案，为康复辅具的设计创新、供应链升级注入了新鲜"血液"。

1）3D 打印原材料。目前主要可分为金属材料、无机非金属材料、有机高分子材料以及生物材料等几类。金属粉末一般要求纯净度高、球形度好、粒径分布窄、氧含量低，目前应用于 3D 打印的金属粉末材料主要有钛及钛合金、高温合金、钴铬合金、不锈钢和铝合金材料等。SLS 工艺技术目前使用最广泛的原材料为 PA 粉末类材料。近年来，行业内出现多种新型高分子增材制造粉末或其他性状的材料，各类材料在成形质量和稳定性等方面的表现各有差异。结合增材制造 3D 打印工艺应用成型各种康复器件、组件、医疗器械产品逐渐成为行业发展趋势，以及康复医疗供给侧端供需间的市场新诉求。

2）3D 打印医疗应用。凭借可个性化定制的特点在医疗领域内应用逐步广泛，主要应用方向包括制造医疗模型、手术导板、外科或口腔科植入物、康复辅具器械等（主要材料包括塑料、树脂、金属、高分子复合材料等），以及生物 3D 打印人体组织、器官等。目前 3D 打印在口腔医学中的应用已逐渐成熟，主要运用于制造牙冠和牙桥等修复材料，包括义齿打印、矫正器制作等。在骨科植入方面也发展迅速，目前开始采用金属 3D 打印技术生产全膝关节植入物、髋臼杯、脊柱植入物等。在听力学领域，主要运用于制造耳蜗和听骨链等助听器部件。在心脏和神经系统方面，主要用于制造心脏支架和脑植入物等。

具体应用样例如下：

① 上肢矫形器。XComfort 欣适康腕关节固定器（见图 2-206）是黑格科技（广州黑格智能科技有限公司）针对腕关节及其周围骨折、并发症设计研发的骨科康复腕关节固定器。欣适康由黑格科技与南方医科大学和中国人民解放军南部战区总医院骨科专家团队联合研发及临床试验。

产品优势：3D 打印腕手固定矫形器独特的可调节卡扣设计，可以将患者的腕部固定在不同的角度。不仅可以保证腕关节活动，还能给予关节支撑和保护作用。支具可根据不同患者手指关节进行定制，利用指背和腕部 3 点受力进行活动。3D 个性化定制矫形球能满足不同患者的拿捏抓握力度及空间，让患者活动后能保持手部功能位，有助于康复。灵活一体的设计

图 2-206　XComfort 欣适康腕关节固定器

满足腕部及手指关节的固定和活动功能，使畸变的形态得到矫正。该产品采用惠普的 PA12 材料进行打印，相比于传统手腕矫形器的笨重外形及复杂穿戴，更加轻盈，佩戴更加舒适，让患者无负担感。

② 脊柱矫形器。个性化假肢和矫形器制造商 UNYQ 开发了一款 3D 打印脊柱侧弯矫

正器，打印材料为尼龙，平均质量为 300～600g，矫形器仅 3.5mm 厚，透气、轻便。患者佩戴这款矫形器之后，可以轻松地隐藏在衣服中。

UNYQ 还在矫形器上配备了传感器，可以跟踪用户穿戴了多长时间以及进行压力点检测，以保证矫形器的舒适性和功能性。所有捕获的信息都会被传至一个移动 App，然后提供给医生以决定是否要调整个性化支架。

③ 仿生肌电手。英国 Open Bionics 公司通过 3D 打印技术制造仿生肌电手。相比于传统的肌电手，3D 打印肌电手在价格上具有明显优势，并可以实现更加灵活多样的定制化外形。2018 年，Open Bionics 与英国国家卫生服务机构（NHS）签署了一项协议，将仿生假肢的制造和销售变得更加融入医院。Open Bionics 的 3D 打印仿生手臂是全球首款经过医学认证的 3D 打印仿生手臂，该产品已在英国上市。

④ 一体式小腿假肢。湖北省康复辅具技术中心使用华科三维（武汉华科三维科技有限公司）的选择性激光烧结（SLS）3D 打印设备，利用 3D 数字化平台和先进的康复辅具设计制造工艺，研发出 3D 打印透气性接受腔一体式小腿假肢、3D 打印脊柱矫形器、3D 打印弹力仿生脚等系列产品。

一体式小腿假肢产品包括小腿残肢接受腔、承重部分和假脚。小腿残肢接受腔与患者的小腿相对应，承重部分设置在小腿残肢接受腔和假脚之间的位置上，小腿残肢接受腔包含口型、腔体和排汗通道，腔体由内接受腔与外接受腔组成，内外接受腔采用加强筋连接。腔体内部、承重部分和假脚内部均有排汗通道，排汗通道与假脚下部的排汗孔相连接。

⑤ 下肢假肢中的足部装置。德国 3D 打印假肢制造商 Mecuris 研发的 3D 打印假肢足部装置 NexStep 已通过欧盟的 CE 认证。为获得 CE 认证，Mecuris 做了大量准备工作，其中最重要的是对 3D 打印假肢进行机械长期耐久性试验、负载持久测试。通过仿真分析，Mecuris 证明了 NexStep 3D 打印假肢持久的脚趾负载可达 8000N，病人佩戴这个假肢可以超过三年时间。最终，NexStep 在四个月的时间内通过了 CE 认证。

传统的假肢定制化生产周期为 2～3 个月，而 Mercuris 使用数字化设计和 3D 打印技术进行假肢定制化生产，生产周期要短很多，最终 Mercuris 公司希望能实现 48h 交付。

⑥ 口腔正畸。时代天使（上海时代天使医疗器械有限公司及其关联公司的简称）是一家领先的口腔隐形正畸技术、隐形矫治器生产及销售的服务提供商。时代天使于 2003 年成立，目前与全国八大口腔专业院校长期开展学术科研合作，在牙齿隐形矫治技术的研发、应用方面已申请逾 150 项专利。时代天使运用增材制造技术实现口腔正畸牙模批量定制生产，解决传统机加工制造复杂的问题，能满足患者个性化需求，全面提高了我国口腔医疗水平，实现自主品牌代替。

基于已发布的辅助系统和数据平台，包括 masterForce、力学分析系统、masterMulti 多模式矫治系统、A-treat 数字化矫治方案设计平台、masterEngine 人工智能多模态生物数据平台等，时代天使提供的终端产品包括四种隐形矫治器（时代天使经典版、冠军版、儿童版、COMFOS）及附件。

⑦ 康复骨科。髋臼杯、脊柱椎间融合器等 14 款增材制造医疗植入物已获得 NMPA 认证，实现临床应用，拓展疾病治疗解决方案；

⑧ 修复领域。极数医疗（广东省极数增材医疗科技有限公司）作为北京龙凤呈祥医院管理有限公司全资子公司，专注于以增材制造和医工融合为特色的创新研发、应用转化和成果落地。极数医疗运用自主研发高分子复合材料与 3D 打印工艺联合，以制造标准化（T/CAMDI 093—2022）应用椅旁齿科综合解决场景，实现新工艺新技术医疗单科医疗高端诉求康复、临床专科修复应用多元场景。逐步形成科研成果转化前市场锤炼的行业生态解决方案。

3. 技术发展趋势

目前，康复辅具在一些产品上已经实现了数字化、智能化，可以远程交互，未来的康复辅具应是无感化的，实现与人体的"无缝"整合连接，协助人体完成各种日常活动。康复辅助器具的科技水平不断提高，推动产业向中高端升级，是未来发展的必然趋势。

（1）智能化和数字化　通过传感器、无线通信和云计算等技术，康复辅具可以实现远程监测和远程康复。患者的康复数据可以通过传感器实时收集，并传输到云端进行分析和监测。康复专业人员可以远程访问这些数据，并为患者提供远程指导和康复计划调整。

康复辅具可以配备传感器、运动跟踪器和机器学习算法，实时监测患者的动作和进展，并根据数据提供个性化的康复指导和训练计划。智能康复辅具可以提高康复效果，并提供实时反馈和指导，增强用户的康复体验。

通过收集和分析大量的康复数据，如运动数据、生理参数和进展情况等，可以提取有价值的信息，帮助专业人员制订更有效的个性化的诊疗方案。人工智能技术可以处理和解释这些数据，并提供实时的预测和建议，以优化康复效果。

（2）个性化和用户体验　个体需要被关注和重视，这对其心理健康至关重要。满足个性化需求的康复辅具，才是面向未来的。不仅仅要考虑到每个人的身体状况、使用目的、个人喜好和使用环境等因素，还要兼顾康复辅具的舒适度和可佩戴性。辅具产品也会更强调提供良好的用户体验，这包括好用易用、稳定可靠、充满美感，符合人体工程学原理。产品使用中越来越重视用户的意见和需求，常通过用户参与设计、测试和反馈收集来改进产品和服务。

（3）人机交互和脑机接口　人机交互技术可以改善用户与康复辅具的交互方式，使其更直观、自然和舒适。通过使用直观的界面、友好的控制方式和反馈机制，人机交互可以增强用户对康复辅具的控制感和参与感，提高用户的满意度和使用体验。比如类似 ChatGPT+文本转语音（Text To Speech AI）+语音识别（Speech recognition）能提供近似的自然语言交流方式，可以让更多对最新技术不敏感的老人也可以有机会享受到最新的康复辅具产品。

最新的智能假肢也已实现人体与假肢之间的直觉通信，使患者可通过直觉操控假肢运动，提升日常活动效率。靶向肌肉神经功能重建（Targeted Muscle Reinnervation，

TMR）就是由骨科医生与工程专家共同开发的一种人机接口（Human-Machine Interface，HMI）构建技术，旨在通过手术建立人类与假肢之间信号沟通的渠道，实现大脑对假肢的直觉操控。

VR（虚拟现实）/AR（增强现实）/MR（混合现实）作为人机交互技术的重要分支，近年来取得了显著的进展。未来会提供更加细致和准确的手势识别、视线追踪和注视交互技术，更智能和自然的语音交互和情感识别技术，以及更先进的脑机接口技术。此外，随着硬件技术的进步和新的交互设备的出现，如头部追踪装置、全息投影等，VR/AR/MR 的人机交互方式将变得更加多样化和丰富。

4. 存在的问题及建议

（1）存在的问题　目前我国智能康复辅具产业处于全球中、低端水平，近年来随着相关政策的出台，我国老年康复辅具产业得到快速发展，但仍存在一些问题。首先，我国的老年康复辅具产业规模相对较小，而且产品竞争力不够。老年康复辅具企业数量有限且规模较小，发展状况呈现分散化和自发性的特点。主要生产中低端产品，高端产品则主要依赖进口，这很难满足国内日益增长的市场需求。其次，老年康复辅具领域的标准体系尚不完善。老年康复辅具产品对于安全性、可靠性和耐用性等方面有着较高的要求。然而，由于缺乏相应的产品制造标准，市场上的产品质量良莠不齐，这使得老年人的使用安全无法得到有效保障。最后，老年康复辅具产业在创新能力方面存在不足，并且科技含量相对较低。该行业普遍存在仿制仿造现象，缺乏真正的创新。此外，对于掌握康复学、工程学、材料学等多方面知识技能的复合型人才的需求远远超过供给，人才短缺问题在该行业尤为突出。

第七次全国人口普查主要数据结果显示，目前我国 60 岁及以上老龄人口已达 2.6 亿，其中 65 岁及以上人口 1.9 亿，老龄化程度进一步加深。同时，我国还有 3600 多万持证残疾人，每年上亿人次的伤病人。这些特殊群体相当一部分都有康复辅助器具需求，为康复辅助器具产业的发展开辟了广阔的市场和巨大的发展空间。从推动国家长远发展与增进人民福祉的战略高度出发，应充分认识老年人、残疾人、伤病人等特殊群体对康复辅具的多样化、多层次需求，坚持以人民为中心，切实增强推进康复辅具产业发展的紧迫感和针对性，从而不断优化提升康复辅助器具产业的发展水平。

（2）发展建议　新阶段康复辅助器具产业的发展建议如下。

首先，加快培育康复辅具产业的领军企业，优化产业结构，完善产业链。鼓励并支持国内老年康复辅具生产企业积极扩大业务范围，开发高端智能辅具，如照护机器人、智能适老功能护理床和智能适老功能轮椅，并通过兼并收购同类型小企业，优化产能效率，实现大规模生产，降低单元成本。同时，整合产业资源，成立产业联盟，打造符合国情的老年康复辅具产业链。鼓励国际一流的老年康复辅具企业来投资设厂，并引入多样化的新产品，以推动上下游产业链的快速发展，实现整个产业的协同发展。

其次，完善相关标准，丰富政策扶持措施。不断吸收国际先进标准，推进老年康复辅具标准体系的建设，以高标准推动产业链的升级和提质，促进行业与市场的规范化发展。加大对老年康复辅具产业的扶持力度，将其纳入相关产业发展规划。通过提供税收优惠和投资补助等政策手段，鼓励更多企业参与。建立基本型老年康复辅具购置补贴制度，将基本型康复辅具的配备情况纳入养老机构的运营规范，支持社区为独居老人提供基本的康复辅具。鼓励社会公益基金和社会组织提供相应的专项救助，并研究将符合要求的康复辅具纳入长期护理保险和商业健康保险的支付范围。

最后，强化人才培育，推动产品研发和成果转化。鼓励企业增加科研投入，引导产业链上下游企业加强合作，攻克关键技术和前沿技术，推动新产品的研发。同时，提升创新研究平台的支撑能力，鼓励优势企业、科研单位和高校在相关领域合作，建立研究机构和平台。加强行业复合型人才的培养，与护理、养老等相关专业形成有效的衔接和相互支持。完善产、学、研一体化创新的政策措施，加强对老年康复辅具相关研究成果的转化和推广，推动科研成果市场化和产业化。加快国家级康复辅具产业综合创新试点的进展。在财税、金融、消费支持以及人才队伍建设等方面形成可复制和可推广的试点经验。

（二）康复辅助器具关键零部件技术发展趋势

1. 工业软件 CAx 和 EDA

（1）CAx CAx 软件是 CAD/CAE/CAM 等系列软件的统称，处于产品全生命周期的上游，是智能制造和高端制造中不可或缺的关键性生产工具。随着"中国制造 2025"瞄准高端制造的持续推进，外部环境倒逼关键产品国产化，CAx 软件未来可期。国产CAx 软件目前的主要应用行业是航空、航天、汽车机械、工程建筑等，在医疗器械康复辅具的应用亟待进一步推进。

CAD 软件，如 SolidWorks、Solid Edge、Inventor，一般要用到 70 个组件以上，核心组件包括几何内核（主要有 Siemens 的 Parasolid，Dassault 的 ACIS）、几何约束求解器（主要有 Siemens 的 DCM）、图形组件（主要有 Tech Soft 3D）和数据转换器（主要有 Dassault 与 Tech Soft 3D）等，大部分 CAD 软件的基础框架都是基于这几款基础组件。

1）几何内核。几何内核是 CAD 最基础的核心组件，也是我国目前最关注的领域，主要的建模方式包括线框建模、曲面建模、实体建模、特征建模等。目前，几何内核的两大主要阵营为 Siemens 的 Parasolid（全球 200 多家客户）和 Dassault 的 ACIS（全球100 多家客户）。ACIS 和 Parasolid 对比见表 2-37。

表 2-37 ACIS 和 Parasolid 对比

内核	开发者	特点及优势	典型软件	注释
ACIS	Spatial Corporation（Spatial Technology 母公司）	平面造型；对比较简单的三维模型，节省计算资源和存盘空间	AutoCAD、CATIA、Pro/E、ABAQUS、Fluent、Nastran 等	从平面造型发展起来
Parasolid	UGS	对造型复杂、碎面较多的实体具有优势	UG、Solid Edge、Solid-Works、 ANSYS、 Comos、FEMAP、Adams、Adina 等	最成熟，应用最广泛的几何造型内核

2）几何约束求解器。广泛应用在草图轮廓表达、零件建模参数表达、装配约束以及碰撞检查等场景中，为快速确定设计意图表达、检查干涉、模拟运动提供强有力的支持，可帮助最终用户提高生产率。参数化特征建模以实体模型为基础，提供用户特征设计手段，以参数驱动模型，设计者可以通过添加、修改参数达到建立、修改模型的目的，大大简化了产品的造型过程，并且极大地方便了系列产品的设计过程。几何约束求解器是几何内核的重要组件，几何内核在进行参数化特征建模时，几何约束求解器进行几何约束求解并定义、储存模型各元素之间的约束关系，实现参数化特征建模。

几何约束求解器虽然市场份额不大，但其在产业发展中属于关键工程。国外的主流几何约束求解器有 DCM、LGS，国内的几何约束求解器有 DCS。

DCM 由 D-cubed 公司研发，2004 年由 UGS 公司收购，随着 Siemens 2007 年 5 月收购了 UGS 公司，DCM 目前作为 Siemens PLM 软件供使用。DCM 分为 D-Cubed 2D DCM（D-Cubed 二维空间约束管理器）和 D-Cubed 3D DCM（D-Cubed 三维空间约束管理器）。LGS 由俄罗斯 LEDAS 公司于 2001 年开发，在约束求解方面被认为是仅次于 D-Cubed 的几何约束求解引擎。其计算组件使用了高度优化的内部非线性求解器和几何分解方法，在 3000 多家工厂的测试中实现了最优结果。LGS 已授权给十多家工程软件供应商，包括 Cimatron（现隶属于 3D Systems）、CD-adapco（现隶属于 Siemens PLM Software）和 ASCON。

DCS 由国内的华天软件（山东山大华天软件有限公司）研发，是完全自主研发的二维、三维约束求解引擎，同时也提供与国际商用约束求解器兼容的 API 接口。DCS 二维约束求解器可实现二维图形参数化设计，满足约束需求及尺寸需求；DCS 三维约束求解器可实现约束三维几何体的需求，在三维 CAD/CAM/CAE 领域中支持装配设计、运动仿真等。

CAE 有限元分析是基于 CAD 建模的工程分析与物理仿真。

3）CAE 网格剖分内核。主要用于仿真分析软件的网格划分，网格剖分内核方面主要的软件是法国的 MeshGems。

有限元分析是一个基于 CAD 几何模型来建立 CAE 有限元模型的过程，主要分为有限元网格剖分、有限元单元分析、有限元整体分析三个步骤，有限元网格剖分是整个过程中的重中之重。有限元法是基于固体流动变分原理，把一个原来连续的物体剖分成有限个数的单元体，计算时先对每个单元进行节点分析，再根据变形协调条件把这些单元重新组合起来，进行综合求解。应用场景包括固体力学中的位移场和应力场分析、电磁学中的电磁场分析、振动特性分析、传热学中的温度场分析、流体力学中的流场分析等。

全球 CAE 市场被三大供应商所主导，分别是 Siemens、ANSYS 和 Dassault。

CAM 软件需要涉及加工路径的组件（主要有德国的 ModuleWorks 与英国的 Machine-Works）。CATIA、NX、Creo 等高端多学科 MCAD 会涉及更多的组件，其中有不少核心组件来自于第三方，甚至有些组件会来自于竞争对手。

华天软件的 CrownCAD 作为全自主、基于云架构的三维 CAD 平台，拥有自主研发的"三维几何建模引擎 DGM"与"几何约束求解引擎 DCS"两大核心技术；三维 CAD/CAM 软件 SINOVATION 是国际先进设计制造水平的自主版权三维 CAD/CAM 软件。数码大方专注于数字化设计 CAD、数字化管理 PLM 和数字化制造 MES 等领域。其 CAXA 系列软件包括：CAXA CAD 3D/2D 一体化、CAD/CAPP/CAM 一体化、生态一体化。中望软件（广州中望龙腾软件股份有限公司）基于自主可控 Overdrive 内核的 3D CAD 软件，于 2019 年推出全波三维电磁仿真软件。目前该公司拥有 ZWCAD（2D CAD）、ZW3D（3D CAD/CAM 一体化）、ZWSim-EM（CAE）三类产品，实现了工业设计、工业制造、仿真分析、建筑设计等关键领域的全覆盖。

（2）EDA EDA（Electronic Design Automation）为电子设计自动化，是指用于辅助完成超大规模集成电路芯片设计、制造、封装、测试整个流程的计算机软件工具集群，是广义 CAD 的一种，是在 20 世纪 60 年代中期从计算机辅助设计（CAD）、计算机辅助制造（CAM）、计算机辅助测试（CAT）和计算机辅助工程（CAE）的概念发展而来的。EDA 设计工具涵盖了产业链前端电路设计、验证、后端物理设计、封装设计与可测性设计等环节，驱动着芯片设计、制造和终端应用的发展。在半导体产业链中，EDA 是集成电路产业链最上游、最高端的产业，是推动芯片设计创新的重要辅助工具之一。

一个完整的集成电路设计和制造流程主要包括工艺平台开发、集成电路设计和集成电路制造三个阶段，见表 2-38。

表 2-38 集成电路设计和制造流程

阶段	主导企业	主要内容
工艺平台开发	晶圆厂（包括晶圆代工工厂、IDM 制造部门等）	在其完成半导体器件和制造工艺的设计后，建立半导体器件的模型并通过 PDK 或建立 IP 和标准单元库等方式提供给集成电路设计企业（包括芯片设计公司、半导体 IP 公司、IDM 设计部门等）
集成电路设计	设计企业	基于晶圆厂提供的 PDK 或 IP 和标准单元库进行电路设计，并对设计结果进行电路仿真及验证。若仿真及验证结果未达设计指标要求，则需对设计方案进行修改和优化并再次仿真，直至达到指标要求方能进行后续的物理实现环节。物理实现完成后仍需对设计进行再次仿真和验证，最终满足指标要求并交付晶圆厂进行制造。在大规模集成电路设计过程中，由于工艺复杂、集成度高等因素，电路设计、仿真及验证和物理实现环节往往需要反复进行
集成电路制造	晶圆厂	晶圆厂根据物理实现后的设计文件完成制造。若制造结果不满足要求，则可能需要返回到工艺开发阶段进行工艺平台的调整和优化，并重新生成器件模型及 PDK，提供给集成电路设计企业进行设计改进

按照功能和使用场合，EDA 软件可以分为电子电路设计与仿真工具、PCB 设计软件、IC 设计软件等，见表 2-39。

表 2-39　EDA 分类及主要工具

分类		特点	主要工具
电子电路 设计与仿真工具		对设计好的电路图通过仿真软件进行实时模拟，模拟出实际功能，然后通过其分析改进，实现电路的优化设计	SPICE/PSPICE、EWB、Matlab、SystemView、Multisim、MMCAD、Altium Designer
PCB 设计软件		画板级电路图以及布局布线和仿真的工具，用来摆放元器件，然后再把元器件用线连起来	Protel、OrCAD、Vewlogic、PowerPCB、Cadence PSD
IC 设计软件	设计输入工具	任何一种 EDA 软件必备的基本功能	Composer、vewdraw、ModelsimFPGA
	设计仿真工具	验证设计是否正确	Verilog-x、NC-verilog、Leapfrog、AnalogArtist、VCS
	逻辑综合工具	把 HDL 变成门级网表	Design Compile、Behavor Compiler、Ambit、FPGA Express、Synplity、Leonardo
	STA（静态时序分析）	在时序上对电路进行验证	Prime Time、PEAD
	形式验证	从功能上对综合后的网表进行验证	Formality
	DFT（可测性设计）	将一些特殊结构在设计阶段植入电路，以便设计完成后进行测议，减少测试成本	DFT Compiler
	布局和布线	用于标准单元、门阵列，可实现交互布线	Astro、Cadencespectra；Ce 3、SiliconEnsemble、Gate Ensemble、DesignPlanner、PhysicalCompiler
	寄生参数提取	分析信号完整性问题，防止因导线耦合导致的信号噪声	Star-RCXT
	物理验证工具	版图设计工具、版图验证工具、版图提取工具	Dracula、Viruso、Vampire、Hercues
	模拟电路仿真器	针对模拟电路的仿真工具	HSPICE

　　全球 EDA 行业呈现寡头垄断趋势。随着半导体行业的迅速发展，全球芯片设计、制造中对 EDA 工具需求加大，EDA 市场规模逐年递增。根据 SEMI 的数据，2020 年全球 EDA 市场规模为 114.67 亿美元，同比增长 11.63%。2015—2020 年复合增速为 7.74%。经过 30 余年的发展整合，全球 EDA 行业呈现较为明显的寡头垄断特征，2020 年行业前三大巨头 Synopsys、Cadence 与 Siemens EDA 占据全球约 77.7% 的市场份额。

　　值得注意的是，随着我国集成电路产业的高速发展和国家对半导体产业的政策扶持，国产 EDA 软件的发展速度近年来有了显著提升。一些国产 EDA 企业逐渐崭露头

角，例如华大九天（北京华大九天科技股份有限公司）、国微集团 ［国微集团（深圳）
有限公司］ 和广立微（杭州广立微电子股份有限公司） 等。其中，佼佼者华大九天不
仅提供一站式 EDA 及相关服务，还在模拟电路设计、数字电路设计和平板显示电路设
计等多个子领域内拥有领先的技术。除了华大九天，其他如广立微、芯和半导体 ［芯和
半导体科技（上海） 股份有限公司］ 等国产 EDA 企业在特定领域也有着不俗的表现。
例如，广立微在芯片良率测试分析方面有着显著的优势，芯和半导体在射频芯片设计和
验证方面有着突出的表现。国内主要 EDA 厂商见表 2-40。

表 2-40　国内主要 EDA 厂商

类别	功能/应用场景	国产 EDA 厂商（部分）
模拟设计类	模拟芯片设计全流程	华大九天
	版图设计与编辑	华大九天
	电路仿真	概伦电子、睿晶聚源
	物理验证	智芯仿真、蓝海微
	寄生参数提取	超逸达、蓝海微
	射频设计	法动科技、比昂芯、芯和半导体
	电磁仿真	芯和半导体、九同方、芯瑞微
数字设计类	数字前端	合见工软、芯华章等
	原型验证与仿真	思尔芯、英诺达等
	数字后端	鸿芯微纳、立芯、芯行纪
	Sign-Off	华大九天、行芯科技
晶圆制造类	TCAD	珂晶达
	器件建模	概伦电子、国微芯
	PDK 生成与验证	概伦电子
	制造环节	广立微、全芯智造、睿晶聚源等
先进封装类	封装设计与建模	芯和半导体、合见工软、芯瑞微
系统类	PCB 设计	芯和半导体、巨霖微、为昕科技

注：概伦电子，即上海概伦电子股份有限公司；睿晶聚源，即珠海市睿晶聚源科技有限公司；智芯仿真，即北
　　京智芯仿真科技有限公司；蓝海微，即天津蓝海微科技有限公司；超逸达，即北京超逸达科技有限公司；
　　法动科技，即杭州法动科技有限公司；比昂芯，即深圳市比昂芯科技有限公司；九同方，即湖北九同方微
　　电子有限公司；芯瑞微，即芯瑞微（上海）电子科技有限公司；合见工软，即上海合见工业软件集团有限
　　公司；芯华章，即芯华章科技股份有限公司；思尔芯，即上海思尔芯技术股份有限公司；英诺达，即英诺
　　达（成都）电子科技有限公司；鸿芯微纳，即深圳鸿芯微纳技术有限公司；立芯，即深圳立芯电子信息有
　　限公司；芯行纪，即芯行纪科技有限公司；行芯科技，即杭州行芯科技有限公司；珂晶达，即苏州珂晶达
　　电子有限公司；国微芯，即深圳国微芯科技有限公司；全芯智造，即全芯智造技术有限公司；巨霖微，即
　　巨霖（上海）微电子有限公司；为昕科技，即上海为昕科技有限公司。

从政府层面来看，国家对半导体和 EDA 行业的发展给予了高度的重视。北京、上
海、深圳、成都等地也纷纷出台了 EDA 支持政策，以促进行业的发展。这些政策的出

台无疑为国内 EDA 厂商提供了宝贵的发展机会，也有助于解决长期以来核心技术受制于人的问题。

2. 人机交互技术

人机交互（Human-Computer Interaction，HCI）是研究人类与计算机系统（泛指任何设备）之间交互行为和界面设计的学科领域。它关注人类如何与计算机系统进行沟通、交流和操作，以及如何设计和改进用户界面，使交互过程更加自然、高效和满足用户的需求。一个好的人机交互设计，对于一个产品能否被真正用起来，起到了至关重要的促进作用。好的人机交互，是遵循以用户为中心的（User Centered Design，UCD）设计模式的。简单来说，就是在进行产品设计、开发、维护时从用户的需求和用户的感受出发，围绕用户进行产品设计、开发及维护，而不是让用户去适应产品。

相关主流技术现状及趋势如下：

（1）自然语言 人机交互的一种形式是通过自然语言与智能辅具进行交流。语音识别技术和自然语言处理（Natural Language Processing，NLP）等使得用户可以通过语音语言与康复辅具进行交互，例如发出控制指令来控制助行器的移动、询问产品使用方法、完成一些指定功能等等。这对行动受限但表达无碍的人士实现生活自立显然很有帮助。

语音识别是这种交互技术的基础，它允许设备将用户的语音指令转化为可理解的文本形式。这需要使用音频处理技术和机器学习算法来识别和解析用户的语音信号。常见的语音识别技术包括声学建模、语言模型和声纹识别等。其中，声学建模用于将声音特征转化为语音单元，语言模型用于解决词序问题，而声纹识别则可用于身份验证。

自然语言处理则是将用户的文本指令理解为可执行的操作。这需要对自然语言进行分析和处理，以理解用户的意图。自然语言处理的关键任务包括词法分析、句法分析、语义理解和上下文推理等。在处理自然语言时，常用的技术包括词嵌入、命名实体识别、情感分析和机器翻译等。

以下是一些国内外的常见技术和框架：

1）语音识别引擎。常见的语音识别引擎包括国外的 Google Speech-to-Text、Microsoft Azure Speech Services 和 Amazon Transcribe，国内的讯飞听见、阿里云的实时语音识别、腾讯的语音识别 API 等等。它们都提供了强大的语音识别能力，并可与智能音箱应用进行集成。

2）自然语言处理工具包。例如，Natural Language Toolkit（NLTK）、SpaCy 和 Stanford NLP、腾讯和阿里巴巴的 NLP 服务等工具包提供了丰富的自然语言处理功能，包括词法分析、句法分析、实体识别和情感分析等。

3）语音合成引擎。为了使智能音箱能够回应用户的指令，语音合成引擎可以将文本转化为自然流畅的语音。Google Text-to-Speech、Microsoft Azure Text to Speech 和 Amazon Polly 是常用的语音合成引擎。

4）云平台和 API。大多数智能音箱应用需要与云平台进行集成，以获取语音识别和自然语言处理的功能。云服务提供商如 Amazon Web Services（AWS）、Google Cloud Platform（GCP）和 Microsoft Azure 以及阿里巴巴和腾讯等都提供了相关的 API 和工具，简化了开发过程。

智能音箱是一个典型代表。Amazon 是全球最大的智能音箱（Smart Speakars）厂商，占有的市场份额超 24%。其他主要厂商包括 Google、阿里巴巴、小米和苹果等。以 2022 年 11 月推出后爆火的 ChatGPT 为代表的国内外的众多大模型，已经开始被集成到音箱中去，这为未来的自然语言交互提供了很多想象空间，但目前康复辅具中集成了大语言模型的产品还没有。

（2）3D 手势　用于人机交互的 3D 手势这里特指动态手势。现阶段动态手势识别的研究方向主要分为基于传感器和基于视觉。传感器包含 3D 手套、sEMG 表面肌电、标记点（marker）和 3D 传感器。3D 传感器因无需任何穿戴、操作简单，故更适合大部分交互场景。典型 3D 传感器见表 2-41。

表 2-41　典型 3D 传感器

传感器	分辨率	范围/mm	精确度/mm	描述
Kinect 1.0	320×240	800~4000	4.00	20 个关节（身体）
Leap Motion	640×240	25~600	0.01	27 个关节（手）
TOF	512×484	800~4500	1.00	25 个关节（身体）

Kinect 1.0（结构光，通过激光的折射以及算法计算出物体的位置和深度信息，进而复原整个三维空间）和 Kinect 2.0（Time of Flight，TOF，根据光子飞行时间推算出光子飞行的距离得到物体的深度信息）目前已退市，只有 Leap Motion（使用两个或者两个以上的摄像头同时采集图像，通过比对这些不同摄像头在同一时刻获得的图像的差别，使用算法来计算深度信息）被用于 VR/AR 交互中。传感器方式虽然精度较高，但是成本也高，不利于康复辅具的普及。

基于视觉的识别分为机器学习和深度学习。前者算法需要人工设计特征，故存在一定的局限性；后者无需设计特征，故是当下的主流识别方法。基于深度学习的手势识别方法，首先要用摄像头获取手势信息，然后调用 OpenCV 库函数对手势图像进行预处理，以消除图像中的噪声以及增强图像的质量，之后就可以将预处理的手势图像输入到网络中并选择手势模型对手势进行分析识别，最后输出识别结果。基于视觉的深度学习流程如图 2-207 所示。

基于深度学习的手势识别目前国内外的研究已经比较充分，国外的如 Google 的开源项目 MediaPipe，是一个集成了多种机器学习视觉算法的工具库，包含了人脸检测、人脸关键点、手势识别、头像分割和姿态识别等各种模型。MediaPipe Hand Tracking 模型可以精准地检测手的 21 个关键点的 3D 坐标，支持多个手掌。手势由不同手指关键点之间的距离或角度（根据 3D 坐标测算）推算出来。国内商汤科技（上海商汤智能科技有限公司）的 SenseAR 也提供基于 RGB 和 RGBD 两种摄像头的实时跟踪与识别手势算法，

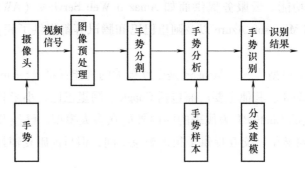

图 2-207　基于视觉的深度学习流程

可以实时输出相机预览中出现的手的信息，包括手势的类型、手势框的坐标、手掌的朝向、左右手的判断、手指关键节点的数量，以及手指关键节点的 2D 和 3D 坐标等信息。当前版本只能检测单手的信息，目前可识别 14 中常用的手势，包括剪刀、石头、布、OK、点赞、666、手枪、比心、我爱你、三根手指、四根手指、小拇指、指尖、金属礼。

3D 手势的非接触交互方式，在 VR/AR 领域已有不少应用，但在康复辅具中的应用还很少。

3. 4D 打印

4D 打印是指在 3D 打印的三个空间维度上增加一个时间维度。4D 打印技术是随着 3D 打印技术的迅猛发展而诞生的一种新型智能化增材制造技术。

4D 打印应用的流程：首先，根据目标结构，选用一种或多种智能材料通过力学仿真分析"编程"设计出包含智能响应信息的数字化模型；其次，选择合适的工艺以多材料混合打印方式完成初始静态结构的制造；最后，在该初始静态结构的全域或局域施加特定的外界刺激（如温度、湿度、声波、电场、光波、磁场等），使其以执行预设程序的方式进行结构变形、刚度变化、自行组装、修补或变色等响应，经一步或多步响应后得到目标结构。

采用 4D 打印技术，在矫形鞋垫中使用智能材料，根据患者足部畸形程度运用 4D 打印设计方法对该智能材料进行一系列预编程，使之形成与患者足部畸形矫形历程相协调的形状和刚度序列，在矫形过程中利用热、电、光等外场激励促使智能材料在鞋垫的矫形区域形成与患者足部畸形相适应的形状和刚度，从而实现矫形鞋垫的智能化调整。这避免了在不同的治疗阶段多次 3D 打印不同的矫形鞋垫，节约了材料及能源，经济性高。3D 打印形成的假肢接受腔形状是固定不变的，成型后并不能够根据患者的行走状态、肌肉松紧程度等进行适当的动态调整，严重制约了假肢接受腔的舒适性和使用功效。利用 4D 打印技术，则可以实现其形状和硬度随患者需求的智能自适应调控，形成智能假肢接受腔，大大提高假肢舒适度。

4. 柔性电子皮肤

柔性电子皮肤（Electronic Skin，E-Skin）能够模拟人体皮肤的多维信息感知功能，在可穿戴电子、健康医疗监测、智能机器人、智能假肢等领域表现出广阔的应用前景，成为当今重要的前沿研究方向之一。

2022年12月，兰州大学物理科学与技术学院兰伟教授领衔的柔性电子科研团队提出了一种一体式自供能的全透明柔性 E-Skin，该系统由透明超级电容器、可拉伸透明应变传感器和蛇形电阻组成。以富含氧空位的氧化钼纳米线为活性材料，利用纳米纤维素调控光折射率，形成自支撑纸电极，构成的柔性透明超级电容器表现出优异的柔性、透明性和电化学性能。由一维银纳米线和二维 MXene 纳米片构建的"岛桥结构"应变传感器具有极高的灵敏度，1%应变条件下，GF 因子高达 220，与同类型器件相比高出 2 个数量级。超级电容器作为"隐身"电源可为一体式 E-Skin 系统进行供电。实验结果表明，在动态和静态形变情况下，无论应变范围大小，均表现出优异的传感性能。充电后，一体式 E-Skin 贴敷于人体皮肤，可实现对脉搏、吞咽、肢体运动等微弱生理信号和大范围肢体运动等多尺度人体活动的实时检测。

2023年5月，美国斯坦福大学鲍哲南团队在 Science 杂志宣布成功开发了一种柔性电子皮肤，可以将压力或热量传感器的信号转换为大脑信号。在对大鼠的测试中，将电子皮肤与大鼠的大脑相连后，触摸该皮肤会刺激大鼠踢腿。电子皮肤仅有几十纳米厚，只需在 5V 电压下运行，可更舒适地使用更长时间而不会过热；还可以检测到与真实皮肤类似的刺激，这一点恰好是普通材质假肢被很多残障人士弃用的重要原因，即缺乏感觉反馈，戴久了就觉得不自然不舒服。电子皮肤是第一个将人类皮肤的传感和所有所需的电气及机械特征结合在一起的柔性、耐用的仿生皮肤形式，可用于下一代假肢皮肤和创新的人机界面，以提供类似人类的触觉，使截肢者或皮肤受损的人重新拥有触觉、痛觉和温度感知，触摸世界、感受世界。目前，电子皮肤仍须通过有线连接外部电源，但鲍哲南希望最终开发出无线设备，最终实现覆盖所有手指并对触摸、温度和压力做出反应的皮肤。

二、康复医疗装备及关键零部件技术发展趋势

（一）康复医疗装备技术发展趋势

1. 行业发展现状

随着社会对康复医疗的重视程度不断提高，我国康复医疗行业的市场规模不断扩大。康复医疗作为医疗服务的重要组成部分，国家层面十分重视其发展。国家不仅关注康复医疗规模方面的扩大、康复医疗机构数量的增长，同时还兼顾康复医疗质量的提高。在全面推动的基础上，更加注重康复医疗事业的协调性和可持续性。

为生命恢复活力的康复医疗作为医疗服务的重要组成部分，一方面，其发展受到国家政策的鼓励和财政的支持；另一方面，随着医疗卫生事业的发展和人民生活水平的提高，康复医疗行业的市场需求也驱动着行业快速发展。2015年以来，我国康复医疗行业的市场规模增速显著。2018年，全国康复医疗机构数量达 637 家，2023 年我国康复医疗行业的市场规模近 1618 亿元人民币，有望于 2024 年突破 2000 亿元人民币，预计

2025 年我国康复医疗服务市场规模达 2686 亿元人民币，2022 年至 2025 年复合年均增长率（CAGR）约为 38.5%，整体市场未来成长空间广阔。康复医疗行业的市场规模及预测如图 2-208 所示。

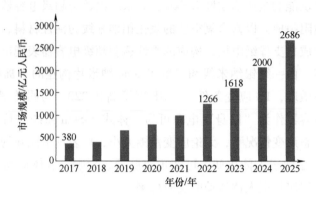

图 2-208　康复医疗行业的市场规模及预测

　　国内康复医疗企业涉及的产品种类很多，具有显著的"小产品、大产业"的行业特征，我国是目前国际上康复医疗产品种类最多、受众群体最为广泛的国家之一。

　　（1）康复治疗装备　翔宇医疗（河南翔宇医疗设备股份有限公司）研制的激光磁场理疗仪 XY-JGC-II：采用由稳定脉冲强磁和 650nm 激光双功能组合的创新理疗技术，强磁场以无创的方式刺激组织，产生一个可控制的、可以迅速增加的磁场，在所经过的人体组织诱发一个电场。生物电流在组织中均衡地传导，可增强神经细胞和相关酶的活性，使神经纤维去极化，产生神经冲动，轻松激活以肌肉为效应器的反射弧，调节外周神经的兴奋性，促进镇痛物质释放，提高机体的痛阈。

　　江苏森航（江苏森航健康科技有限公司）研制的微高压氧舱是近几年来的一种新型高科技产品。微高压氧疗法是指患者在密闭的压力容器（微高压氧舱）内通过加压吸入高浓度氧气治疗某些疾病的手段。微高压氧疗能够对某些慢性缺血、缺氧性疾病和因缺氧引起的继发性疾病起到独特的预防、康复作用。

　　鱼跃医疗推出的"最强呼吸矩阵"，覆盖制氧机 8F-5W、高流量湿化治疗仪 HF-80AP、无创呼吸机、雾化器等，形成了完备的呼吸治疗解决方案。鱼跃医疗普美康半自动体外除颤器（AED）产品获批《医疗器械注册证》，该产品可实现 1s 极速开机，6.5 年电池续航。从除颤能量、开机速度、算法分析、电池续航等产品关键指标上看，鱼跃医疗普美康 AED 均处世界前列。

　　普门科技（深圳普门科技股份有限公司）推出的空气波压力治疗系统 AirPro-6000 适用于脑血管意外、脑外伤、脑手术后、脊髓病变引起的肢体功能障碍和外周非栓塞性脉管炎的辅助治疗，以及预防静脉血栓形成，减轻肢体水肿。

　　龙之杰（广州龙之杰科技有限公司）研制的低温冲击镇痛仪适用于急性运动损伤患者，或者配合冲击波治疗后进行局部冷疗防止肢体肿胀。通过治疗手柄喷射出 50bar 高压、-78℃的二氧化碳，直接作用于皮肤，形成干冰微晶，干冰迅速升华带走大量的热,迅速降温。

(2)康复训练类装备

1)司羿智能(上海司羿智能科技有限公司)研发的脑控手功能康复机器 SY-HR08P 为患者提供人工智能脑电控制康复训练系统,包含了运动想象解析、认知训练、被动训练、助力训练、双手镜像、语音声控、智能评估主动游戏等训练内容,实现了镜像疗法、任务导向性训练、多感官刺激等;同时设置了量化评估报告与物联网模块,有利于医生和患者对康复训练进行评估测试,调整治疗方案并评估治疗疗效,有利于为患者制订更有效的训练模式,提高患者的康复效率。

2)北京软体机器人科技股份有限公司研制的手部主被动运动智能康复训练器,采用该公司气动软体技术作为主要的驱动核心,这种技术不仅可以完成常规刚性结构设备的训练模式,还在渐进式抗阻训练方面表现出色。软甲由控制器主机系统及康复手套构成。康复手套不同于行业内普遍采用的波纹管驱动模块,而是创新性地搭载了业内唯一一款软体硅胶气动肌肉。软体硅胶气动肌肉具有安全性高、稳定性强、材质亲肤的特点,不仅可以完成传统训练器的被动训练功能,还具有主动抗阻功能,这使得软甲在临床使用中可以有效提高患者的主动参与度。

3)山东海天(山东海天智能工程有限公司)研制的手功能康复训练系统,基于嵌入式微处理器的控制器可以实现精细化的动作,具有被动训练、脑电信号主动训练两种模式,融入了虚拟现实技术,把想象运动与运动功能恢复训练结合,可以使患者在计算机虚拟环境中进行多方式、全方位的康复训练。

4)龙之杰推出的悬吊康复训练器针对骨骼肌肉功能障碍疾患和神经系统疾患的患者,通过单轨滑动悬挂点下连接的相关配件(包括弹性绳、宽带、窄带等),给予患者不稳定支撑面以及弱势肌肉的减重支持,通过闭链运动来进行整体功能评估和治疗(训练),包括激活失活的深层核心肌肉或锻炼失用的外周动作肌肉,从而调整生物力学平衡整体运动链,从本质上缓解疼痛以及提高患者运动功能。

5)常州钱璟(常州市钱璟康复股份有限公司)研制的 Flexbot 系列步态训练与评估系统可以准确模拟正常人的步态,结合虚拟现实情景互动技术,为患者提供量化的、多体位的步态训练,同时提供实时反馈,可以有效地应用于临床康复运动训练。该系统提供了多体位的步态训练,适于患者康复全过程使用。该系统还突破性地提供了卧床步态训练,可以早期介入康复治疗,进行步态模式训练,对患者神经系统的重塑和步态的再学习起着革命性的影响。

6)博里叶步态与平衡功能训练评估系统可为下肢运动功能障碍者提供一体化的评估与训练,该系统以步态机械腿为核心,与悬吊固定支架共同为用户提供早期安全坐、站及步行训练,在确保训练安全性与稳定性的前提下分担康复治疗师大量重复性的体力工作,促进了下肢运动功能康复。该系统的附加平衡功能评估与训练功能,可提供足底压力分析、双腿左右对称度、重心分布、整体均衡性等方面的平衡功能评定,为下肢功能训练前后提供量化的评估参考。该系统遵循神经发育规律,涵盖了从坐、站到站位平衡、步行的下肢康复需求，可强化刺激大脑功能重组，从而重塑下肢功能。

7）沈阳新松（沈阳新松机器人自动化股份有限公司）研制的上下肢主被动康复训练系统，采用蹬车运动方式，为患者重建正确的运动模式，可避免肌肉萎缩、静脉血栓、褥疮等并发症。产品具有被动训练、主动训练、主被动切换三种训练模式，可提供上肢、下肢、上下肢三种训练肢体的选择。患者通过使用运动训练系统，可以增强身体的灵活性、减少痉挛的状态、保持行走的能力。

（3）康复机器人 康复机器人是用于康复的机器人，把机器人的意愿和人的意愿结合起来，延展了患者的肢体功能，是推动康复医疗装备发展的重要技术。康复机器人起源于20世纪80年代，1990年以后康复机器人的研究进入全面发展时期。2015年，全球康复机器人销售额（行业规模）为5.77亿美元，2016年达到7亿美元。近十年来，我国康复机器人企业迅猛发展，据不完全统计，国内近140家康复机器人企业分散在全国24个省市，上海、广东和江苏等沿海省市相对较为密集。目前，我国康复机器人行业处于导入期，行业内各企业纷纷进入，但康复机器人独角兽企业尚未出现，注册资本多以小于5000万元、员工数量小于100人的中小型企业为主。据统计，目前我国康复机器人领域的融资额大多都在1000万元及以上，其中超过60%的融资都发生在A轮融资以前。

康复机器人涉及康复医学、人工智能、虚拟现实、自动控制技术、传感技术等多个学科。随着技术的发展，康复机器人将呈现从刚性关节向柔性关节、从传统训练向新型浸入式训练、从传统控制向人工智能及人机交互方式不断优化的发展趋势。

1）上肢康复机器人。上肢运动功能障碍会直接严重影响日常生活，以脑卒中为例，中风后80%的患者会出现上肢功能障碍，其中只有1/3患者的偏瘫上肢可恢复功能。有研究表明，高重复性的运动训练可以有效地提高脑卒中患者上肢的运动能力。随着科学技术的发展，将上肢康复机器人的辅助系统加入脑卒中患者的康复医疗训练中，可以使患者在早期进行高重复性的自主运动，从而促进其运动功能恢复。

布法罗［布法罗机器人科技（成都）有限公司］的上肢关节主被动训练器逸动-Arm1是采用智能计算机技术结合临床康复循证医学而设计的高端智能康复设备。6个关节自由程度可调节，使患者能在立体三维内大范围自由组合运动，可带动患者进行灵活的功能性动作训练，满足日常生活中常见功能性动作训练需求，并配备多款激励性游戏，可针对不同患者，调整游戏难度，对患者日常生活中的常见运动加以训练，增强常规训练独立性，有助于提高患者运动能力。

常州钱璟的ArmAssist智能上肢康复机器人包含了尖端的传感器、精密机械、电子、自动化控制、多媒体游戏等技术，可为患者提供量化的、多运动模式的、多场景应用、多关节运动等功能训练，同时实时提供数据信息反馈。ArmAssist智能上肢康复机器人从康复早期介入辅助训练，可覆盖上肢康复全周期训练，创建了上肢功能障碍整体解决方案的机器人疗法新模式。

埃斯顿医疗［埃斯顿（南京）医疗科技有限公司］推出的burt上肢康复机器人汇

集了多种功能训练模式，实现了将运动控制训练和认知训练相结合，持续改善上肢健康。并且可更换多种配件，实现上肢整体化解决方案，融合手功能活动模块，可以充分模拟日常生活场景；通过运动疗法加生物电刺激疗法，可以完成多点关键肌的输出功能，充分实现手的抓、握腕关节的掌屈、背伸功能训练；搭配手托架，可以实现前臂旋转，配合上肢运动，可满足开门、用钥匙开锁等日常生活场景。

根据控制系统的一体化思想，上肢康复训练机器人整体控制策略可以分为3层：上层控制器（意图识别）、中层控制器（解决复杂的人机交互问题）及下层控制器（控制器）。其中，上层控制器用于上述人体运动意图识别与状态估计过程；中层控制器用于人体状态估计与控制策略的融合过程，解决患者和上肢康复训练机器人的一些复杂人机交互问题；下层控制器用于该期望运动信号的精确跟踪过程。

2) 下肢外骨骼机器人。下肢功能障碍对患者的日常生活造成了严重的影响。许多疾病和损伤，如脊髓损伤、截肢和神经系统疾病等，都会导致下肢肌肉力量和运动控制的丧失。下肢康复机器人可以提供精确的力量支持和运动指导，帮助患者进行高重复性的训练，从而促进运动功能的恢复和改善。这些机器人通常采用先进的传感器和控制系统，可以根据患者的特定情况和康复需求，提供个性化的运动辅助和调整。通过与患者紧密合作，下肢康复机器人可以帮助患者进行步态训练、平衡控制和力量增强等活动，提高肌肉力量、协调性和运动范围。

美国哈佛大学在2018年推出的Warrior Web外骨骼机器人，通过为传递者提供下肢肌肉平行助力来增强其运动机能。日本Cyberdyne公司推出的康复型外骨骼HAL，FDA已审批其用于医疗健康领域。该产品在探测到皮肤表面非常微弱的信号后，可通过动力装置控制外骨骼的移动，增强穿戴者运动的力量强度和稳定性，帮助下肢残疾的患者更好地行走。

大艾机器人（北京大艾机器人科技有限公司）推出的"艾康""小艾康"及"艾动"下肢外骨骼机器人，分别针对下肢运动障碍患者的康复早期、中期及后期训练，推出的新一代AI外骨骼"艾行"可以根据地面特征和周边地形环境变化，提供匹配运动助力，帮助用户规划和掌握步态姿势。

上海奕然康复器械有限公司研制的奕行外骨骼肌腱下肢康复运动器，是一款拥有国际发明专利的新型步态综合训练设备，它利用人体工程学、运动学、仿生学等原理，采用专利外骨骼肌腱EXOTENDON技术，能够用于神经系统疾病导致的下肢功能障碍患者的行走和步态训练。

程天科技（杭州程天科技发展有限公司）研发的UGO康复外骨骼适用于脊髓损伤、脑卒中、下肢肌无力或其他神经系统疾病导致的下肢运动功能障碍患者。该产品主要应用于医院康复科室和康复医疗机构，帮助能够下床活动的康复患者进行步行训练。

深圳市迈步机器人科技有限公司研制的下肢外骨骼康复训练机器人BEAR-H1，可为脑卒中等神经系统疾病导致的下肢运动功能障碍患者提供康复训练。BEAR-H1首创采用柔性驱动器作为动力输出，力控更精准。拥有主动、被动训练模式，穿戴舒适，康复效果更佳，能够有效降低治疗师的工作强度，提高康复训练效率，促进患者神经回路的重建，使患者早日回归正常生活。

迈宝智能科技（苏州）有限公司推出的雪猿（YETI）智能可穿戴外骨骼机器人，是一个可二次开发，具有惊人表现力的强大平台。该平台具有肌电、脑电、语音等控制接口，集成各类检测型传感器，可用于物理紧耦合、步态分析与学习、意图控制等前沿课题研究。

山东海天（山东海天智能工程有限公司）研制的脑机接口下肢外骨骼机器人，是基于国际领先的脑机接口技术，可帮助下肢功能障碍患者进行步态矫正、康复训练的康复机器人装置。它包含了先进的传感器、精密机械、电子、自动化控制、多媒体游戏等技术，可为患者提供助行、康复等训练，同时实时提供数据信息反馈。

西安臻泰智能（西安臻泰智能科技有限公司）依托西安交通大学的技术优势，致力于脑控主被动协同康复机器人及各类脑机接口相关系统应用的研发。公司主要产品为脑控下肢康复机器人，可针对传统中风康复训练设备治疗效果不佳的问题，将脑机接口、虚拟现实、机器人控制等技术相结合，激活患者神经主动运动意念，进行主被动协同康复训练。

从目前各公司的研发产品趋势来看，目前下肢外骨骼机器人正在不断向脑控或生物电控制方向发展。脑控技术利用脑机接口技术，能够读取患者大脑中与运动相关的电信号，并将其转化为机器人的运动指令。这种技术可以帮助患者实现更加自主和自然的运动控制，提高康复效果和日常生活的便利性。生物电控制技术则通过捕捉患者肌肉产生的电信号，来识别患者的运动意图和动作指令。这种技术可以更加准确地反映患者的动作意愿，从而实现更精细和个性化的运动控制。脑控和生物电控制技术为下肢康复机器人带来了更高的智能化和个性化，有望提升患者在康复训练中的主动性和康复效果。随着科学技术的不断突破和改进，脑控和生物电控制技术将会为下肢康复机器人的未来发展带来更加广阔的前景，为患者提供更好的康复方案和生活品质。

从公开的企业官方信息中可以发现，在上海创办的康复机械人科技企业一共有 5 家，移动穿戴式下肢外骨骼康复机器人产业化现状见表 2-42。

表 2-42　移动穿戴式下肢外骨骼康复机器人产业化现状

公司名称	地区	产品
北京大艾机器人科技有限公司	北京	AiLegs 艾动、AiWalker 艾康
深圳市迈步机器人科技有限公司	广东	BEAR-H1、BEAR-A1 下肢外骨骼康复训练机器人，腰部助力外骨骼机器人 PB-1
深圳市丞辉威世智能科技有限公司	广东	ProWalk
创世纪智能机器人（河南）有限公司	河南	下肢康复机器人
迈宝智能科技（苏州）有限公司	江苏	黄蜂系列无源腰部助力外骨骼、飞燕系列有源腰部助力外骨骼、雪猿有源下肢外骨骼

（续）

公司名称	地区	产品
无锡美安雷克斯医疗机器人有限公司	江苏	REX 下肢康复机器人
沈阳新松机器人自动化股份有限公司	辽宁	无源可穿戴式下肢助行器
上海博灵机器人科技有限责任公司	上海	AS1.0、HS2.0 外骨骼机器人
上海傲鲨智能科技有限公司	上海	HEMS-L 腰部外骨骼机器人、HEMS-GS 下肢外骨骼机器人
上海博利叶智能科技有限公司	上海	ExoMotus™ 下肢康复机器人
爱布（上海）人工智能科技有限公司	上海	EXOATLET-I（运动版）、EXOATLET-II（医疗版）
上海奕然康复器械有限公司	上海	奕行®外骨骼下肢康复运动器 KS120、KS160
布法罗机器人科技（成都）有限公司	四川	截瘫、偏瘫下肢康复外骨骼机器人
中航创世机器人（西安）有限公司	西安	下肢智能训练机器人、康复医疗智能骨骼机器人、军用机器人
杭州程天科技发展有限公司	浙江	下肢外骨骼步行康复器 UGO210、UGO220
山东海天智能工程有限公司	山东	脑机接口下肢外骨骼机器人 HTR-KF-BLE-I

2. 主要技术进展及优势

（1）脑机接口技术 脑机接口（Brain-Computer Interface，BCI）应用信息科学的研究方法，通过探究大脑多层次神经信息的加工、处理和传输过程，在脑与外部设备之间建立了一种新型的信息交流与控制通道，从而实现了脑与外界的直接交互。简而言之，就是在大脑和外部设备之间建立了一座"信息通信的桥梁"。脑机接口康复训练系统，可帮助神经损伤、肢体运动障碍患者实现由大脑控制的主动康复训练，有效加速受损神经功能重塑。

山东海天是国内最早从事脑机接口技术研究，第一个实现产业化的企业。山东海天研发生产了脑机接口技术康复机器人系列产品，运用其脑机接口关键技术使脑电解码正确识别率达到 92.3%，并在此基础上研制了脑机接口康复训练系统。脑机接口型手功能康复训练系统是一种创新性设计的、能帮助手功能障碍患者恢复肢体功能的康复医疗器械。该器械需要佩戴在患者的手上，结合脑电信号，可准确获取患者有意向运动的信号，通过控制器可实现四指、拇指、手腕三大模块部分或整体的康复训练。山东海天的脑机接口康复训练系统，是自世界各国推出"脑计划"以来，第一个通过 CFDA 认证，并获得医疗产品注册证的脑机交互机器人产品，填补了国内空白，该产品经国家工业和信息化部认定为首台（套）核心技术装备。目前，脑机接口系列产品已使在北京、上海、山东等二十余省、市、自治区的 200 多家医院的 2 万多名患者通过治疗取得了良好的康复效果。

西安臻泰智能将脑机接口赋能于传统医疗行业、虚拟现实行业及科研行业。独创运动刺激范式，形成主被动协同康复训练系统，促进患者神经恢复，极大地提升康复训练效果。近期，臻泰智能脑机接口上下肢康复训练系统集成"BCI+VR+机器人"三项技术于一体，通过虚拟现实场景视觉刺激，激发患者主动运动想象意图，再通过特殊算法识别患者的运动意图，将被动运动转换成主动运动，实现患者自身"意念控制"上下肢的主被动协同康复训练。独特的3D虚拟现实仿生运动训练，让患者在训练的同时有更沉浸的游戏体验，有效提升了患者训练的趣味性和积极性，同时也显著提升了康复治疗的效果。

博睿康科技（常州）股份有限公司开发了一种新型的便携式脑电放大器，兼顾了设备采集信号的高质量和长时程，并且可以和VR设备很好地结合；同时还开发了一套专门用于VR实验的干电极脑电采集系统。为了满足自然场景下的控制需求，系统实现了基于VR的刺激界面，取代了原来实验室环境下所使用的LED灯和计算机显示器等刺激源，整套脑机接口系统实现可穿戴效果。基于稳态视觉诱发脑电（SSVEP）和虚拟现实（AR）的脑机接口控制策略，可以实现脑机接口系统完全的便携化。目前该技术主要应用于：①运动功能康复，如残疾人的运动功能补偿或功能性的辅助训练；②环境控制，BCI系统经过检测分析相应的脑电信号，输出对目标的控制指令；③辅助交流，如为渐冻症患者提供和外界交流的能力。

目前，脑机接口技术与虚拟现实设备的结合成为脑机接口技术的主要发展趋势。

（2）多模态传感人机交互技术　上海傅利叶（上海傅利叶智能科技有限公司）研发的上肢康复机器人ArmMotusTMM2Pro采用一体化设计，通过力反馈算法和高性能电机，可提供视听触反馈，结合柔顺力技术，可为用户带来更优的力学环境体验。

上海卓道（上海卓道医疗科技有限公司）研制的ArmGuider上肢康复训练系统采用反向驱动力机构，悬浮式五连杆并联机械臂设计应用了灵活的机械臂，在二维平面内能够实现任意轨迹训练，能准确感知患者的运动意图，力学交互更柔顺。同时提供轨迹个性化定制功能和任务导向型训练，可实时监测患者训练的力学反馈，增强患肢本体感觉，改善关节活动度。

广州一康医疗设备实业有限公司研制的三维上肢康复机器人A6-2根据计算机技术，结合康复医学理论，实时模拟人体上肢运动规律，可以在多个维度实现上肢的被动运动与主动运动。在结合情景互动、训练反馈信息和评估系统后，患者可以在完全零肌力下进行康复训练，提早了患者康复训练的进程。

河南翔宇医疗研制的上肢反馈康复训练系统采用计算机技术实时模拟人体上肢运动规律，可使上肢在负重或者减重的状态下进行训练，并提供高质量的反馈信息，跟踪患者训练后的康复程度，帮助患者恢复上肢运动功能。

山西首康科技有限公司研发的易动情景互动康复评估训练系统，带来了先进的虚拟现实康复疗法，在康复训练中提供沉浸的游戏交互场景和视听反馈，激发患者的积极性，大大提升了康复训练的治疗和效率，被广泛应用于神经康复、骨科康复、心肺康复和老年慢病康复。

广州虹扬医疗科技有限公司研制的振动康复训练台（STIM55HY）可在康复训练时提供周期机械振动反馈，从而刺激神经肌肉系统，在不同的身体动作下引起不同的生理反馈，以此增加身体整体健康，并已被广泛应用在运动康复、医学康复、健身锻炼和中老年延缓衰老等领域。

（3）柔性关节技术　上海理工大学设计的可穿戴式柔性上肢机器人将驱动装置、控制器及电源等以紧凑的结构设计集成在驱动盒内，通过 10 个柔性直线驱动器实现对双侧上肢肩关节前屈、后伸、侧展及肘关节屈曲、伸展五个动作的控制。这种柔性结构既避免了刚性关节安装后对肢体的压迫，又不会限制关节的角度活动范围。

西安交通大学探索主动变形和被动变形相结合的"形"和主动变刚度的"态"对软体机器人固有动力学特性的影响规律。引入自学习进化算法，进化计算不同环境下软体机器人的最优形态，提出了基于光滑粒子的软体机器人显式拓扑优化方法，以几何特征进行显式描述，有效解决了传统拓扑优化算法在复杂软体结构设计中计算量大、复杂度高、计算稳定性差的问题。

重庆大学研制了刚-柔-软耦合的机器人原型样机，是基于仿生原理、变刚度结构设计与优化、操作与感知一体的仿生灵巧机构设计，提升了柔性关节结构的承力。

华东理工大学针对下肢外骨骼对驱动能效及结构轻量化的需求，提出"一源多驱"式外骨骼刚柔执行器联动控制模型。其特点在于髋、膝关节的变刚性执行器与踝关节的柔性执行器刚柔耦合协同工作，改善了因踝关节欠驱动带来的多自由度刚体失稳问题。同时提出了压力伺服的关节阻抗主动控制方法，通过变刚度实现了在负载下的柔顺性和鲁棒控制。

南京理工大学依托主-被动关节康复训练中的柔顺技术基础研究项目，提出了一种柔顺主-被动可控关节康复训练新技术，提出了"无杆气缸+气动柔性驱动器"的复合柔顺驱动新技术方案，满足了膝关节康复中大行程和柔顺驱动的双重要求，研发了新型推力大行程气动柔性驱动器，完成了柔顺主-被动膝关节康复器样机的制作，并研发了康复器的控制系统，推动了柔顺驱动技术在医疗康复领域的应用。

英国利兹大学和我国哈尔滨工业大学团队联手攻关，已经初步设计研制出了低成本家用中风康复柔性下肢外骨骼，其核心技术是采用气动肌肉方法包裹患者肢体，将各种生物传感器安装在外骨骼外部，测量人体运动时的速度、位置、转角等信息，进而利用这些力学参数给出特定的康复效果量化评估。而安装在外骨骼内部的一些生物传感器还可以捕捉人体运动时的肌肉电信号。

（4）人机耦合及控制技术　人机耦合及控制技术是康复机器人控制系统中的关键技术之一，就像人体中枢神经一样可对人体的运动信息进行及时响应，可以帮助实现控制系统对人的运动有较快的响应速度，尽可能减少人机的干涉。

上海卓道首次将人机耦合及控制技术应用于 Nimbot 全自由度外骨骼上肢机器人中，肩部复合体 5 自由度的机械动力外骨骼结构设计，结合独有的跟随控制算法，可实现肩关节的屈、伸，内旋、外旋，收、展，以及肩胛部的上提、下降，前伸、后缩，上回旋、下回旋的训练动作，使得机器人的运动与人体上肢的运动更加贴合、流畅，更好地模拟了人体肩部生物力学，解决了现有康复机器人人机关节不拟合导致患者易受伤或训练效果不佳的问题。

东南大学开展了共融机器人共性的基础理论与关键技术研究，提出了基于柔性阵列式肌电电极获取高密度、高冗余肌电信号的信号检测技术，基于高密度肌电信号发展精细动作识别的特征提取算法，以及基于深度学习构造脑电与离散运动图模式之间的映射模型，实现了对运动意图的识别。

电子科技大学机器人研究中心团队开展下肢外骨骼机器人的个性化步态建模与学习算法，提出了基于神经网络模型与核化运动基元的个性化步态预测算法，针对不同体型的穿戴者的个性化步态建模问题，构建了人机耦合的参数化拟人步态模型和学习算法。随后提出了基于循环神经网络模型和注意力机制的协同步态预测模型，该模型可根据患者当前的健侧运动数据和历史步态轨迹预测未来时刻健患侧协同的步态轨迹，该算法可适配 $0 \sim 6.0 \mathrm{km/h}$ 的步行速度，从而使偏瘫患者的步态康复训练过程更加个性化。

可以这样说，智能化康复医疗对资本具备较强的吸引力，也是未来投资的重要风向！

3. 技术发展趋势

康复医疗器械将是康复医疗行业最主要的需求。康复医疗是一种全方位、个性化的治疗，不同的群体有不同的解决方案。在康复医疗领域引入现代高科技，如采用生物反馈技术、全新数字摄影技术、生物芯片技术、生物传感技术、微电子脉冲技术、虚拟现实技术、人工智能技术及分子设计和模拟技术等，将让康复医疗产业形成系统化、智能化管理，同时能让患者恢复得更快。

康复医疗智能化。伴随着人工智能、大数据、物联网等高科技在康复医疗中的应用，康复医疗进入了智能化、信息化时代。特别是康复机器人能够对控制肢体运动的神经系统刺激并重建，对患者形成正确感觉和运动回路有很大帮助。作为机器人与医工技术结合的产物，康复机器人的目标是实现替代或者辅助治疗师，简化传统"一对一"的繁重治疗过程，同时帮助病患康复损伤引起的行动障碍，重塑中枢神经系统。未来，康复机器人还将朝着促进"原居安老"以及延缓老年痴呆等方向发展。

康复医疗融入脑机接口技术，可以使被动康复变主动康复，加快神经修复与重塑；可融合体征监测系统，根据被监测患者体征数据进行评估，精准调整步态训练的模式；可通过虚拟现实步行情景及智能实时生物反馈，以提高训练的积极性；个性化动态适应的机器学习、智能交互、自主导航等技术将更多地应用到康复医疗领域，新型仿生学设计、刚柔耦合机器人及多自由度冗余复杂系统智能控制技术也将获得突破，这将大幅提高康复机器人的智能化与仿人化水平，使康复机器人能完全模拟或近似模拟人类治疗师运动治疗的复杂手法。

随着人工智能、云计算、大数据及物联网康复等技术的发展，一个"康复机器人医师"将掌握现在世界最先进的康复理念,并不断在人类的指导下升级临床康复医疗知识库,实现极具针对性的个性化智能评估。基于大数据的医生专家知识库可以对测量结果进行智能判断,自动给出评估结果,评估的准确性将可能超越人类康复医师。

远程康复医疗将使更多患者从医院转向家庭治疗,并且可以实现一名康复医师或治疗师同时诊疗多名患者的拓扑关系网络,优化康复医疗资源配置。"网联康复"是一种基于物联网的康复诊疗手段,这一新的技术将大大拓展远程康复概念。随着5G、6G等新兴超高速、大宽带通信技术的进步,超大规模用户同步实现居家康复机器人物联网的数据实时传送与实时控制将成为可能,医生或治疗师可以"远程指挥"居家患者周围的康复医疗评估、治疗及功能辅助等各种机器人工作,也可以实时掌握这些机器人上传的患者评估、治疗、辅助等相关数据,同时各种康复机器人还可以实时协同工作。

4. 存在的问题

康复医疗产品在我国的发展仍处于起步阶段,随着政策的扶持和大众对康复医疗的重视,康复医疗产品的发展潜力很大。

首先,康复医疗市场聚集度还非常低。康复医疗器械行业经过多年发展,在各个细分领域出现了一批龙头企业,但市场聚集度还非常低。从竞争格局来看,康复医疗器械行业品种众多,生产企业仍以仿制为主,缺乏有自主知识产权的高端康复医疗器械。另外,国内企业的产品应用推广不足,缺少企业整体形象塑造。整个康复医疗器械行业呈现出"大市场小企业"的竞争格局。

其次,上市公司数量较少。虽然鱼跃医疗、信隆实业(深圳信隆实业股份有限公司)、中路股份(中路股份有限公司)、翔宇医疗等多家上市公司也涉及康复医疗器械业务,但信隆实业、中路股份大部分营业收入来自于自行车销售,而鱼跃医疗的康复医疗护理产品收入仅占到公司总体收入的三成左右。

第三,康复医疗产品研发投入不足。行业发展呈现出资金投入较少、供给不足、配套设备落后的现状。目前国内康复医疗器械的研发、制造仍以低端产品为主,原因在于国内企业未掌握核心技术,也与行内企业的投入情况有一定的关系。相关数据显示,国内康复医疗器械企业2017年、2018年和2019年的研发费用占同期营业收入的比例分别为8.59%、8.92%和9.03%,而翔宇医疗则是6.02%、8.03%和9.71%,均不足百分之十。国内康复医疗产品同质化严重且缺乏创新性。除了近年来很火爆的康复机器人,大多数康复医疗器械厂商的主营产品仍然是传统的声疗、光疗、电疗、磁疗、物理治疗、作业治疗及康复评定等,产品在智能化、科技化方面的研发不足。

第四,康复医疗产品销售模式落后。国内康复医疗器械厂商的商业模式大都依赖代理销售和经销商模式。这两种模式导致的直接问题是在科室需求和厂商供给间往往存在割裂现象,科室要的厂商没有做,厂商卖的科室却用不了。在与国际康复医疗产品和机构竞争时,国内康复医疗产品缺乏创新、行业结构分散,在技术研发、资金投入上无疑处于劣势。

康复医疗服务的个性化特点很强，特别是一项优质的康复医疗，由于康复人群在年龄、功能障碍程度等方面呈现出多方面的差异，对康复医疗器械有着各种不同的需求。

目前，我国康复机器人行业尚处于发展初期，康复机器人很多还在研发阶段，现有机构的康复机器人普及率也不高，成熟的、市场普遍认可的产品不多。在政策与市场的驱动下，康复机器人市场将会迅速发展，大量资本开始进军康复机器人市场，康复机器人未来的发展趋势会有很多主线。

（二）康复医疗装备关键零部件技术发展趋势

机电一体化技术和智能控制技术的快速发展，极大地推动了康复医疗装备产业的进步和升级，以沈阳新松、河南翔宇医疗、上海璟和（上海璟和科技有限公司）等为代表的国内厂商研发设计出了多款康复机器人和康复训练系统，产品范围覆盖上肢康复、下肢康复、手部康复及步态康复与评估，结合这些厂商的主要产品对康复医疗装备的关节零部件进行分析研究，主要分为电机、控制器（控制芯片）、传感器和其他关键零部件四部分。

1. 电机

（1）行业发展状况　机器人电机是驱动机器人做出各种动作的核心部件，依据电磁感应定律实现电能转换或传递，将电能转化为动能，给机器人赋予动力的电机用于产生驱动转矩，作为各种机械的动力源，将电能转换为机械能。电机是机器人的重要价值组成部分，约占机器人价值的20%。伺服电机具有体积小、质量小、机电时间常数小、线性度高等特点，广泛应用于机器人关节部位，直接影响机器人的性能参数。

据工控网统计，2021年我国伺服电机市场规模为169亿元人民币，2015—2021年复合增速11%。从下游应用领域看，根据MIR DATABANK的数据，2019年机器人市场占比伺服电机下游约8.7%。得益于产业升级带来的积极影响，国内电机自主支撑能力已经形成。据MIR DATABANK统计，2021年上半年，国产伺服电机品牌市场竞争力逐步提升。国产品牌汇川技术市场占有率从9.8%升至15.9%，反超安川等日系厂商，首次问鼎。我国伺服电机市场中的中外企业，排名第二第三的厂商为安川和台达，市场占有率分别为11.9%和8.9%。

由于康复医疗装备需要满足较高的安全性和可靠性，对电机的精度和可靠性要求较高。在康复医疗装备方面，国产电机与国外相比还有一定的差距，还难以满足需求，所以各大康复医疗装备厂商还是以应用国外电机为主，主要有日本安川、瑞士Maxon和德国Dunker等，主要应用情况见表2-43。

表2-43　康复医疗装备电机应用情况

类型	应用产品与厂商	型号	制造商
升降电机	步态训练与评估系统（常州市钱璟康复股份有限公司）	SGMJV-04A3E6E	日本安川
髋关节电机		SGMJV-04A3E6S	
踝-膝关节电机		SGMJV-01A3E6S	

（续）

类型	应用产品与厂商	型号	制造商
髋关节电机	下肢外骨骼康复机器人 （深圳市迈步机器人科技有限公司）	RF40（148867X）	瑞士 Maxon
踝-膝关节电机		DCX35L GB KL	瑞士 Maxon
驱动电机	脑机接口下肢外骨骼机器人 （山东海天智能工程有限公司）	MaxonEC90	加拿大 AMD
直线推杆电机	手功能康复训练系统 （山东海天智能工程有限公司）	L12-30	德国 Dunker
关节电机	上下肢主被动康复训练系统 （沈阳新松机器人自动化股份有限公司）	BC6elinex30	

（2）主要技术进展及优势　对电机进行细化分类，常用电机主要分为两类：伺服电机与步进电机。伺服电机方面，进一步细分可分为直流伺服电机与交流伺服电机。其中直流电机按电刷分类分为有刷与无刷。交流电机一般不含电刷，分为同步交流与异步交流。步进电机按驱动原理不同分为永磁式步进电机、反应式步进电机与混合式步进电机。因为机器人的工作对精确度的要求较高。目前同步交流伺服电机是主要的选择。机器人电机的主要分类见表 2-44。

表 2-44　机器人电机的主要分类

电机种类	特点	应用领域
有刷直流伺服电机	成本低，结构简单，启动扭矩大	成本敏感的民用、工业领域
无刷直流伺服电机	无电刷、体积小，质量轻，出力大，成本高于有刷电机	精度要求较高的领域
同步交流伺服电机 （含永磁体）	通过传感器进行磁场定向实现控制，需要永磁体 电机效率和功率密度较高	机器人，机床设备等有较高要求的设备
异步交流伺服电机 （不含永磁体）	人为励磁形成转差速度，分为三相和单相，多为笼型三相电机，结构简单，质量轻	
永磁式步进电机	无电刷，寿命更长 与计算机连接较为方便，数字信号转换为各项动作更加便捷，能量转换效率低	医疗仪器，工业控制系统，机器人领域
反应式步进电机		
混合式步进电机		

注：数据更新基于"机器人+"系列：机器人研究框架——机器人行业深度报告。

电机技术涉及工业领域的多种基础性技术，主要包括伺服技术、绝对值编码技术、电压、转矩、电流、相间电阻、相间电感、热参数、机械参数等，不同类型电机之间特点差异较大，见表 2-45。

表 2-45　不同类型电机参数对比

内容	直流有刷伺服电机	交流同步伺服电机	交流异步伺服电机
设计	复杂	中等	简单
定子	永磁体	—	—
转子	—	永磁体	—
反馈	编码器（A，B，C）	编码器（A，B，C，U，V，W）	编码器（A，B，C）
转速	3000r/min	1000～5000r/min	20000r/min
输出功率范围	0～5kW	0～22kW	2.2～55kW
寿命	电刷寿命	设备寿命	设备寿命

注：数据更新基于"机器人+"系列：机器人研究框架——机器人行业深度报告。

　　由于我国电机的发展相对滞后，因此欧美国家和日本的企业占据了主要市场份额。国内机器人电机市场竞争格局中，欧美国家、日本仍占据主导地位，二者合计占比约为65%。自2013年以来，得益于产业升级带来的积极影响，国内电机自主支撑能力已经形成。国产品牌以东元、台达、英威腾、汇川技术等品牌为主。

　　目前国内伺服电机下游应用中，机器人占比仅为9%，医疗器械仅占4%（见图2-209）。相对于前几位机床、电子制造设备与包装机械等仍有很大的增长空间。在康复医疗装备领域，国产电机凭借价格和交期的优势，对进口电机替代条件已基本成熟，电机的国产化速度也正稳步提升。如果国产化伺服电机能实现性能相近的话，市场份额能占50%左右，将极大提高产品的产能，大幅降低产品价格，可以服务更多的生产企业和康复医疗机构。

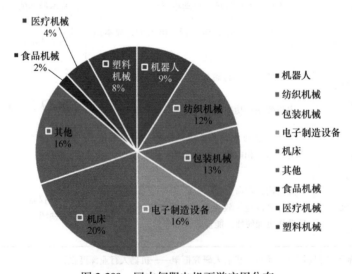

图 2-209　国内伺服电机下游应用分布

注：数据更新基于"机器人+"系列：机器人研究框架——机器人行业深度报告。

　　北京傲竹医疗科技有限公司和荷兰 HapticLink B. V. 联合研发的 Reforter® 多关节等

速肌力评测和训练设备采用的就是一款无刷直流伺服电机，除了可以最大幅度地降低成本，电机本身不包含任何传感器及转换机构，也避免了普通电机运动传输环节中的能量损耗，并且驱动箱体变得更紧凑小巧，产品整体的可靠度也得到了提升；通过自研的电机控制算法，可实现对用户运动的实时监测和反馈，包括离心和向心的运动意图的判断，最终让用户感觉与设备的人机交互很顺滑自然，没有生硬之感。

（3）技术发展趋势　电机经过多年的发展，性能逐渐成熟，主要向着高可靠性和轻量化的方向发展。可靠性一直是选择电机的重要考虑因素。电机的寿命更长，结构更加紧凑是高可靠性的体现。电机寿命多与温升有着非常大的关系，提高电机效率，降低温升，可有效延长电机的使用寿命。直接驱动系统的电机结构更加紧凑，可实现最高的动态性能、精度及成本效益。电机的轻量化、小型化能够有效节约材料，节约空间，越来越受到用户青睐。许多产品对电机的体积和质量也提出了很高的要求，这在康复医疗设备领域体现较为明显。为了达到轻量化、小型化的目标，在设计过程中，采用先进技术和优质材料，并坚持优化设计原则，在有效材料不变的条件下，单位功率的质量不断降低，是未来的发展趋势。

在对技术要求较高的盘式电机领域，国产样机已处于样机验证阶段。盘式电机的国产化可带动上游精密机械加工行业的发展，以及软材质 PCB 的研发生产，也可带动下游机器人产业的发展，尤其是精密工业控制机器人和康复机器人的发展，比如工业 3 轴机器人、5 轴机器人、下肢康复机器人等。

此外，Tesla 复用汽车动力总成设计经验，在 Optimus 人形机器人的应用中，选用 28 个定制关节驱动器，设计 6 种关节驱动器，包括 3 种不同规格的舵机（采用谐波减速器）和 3 种不同规格的直线执行器（采用永磁电机，可抬动 1.5t 三角钢琴），以期实现成本与效率的最佳组合，这也是机器人电机未来发展方向之一。

（4）存在的问题与建议　稳定性和精度是下游企业选择电机的首要考量因素。精度方面具备优势的高精度、高性能类型电机是未来机器人电机发展的方向。国产电机在稳定性、精确控制与反馈上还有提升空间，伺服电机的精度受制于电机、反馈和控制等多个方面，国内伺服电机和国外伺服电机的精度差异也同样源于电机特性、反馈精度和控制精度等各个方面。国内的电机企业要想赢得自动化设备的伺服电机市场，提高稳定性和伺服精度是首要的任务。

2. 控制器（控制芯片）

（1）行业发展状况　控制器（控制芯片）是发布命令的"决策机构"，用于协调和指挥整个系统的操作，负责协调设备整体电路的传感器与电机驱动单元的正常运作，其性能直接关系到机器人运行的稳定性、可靠性和精准性。经验积累叠加技术进步促进机器人控制器需求量高涨，机器人控制器需求量从 2012 年的 0.6 万套增长到 2020 年的 24 万套，复合增速 59%。同期机器人控制器市场规模从 0.68 亿元人民币增长至 19.02 亿元人民币，复合增速 52%。

从竞争格局来看，我国机器人控制器主要以外资为主，国外厂商占据主导地位。根据头豹研究院数据，2021 年 Fanuc、Kuka、ABB 和安川占据国内机器人控制器约 58% 的市场份额，国内厂商竞争力较弱，市占率不足 20%。

目前运动控制器主要分为四大类：PLC 控制器、嵌入式运动控制器、基于 PC 的运动控制卡和网络式运动控制器，见表 2-46。四大类运动控制器性能特点和应用领域有所不同，其中康复医疗装备多采用基于 PC 的运动控制器和嵌入式运动控制器。

表 2-46　控制器的分类及其特点和相关应用领域

分类	特点	应用领域
PLC 控制器	系统简单，体积小，可靠性高，但不支持复杂算法	可以用于圆周运动或直线运动的控制，广泛应用于各种机械、机床、机器人和电梯等行业
嵌入式运动控制器	涵盖从简单到复杂的各种运用，具有应用灵活、稳定性高、定制性强、价格便宜、操作和维护方便的特点	在针织机械、激光、切割、点胶机等设备制造行业有广泛的应用
基于 PC 的运动控制卡	系统通用性强、可拓展性强，能够满足复杂运动的算法要求、抗干扰能力强，可供用户根据不同的需求	主要应用于电子、半导体、工业机器人、包装等领域
网络式运动控制器	形态可以是插卡式，也可以是嵌入式或者独立运行模式，其与伺服驱动系统的链接采用各类工业总线形式	半导体加工、激光加工设备、PCB 钻铣设备、机器人、数控机床、木工机械、印刷机械、电子加工设备和自动化生产线

注：数据更新基于"机器人+"系列：机器人研究框架——机器人行业深度报告。

国内运动控制器主要厂商有深圳固高科技股份有限公司和上海傅利叶智能科技有限公司；嵌入式运动控制器技术难度相对较高，以进口为主，厂商主要包括美国 TI 和瑞士 STMicroelectronics 等。康复医疗设备控制器（控制芯片）应用情况见表 2-47。

表 2-47　康复医疗设备控制器（控制芯片）应用情况

类型	应用产品与厂商	型号	制造商
运动控制器	步态与平衡功能训练评估系统（安徽埃力智科技有限公司）	MMU CTS	中国上海傅利叶
控制芯片	智能上肢康复机器人（常州市钱璟康复股份有限公司）	R7S721000VCFP	日本 Renesas
	多功能艾灸仪（齐齐哈尔市祥和中医器械有限责任公司）	STM32F103	瑞士 STMicroelectronics
	上下肢主被动康复训练系统（沈阳新松机器人自动化股份有限公司）	TMS320F28335	美国 TI
	智能助行器（沈阳新松机器人自动化股份有限公司）	TMS320F28069	美国 TI
处理器	非接触式生命体征检测仪"松小白"（沈阳新松机器人自动化股份有限公司）	STM32F401CDL6	瑞士 STMicroelectronics

（2）主要技术进展与优势　运动控制器是指以中央逻辑控制单元为核心，以传感器为信号敏感元件，以电机或动力装置和执行单元为控制对象的一种控制装置，其主要任务是根据运动控制的要求和传感器件的信号进行必要的逻辑、数学运算，为电机或其他动力和执行装置提供正确的控制信号。图 2-210 所示为运动控制器的功能模块构成。

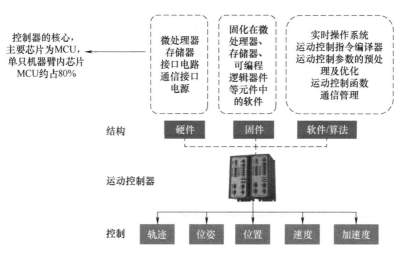

图 2-210　运动控制器的功能模块构成

注：数据更新基于"机器人+"系列：机器人研究框架——机器人行业深度报告。

控制器（控制芯片）的设计研发主要包括硬件电路设计、嵌入式软件设计、嵌入式操作系统编程、电气安规、电磁兼容性等，以埃力智能（安徽埃力智能科技有限公司）研发的步态与平衡功能训练评估系统为例，其控制器基于核心的力反馈技术，该控制单元还可应用于下肢外骨骼康复机器人。控制单元可通过传感器反馈的数据判断外部力学环境，通过控制电机的转动来动态调整步态轨迹，并针对使用者的情况提供助力，从而使偏瘫、截瘫患者通过训练重获行走能力。控制器在运动控制系统中起到"大脑"的核心作用，直接决定整个运动控制系统的性能水平。基于 PC 的运动控制器国产化率达到了 70.9%，国产控制器（控制芯片）具备对进口控制器（控制芯片）的替代条件，同时国产控制器（控制芯片）还具备成本低、国内市场巨大的优势。

嵌入式运动控制器的技术难点主要在于以 MCU（Micro Control Unit）为核心的芯片技术。MCU 又称为单片微型计算机（Single Chip Microcomputer），是指随着大规模集成电路的出现及发展，将计算机的 CPU、RAM、ROM、定时器和多种 I/O 接口集成在一片芯片上，形成芯片级的计算机，为不同的应用场合做不同组合控制。

目前 40nm 已成为 MCU 的成熟工艺，未来在更先进工艺下设计的 MCU，采用更高性能的内核，其性能将得到大幅提升；将部分核心控制算法进行硬件化加速，内置更高精度的 ADC 等，可在提升机器人控制响应速度和精度的同时，降低系统成本。

（3）技术发展趋势　随着电子技术、计算机技术和自动化控制技术等的快速发展，运动控制器的发展与之相适应，向着网络化、智能化和开放式方向发展。运动控制器的网络化体现在两个方面，一是运动控制器通过以太网技术与工控机或其他设备进行网络连接，实现网络互连；二是运动控制器通过网络通信技术与驱动器或现场设备进行交互数据和通信，网络通信技术有以太网、现场总线协议等。智能化运动控制器具备自适应控制功能，例如可实现根据载荷变化自适应调整控制参数、自动选择控制模型、自整定、设备故障自动检测、自动诊断、自动修复等智能化功能。开放式运动控制器是新一代工业控制器，开放式运动控制器可以应用于更加广泛的应用领域，可根据行业特点进行上位机的开发，实现上位机与控制器之间的互连，同时可以把不同厂家的部件集成在同一个平台上实现无缝集成，从而降低开发成本。

相较于传统工业机器人，基于人机耦合的康复医疗机器人存在与类人机器人相似的复杂运动形态，为了实现机器人所需的复杂运动，需要对电机的位置、方向、速度和扭矩进行高精度控制，而MCU可以执行电机控制所需的复杂、高速运算。目前工控/机器人解决方案中包括单电机平台（一颗MCU控制一个电机）和双电机平台（一颗MCU控制两个电机），其中双电机平台的两个电机功率和小于单电机最大功率。小米CyberOne人形机器人全身有21个自由度；Tesla Bot中将包含40个微型电机，预计使用10~20颗MCU进行电机驱动。自由度增加，电机数量增加，带来MCU需求增加，未来随着技术发展，有望出现三电机平台。

传统机器人运动控制系统通常采用"一个运动控制器+多个伺服驱动器"的结构，传统的运动控制策略逐渐显示出高能耗、高成本、低可靠性、线缆比较复杂，以及安装部署比较耗时等缺点。微电子技术的推动驱控一体发展，通过将控制与驱动部分进行集成，可以完成对多个伺服电机的闭环控制和驱动，节约空间，避免硬件重复浪费且降低成本，具有很高的研究价值和实用价值。

（4）存在的问题和建议　国内的控制器（控制芯片）现状呈现以下几点不足：缺少系统集成、系统融合的开放式研究，多是单个系统的技术实现研究；缺乏官方的高效组织，研究方向分散、片面，很少能成体系；功能模块化不够。目前，国内大多运动控制器产品以动态连接库和部分源码实例的形式向用户提供运动控制器函数，实现某一功能需要多个函数组合才能完成，不便于用户二次开发使用，在功能及性能指标上还需进一步提高。

建议让控制器（控制芯片）行业中的龙头企业大力发展新技术，加大国家在其关键技术攻关的支持力度，聚焦行业资源，为控制器（控制芯片）行业提供多方面的技术支持。

3. 传感器

（1）行业发展现状　传感器作为一种检测装置，能感受到被测量的信息，并能将感受到的信息，按一定规律变换成电信号或其他所需形式的信息，以满足信息的传输、处理、存储、显示、记录和控制等要求，是机器人识别外部信息的"器官"。

机器人三大核心模块之一，感知功能主要由各类传感器和摄像头实现，相当于人的眼、鼻、耳、皮肤等。传感器在机器人中的应用繁多。机器人传感器可以根据检测对象的不同分为内部传感器和外部传感器。内部传感器用来感知机器人的自身状态，如位置、速度、加速度。外部传感器用来感受机器人的周围环境、目标物的状态信息，如视觉、触觉、听觉、嗅觉、温度、力觉。

具体到康复医疗装备上，主要有脑电波传感器，可通过让患者佩戴脑电采集器，采集其脑电波，通过信号线、蓝牙等方式反馈到控制器进行分析解码，使控制器实时掌握患者的康复状况，调整康复过程，同时保证患者的安全；还有应用于多功能艾灸仪的温度传感器，用于运动康复训练系统的光电传感器，以及用于生命体征检测的雷达模块等。用于康复医疗领域的传感器对灵敏度、准确度和可靠性的要求都极高，国内的材料和制造工艺都很难满足生产要求，目前以脑电采集器为主的高精度传感器依赖进口。康复医疗设备部分传感器应用情况见表2-48。

表 2-48　康复医疗设备部分传感器应用情况

类型	应用产品与厂商	型号	制造商
脑电采集器	脑机接口康复训练系统（山东海天智能工程有限公司）	epoc+	美国 Emotiv
温度传感器	多功能艾灸仪（齐齐哈尔市祥和中医器械有限责任公司）	DS18B20	美国 Dallas 半导体公司
光电传感器	上下肢主被动康复训练系统（沈阳新松机器人自动化股份有限公司）	PM-L25	日本松下
雷达模块	非接触式生命体征监测仪（沈阳新松机器人自动化股份有限公司）	IPS354	德国 Innosent

（2）主要技术进展及趋势　机器人对传感器的三大要求：强抗干扰性、高精度、高可靠性。强抗干扰帮助机器人面对恶劣环境，高精度帮助机器人有效完成高质量作业，高可靠性保证机器人不发生重大故障。国外技术较先进的传感器厂家有美国 Emotiv、日本松下、德国 Innosent 等。这些国外厂家均具有专业的检测及可靠性检测机构，其产品的高可靠性、高精度是其优于国内同类产品的重要原因和特征。

随着康复医疗设备技术的发展，对传感器性能的要求也逐步提高，传感器技术将向微型化、数字化、智能化、多功能化、系统化、网络化方向发展，在这一过程中各生产商将应用一系列的新材料和新工艺。

（3）存在的问题和建议　国内传感器产业基础与应用两头依附，具有技术与投资两个密集、产品与产业两大分散的特点，导致我国传感器产业整体素质参差不齐，"散、小、低、弱、缺芯"的状况十分突出，缺乏核心技术，与国际差距明显。

建议坚持市场导向，促进产业发展。坚持市场化配置资源和政府引导相结合，研究智能传感器的发展规划，通过"产学研用政"一体化协同创新机制，促进"传感芯片-集成应用-系统方案及信息服务"厂商的高效协同，建立健全产业生态链，缩短技术到产品的研发周期，快速提升技术产品研发能力，实现产业突破，促进产业发展。

4. 其他关键零部件

（1）一体化关节模组　传统的机器人本体上一般仅安装有电机及减速装置，而驱动部分一般在机械手附近的控制柜内，不仅体积大、质量重，而且两者之间需要互连线。一体化关节模组，即电机-减速器一体化关节模组，将执行机构及驱动部分都集成在本体上，形成模块化，可减少结构冗余，尺寸更小，质量更轻，可靠性更好；支持多种控制模式；同时支持以太网和无线传输，可满足设备物联网需求。

安徽埃力智能研发设计的步态与平衡功能训练评估系统关节采用了一体化关节模组[制造商为谐布尔（北京）科学技术有限公司、型号为 AIOS-Pro-MO60-90-120]，该模组使康复系统体积缩小、整体性提高，同时一体化关节模组规避了电机-减速器二次装配过程中的误差，使系统整体的精度有所提高。关节一体化模组应用于康复机器人领域，成本较低，可促进机器人成本降低，促进多种康复机器人产品的研发。此模组是国产产品，内部电机、减速机、编码器、驱动器均由同一供应商自主研发生产，性能可靠，具备质量可控、供货周期短等优势。

（2）新材料组件　新材料组件方面，铝合金、碳纤维增强塑料（CFRP）、钛合金等材料也被广泛应用于轻量化机械臂。一些著名的轻型机器人手臂，如 UR 和 Kuka，都由低成本的铝合金材料制成，在降低自身重量的同时，提升了系统的动态稳定性。

目前轻质材料的高成本是轻量化的最大障碍，材料成本的降低和性能的提升至关重要。钢材价格最低，但是降重效果较差；铝价格区间和降重范围均处于较佳区间；钛和镁价格相对较高；碳纤维材料的降重效果最好，但是目前成本过高。根据美国能源部门预测，碳纤维和碳纤维复合材料 2025 年时成本可降到 3 美元/磅和 5 美元/磅，假设部件制作成本从 24 欧元/kg 降至 13 欧元/kg，则总成本降至 20~30 欧元/kg，制作周期可由 2020 年的 5min、2030 年的 2min，缩短到 2050 年的 1min。

此外，美国开发出了新材料 KYDEX 护板组件。该组件由热塑丙烯酸和聚氯乙烯组成，质量轻、强度大、有一定弹性，适用于飞机等的内饰，以及医疗器械、机器人、户外设备、刀鞘、拉杆箱等设备的外壳。采用新材料 KYDEX 板，对推动特种高分子工程塑料在医疗器械上的应用有一定促进作用。目前国内有少数厂家仿制，但是产品的稳定性还有待提高。

三、养老装备技术发展趋势

（一）行业发展现状

随着我国逐步进入深度老龄化社会，老龄人口与养老服务需求的极速增长为社会带来了较大压力。养老装备作为康养领域设备换人的主要应用产品，在缓解养老服务资源短缺与养老需求激增这一矛盾上起到了重要作用。随着互联网、大数据、人工智能、第五代移动通信（5G）等信息技术的发展与普及，养老装备的主要发展方向也从传统适老化辅具转向了智能化助老产品。国家"十四五"规划中特地将"促进老年用品科技化、智能化升级"写入了建设目标之中。

智慧养老产业主要分为智慧产品和智慧服务。其中，智慧养老产品主要包括六类产品及多种产品集成应用的场景化解决方案。这六类产品分别为具有趋势分析和智能预警等功能的健康管理类智能产品、功能代偿型等老年辅助器具类智能产品、具有行为监护和安全看护等功能的养老监护类智能产品、具有健康状态辨识和中医诊断治疗等功能的中医数字化智能产品、围绕助老助残和家庭生活需求的家庭服务机器人、实施适老化改造的智能产品。智慧养老服务领域主要包括慢性病管理、居家健康养老、个性化健康管理、互联网健康咨询、生活照护以及信息化养老服务这六大服务领域。

2013—2023 年我国智慧健康养老产业市场规模占比情况如图 2-211 所示。

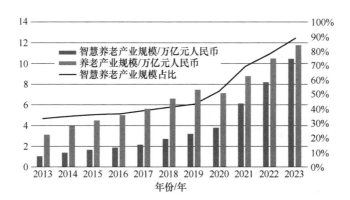

图 2-211　2013—2023 年我国智慧健康养老产业市场规模占比情况

注：数据来源自中商情报网。

得益于政策扶持，智慧养老产业规模迅速扩张，2022 年扩张至 8.2 万亿元人民币，占养老产业总规模的 78%，后市场规模继续扩大。

由于康养行业涉及各年龄段老年群体的各项生活需求，养老装备也呈现出种类繁多、功能各异的形态。根据养老装备的形式和特点可分为：可穿戴智慧养老设备、便携式智慧养老设备、固定式智慧养老设备、智能服务机器人等。

1. 可穿戴智慧养老设备

手环类产品是目前应用最为广泛的可穿戴智慧养老设备，经过多年的技术发展，也得益于消费市场的巨大需求量，基于光电法（PPG）技术的心率监测与血氧监测、基于 MEMS 传感器的运动监测与睡眠监测等技术已经非常成熟。除手环形式外，衣物式、胸带式也是常见的产品形态。在康养领域的穿戴式产品近年来主要向血压监测、心电监测以及防止跌倒的需求发展。

OMRON 研制的 Heartguide 手表式血压计采用了充气式表带设计，采用压力法（CuffBased）对使用者的血压进行监测，其核心技术是具备专利的 25MM 超窄血压测量气囊与小型化压力传感器与电压泵，使得该产品在具备传统上臂式血压计相近性能的同时，气囊尺寸缩小了约 75%，主机尺寸缩小了约 65%。是全球首个通过 FDA 认证的手环类血压监测产品。

心韵恒安［心韵恒安医疗科技（北京）有限公司］研制的 BEP186 型穿戴式 12 导联心电检测仪采用了小型化的柔性导电材质电极，采用 Mason-Likar 导联体系、电极定位与采集一体化设计、兼具专业的心电数据处理系统（见图 2-212）。可以在静止状态下检测心电图，也可以长时间在运动状态下监测心电图，可同步显示 12 通道心电波形，同时对比既往心电数据。可以有效检出心律失常、心肌缺血等心电异常情况，还能准确预警急性心梗等高危心血管事件。仅一个人即可完成穿戴操作。

信安智囊（广州市信安智囊科技有限公司）研制的 S20 全护型自动气囊马甲采用 OPW 一体成型气囊，以氩气气瓶驱动，当老人发生跌倒时，基于 MEMS 的传感器会采集人体姿态的实时数据，结合高度气压数据进行判断，在 0.08s 内释放压缩气体对气囊进行充气，对头面、胸部、髋胯、颈背、臀腿进行包裹，老人所承受最大撞击力度仅为相同条件下跌倒撞击力度的 15%（见图 2-213）。

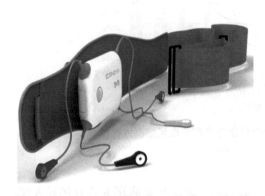

图 2-212　BEP186 型穿戴式 12 导联心电检测仪

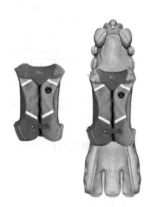

图 2-213　S20 全护型自动气囊马甲

2. 便携式智慧养老设备

便携式智慧养老设备是指老人可随身携带的智慧化产品，这些设备通常整合了各种传感器、通信技术和智能算法，以监测用户的健康状况、提供紧急援助、支持日常活动，并改善社交联系。常见的便携式智慧养老设备包括：健康监测设备、位置追踪设备、紧急求助设备、智能拐杖、智能药盒等。

镁善斯（上海镁善斯健康科技有限公司）研发的爱培 MB100 系列智能药盒采用物联网传输，无须配置，随时随地上传数据，已通过 FDA 认证食品级材质（见图 2-214）。该药盒具有本地呼救、跟踪定位、设置紧急联系人、及时提醒干预，改善病人用药效果等功能。目前已广泛应用于慢病、养老、免疫缺陷病等场景。

德国 Wdan 研制的多功能拐杖椅，采用三片式弧形座椅，选用强性韧性塑料、航空铝材、

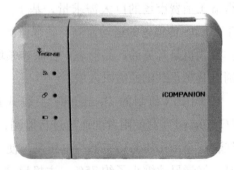

图 2-214　爱培 MB100 系列智能药盒

碳钢钢材等优质材料制作，收折方便，使用舒适。采用防滑椅脚，坐着不打滑。能自动解锁，快速收起椅脚柔韧铝线连接各支架。有防松设计，椅面及各支架自动锁定，有高强度补强片，可增加牢固度。一杖多用，轻巧便携，折叠后可作为拐杖，展开后可作为凳子，等公交、散步小憩等场景均可使用。

新思特科技（广州新思特科技有限公司）研发的 W901 型号定位电话智能拐杖采用物联网无线通信技术，具备 GPS 定位、双向通话、SOS 一键求助、LED 照明、收音机、MP3 音乐等功能。在保护老年人出行安全的同时，也为路途增添了些许趣味。主要适用于老年人外出、旅游、爬山等场景。

3. 固定式智慧养老设备

固定式智慧养老设备是一种安装在特定位置的智能科技设备，用于监测和提高老年人或需要长期护理的人的生活质量、安全性和便利性。与便携式智慧养老设备不同，固定式设备通常不需要用户随身携带，而是安装在特定的居住环境或设施中。常见的固定式智慧养老设备包括固定式健康监测设备、老年人居家安全监护系统、紧急求助系统、生活陪伴等。

得方云（重庆得方科技有限责任公司）研制的 D-FOND-01 型智能尿检马桶盖采用医疗级干化学比色法对老人日常白细胞、尿蛋白、微白蛋白、尿胆原、尿糖等 14 项尿常规指标进行居家监测（见图 2-215）。其专利的采样系统实现了正常居家小便即可采样、全称尿样封闭传输无污染，并对样本定点定量注入试纸盒，实现医疗级别检测。极大地方便了肾病、泌尿系统疾病、糖尿病、肝胆疾病、三高等人群的长期健康检测。

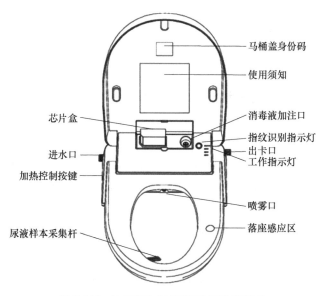

图 2-215　D-FOND-01 型智能尿检马桶盖

中国科学院苏州生物医学工程技术研究所研发的 3D 认知障碍康复训练一体机面向认知功能障碍患者构建了情景化的认知康复训练三维场景；可围绕认知康复训练过程，

进行数据采集与量化分析。针对认知功能障碍患者，制订个性化认知矫正治疗方案，构建训练前认知即时评估、训练中状态识别、数字药智能匹配相结合的模式，保障认知处方时效性和认知训练过程中用户积极性，实时检测认知训练过程中的应答响应时间和答题准确率，结合患者当前的认知水平和训练难度，通过控制数字疗法训练时长、难度等级变量参数，实现数字训练环境智能调控。

以色列 Vayyar 公司推出的雷达跌倒监测产品 Vayyar Care 基于 4D 射频点云成像传感技术，在保护隐私的前提下，实现实时跌倒自动报警和活动行为监测，获取丰富的行为数据，有助于全面了解用户的行为、健康数据，从而制订个性化的健康照护计划（见图 2-216）。该设备最多支持 72 根天线，发射频率覆盖 3～81GHz 的超宽带（UWB）和毫米波频率。具有 140°超宽视野角，最大能覆盖 20m^2。

希塔盼达［希塔盼达（重庆）科技有限公司］研制的 THV-G1 型居家语音呼救报警器采用人工智能语音识别技术，实现了老人在家出现问题跌倒后呼喊"救命，救命"关键词即可主动识别报警，配合热释电人体活动监测单元对意外发生后无法移动且无法求助的情况进行监测。解决了传统紧急求助设备靠拉绳、按键求助的局限性。同时，产品支持声纹识别、双向语音通话、合成语音提示等功能，能对老人居家健康进行全面看护。

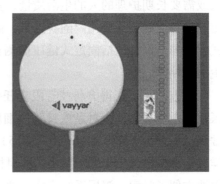

图 2-216　Vayyar Care 雷达跌倒监测

悦琦医疗（北京悦琦创通科技有限公司）研制的 HM-2000C 智能健康一体机采用了医疗级总线设备，在一台设备中集成了 25 项人体生理指标监测项目，在社区中即可实现快速体检，系统可自主设置检查项目，并对检查结果进行分析与建议。检测数据将会同步至国家基本公共卫生服务系统或社区医院 HIS 系统中，实现院内、院外的医疗数据互联。

4. 智能服务机器人

（1）家用智能服务机器人　石头科技（北京石头世纪科技股份有限公司）研制的 P10Pro 型号智能全自动扫地机器人采用 AI 语音交互、视频通话、ReactiveAI 动态避障结构光测距+识别、动态机械臂、全自动基站等技术，可实现 7000Pa 超强吸力、AI 地毯清洗战略、主刷和拖布切换的高效动态清扫；FlexArm 极限贴边、30 档水量自由调节、200r/min 高速双旋、重污复拖、全链路抗菌的洁净动态湿拖；60℃高温除菌洗，自动补水、上下水、集尘、烘干、添加清洁液的省心清洁；语音助手互动，在线/离线语音操控，小程序/AppleWatch 等多端遥控，实时视频通话，物体识别避障的智能感知。

逸捷（南京搜易信息技术有限公司）研制的 CN-HA11 型号健康陪伴机器人采用 AI 语音交互、视频通话、医疗感知等技术，可实现体温、心率、血压、血糖、血氧、心电图、尿酸、总胆固醇等体征指标监测；数据实时传送，体征数据及时查看，远程监护；24h 在线视频问诊；健康分析管理；用药提醒、天气预报、聊天等语音互动；SOS 一键紧急求助；实时查看家中老人情况的远程监控；多样娱乐影音资源供给。

（2）机构用服务机器人　派宝机器人（广州映博智能科技有限公司）研发的 Pad-BotS2 型号巡逻机器人采用热成像、激光雷达导航、烟雾监测、智能控梯、两轮差速等技术，可实现一键构建室内地图，并精准定位，动态感知周围环境信息，通过 AI 分析，规划最优巡逻路线；多楼层通行顺畅；图像清晰度增强，能及时发现温度异常点，识别高温环境；还可以智能检测并追踪人体动向，识别烟雾或高温热源，防范非法入侵和意外火灾等情形。

（二）主要技术进展及优势

1. 小型化多导联心电监测技术

传统 Holter 设备能够佩戴于人体，连续 24h 采集用户 12 导联心电信号，然而，Holter 设备体积较大、线缆数量多，不便于长期携带，且工作时限制用户日常活动（如抬臂、洗澡等）；同时，Holter 设备多工作于离线模式，心电数据无法实时传出，分析时需将离线存储的数据传输至上位机进行处理，缺乏实时性，不适用于日常监测与远程监测场景。为了克服上述 Holter 设备的缺陷，移动心电监测设备不断向便携化、穿戴化方向发展，逐渐出现了手持式、穿戴式、织物式等新型心电监测设备形式。

蓬阳医疗（北京蓬阳丰业医疗设备有限公司）自主研发了 18 导联全信息动态心电采集分析技术，将传统 16 电极才能实现的 18 导联动态心电图，减少到了 9 电极，最大程度减少了电极数量，并实现长时间同步记录。系统采用 KernelKiss 算法，通过软硬件结合的分析方式，大幅提高数据下载速度，其独创的全导联预分析方式，可自动过滤无信号及干扰导联，最大程度提高自动分析的准确率，大幅缩短人工编辑的时间。通过全模板叠加、全导联重聚合、聚类模板调节、心搏智能识别一系列创新分析工具，蓬阳医疗为临床提供真实可靠的科研工具。系统的智能自动结论功能，在提高工作效率的同时，完善了整体化流程。从数据回放、预分析，直到报告出具，18 导联动态心电产品的各个环节均为最大化工作效率而设计，可大幅节省医生的判读时间，真正减轻医生的工作负担。可以全面检测各部位缺血、损伤、坏死情况，该技术弥补了 12 导联动态心电监测技术在右心室及左心室正后壁缺血性心脏疾病的诊断空白，可检测右心室导联及左心室正后壁心电变化，形成对心脏的全息数据监测，大幅降低了心脏疾病的漏诊、误诊情况，为临床及学科研究提供了更全面、更精准的依据。有效提高心肌缺血情况的检出率。

乐普医疗旗下的心电图人工智能自动分析诊断系统 AI-ECGPlatform 是国内首项获得美国 FDA 批准的人工智能心电产品，其诊断项目覆盖主要的心血管疾病，在心律失常（冲动形成异常、冲动传导异常）、房室肥大、心肌缺血、心肌梗死方面较传统方法拥有绝对优势，准确性达到 95% 以上；尤其是诊断心房扑动、心房颤动、完全性左束支阻滞、完全性右束支阻滞、预激综合征等心血管疾病，堪比心电图医学专家水平。小型化多导联心电监测技术产品见表 2-49。

表 2-49 小型化多导联心电监测技术产品

企业	产品	导联	产品形态	是否获得CFDA 认证	是否支持人工智能自动	云平台
乐普医疗	AI-ECGPlatform、LEPUBand 智能心电手环、手表等	单导联	算法、手环、手表	获得美国 FDA、欧洲 CE 认证	是	爱心脏 App
科瑞康医疗	掌式心电仪等	单导联、可选配导联线	手持式	是	—	移动医疗网络
泰控心仪	TKECG-7012 导心电采集器等	12 导联	便携式 12 导	是	是	医患直通车
南京熙健	H-19 手持心电等	单导联	贴片式、卡片式、手持	是	是	掌上心电 App
华米科技	可穿戴动态心电记录仪	单导联	手环、手表、贴片式	是	是	米动健康云服务
五维康	心飞碟家用智能12 导电极一体化心电仪等	12 导联	可穿戴	是	是	心电专家 App
武汉朗迪	中科芯电远程实时动态心电监测仪等	7 导联	可穿戴	是	是	实时心电监测系统、动态分析系统
维灵	柔性可穿戴心电贴片等	单导联	贴片式	—	是	VivaLNK IoHT 云平台
大微医疗	12 导 AI 静态心电图、可穿戴动态心电记录仪等	12 导联	可穿戴	是	是	大微医疗心电服务系统
脉极客医疗	可穿戴动态心电记录仪、多生理参数便携式监护设备、可穿戴智能化心电图机等	单导联、12 导联	贴片式、可穿戴	是	是	心脏健康数据AI 分析云平台
博迪加	智能心电衣等	单导联	可穿戴	是	是	心血管慢病管理
晓风科技	便携式动态心电监测仪等	单导联	贴片式、手持式	是	是	晓风健康

注：科瑞康医疗，即北京科瑞康医疗科技有限公司；泰控心仪，即北京东方泰华科技发展有限公司；南京熙健，即南京熙健电子科技有限公司；华米科技，即华米科技有限公司；五维康，即北京五维康科技有限公司；武汉朗迪，即武汉朗迪远程医疗科技有限公司；维灵，即维灵（杭州）信息技术有限公司；大微医疗，即深圳大微医疗科技开发有限公司；脉极客医疗，即脉极客医疗科技有限公司；博迪加，即博迪加科技有限公司；晓风科技，即常州晓风电子科技有限公司。

2. 人员跌倒监测技术

目前常见的主要有三类跌倒检测系统：基于穿戴式设备的人体跌倒检测系统、基于环境传感器的人体跌倒检测系统，以及基于图像、视频传感器的人体跌倒检测系统。人员跌倒监测技术特征见表 2-50。

表 2-50 人员跌倒监测技术特征

跌倒检测系统类别	主要技术原理	代表企业产品
基于穿戴式设备	基于加速度计、陀螺仪、磁力计等传感器融合	Apple Watch Sereies5 SAMSUNG Galaxy Watch 3 爱牵挂 S3
基于环境传感器	红外（被动红外）传感器、雷达技术、毫米波雷达等	Vayyar、万云科技（VPAS 系列）、苗米科技、溪棠科技、德心智能
基于图像、视频传感器	摄像头捕捉数据并处理，机器学习算法从中提取身体姿态、状态、动作信息等特征	Safely You、海康 AI 跌倒监测

在这三种跌倒监测系统类别中，毫米波雷达技术由于其成本可控、无需穿戴、精度高、不侵犯隐私等特性，被认为是未来人员跌倒监测技术的发展方向。

以色列公司 Vayyar 研发的集成雷达芯片（ROC）有 48 个收发器（采用 mimo 技术，用于多波束输入和多波束输出），工作频率为 76~81GHz，允许超过 2000 个虚拟信道（见图 2-217）。该芯片还包括一个用于实时信号处理的内部 DSP 和用于复杂信号和图像处理的 MCU。通过对信号不同维度分别做傅里叶变换和傅里叶逆变换，进行插值处理后得到目标点云图像，再基于点云成像进行人员姿态判断。

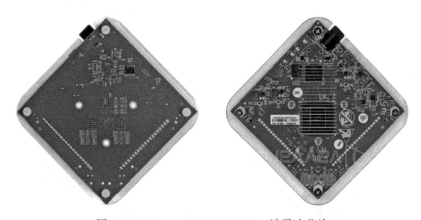

图 2-217 Vayyar IMAGEVK-74mm 波雷达芯片

清澜技术［清澜技术（深圳）有限公司］研发的毫米波跌倒监测技术采用 FMCW 波形调制技术，MIMO 布阵实现对目标的 16 个虚拟通道探测，跌倒检测范围达到 24m²，准确度 99%，可同时识别人数、位置、人体姿态、语音对讲等。图 2-218 所示为 FMCW 雷达方框图。

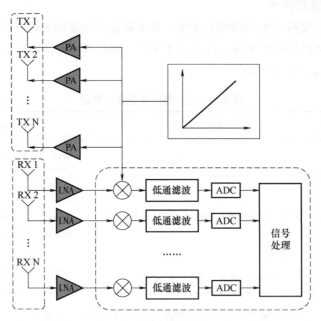

图 2-218　FMCW 雷达方框图

3. 语音识别，声纹识别及人工智能对话技术

随着大语言模型的逐步发展，人工智能语音对话技术日趋成熟，许多康养装备中都搭载了基于人工智能语音对话技术，用于实现陪伴、生活助理等功能。

科大讯飞在语音识别方面提出了一种称为深度全序列卷积神经网络（Deep Fully Convolutional Neural Network，DFCNN）的语音识别框架（见图 2-219），使用了大量的卷积层，能够直接对整句语音信号建模，与 RNN 网络结构相比，DFCNN 在鲁棒性上更好，能够实现短延时的准在线解码，提高了声纹密码认证的效率。

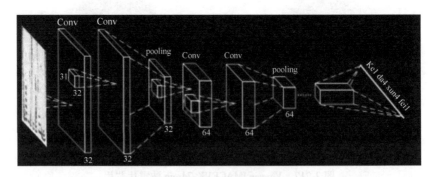

图 2-219　深度全序列卷积神经网络

百度已经实现了利用深度学习技术的端到端语音合成和识别技术，其涵盖了百度大脑最新推出的 Meitron 以及语音识别模型 SMLTA。Meitron 的最新发展成果是具有个性化的 TTS，能够把语音中的情感、音色等多种元素投射到各种不同的子空间，并灵活结合各种元素，让新合成的语音表现出多种风格。而流式多级的截断注意力模型

SMLTA 更是采用二代深度尖峰技术并使用多级注意力模型来进一步提高语音识别精度。

（三）技术发展趋势

目前的智慧康养装备技术发展涵盖了多个关键方向，随着物联网、大数据、人工智能等技术的迅猛发展，养老装备正朝着更加智能化、网络化的方向发展，以提供更精准和更高效的服务。未来，这一领域将更加注重健康监测和安全保障功能，以更好地保障老年人的健康和安全。

（1）安全监护方面　养老装备正逐步缩短意外状况下的报警时间周期，朝着基于智慧化产品形成闭环意外解决方案的方向发展。随着毫米波雷达、MEMS 传感器等技术的逐步成熟，越来越多的产品中集成了跌倒监测、心率监测、运动监测等功能，形成了一张老人运动状态监测网。一旦老人出现意外状况或失能，这些设备将从多个维度进行探测与分析，在保证低误报率的同时尽可能快地对异常进行响应。随着机械手、机器人等执行设备技术的普及，远程化与智能化的应急响应服务也逐渐成为现实。未来，技术的发展将从意外发生后的响应逐步向意外预测发展。目前，已有机构开始研究基于老人体征、步态等数据的危机值管理技术，预测意外将成为可能。

（2）健康监护方面　技术发展呈现出高低分化的趋势。高端产品侧重于医疗级别体征监测和分析技术的小型化，以在家庭或社区环境中通过简单操作实现更多维度的健康数据采集，同时能够进行医疗级别的辅助诊断和健康分析，帮助实现早期疾病筛查和康复指导。低端产品则专注于基本健康监测技术的成本控制，例如基于 PPG 的心率、血氧监测、单导联 ECG 监测等技术的硬件成本已经大幅下降。未来，更多体征数据的监测成本将继续降低，覆盖更广泛的需求人群。

（3）精神陪护方面　养老装备将越来越关注交互性和可玩性，以使老年人在使用上更觉有趣，提高生活质量。随着人工智能、语音识别、全息显示等技术的不断发展，未来的产品将继续从日常陪伴的角度进行创新。这些装备不仅要能解决老年人的基本安全和健康监测需求，还要能填补老年人精神心理方面的空虚感，提供情感陪伴和精神慰藉。

总的来说，养老装备技术的不断进步将有助于老年人更加健康、安全、幸福地生活，并在未来持续改善老年人的生活质量。

（四）存在的问题

尽管养老装备技术正在快速发展，但仍然存在一些短板和挑战，需要进一步克服和改进。

（1）智慧养老的信息化和智能化程度偏低　当前，我国在智慧养老方面的信息化和智能化程度相对较低。虽然已经有一些技术应用于健康监测和紧急救援等领域，但在信息的深度利用和发展方面还有待提高。现有的老年人信息和数据采集、整合和处理主要依赖于简单的设备和应用，这些设备往往不能有效提取有价值的信息，也难以提供精准和个性化的服务。

（2）技术开发与老年人需求不匹配 智慧养老技术的应用主要集中在健康监测、紧急救援等方面，但忽视了老年人的多元化需求。老年人在日常生活中需要更多的精神关怀、社交互动、娱乐休闲等服务，但这些需求在现有的智慧养老技术中并没有得到充分满足。未来的发展需要更多关注老年人的全面需求，以提供更丰富和多样化的服务。

（3）数据安全与隐私保护不足 智慧养老涉及大量的个人信息和隐私，如健康状况、生活习惯等。这些信息的泄露或不当使用可能对老年人的生活造成严重影响。然而，目前的智慧养老技术对数据安全和隐私保护的重视程度还不够，存在一定的数据泄露风险。未来需要更加强化数据的安全性和隐私保护措施，确保老年人的信息得到妥善保护。

综上所述，尽管智慧养老技术取得了一定的进展，但仍然需要不断改进和创新，以更好地满足老年人的需求，提高服务质量，并确保数据的安全和隐私保护。只有在这些方面取得进展，智慧养老才能充分发挥其优势，为老年人提供更好的生活质量和健康照护。

第八节　血液净化处理装备

一、血液透析装备及关键零部件技术发展趋势

（一）血液透析装备技术发展趋势

1. 血液透析设备简介

肾脏功能部分或者全部丧失的一种病理状态，一般可分为两种：急性和慢性。急性肾脏缺血及肾中毒、各种肾毒性物质，如药物、重金属毒物等，均可造成急性肾功能衰竭。而常见的肾脏疾病，主要为慢性肾脏疾病。慢性肾脏疾病（Chronic Kidney Disease, CKD）指的是由一系列因素所引起的慢性肾脏结构病变或者肾脏功能性障碍。近些年来，随着自然环境的恶化、药物的滥用、人口老龄化的增加以及其他因素，CKD 的发病率逐年攀升，成为我国乃至全世界所面临的重要疾病之一。

随着缓慢持续性肾功能的损害及衰退，慢性肾脏疾病至晚期往往会发展为慢性肾功能衰竭（Chronic Renal Failure, CRF），CRF 会导致患者泌尿功能障碍、内环境紊乱等。同时还会对各个器官和系统造成不可逆的损伤。

终末期肾病（End-Stage Renal Disease, ESRD）指的是各种慢性肾脏疾病的终末期阶段，俗称"尿毒症"。终末期肾病患者的肾脏已无法完成人体正常的代谢，且无法自行排出人体内多余的水分和代谢废物。因此，接受肾脏替代治疗，或者通过人工血液净化疗法来延长生命是 ESRD 患者主要的治疗方式。但是这些治疗方式，不仅会增加患者的经济负担，而且治疗后预后差，并且随着治疗时间的延长，其血液净化相关性不良反应及各种并发症也会随之增加，这严重影响了患者的治疗效果和生活质量，同时还会造成患者的心理负担和身体上的痛苦。

血液透析机是急慢性肾衰竭患者用于血液透析治疗的必用医疗设备。它将患者体内血液通过体外循环管路引入透析器内进行溶质交换，在浓度差的作用下，使患者由于肾功能衰竭积累的尿素、肌酐等废物交换至透析液中，而透析液中的碳酸氢盐、葡萄糖等机体所需物质被补充到血液中，再使血液返回至患者体内。血液透析（Hemodialysis，HD）这种肾脏替代疗法在人体外进行，代替了肾脏的部分功能，可达到清除患者体内新陈代谢废物，纠正水、电解质紊乱和调节酸碱失衡的治疗目的。

2. 血液透析的工作原理及系统结构

（1）工作原理　血液透析机是一种较为复杂的医疗设备，它主要由体外循环通路、透析液通路以及基于微电脑控制监测系统组成。简单来说，由血路、水路及电路三部分构成。在血液透析过程中，血液透析机接受操作人员指令，负责控制及监测透析液通路和血液通路的各种参数，以保证整个透析过程可以持续、安全地进行。

1）体外血液循环回路。体外血液循环回路的目的是使患者的血液可以安全地引出体外，进入透析器，并返回患者体内，如图 2-220 所示。

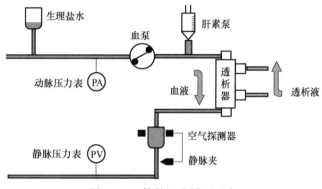

图 2-220　体外血液循环回路

2）透析液通路。在透析液通路内可得到适当温度、浓度、压力及流速的透析液通过透析液通路进入透析器，与透析器膜对侧患者血液发生弥散、对流、超滤等透析基本过程，并以适当的速度移除患者体内多余的水分。不同于体外循环回路，各个厂家对透析液通路的设计差异较大，图 2-221 所示为透析液通路一般流程框图。

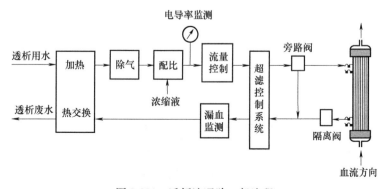

图 2-221　透析液通路一般流程

3）微电脑控制监测系统。微电脑控制监测系统是血透机的"大脑"，它负责接收操作人员通过操作面板输入的指令，处理来自水路及血路上所有传感器的信号，按照预先编制的程序，进入开环（无传感器）或闭环（有传感器）控制，由执行器件（如泵、电磁阀等）控制透析参数，如图 2-222 所示。

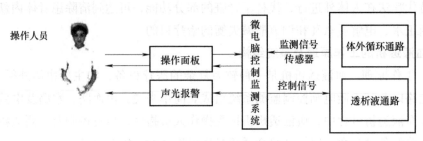

图 2-222　微电脑控制监测系统

（2）系统结构　血液透析（Hemodialysis，HD）指的是运用膜平衡的工作原理，将病人的血液引出体外，在透析器中和含有化学成分的透析液分布在透析膜的两侧，运用弥散、对流的方式进行物质交换，小分子可透过透析膜做跨膜运动，使病人体内积累的毒素、有害的致病因子等物质得到清除。由于血液透析中透析器所使用的透析膜平均孔径只有 3nm 左右，因此血液透析示意图透析膜只可使相对分子质量小于 15kDa 的水溶性物质（小分子或部分中分子毒素）通过，而大分子毒素（包括蛋白结合毒素等）不可通过透析膜达到清除目的。血液透析一般适用于急性、慢性肾功能衰竭，急性药物中毒，肝脏疾病等的治疗，同时还可用于调节肝病患者的电解质紊乱及酸碱失调。血液透析示意图如图 2-223 所示。典型血液透析设备指标见表 2-51。

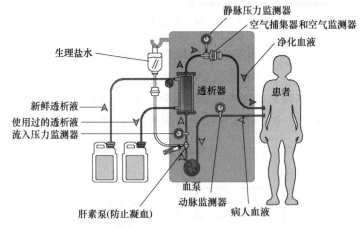

图 2-223　血液透析示意图

表 2-51　典型血液透析设备指标

序号	重要指标	单泵血液透析设备范围和精度	双泵血液透析设备范围和精度
1	透析液流量设定范围	0～500mL/min，透析液流量的负误差不宜低于−10%	100～1000mL/min，透析液流量的负误差不宜低于−10%

（续）

序号	重要指标	单泵血液透析设备范围和精度	双泵血液透析设备范围和精度
2	血泵流量设定范围	30~500mL/min，血液流量的负误差不宜低于−10%	30~600mL/min，血液流量的负误差不宜低于−10%
3	脱水速度设定范围（超滤率）	0~2.0L/h，脱水允许误差应为±5%或±100mL/h，两者取绝对值大者	0~4.0L/h，脱水允许误差应为±5%或±100mL/h，两者取绝对值大者
4	肝素泵注入设定范围	0.5~10mL/h	0.5~10mL/h
5	透析液和置换液的温度设定范围	35~39℃，对透析液的加热：在35~38℃内，控温精度为±0.5℃	34~39℃，对透析液的加热：在35~38℃内，控温精度为±0.5℃
6	静脉压的指示范围	−60~+520mmHg	−100~+500mmHg
7	动脉压的指示范围	−300~+280mmHg	−300~+300mmHg
8	跨膜压的指示范围	−60~+520mmHg	−100~+400mmHg
9	置换液流量设定范围	—	25~600mL/min
10	透析液浓度（电导率）标尺显示范围	12.8~15.7mS/cm；	12.8~15.7mS/cm

3. 血液透析设备的分类

自1913年约翰斯·霍普金斯大学医学部药理学科的Abel及其同事制造出第一台活体弥散（Vividiffusion）装置，至今已有百余年的历史。而透析器也经历了由蟠管型、平板型，到中空纤维型的发展。同时，随着高通透性膜的发展，20世纪80年代中期出现了高通量透析技术，要求透析器膜的孔径和面积较大、膜较薄、对水和溶质的通透性高、超滤系数大，不仅能有效清除中小分子毒素，而且能通过对流、吸附方式清除部分低分子量蛋白，改善透析患者的生存率。

目前，关于如何提高小分子溶质清除率的研究，集中在改善透析液在空心纤维中的流动特性，选择合适的空心纤维分布密度及曲线设计。通过这些设计可使小分子溶质的清除率提高10%左右。但HEMO研究结果显示，增加小分子溶质的清除率，即使单室模型尿素从1.25KT/V增加到1.65KT/V也不能改善患者预后，因此再进一步提高小分子溶质的清除率似乎临床意义不大。

为降低心血管并发症的发生率及死亡率，从而降低透析患者的远期并发症，HEMO研究建议应增加大分子溶质的清除，如β2-微球蛋白。而增加大分子溶质的清除，目前有两种途径：①更换透析模式，如血液透析滤过（Hemodiafiltration，HDF），采用高通透性的透析器并以加强对流的方式清除；②在现有血液透析的基础上，研究如何加强超滤，以增加对流清除。

简而言之，当前市面上血液透析设备以其清除毒素的种类多少及原理的不同，通常分为两类：①血液透析机，俗称单泵机，主要以弥散的方式清除小分子毒素；②血液透析滤过机，俗称双泵机，以弥散和对流的方式清除小分子及中分子毒素。

4. 血液透析行业的发展现状

经过上百年的创新和研发，目前市场上的血液透析机集计算机、电子、机械、流体力学、生物化学、光学、声学技术于一体，技术先进，质量可靠，操作方便，使用安全。血液透析机可以显示所有的治疗参数，报警原因、报警部位、处理方式，并能记录整个治疗过程中的所有数据，实现了真正的人机对话。

每个年代临床未满足的需求都在驱动着透析技术的发展；科技的进步推动了透析治疗技术的不断更新和迭代，以更好地满足临床需求，提高了治疗可及性；随着时代演进，新需求又涌现，周而复始，透析技术不断创新发展。血液透析技术与功能的发展历史如图 2-224 所示。

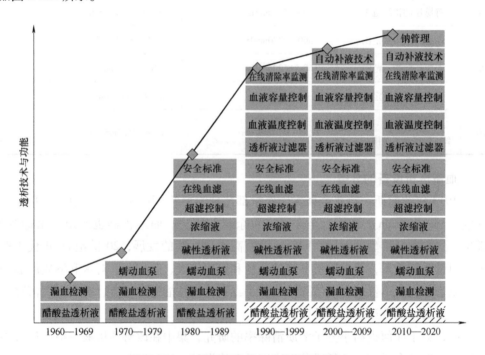

图 2-224　血液透析技术与功能的发展历史

血液透析产业主要涉及两部分：一是以透析机为主的医疗设备；二是以透析器、灌流器、透析粉液、体外循环管路为主的耗材。

设备方面，国内企业已具备一定的自主研发能力，实现了透析机国产化，但是技术性能方面与国外企业相比还有较大差距。由于部分进口血液透析设备价格也较低，国产产品在价格方面并不占太多优势，再加上进口血液透析设备技术更为成熟稳定，当前进口血液透析机的一些提高疗效或保障透析安全的功能，在国内血液透析机上还未实现，尤其是对于血液透析滤过机（HDF 双泵机）。例如先进的自动补液技术，一些进口设备可以通过评估透析器中空纤维血流波动压力信号及跨膜压，自动实时调整置换液速率，在提高置换液量的同时，降低凝血风险，从而安全地实现了更多毒素的清除。这些提高疗效及安全保障的功能使得许多对价格不敏感的大中型医院仍倾向于使用进口产品。

因此，未来国产透析机主要的市场机会或在大量的新增市场，尤其是基层医疗机构。

5. 血液透析临床应用现状

近年来，我国终末期肾病发病率逐年增长且增幅加快，增长速度远远高于人口增速，每年约有 2% 的患者进入终末期。进入终末期的患者需要进行肾脏替代治疗（Renal Replacement Therapy，RRT），主要有三种方式：肾移植（Renal Transplantation，RT）、血液透析、腹膜透析（Peritoneal Dialysis，PD）。据全国血液净化病例信息登记系统（www.cnrds.net）的数据显示，2022 年我国在透患者患病率为 597.7/百万人口，新增患者发病率为 110.0/百万人口。对于透析患者，血液透析是主要的治疗方式，超过 85%。截至 2022 年，我国大陆地区有 7298 家血液透析中心，共约 844265 名血液透析患者。

随着技术的发展和对中大分子尿毒症毒素的认识，以对流清除毒素为主的治疗模式——血液滤过（Hemofiltration，HF）得以发展。后来还出现了联合对流与弥散的治疗模式——血液透析滤过（Hemodiafiltration，HDF）。HDF 是通过高通量膜的透析器将体内过高的代谢产物清除的联合对流与弥散的治疗模式，通过超滤清除水分，这要求置换液无菌、无热源，在线 HDF 治疗需要血液透析滤过设备支持。在线生成的置换液通过细菌和内毒素过滤器对透析液进行过滤产生，要求机器和过滤器生产商提供清晰准确的过滤器消毒、检测及更换的流程。目前我国大陆地区 HDF 治疗占比约为 10%。

6. 血液透析主要技术进展及趋势

血液温度监测器（Blood Temperature Monitor，BTM）用于调整透析过程中的热量平衡，大量研究证实，对于循环不稳定的患者，提供可控的热能负平衡将对透析期间血管的稳定性起到积极的作用。运用温度控制功能，可以避免治疗期间一些非生理性的、对血管负反应的，乃至至今尚未被注意到的由体温变化引起的危害。为了确保透析治疗的有效性，患者的血管通路需要正常工作，这可以通过 BTM 测量再循环进行监测。费森尤斯的 BTM 利用热稀释方法来进行再循环测量。

血容量监测器（Blood Volume Monitor，BVM）用于测量相对血容量、测定红细胞压积和血红蛋白，以及自动控制超滤率。症状性低血压时，血压常不可预料地突然下降，往往伴有抽搐、恶心、头晕和呕吐，极少数患者意识丧失，这是当前约 20% 血液透析患者常发生的几种严重的并发症。尽管导致症状性低血压的机制是复杂和多因素的，但是超滤导致血容量下降是血压不稳定的重要因素。为防止体液过量清除，连续相对血容量测量允许超滤控制，在预定的目标范围内具有灵活的超滤目标。低血压更多发生于透析后半部分，尤其接近结束时。当患者达到他们的干体重时，发生症状性低血压的一个重要机制是因快速超滤并不能为当时的患者毛细血管再充盈率所代偿，即循环血量中液体的清除多于从周围组织的再补充，有效血容量迅速下跌。利用 BVM 测量血容量可以监测患者体内是否还有过多的体液，这些体液是否用于再灌注血管，是否有足够的再充盈率，生理调节机制是否足以进行补偿。

在线清除率监控（Online Clearance Monitoring，OCM）可在治疗过程中对尿素平均有效清除率、透析剂量进行测定。若想提高患者的生活质量，重要的一点是透析的充分性，现在评价透析充分性使用的指标是尿素清除率（单位为 KT/V），通常是通过检测透析前、后的尿素氮值计算而得。

个体化透析是患者和临床医师追求的目标，可以极大方便患者和实现透析治疗个体化。个体化透析的参数很多，主要有个体化的透析液处方、个体化透析器的选择、抗凝方法、钠曲线、超滤曲线等。费森尤斯钠管理功能是体现个体化透析的一个功能。其用于测定和调节透析液与患者之间的钠转移。钠控制有利于血浆钠的维持（等渗透析）或有针对性地改变。要做到这一点，操作员必须指定血浆钠所需的变化。钠控制调节透析液中的钠浓度，以便在治疗结束时达到指定的预期变化。为了确定提供给患者或从患者体内移除的钠容量，该装置会连续测量进出透析液的电导度，并用动力学模型确定钠平衡。电导度电池在治疗期间自动校准数次，以达到尽可能高的钠平衡精度。当钠控制打开时，透析液中的钠被调节，使患者的血浆钠达到操作员规定的治疗结束时的血浆钠变化目标。

随着家庭血液透析的兴起，血液透析设备向便捷化、小型化方向发展。市面上出现的一体化的管路可帮助家用环境中的非专业医护人员进行准确的安装，同时接头的减少降低了血液与空气的接触，从而降低了凝血的风险。另外，通过遥控器控制进行简单常用的调节操作，方便患者在无医护人员监护的情况下，无须进行大幅度的身体部位挪动就能进行简单的报警处理及部分治疗参数的调节。尤其是在由于超滤速率过快，患者感到不适的情况下，可通过遥控器一键进入紧急模式。此时血流量将自动下降，超滤停止，并进行在线补液缓解患者的不适症状。当这种症状解除后，可以重新恢复正常的治疗参数进行治疗。除了以上方便家庭环境使用的便捷功能，体积小巧、可移动的水处理设备给家庭透析创造了更多空间上的可能性，部分家用水处理设备可达到只有计算机主机一般大小的体积。目前市面上已出现了水处理和血液透析设备一体的可移动系统，该系统的体积与普通的血液透析设备相近，同时兼备了净化饮用水至反渗水、配置透析液、进行透析治疗的功能。

7. 存在的问题及建议

血液透析机的发展日益成熟，人性化设计也很普及，作为治疗型设备，治疗的个性化、安全性能及模块化设计是每个生产厂家需要考虑的问题。根据每个病人的实际情况，能够提供不同的透析治疗方法是血液透析机发展的一个重要方向；为了提高血液透析的安全性，在工程方面，血液透析机的设计趋向于模块化设计，这就提高了机器的维护性能。再就是机器的网络化，若每个厂家开放国际标准端口，可使所有的机器联网，通过透析工作站能对所有的机器进行管理，监控每台机器的运行状态、诊断每台机器的故障，记录每个病人的数据，建立病人的治疗数据库，针对每个病人的情况进行个体化治疗。今后血液透析机的发展一定是网络化、智能化和模块化。

目前，透析机处在迅速发展的时期，它的程序日益丰富，并逐步向模块化、网络化和智能化发展，主要体现在以下几个方面：

（1）在线生物反馈功能　针对实时在线生物反馈系统，各个厂家纷纷开发了相关技术。如费森尤斯的血液温度监测、血液容量监测、血压监测、尿素清除率等；百特的尿素监测、血压监测系统等；Ultrasonic 和 Criteline 的超滤监测设备。这些技术可以更全面地确定透析清除率，避免无效再循环对透析清除率的影响，通过测量相对血容量的变化、血压变化、血氧饱和度等，可帮助患者平稳地达到干体重。但由于操作人员对新技术的掌握程度，以及医疗费用等方面的限制，目前此类技术还未得到广泛应用。但可以设想，随着技术的进步，实现在线生物反馈实则必然。

（2）个体化透析设计　由于个体之间存在差异，血液透析治疗也各不相同，如透析时间、透析模式、干体重、超滤率、钠离子浓度等。若要通过在线监测功能发现患者个体存在的差异性，就需要透析处方的个体化。目前自动化的个体化设计主要通过患者处方卡实施，如德国 B. Braun 公司的 Dialog 等。新的透析机软件已经出现，它可根据在线监测数据实时调整透析参数，但安全性尚待验证。个性化的高容量 HDF 疗法：费森尤斯的 AutoSub Plus 自动补液技术，可以通过评估透析器中空纤维血流波动压力信号及跨膜压，自动实时调整置换液速率，在提高置换液量的同时，降低凝血风险，实现患者在透析治疗中该个体该次治疗所能达到的高容量，从而安全地实现更多毒素的清除。

（3）更安全的功能设计　更安全的功能设计可帮助护士省力快捷地处理透析中的各种异常和紧急情况，保障患者安全。费森尤斯血液透析滤过机（HDF 双泵机）上的静脉通路监视器可提高早期发现静脉针移位的概率，降低患者体外失血风险；还有静脉通路漏血探测仪，这是一种湿度检测器，能够直接检测患者的失血情况，如果检测到液体，控制装置将通过无线连接触发报警，血泵将立即停止运行，以防患者严重失血；紧急按钮能一键式智能自动终止超滤、自动进行血压测量、自动追加补液、自动降低有效血流量，帮助护士省力快捷地处理紧急情况，为患者的安全治疗保驾护航。

（4）家庭透析的兴起　家庭血液透析（Home Hemodialysis，HHD）是指在家中进行安全、高质量的血液透析治疗，这种治疗不仅可以减少交叉感染、有效节约时间和费用、改善临床指标及提高存活率，还可以使患者和家人生活在一起，提高生活质量和满意度，是一种未来的发展趋势。

（二）血液透析装备关键零部件技术发展趋势

血液透析机的零部件主要有电导率传感器和漏血传感器。

1. 电导率传感器

（1）行业发展现状　电导率是包括溶液、金属或气体等所有材料通过电流的能力。

电导率测量是一种非常广泛和有用的方法，特别是用于质量控制目的。水纯度监测、饮用水和工艺水质量的控制、溶液中离子总数的估计或工艺溶液中组分的直接测量都可以使用电导率测量来进行。

血液透析设备是救治急慢性肾功能衰竭的设备，在治疗尿毒症、急性心衰及中毒抢救方面发挥着重要作用，其是否正常运行直接关系到病人的治疗效果甚至生命安全。受环境、水质、机械性能等因素的影响，最终配制出的透析液往往不尽如人意。为了病人的安全和更好的治疗效果，必须定期对透析液电导率进行校正。电导率实际上是表征导体能力的一个参数，应用在血液透析设备上时将透析液作为导体，通过电导率传感器可以间接地反映透析液的离子浓度。电导率测量的准确性对病人的健康有非常重要的意义。

电导率传感器的高可靠性、灵敏度和相对较低的成本，使电导率成为任何良好监测程序的潜在主要参数。有些应用是以电阻率（电导率的倒数）为单位来测量的。还有一些应用需要测量总溶解固体（Total Dissolved Solids，TDS），TDS与电导率有关，取决于离子的水平和类型。电导率测量范围很广，从小于 1×10^{-7}S/cm 的纯水到大于 1S/cm 的浓缩溶液。

一般来说，测量电导率是一种快速而廉价的测定溶液离子浓度的方法。然而，这是一种非特异性技术，无法区分不同类型的离子，而是给出一个与所有存在离子的综合效应成比例的读数。

（2）主要技术进展及优势 电导率的测量可以通过将交流电加到浸在溶液中的两个电极上并测量产生的电压来实现。在这个过程中，阳离子迁移到负极，阴离子迁移到正极（见图2-225），溶液充当了电导体。

电导率通常是在电解质的水溶液中测量。电解质是含有离子的物质，即离子盐或在溶液中电离的化合物的溶液。电解质包括酸、碱和盐，可强可弱。大多数测量的导电溶液是水溶液，因为水具有稳定离子的能力，形成的过程称为溶剂化。

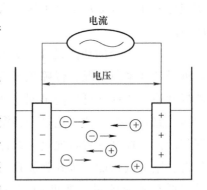

图 2-225　离子在溶液中的迁移

典型的电导率测试仪是将最佳频率的交流电 I 施加到两个有源电极上，测量电压 U。电流和电压都用来计算电导（I/U）。电导率测试仪使用电导和电极常数来显示电导率。电导率测试仪简图如图2-226所示。

电导率=电极常数×电导

电导电极一般分为二电极式和多电极式。

传统的二电极式电导电极，是在两极之间施加交流电并测量产生的电压。目的只是测量溶液电阻 R_{sol}。然而，由于电极极化和场效应引起的电阻 R_{el} 干扰了测量，因此需要对 R_{sol} 和 R_{el} 进行测量。使用二电极式电导电极的优势在于：容易维护，可与换样器配合使用（无携带），经济性较好，适用于黏性介质或带有悬浮物的样品。二电极式电导电极简图如图 2-227 所示。

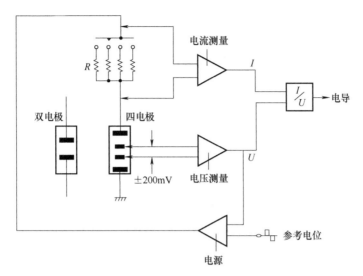

图 2-226 电导率测试仪简图

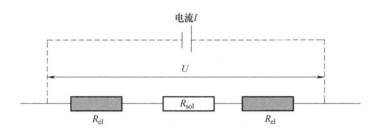

图 2-227 二电极式电导电极简图

三电极式电导电极现在不像四电极式那样受欢迎了。三电极式的优点是第三个电极与第一电极允许磁力线以最优的方式引导和限制，可限制测量中的色散，尽量减少对测量的影响。当确定电极常数时，它保证了更好的再现性，因此有更多的再现结果。

对于四电极式电导电极，在外圈（1 和 4）上施加电流，使内圈（2 和 3）之间保持恒定的电压差（见图 2-228）。由于测量电压的电流可以忽略不计，这两个电极不极化（$R_2 = R_3 = 0$），电导率将与施加的电流成正比。带有外管的四极电极的几何形状使烧杯场效应最小化，因为测量体积在管内被很好地定义。因此，电导率电极在测量容器中的位置或样品体积对测量没有影响。

使用四电极式电导电极的优势在于：在很大的范围内电导率是线性的，便于不同量程的校准和测量；流式或浸入式电极，适用于高电导率的测量，如果电极电容补偿，可用于低电导率测量。

在电极（板或环）上覆盖一层铂黑是另一种减少极化效应和避免测量误差的方法。这种方法使电极表面增大，电流密度减小，极化效应减小。因此，铂黑一定不能被损坏

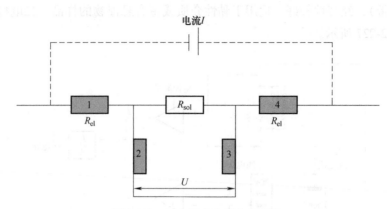

图 2-228　四电极式电导电极简图

或划伤。然而，镀铂电极的一个小缺点是，电极常数往往比非镀铂电极常数漂移得更快，建议只在非黏性样品中使用镀铂电极。

导流型电导电极设计用于流量测量和小样品体积的测量。这些测量可以在不受空气影响的封闭液体系统中进行。如果要在纯水中进行测量，就必须使用流池。此外，还必须避免与空气接触，原因是空气中的二氧化碳会在水中形成碳酸氢根离子，导致电导率的变化。

（3）技术发展趋势　电极的数目和是否镀铂都会影响测量结果。随着极数的增加，电极保持线性的测量范围会变宽；铂极还有助于增加测量跨度。随着技术的发展和应用，以下因素在测量电导率时都会对结果产生影响。

1）电极极化。对溶液中的电极施加电流可能会导致电极表面附近离子物的聚集和表面上的化学反应。因此，电极表面会出现极化电阻，这可能会导致错误的结果。

可以通过以下方式减少或防止极化效应。

① 施加交流电：测量电流将流过电极的双层电容，而不是由于溶液电阻（R_{sol}）在电极表面形成电压降，R_{el} 比 R_{sol} 小得多。

② 调整测量频率：频率必须与样品的电导率相适应。低频应用于低电导率，其中极化与溶液电阻（R_{sol}）相比可以忽略不计。高频应用于高电导率，其中溶液电阻（R_{sol}）是低的，以最小化极化电阻（R_{el}）。

③ 优化电极面积：增加电极的活性表面积与覆盖一层铂黑降低电流密度，从而减小极化效应。

④ 使用四极电导电极：极化电阻对测量没有影响。

2）电极表面污染。二极式电导电极表面的沉积物与极化误差有类似的影响，即电导率读数比正常值低。这些影响也可以用四极式电导电极来防止。

3）几何相关的误差——场效应。误差也可由场效应引起，即测量场的一部分落在二极电极的几何空间之外，如果有什么东西干扰了这些磁力线，例如烧杯壁，这些磁力线就会影响测量。三极式和四极式电导电极的设计可以将这种影响降到最低。如果整个测量场包含在电极体中，那么场误差就不能由烧杯壁引起。

4）电缆阻抗。电缆有一定的长度，因此一定有电阻。电缆电阻会对结果产生影响，必须加以考虑。

补偿电缆电阻的方法：

① 低溶液电阻（低于50Ω），即高电导率测量。

② 使用二极式或三极式电导电极进行测量。

③ 电极的电缆电阻通常由制造商指定。对于四极电极，电缆电阻没有影响。

5）电缆电容。屏蔽电缆的长度一定，电容也一定。当测量的电导较低（$<4\mu S$）时，电缆电容不可忽略，必须加以考虑。

补偿电缆电容的方法：

① 使用四极式电导电极。

② 低电导率测量。

③ 电导池的电缆电容大于350pF，电缆电容通常由制造商指定。

（4）存在的问题及建议　在使用电极式电导率传感器时，不可避免地存在一些问题。

为了降低电极极化带来的测量偏差，通常采取提高供电电源的频率、电极极板涂铂黑、加大电极板面积等方法。

为了消除电容效应，提高测量灵敏度，通常采取两种方法：一是加大液体电阻，这种方法不容易实现；二是提高频率，降低电容容抗，但频率的提高会受到一定的限制，一般高阻时采用低频，低阻时采用高频。

多电极电导池要求对电极保护严格对称，并相对其他电极的距离固定，这对电极基座的加工提出了很高的要求。电极基座多采用高性能陶瓷材料制作，电极材料多采用高性能金属材料，二者膨胀性能存在较大差异，造成电极的烧结、封装困难。通常采用中间温度系数的过渡材料进行烧结、封装，但效果不是十分理想。

多电极与微电极成为电极型电导率传感器发展的方向之一。二电极式电导率传感器由于存在电极极化，其测量范围、测量精度受到极大的限制，多电极式电导率传感器在测量范围、测量精度方面均取得了突破。经过多年的研究开发，目前四电极式的电导率传感器已经研制成功，并成功商业化。国家海洋技术中心已经开展了七电极式电导率传感器的研究与开发，并已经在电极结构设计、烧结、封装等方面取得了一定的成就。

电导率传感器与单片机技术、微机电系统技术结合，可实现电导率测量的自动化，使电导率测量的适应性和测量精度均获得提高。

优化激励信号的形式可使测量数据精度更高、采集速度更快。

在电极数目增加受到限制的情况下，可优化激励顺序，针对同一个电导率分布尽可能得到最多的独立测量数据。

由于电导率传感器电极具有一定的特殊性，因此对于制作电极材料有一定的要求：①良好的导电性能；②由于电极与被测介质之间发生化学或电化学反应会腐蚀电极表面，要求电极有稳定的化学特性。常用的电极材料有铂、不锈钢、铜、银等。铂是一种极好的电极材料，但价格较高。在实际应用中，一般采用不锈钢和金属铜作为电极材料。随着材料科学的发展和进步，一些新型的材料被用来加工电导率传感器电极，如导电陶瓷、钛合金等，取得了较好的效果。

2. 漏血传感器

（1）行业发展现状　在血液透析治疗过程中，当透析液中有气泡、透析器破膜有血液溢出时，漏血传感器会及时报警，以保证治疗过程中患者的安全。在治疗开始前的自检过程中，当漏血传感器存在故障时，不能通过自检并无法开始治疗。当监测值在预定范围内时，血液透析设备正常工作，漏血监测系统仍不断地、周期性地监测透析管路中是否存在血液，从而判断透析器是否破膜。

在最新的血液透析设备行业标准 YY 0054—2023 的 5.9 章节中规定了漏血防护系统的性能要求：在规定的最大透析液流量、超滤流量、置换液流量（如适用）下，漏血速率的最大报警限值应≤0.35mL/min（血液的 Hct 为 32%），防护系统应能激活听觉和视觉报警信号并防止血液进一步泄漏到透析液中。从而保证漏血传感器在实际的临床使用过程中充分发挥防护功能，及时监测到漏血情况，保证患者的安全。

（2）主要技术进展及优势　漏血传感器由发光侧和受光侧组合而成，基本原理是光学监测（见图 2-229）。当漏血发生时，由于红细胞悬浮在透析液中，产生了遮光效果，受光侧接收到的光强度下降，继而电压下降，当电压下降一定幅度时就会发生漏血报警。最初的漏血传感器采用的是白光，但由于少量漏血对光的阻断效果很差，因此不是很灵敏。绿色是红色的补色，当绿色光被红色液体阻挡时，光强度下降最明显。所以当单一绿色光被红色液体阻挡时，光强度下降最明显。所以用单一绿色光作为检测光源，相对白光其电信号变化幅度更大，监测更加敏感。但是，透析液配置不合适，或者消毒不足时，蛋白附着、碳酸钙结晶的形成，仍然会导致受光侧输出的电信号强度下降。

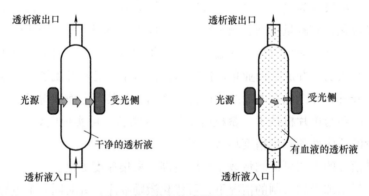

图 2-229　漏血传感器原理示意图

为了避免误报警干扰治疗，早期透析机的漏血传感器在机器外表面相对容易操作的位置留有一个手孔，以便操作者在假漏血报警时进行人为干预，进而拆开漏血传感器，擦拭内表面，解除假报警。现常用的透析机多采用双光源漏血传感器，也被一些销售人员夸张为抗污染的漏血传感器。实际上，并不是硬件本身有抗污染能力，而是检测的软件技术可避免污染导致的误报警。因为红色光经过红色液体时，强度几乎不受干扰，所以用红色光作为参考色。红色光强度不变，绿色光强度下降，判断为漏血；红色光、绿色光强度都下降，判断为漏血传感器污染。漏血传感器污染不会发生漏血报警，直至污染很严重，以至于会影响漏血传感器的监测性能时，才会提示漏血传感器脏污。即便这样，也不是漏血报警，不会要求操作者结束治疗。换言之，新型漏血传感器已经不需要拆开机器进行擦拭了。从设计角度来看，这种结构尽可能地避免了误报警。当漏血传感器脏污时，进行完整的酸洗消毒即可。

随着漏血传感器技术的发展，模拟电路设计的漏血检测系统已经不能满足实际使用需求，数字化漏血传感器应运而生。数字化漏血传感器基于颜色传感器芯片设计红、绿双光检测漏血传感器，采用一个红、绿双色发光二极管作为检测光源，通过微处理器协同控制光源的颜色和颜色传感器接收到光的颜色，实现红、绿双色光检测的目的。

（3）技术发展趋势　漏血传感器位于透析溶液回路中透析器的下游，用于识别从透析器流出的透析溶液中的血液进入情况。在使用这种传感器时，会因气泡引起错误触发，因为血液进入或者空气进入都会因为散射、折射、反射等引起信号衰减。有一种设计理念提出使用与传统漏血传感器不同的测量方法，检测与传统漏血传感器不同的测量参数。这种设计理念需要设置另外的传感器，这些另外的传感器的测量值受空气存在的影响，但是不受血液存在的影响或者最多轻微地受血液存在的影响，并在时间上以与漏血传感器信号相关联的信号，作为用于开始查错程序的抑制标准。数字化漏血传感器设计理念示意图如图 2-230 所示。

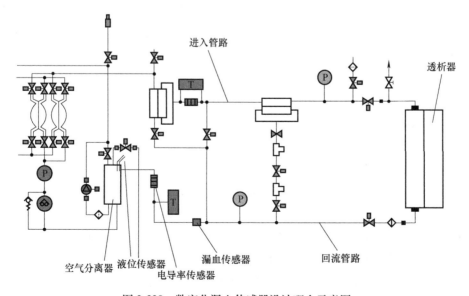

图 2-230　数字化漏血传感器设计理念示意图

以上设计理念中的传感器，包含了电导率传感器。电导率传感器在透析液回路中的透析液下游，可用于在线尿素清除率监测（Online Clearance Monitoring，OCM）。由于处于透析液中的半透膜对于尿素的可穿透性与其对于电解质的可穿透性成固定比例，电导率传感器的信号充其量也只是轻微地受血液进入的影响，这是因为血液有类似的电解质组成。相反，在空气进入的情况下则会引起电导率的暂时下降。

以上设计理念的一个实施方式是，在透析器下游设置空气分离器，并在空气分离器处设置空气探测器或液位传感器。空气分离器在透析液回路中的透析器下游一般都有配置。液位传感器的信号完全不受血液进入的影响，而是受空气进入的影响。

如果在电导率传感器和液位传感器处识别到时间关联性中的异常性，就能够推断出有空气进入，至少可暂时抑制查错程序并且延长等待期，可以有效地避免错误触发；而在真实的有血液进入的情况下还可有效地触发查错程序，从而能以不变的程序确保治疗的可靠性。

（4）存在的问题及建议　漏血误报警是临床上比较常见的问题，一般是由于管壁太脏，附着了一些沉淀物。解决办法是进行酸洗去除沉淀物质。另一个常见原因是漏血传感器本身的信号漂移，这时可在维修模式下，对漏血传感器进行校正。例如费森尤斯的 4008 系列设备，进入漏血传感器校准模式，将 Blood leakage voltage 和 Dimness voltage 调整到 5V，将这两个电压作为参考值的基准值。环境光也会对受光侧的信号接收产生干扰，所以漏血传感器需要在装置结构方面做进一步的调整与改进，使其更加密封，减少环境光对接收信号的影响。另外，还需要解决由于气泡原因产生的漏血误报警问题。

目前临床仍然有很多漏血传感器的误报警，这些报警更多的是与操作者相关。发生漏血报警时，可先用肉眼观察透析器的透析液出口，如果观察到雾状、网状喷出（不一定能观察到红色），则为真实漏血，需更换透析器。现有的漏血传感器在误报警和漏报警处理上虽然已经有了很大的技术进步，但依旧可能会出现误报警和漏报警，还需要在现有的技术基础上进行更新升级。

二、自动腹膜透析装备及关键零部件技术发展趋势

（一）自动腹膜透析装备技术发展趋势

1. 自动腹膜透析机简介

腹膜透析是终末期肾脏病（尿毒症）的主要治疗方法之一，它主要利用腹膜作为生物透析膜，依赖弥散、对流和超滤作用，清除体内潴留的代谢产物、纠正电解质和酸碱失衡、清除过多水分。腹膜透析分为持续不卧床腹膜透析（Continuous Ambulatory Peritoneal Dialysis，CAPD）和自动腹膜透析（Automated Peritoneal Dialysis，APD）。APD 采用自动腹膜透析机代替病人手工操作进行透析液换液操作。与 CAPD 相比，APD 具有操作方便、连接次数少、感染风险低、透析处方更灵活、夜间治疗可显著提高患者生活质量等优点。

2. 自动腹膜透析机的工作原理及系统结构

（1）工作原理　自动腹膜透析机的工作原理是利用动力（气压或蠕动泵驱动）或重力实现透析液的流动控制，利用理想气体状态方程或高精度秤实现透析液的流量控制；同时，机器的加热板将透析液加热到适宜的温度。

工作流程如下：安装一次性管路并完成设备自检，连接所有腹膜透析液袋并完成管路排气及预冲洗，最后连接患者的外接短管，形成液体通路。首先，开始零周期引流将腹腔内液体排出，按照设定的处方开始注入、留置、引流等操作。注入过程中，腹透液从加热袋流向自动腹膜透析机，再注入患者腹腔；留置过程中，腹透液从补充袋流向自动腹膜透析机，再补充入加热袋；引流过程中，腹透液从患者腹腔流向自动腹膜透析机，再流入废液桶、袋。

（2）系统结构　自动腹膜透析机的外部结构一般由主机、液体控制模块、计量模块、温控模块、操作显示模块、电源、报警模块等组成，具有远程医疗功能的自动腹膜透析机还应有 Wi-Fi、GPRS 等上网模块以及配合建立数据收集、分析、辅助决策的支持系统。另外，部分自动腹膜透析机还具有射频识别（RFID）刷卡、语音提示、气泡检测等智能化交互模块。

3. 重要指标及范围

由于不同原理透析机的性能指标有差异，因此自动腹膜透析机的重要指标包括：

（1）透析液温度控制　控温范围应包含 35~41℃，且不大于 41℃，控温精度应不大于±3℃。

（2）透析液流量控制　单周期最大注入量不小于 3500mL，引流量最大测量值不小于 20L，流量控制精度≤±10%（重力驱动）或≤±3%（动力驱动）。

（3）连续工作能力　腹膜透析机连续工作时间不低于 48h，最大循环次数不小于 5次，最大留腹时间不小于 5h。

4. 自动腹膜透析机的分类

根据工作原理，自动腹膜透析机分为动力型和重力型两种。

（1）动力型自动腹膜透析机　指利用动力方法，将腹膜透析液输送到腹膜透析机，经过腹膜透析机加热输送到患者腹腔，经留腹透析交换后引流到废液装置内的方式。动力型自动腹膜透析机的优点是大部分采用国际先进的气压驱动，流量控制精度高（±3%）、安全性高，且透析液袋可平放，对于高度无要求，缺点是成本偏高。

（2）重力型自动腹膜透析机　指利用液体由高向低流动的特性，实现腹膜透析液从高点流向腹膜透析机，经过腹膜透析机加热灌入患者腹腔，经留腹透析后引流到废液收集装置内的方式。重力型自动腹膜透析机的优点是原理简单、成本低，缺点是流量控制精度低（±10%）、安全性偏低，且要求透析液袋高于腹膜透析机的加热装置（见图 2-231）。

5. 自动腹膜透析机的行业发展现状

1996 年，美国 Baxter 将其重力型自动腹膜透析机 PAC-X-Cycler 引入我国，随后其

图 2-231　自动腹膜透析机

a）动力型　b）重力型

第一代动力型自动腹膜透析机 HomeChoice 在我国上市，并在我国实现技术和市场垄断十余年。国内企业于 2010 年研发了第一台重力型自动腹膜透析机，但是由于原理较落后，不能与 Baxter 的性能对标；直到 2014 年国内第一台动力型自动腹膜透析机上市，才打破了进口垄断，并将设备和耗材的价格降低 50% 以上。

目前，国内常用的动力型自动腹膜透析机有 Claria（美国 Baxter）、JARI-APD-1A（江苏杰瑞科技集团有限责任公司）、EZ Pure1000（昆山韦睿医疗科技有限公司）；重力型自动腹膜透析机有 PD-GO（福州东泽医疗器械有限公司）、FM-Ⅱ（吉林省迈达医疗器械股份有限公司）等。

6. 自动腹膜透析机临床应用现状

自 20 世纪 90 年代自动腹膜透析机问世后不断改良升级，其使用方便、容易调整透析剂量，不影响患者日常活动等优点正在被越来越多的患者接受，APD 治疗的适用范围也一直在拓展。根据 2000 年国际腹膜透析协会、2005 年腹膜透析欧洲最佳实践指南推荐，APD 的优势还在于，适用于高转运状态超滤衰竭的患者，并能有效降低其死亡及技术风险；清除小分子溶质能力强，透析效能提高；人工换液频率减少，感染风险降低；透析剂量易调整，人工成本减少等。

据了解，目前全球范围内 APD 的使用仍以发达国家居多，在欧美国家 APD 的应用已非常广泛，美国、加拿大、澳大利亚、英国等国家 APD 使用率超过 50%，而由于我国 APD 使用起步较晚，且发展不均衡，根据 2019 年 CNRDS 报告显示，APD 使用率仅为 1.9%。

7. 自动腹膜透析机主要技术进展及趋势

自动腹膜透析机的主要技术进展和趋势体现在以下几个方面：

（1）小型化、便携化　自动腹膜透析最大的优势是居家治疗，因此对于设备的小型化和便携化提出了更高的要求。部分进口产品的最新设备已经将其尺寸减小 30% 以上，将质量减轻 15% 以上，国内的部分企业也在研发新一代小型化产品，这将极大地提高患者外出携带的便利性，为自动腹膜透析的推广提供良好的基础。

（2）远程信息化、智能化　目前，部分自动腹膜透析机具备远程信息化功能，可通过 Wi-Fi、4G 等方式实现治疗前处方修改、治疗中实时在线监测、治疗后结果自动上传等功能。同时，与之配套的云管理平台由云服务器、医护 App 端、患者 App 端等组成，集成了信息管理、数据传输、统计分析、智能处方推荐、预测预警等功能，能够满足患者居家治疗时医护远程全周期管理的要求，使居家腹膜透析治疗更加安全、精准、智能。

（3）处方多样化　多年来，自动腹膜透析机的治疗模式大多采用 CCPD/IPD（连续循环腹膜透析）和 TPD（潮式腹膜透析）两种，随着自动腹膜透析的推广，精准化、个性化治疗越来越受到临床的重视，aAPD（可调式 APD）的概念被提出，采用此种治疗模式，可更好地平衡毒素清除和脱水，实现腹膜透析患者的个性化精准治疗。

8. 存在的问题及建议

自动腹膜透析治疗作为一种先进的治疗方式，特别适合儿童、有上班上学需求的年轻患者及需要照护的老年患者，以及用于夜间治疗，有助于病人、家属重返社会、校园，为社会、家庭创造价值，因此在发达国家和地区的应用率超过 50%。但是，在国内应用比例非常低，主要存在以下问题：

1）居家自动腹膜透析医保报销待遇低，降低了患者及医护人员的积极性。

患者居家进行自动腹膜透析治疗，除需承担自动腹膜机购置费之外，每月还需承担相关耗材（管路、碘伏帽等）费约 1550 元。目前，除极少数省份、城市外，全国大多数省份尚未将设备及耗材纳入医保报销，患者经济负担较重。

此外，医护人员需要对居家治疗患者进行远程管理和定期随访，而目前仍有约 1/3 的省份尚未建立相关医疗服务收费。同时，有些可以收费的省份收费标准非常低，导致医护人员工作量增加却没有获得相匹配的劳务回报，极大地抑制了医护人员对于自动腹膜透析患者远程管理的积极性，不利于自动腹膜透析的推广及应用。

建议出台政策将自动腹膜透析机、相关耗材（管路、碘伏帽等）以及远程管理服务等费用纳入医保报销范围，并积极推动相关报销政策的落地执行，以减轻患者经济负担、提高医护人员积极性，从而推动自动腹膜透析这一先进治疗模式在全国范围内的应用，提升患者治疗效果和生活质量，缓解医疗资源紧张现状，提高医保资金使用效率，实现多方共赢。

2）部分核心零部件依赖进口导致设备成本偏高。自动腹膜透析机上的微型电磁阀、微型真空泵等核心零部件基本依赖进口，价格较高，且周期较长，因此设备成本偏高，进而导致患者购买设备的经济负担重。

建议政府加大对国产核心零部件的支持力度，促进零部件和整机厂商的合作；同时，从政策层面鼓励医院对纳入"优秀国产医疗设备遴选品目录"产品的采购及应用。

（二）自动腹膜透析装备关键零部件技术发展趋势

1. 微型电磁阀

目前，动力型自动腹膜透析机因其控制精度高、安全性好等优势，成为市场主流产品，而动力型自动腹膜透析机大部分采用气压驱动的原理，其中由数十个微型电磁阀实现透析液的流向控制及流量计量。因此，微型电磁阀是自动腹膜透析机的关键部件之一。

（1）行业发展现状　微型电磁阀是流体传动与控制中主要的执行元件之一，具有广阔的市场应用，广泛应用在医疗器械、环保仪器、实验室、汽车、工业自动化、石油化工、制药等领域，在被国外"卡脖子"的航空航天、半导体、基因分析、高端实验室和医疗设备领域，也有重要的应用，国内总体市场容量为百亿元人民币级。

微型电磁阀在医疗领域主要应用于体外诊断、生物制药及透析等产品。与国外产品相比，国产微型电磁阀在使用寿命、尺寸及性能稳定性等方面与之差距较大，仅价格占据一定的优势，主要定位于中低端市场，高端市场几乎被国外品牌的产品垄断。

（2）主要技术进展及优势　在微型电磁阀领域，中高端产品长期被欧、日品牌垄断，比如 LEE、Parker、SMC、Burkert、ASCO、Festo 等品牌，我国本土品牌只有深圳垦拓流体控制有限公司等极少厂家能够在中高端市场崭露头角。进口品牌厂家产品开发起步早，技术积累比较成熟，耐压能力、响应时间、寿命、可靠性等产品性能均能达到较高标准，长期占领中高端医疗设备市场。以透析机用电磁阀为例，进口产品寿命标称1亿次以上，而国产电磁阀却不足 1000 万次；耐压性能方面，进口品牌在整个寿命期内基本一致，而国产品牌在使用过程中会逐步下降，甚至出现漏气问题；耐温参数方面，进口品牌的工作范围可达 0～70℃，存储可到-40℃，工作响应时间小于 30ms，而国产品牌在低温环境下，膜片材质机械性能变化会导致漏气问题，高温情况下流量性能又会变化，甚至偶发性失效。因此，进口品牌长期垄断着高端医疗设备市场，价格居高不下。

（3）技术发展趋势

1）有效流量、小型化和低功耗之间的平衡。由于设备的微型化及便携化对微型电磁阀的小型化和低功耗提出了更高的要求，而微型电磁阀的小型化发展不能以牺牲流量为代价，这就为电磁阀研究提出了更进一步的课题。

2）稳定性和可靠性的延长。作为核心部件，微型电磁阀稳定性、可靠性和寿命的延长是整机厂家从来没有停止过的追求。近年来，新材料和制造工艺的不断引入，为微型电磁阀的稳定性、可靠性和寿命的大幅提高提供了可能，可以最大程度地改善阀芯和阀套之间的摩擦。

3）响应时间短。在对时间和频率有严苛要求的应用场合，对微型电磁阀的响应速度要求非常高，经常在几十毫秒甚至几毫秒级别，这就对电磁阀的结构、材料等设计提出了更高的要求。

（4）存在的问题及建议　存在的问题：在中高端应用或对电磁阀性能要求较高的场合，微型电磁阀大部分依赖进口，存在成本高、采购周期长等问题，特别是中美贸易摩擦以及新冠疫情等影响导致美国的相关产品价格上涨、周期变长。

建议在国内孵育一批国产品牌，打破进口垄断，为我国未来高精尖特制造领域奠定精密执行元件制造的基础，健壮国产高端仪器设备的产业链布局。

2. 真空泵

（1）行业发展现状　在真空泵领域，国内真空泵生产企业仍然以生产传统产品为主，产品在传统应用领域占据90%以上的市场份额。但在高科技领域，国内产品在技术水平和质量上不能满足要求，90%以上市场份额由国外产品占据。国内真空泵产品与高新技术的发展严重脱节，产品结构不合理。多数企业期望靠已有的传统产品，不断增加产量来逐年增加利润，但这种可能性在市场竞争日益激烈的今天会越来越小。

（2）主要技术进展及趋势　真空泵技术发展的原动力在于市场的需求。由于真空技术领域的扩展和高新技术的迅速发展，国内真空泵市场对真空泵的技术水平提出了更高的要求。真空泵的生产企业必须通过技术创新和产品结构调整两个途径来保住原有市场，进而继续扩大市场占有率。过去的若干年，生产厂家注重真空泵的主要性能指标，比如极限压力、抽速等，而忽视真空泵的综合性能。而现在，产品的可靠性、稳定性，以及对环境是否造成污染逐渐成为用户购买产品时考虑的主要因素。

在真空泵领域，目前主要技术发展趋势包括以下几方面：提高真空泵的可靠性，降低噪声，注重真空泵的综合水平，全力开发适应市场需求的产品；真空泵向个性化、多样化发展，全行业形成高、中、低端产品的合理布局，并随着市场的变化，不断调整，始终保持比较合理的产品结构状态。

3. 气压传感器

（1）行业发展现状　在气压传感器方面，随着近年来传感器技术的不断进步，国内的传感器技术在迅速发展，但与国外相比还是有一定的差距，主要原因有企业规模小、研发投入不足、生产率不高等。

（2）主要技术进展及趋势　目前，国内的传感器技术水平从行业整体来讲，较国外水平还存在一定的差距。以压力传感器为例，国内业界理论水准与国外水平并无太大差距，但基础技术，包括材料技术、设备制造技术、测试技术和可靠性研究等，与国外水平还有一定差距。在技术水平方面，压力传感器整体性能水平不足主要体现在：产品性能落后，功能比较单一；影响压力传感器性能的关键技术未能掌握，产品稳定性、可靠性低；缺少对行业的研究，没有针对某些行业需要的压力传感器产品提供特殊、专门的解决方案；产品更新周期长，新技术的储备能力不够。

在气压传感器方面，主要发展趋势如下：①产品开始由传统型向新型发展，逐步形成从产品研究开发到生产的一条龙产业化发展模式，自主创新和国际合作相结合的跨越式发展道路已初现端倪；②气压传感器产品结构向全面、协调、持续性方向发展，市场需求的转变迫使气压传感器产业加强新型产品的开发，同时要保障传统压力传感器的质量升级和产量增长，另外压力传感器产品品种向投资类倾斜；③产业内生产格局向专业化发展，气压传感器生产企业涉及的行业门类较为单一，行业内企业在产品生产上较具针对性，以求用某一特殊系列产品获得较高的市场占有率，各气压传感器生产企业间专业化合作生产有所提高；④气压传感器生产技术向自动化方向发展。由于气压传感器品种繁多，所用的敏感材料各异，该产品的制造技术具有多样性和复杂性。就目前我国气压传感器产业现状来看，企业生产技术水平不一，但距离生产全自动化尚存在诸多困难，其中封装工艺和测试标定是压力传感器自动化生产的关键技术。

（3）存在的问题与建议　存在的问题如下：

1）部分核心零部件完全或大部分依赖进口，存在产品成本高、采购周期长等问题，特别是特殊时期，美国进口的零部件价格上涨、周期变长。

2）国内厂家与国外厂家在技术上存在较大的差距。医疗产品对于零部件的可靠性要求较高，国内厂家在产品的质量上与进口产品有较大的差距，或者仅局限于生产低端产品。

3）基础零部件企业技术积累周期长，容易陷入"质量低，用户少；用户少，质量无法提升"的恶性循环。

4）国外厂家进行技术和市场垄断，对国内厂家进行打压。国外厂家往往在国内厂家推出类似产品后就采取降价措施进行打压。

建议有针对性、分阶段地扶持核心零部件厂家，针对医疗领域国产化程度低的零部件，由政府从政策、资金等方面重点扶持；引导零部件企业与整机企业加强研发合作，实现"在使用中改进，在改进中提高"，从而在部分领域逐步改变核心零部件依赖进口的现象。

第九节　植介入医疗器械

植介入医疗器械是附加值和风险等级非常高的高端医疗产品，分为有源植入器械和无源植入器械两大类。有源植入器械是医疗器械分类目录的第12类，包括心脏起搏器、心律转复除颤器、脑起搏器、迷走神经刺激器、骶神经刺激器、脊髓刺激器、人工耳蜗、心室辅助装置等。无源植入器械是医疗器械分类目录的第13类，包括血管支架、人工心脏瓣膜、心脏封堵器、人工血管、骨钉骨板、人工关节、人工颅骨、人工硬脑膜、整形植入物等。

植介入医疗器械种类很多，原理各异，临床用途多样，本节因篇幅所限，选择具有代表性的三类产品进行介绍。

一、心室辅助装置技术发展趋势

（一）心室辅助装置简介与分类

1. 心室辅助装置概况

世界范围内人口老龄化加剧，人们生活方式的改变，使心血管疾病成为危害人类健康的首要疾病，而几乎所有的心血管疾病都可以导致心衰。据统计，2017 年全球约有心衰患者 6430 万例，较 1990 年增加了 91.9%。高血压调查结果显示，我国约有心衰患者 1370 万例，其中 35 岁以上成年人中约有心衰患者 890 万例。心衰的患病率随年龄的增长呈上升态势，欧洲心脏学会研究显示，心衰在普通人群中的总患病率为 2%~3%，而在 70~80 岁的老年人群中，其患病率高达 10%~20%。

心衰作为各种心脏疾病的严重表现或晚期阶段，具有患病率高、病死率高、再住院率高等特点，目前已成为全球性的重要公共卫生问题。

终末期心衰（Advanced Heart Failure，Advanced HF）是指在接受指南推荐的药物治疗后，仍有持续性或进行性的心力衰竭症状且心功能不全的临床综合征。患者有严重的心衰症状和（或）体征时，包括严重呼吸困难、出现胸水/腹水、双下肢重度水肿等，容易出现室性心律失常和心动过缓，易导致死亡。根据 Dunlay 等人一项基于 6836 个成年心衰患者的研究显示，终末期心衰从确诊到死亡的中位时间为 12.2 个月，4 年生存率仅约 10%。

终末期心衰的治疗管理手段十分有限。根据 AHA 和 ACCF 发布的心衰治疗指南、AHA 发布的机械循环支持使用建议，进入 ACCF/AHA 定义的 D 阶段的终末期心衰的主要治疗方法只有：接受正性肌力药物、心脏移植、机械循环支持（即使用心室辅助装置）。其中，长期持续的正性肌力药物仅作为心脏移植或机械循环辅助之前的过渡手段，或者作为临终关怀手段使用。

治疗终末期心衰的最佳办法是心脏移植，据国际心肺移植协会的年报显示，全球心脏移植年手术量在 4100 例左右。而据中国心脏移植注册中心的数据统计，我国每年仅进行不到 800 例心脏移植手术，我国 1370 万例心衰患者中，约有 5%~10% 为终末期心衰，心脏移植数量与数量巨大的心衰患者群体之间的供需关系严重不平衡。图 2-232 所示为 2010—2021 年我国心脏移植手术数量。

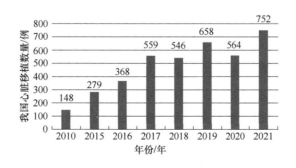

图 2-232　2010—2021 年我国心脏移植手术数量

值得一提的是，近年来，尽管心衰药物治疗取得长足进展，但研究表明现有相关药物并不能逆转心肌重构。单纯接受常规药物治疗，无症状的左心室功能严重衰退的患者 1 年死亡率高达 50%。因此，通过外科治疗手段来逆转心室重构，辅助甚至替代受损心脏的功能，成为心衰治疗的未来主战场。而以植入式左心室辅助装置为首的各类型心室辅助装置将成为未来终末期心衰战场上，各国医生手中最为重要的"武器"。

心室辅助装置（Ventricular Assist Device，VAD）俗称人工心脏，是一种用于辅助心脏将血液从心脏的下室（心室）泵送到身体其他部位的机电装置，以维持人体血液循环。VAD 的核心部件是一个以血液作为介质的机械泵（血泵），以旁路或介入等方式与心室、主动脉连接，将血液从心室输送到主动脉，使得患者的血液循环恢复到正常水平，即实现健康心脏的总体功能。

2. 心室辅助装置分类

心室辅助装置从不同维度可以分为多个类型，如图 2-233 所示。

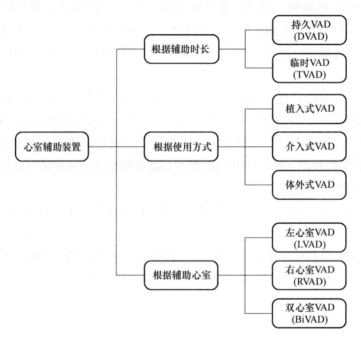

图 2-233　心室辅助装置分类及代表产品

1）根据辅助时长，可分为持久 VAD（Durable Ventricular Assist Devices，DVAD）（主要用于>3 个月的循环支持）和临时 VAD（Temporary Ventricular Assist Devices，TVAD）。

2）根据使用方式，可分为植入式 VAD、介入式 VAD 和体外式 VAD。

3）根据辅助心室可分为左心室 VAD（Left Ventricular Assist Devices，LVAD）、右心室 VAD（Right Ventricular Assist Devices，RVAD）和双心室 VAD（Biventricular Assist Devices，BiVAD）。LVAD 是临床最常用的 DVAD，部分右心室或双心室衰竭患者也可应用 LVAD。

国内目前暂无获批介入式 VAD 产品，持久的植入式 VAD（即 LVAD）目前国内企业已有多款产品获得国家药监局批准上市，LVAD 目前是在我国乃至世界范围内使用最为广泛的心室辅助装置，因此后文将着重介绍 LVAD 的发展历程与未来展望。

（二）心室辅助装置工作原理及系统结构

1. 工作原理

左心室辅助泵植入后的工作示意图如图 2-234 所示。血泵入口管植入左心室；血泵的出口管通过人工血管连接主动脉；血泵将血液从左心室通过人工血管泵入至主动脉，为心衰患者提供血流动力学支持，可以分担左心室的部分或全部负荷，从而改善患者血液循环；血泵通过外部电池或者电源适配器供电。

2. 系统结构

心室辅助装置一般由植入部件、体外部件、手术附件组成，与特定人工血管配套使用，为进展期难治性左心衰患者血液循环提供机械支持。

恢复正常生活的患者在出行时，会携带的典型心室辅助装置一般由血泵、驱动装置（泵驱动线-经皮线缆）、监控系统（控制器）、能源（电池）四个部分构成。其中，血泵是最关键的组成部分，是用来完全或部分代替心脏工作的机械动力装置。图 2-235 所示为心室辅助装置（Corheart 6）人体佩戴示意图。

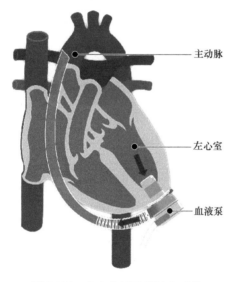

图 2-234　左心室辅助泵植入后的
工作示意图

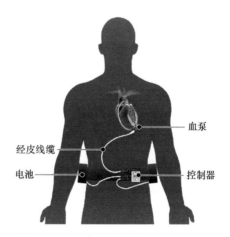

图 2-235　心室辅助装置（Corheart 6）
人体佩戴示意图

（三）心室辅助装置行业发展现状

1. 海外植入式 LVAD 产品现状

国外人工心脏技术的发展早于我国许多年，其技术与市场成熟度均领先于我国。目前国外人工心脏技术成熟的厂商主要分布在美国、日本、德国、法国等国家，其中以美国的 Abbott 和 Medtronic 两家公司最为突出，它们分别收购了该领域的两家领先厂商——Thoratec 公司和 HeartWare 公司，其产品 HeartMate Ⅱ、HeartMate 3（Abbott 公司）与 HVAD（Medtronic 公司）市场占有率最高，也是临床应用最多的三款产品，它们都经 FDA 批准上市，其主要技术特征见表 2-52。

表 2-52　FDA 批准上市的 LVAD 设备的主要技术特征

内容	Abbott 公司		Medtronic 公司
设备名称	HeartMate II	HeartMate 3	HVAD
泵体图			
FDA 获批时间	BTT：2008 年 DT：2010 年	BTT：2017 年 DT：2018 年	BTT：2012 年 DT：2017 年 召回 & 退市：2021 年
轴承技术	机械轴承式	全磁悬浮式 （径向磁悬浮）	磁液悬浮式
工作原理图			
泵体质量	281g	200g	160g
泵体尺寸	43mm×81mm	50.3mm×33.8mm	—
流量	10L/min		10L/min
转速	6000~15000r/min	3000~9000r/min	1800~4000r/min
植入量	截至 2020 年 6 月，全球 Heart-Mate II 累计植入量超过 2.7 万例	截至 2021 年 12 月，Heart-Mate 3 累计植入量超过 2 万例	全球 HVAD 累计植入量约 2 万例

注：FDA（Food and Drug Administration），即美国食品药品监督管理局；BTT（Bridge To Transplant），即过渡治疗；DT（Destination Therapy），即长期治疗。

2. 国内植入式 LVAD 产品现状

我国在心室辅助领域目前处于初期阶段，海外产品未在我国获批应用，同时国内也还没有能够占领市场的心室辅助装置产品出现。不过目前国内已有多家公司在进行人工心脏的研发，其中有四家公司产品目前已获批 NMPA 上市，分别是永仁心医疗（对应产品 EVAHEART I）、同心医疗（对应产品 CH-VAD）、航天泰心（对应产品 HeartCon）以及核心医疗（对应产品 Corheart 6）。

永仁心医疗（重庆永仁心医疗器械有限公司）引进日本技术的植入式左心室辅助装置"EVAHEART I"于 2019 年 8 月 26 日获批 NMPA 上市，成为国内第一个正式上市的植入式心室辅助系统，但由于其技术并非国产，而是引进自日本，产品采用流体动力轴承技术，且该产品早在 2010 年已于日本获批上市，整体临床应用量相较美国几款产品仍然有限。

同心医疗（苏州同心医疗科技股份有限公司）研发的植入式左心室辅助装置"CH-VAD"为国内自主研发获批上市的首款植入式左心室辅助系统，产品采用与目前国际最先进的 HeartMate 3 同一路线的全磁悬浮技术，根据中国国家药监局批准 CH-VAD 产品注册申请的评价表示"与国际同类产品相比，关键性能指标已达到同等水平，血泵尺寸更小，植入侵犯性更优"，截至 2023 年 3 月，该产品临床应用近 100 例。

航天泰心（航天泰心科技有限公司）研发的"HeartCon"为国内自主研发获批上市的第二款植入式左心室辅助系统，产品采用与目前已退市的 Medtronic HVAD 产品同一路线的磁液悬浮技术，根据中国国家药监局批准 HeartCon 产品注册申请的评价表示"该产品采用泵机一体化设计、磁液悬浮、内流道优化、驱动双冗余等主要核心技术，均拥有自主知识产权，是国内首个采用磁液悬浮技术的植入式磁液悬浮左心室辅助系统，其关键技术指标已达到国际同等水平"，截至 2023 年 3 月，该产品临床应用近80 例。

核心医疗（深圳核心医疗科技股份有限公司）研发的"Corheart 6"超小型全磁悬浮左心室辅助系统，为国内自主研发获批上市的第三款植入式左心室辅助系统，同样采用目前最先进的全磁悬浮技术路线，对比目前全球范围内已上市的全磁悬浮产品，包括美国 Abbott 的 HeartMate 3、同心医疗的 CH-VAD，采用的均为径向磁悬浮技术路线；核心医疗研发出的 Corheart 6 在全磁悬浮技术的基础上进行创新，采用盘式电机技术（即轴向磁悬浮技术），其利用位置传感器检测并控制转子的转速和悬浮高度。根据中国国家药监局批准 Corheart 6 产品注册申请的评价表示"该产品电机仅采用一组定子线圈同时控制转子的旋转和悬浮，解决了以往全磁悬浮技术应用能耗较高、系统控制较复杂的历史性技术问题，在实现更好血液相容性的同时结构更简单、质量更轻、体积更小、功耗更低，在临床应用中，手术切口较小，患者恢复较快，适用人群更广，并可降低血泵热量导致的血栓风险"。截至 2023 年 3 月，该产品临床应用超 100 例，同时由于其产品小型化的优势，目前已开展儿童心室辅助临床探索，填补了国内儿童植入人工心脏的空白。

4 款已上市产品的主要技术指标对比见表 2-53。

表 2-53 我国 NMPA 批准上市的 LVAD 设备类型及其机械性能

公司名称	永仁心医疗	同心医疗	航天泰心	核心医疗
设备名称	EVAHEART Ⅰ	CH-VAD	HeartCon	Corheart 6
泵体图				

（续）

公司名称	永仁心医疗	同心医疗	航天泰心	核心医疗
NMPA 获批时间	BTT、DT：2019.8	BTT：2021.11	BTT：2022.7	BTT：2023.6
轴承技术	流体动力轴承	全磁悬浮式 （径向磁悬浮）	磁液悬浮式	全磁悬浮式 （轴向磁悬浮）
泵体质量	420g	186g	180g	90g
泵体尺寸	55mm×64mm	47mm×25mm	50mm×30mm	34mm×26mm
流量	20L/min	10L/min	10L/min	10L/min
转速	800~3000r/min	1600~3300r/min	2000~3400r/min	2200~4300r/min
我国累计植入量 （截至2023年3月）	89	95	78	101

注：NMPA（National Medical Products Administration），即中国国家药品监督管理局；BTT（Bridge To Transplant），即过渡治疗；DT（Destination Therapy），即长期治疗。

（四）心室辅助装置临床应用现状

目前，全球植入式心室辅助装置朝着小型化、更高可靠性、更高安全性和智能化发展，朝着更优血液相容性的方向发展。随着技术的不断升级，植入式 LVAD 的稳定性和安全性逐步提升，因此其临床应用范围也逐步扩大。

1. 美国

（1）发展历程　美国的植入式心室辅助装置发展历程久，目前已经历了多代技术的更新迭代。最初的技术采用了搏动式泵，随后又演变出了连续流轴流泵，并在连续流轴流泵的基础上不断改进，研发出了磁力悬浮式泵和磁液悬浮式泵，全磁悬浮式泵是当前最为先进的技术，可以提升患者的血液相容性和生存率。

全磁悬浮式 LVAD 相较于前期同类产品具有明显优点，HeartMate 3 LVAD（全磁悬浮式 LVAD）于 2017 年和 2018 年获得 FDA 批准，其首次获批应用范围为中短期血流动力辅助，随着长期临床随访数据的积累，获批应用场景从中短期拓展至长期。

美国植入式左心室辅助装置发展历程分析如图 2-236 所示。

（2）应用现状　全磁悬浮技术占市场应用主导地位。此外，在美国和加拿大有 166 家参与医院的北美地区最大的 VAD 设备利用率登记处 INTERMACS 的相关数据表明，在全磁悬浮植入式左心室辅助装置（CF-FML Pump）获批且投入于临床应用后，随着大规模临床应用及随访结果显示，患者 1 年和 2 年生存率呈上升趋势，全磁悬浮植入式左心室辅助装置（即 HeartMate 3）植入后 2 年生存率超心脏移植，3 年生存率与心脏移植持平（见表 2-54），充分展现其技术先进性带来的临床生存率提升。现如今，全磁悬浮技术设备在植入式心室辅助装置领域占有主导地位。

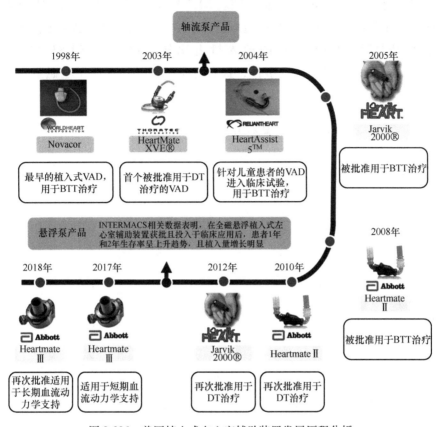

图 2-236　美国植入式左心室辅助装置发展历程分析

表 2-54　2014 年 1 月—2018 年 12 月心脏移植与不同技术路线 LVAD 泵植入后的生存率比较

植入后 累计时间/月	轴流泵（植入 患者数 6938）	离心式磁液悬浮泵 （植入患者数 4786）	离心式全磁悬浮泵 （植入患者数 1292）	心脏移植 （植入患者数 30824）
1	95%	95%	94%	93%
3	91%	90%	91%	89%
6	87%	87%	89%	87%
12	82%	81%	87%	85%
24	72%	72%	84%	82%
36	62%	63%	80%	80%
48	53%	55%	—	77%
60	46%	48%	—	74%

据 INTERMACS 年报统计数据显示（见图 2-237），在 2011—2015 年期间，连续轴流式 LVAD 是美国患者植入的主要 VAD 类别。随着 2017 年 Medtronic 的 HVAD 获批作为终末期心衰的长期治疗手段，磁液悬浮式 LVAD 的植入量占比有了短暂的增长，其

2018 年的植入量占比达 48.6%。然而，随着 2017 年及 2018 年 Abbott 的 HeartMate 3 先后获批心力衰竭的中短期及长期治疗适应证，全磁悬浮式 LVAD 迅速抢占市场，5 年内，其在美国 INTERMACS 统计的植入量占比从 7.6% 上升到 83.3%。2021 年 Medtronic 的 HVAD 因中风等不良事件，宣布退市，进一步巩固了全磁悬浮式 LVAD 的主导地位。

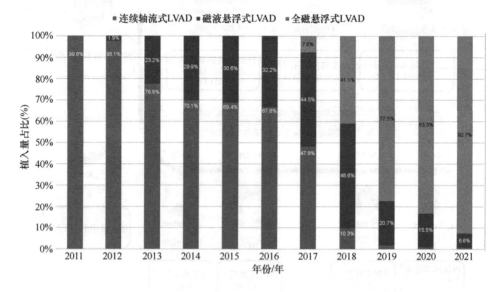

图 2-237　INTERMACS 统计：按技术路线分北美地区 VAD 应用情况

注：INTERMACS，Interagency Registry for Mechanically Assisted Circulatory Support，即机械辅助循环支持的机构间登记处，是负责研究接受美国食品药品监督管理局批准的机械循环辅助装置治疗晚期心衰患者的临床结果的注册机构。Clinic Trails 记录的用于 LVAD 临床研究的装置数量未被纳入统计。

（3）应用量　超 2.7 万例成人患者接受商业化植入。LVAD 是终末期心衰患者治疗的重要技术，INTERMACS 统计数据显示（见图 2-238），2006 年 6 月至 2019 年，北美地区已有登记超 2.7 万例成人患者接受 LVAD 植入。

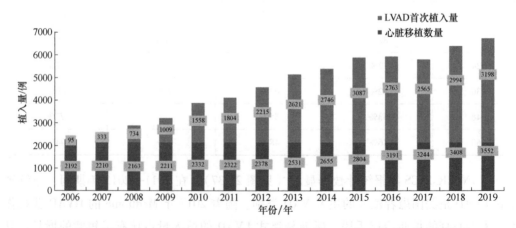

图 2-238　INTERMACS 统计：2006—2019 年北美地区 LVAD 植入量和心脏移植数量

2. 中国

（1）LVAD 整体应用情况 随着越来越多国内 LVAD 产品进入临床以及获批上市，自 2021 年起 LVAD 临床应用量开始快速增长，但目前国内左心室辅助装置仍处于市场初期阶段，尚未进行大规模的商业化推广运用，需要建立植入中心，获批更多的适应证，培养植入医师并逐步和商业保险建立合作。

根据中国医学科学院阜外医院院长胡盛寿院士在 2023 年 4 月的中国第一届机械循环支持装置临床应用质控大会中披露的数据，自 2017 年 EVAHEART I 的首例临床植入开始，到 2023 年共有 361 例患者接受了治疗，增长迅速，如图 2-239 所示。

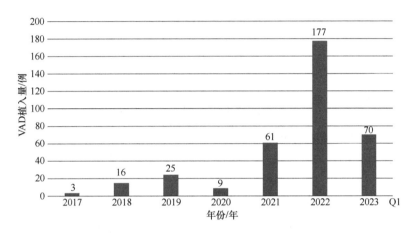

图 2-239　我国 2017—2023 年 Q1 LVAD 植入量

全国已有 70 家医院开展了 LVAD 技术，其中 8 家医院植入的心室辅助装置超过了 10 例，9 家医院开展 6~9 例（见表 2-55），42 家医院开展 1~5 例，心室辅助临床应用呈现逐步推广状态。

表 2-55　国内 LVAD 植入总体情况（按医院分）

序号	医院名称	永仁心医疗 EVAHEART I	同心医疗 CH-VAD	航天泰心 HeartCon	核心医疗 Corheart 6	合计
1	中国医学科学院阜外医院	19	40		23	82
2	泰达国际心血管病医院			28		28
3	福建医科大学附属协和医院		4	6	15	25
4	同济医学院附属协和医院	7	2		11	20
5	阜外华中心血管病医院	2	1		13	16
6	复旦大学附属中山医院	1		7	8	16
7	南京市第一医院				14	14
8	西安交通大学第一附属医院	2	12			14

（续）

序号	医院名称	永仁心医疗 EVAHEART I	同心医疗 CH-VAD	航天泰心 HeartCon	核心医疗 Corheart 6	合计
9	华西医院			9		9
10	广东省人民医院	1		1	6	8
11	新疆维吾尔自治区人民医院		3	2	3	8
12	中南大学湘雅二医院			6	2	8
13	首都医科大学附属北京安贞医院	5	1	1		7
14	浙江大学医学院附属第一医院		7			7
15	浙江省人民医院	7				7
16	四川省人民医院	3	3			6
17	郑州市第七人民医院			6		6

目前全国共 4 款 LVAD 产品上市，截至 2023 年 3 月，平均每款产品应用 90 例，其中核心医疗的 Corheart 6 为临床应用最多的一款心室辅助产品，如图 2-240 所示。

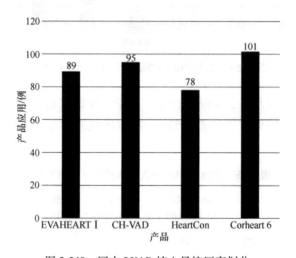

图 2-240　国内 LVAD 植入量按厂家划分

（2）LVAD 儿童应用　心力衰竭是人类的主要死亡原因之一，对于药物治疗效果不佳的患儿，目前只有体外生命支持和心脏移植两种手段。VAD 是体外生命支持治疗的重要手段，可以从两个方面挽救心力衰竭患儿的生命。其一，儿童心力衰竭可逆性比例高于成人，且恢复时间短，恢复程度也较成人充分。通过机械辅助可以使心脏得到充分休息，从而等待心功能恢复；其二，对于心脏功能无法逆转的患儿，由于 VAD 支持时间更长于 ECMO，因此 VAD 可以给需要心脏移植的患儿争取更多的时间等待供体。

儿童心衰患者的一般特点：①胸腔容积小；②心肌纤维疏松，弹性纤维少；③心脏体积小，流量小；④随着成长状态，流量需求变化大；⑤心肌功能恢复倾向强。因此，对心室辅助装置的需求要求为：①泵体积小；②泵质量轻；③低流量运行性能好；④手术取出操作方便。

目前，我国每年约有 40000 例未成年患儿因心力衰竭住院，人工心脏可以为这些患儿带去一个生存的机会和活下去的希望。

深圳核心医疗的全球最小、最轻的全磁悬浮心室辅助装置 Corheart 6 目前已经在临床上进行探索，开展多例 LVAD 临床应用于儿童心衰患者。

1）我国第一例儿童左心室辅助临床应用：2022 年 6 月，中国医学科学院阜外医院胡盛寿院士团队，成功将 Corheart 6 植入一名 14 岁的终末期心衰患儿体内，在短短 100 天的辅助支持和医护团队的科学护理下，心脏功能恢复至正常状态，最终撤除了装置，真正实现了心衰的逆转治疗！

2）我国最小年龄、最低体重左心室辅助临床应用病例：2023 年 2 月 25 日，浙江大学医学院附属儿童医院滨江院区为一名年仅 12 岁、体重只有 30.2kg 的儿童终末期心衰患者，成功植入了 Corheart 6。经过术后 2 个月时间的康复，孩子目前已能过上接近正常人的生活，心功能已恢复到 II 级水平。

（五）心室辅助装置主要技术进展及趋势

植入式心室辅助装置（LVAD）的发展已经进入了全磁悬浮技术阶段。最早的 VAD 产品采用搏动式原理，但存在体积大和故障率高等缺点。为了解决这些问题，后续发展选择了连续流轴流泵技术路线，LVAD 装置不再模仿心脏的搏动泵血，而是通过机械轴承带动叶片转动，形成连续血流，改善了 LVAD 产品的植入侵犯性和装置耐用性。然而轴流泵的机械轴承会破坏血细胞，导致该技术路线的装置引起血栓形成的风险较高。

鉴于以上临床问题，悬浮技术应运而生。按照悬浮的方式，可以将其技术路线分为流体动力轴承悬浮、磁液悬浮以及全磁悬浮。

（1）流体动力轴承悬浮 流体动力轴承基于流体润滑的原理，利用液力实现转子被动悬浮。流体动力轴承悬浮虽解决了轴承与叶片之间直接接触所产生的热量及血液相容性破坏问题，但其悬浮需要外部纯水系统，患者植入后日常携带及维护存在不便。

（2）磁液悬浮 磁液悬浮是采用磁悬浮技术和液力悬浮技术相结合的悬浮方式。磁液混合悬浮典型的产品是 Medtronic 的 HVAD。它在径向采用了被动悬浮，依靠转子和泵室内壁的两个永磁环的磁场相互作用产生磁斥力，使得转子在径向上达到平衡状态。轴向上应用高速旋转的转子与壳体上下表面之间的血液提供液力支撑转子悬浮。HVAD 人工心脏泵如图 2-241 所示。

虽然 HVAD 的临床试验结果早期表现出较高的可靠性和疗效，且产品于 2012 年获 FDA 批准，全球 HVAD 累计植入量约 2 万例；但是长期临床结果存在卒中率高的问题。2021 年 6 月，Medtronic 宣布 HVAD 产品因神经系统损伤不良事件（即脑中风）发生率高及存在设备故障等原

图 2-241　HVAD 人工心脏泵

因退市。科学家分析叶轮的轴向悬浮位置无法通过电机主动控制，只能依靠液力被动悬浮。要达到足够的支撑液力，叶轮与壳体之间的间隙必须非常小，要小于50μm。因此，在其过小的二次流道间隙中造成很大的剪切力，远大于磁悬浮泵的剪切力，带来一系列血液破坏问题，又由于其间隙小导致冲刷不足，易形成血栓。

（3）全磁悬浮　全磁悬浮是通过磁场作用以非接触方式让某个处于静止或运动状态的物体悬浮起来，应用该技术可实现无接触式作用模式，避免了工作时由于接触产生表面磨损及热量导致的种种不利影响，如设备寿命缩短、机械失效、血液相容性降低等。从1992年全磁悬浮技术开始探索研究，到2017年HeartMate Ⅲ获FDA批准，跨越了一个世纪，全磁悬浮人工心脏终于在统筹磁悬浮电机和流体设计上取得突破，大幅减少血泵体积重量的同时，对血液的破坏也进一步减少。HeartMate 3人工心脏泵如图2-242所示。

图2-242　HeartMate 3人工心脏泵

以HeartMate 3为代表的全磁悬浮人工心脏泵虽然能够较好地实现稳定悬浮，但也存在系统较复杂、功耗较高和难以应用于小体表面积患者的问题。这也为全磁悬浮人工心脏的进一步优化指明了方向，即如何进一步简化系统结构设计（以保持长期稳定运行）、降低功耗（以保证长时间续航）、减少体积重量（让创口更小、患者恢复更快，以更好应用于儿童等小体表面积患者）。此外，由于全磁悬浮设计中会产生二次流道，如何优化二次流道，进一步提升血液相容性也是未来技术发展优化的方向。

（六）存在的问题及建议

尽管10余年来，心室辅助装置技术发展取得了突破，其在发达国家的临床应用进展迅速，已发展成被普遍接受的终末期心衰的有效治疗手段之一，但是VAD技术的开发仍然面临系统的可靠性与耐久性、植入后长期使用过程中可能出现的血液相容性引起的多种并发症（不良事件）等严峻挑战。因此，全球范围内产业界、学界、医学界一直在持续探索VAD的优化，包括以下几个方面：

（1）优化血泵设计　小型化、轻量化以及微型化。一直以来，小型化和轻量化都被视为心室辅助装置的核心发展目标。现阶段，数款典型的人工心脏泵产品，如Heart-Mate 3和HVAD，已经成功实现了较小的尺寸和较轻的质量。同时，微型心室辅助泵由于其便于手术植入、能降低植入风险，以及与长期植入兼容的特点，将更加适应微创手术技术的快速发展。此外，微型心室辅助泵对于心脏恢复治疗，如心肌逆重构以及小体重患者（如儿童等）具有潜在优势。因此，微型心室辅助泵的发展，无疑是我们持续努力的终极目标。

（2）提升血液相容性

1）加强血液相容性基础理论研究。加强对心室辅助泵血液相容性的基础理论研究，从产生出血、溶血、血栓的机理入手。通过理论推导建立综合考虑材料属性、血液特征、血液抗溶血破坏能力、血液流动、血小板激活及血液凝聚等因素的数学模型，并基于 CIFD 流动数值模拟验证模型的正确性和开展模型优化，最后通过试验验证模型的有效性和可行性。

2）改良生物材料。提升与血液直接接触的材料表面机械性能，减少不良事件的发生，以实现永久植入。

3）提升人工小脏泵在抗凝和溶栓中的表现。国外的人工小脏泵在临床试验时往往都会参照国际抗凝药物使用标准。选择合适的抗凝药物及合理的剂量，减少并发症的发生，降低患者的痛苦。

（3）创新供能方式 通过开发高能电池、高效储能载体，实现更长的续航时间。尝试无线电源，避免使用外部动力系统，以减少感染。

（4）生活质量提升 随着技术发展，第三代全磁悬浮左心室辅助装置的长期生存率逐步与心脏移植持平，未来将需要进一步考虑患者植入心室辅助装置后的长期生活质量，提升电池续航时间、外部设备便携性，让患者真正回归正常生活。

二、结构性心脏病产品技术发展趋势

（一）结构性心脏病简介

结构性心脏病（Structural Heart Disease，SHD）是近年来心血管介入领域发展最快速的方向。随着结构性心脏病治疗新技术在全世界不断产生及推广，结构性心脏病这一概念也逐渐被心内科、其他专科以及社会公众所熟知。综合目前国内外学术界认识及当前技术发展现状，结构性心脏病是指心电疾病和冠脉疾病以外任何与心脏和临近心脏的大血管结构有关的疾病，其治疗理念涵盖通过矫正或改变心脏结构来治疗所患疾病的技术。其具体疾病范畴（见图 2-243）包括：

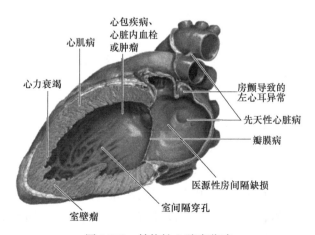

图 2-243　结构性心脏病范畴

1）先天性心脏病（室间隔缺损、房间隔缺损、动脉导管未闭，法洛氏四联症等）。

2）心脏瓣膜病（二尖瓣、三尖瓣、主动脉瓣、肺动脉瓣等）。

3）心肌病（肥厚性心肌病、扩张型心肌病等）。

4）并发于其他疾病或者外源性的心脏结构异常（室间隔穿孔、室壁瘤、医源性房间隔缺损等）。

5）并发于其他疾病的导致心脏功能的异常并通过改变心血管结构可得到纠正的疾病或状态（如房颤导致左心耳功能异常，心力衰竭导致心脏功能的异常）。

6）其他还有心脏内血栓、心脏肿瘤、心包疾病等。

（二）结构性心脏病产品分类

结构性心脏病治疗包括药物治疗、外科手术及介入治疗。目前，介入治疗已成为结构性心脏病最重要的发展方向。就结构性心脏病介入治疗而言，其技术主要包括：

1）先天性心脏病的经导管封堵。

2）传统的经导管瓣膜治疗术主要为经皮二尖瓣球囊扩张（Percutaneous Balloon Mitral Valvuloplasty，PBMV）、经皮肺动脉瓣球囊扩张（Percutaneous Balloon Pulmonary Valvuloplasty，PBPV）和经皮主动脉瓣球囊扩张（Percutaneous Balloon Aortic Valvuloplasty，PBAV），以及经导管瓣周漏封堵等。

3）新兴的经导管瓣膜治疗术有经导管主动脉瓣置换术（Transcatheter Aortic Valve Replacement，TAVR）、经皮肺动脉瓣置入术（Percutaneous Pulmonary Valve Implantation，PPVI）、经导管缘对缘二尖瓣修复术（Transcatheter Edge-to-Edge Mitral Valve Repair，TEER）、经导管二尖瓣置入术（Transcatheter Mitral Valve Implantation，TMVI），以及经导管三尖瓣介入等。

4）经导管左心耳封堵技术。

5）心肌病的介入治疗为肥厚性心肌病的酒精消融（Percutaneous Transluminal Septal Myocardial Ablation，PTSMA）或射频消融。

6）心力衰竭的介入治疗包括左心室减容术、心房分流术、经导管心室辅助装置等。

（三）结构性心脏病产品行业进展及趋势

1）先心封堵器上市总量最多、二尖瓣在研管线数量最多。

上市器械：据蛋壳研究院统计，全球共有 116 款结构性心脏病领域的介入产品上市。其中先心封堵、主动脉瓣领域（一款产品通常用于 4 类疾病）获批数量最多，分别有 56 款和 29 款；分地区来看，国外企业的上市产品共有 70 款，占比约 60%；国内企业的上市产品共有 46 款，占比约 40%。

在研器械：据蛋壳研究院统计，全球共有 113 款结构性心脏病领域的介入产品临床管线（包括可行性及确证性临床）。其中，二尖瓣和三尖瓣由于解剖结构和适应证的丰富性，研发热度最为高涨，分别有 43 条和 20 条管线。此外，主动脉瓣和先心封堵领域由于成熟度相对较高，前期已有大量产品上线，因此后续企业的管线布局较少，分别有 15 条和 10 条管线。分地区来看，国内外管线数量相近，其中国内临床管线共 56 条，占比 52%；国外临床管线共 51 条，占比 48%。

2）专利概览：二尖瓣介入器械专利数量较多。

发明专利：据蛋壳研究院不完全统计，2022 年结构性心脏病相关耗材及创新技术专利共有 618 项。其中有 61 项专利涉及多个细分领域方向（例如某些专利在二尖瓣、三尖瓣、主动脉瓣等均可运用），因此实际专利数量为 546 项。

细分赛道角度，二尖瓣介入器械领域涉及的专利数最多，达 213 项（占比 34.5%）；其次为三尖瓣耗材专利，共 100 项（占比 16.2%）；最后为先心封堵器耗材，共涉及专利 87 项（占比 14.1%）；AI 介入创新技术位列第四，共涉及专利 55 项，占比约 8.9%。

3）主动脉瓣领域器械研发及临床研究进展。

① 2022 年 ACC LBCTs 5 年期 TAVR 后的瓣膜结构损害发生率低于 SAVR。

基于 CoreValve US Pivotal 研究和 SURTAVI 研究，比较了 TAVI 和 SAVR 术后 5 年结构性瓣膜衰败（SVD）的发生率。研究人员分析了 1128 例接受 TAVR 的患者数据和 971 例接受 SAVR 的患者数据，使用多普勒超声心动图对 SVD 进行了评估。

结果发现，接受 TAVR、SAVR 治疗的患者中分别有 2.57% 和 4.38% 在 5 年内发生 SVD。这种 SVD 的差异在较小（≤23mm）的瓣膜患者中更为明显，但在较大（>23mm）的瓣膜患者中也有这种趋势。

多变量预测分析发现，体表面积较大的患者发生 SVD 的风险较高，而男性、老年患者和先前有 PCI 和心房颤动的患者发生 SVD 的风险较低。5 年时间里 TAVR 瓣膜植入比 SAVR 瓣膜植入的结构损害更少。

② 2022 年 PCR London Valves 单纯反流患者 TAVR 并发症发生率仍较高。

PANTHEON 研究为多中心、国际性、回顾性研究，共纳入 15 个中心的 154 例经介入瓣治疗的重度单纯主动脉瓣反流患者（123 例 SEV，31 例 BEV）。研究发现，SEV 和 BEV 的 VARC-3 技术性成功结果相似（81.4%，87.5%）。18.2% 的患者为"复杂组"，有 TVEM 或 AR≥中度，预示着 1 年的死亡率和（或）心衰住院率增加。

该研究提示，采用新一代自膨胀及球扩瓣进行单纯反流患者 TAVR 并发症发生率仍较高，尤其以瓣膜移位、瓣中瓣及残余反流为主，同时出现并发症的患者预后不佳。国内 TAVR 在研器械见表 2-56。

表 2-56　国内 TAVR 在研器械（数据来源：蛋壳研究院）

企业	产品	简介
启明	Venus PowerX	干瓣，线控技术全释放可回收
启明	Venus Vitae	干瓣，环上瓣的设计更加适应二叶瓣
健适（杰成）	杰成经血管介入瓣膜	主动脉瓣返流和狭窄双适应，经股动脉入路
沛嘉	TaurusNXT	干瓣，采用专利的非戊二醛抗钙化技术与低温冷冻干燥技术
佰仁	Renato	介入瓣中瓣，瓣架高度同外科瓣，适合于不同瓣位入路

（续）

企业	产品	简介
佰仁	Renatus	路线接近于全球龙头公司 Edward 的技术路线
乐普	ScienCrown	瓣膜短支架，瓣膜脱勾技术
乐普	SinoCrown	独特的释放和解锁设计，与输送系统分离前 100% 可展开可回收
纽脉	Prizvalve	国产首款进入注册临床研究的球囊扩张式 TAVR 产品
健世	Ken-Valve	一体式定位夹持件，单点标记指引，可调弯输送系统
康德莱	HanchorValve	全球经股入路的既可治疗狭窄又可治疗返流的球扩式 TAVR 产品
金仕	ProStyle	先进的 MicroEX 心包处理技术；创新的半预装的专利设计
赛拉诺	Silara	只有少量金属支架，低瓣架，可重新定位
圣德医疗	Xcor	结构贴合产品（非依赖径向支撑力锚定）
杭州心畅	MuguetA	MuguetA 瓣膜为钴铬合金支架，呈牛心包瓣叶形状，内外裙边均为聚酯材质
以心医疗	Sikelia（TRISKELE）	零钙化、低凝血、高生物相容性，不依赖径向支撑力固定

注：启明，即杭州启明医疗器械股份有限公司；沛嘉，即沛嘉医疗科技有限公司；佰仁，即北京佰仁医疗科技股份有限公司；乐普，即乐普（北京）医疗器械股份有限公司；纽脉，即上海纽脉医疗科技股份有限公司；健世，即宁波健世科技股份有限公司；康德莱，即浙江康德莱医疗器械股份有限公司；金仕，即金仕生物科技（常熟）有限公司；赛拉诺，即成都赛拉诺医疗科技股份有限公司；圣德医疗，即南京圣德医疗科技有限公司；杭州心畅，即杭州心畅医疗器械有限公司；以心医疗，即上海以心医疗器械有限公司。

4）二尖瓣领域器械研发及研究进展。经导管二尖瓣介入治疗（TMVI）领域，全球共 7 款产品获得 FDA/CE/NMPA 批准，其中包括 6 款二尖瓣修复器械、1 款二尖瓣置换器械。

二尖瓣修复领域，包括 TEER（缘对缘）路径的 MitraClip（Abbott）、PASCAL（Edward），瓣环修复路径的 Cardioband（Edward）、MPAS 植入（Mitralign）、Carillon（Cardiac Dimensions），腱索修复路径的 Neo ChordDS1000（Neo Chord）。

二尖瓣置换领域，仅 Tendyne（Abbott）一款产品获认证。Tendyne 可为有症状的显著二尖瓣反流患者提供瓣膜置换的微创治疗选择。

TCT 2022 年公布的 EXPAND G4 真实世界研究，随访 1044 例患者的 30 天结果显示，MitraClip G4 以最低的不良事件率（全因死亡率仅 1.3%）获得 MR 持续减轻，更短的植入时间、更少的植入数量提高了手术效率，更宽尺寸的夹子扩展了解剖学适用范围。

即刻手术成功率 96.2%，植入时间（35.0min vs. 46.0min）显著低于 EXPAND 研究。夹子使用数量为 1.4±0.6 个，仅使用单夹比例显著增高（65% vs. 55%）。有效性方面，91% 患者 MR≤1+，98% 患者 MR≤2+；83% 患者 NYHA 达到 Ⅰ/Ⅱ级，NYHA 分级及 KCCQ 评分均显著改善。安全性方面，全因死亡率仅 1.3%；单瓣叶夹持仅 1.0%。

PASCAL CLASP IID 研究：TCT 2022 年公布的 CLASP IID RCT 研究（首个对比 PASCAL 和 MitraClip 的研究），纳入 180 例患者的 6 个月随访结果表明，PASCAL 相比 MitraClip 在主要安全性和有效性终点均具有非劣效性，同时 PASCAL 组 MR≤1+展现出更好的持久性（83.7% vs. 71.2%）。

Tendyne Expanded 研究：PCR London Valves 2022 年公布的 Tendyne Expanded 研究的 1 年随访结果，纳入 191 例中重度 MR 患者，研究表明患者干预后的反流程度、心功能分级和生活质量评分等明显改善，不过 1 年期全因死亡率和心衰再入院率依旧较高。

表 2-57 列出了二尖瓣修复/置换国内外在研产品。

表 2-57　二尖瓣修复/置换国内外在研产品

技术路径	产品名称	企业名称	所在国家	产品名称	企业名称	所在国家
修复	ValveClamp	捍宇医疗	中国	M-Clip	领健医疗	中国
	ValveClasp	捍宇医疗	中国	Mitra-Cinch	领健医疗	中国
	MitralStitch	德晋医疗	中国	L-Chord	领健医疗	中国
	DragonFly	德晋医疗	中国	暂无	乐普心泰	中国
	Memoclip	乐普心泰	中国	TMRr-F	乐普心泰	中国
	E-chord	迈迪顶峰	中国	暂无	乐普心泰	中国
	NeoNova	臻亿医疗	中国	Amend	Valcare Medical	以色列
	SQ-Kyrin	申淇医疗	中国	Harpoon	Edward	美国
	Qilin	申淇医疗	中国	NeoChord NeXuS	NeoChord	美国
	Valveclip-M	纽脉	中国	Mitra-Spacer	Cardiosolutions	美国
	LIFECLIP	科凯生命科学	中国	CardioMech MVRS	CardioMech	挪威
	KokaClip	科凯生命科学	中国	ChordArt	Coremedic	德国
	TMVCRs	乐普心泰	中国	Millipede IRIS	Boston Scientific	美国
	TMVr-A	乐普心泰	中国	ARTO	MVRx	美国
	NovoClasp	应脉医疗	中国	NeoChord DS1000	Neochord	美国
	Clip2Edge	心玮医疗	中国	Mitral Loop Cerclage	Tau-PNU Medical	韩国
	JensClip	健世	中国	Mitral butterfly	AVVie	奥地利
	GeminiOne	沛嘉医疗	中国	VLR system	Vvital Biomed	以色列
	MitraPatch	健世	中国	Calla TMVr System	Vesalius Cardiovascular	加拿大
	ValveColse	捍宇医疗	中国	Pipeline System	Gore medical	美国
	Sutra Hemi Valve	沛嘉	中国	MIA-M	Micro Interventional Devices	美国
	M-Lock	汇禾医疗	中国			

（续）

技术路径	产品名称	企业名称	所在国家	产品名称	企业名称	所在国家
置换	MitraFix	以心医疗	中国	暂无	乐普心泰	中国
	Mi-thos	纽脉	中国	AltaValve	4C Medical	美国
	Highlife	沛嘉	中国	Tiara	Neovasc	加拿大
	TruDelta	臻亿医疗	中国	Intrepid	Medtronic	美国
	Cardiovalve	启明	中国	CardiAQ	Edward	美国
	未知	心通医疗	中国	FORTIS	Edward	美国
	AccuFit	赛诺医疗	中国	Caisson	LivaNova	英国
	SpyderOne	沛嘉	中国	EVOQUE Eos	Edward	美国
	ValveNeo-M	捍宇医疗	中国	SAPIEN M3	Edward	美国
	Anchor Valve	健世	中国	Cephea	Abbott	美国
	Saturn	远大医药	中国			

注：捍宇医疗，即上海捍宇医疗科技股份有限公司；德晋医疗，即杭州德晋医疗科技有限公司；乐普心泰，即乐普心泰医疗科技有限公司；迈迪顶峰，即北京迈迪顶峰医疗科技股份有限公司；臻亿医疗，即江苏臻亿医疗科技有限公司；申淇医疗，即上海申淇医疗科技有限公司；科凯生命科学，即科凯（南通）生命科学有限公司；应脉医疗，指应脉医疗科技（上海）有限公司；心玮医疗，即上海心玮医疗科技股份有限公司；汇禾医疗，即上海汇禾医疗科技股份有限公司；心通医疗，即微创心通医疗科技有限公司；赛诺医疗，即赛诺医疗科学技术股份有限公司；远大医药，即远大医药（中国）有限公司。

5）三尖瓣领域器械研发及研究进展。经导管三尖瓣介入治疗（TTVI）领域，全球共 4 款产品获得 CE 批准，其中 3 款修复器械、1 款异位置换器械。暂无产品获得美国FDA 或中国 NMPA 批准上市。

三尖瓣修复领域，基于二尖瓣修复的研发经验，获批 3 款器械：缘对缘修复路径的Abbott TriClip、Edward PASCAL 以及瓣环成形路径的 Edward Cardioband。

三尖瓣置换领域，仅异位置换的 TricValve 获得 CE 认证，暂无三尖瓣原位置换器械获得批准。

表 2-58 列出了三尖瓣修复国内外在研产品，表 2-59 列出了三尖瓣置换国内外在研产品。

表 2-58　三尖瓣修复国内外在研产品

技术路径	产品名称	企业名称	所在国家
修复	K-Clip	汇禾医疗	中国
	NeoBlazar	臻亿医疗	中国
	KOKA CLAMP	科凯生命科学	中国
	DragonFly-T	德晋医疗	中国

（续）

技术路径	产品名称	企业名称	所在国家
修复	申淇淇麟	申淇医疗	中国
	T-Clip	领健医疗	中国
	ValveClip-T	纽脉	中国
	Tri-Cinch	领健医疗	中国
	未知	乐普心泰	中国
	JensTClip	健世	中国
	ValveClasp-T	捍宇医疗	中国
	DragonFly	德晋医疗	中国
	FlexClamp	科凯生命科学	中国
	未知	心玮医疗	中国
	TriCinch	4Tech Cardio	美国
	FORMA	Edward	美国
	DaVingi TR System	Cardiac Implants LLC	美国
	Mistral	Mitralix	以色列
	MIA-T	Micro Interventiona Devices	美国
	Trialign	Mitralign	美国
	Millipede IRIS	Boston Scientific	美国

注：领健医疗，即北京领健医疗科技有限公司。

表 2-59 三尖瓣置换国内外在研产品

技术路径	产品名称	企业名称	所在国家
置换	LuX-Valve	健世	中国
	MonarQ	沛嘉	中国
	Cardiovalve	启明	中国
	Tricento	蓝帆医疗	中国
	LuX-Valve Plus	健世	中国
	未知	乐普心泰	中国
	ValveNeo-T	捍宇医疗	中国
	沛嘉 TTVR 系统	沛嘉	中国
	PrizValve-T	纽脉	中国
	双层三尖瓣置换	科凯生命科学	中国
	Venus Tricuspid Valve	启明	中国
	EVOQUE	Edward	美国

（续）

技术路径	产品名称	企业名称	所在国家
置换	GATE System	NaviGate Cardiac Structures	美国
	Intrepid	Medtronic	美国
	Trisol Valve	Trisol Medical	以色列
	Topaz	TRiCares	德国
	TricValve	P+F Products+Features GmbH	奥地利
	Trillium	Innoventric	以色列
	SapienXT	Edward	美国
	VDyne Valve system	VDYNE	美国
	CroiValve DUO	CroiValve	爱尔兰

注：蓝帆医疗，即蓝帆医疗股份有限公司。

TriClip bRIGHT 真实世界研究：PCR London Valves 2022 年公布的 bRIGHT 真实世界研究中，前 200 例患者的 1 年随访结果，以较低的不良事件发生率（11.5%）持续降低 TR（86%）。期待 500 例患者为期 5 年的随访结果。

TriClip TRILUMINATE Pivotal 研究：ACC 2023 年公布的 TRILUMINATE Pivotal 研究，纳入 350 例患者的 1 年结果表明，T-TEER（缘对缘）手术改善反流程度并显著提升患者生活质量，但 1 年结果并未表现出生存率和心衰再入院率的显著优势，期待 5 年的随访结果。

PASCAL PASTE 研究：JACC 心血管介入子刊 2022 年报道了 PASTE 注册研究结果，纳入欧洲植入 PASCAL 或 PASCAL Ace 的 235 例手术高危患者，随访期间 78% 的患者反流维持在中度或以下，证实了 PASCAL 治疗三尖瓣反流的有效性。

Cardioband EFS 研究：TVT 2022 年会议上报道了 Cardioband 治疗三尖瓣反流的早期可行性研究 1 年结果，基线时反流瀑布样患者的反流严重程度显著降低，73% 的患者降至中度以下，超声心动图、临床和生活质量结果的改善在一年内持续，全因死亡率 13.5%，无传导阻滞或需要安装永久起搏器的心律失常发生。

EVOQUE TRISCEND 研究：PCR London Valves 2022 年公布的 TRISCEND 研究，176 例患者 1 年随访结果显示，相较于 TRISCEND 30 天结果，虽然存在更高的全因死亡率（9.9% vs.3.6%），但有更大比例的患者心功能得到了明显改善（93% vs.79%）。

6）肺动脉瓣领域研究进展。国内现有肺动脉瓣在研产品见表 2-60。

表 2-60　国内现有肺动脉瓣在研产品

公司	产品	简介
佰仁	Salus	自膨胀型肺动脉瓣膜，正在进行临床研究
迈迪顶峰	PT-Valve	自膨胀型肺动脉瓣膜，正在进行临床研究

2022 年 7 月，国内第一款肺动脉瓣从中国 NMPA 绿色通道获批上市，由杭州启明

医疗器械股份有限公司生产。

2022 ESC 年会上公布的应用 SAPIEN 3 球扩瓣行介入肺动脉瓣置换术后 5 年结果良好。EUROPULMS 3 研究共纳入 30 个中心、713 例患者，患者平均年龄为 29.3 岁，中位随访时间为 1.4 年。

结果显示，74.8% 手术预先置入了支架，手术成功率高达 98.6%。仅 0.4% 患者的 RVOT 直径过大导致无法成功锚定，需额外的 SAPIEN 3 球扩瓣行瓣中瓣手术，术后中位肺动脉瓣反流量为 7mmHg，仅 4.1% 术后出现轻度至中度肺动脉瓣反流。仅 6 例患者术后出现感染性心内膜炎，98.7% 患者术后 5 年内不会出现感染性心内膜炎。仅 4 例患者术后出现瓣膜内血栓，99.2% 患者术后 5 年内不会出现瓣膜内血栓，仅 9 例患者接受了二次肺动脉瓣置换术（PVR），95.4% 患者术后 5 年内不会需要接受二次 PVR。

7）左心耳封堵研究进展。目前，左心耳封堵上市器械有 Watchman FLX（Boston Scientific）、Amulet（Abbott）、LEFTEAR（广东脉搏医疗科技有限公司，简称脉搏医疗）、LACbes（上海普实医疗器械股份有限公司，简称普实医疗）、LAMax（深圳信立泰药业股份有限公司）、LAAGER（心玮医疗）。

另外还有先健科技 LAmbre、LAxible 封堵器系统，以及德诺医疗（深圳市德诺医疗控股有限公司）的 SeaLA 系统、脉搏医疗的 Leftear 系统、普实医疗的 LACbes 系统等。

左心耳封堵器械在研产品见表 2-61。

表 2-61　左心耳封堵器械在研产品

产品	公司	所在地
WaveCrest	Johnson & Johnson	国外
CLAAS	Conformal Medical	国外
E-SeaLA	德诺医疗	国内
Bio-Lefort	乐普心泰	国内

RECORD 研究—左心耳封堵术国内日渐成熟。2022 年 5 月，空军军医大学西京医院陶凌教授牵头的 RECORD 研究结果在 *JAMA：Cardiology* 杂志上发表。这是一项覆盖我国 39 个医疗中心的队列研究，分析了 3000 例左心耳封堵术的情况，是目前国内样本量最大的经导管 LAAO 围术期数据。在该研究中，手术成功率为 97.9%，30 天随访结束时，由死亡、卒中、体循环栓塞组成的终点事件发生率为 0.52%，威胁生命的出血和大出血发生率为 1.23%。以上表明随着左心耳封堵术的普及和发展，国内术者已经达到一定水平。

Gore Reduce 研究是一项在加拿大、丹麦、芬兰、挪威、瑞典、英国等 7 个国家 63 个医学中心进行的前瞻性、随机、对照开放性试验，对结果事件进行盲法判断。该研究促使 FDA 批准 Gore Cardioform PFO 封堵器应用于临床。

5 年随访结果表明，与仅使用抗血小板疗法的患者相比，使用 Gore 装置治疗的患者缺血性卒中的发生率相对下降了 69%（P=0.007）。在不考虑 PFO 解剖结构的情况下，患者均能够获益。

Gore Reduce 研究结果明确显示了对于卵圆孔闭合方面的益处。在手术方面，研究中只有一例新发房颤，未出现与框架断裂、血栓、栓塞或侵蚀相关的问题，表明了手术的安全性。更重要的是，REDUCE 研究提示，在不考虑 PFO 解剖结构的情况下，患者均能够获益，促进了 SCAI PFO 指南的更新。

8）先心封堵器及心衰介入治疗器械。Amplatzer Piccolo（Abbott）是世界上第一个被批准用于闭合早产儿动脉导管未闭 PDA 封堵器，2011 年开始在欧洲应用，2022 年获得中国 NMPA 认证。

MemoSorb 是由乐普心泰自主研发的全球首款全降解室间隔缺损封堵器，并于 2022 年 6 月 NMPA 获批上市。

此外，还有先健科技研发的 HeartR、Cera 封堵器系列，用于房间隔缺损、室间隔缺损和动脉导管未闭的封堵；以及微创公司的多款先心封堵器械。产品众多，这里不再赘述。

先心封堵器国内外在研产品见表 2-62。

表 2-62　先心封堵器国内外在研产品

产品	公司	所在地
ReSept	Athea Medical	国外
CBSO	Carag AG	国外
ReAces	捍宇医疗	国内
Pansy PFO	锦葵医疗	国内
Snowy PFO	德诺医疗	国内

注：锦葵医疗，即上海锦葵医疗器械股份有限公司。

Ventura 心房分流器系统已获批 CE，用于晚期心衰患者，以降低左心房压力。该系统通过股静脉经导管系统植入，植入位置为房间隔，形成房间隔"缺损"通道，从而使得左房血流可以进入右房，降低左房压力。

AFR 心房分流器系统也获得 CE 审批，该系统在房间隔造口术后经股静脉入径送入输送系统，其最早设计用于肺动脉高压晚期心衰患者及 Fontan 术后静脉循环衰竭患者。

心衰介入国内外在研产品见表 2-63。

表 2-63　心衰介入国内外在研产品

产品	公司	产品类型	所在地
Root Device	Edward	心房分流器（IASD）	国外
Alleviant System	Alleviant Medical	心房分流器（IASD）	国外
NoYA 心房分流系统	诺生医疗（德诺医疗）	心房分流器（IASD）	国内

（续）

产品	公司	产品类型	所在地
D-Shant	唯柯医疗	心房分流器（IASD）	国内
心房分流器 1 代	乐普心泰	心房分流器（IASD）	国内
SIRIUS AFR	启晨医疗	心房分流器（IASD）	国内
介入水凝胶	德柯医疗（德诺医疗）	介入水凝胶	国内

注：唯柯医疗，即武汉唯柯医疗科技有限公司；启晨医疗，即启晨（上海）医疗器械有限公司。

（四）结构性心脏病领域发展趋势

结构性心脏病介入治疗的发展热潮还将持续 10 年以上时间，在数量上出现快速增长。未来 10~20 年内，可能在以下方面取得发展和突破：

1）瓣膜耐久性取得进展，例如干瓣、抗钙化处理技术、多聚合物等技术取得突破，使得 TAVR 技术向年轻患者推广。

2）TEER 手术数量剧烈增长，同时新型二尖瓣修复技术取得突破，促进经导管二尖瓣修复在临床普及；经股静二尖瓣脉置换取得突破，成为一种成熟治疗技术。

3）经导管三尖瓣介入治疗技术成熟，成为三尖瓣反流常规治疗手段。

4）新型左心耳封堵器械研发应用临床，使得左心耳封堵更安全有效便捷，极简式左心耳封堵手术普遍开展。

5）肥厚性心肌病治疗技术取得进展，能实现对肥厚性心肌病更安全、便捷、有效消融。

6）心衰介入治疗技术取得突破，向攻克心脏疾病最后的堡垒发起冲锋。

虽然结构性心脏病产业领域发展前景大好，但对于关键核心部件，仍受制于国外，主要包括上游镍钛合金管材和高分子材料，如①生物材料（如瓣膜）；②金属类材料、金属合金材料；③高分子材料 PET、PTFE 和中游金属材料切割、抛光、成型等如镍钛合金支架，PTF 管材等组装（如加强鞘管等）。

三、神经电刺激植入体及关键零部件技术发展趋势

（一）神经电刺激植入体技术发展趋势

1. 行业发展现状

神经电刺激植入体被广泛应用于恢复人体的各种功能，包括植入式神经调控设备、人工耳蜗、人工视觉等。

（1）植入式神经调控设备　植入式神经调控设备通过对大脑、脊髓或外周神经的电刺激治疗多种神经精神疾病，其示意图如图 2-244 所示。目前临床广泛应用的主要有四大类：一是脊髓刺激器（Spinal Cord Stimulator，SCS），主要用于治疗疼痛；二是脑深部刺激器（Deep Brain Stimulator，DBS），通常称为脑起搏器，主要用于治疗帕金森病、特发性震颤、肌张力障碍、强迫症和癫痫；三是迷走神经刺激器（Vagus Nerve Stimulator，VNS），主要用于治疗癫痫和抑郁症；四是骶神经刺激器（Sacral Neuromodulator，SNM），主要用于治疗膀胱过度活动症、尿潴留和大便失禁。

国际上植入式神经调控设备企业基本是美国公司，包括脊髓刺激器的 Medtronic、Abbott、Boston Scientific、Nevro 等公司，脑起搏器的 Medtronic、Abbott、Boston Scientific 等公司，迷走神经刺激器的 Livonova 公司，骶神经刺激器的 Medtronic、Axonics 等公司。其中，Medtronic 公司的脑起搏器、脊髓刺激器、骶神经刺激器，Abbott 公司的脊髓刺激器，Livonova 公司的迷走神经刺激器均在我国开展了市场销售。

2000 年，清华大学开始植入式神经调控技术与设备的研究，2009 年 11 月 26 日完成了首例国产设备植入手术，2012 年国家发展和改革委员会批准建立了"神经调控技术国家工程实验室"，由清华大学牵头建设，品驰医疗（北京品驰医疗设备有限公司）和首都医科大学附属北京天坛医院共建，2021 年 12 月通过优化调整，获批纳入新序列管理，更名为"神经调控国家工程研究中心"。目前，品驰医疗已陆续获得脑起搏器、迷走神经刺激器、骶神经刺激器、脊髓刺激器的医疗器械注册证，包括单通道、双通道、可充电、磁共振兼容、可感知等系列型号，均为国产首个，截至 2023 年 8 月，已累计植入 2.8 万余名患者，不仅已经超越进口产品成为我国临床应用的主流，还在 3.0T 磁共振兼容、变频刺激、远程程控、刺激同步记录等方面实现了技术突破与引领，成为我国近 20 年来在有源植入医疗器械领域从跟跑、并跑到领跑的成功典范，"脑起搏器关键技术、系统与临床应用"项目获得了 2018 年国家科学技术进步奖一等奖（见图 2-245）。

几种植入式神经调控设备的组成结构类似（见图 2-246）。以脑起搏器为例，植入体由脉冲发生器、延伸导线和电极组成，电极植入大脑核团（通常为丘脑底核），脉冲发生器植于胸前皮下，而延伸导线则在皮下连接脉冲发生器和电极，通过对大脑靶点核团的电刺激来治疗疾病；体外部件包括医生程控仪、患者程控仪、患者程控充电器、测试刺激器等。

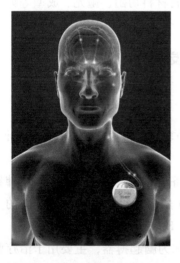

图 2-244　植入式神经调控示意图
（以脑深部刺激为例）

图 2-245　2018 年国家科学技术进步奖一等奖证书

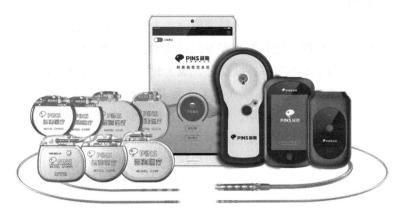

图 2-246　植入式神经调控设备配置（以脑起搏器为例）

随着品驰医疗的植入式神经调控设备国产化、技术进步和疗法推广，我国呈现出"产学研医"协同创新的神经调控产业生态蓬勃发展态势，发表了十余部临床专家共识，带动了多家神经调控企业的建立与发展，其中苏州景昱医疗器械有限公司获得了脑起搏器注册证，常州瑞神安医疗器械有限公司获得了迷走神经刺激器和脊髓刺激器注册证，杭州承诺医疗科技有限公司获得了骶神经刺激器注册证。

（2）人工耳蜗　人工耳蜗也称为电子耳蜗、仿生耳、电子仿生耳等（见图 2-247），能够帮助重度耳聋患者重新获得听力，主要用于感音性耳聋的患者。人工耳蜗设备由外部处理器和植入体组成，外部处理器由麦克风、语音处理器、向植入部分发送指令的信号发射器组成；植入部分由信号接收及解码模块、刺激电极阵列组成。

国际上人工耳蜗企业包括澳大利亚的 Cochlear、奥地利的 MED-EL、美国的 Advanced Bionics 等公司，均在我国开展市场销售并占据临床应用的主流。

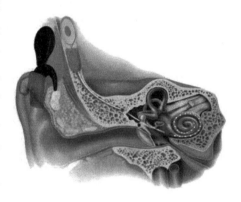

图 2-247　人工耳蜗示意图

我国的上海力声特医学科技有限公司、浙江诺尔康神经电子科技股份有限公司在 2011 年获得人工耳蜗注册证，正在逐步拓展临床应用和提高市场占有率。

（3）人工视觉　人工视觉是在视网膜色素变性致盲病人的视网膜上植入电极，对视网膜上的神经节细胞进行电刺激，以在大脑的视皮层上产生视觉，因此该产品又称为"人工视网膜"。

美国 Second Sight 公司的人工视网膜产品在 2013 年获得 FDA 批准，但遗憾的是，2022 年该公司被合并，停止了产品的更新和支持。

在我国，目前尚无获批的人工视网膜产品，但已有公司在开展人工视觉研究工作。

2. 主要技术进展及优势

以清华大学和品驰医疗的植入式神经调控设备为例，在国产化替代基础上，进一步攻克了无线充电、远程程控、磁共振兼容等创新技术，不仅推动了神经调控疗法的快速普及，而且国产产品的市场占有率持续提升，成为我国临床应用的主流。

（1）从无到有实现国产化　在载人航天工程基础上研发植入式神经调控设备，将可靠性理念贯穿到产品的全生命周期，可靠性设计和验证充分。2009年11月26日，首例脑起搏器临床试验手术在北京天坛医院成功实施，于2013年获得首个国产脑起搏器的医疗器械注册证。这例患者至今已应用脑起搏器近14年，仍然状态正常、身体健康。脑起搏器的国产化，建立了"产学研医"协同创新的产业生态，极大促进了疗法的普及推广。

（2）无线充电技术解决使用寿命问题　脑起搏器由内置电池供电，每隔几年因电池耗尽需要手术更换，患者既要承受手术痛苦，又有沉重的经济负担，能源问题成为制约疗法普及的关键因素。研究团队攻克了电磁场耦合、涡流发热控制、体内外线圈精准对中、自动发射功率调节、充电安全保护等一系列关键技术，研发成功可无线充电的脑起搏器，2012年开展了首例临床试验手术，并于2014年获得医疗器械注册证，这是我国第一种可无线充电的植入式医疗器械。无线充电技术的应用，实现了一次手术、终生使用，从根本上解决了患者对于后续更换手术以及医疗费用的担忧，在临床上广受好评，超过80%的患者选择可充电脑起搏器产品，进一步促进了疗法普及。无线充电示意图如图2-248所示。

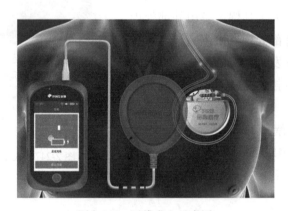

图2-248　无线充电示意图

（3）远程程控技术解决异地随诊问题　患者在植入脑起搏器后，随着疾病进程、身体状态等变化，每年需要几次返回手术医院随诊，调整刺激参数，以获得最佳治疗效果。但患者长途奔波行动不便、需要家属陪同，人力时间和经济费用的负担都比较重。为此，在医生和患者音视频通信的基础上，研究了将脑起搏器接入互联网的方法，发明了患者端硬件保护与网络身份识别、数据加密和失效安全防护等软件保护相结合的远程程控技术，建设了基于云平台的异地远程程控体系，从而使患者在家里即可连线医生进行随诊程控，解决了后顾之忧。

（4）磁共振兼容创新解决安全隐患问题 患者植入脑起搏器后，可能因各类疾病的诊疗需要进行磁共振扫描，而大脑内电极由于综合性能的要求，是由铂铱合金制成的，在磁场中会受力和发热，尤其电极刺激触点的热量集中可能对大脑造成不可接受的灼伤。在国际上率先提出了在电极上增加一种特殊的编织网，通过数字人体和磁场耦合的建模计算、人体模型测试以及动物试验，证实了在 1.5T 和 3T 磁共振扫描时电极温升不超过 2 摄氏度，从 2015 年开始临床试验，并在 2022 年获得医疗器械注册证。

（5）刺激同步记录技术助力智能闭环发展 研究团队解决了颅内电脉冲刺激环境下微弱脑电信号获取的难题，研制成功刺激同步记录、蓝牙实时传输的新型脑起搏器，可在对患者进行治疗的同时实时获得长程脑深部电信号；发现了刺激与局部场电位之间的节律相关性，通过分析信号特征实现患者睡眠状态、运动状态的检测。在不影响电刺激治疗的同时长期监测深脑局部场电位变化，"刺激+记录"相结合为研发和实现闭环刺激提供了技术基础。2023 年，刺激同步记录、可充电、磁共振兼容、蓝牙通信及远程程控的新型脑起搏器获得医疗器械注册证，可在刺激调控大脑的同时，获取全面的电生理、功能影像等信息，建立了双向感知与调控的人脑研究平台。

（6）全系列神经调控产品线发展 研究团队在脑起搏器研发、产业化和临床应用推广的基础上，逐步完善了植入式神经调控技术平台，并拓展应用到其他疾病治疗，2016 年获得迷走神经刺激器注册证，2018 年获得骶神经刺激器注册证，2022 年获得脊髓刺激器注册证（包括非充电、可充电两种）、可充电骶神经刺激器注册证，2023 年获得可充电、心电感知迷走神经刺激器注册证。品驰医疗成为国际唯一能够提供四种植入式神经调控产品线的企业，而且全部实现了可充电和远程程控，充分满足临床需求，其疗法和市场得到快速推广。

3. 技术发展趋势

近年来，随着基础医学、临床医学的进步以及多学科的医工交叉融合，神经调控疗法呈现出方兴未艾的态势，大公司稳步发展，初创公司层出不穷，植入式神经调控设备成为越来越受重视的医疗器械细分领域。

（1）更多的适应证及创新产品 临床上面临多种药物和传统手术难治性的疾病，随着对神经网络、调控靶点的认识越来越深入，越来越多的新型神经调控疗法和设备涌现出来，推动着临床和市场的持续发展。FDA 已经批准了舌下神经刺激治疗阻塞性呼吸睡眠暂停综合征（OSA）、迷走神经刺激帮助脑卒中后康复等。同时，穹窿、NMB 核团的脑深部刺激治疗阿尔茨海默症，小脑齿状核刺激帮助脑卒中后康复，SCG、ALIC、VC/VS、NAc、LHb、MFB 等核团的脑深部刺激治疗抑郁、脊髓刺激帮助截瘫患者站立行走等，都在临床研究中。

（2）更丰富、精准的调控方式 在调控模式和参数方面，在原有的常规调控模式（恒频持续刺激、循环刺激）基础上，近年来研发出多种创新的调控方法，例如脑深部刺激的程序组、交叉电脉冲刺激、变频刺激，脊髓刺激的高频刺激（频率高达

10kHz)、簇状（Burst）刺激、不同靶点多路刺激（DTM）、多相刺激等。我国首次提出了高、低频交替的变频刺激疗法，在刺激过程中改变相应的频率，不仅改善了帕金森病患者的肢体症状，获得更好的运动评分；而且还改善了原有常规刺激模式无法解决的起步困难等中线症状，起步时间更短。未来对刺激模式、波形和参数的研究，将会持续提升神经调控治疗效果。

在电极方面，近年来研发出方向性脑深部刺激电极，将原来一个360°环形刺激的电极触点，细分为120°指向性刺激的三个部分，实现了更精准的刺激调控，从而可以优化患者参数调整需求，最优触点治疗窗大，减少了副反应的发生，患者受益明显。

（3）闭环调控发展　传统上神经调控的刺激参数是医生编程设定的，即开环刺激，但患者疾病进展、药物代谢、身体状态等在不同时间尺度上波动，因此如果能够找到反映刺激需求的生物标记物（bio-marker）、刺激参数自动地随之调节，则会帮助患者改善更加稳定，这被称为自适应（adaptive）、反应式或响应式（responsive）或者闭环（closed-loop）调控。

对于帕金森病脑深部刺激，可以用刺激电极记录核团的局部场电位（LFP），通过Beta频段功率或其他指标作为生物标记物，在一定范围内自动调节刺激参数，从而实现自适应刺激。对于癫痫脑深部刺激，可以用硬膜下电极或深部电极记录LFP，在检测到痫样放电、预测癫痫发作时启动电刺激，即按需刺激。

对于迷走神经刺激，通常是每隔5min刺激30s，称为正常模式，可以记录患者的心电信号，在检测到心率快速升高、预测癫痫发作时启动电刺激，这种自适应刺激称为自动刺激模式。

脊髓刺激常用柱状经皮穿刺电极，手术放置于脊髓硬膜外，人体处于不同姿态时电极的位置会有波动，从而需求自适应调节刺激参数。自适应刺激有两种方式，一种是用加速度传感器测量人体姿态，根据不同姿态而应用相应的刺激参数，另一种测量刺激产生的诱发复合动作电位（ECAP），自动调整刺激参数，使诱发动作电位控制在合理范围。闭环刺激的优势包括疼痛缓解、睡眠质量改善、治疗窗维持等多个方面。

（4）微型化网络化发展　随着集成电路技术的进步，多通道刺激/采集、电源变换、无线充电、无线通信、磁共振兼容等功能性能逐步提升，集成度越来越高，在降低患者排异感染的临床需求下，植入装置的体积、质量越来越小，越来越微型化。随着蓝牙等无线通信技术在植入式神经调控设备的应用逐步发展，网络功能越来越强，远程监护、远程程控应用越来越广，并与可穿戴设备、人工智能、云计算等相结合，植入式神经调控设备越来越成为人体网络中的节点，甚至在向人体的智能器官发展。

4. 存在的问题与建议

植入式神经调控设备研发难度大、周期长，而且与脑科学、脑疾病、脑机接口等领域密切相关，面临严峻的国际竞争局面，需要"产学研医"密切结合、政府部门加大投入，在疗法技术创新、产品可靠性提升和产业化发展等方面给予大力支持。

植入式神经调控设备的临床适应证、神经环路及靶点比较复杂，即使在FDA批准的产品及适应证中，应用同一种产品可以刺激不同靶点、治疗不同疾病（例如丘脑底核电刺激治疗帕金森病、丘脑前核电刺激治疗癫痫），也可以刺激不同靶点、治疗相同疾病（例如丘脑底核、苍白球内侧部电刺激治疗帕金森病），还可以刺激同一靶点、治疗不同疾病（例如苍白球内侧部电刺激治疗帕金森病、肌张力障碍）。因此，产业发展对药监部门的科学审评提出了更多期待，尤其在临床评价路径方面，面临成熟还是比较创新的适应证或靶点、成熟神经调控企业还是起步企业、企业的成熟产品扩展适应证还是新研制产品等不同情形，需要综合考虑安全性、有效性，评估患者收益风险比，是通过临床文献资料评价还是需要开展临床试验（又涉及是大样本临床试验，还是临床文献资料+小样本临床试验），如何应用真实世界数据，需要研讨和制订具体的指导原则。

国产的植入式神经调控设备作为创新医疗器械获得注册证后，面临的最大问题是打通临床应用推广"最后一公里"的难题，包括挂网、价格、入院等复杂手续，以及DRG、耗占比、医保等诸多限制，期待政府多部门联动，在坚持在"面向人民生命健康"的基础上，对创新医疗器械临床应用推广给予政策上的大力支持。

（二）神经电刺激植入体关键零部件技术发展趋势

得益于植入式神经调控设备、人工耳蜗等神经电刺激植入体发展，以及高端医疗装备产业的整体进步，我国已经建立起初步的神经电刺激植入体供应链：上游行业为零部件、医用原材料供应以及第三方服务等，涉及的行业包括电子制造、机械制造、生物材料、新能源等；中游行业为神经电刺激植入体产品生产；下游应用则包括各类医院、终端患者等。目前，上游关键核心部件主要包括植入电池、陶瓷馈通连接器、弹性接触连接器等。

1. 植入电池

植入电池是神经电刺激植入体的核心部件，包括一次性电池和可充电电池。电池位于植入式脉冲发生器内，为神经电刺激提供能源，具有高能量密度、高安全性及长寿命等特点。植入级一次性电池一般使用寿命是 5~7 年；植入级可充电电池的工作寿命一般长达 15~25 年，相比于一次性电池，能够有效降低病人的使用成本，但同时也对电池的长期可靠性及安全性提出了更严苛的要求。目前国际上主要是美国 Greatbatch 等少数几家国外公司掌握了核心技术，能够大规模量产应用。

目前主流的植入级一次性电池为锂-氟化碳材料体系，具有能量密度高、输出稳定、可满足小功率长期放电的特点。植入级可充电电池一般为钴酸锂二次电池或三元正极材料体系，由正极材料、负极材料、电解液、隔膜和外壳组成。植入级充电电池必须满足长寿命和高可靠性的要求，以脑起搏器为例，电池需要满足 1500 次以上的充放电循环寿命，并具备零伏储存特性。目前一般消费类电子产品所使用的锂离子电池的充放电循环寿命约为 300~500 次，不能满足植入要求；此外，如患者长时间忘记充电，容易导致电池电压过低，目前常规的锂离子电池在接近零伏时，负极集流体会发生溶解及活性锂析出，最终导致电池失效。考虑到长期安全性及磁共振兼容要求，植入级电池需要非磁性金属外壳封装，并保障严格的气密性，这也是植入电池研发的难点之一。

2. 陶瓷馈通连接器

陶瓷馈通连接器用于脉冲发生器内外的信号传导，必须具备高气密性、高可靠性等特点，还要满足微小型化设计的需求。在神经电刺激植入体长期的工作过程中，陶瓷馈通连接器既要保障信号的可靠传递，又要隔绝水分子和氧分子进入植入体内导致电子器件失效。目前该部件主要由美国 Morgan、Greatbatch 等几家公司提供。

陶瓷馈通连接器植入体内几十年，长期直接或间接接触体液环境，其组成部分要满足长期植入的生物相容性要求，包括法兰、钎料、导线、陶瓷绝缘体等。陶瓷馈通连接器的密封性一般不低于 $1.0 \times 10^{-10}\,\mathrm{Pa \cdot m^{-3} \cdot s^{-1}}$，精密陶瓷加工、陶瓷表面金属化、陶瓷微孔金属化、陶瓷与钛合金高温真空钎焊等都是关键的技术难点。陶瓷馈通连接器在脉冲发生器装配

图 2-249　植入陶瓷馈通连接器示意图

过程中，要面临激光焊接以及烘烤等剧烈温度变化环境，需要进行热冲击试验验证，同时要满足一定的机械性能、漏电流和绝缘阻抗等电学特性。图 2-249 所示为植入陶瓷馈通连接器示意图。

3. 弹性接触连接器

弹性接触连接器安装于脉冲发生器的顶盖内，用于连接电极（或延伸导线）与脉冲发生器，实现脉冲发生器与电极（或延伸导线）之间电信号传递。目前该部件主要由美国 Balseal 公司提供。

图 2-250　弹性接触
连接器示意图

弹性接触连接器所有组件需要用生物相容性材料生产制造。弹性接触连接器由壳体和触指弹簧组成，既要保障一定的力学性能，又要满足低界面阻抗电学特性，此外还要满足一定的插拔寿命，把握力要求长期稳定。触指弹簧的生产及高精度激光焊接是该产品研发的主要技术难点。图 2-250 所示为弹性接触连接器示意图。

参 考 文 献

[1] 毓星，崔崤峣，轩辕凯，等. 掌上超声设备在医学健康领域的应用与发展 [J]. 中国医学装备，2017（7）：144-147.

[2] 朱天刚. 掌上超声设备的发展与临床应用 [J]. 中国医疗设备，2013，28（9）：67-68，38.

[3] MARHOFER P, GREHER M, KAPRAL S. Ultrasound Guidance in Regional Anaesthesia [J]. British Journal of Anaesthesia, 2005, 94（1）：7-17.

[4] 汤月华. 医学超声穿刺导航的实时定位及软组织建模研究 [D]. 杭州：浙江大学，2012.

［5］经食管超声心动图临床应用中国专家共识专家组. 经食管超声心动图临床应用中国专家共识［J］. 中国循环杂志，2018，33（1）：11-23.

［6］唐浒，彭珏，陈思平. 医学超声单晶探头的进展及新技术［J］. 中国医疗器械信息，2014（4）：16-21，42.

［7］孙士越. 用于实时三维超声成像的面阵探头设计与研究［D］. 武汉：华中科技大学，2015.

［8］DONG F J, WU H Y, ZHANG L, et al. Diagnostic Performance of Multimodal Sound Touch Elastography for Differentiating Benign and Malignant Breast Masses［J］. Journal of Ultrasound in Medicine，2019，38（8）：2181-2190.

［9］YANG M, ZHAO C Y, WANG M, et al. Synovial Oxygenation at Photoacoustic Imaging to Assess Rheumatoid Arthritis Disease Activity［J］. Radiology，2023，306（1）：220-228.

［10］BILLY Y S YIU, SIMON S M LAI and ALFRED C H YU, Vector Projectile Imaging：Time-resolved Dynamic Visualization of Complex Flow Patterns［J］. Ultrasound in Medicine & Biology，2014，40（9）：2295-2309.

［11］CAROL MITCHELL, PETER S RAHKO, LORI A BLAUWET, et al. Guidelines for Performing a Comprehensive Transthoracic Echocardiographic Examination in Adults：Recommendations from the American Society of Echocardiography［J］. Journal of the American of Echocardiography，2019，32（1）：1-64.

［12］卫生部心血管病防治研究中心. 中国心血管病报告 2012［M］. 北京：中国大百科全书出版社，2013.

［13］周玉杰，WILLIAM K HAU，赵迎新，等，冠状动脉血管内超声的临床应用与实践［M］. 北京：人民卫生出版社，2008.

［14］TAKAGI A, TSURUMI Y, ISHII Y, SUZUKI K, et al. Clinical Potential of Intravascular Ultrasound for Physiological Assessment of Coronary Stenosis：Relationship Between Quantitative Ultrasound Tomography and Pressure-Derived Fractional Flow Reserve［J］. Circulation，1999（100）：250-255.

［15］MEYER C R, CHIANG E H, FECHNER K P, et al. Feasibility of High-Resolution, Intravascular Ultrasonic Imaging Catheters［J］. Radiology，1988（168）：113-116.

［16］SMITH W A. Modeling 1-3 Composite Piezoelectrics：Hydrostatic Response［J］. IEEE Transactions on Ultrasonics, Ferroelectrics and Frequency Control，1993，40（1）：41-49.

［17］SMITH W A, AULD B A. Modeling 1-3 Composite Piezoelectrics：Thickness-Mode Oscillations［J］. IEEE Transactions on Ultrasonics, Ferroelectrics and Frequency Control，1991，38（1）：40-47.

［18］JIANG X N, SNOOK K A, HACKENBERGER W S, et al. Piezoelectric Transducers Using Micromachined Bulk Piezo Substrates［C］//2008 IEEE Sensors. New York：IEEE，2008：573-576.

［19］JIANG X，YUAN J R，CHENG A，et al. Microfabrication of Piezoelectric Composite Ultrasound Transducers（PC-MUT）［C］//2006 IEEE International Ultrasonics Symposium. New York：IEEE，2006：922-925.

［20］YUAN R，JIANG X N，CAO P，et al. High Frequency Piezo Composites Microfabricated Ultrasound Transducers for Intravascular Imaging［C］//2006 IEEE International Ultrasonics Symposium. New York：IEEE，2006：264-268.

［21］YUAN J R，JIANG X，CAO P J，et al. 5C-5 High Frequency Piezo Composites Microfabricated Ultrasound Transducers for Intravascular Imaging（Invited）［C］//2006 IEEE Ultrasonics Symposium. New York：IEEE，2006：264-268.

［22］VAITHILINGAM S，MA T J，FURUKAWA Y，et al. Three-dimensional Photoacoustic Imaging Using a Two-dimensional CMUT Array［J］. IEEE Transactions on Ultrasonics，Ferroelectrics and Frequency Control，2009，56（11）：2411-2419.

［23］GOKCE GURUN，COSKUN TEKES，JAIME ZAHORIAN，Toby Xu，et al. Single-Chip CMUT-on-CMOS Front-End System for Real-Time Volumetric IVUS［J］. IEEE Transactions on Ultrasonics，Ferroelectrics，and Frequency Control，2014，61（2）：239-250.

［24］DEGERTEKIN F L，GULDIKEN R O，KARAMAN M. Annular-ring CMUT Arrays for Forward-looking IVUS：Transducer Characterization and Imaging［J］. IEEE Transactions on Ultrasonics，Ferroelectrics and Frequency Control，2006，53（2）：474-482.

［25］开立医疗高清血管内超声诊断系统获批 NMPA［Z］. 2022.

［26］NMPA 官宣！中国首个自主创新 60MHz 高速 IVUS 上市［Z］. 2022.

［27］崔崤峣. 血管内超声成像探头的现状与研究进展［J］. 中国医疗器械信息，2014（4）：11-15，36.

［28］蔡敏芹. 应用微型超声波电机改进超声内窥镜探头的研究［D］. 四川大学 2006.

［29］赵曙，金城仁. 超声手术刀的原理及质量控制检测研究［J］. 中国医疗设备，2017，32（10）：89-92.

［30］张雷，吴正灏，曹艳佩. 关于超声高频外科集成系统使用成本与管理风险的探讨［J］. 外科研究与新技术，2017，6（1）：56-59.

［31］国家药品监督管理局. 医用电气设备 第2-2部分：高频手术设备及高频附件的基本安全和基本性能专用要求：GB 9706.202-2021［S］. 北京：中国标准出版社，2021.

［32］LAURENCE J STREET. Introduction to Biomedical Engineering Technology［M］. New York：CRC Press，2011.

［33］孙薇，夏僮，张薇，等. 超声切割止血刀的应用、管理与维护［J］. 中国医学装备，2016，13（12）：145-147.

［34］曹广凯，姜兴刚，毕培信，等. 超声手术刀的工作机理及力负载特性［J］. 电加工与模具，2016，（1）：44-46，58.

［35］陈颖，罗晓宁，史文勇，等. 超声手术刀的研制现状与应用［J］. 生物医学工程学杂志，2005，22（2）：377-380.

［36］International Electrotechnical Commission. Ultrasonics-Surgical systems-Measurement and declaration of the basic output characteristics：IEC 61847：1998［S］Geneva：International Electrotechnical Commission，1998.

［37］李祖胜. 基于谐振频率自动识别的超声波电源研究［D］. 苏州：苏州大学，2011.

［38］熊凤梅，牟强善，曾开奇. 强生豪韵 GEN300 型超声切割止血刀计量测试方法［J］. 医疗装备，2016（11）：41.

［39］陈湘，黄爱华，黎晓燕. 超声刀在腹腔镜手术中的使用及管理［J］. 微创医学，2006（1）：58-59.

［40］俞梦孙. 聚焦超声治疗技术行业发展动态［J］. 中国医学装备，2023，20（6）：1-6.

［41］HOFFMANN N E，BISCHOF J C. The Cryobiology of Cryosurgical Injury［J］. Urology，2002，60（2）：40-49.

［42］胡凯文. 肿瘤绿色治疗学［M］. 北京：北京科学技术出版社，2017.

［43］SABEL M S. Cryo-immunology：A Review of the Literature and Proposed Mechanisms for Stimulatory Versus Suppressive Immune Responses［J］. Cryobiology，2009，58（1）：1-11.

［44］刘静. 低温生物医学工程学原理［M］. 北京：科学出版社，2007.

［45］COOPER I S，LEE A S. Cryostatic Congelation：a System for Producing a Limited Controlled Region of Cooling or Freezing of Biologic Tissues［J］. Journal Of Nervous and Mental Disease，1961，133（3）：259-263.

［46］COOPER I S. Cryogenic Surgery of the Basal Ganglia［J］. the Journal of the American Medical Association，1962，181（7）：600-605.

［47］KORPAN N N. A History of Cryosurgery：Its Development and Future［J］. Journal of the American College of Surgeons，2007，204（2）：314-324.

［48］ONIK G，COOPER C，GOLDBERG H I，et al. Ultrasonic Characteristics of Frozen Liver［J］. Cryobiology，1984，21（3）：321-328.

［49］中国抗癌协会肿瘤介入学专业委员会，中国医师协会介入医师分会，中国临床肿瘤学会（CSCO）放射介入治疗专家委员会，等. 冷热多模态消融治疗肝脏恶性肿瘤操作规范专家共识［J］. 中国介入影像与治疗学，2021，18（1）：23-27.

［50］中国抗癌协会肿瘤介入学专业委员会，中国医师协会介入医师分会，中国临床肿瘤学会（CSCO）放射介入治疗专家委员会，等. 经皮穿刺冷热多模态消融治疗肺部恶性肿瘤操作规范专家共识［J］. 中国介入影像与治疗学，2020，17（12）：

705-710.

[51] REZAIE-MAJD A, BIGENZAHN W, DENK D M, et al. Superimposed High-frequency Jet Ventilation（SHFJV）for Endoscopic Laryngotracheal Surgery in more than 1500 Patients［J］. British Journal of Anaesthesia, 2006, 96（5）: 650-659.

[52] HELMSTAEDTER V, TELLKAMP R, MAJDANI O, et al. High-frequency Jet Ventilation for Endolaryngotracheal Surgery-chart Review and Procedure Analysis from the Surgeon's and the Anaesthesiologist's Point of View［J］. Clinical Otolaryngology. 2015, 40（4）: 341-348.

[53] HEYSE B, PROOST J H, SCHUMACHER P M, et al. Sevoflurane Remifentanil Interaction: Comparison of Different Response Surface Models［J］. Anesthesiology, 2012, 116（2）, 311-323.

[54] KUIZENGA M H, VEREECKE H E, ABSALOM A R, et al. Utility of the SmartPilot ® View Advisory Screen to Improve Anaesthetic Drug Titration and Postoperative Outcomes in Clinical Practice: a Two-centre Prospective Observational Trial［J］. British Journal of Anaesthesia, 2022, 128（6）, 959-970.

[55] 梁召云. 膜式氧合器的发展历程及其应用［J］. 医疗保健器具: 医疗器械版, 2004（8）: 36-37.

[56] 许少波, 王建华. 中空纤维膜式氧合器的研究进展［J］. 医疗保健器具, 2006（10）: 4-7.

[57] 任冯刚, 朱皓阳, 严小鹏, 等. 机械灌注技术在临床肝移植的应用［J］. 中国医疗器械杂志, 2015（6）: 427-431.

[58] 张磊, 葛斌, 方旭晨, 等. 搏动式血泵的电磁驱动装置设计及可行性研究［J］. 生物医学工程研究, 2018, 37（4）: 470-475.

[59] 龙村, 侯晓彤, 赵举. ECMO 体外膜肺氧合［M］. 2 版. 北京: 人民卫生出版社, 2016.

[60] VAN DER MEER A L, JAMES N L, EDWARDS G A, et al. Initial in Vivo Experience of the VentrAssist Implantable Rotary Blood Pump in Sheep［J］. Artificial Organs, 2003, 27（1）: 21-26.

[61] 路力军, 胡兆燕, 陈正龙, 等. 体外循环用血泵研究进展［J］. 北京生物医学工程, 2012, 31（4）: 433-439.

[62] 郭龙辉, 张杰明, 刘晓程. 第三代血泵的研究进展［J］. 中国胸心血管外科临床杂志, 2010, 17（4）: 321-325.

[63] 张岩, 胡盛寿. 计算流体力学在心脏血泵溶血设计中的应用［J］. 国际移植与血液净化杂志, 2008, 6（3）: 30-33.

[64] 李莹, 段婉茹, 罗先武, 等. 人工心脏发展中的关键技术［J］. 北京生物医学工程, 2008, 27（1）: 100-104.

［65］云忠，向闯，石芬. 高速螺旋流场中人体血液流动性能及红细胞力学行为分析 ［J］. 北京生物医学工程，2010，29（6）：551-555.

［66］周宇，刘青松. 轴向磁力驱动机构控制系统设计 ［J］. 机械制造与自动化，2009（6）：124-125，132.

［67］TOPPER S R, NAVITSKY M A, MEDVITZ R B, et al. The Use of Fluid Mechanics to Predict Regions of Microscopic Thrombus Formation in Pulsatile VADs ［J］. Cardiovascular Engineering and Technology, 2014, 5（1）：54-69.

［68］SORENSEN E N, BURGREEN G W, WAGNER W R, et al. Computational Simulation of Platelet Deposition and Activation：I. Model Development and Properties ［J］. Annals of Biomedical Engineering, 1999, 27：436-448.

［69］王俊发，王志成，郑丽丽. 医用气泡传感器的设计与实现 ［J］. 电子技术与软件工程，2015（15）：245-249.

［70］费森尤斯医疗护理德国有限责任公司. 具有漏血传感器的透析设备：201980027926.0 ［P］. 2020-12-04.

［71］姚振波，赵钟锟. 血液透析装置漏血传感器的原理及故障分析 ［J］. 医疗卫生装备，2014，35（9）：162，164.

［72］陈香美. 血液净化标准操作规程 ［M］. 北京：人民卫生出版社，2021.

［73］刘志红，龚德华. 组合式体外多器官功能支持治疗：危重病症救治的发展方向 ［J］. 肾脏病与透析肾移植杂志，2011，20（3）：201-203.

［74］KELLUM J A, LAMEIRE N, ASPELIN P, et al. Kidney Disease：Improving Global Outcomes（KDIGO）Acute Kidney Injury Work Group. KDIGO Clinical Practice Guideline for Acute Kidney Injury ［J］. Kidney International Supplements, 2012, 2（1）：1-138.

［75］CHENG W D, LUO Y S, WANG H Y, et al. Survival Outcomes of Hemoperfusion and Hemodialysis versus Hemodialysis in Patients with End-Stage Renal Disease：A Systematic Review and Meta-Analysis ［J］. Blood Purification, 2022, 51（3）：213-225.

［76］中华医学会肾脏病学分会专家组. 连续性肾脏替代治疗的抗凝管理指南 ［J］. 中华肾脏病杂志，2022，38（11）：1016-1024.

［77］中国重症血液净化协作组. 重症血液净化血管通路的建立与应用中国专家共识（2023）［J］. 中华医学杂志，2023，103（17）：1280-1295.

［78］Zimmer C, Kahn D, Clayton R, et al. Innovation in Diagnostic Retinal Imaging：Multispectral Imaging ［J］. Retina Today, 2014：94-99.

［79］洪博，刘建文，安晶，等. 多光谱眼底分层成像系统在飞行人员年度体检中的应用 ［J］. 中华航空航天医学杂志，2015，26（4）：282-287.

［80］XU Y P, LIU X X, CHENG L, et al. A Light-Emitting Diode（LED）-Based Multispectral Imaging System in Evaluating Retinal Vein Occlusion [J]. Lasers in Surgery and Medicine, 2015, 47 (7): 549-558.

[81] Li S S, HUANG L Z, BAI Y J, et al. In Vivo Study of Retinal Transmission Function in Different Sections of the Choroidal Structure Using Multispectral Imaging [J]. Investigative Ophthalmology & Visual Science, 2015, 56 (6): 3731-3742.

[82] ZHU X M, CHENG Y, PAN X, et al. Sensitivity and Specificity of Multispectral Imaging in Detecting Central Serous Chorioretinopathy [J]. Lasers in Surgery and Medicine, 2017, 49 (5): 498-505.

[83] HUANG G, PENG J C, YE Z, et al. Multispectral Image Analysis in Vogt-Koyanagi-Harada Disease. [J]. Acta Ophthalmologica, 2018, 96 (4): 411-419.

[84] LI L, ZHANG P, LIU H, et al. Evaluation of Multispectral Imaging in Diagnosing Diabetic Retinopathy [J]. Retina, 2019, 39 (9): 1701-1709.

[85] MA F Y, LI T H, KOZAK I, et al. Novel Observations in Choroidal Osteoma by Multispectral Imaging: a Pilot Case Series [J]. International Ophthalmology, 2020, 40 (1). 3413-3430.

[86] MA F Y, YUAN M Z, KOZAK I, et al. Sensitivity and Specificity of Multispectral Imaging For Polypoidal Choroidal Vasculopathy. [J]. RETINA, 2021, 41 (9): 1921-1929.

[87] YUAN M Z, MA F Y, CHEN L L, et al. Multi-Spectral Imaging in Adult-Onset Foveomacular Vitelliform Dystrophy: Report of Two Cases [J]. American Journal of Ophthalmology Case Reports, 2022, 26: 101542.

[88] MA F Y, YUAN M Z, KOZAK I. Multispectral Imaging (MSI): Review of Current Applications [J]. Survey of Ophthalmology, 2023, 68 (5): 889-904.

[89] MAHARAJ R. The Clinical Applications of Multispectral Imaging [J]. Review of Optometry, 2011, 148 (11): 15.

[90] HUANG Y Q, GUO J Y, GUO Y, et al. A Focusing Method on Refraction Topography Measurement [J]. Scientific Reports, 2023, 13: 16440.

[91] LI Z J, YANG Z L, LIAO Y R, et al. Relative Peripheral Refraction Characteristics and Their Relationship with Retinal Microvasculature in Young Adults: Using a Novel Quantitative Approach [J]. Photodiagnosis and Photodynamic Therapy, 2022, 38: 102750.

[92] 谢培英, 郭曦. 角膜塑形术矫治近视眼的新进展 [J]. 中华眼科杂志, 2021, 57 (4): 315-318.

[93] LU X L, ZHENG X Y, LIAN L H, et al. Comparative Study of Relative Peripheral Refraction in Children With Different Degrees of Myopia [J]. Frontiers in Medicine, 2022, 9: 800653.

[94] ZHENG X Y, CHENG D J, LU X L, et al. Relationship Between Peripheral Refraction

in Different Retinal Regions and Myopia Development of Young Chinese People [J]. Frontiers in Medicine, 2021, 8: 802706.

[95] LU W C, JI R Y, DING W Z, et al. Agreement and Repeatability of Central and Peripheral Refraction by One Novel Multispectral-Based Refractor [J]. Frontiers in Medicine, 2021, 8: 777685.

[96] LIAO Y R, YANG Z L, LI Z J, et al. A Quantitative Comparison of Multispectral Refraction Topography and Autorefractometer in Young Adults [J]. Frontiers in Medicine, 2021, 8: 715640.

[97] 田佳鑫, 魏士飞, 李仕明, 等. 基于光学成像屈光补偿技术对视网膜屈光状态测量方法的研究 [J]. 中华眼科医学杂志: 电子版, 2020, 10 (3): 135-140.

[98] 谢黎, 李芋蓉, 苏月艳, 等. 4~12 岁儿童周边视网膜离焦状态分析 [J]. 中华眼视光学与视觉科学杂志, 2023, 25 (2): 139-145.

[99] LI T, CHEN Z Y, SHE M, et al. Relative Peripheral Refraction in Myopic Children Wearing Orthokeratology Lenses Using a Novel Multispectral Refraction Topographer [J]. Clinical and Experimental Optometry, 2023, 106 (7): 746-751.

[100] ZHANG Z Z, DEMIR K G, GU G X. Developments in 4D-print-ing: a Review on Current Smart Materials, Technologies, and Applications [J]. International Journal of Smart and Nano Materials, 2019, 10 (3): 205-224.

[101] 赵帅, 朱荣. 多感知集成的柔性电子皮肤 [J]. 化学学报, 2019, 77 (12): 1250-1262.

[102] 赵彦军, 李剑, 苏鹏, 等. 我国康复辅具创新设计与展望 [J]. 包装工程, 2020, 41 (8): 14-22.

[103] 张志强, 杨荣, 宋亮, 等. 4D 打印在常见矫形器技术领域的应用前景初探 [J]. 中国康复医学杂志. 2022 (7): 985-989.

[104] 江华, 刘佳辰, 吴小高, 等. 中国康复辅助器具产业政策演进逻辑与实践 [J]. 中国康复医学杂志. 2022 (10): 1400-1405.

[105] 张洪峰, 焦永亮, 李博, 等. 人工智能在康复辅助技术中的应用研究进展与趋势 [J]. 科学技术与工程, 2022, 22 (27): 11751-11760.

[106] 刘珈汐, 高威. 脑机接口研究综述 [J]. 人工智能与机器人研究, 2023, 12 (1): 17-21.

[107] 罗君, 黄欢欢, 王俊, 等. 近 10 年康复辅助器具相关研究的可视化分析 [J]. 中国康复理论与实践, 2022, 28 (5): 593-601.

[108] WANG X, LEE C F, JIANG J B, et al. Discussion on Sustainable Development Strategy of China's Rehabilitation Assistive Device Industry Based on Diamond Model [J]. Sustainability, 2023, 15 (3): 2468.

[109] CHEN Q, YUAN T W, ZHANG L W, et al. The Research Status and Development

Trends of Brain-Computer Interfaces in Medicine [J]. Sheng Wu Yi Xue Gong Cheng Xue Za Zhi, 2023, 40 (3): 566-572.

[110] 陈文广. 2023 年中国自然语言理解行业概览：人与机器语言交互的核心技术 [Z], 2023.

[111] 贾乐宾, 薛孝媛. 本能行为下智能康复产品的自然交互设计 [J]. 包装工程, 2020, 41 (10): 101-107.

[112] 中国人工智能学会. 中国人工智能系列白皮书——智能时代老年数字化生存与数字化学习 [Z]. 2022.

[113] LIU H Y, WANG L H. Gesture Recognition for Human-Robot Collaboration: A Review [J]. International Journal of Industrial Ergonomics, 2018, 68: 355-367.

[114] 杨立雄, 李晞, 董理权, 等. 全国辅助器具服务网络建设研究 [J]. 残疾人研究, 2020 (1): 61-71.

[115] 国家康复辅具中心. 辅具情报研究第 15 期 [Z]. 2022.

[116] 3D 科学谷. 3D 打印与康复辅助器具白皮书 2.0 [Z]. 2020.

[117] MCLEOD J C, STOKES T, PHILLIPS S M. Resistance Exercise Training as a Primary Countermeasure to Age-Related Chronic Disease [J]. Frontiers in Physiology, 2019, 10: 645.

[118] GUO Y, ZHAO W, HUANG J, et al. Targeted Muscle Reinnervation: A Surgical Technique of Human-Machine Interface for Intelligent Prosthesis [J]. Chinese Journal of Reparative and Reconstructive Surgery, 2023, 37 (8): 1021-1025.

[119] WANG W C, JIANG Y W, ZHONG D L, et al. Neuromorphic Sensorimotor Loop Embodied by Monolithically Integrated, Low-Voltage, Soft E-Skin [J]. Science, 2023, 380 (6646): 735-742.

[120] 谭启霜. 康复医疗服务行业研究报告 [D]. 北京：北京外国语大学, 2023.

[121] LUO S L, MENG Q L, LI S J, et al. Research of Intent Recognition in Rehabilitation Robots: A Systematic Review [J]. Disability and Rehabilitation: Assistive Technology, 2023: 1-12.

[122] ZUCCON G, LENZO B, BOTTIN M, et al. Rehabilitation Robotics after Stroke: A Bibliometric Literature Review [J]. Expert Review of Medical Devices, 2022, 19 (5): 405-421.

[123] CHOCKALINGAM M, VASANTHAN L T, BALASUBRAMANIAN S, et al. Experiences of Patients Who Had a Stroke and Rehabilitation Professionals with Upper Limb Rehabilitation Robots: A Qualitative Systematic Review Protocol [J]. BMJ Open, 2022, 12 (9): 065177.

[124] RAJASHEKAR D, BOYER A, LARKIN-KAISER K A, et al. Technological Advances in Stroke Rehabilitation: Robotics and Virtual Reality [J]. Physical Medicine and Re-

habilitation Clinics，2023.

[125] ZOU CHAO B，HUANG R，CHENG H，et al. Learning Gait Models with Varying Walking Speeds ［J］. IEEE Robotics and Automation Letters，2020，6（1）：183-190.

[126] ZOU CHAO B，HUANG R，QIU J，et al. Slope Gradient Adaptive Gait Planning for Walking Assistance Lower Limb Exoskeletons ［J］. IEEE Transactions on Automation Science and Engineering，2020，18（2）：405-413.

[127] HUANG R，PENG Z N，GUO S Y，et al. Estimating the Center of Mass of Human-Exoskeleton Systems with Physically Coupled Serial Chain ［C］//2021 IEEE/RSJ International Conference on Intelligent Robots and Systems（IROS）. New York：IEEE，2021.

[128] ZOU C B，HUANG R，PENG Z N，et al. Synergetic Gait Prediction for Stroke Rehabilitation with Varying Walking Speeds ［C］//2021 IEEE/RSJ International Conference on Intelligent Robots and Systems（IROS）. New York：IEEE，2021.

[129] SADREAZAMI H，BOLIC M，RAJAN S. Fall Detection Using Standoff Radar-Based Sensing and Deep Convolutional Neural Network ［J］. IEEE Transactions on Circuits and Systems Ⅱ：Express Briefs，2019，67（1）：197-201.

[130] 蒋峥. 毫米波发展状况详解 ［J］. 通信世界，2018（10）：34.

[131] ATTIA Z，NOSEWORTHY P A，LOPEZ-JIMENEZ F，et al. An Artificial Intelligence-Enabled ECG Algorithm for the Identification of Patients with Atrial Fibrillation During Sinus Rhythm：A Retrospective Analysis of Outcome Prediction ［J］. The Lancet，2019，394（10201）：861-867.

[132] WU X D，ZHENG Y M，CHU C-H，et al. Applying Deep Learning Technology for Automatic Fall Detection Using Mobile Sensors ［J］. Biomedical Signal Processing and Control，2022，72：103355.

[133] 马晗，唐柔冰，张义，等. 语音识别研究综述 ［J］. 计算机系统应用，2022，31（1）：1-10.

[134] 王质刚. 血液净化学 ［M］. 3 版. 北京：北京科学技术出版社，2010.

[135] BRAGAZZI N L，ZHONG W，SHU J X，et al. Burden of Heart Failure and Underlying Causes in 195 Countries and Territories from 1990 to 2017 ［J］. European Journal of Preventive Cardiology，2021，28（15）：1682-1690.

[136] HAO G，WANG X，CHEN Z，et al. Prevalence of Heart Failure and Left Ventricular Dysfunction in China：the China Hypertension Survey，2012—2015 ［J］. European Journal of Heart Failure，2019，21（11）：1329-1337.

[137] DICKSTEIN K，COHEN-SOLAL A，FILIPPATOS G，et al. Developed in Collaboration with the Heart Failure Association of the ESC（HFA）and Endorsed by the European

Society of Intensive Care Medicine（ESICM）［J］. European Journal of Heart Failure，2008，10（10）：933-989.

［138］国家心血管病医疗质量控制中心专家委员会心力衰竭专家工作组. 2020 中国心力衰竭医疗质量控制报告［J］. 中国循环杂志，2021，36（3）：221-238.

［139］GROENEWEGEN A，RUTTEN F H，MOSTERD A，et al. Epidemiology of Heart Failure［J］. European Journal of Heart Failure，2020，22（8）：1342-1356.

［140］TRUBY L K，ROGERS J G. Advanced Heart Failure：Epidemiology，Diagnosis，and Therapeutic Approaches［J］. JACC Heart Fail，2020，8（7）：523-536.

［141］DUNLAY S M，ROGER V L，KILLIAN J M，et al. Advanced Heart Failure Epidemiology and Outcomes：A Population-Based Study［J］. JACC Heart Fail，2021，9（10）：722-732.

［142］YANCY C W，JESSUP M，BOZKURT B，et al. 2013 ACCF/AHA Guideline for the Management of Heart Failure：A report of the American College of Cardiology Foundation/American Heart Association Task Force on Practice Guidelines［J］. Journal of the American College of Cardiology，2013，62（16）：e147-e239.

［143］PEURA J L，COLVIN-ADAMS M，FRANCIS G S，et al. Recommendations for the Use of Mechanical Circulatory Support：Device Strategies and Patient Selection：A Scientific Statement from the American Heart Association［J］. Circulation，2012，126（22）：2648-2667.

［144］赵举，黑飞龙. 2015 中国心脏外科和体外循环数据白皮书［J］. 中国体外循环杂志，2016，14（3）：130-132.

［145］黑飞龙，朱德明，侯晓彤，等. 2016 年中国心脏外科手术和体外循环数据白皮书［J］. 中国体外循环杂志，2017，15（2）：65-67.

［146］中国生物医学工程学会体外循环分会. 2017 与 2018 年中国心外科手术和体外循环数据白皮书［J］. 中国体外循环杂志，2019，17（5）：257-260.

［147］中国生物医学工程学会体外循环分会. 2019 年中国心外科手术和体外循环数据白皮书［J］. 中国体外循环杂志，2020，18（4）：193-196.

［148］中国生物医学工程学会体外循环分会. 2020 年中国心外科手术和体外循环数据白皮书［J］. 中国体外循环杂志，2021，19（5）：257-260.

［149］中国生物医学工程学会体外循环分会. 2021 年中国心外科手术和体外循环数据白皮书［J］. 中国体外循环杂志，2022，20（4）：196-199.

［150］THORATEC CORPORATION. HeartMate 3™ Left Ventricular Assist System Instructions for Use［EB/OL］.［2023-08-23］. https://www.accessdata.fda.gov/cdrh_docs/pdf16/P160054C.pdf.

［151］MEDTRONIC. HeartWare™ HVAD™ System Instructions for Use.［EB/OL］.［2023-08-23］. https://www.accessdata.fda.gov/cdrh_docs/pdf10/P100047S090D.pdf.

[152] SALERNO C T, HAYWARD C, HALL S, et al. HVAD to HeartMate 3 left Ventricular Assist Device Exchange：Best Practices Recommendations［J］. European Journal of Cardio-Thoracic Surgery, 2022, 62（1）：ezac169.

[153] FANG P, YANG Y, WEI X, et al. Preclinical Evaluation of the Fluid Dynamics and Hemocompatibility of the Corheart 6 Left Ventricular Assist Device［J］. Artificial Organs, 2023, 47（6）：951-960.

[154] 王伟, 宋昱, 张云强, 等. HeartCon 型左心室辅助装置治疗 20 例成人终末期心衰患者的近期效果观察［J］. 中华危重病急救医学, 2022, 34（12）：1258-1262.

[155] TEUTEBERG J J, CLEVELAND J C, COWGER J, et al. The Society of Thoracic Surgeons Intermacs 2019 Annual Report：The Changing Landscape of Devices and Indications［J］. The Annals of Thoracic Surgery, 2020, 109（3）：649-660.

[156] YUZEFPOLSKAYA M, SCHROEDER S E, HOUSTON B A, et al. The Society of Thoracic Surgeons Intermacs 2022 Annual Report：Focus on the 2018 Heart Transplant Allocation System［J］. Annals of Thoracic Surgery, 2023, 115（2）：311-327.

[157] MOLINA E J, SHAH P, KIERNAN M S, et al. The Society of Thoracic Surgeons Intermacs 2020 Annual Report［J］. Annals of Thoracic Surgery, 2021, 111（3）：778-792.

[158] VIRANI S S, ALONSO A, BENJAMIN E J, et al; Heart Disease and Stroke Statistics-2020 Update：A Report From the American Heart Association［J］. Circulation, 2020, 141（9）：e139-e596.

[159] 刘鑫, 曲洪一, 王聪, 等. 第 3 代人工心脏泵研究进展及应用［J］. 中国生物医学工程学报, 2022, 41（3）：339-350.

[160] 葛均波, 潘文志. 我国结构性心脏病介入治疗进展与展望［J］. 中华心血管病杂志, 2019, 47（9）：689-692.

[161] 张建国, 孟凡刚. 神经调控技术及应用［M］. 北京：人民卫生出版社, 2016.

[162] 郝红伟, 李路明, 霍小林. 治疗神经系统疾病有了"电子药物"［J］. 前沿科学, 2021, 15（2）：76-80.

[163] LIU H G, MA Y, ZHANG K, et al. Subthalamic Deep Brain Stimulation with a New Device in Parkinson's Disease：An Open-Label Trial［J］. Neuromodulation：Technology at the Neural Interface, 2013, 16（3）：212-218.

[164] 王伟明, 李冰, 李路明. 有源植入式医疗器械可靠性研究的特点和进展［J］. 清华大学学报（自然科学版）, 2023, 63（5）：792-801.

[165] CHEN S B, LI Q F, WANG W M, et al. In Vivo Experimental Study of Thermal Problems for Rechargeable Neurostimulators［J］. Neuromodulation：Technology at the Neural Interface, 2013, 16（5）：436-442.

[166] 孟凡刚, 张凯, 胡文瀚, 等. 国产可充电式脑起搏器治疗帕金森病的临床试验研究

［J］. 中华神经外科杂志，2014，30（7）：698-702.

［167］ CHEN Y, HAO HW, CHEN H, et al. The Study on a Real-Time Remote Monitoring System for Parkinson's Disease Patients with Deep Brain Stimulators ［C］//36th Annual International Conference of the IEEE Engineering in Medicine and Biology Society. New York：IEEE, 2014：1358-1361.

［168］ ZHANG J G, HU W, CHEN H, et al. Implementation of a Novel Bluetooth Technology for Remote Deep Brain Stimulation Programming：The Pre-and Post-COVID-19 Beijing Experience ［J］. Movement Disorders, 2020, 35（6）：909-910.

［169］ MARIN A. Telemedicine Takes Center Stage in the Era of COVID-19 ［J］. Science, 2020, 370（6517）：731-733.

［170］ 中华医学会神经外科学分会功能神经外科学组，中华医学会神经病学分会帕金森病与运动障碍学组，中国医师协会神经外科医师分会功能神经外科专家委员会，等. 帕金森病脑深部电刺激疗法术后程控中国专家共识 ［J］. 中华神经外科杂志，2016，32（12）：1192-1198.

［171］ SHEN L H, JIANG C Q, HUBBARD C S, et al. Subthalamic Nucleus Deep Brain Stimulation Modulates 2 Distinct Neurocircuits ［J］. Annals of Neurology, 2020, 88（6）：1178-1193.

［172］ DANDEKAR M P, FENOY A J, CARVALHO A F, et al. Deep Brain Stimulation for Treatment-Resistant Depression：An Integrative Review of Preclinical and Clinical Findings and Translational Implications ［J］. Molecular Psychiatry, 2018, 23（5）：1094-1112.

［173］ JIA F M, GUO Y, WAN S, et al. Variable Frequency Stimulation of Subthalamic Nucleus for Freezing of Gait in Parkinson's Disease ［J］. Parkinsonism & Related Disorders, 2015, 21（12）：1471-1472.

［174］ LEVY R, DEER T R, POREE L, et al. Multicenter, Randomized, Double-Blind Study Protocol Using Human Spinal Cord Recording Comparing Safety, Efficacy, and Neurophysiological Responses Between Patients Being Treated With Evoked Compound Action Potential-Controlled Closed-Loop Spinal Cord Stimulation or Open-Loop Spinal Cord Stimulation (the Evoke Study) ［J］. Neuromodulation：Technology at the Neural Interface, 2019, 22（3）：317-326.

第三章 新技术在医疗装备领域应用及技术发展趋势

一、人工智能技术应用及发展趋势

近年来，人工智能成为推动社会经济发展的新动力之一，在提高社会生产力、实现社会发展和经济转型等方面发挥了重要作用。作为主导新一代产业变革的核心力量，人工智能在医疗方面展现出了新的应用方式，在深度融合中又催生出了新业态。人工智能医疗的迅速发展和普及，提高了医疗质量，降低了医疗成本，能够帮助医疗行业解决资源短缺、分配不均等众多民生问题。

全球的人工智能医疗相对于制造业、通信传媒、零售、教育等人工智能应用领域来说，还处于早期阶段，商业化程度相对偏低，行业渗透率较低。人工智能医疗具有广泛的市场需求和多元的业务趋向，拥有广阔的发展空间。目前，市场规模快速增长，大量初创公司不断涌现。预计到 2025 年，人工智能应用市场总值将达到 1270 亿美元。其中，医疗行业将占市场规模的 1/5。

（一）人工智能医疗现状分析

1. 人工智能医疗装备产业链分析

AI+核心医疗产业链可以分为基础层、技术层和应用层，如图 3-1 所示。

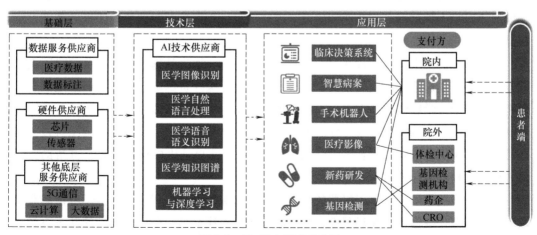

图 3-1　AI+核心医疗产业链

441

基础层主要为人工智能医疗的发展提供基础设备，实现对顶层的算力支持，即海量的数据处理和储存设备，企业类型主要为设备供应商和数据平台服务商。腾讯、百度、阿里等互联网巨头多在基础层发挥其技术研发优势，通过自主研发产品和并购等方式参与人工智能医疗的发展。

技术层主要为人工智能医疗提供认知、感知、机器学习等方面的技术服务，即对语音、图像等信息进行识别和处理，通过计算机对数据进行分析和预测，企业类型主要为专门的语音或图像人工智能技术服务商和人工智能技术公司，如科大讯飞、依图科技等企业利用人工智能技术优势，深入医疗细分场景，辅助医生诊断和健康管理。

应用层是人工智能在医疗领域的具体应用，如药物研发、智能诊疗、医疗机器人等，应用层企业的服务领域更加细致，针对具体化的场景提供解决方案。

基础层和技术层的技术壁垒较高，前期技术研发资金需求量大，且需要具备一定的技术基础，因此该领域一般被研发能力和资金实力较强的大公司占据；应用层的技术壁垒相对较低，且创收能力强，因此应用层面的企业数量最多，且中小型企业或创业公司通常聚焦在应用层面。

2. 人工智能医疗技术现状分析

人工智能医疗技术的发展水平与人工智能技术的发展程度息息相关，而人工智能技术的发展分为计算智能、感知智能、认知智能，需要依托算力、算法、通信等多方面的支持。

计算智能技术的核心在于计算能力，而计算能力的进步离不开基础设施和硬件设备的支持。人工智能在计算海量医疗数据资源时，需要依托强大的数据处理系统和数据储存设备。目前我国医疗大数据的发展速度较快，医疗领域的数字化进程提速，医疗大数据产业在政府引导下通过市场运作的方式为医疗发展提供动能。作为新基建的重要组成部分，我国大力推动大数据产业的发展，目前已规划建设多座国家数据中心助力大数据产业。在医疗数据领域，我国已于2019年将福建、江苏、山东、安徽、贵州、宁夏的国家健康医疗大数据中心与产业园建设为国家试点，为医疗大数据的发展提供基础设施保障。

感知智能的技术发展体现在语音识别、影像识别、语言处理等方面。目前我国人工智能医疗在医学影像领域发展较快，其根本原因在于医疗资源缺乏，现有的医生数量无法满足患者的医学影像诊断需求，而人工智能技术对影像识别能力较强，能够帮助医生提高诊疗效率，市场需求量大，发展场景广阔。在肺结核领域，我国已有依图科技、推想科技等多家企业能够提供智能CT影像筛查服务，并自动生成病例报告，可帮助医生快速检测，提高诊疗效率。

认知智能技术的关键在于机器的学习能力。以深度学习为代表的机器学习依赖数据驱动，由于医疗数据集存在局限性，且诊断和治疗疾病又是一个综合复杂的动态决策过程，因此，人工智能技术被较多应用于疾病筛查，在相对简单的应用场景下，可以帮助医生进行初步诊断，我国人工智能医疗在认知智能方面仍存在较大的探索空间。

以美国为代表的欧美发达国家的人工智能医疗技术发展得相对成熟，尤其是在底层技术方面相对领先。美国、英国等国家掌握人工智能芯片研发领域的核心技术，人工智能芯片市场份额被英特尔（Intel）、AMD、ARM 等公司占据。在应用方面，美国、英国等国家的人工智能医疗应用场景也相对丰富，人工智能技术与医疗领域的融合度更高，在健康管理、药物研发、疾病诊断、辅助治疗、医疗机器人等多个领域均有应用。

（二）人工智能医疗装备应用领域

1. 人工智能+医学影像

（1）应用概述　医学影像是人工智能在医疗领域应用最为广泛的场景，率先落地、率先应用、率先实现商业化。AI 医学影像领域市场竞争激烈，经多轮洗牌，已有头部领跑企业出现。在当前阶段，可持续的商业变现能力成为 AI 医学影像领域的关键竞争要素。

"人工智能+医学影像"，即将人工智能技术应用于医学影像诊断中，目前这一场景在人工智能医疗领域中应用最为广泛。AI 医学影像得以率先爆发与落地应用，是因为影像数据的相对易获取性和易处理性。相比于病历等跨越三五年甚至更长时间的数据积累，影像数据仅需单次拍摄，几秒钟即可获取，一张影像片子即可反映病人的大部分病情状况，成为医生确定治疗方案的直接依据。医学影像数据庞大且具有相对标准的数据格式，以及智能图像识别等算法的不断进步，为人工智能医疗在该领域的落地应用提供了坚实的基础。

从覆盖病种来看，智能辅助诊断产品当前已覆盖了眼、肺、骨、心血管、乳腺、脑、消化道、宫颈、肝脏等多个部位的疾病诊断。由于医学影像数据的标准化程度相对较高，以及传统医学图像处理已经有多年技术积累，因此基于图像处理的产品最为成熟，并且应用能力仍在不断拓展，从最初二维的 X 光平片拓展到了三维的 CT、MRI 影像，从静态的医学影像拓展到了动态的超声影像与内镜视频影像，有助于实现 PET/CT 和 PET/MR 跨模态多时间点随访，促进 PET/MR 的临床应用。除此之外，基于人工智能的全自动扫描工作流、全智能设备质控及全智能扫描协议推荐等功能，将大幅提高 PET/MR 操作的便捷性、一致性，为提升 PET/MR 临床患者扫描效率、图像稳定性提供重要支撑。以推想医疗（推想医疗科技股份有限公司）研发的"胸部全三类"解决方案为例，其功能覆盖胸部多种疾病的辅助筛查、检测，通过一次 CT 扫描，就可以实现对肺结节、肺炎、胸部骨折等多种胸部疾病的同时检查，具体包括肺部 CT 影像的显示、处理、测量和肺炎病灶识别，成人胸部 CT 图像的显示、处理和分析，胸部骨折（含肋骨、肩胛骨、锁骨及胸骨骨折）分诊，可在不增加医疗费用的前提下实现更多疾病的一查多筛，利于医生进行精准和全面的诊断，同时又不增加患者的辐射风险。

具体而言，医学影像诊断主要依托图像识别和深度学习这两项技术。依据临床诊断路径，首先将图像识别技术应用于感知环节，将非结构化的影像数据进行分析与处理，提取有用信息；其次，利用深度学习技术，将大量临床影像数据和诊断经验输入人工智能模型，使神经元网络进行深度学习训练；最后，基于不断验证与打磨的算法模型进行影像诊断的智能推理，输出个性化的诊疗判断结果。

目前，利用图像识别和深度学习技术，主要可以解决以下三种影像诊断需求：①病灶识别与标注：对 X 线、CT、MRI 等影像进行图像分割、特征提取、定量分析和对比分析，对数据进行识别与标注，帮助医生发现肉眼难以识别的病灶，降低假阴性诊断的发生率，同时提高读片效率；②靶区自动勾画与自适应放疗：主要针对肿瘤放疗环节进行自动勾画等影像处理，在患者放疗过程中不断识别病灶的位置变化，以实现自适应放疗，减少对健康组织的辐射；③影像三维重建：基于灰度统计量的配准算法和基于特征点的配准算法可以解决断层图像配准问题，节约配准时间，在病灶定位、病灶范围、良恶性鉴别、手术方案设计等方面发挥作用。

从落地方向来看，目前我国 AI 医学影像产品布局方向主要集中在胸部、头部、盆腔、四肢关节等几大部位，以肿瘤和慢性病领域的疾病筛查为主。在 AI 医学影像发展的应用初期，肺结节和眼底筛查为热门领域，近两年随着技术不断成熟迭代，各大 AI 医学影像公司也在不断扩大自己的业务半径，乳腺癌、脑卒中和围绕骨关节进行的骨龄检测也成为市场参与者的重点布局领域。

在新冠疫情防控中，AI 医学影像被应用于新冠肺炎的病灶定量分析与疗效评价中，成为提升诊断效率和诊断质量的关键力量。随着疫情的迅速蔓延，各重点防疫单位胸部 CT 量暴涨，超过平时数倍，一线医生多处于高压和疲劳状态，加之许多轻症患者的肺部影像并不典型，与肺部基础疾病等相似病症叠加，进一步加大了诊断难度。如何提升阅片效率，同时保证对这种全新疾病诊断的准确性，成为一大防疫痛点。为此，多家人工智能医疗公司推出了新冠肺炎人工智能辅助诊断系统，或在原有的肺部 AI 影像产品基础上新增了新冠肺炎检出功能，为放射科医生的 CT 影像诊断提供了智能化分析与预后方案。目前，依图科技、商汤科技、东软医疗、深睿医疗、阿里巴巴达摩院、柏视医疗、华为云、汇医慧影、推想医疗等二十余家公司均已将 AI 医疗影像系统应用到防疫一线。

（2）核心应用价值 AI 技术基于高性能的图像识别和计算能力，持续进化的自我学习能力及稳定的机器性能优势，对临床影像诊断实践具有重要的意义。

基于数据连接属性和技术赋能能力，人工智能主要为影像诊断提供以下三方面的应用价值：

1）承担分类检出工作。AI 医学影像能够以稳定的高敏感性对较大的数据样本量进行阳性病例筛查与分类检出，如在体检中的肺结节筛查环节，在对数据进行基础判断与处理后，再交由放射科医师进一步诊断，省去了大量阴性病例对人力资源的占用和浪费。

2）替代医师工作。在判断标准相对明确，知识构成相对简单的情况下，人工智能可代替医师的部分工作，如骨龄读片等影像判断。

3）提供具有附加值的工作。包括辅助疾病诊断、基因分析、预后判断、定量放射学诊断等。例如，在对肿瘤的诊断中，对肿瘤边界进行分割重建，精准测量病变位置与体积，进行肺部疾病综合诊断等。

从临床需求来看，我国医疗影像数据以每年 30%的速度增长，而影像医生数量的年增速仅为 4%，专业医生缺口大，工作烦琐、重复，服务模式亟待创新，市场对 AI 医疗影像的需求与日俱增。对于三甲医院来说，AI 医学影像的引入可以从根本上改变传统高度依赖劳动力的读片模式，在一定程度上缓解医学影像诊断压力的同时也可满足三甲医院的科研需求。目前，上海已有 20 多家三甲医院引入了 AI 医学影像筛查产品，是落地较早的城市之一。对于基层县域医院来说，与一二线城市的三甲医院相比，其医疗水平相对落后，对复杂影像的处理能力较弱，误诊、漏诊率更高，人工智能通过把影像诊断结果量化和标准化，可以有效提高医生的诊断质量，促进分级诊疗模式的建立及落地。

2. 人工智能+医疗机器人

随着人口老龄化的加剧，医疗机器人的应用需求逐渐增加，多种不同功能的医疗机器人均已得到应用。从整体来看，目前康复机器人的应用范围最为广泛，手术机器人的市场增长前景更为广阔。

（1）应用概述　医疗机器人是机器人应用的细分领域之一，特指用于医院、诊所、康复中心等医疗场景的医疗或辅助医疗的机器人。根据国际机器人联合会（IFR）的分类，医疗机器人又分为康复机器人、手术机器人、辅助机器人、医疗服务机器人四大应用领域，如图 3-2 所示。根据 CCID 数据，在 2019 年我国医疗机器人的市场中，康复机器人、手术机器人、辅助机器人和医疗服务机器人分别占比 47%、23%、17%、13%。

1）康复机器人。康复机器人是一种辅助人体完成肢体动作，实现助残行走、康复治疗、负重行走、减轻劳动强度等功能的医用机器人。随着社会人口老龄化加剧，患有脊髓脊柱损伤、脑卒中损伤、脑外伤等疾病的残障人口数量随之增加，由此带来的康复器具需求也在不断增长。然而我国目前康复医疗资源紧缺，基础设施配置不足，传统人工康复治疗方法存在康复周

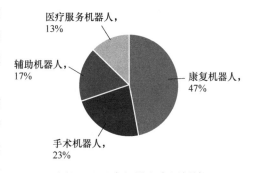

图 3-2　医疗机器人应用领域

期长、效果不可控、触达不便利等痛点。相比之下，配置人工智能技术的康复机器人则具有诸多优势，成为解决传统康复痛点的重要抓手。

智能康复机器人可以稳定持续输出简单重复的训练任务，保证康复训练的强度、效果与精度，保持良好的运动一致性与渐进性；智能康复机器人具备智能控制和可编程能力，针对患者的损伤程度和康复程度，可以自适应提供不同强度和模式的个性化训练，更具针对性；智能康复机器人集成了多种传感器，具有强大的视觉识别系统、人机交互系统、数据处理能力和认知推理能力，可以有效监测和记录在康复训练过程中产生的身体机能变化数据，对患者的康复状况给予实时反馈，为医生改进康复治疗方案提供可量

化的数据基础和评价依据。

目前，我国中低端康复机器人领域企业数量最多，企业活跃度较高，但因所涉机器人种类较多，产业集中度较低。但是就高端医用外骨骼机器人市场而言，我国仍以进口产品为主，产品价格偏高，单台平均售价约为 60 万~100 万元人民币，且未纳入医保报销范围，因支付能力有限，患者一般只通过租赁方式进行使用，市场仍未大规模打开。而同比国际市场来看，"可穿戴康复+辅助行走"的医用外骨骼机器人已经在美国、日本等发达国家实现产业化应用。随着国内康复医学的快速发展及国民康复意识的增强，相关企业不断入局，争夺这一蓝海市场，国产替代有望助力该领域迎来爆发。

2）手术机器人。手术机器人全称为"内镜手术器械控制系统"，是当前最具前景的医疗机器人细分领域之一。相比于传统外科手术，手术机器人通过高分辨率 3D 立体视觉、器械的多自由度，以及在狭小的手术空间内提供超高清图像的视觉系统，拥有定位导航、灵活移动与精准操作的能力，能够拓展腹腔镜手术适应证，增强手术效果。目前，在我国应用上市的手术机器人主要分为两类：其一是辅助医生进行终端手术操作的机器人，如达芬奇手术系统；其二是定位和导航手术机器人，主要应用在骨科和神经外科，如天智航骨科机器人、Medtronic 的 Mazor 骨科机器人、捷迈邦美（Zimmer Biomet）的 ROSA 机器人等。不同类型手术机器人比较见表 3-1。

表 3-1　不同类型手术机器人比较

	操作手术机器人	定位和导航手术机器人
功能	主要协助医生完成腹腔镜手术的操作	协助医生进行术前规划、术中定位与导航、自主完成部分手术操作等
应用范围	应用于针对软组织的微创手术	应用于骨科、神经外科手术等
核心技术	操作手机械结构设计、三维图像建模技术、遥操作网络传输技术、计算机虚拟现实技术等	多模影像的配准融合技术、基于光学和电磁学等物理原理的导航技术、路径自动补偿技术等
产品组成	控制台、操作臂、成像系统	机械臂、导航追踪仪、主控台车
代表产品	达芬奇手术机器人	天智航骨科机器人

从市场竞争格局来看，美国直觉外科公司（ISRG）的达芬奇手术机器人在行业内处于全球垄断地位，然而近年来越来越多的企业进入手术机器人赛道，试图打破这一垄断局面。在众多市场参与者中，既有通过资本并购等方式进入该赛道并不断强化自身竞争地位的国际医疗器械巨头，如 Medtronic 于 2018 年收购 Mazor Robotics 公司、2020 年收购 Digital Surgery 公司，Johnson & Johnson 于 2019 年收购 Auris Health 公司，Siemens 于 2019 年收购 Corindus Vascular Robotics 公司，Stryker 于 2019 年收购 Mobius Imaging 及其子公司 Cardan Robotics、2020 年收购 Wright Medical 公司、2021 年收购 OrthoSensor 公司，Globus Medical 于 2023 年收购 NuVasive 公司等；也有聚焦在差异化创新技术和专业化细分市场，已获得多轮融资支持的明星初创公司。随着资本与研发的密集投入，手术

机器人的应用价值被进一步挖掘，所覆盖的医疗场景也从腹腔逐渐扩大到了胸外科、泌尿外科、头颈外科、心脏手术等。

尽管手术机器人拥有高精度操作和稳定持续作业等诸多优势，然而由于政策限制、价格昂贵、公众接受度不高等多方面原因，手术机器人在我国渗透率仍然较低。因技术壁垒较高，研发难度大，当前在我国手术机器人市场中，仍然以国外进口为主导，许多国产手术机器人产品由于起步较晚，仍处于研发和临床试验阶段，尚未实现规模化应用。目前，国产操作类手术机器人以研究单孔、具有柔性机械臂的腹腔镜手术系统为主；部分定位类手术机器人处于实现产业化的发展进程中，以天智航、华志微创、柏惠维康、华科精准为代表。与进口手术机器人相比，国产手术机器人在关键零部件采购、整机成本和手术成本等方面具有优势，有利于降低医疗成本，扩大规模，惠及民众。随着我国对于高端医疗器械核心技术的研发突破，国产手术机器人在操作模式、辅助手术灵活性、工作空间、操作力、定位精度等方面也在逐渐接近世界先进水平，发展潜力巨大。

以天智航的脊柱、创伤骨科辅助手术机器人为例，该设备可用于在脊柱外科和创伤骨科开放或经皮手术中以机械臂辅助完成手术器械或植入物的定位，能够有效提高手术诊断与评估、靶点定位、精密操作的质量，辅助医生完成骨科精准微创手术。该设备以多模医学影像为基础，运用独创的双平面定位、机器人控制等前沿技术，扩展医生的操作技能，为手术全过程提供支持。该设备具备标记点自动识别、图像智能配准技术，快速精准完成多空间匹配。通过三维立体术中图像，手术医生可从各个方位观察最佳的手术入路，并进行关键数据测量，从而最大限度地避开危险区，利用软件一次规划所需的全部内植入物，确定个性化手术方案。智能导航系统可实时捕捉手术器械位姿信息，便于医生确定植入物通道正确性；患者实时跟踪及路径补偿技术可使机器人自动补偿由病人移动引起的定位误差，确保手术路径与规划路径一致，保障手术的精度和稳定性。机器人辅助手术技术可将原有复杂的骨科手术微创化，相比于传统手术，手术时间缩短30%以上，出血量减少95%以上，X射线拍摄次数下降70%，手术并发症发生率大大减小。

3）辅助机器人。辅助机器人主要用于辅助或扩展一般人类的运动及认知能力，包括胶囊机器人、制药机器人、诊断机器人和远程医疗机器人等不同类别。除部分诊断机器人，多数产品的技术壁垒相对较低，主要用于辅助诊疗，一些人流量较大的三甲医院对此种机器人的需求较大。

近年来，胶囊机器人领域受到资本市场关注，增速较快，市场规模持续扩大。胶囊机器人是一种进入人体胃肠道进行医学探查和治疗的智能化微型医疗器械产品，在内镜检查及微创治疗方面应用广泛，主要包括胶囊胃镜和胶囊肠镜两大类。目前国内有多家企业的胶囊内镜产品获批上市，其中Given是最早进入我国的胶囊内镜公司，Olympus和IntroMedic分别为日本和韩国企业。在国产企业中，金山科技［重庆金山科技（集团）有限公司］的胶囊内镜产品率先在国内上市，具有一定的先发优势和价格优势，

和规划问题，能够指数加速深度学习的能力和速度。

2. 中国人工智能医疗装备产业发展趋势

随着人工智能医疗装备在各场景逐步落地应用，市场对人工智能医疗的认知越发清晰，对人工智能医疗装备提出了更明确的要求，人工智能医疗企业越发了解市场需求，人工智能医疗装备更加切合实际医疗需求，助力我国医疗服务水平升级革新。

（1）趋势一："以患者为核心、切实满足医生临床工作需求"的核心理念正在逐渐成为行业共识　对患者而言，医疗人工智能装备需以满足患者就诊需求为基础，结合患者基因组成、病史、生活方式等因素，做出更快、更精准的诊断，能够有针对性地制定个性化治疗方案，从诊前、诊中、诊后全环节对患者健康进行追踪和支持。人工智能医疗装备将围绕患者需求，关注实时监测、早期诊断、疾病预防、慢性病管理等方向，向人工智能的个性化医疗发展。

对医生来说，人工智能医疗装备要能够标准化地管理患者信息、高效精准地诊断病情、提供科学合理的治疗建议、智能地完成部分治疗工作以及自动管理患者康复情况，更要能发现医生难以发现的细节问题，优化操作流程，尽可能减少医生在就诊以外的工作中耗费的精力。就影像科医生而言，影像科医生最需要的是 AI 医疗影像辅助诊断系统能够识别肉眼无法识别的影像结构、纹理等隐藏的图像信息，需要系统提供完整的诊断方案，更需要系统优化操作流程、加速现有流程。未来，AI 医疗装备要更加全面地满足患者享受高质量医疗服务的需求，尽可能减轻医护人员的工作压力，进一步贴合临床医疗的工作需求，大幅提升医疗效率、准确性和标准化程度。

（2）趋势二：产品将横向覆盖多病种、纵向深入场景　以人工智能影像领域为例，目前市场上大部分医学影像辅助诊断系统只覆盖了单一病种的检测环节，对诊断单一病种有较高的使用价值，但远不能满足临床需求。因此，部分影像类企业正在开发模块化产品，如深睿医疗和安德医智等企业将脑卒中、头颈等模块融合，打造出一套完整的神经系统 AI 解决方案；有的企业尝试打造覆盖多个科室需求的全病种产品，如推想科技的 AI 肺癌科研病种库和依图医疗的肺部疾病智能解决方案；还有部分放疗企业尝试针对单一场景打造全流程解决方案，如连心医疗打造的具备器官自动勾画、靶区勾画、自动放疗计划、放疗质控等功能的一体化肿瘤放射治疗方案。随着医疗信息数据化程度的加深、AI 医疗技术的进一步推广，"横向覆盖多病种、纵向覆盖多诊疗环节"是 AI 医疗装备未来的发展趋势。

（3）趋势三：精准医疗、健康管理和医疗机器人等将成为未来人工智能的重点发展领域　精准医疗将是人工智能医疗的重点发展方向之一，特别是癌症精准医疗。近年，从药理研究、药物研发到癌症的临床诊断和治疗，再到患者的康复监管环节，研究人员不断探索如何利用人工智能和大数据技术更加精准地分析越发复杂的癌症病情，如何制定个性化治疗方案，研究成果将逐步投入癌症临床治疗中进行完善和使用。

健康管理成为新的增长点，创新产品大量涌现。具备"实时检测记录人的身体特征、精准评估健康状态、提供个性的专业健康管理方案"功能的新一代移动医疗健康设备将受到热捧。目前，华为、高通等芯片厂商已推出物联网芯片供移动医疗设备使用，华为、苹果（Apple）、Libayolo 等厂商已推出多个价位的健康监测手环，能否科学地定制个人健康管理方案并根据佩戴者身体状况的变化及时调整方案将成为下一个产品竞争点。精神健康管理是健康管理领域中具有较大潜力的细分场景。2019 年 7 月，国家出台《健康中国行动（2019—2030 年）》，明确提出到 2022 年和 2030 年我国居民心理健康水平将提升到 20% 和 30%。新冠疫情期间，人工智能心理服务机器人在武汉投入使用，帮助 40 多万人解决了心理困扰。上海、杭州等地也纷纷使用人工智能心理健康管理产品为医护人员缓解心理压力。未来，AI 在精神心理健康领域的渗透程度会更深。

人工智能在医疗机器人领域将持续发力，其中外科手术机器人和康复机器人将进一步推广应用。以达芬奇手术机器人为代表的体外手术机器人已在多种疾病手术中使用，在我国已累计上万件手术案例；以四肢康复机器人为代表的体外康复机器人也已投入临床应用。以后，更多种类的智能医疗机器人将进一步研发并逐步投入临床应用，外科手术机器人、体外康复机器人等已应用于许多病例的智能机器人将被更多科室了解、接纳和使用。与此同时，越来越多的医院已开始培训医护人员如何操作智能医疗机器人，这类技能培训或许在将来会成为医护人员的必修课程。

二、5G 技术应用及发展趋势

从千行百业到千家万户，5G 技术正在改变我们的生产与生活。截至 2023 年 5 月底，我国累计建成并开通 5G 基站总数达 284.4 万个，覆盖所有地级市城区和县城城区。建成 5G 行业虚拟专网超过 1.6 万个，初步满足了垂直企业对数据本地化、管理自主化等的个性化需求。当前，我国 5G 已迎来规模化发展关键期，5G 将与各行业进行深度融合，赋能千行百业的数字化转型。5G 医疗健康是 5G 技术在医疗行业的一个重要应用领域，发挥 5G 技术大带宽、大连接、低时延的特性，充分与大数据、云计算、人工智能、物联网等新一代信息技术结合，5G 医疗越来越呈现出强大的影响力和生命力，对推进深化医药卫生体制改革、加快"健康中国"建设和推动医疗健康产业发展，起到了重要的支撑作用。

目前，我国 5G 医疗建设已经逐渐从临床信息化转向区域医疗信息化，并向精准医疗快速前进。突如其来的疫情也加速了智慧医疗的发展，远程会诊系统已有超过 21 个省份、70 余家医院上线使用。新冠疫情期间，中国人民解放军总医院通过 5G 网络面向火神山、雷神山医院开展远程高清实时会诊，使 3000 余位超重症患者得到救治。在移动互联网诊疗方面，我国互联网医院数已经从 2019 年年底的 190 家增至 2020 年年底的超过 1000 家，增长率达到 350%，相比 2019 年，国家卫生健康委委属（管）医院互联网诊疗量 2020 年同比增长 17 倍，第三方平台互联网诊疗咨询量增长 20 多倍，处方量增长了近 10 倍。与此同时，新冠疫情期间 5G 医疗机器人在 80 余家医院投入使用，减少了约 5% 的护工工作量。

（一）5G 医疗行业产业概述

1. 5G 医疗相关概念

5G 医疗是指以第五代移动通信技术为依托，充分利用有限的医疗人力和设备资源，同时发挥大医院的医疗技术优势，在疾病诊断、监护和治疗等方面提供信息化、移动化和远程化医疗服务，创新智慧医疗业务的应用，节省了医院运营成本，促进了医疗资源共享下沉，提升了医疗效率和诊断水平，缓解了患者看病难的问题。

国内一些大型医疗机构的移动医疗服务平台初具规模，针对 5G 远程医疗、互联网医疗、应急救援、医疗监管、健康管理、VR 病房探视等方面展开 5G 医疗探索与应用的创新研究，一方面提升了医疗供给，实现了患者和医疗的信息连接，最大程度地提高了医疗资源效率，便利就医流程；另一方面医疗数据的价值被进一步挖掘，产生了新的移动医疗应用服务。

2. 技术架构

5G 医疗技术架构可分为终端层、网络层、平台层和应用层 4 部分（见图 3-3）：

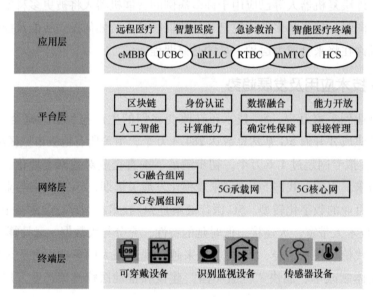

图 3-3　5G 医疗技术架构

（1）终端层　实现持续、全面、快速的信息获取。终端层主要是信息的发出端和接收端，它们既是信息采集的工具，也是信息应用所依附的载体，主要通过传感器设备、可穿戴设备、感应设备等智能终端来实现信息的采集和展示，包括机器人、智能手机、医疗器械、工业硬件等设备。

（2）网络层　实现实时、可靠、安全的信息传输。网络层是信息的传输媒介，是充分体现 5G 优越性的环节。通过分配于不同应用场景的独立网络或共享网络，实时高速、高可靠、超低时延地实现通信主体间的信息传输。

（3）平台层　实现智能、准确、高效的信息处理。平台层主要是实现信息的存储、运算和分析，起着承上启下的过渡作用，以移动边缘计算（Mobile Edge Computing, MEC）、人工智能、云存储等新技术，将散乱无序的信息进行分析处理，为前端的应用输出有价值的信息。

（4）应用层　实现成熟、多样化、人性化的信息应用。应用层是 5G 价值的集中体现，根据三大显著特征可以支撑不同的应用场景，如无线医疗监测与护理应用、医疗诊断与指导应用、远程操控应用等。

（二）5G 医疗技术发展趋势

1. 终端层：智能化医疗器械及终端设备加速普及应用

对于医疗中查房手持终端 PAD，远程会诊视频会议终端、视频采集终端、可穿戴设备等智能终端等可以通过集成 5G 通用模组的方式，使医疗终端具备连接 5G 网络的能力。借助 5G 移动通信技术，将院内的检验、检查设备以及移动医护工作站进行一体化集成，实现移动化无线检验检查，对患者生命体征进行实时、连续和长时间的监测，并将获取的生命体征数据和危急报警信息以 5G 通信的方式传送给医护人员，使医护人员可以实时获悉患者当前的状态，做出及时的病情判断和处理。

传统医疗设备设计复杂精密，如大型医疗器械、医疗机器人等设备。对于此类医疗终端设备，难以通过设备改造直接集成 5G 通用模组，可通过网口连接医疗 DTU 或者通过 USB Dongle 连接 5G 网络。基于 5G 网络切片技术，为传输流量承压的医疗检测和护理设备开设专网支撑，保障传输稳定顺畅，由此可以远程使用大量的医疗传感器终端和视频相关设备，做到实时感知、测量、捕获和传递患者信息，实现全方位感知病人，并且智能医疗终端打破了时间、空间的限制，可实现对病情信息的连续和准确监测，为远程监护的广泛推广打破了技术瓶颈。

由于 5G 终端芯片和模组设计较为复杂，且投入成本巨大，同时部分医疗场景对速率等性能指标并没有很高的要求，RedCap（NR light）解决方案因此诞生，以实现成本和性能之间的平衡。另外，得益于 5G 对前所未有的宽泛的频率范围的支持，RedCap 在具备 5G NR 体系优势的同时，可提供高度灵活的部署。除此之外，RedCap 还具有以下优势：频谱带宽更小；收发天线数量减少，多入多出（MIMO）层数降低；调制方式更简单，对射频和基带的要求大幅降低；采用半双工 FDD（HD-FDD），可以在不同时刻在不同频率上进行收发，不需要双工器，不仅节约了成本，还获得了更好的集成能力，减小了对设备空间的占用，有利于设备的小型化。RedCap 还引入了一些节省功耗的手段，例如增强的非连续接收特性（eDRX），采用更长的休眠模式，让终端减小功耗，获得更高的续航能力。基于 RedCap 的以上优势，可穿戴设备在医疗场景中可发挥更大的作用，采用 RedCap，完全可以满足智能手表的视频通话需求，不仅下行带宽足够，上行带宽也远远高于 4G 基础版本。此外，RedCap 在尺寸和功耗方面，也能够满足智能手表的需求。

2. 网络层：5G 三大应用场景适配无线医疗健康场景需求

5G 具备高速率、低时延、大连接三大特性，分别对应 eMBB、uRLLC 和 mMTC 三大应用场景。

eMBB 即增强移动宽带，具备超大带宽和超高速率，用于连续广域覆盖和热点高容量场景。广域覆盖场景下可实现用户体验速率 100Mbit/s、移动性 500km/h；热点高容量场景下用户体验速率 1Gbit/s、小区峰值速率 20Gbit/s、流量密度 10Tbit/s/km²，可面向云游戏、4K/8K 超高清视频、AR/VR 等应用业务。eMBB 是 5G 发展初期的核心应用场景。

uRLLC 即高可靠低时延，支持单向空口时延最低 1ms 级别、高速移动场景下可靠性 99.999% 的连接。主要面向车联网、工业控制、智能电网等应用场景，更安全、更可靠。

mMTC 即低功耗大连接，支持连接数密度 106 万/km²，终端具备更低功耗、更低成本，可真正实现万物互联。

现有无线医疗业务较为全面地覆盖了 5G 的三大应用场景。其中如 eMBB 场景应用主要有 5G 急救车，给急救车提供广域连续覆盖，实现患者"上车即入院"的愿景，通过 5G 网络高清视频回传现场的情况，同时将病患体征和病情等大量生命信息实时回传到后台指挥中心；还可以完成病患以及老人的可穿戴设备数据收集，实现对用户的体征数据做 7×24 小时的实时检测。

uRLLC 场景主要应用在院内的无线监护、远程检测应用、远程手术等低时延应用场景。其中无线监护通过统一收集大量病患者的生命体征信息，并在后台进行统一的监控管理，大大提升了现有的 ICU 病房医护人员的效率。远程 B 超、远程手术等对于检测技术有较高要求，需要实时反馈，以消除现有远程检测医生和患者之间的物理距离，实现千里之外的实时检测及手术。

mMTC 场景主要集中在医院内，现有的医院有上千种医疗器械设备，对于医疗设备的管理监控有迫切的需求，未来通过 5G 统一的接入方式，可实现现有医疗器械的统一管理，同时实现所有的设备数据联网。

虽然 5G 带宽速率时延能满足现有医疗行业应用场景的需求，但是医疗行业需要的是一张 5G 医疗专网，对 5G 的要求不仅限于带宽、速率和时延，在实际的应用部署中，仍需要考虑以下几点：①运营商公网频谱局域专用，可提供虚拟专网和物理专网两种方案，虚拟专网其实就是医疗行业和公众用户共享现有运营商的频谱资源，物理专网则是提供专用的频点给医院建设 5G 网络；②等级化隔离，现有的医院对于医疗数据安全性有迫切的需求，因此完成 5G 网络建设要充分考虑医疗行业的数据安全隔离性诉求，现阶段医院对于医疗数据出医院较为敏感，因此希望数据直接保留在本地院内；③定制化服务，现阶段医院内部的业务存在大量的上行大带宽业务，如远程超声、远程 B 超，以及大量 IoT 设备上传病患者生命体征数据信息，基于现有运营商的网络无法满足现有的上行大带宽，因此需要定制化的灵活帧结构，差异化无线服务满足垂直行业的需求，同时开发丰富的基站站型来满足医院内的各种场景部署；④网络要具备智慧化运营能力，满足现有医院内的设备可管理、业务可控制、业务可视化、故障易排查等能力。

除此之外，为了满足更多样性的物联场景需求，目前国际标准化组织正在讨论的 5.5G 标准在 5G 基础上扩展了三大应用场景：UCBC、RTBC 和 HCS 场景，分别聚焦三大能力的构建：上行能力、宽带实时交互能力、通信和感知融合的能力。结合 5G 最初的三大场景，5.5G 服务的六边形新场景实现了从万物互联到使能万物智联的迈进。

其中，UCBC 即上行超宽带，可在 5G 能力基线上实现行带宽能力 10 倍的提升，满足企业在生产制造等场景下的机器视觉、海量宽带物联等上传需求，加速千行百业智能化升级。同时，UCBC 通过多频上行聚合以及上行超大天线阵列技术，可大幅提升上行容量和手机在室内深度覆盖的用户体验。

RTBC 即宽带实时交互，支持大带宽和低交互时延，能力目标是在给定时延下的带宽提升 10 倍，打造人与虚拟世界交互时的沉浸式体验，如虚拟现实技术的全息应用等。通过广义载波快速提高管道能力和端到端跨层的虚拟现实体验保证机制，RTBC 可以有效提供大带宽实时交互的能力。

HCS 即感知通信融合，主要使能的是车联网和无人机两大场景，支撑自动驾驶是关键需求。这两大场景对无线蜂窝网络都提出既要提供通信能力，又要提供感知能力。通过将蜂窝网络大规模多天线的波束扫描技术应用于感知领域，HCS 场景既能够提供通信，又能够提供感知，如果延展到室内场景，还可提供定位服务。

现有的智慧医疗业务较为全面地覆盖了 5.5G 新增的三大场景。其中，UCBC 场景主要应用于对上行速率和实时通信等有较高要求的业务，包括心电监护仪、体温计等多种医疗设备的信息传递以及车辆定位、患者音视频、远程会诊等功能。当急救车不能到达患者救治现场时，可配置各类便携医疗设备将生命体征数据回传至医院内网的急救平台进行解析重绘。

RTBC 场景的主要应用有沉浸式云 XR，可以实现医患和医疗环境的语音交互、手势交互等复杂业务，提高医疗培训的临场感，以及增加远程医疗的准确性等。例如，XR 技术可以介入临床手术的真实医疗情境之中，完成术前讨论、术中操作指导及术后康复指导等任务，支持多端医疗团队进行远程医疗，实时生成目标患者的数字孪生形象，通过直观的医疗操作共同开展手术。

HCS 场景的主要应用为室内感知定位，可通过对目标的检测、定位、识别、成像等感知功能，获取周边环境信息，提供更精确的感知精度和感知分辨率，有助于患者与医护之间的应急通信与救援。

虽然 5G 面向医疗领域的行业应用日益完善，但 5G 演进的标准——5.5G 催生出更多适配医疗行业应用场景的融合方案，实际部署中仍然需要将以下几点纳入考虑：①跨域协作，不同地市的设备可通过跨域专线访问中心医院系统，以实现多地医院之间分布式的远程信息共享；②共享型组网，通过共享边缘计算和分流专线访问地市内部医院系统，以实现基于城市范围的对医院内网的访问。

3. 平台层：云计算、MEC、大数据、人工智能、区块链等技术推动医疗信息化及远程医疗平台改造升级

未来智慧医疗受益于 5G 高速率、低时延的特性及大数据分析的平台能力等，让每个人都能够享受及时便利的智慧医疗服务，提升现有医疗手段性能；还可充分利用 5G

的 MEC 能力，满足人们对未来医疗的新需求，如实时计算低时延的医疗边缘云服务、移动急救车、AI 辅助诊疗、虚拟现实教学、影像设备赋能等高价值应用场景。同时，鉴于移动医疗发展的迫切性和重要性，在业务应用方面，5G 与各类新技术、新能力相结合，大幅推动了各应用场景的升级与拓展。例如，基于移动终端和可穿戴等设备，能够满足居民日常健康管理和慢性病康复治疗的需要，支撑居民开展自我健康管理；支持基于 AI 的智能分诊、诊断辅助和电子病历书写等功能；支持基于传感网络的物联网应用架构；支持各类医疗终端设备的数据采集和利用；支持 MapReduce、Spark、Tez 等大数据分布式计算框架，其中区块链技术作为底层数据，可以对底层数据进行加密，实现了医疗病患隐私数据的安全可靠传输。云计算具备多种算法库，具备大数据存储访问及分布式计算任务调度等功能，因此大量的业务在临床医学中开始探索和实践，为患者提供以数字化为特征的、智能化与个性化相结合的诊疗服务，涉及预防、诊断、治疗和护理整个健康管理的全过程，其应用能力在 5G 技术加持下，得到了优化升级。

4. 应用层：5G 医疗应用潜力无限，智能化和个性化是两大发展方向

2008 年年底，IBM 首次提出"智慧医院"的概念，涉及医疗信息互联、共享协作、临床创新、诊断科学等领域。华为等设备制造商结合自身数字化转型的积累，积极助力医疗行业实现数字化转型，产品和解决方案已经服务于全国 60% 以上的医疗卫生机构，并与超过 1800 家三级医院合作建设智慧医院。通过移动通信、互联网、物联网、云计算、大数据、人工智能等先进的信息通信技术，可建立以电子病历为核心的医疗信息化平台，将患者、医护人员、医疗设备和医疗机构等连接起来，实现在诊断、治疗、康复、支付、卫生管理等环节的高度信息化、个性化和智能化，为人们提供高质量的移动医疗服务。移动医疗在国家政策、社会经济、行业需求多个层面的推动下呈现快速发展的趋势。

移动医疗发展可以解决居民看病难、医疗资源分配不均的问题。城镇化的快速持续推进加剧了城乡医疗水平的不均衡，国务院从 2009 年开始先后发布了《关于推进分级诊疗制度建设的指导意见》《关于推进医疗联合体建设和发展的指导意见》《关于促进"互联网+医疗健康"发展的意见》等医疗改革政策，要求实现医院间、区域间的信息互联互通，电子健康档案统一数据标准，真正实现按照疾病的轻重缓急进行分级、分层诊疗，移动医疗、互联网+智慧医疗将成为医疗服务发展的新契机。

社会现状对医疗卫生服务提出新需求。"百姓看病难"牵动着医疗服务的神经，与此同时，医院面临就诊压力大，加上老龄化社会加剧和慢性病健康管理等问题，使得当下医院迫切寻找转变运营的方式。根据《"健康中国 2030"规划纲要》，我国 2030 年实现每千常住人口执业（助理）医师数 3 人，每千常住人口注册护士数 4.7 人，相比 2015 年有较大提升，但从规划指标数值看，仍低于当前经济合作与发展组织成员国的平均数。因此，医疗机构也在不断探索，移动医疗等新技术手段将服务延伸，使医疗机构从治疗者向健康管理者转变。

技术进步实现医院智慧化建设。物联网、大数据、云计算、人工智能、传感技术的发展使计算机处理数据能力呈现数量级增长，使众多辅助决策、辅助医疗手段成为可能。而移动通信技术促进医院联合医疗保险、社会服务等部门，在诊前、诊中、诊后各个环节，对患者就医及医院服务流程进行简化，也使得医疗信息在患者、医疗设备、医院信息系统和医护人员间流动共享，让医护人员可以随时随地获取医疗信息，实现医疗业务移动办公，极大地提高了医疗工作效率。

经济拉动民众对更便捷和更高效医疗服务的需求增加。随着人均可支配收入的提高，人们越来越关注健康，对高质量医疗服务的需求持续增加。据国家统计局数据，我国人均可支配收入在 2022 年达到 36883 元人民币，较 2021 年实际增长 2.9%。其中，医疗保健占总支出比例达 8.6%，较 2021 年增长 0.2%。新冠疫情加深了大多数人对健康的诉求，我国健康服务进入"全民需求时代"。人们对于健康的需求从过去的"以治疗为主"逐渐转化为"以预防为主"。

（三）5G 医疗应用场景

1. 5G 远程医疗应用场景

基于 5G 专网构建远程智慧医疗，能够打破时间和空间的限制，为患者提供便捷、高质量的医疗服务。远程医疗服务有助于解决基层看病难的问题，夯实"基层检查、上级诊断、上级开方、基层治疗"的政策方针。实现市级医护人员对县级医院医护人员疑难病症方案的精确指导，提升医联体医院的医疗水平，让医疗资源相对缺乏的县级医院患者，享受到市级三甲医院的优质医疗服务，实现"基层首诊""双向转诊""上下联动"的目标，有效缓解"看病难，看病贵"的状况，最终实现"让信息数据多跑，让患者和医疗工作者少跑"的目的。5G 远程医疗应用场景主要包括：远程会诊、远程超声、远程手术、应急救援等。

（1）远程会诊　我国地域辽阔，医疗资源分布不均，农村或偏远地区的居民难以获得及时、高质量的医疗服务。传统的远程会诊采用有线连接的方式进行视频通信，建设和维护成本高、移动性差。5G+远程会诊解决方案可以帮助基层医院与上级中心医院构建全景协作通路，通过对全景摄像头、特景摄像头、医疗设备数据的远程还原达到"面对面"的诊断效果，包含远程超声回传、远程影像回传、远程视频等功能。在 5G+远程会诊场景中，5G 专网可以提供可靠的高速数据传输通道，能够支持 4K/8K 的远程高清会诊和医学影像数据的高速传输与共享，并让专家能够随时随地开展会诊，提升诊断准确率和指导效率，促进优质医疗资源下沉。除此之外，5G 专网支持大规模连接和物联网应用，其高密度连接能力使得医疗设备能够稳定地连接到网络，并实时传输数据，实现远程监测和诊断。

（2）远程超声　与 CT、磁共振等技术相比，超声的检查方式很大程度上依赖于医生的扫描手法，探头就类似于医生做超声检查时的眼睛，不同医生根据自身的手法习惯来调整探头的扫描方位，选取扫描切面诊断病人，最终检查结果也会有相应的偏差。由于基层医院往往缺乏优秀的超声医生，故需要建立能够实现高清无延迟的远程超声系统，充分发挥优质医院专家的优质诊断能力，实现跨区域、跨医院的业务指导、质量管控，保障下级医院进行超声工作时手法的规范性和合理性。

远程超声由远端专家操控机械臂对基层医院的患者开展超声检查，可应用于医联体上下级医院，及偏远地区对口援助帮扶，提升基层医疗服务能力。5G 的毫秒级时延特性，将能够支持上级医生操控机械臂实时开展远程超声检查。相较于传统的专线和 Wi-Fi，5G 网络能够解决基层医院和海岛等偏远地区专线建设难度大、成本高，及院内 Wi-Fi 数据传输不安全、远程操控时延高的问题。

（3）远程手术　利用医工机器人和高清音视频交互系统，远端专家可以对基层医疗机构的患者进行及时的远程手术救治。5G 网络能够简化手术室内复杂的有线和 Wi-Fi 网络环境，降低网络的接入难度和建设成本。利用 5G 网络切片技术，可快速建立上下级医院间的专属通信通道，有效保障远程手术的稳定性、实时性和安全性，让专家随时随地掌控手术进程和病人情况，实现跨地域远程精准手术操控和指导，对降低患者就医成本、助力优质医疗资源下沉具有重要意义。不仅如此，在战区、疫区的特殊环境下，利用 5G 网络能够快速搭建远程手术所需的通信环境，提升医护人员的应急服务能力。

（4）应急救援　当前，急救医学在我国的发展还处于初级阶段且农村与城市地区发展极不平衡，诸多地方有待改善，急救医务人员结构不合理、设备配置不足等情况仍较严重，在现场没有专科医生或全科医生的情况下，通过无线网络能够将患者的生命体征和危急报警信息传输至远端专家侧，并获得专家远程指导，对挽救患者生命至关重要，并且远程监护也能够使医院在第一时间掌握患者病情，提前制定急救方案并进行资源准备，实现院前急救与院内救治的无缝对接。通过 5G 网络实时传输医疗设备监测信息、车辆实时定位信息、车内外视频画面，便于实施远程会诊和远程指导，对院前急救信息进行采集、处理、存储、传输、共享可充分提升管理救治效率，提高服务质量，优化服务流程和服务模式。大数据技术可充分挖掘和利用医疗信息数据的价值，并进行应用、评价、辅助决策，服务于急救管理与决策。

5G+应急救援的业务类型主要是在院前场景中对各类患者生命体征和各类医疗设备的信息进行实时、连续和无时延的检测，这些信息包含心电监护仪、胎心、超声、体温计等多种医疗设备信息，还可实现车辆定位、患者音视频、远程会诊等功能。该场景主要涉及数据上传与实时通信需求，需要通过医疗网关设备进行数据采集汇聚，并通过 4G 或 5G 现网将数据回传至院内部署于 5G MEC 边缘云或医院内网系统的 5G 急诊救治平台进行解析重绘。实时通信需求对上下行速率有较高要求，建议上行速率高于 10Mbit/s，下行速率高于 10Mbit/s。心电监护仪、胎心、超声等关键医疗设备信息建议叠加 5G 切片进行端到端保障。因为救护车涉及在全市范围内移动，因此 5G 医疗网关需要支持连接现网 4G 和 5G 网络。专网组网需要考虑 4G 信号也能通过专网正常回传至医院内网平台，普遍采用切片的方式保障专网管道传输。网关还需要确保在 60km/h 的速度下业务不断链，小区切换时业务不丢包。

5G 智能急救信息系统包括智慧急救云平台、车载急救管理系统、远程急救会诊指导系统、急救辅助系统等几个部分。智慧急救云平台主要包括急救智能智慧调度系统、一体化急救平台系统、结构化院前急救电子病历系统，主要实现的功能有急救调度、后台运维管理、急救质控管理等。车载急救管理系统包括车辆管理系统、医疗设备信息采集传输系统、AI 智能影像决策系统、结构化院前急救电子病历系统等。远程急救会诊指导系统包括基于高清视频和 AR/MR 的指导系统，可实现实时传输高清音视频、超媒体病历、急救地图和大屏公告等功能。急救辅助系统包括智慧医疗背包、急救记录仪、车内移动工作站、医院移动工作站等。

2. 5G 智慧医院应用场景

（1）智慧导诊　随着医疗体制改革的不断深入，利用现代医疗信息化手段优化就医流程，让广大患者有序、轻松就医已成为医院提高服务水平的迫切需求。医院通过部署采用云-网-机结合的 5G 智慧导诊机器人，利用 5G 边缘计算能力，提供基于自然语义分析的人工智能导诊服务，可以提高医院的服务效率，改善服务环境，减轻大厅导诊台护士的工作量，减少医患矛盾纠纷，提高导诊效率。智慧导诊分为两种形式：机器人AI 导诊导航和立式大屏导诊。智慧导诊设备涵盖的功能有业务资讯、挂号预约、健康宣教、院内导航和医生排班信息查询。

（2）移动医护　移动医护将医生和护士的诊疗护理服务延伸至患者床边。在日常查房护理的基础上，医护人员通过 5G 网络可以实现影像数据和体征数据的移动化采集、高速传输和移动高清会诊，解决 Wi-Fi 网络安全性差的问题，提高查房和护理服务的质量和效率。此外，在放射科病房、传染病房等特殊病房，医护人员还可以控制医疗辅助机器人移动到指定病床，在保护医务人员安全的前提下，完成远程护理服务。影像科医生与临床科室医生可以把任意的移动设备作为多模态影像查看器，不受时间和地域限制地查阅患者影像检查与后处理的结果，快速掌握患者病情，并依据对影像的持续追踪和分析，制订有针对性的个体化治疗方案，促进院内-院间影像和临床科室联动。

（3）智慧院区管理　患者体征实时监测、院内人员安全管理、医疗设备全生命周期管理是智慧医院建设中的共同诉求。利用 5G 海量连接的特性，构建院内医疗物联网，将医院海量医疗设备和非医疗类资产有机连接，能够实现医院资产管理、院内急救调度、医务人员管理、设备状态管理、门禁安防、患者体征实时监测、院内导航等服务，提升医院管理效率和患者就医体验。

在院内中央监护系统与中央信息中心方面，通过 5G 医疗专用网关，心电监护仪、呼吸机等床旁设备可以以较低延时、较小丢包率实时与中央监护系统对接。中央监护系统还可进一步拓展功能为中央信息中心，进一步整合床旁设备，并对接医院其他信息系统，如实验室信息系统（Laboratory Information System，LIS）等，整合患者入科后的全面数据，从人口统计学数据、实验室数据到床旁数据全覆盖。基于病人的全面数据，结合临床决策支持工具，医护人员在医生办公室或者护士站即可监测患者病情变化，观察用药或治疗后的效果评估，迅速检出高危患者，实现早发现、早治疗，挽救病人生命，改善患者健康状况，从而帮助医院实现从报警到预警的飞跃，提升治疗和护理质量。此外，可通过医院的入院、出院、转院（Admit-Discharge-Transfer，ADT）系统来接收患者，一次扫码，患者数据自动录入中央监护系统和床旁设备，大大减少了收入病人的工作量。

（4）AI辅助医疗　随着计算机技术和医学影像技术的不断进步，医学影像已逐渐由辅助检查手段发展为现代医学重要的临床诊断和鉴别诊断方法。5G智慧医疗解决方案以影像存储与传输系统（Picture Archiving and Communication System，PACS）影像数据为依托，通过大数据+人工智能技术方案，构建AI辅助医疗应用，对影像医学数据进行建模分析，对病情、病灶进行分析，为医生提供决策支撑，提升医疗效率和质量，能够很好地解决我国的医学影像领域存在诸多问题。例如，供给严重不平衡，影像科医生数量不足，尤其是具有丰富临床经验、高质量的医生十分短缺；诊断结果基本由影像科医生目测和经验决定，误诊、漏诊率高；受限于影像科医生读片速度，耗时较长等。

部署在边缘云上的AI远程影像应用可以降低医生误诊率，指导医生给出更为精准有效的治疗方案，同时，通过5G医疗网关可实现与院内多种影像设备的连接，利用移动边缘计算（Mobile Edge Computing，MEC）在院内进行影像数据本地化运算，可大大提升传统图像处理速度。利用AI算法对影像质量进行评估：若评估结果是非甲片，则直接给影像技师反馈并建议重新扫描；若评估结果符合要求，则把影像继传给云端的远程影像中心进行下一步的判读与诊断。对比传统影像中心质控方法，利用AI算法可节省沟通及重复传输的时间成本，加快远程影像诊断进程。定期质控评估也能够以天而不是月为单位进行，无论是影像中心的医技人员还是管理者，都能够很方便地调阅查看本院或者本中心的可视化质控数据，及时发现问题，提高影像服务的质量水平与医生满意度。

3. 5G智慧医疗安全防护

在远程医疗场景中，患者的机密信息可能被泄露或者篡改。5G医疗专网提供了更好的网络安全保障，可以确保患者的个人健康数据和医疗信息的安全性，防止数据泄露和未经授权的访问。5G医疗专网可为医院提供多维度的网络需求，可灵活按需匹配、按需定制、按需隔离。通过联合医疗终端安全防护技术、医疗数据保护技术、医疗MEC安全防护技术，并结合传统的网络安全技术，可提供更灵活的业务接入、更可控的数据管理，构建面向医疗行业全流程的、端型端的安全防护方案。

（四）5G医疗发展政策措施与建议

1. 政策措施

作为新一代信息基础设施的核心，世界各国都对5G建设和发展赋予了战略价值，积极抢跑5G建设。我国作为全球最大的移动通信市场，近年来政府积极布局，陆续出台了5G技术重大专项等多项利好政策，加快推动5G建设，为行业应用和产业发展创造了巨大机遇。2013年，工业和信息化部、国家发展和改革委员会和科学技术部共同建立了IMT-2020（5G）推进组，推进5G标准的制定和商用的落地。2014年8月，国家卫生计生委印发的《关于推进医疗机构远程医疗服务的意见》指出，加强统筹协调，积极推动远程医疗服务发展；明确远程医疗服务内容，确保远程医疗服务质量安全；完善服务流程，保障远程医疗服务优质高效；加强监督管理，保证医患双方合法权益。

2015 年 7 月，国务院印发的《关于积极推进"互联网+"行动的指导意见》指出，到 2025 年，网络化、智能化、服务化、协同化的"互联网+"产业生态体系基本完善，"互联网+"新经济形态初步形成，"互联网+"成为经济社会创新发展的重要驱动力量。在"互联网+"人工智能方面，依托互联网平台提供人工智能公共创新服务，加快人工智能核心技术突破，促进人工智能在智能家居、智能终端、智能汽车、机器人等领域的推广应用，培育若干引领全球人工智能发展的骨干企业和创新团队，形成创新活跃、开放合作、协同发展的产业生态。

2016 年 7 月，中共中央办公厅、国务院办公厅印发的《国家信息化发展战略纲要》指出，到 2020 年，固定宽带家庭普及率达到中等发达国家水平，第三代移动通信（3G）、第四代移动通信（4G）网络覆盖城乡，第五代移动通信（5G）技术研发和标准取得突破性进展。信息消费总额达到 6 万亿元，电子商务交易规模达到 38 万亿元。到 2025 年，新一代信息通信技术得到及时应用，建成国际领先的移动通信网络，实现宽带网络无缝覆盖。2016 年 12 月，国务院印发的《"十三五"国家信息化规划》指出，推动 5G 进入全球领先梯队，十六次提到了"5G"技术。

2017 年 2 月，工业和信息化部举行的新闻发布会上，宣布我国与国际同步启动 5G 研发。2017 年，政府工作报告指出，全面实施战略性新兴产业发展规划，加快新材料、人工智能、集成电路、生物制药、第五代移动通信等技术研发和转化，做大做强产业集群。报告首次提出"第五代移动通信技术（5G）"，这表明，我国对 5G 技术发展的支持已经上升到国家层面。

2017 年 11 月，工业和信息化部正式发布 5G 系统频率使用规划。2017 年 11 月 27 日，国家发展和改革委员会网站发布《关于组织实施 2018 年新一代信息基础设施建设工程的通知》，要求 2018 年将在不少于 5 个城市开展 5G 网络建设，每个城市 5G 基站数量不少于 50 个、全网 5G 终端数量不少于 500 个。相关政策的出台，有力推动了 5G 技术的发展和应用。

2019 年被称为"5G 时代"元年，工业和信息化部印发多项 5G 指导性文件，部分地方省市陆续出台相关政策。2019 年 8 月，国家发展改革委、工业和信息化部、国家卫生健康委、医疗保障局、中医药局、药品监管局等多部门联合印发的《促进健康产业高质量发展行动纲要（2019—2022 年）》指出，实施"互联网+医疗健康"提升工程，建设全民健康信息平台，应用健康医疗大数据，加速发展"互联网+医疗"，积极发展"互联网+药品流通"。

2020 年 11 月，工业和信息化部和国家卫生健康委联合印发的《关于组织开展 5G+医疗健康应用试点项目申报工作的通知》指出，围绕急诊救治、远程诊断、远程治疗、远程重症监护（ICU）、中医诊疗、医院管理、智能疾控、健康管理等 8 个重点方向，鼓励各地、各单位创新 5G 应用场景，通过建设试点项目，推动运用 5G 技术改造提升卫生健康网络基础设施，开展智慧医疗健康设备和应用创新，培育可复制、可推广的 5G 智慧医疗健康新产品、新业态、新模式。

2021年6月，国家发展改革委、国家卫生健康委、国家中医药管理局、国家疾病预防控制局联合印发的《"十四五"优质高效医疗卫生服务体系建设实施方案》指出，深度运用5G、人工智能等技术，打造国际先进水平的智慧医院，建设重大疾病数据中心。推进跨地区、跨机构信息系统的互联互通、互认共享、术语规范以及数据的整合管理，建设主要疾病数据库和大数据分析系统。2021年7月，工业和信息化部、中央网络安全和信息化委员会办公室、国家卫生健康委等十部门联合印发的《5G应用"扬帆"行动计划（2021—2023年)》指出，开展5G医用机器人、5G急救车、5G医疗接入网关、智能医疗设备等产品的研发，加强5G医疗健康网络基础设施部署，丰富5G技术在医疗健康行业的应用场景。2021年9月，工业和信息化部、中央网络安全和信息化委员会办公室、国家卫生健康委等八部门联合印发的《物联网新型基础设施建设三年行动计划（2021—2023年)》指出，研发具有个人健康监测功能的智能可穿戴设备，推动具备医疗性能、诊断级性能的感知终端临床应用。2021年3月，工业和信息化部印发的《"双千兆"网络协同发展行动计划（2021—2023年)》指出，面向民生领域人民群众关切，推动"双千兆"网络与医疗行业深度融合，着力通过互联网手段助力提升医疗水平。

2022年1月，国务院印发的《"十四五"数字经济发展规划》指出，引导支持平台企业加强数据、产品、内容等资源整合共享，扩大协同办公、互联网医疗等在线服务覆盖面，加快推动文化教育、医疗健康等领域公共服务资源数字化供给和网络化服务，促进优质资源共享复用。2022年1月，国家卫生健康委员会印发的《"十四五"卫生健康标准化工作规划》指出，推进互联网、大数据、人工智能、区块链、5G、物联网、IPv6（互联网协议第6版）等新兴信息技术与卫生健康行业融合性标准的供给。2022年4月，国务院办公厅印发的《"十四五"国民健康规划》指出，促进全民健康信息联通应用，推广应用人工智能、大数据、第五代移动通信（5G）、区块链、物联网等新兴信息技术，实现智能医疗服务、个人健康实时监测与评估、疾病预警、慢病筛查等。

2023年7月，国家卫生健康委、国家医保局、国家药监局等多部门联合印发的《深化医药卫生体制改革2023年下半年重点工作任务》指出，开展全国医疗卫生机构信息互通共享三年攻坚行动，推进智慧医院建设与分级评价工作，推进"5G+医疗健康"、医学人工智能、"区块链+卫生健康"试点。

2. 5G医疗应用面临问题和挑战

5G医疗健康是5G技术在医疗健康行业的一个重要应用领域。随着人口结构的高龄化与慢性病发病率的增加，5G与大数据、互联网+、人工智能、区块链等前沿技术在医疗健康领域得到了充分的整合和应用，对推进深化医药卫生体制改革、加快"健康中国"建设和推动医疗健康产业发展，起到了重要的支撑作用。当前5G技术体系、商业模式、产业生态仍在不断演变和探索中，在顶层架构、系统设计和落地模式上还需要不断完善，但是5G医疗健康前期探索已取得良好的应用示范作用，实现了5G在医疗健康领域包括远程手术、应急救援、中台操控、医用机器人操控、移动查房、远程监护、远程培训、手术示教、室内定位等众多场景的广泛应用。但是我们仍要看到，

5G 在医疗健康领域的发展尚未形成成熟模式，普及应用还存在不少问题，主要体现在以下四个方面：

（1）5G 医疗总体规划不够完善，跨部门协调的问题突出，须提高产业整体协调效益　目前，5G 医疗应用顶层设计不够完善，缺乏相关文件引导。由于 5G 技术和医疗领域的结合涉及跨行业应用，亟须在国家统筹指导下，汇聚政府部门、研究机构、高校、重点企业和行业组织等多方参与、建立资源共享、协同推进的工作格局，形成长期有效的跨部门合作机制，做好部门、区域之间的协调，破解 5G 与医疗健康行业深度融合的体制机制障碍，推动跨部门的 5G 医疗健康数据资源开放、共享和协同。加强统一规划与监管保障，引导 5G 医疗行业创新应用健康良性发展。

（2）5G 医疗应用仍处于初始探索阶段，技术验证、可行性研究不足　目前，5G 医疗应用以初期试点探索为主，多为应用场景初期的先导性尝试，技术验证、方案推广可行性研究仍较少，需要以企业为主体，加快构建政、产、学、研、用结合的创新体系，统筹衔接医疗健康 5G 技术研发、成果转化、产品制造、应用部署等环节工作，充分调动各类创新资源，打造一批面向行业的创新中心、重点实验室等融合创新载体，加强研发布局和协同创新。

（3）缺乏统一的标准与评价体系　目前，5G 技术与医疗健康领域深度融合应用仍存在体制机制障碍，5G 医疗在创新型医疗器械、终端设备接入方式、数据格式统一和应用数据传输等方面还存在许多规范问题。5G 医疗应用场景众多，不同应用场景对于网络的需求差别较大，尚无具体标准规范定义 5G 医疗的网络指标要求，亟须结合医疗健康行业的应用特点，面向医疗行业 5G 标准体系的制定、实施和应用，规范针对医疗行业的 5G 技术结构和内容，满足产业需要。另外，还须不断完善和优化标准化技术体系，统筹推进技术创新、产品研发、标准制定、试验验证、知识产权处置和推广应用等工作。

（4）应用创新落地仍面临诸多挑战，存在稳定性和安全性隐患　当前，我国各级医疗机构信息化程度参差不齐，存在稳定性和安全性隐患。国内各医院医疗服务无线化程度较低，对移动网络利用不充分，如在急救车载救护场景下，我国多数急救车尚不具备远程诊疗能力（我国急救车总数约 20 万辆，具备无线联网能力的急救车比例较小），导致脑卒中、心脏病等患者在"黄金抢救时间"内难以得到有效救治，严重降低了患者治愈概率。因此，应推进 5G 医疗健康的创新应用，加速医疗健康与信息化融合。

3. 5G 医疗应用发展建议

为促进 5G 医疗健康应用创新及产业发展，建议从以下五点赋能 5G 医疗健康产业的发展：

（1）统筹 5G 医疗健康顶层设计，完善产业发展宏观蓝图　加强统一规划与监管保障，引导 5G 医疗行业创新应用健康良性发展。汇聚政府部门、研究机构、高校、重点企业和行业组织等多方参与、建立资源共享、协同推进的工作格局，破解 5G 与医疗健康行业深度融合的体制机制障碍，推动跨部门 5G 医疗健康数据资源的开放、共享和协同。强化对技术研发、标准制定、产业发展、应用推广、安全保障、服务支撑等各环节的统筹协调。合理规划和分配频率、标识、码号等资源，促进 5G 医疗健康基础设施建设。引导医疗健康服务网络建设，推动医疗信息标准和医疗机构信息系统的有效集成，在全国建设一体化公共卫生和国民健康信息管理体系，优化包括社区与村镇在内的各个地区的医疗健康服务网络建设，克服各医疗服务机构之间的信息交流瓶颈问题。鼓励各大医院加强合作，统一医疗卫生系统，促进医疗资源的融合，实现优质医疗资源的共享。

（2）加强 5G 医疗健康技术研发，推动技术自主创新突破　聚焦 5G 关键技术在医疗卫生领域的应用需求，研究 5G 医疗健康产业的整体系统架构和技术思路，确定 5G 医疗健康相关产品、业务和应用服务的技术组成，增强安全保障能力，加快协同创新体系建设，推进医疗健康与信息化融合发展。支持企业建设一批应用于医疗健康领域的 5G 研发机构和实验室，提升创新能力和水平。鼓励企业与高校、科技机构对接合作，畅通科研成果转化渠道。

（3）加快 5G 医疗健康标准研制，实现行业规范快速发展　完善 5G 医疗健康系列标准的顶层规划和体系设计。依靠 5G 大环境下的技术标准制定，结合医疗健康行业的应用特点，做好顶层规划，建设标准验证、测试和仿真等标准服务平台，加快面向医疗行业的 5G 标准体系的制定、实施和应用。加强医疗应用与 5G 技术融合的研究，实现医疗系统内行业标准与 5G 技术标准的融合，确保两大产业之间业务的合作开展。充分发挥联盟、协会等机构的作用，推动 5G 医疗健康标准的宣传贯彻与实施。构建 5G 医疗健康物联网评测体系，支持面向标准符合性、软硬件协同、互联互通、用户体验、安全可靠等的检测服务。

（4）推进医疗健康物联网应用示范，促进行业规模深度应用　鼓励 5G 技术创新、业务创新和模式创新，积极培育新模式、新业态，促进医院管理和医疗服务、个人健康管理、社区医疗服务、远程医疗和健康养老等医疗健康场景应用快速增长。推动以患者为中心的医疗数据网络的形成，实现个人健康实时监测与评估、疾病预警、慢性病筛查、主动干预，积极推动真正进入智慧医疗时代。稳步推进优秀示范工程，全面提升应用深度、广度和质量。全力支持市场需求旺盛、应用模式清晰的重点领域，结合重大应用示范工程，复制推广成熟模式，推进 5G 技术在医疗健康行业的集成创新和规模化应用。持续加大信息基础设施建设力度，支持已实施和拟实施的重大医疗健康 5G 应用示范项目和相关典型案例及创新案例向各相关领域推广，积极推动管理模式和商业模式创新，努力实现区域内 5G 医疗健康应用全面协同和医疗健康数据资源全面共享。

（5）提升医疗健康物联网安全保障，健全产业安全体系建设　推进 5G 医疗健康领域的关键重点安全技术研发。引导信息安全企业与 5G 技术研发应用企业、科研机构、高校、医疗机构合作，加强 5G 架构安全、异构网络安全、数据安全、个人信息安全等关键技术和产品的研发，形成安全可靠的技术体系，增强安全技术支撑能力，防止医疗健康信息丢失或窜改以及非法访问，有效保护个人隐私和信息安全。强化安全标准的研制、验证和实施，满足医疗卫生领域对 5G 技术和产品服务保障的要求。建立健全安全保障体系，增强安全监测、评估、验证和应急处理能力。

参 考 文 献

［1］徐霞艳. NR RedCap UE 关键技术与标准化进展［J］. 移动通信，2021，45（3）：10-15.

［2］汪涛. 定义 5.5G，构建美好智能世界［Z］. 全球移动宽带论坛，2020.

［3］中国信息通信研究院. 5G 应用创新发展白皮书［Z］. 2022.

［4］互联网医疗健康产业联盟. 5G 时代智慧医疗健康白皮书［Z］. 2019.

［5］飞利浦（中国）投资有限公司，中国联合网络通信集团有限公司. 5G 智慧医疗全流程服务白皮书［Z］. 2020.

第四章 医疗装备应用示范及成果转化

一、高端医疗装备应用示范和推广

医疗机构既是医疗装备的直接应用者，也是医疗装备创新的推动者，在医疗装备成果转化和应用推广中具有独特而重要的地位。因此，高端医疗装备的快速发展离不开高校、企业、研发机构和医疗机构等多方参与和构建的创新生态。医疗装备的应用示范促进了高端医疗装备技术的熟化和性能的迭代提升，进一步推动了医疗装备的高质量发展和多元化产业创新生态的不断完善。

（一）推动高端医疗装备应用示范的相关措施

2021年12月28日，工业和信息化部、国家卫生健康委、国家发展改革委、科学技术部、财政部、国务院国有资产监督管理委员会、国家市场监督管理总局、国家医保局、国家中医药管理局、国家药监局联合印发《"十四五"医疗装备产业发展规划》。该规划指出，我国医疗装备产业发展不平衡不充分问题仍然突出，在关键核心技术、产业链供应链安全稳定、创新产品推广应用等方面还存在短板弱项。因此，要求搭建医企合作平台，完善医疗装备产品"技术创新-产品研制-临床评价-示范应用-反馈改进-水平提升-辐射推广"创新体系，快速提升安全有效、先进优质医疗装备产品的供给能力。推动生产企业与医疗机构紧密联动，推动制定一批国际先进的医疗装备使用和临床应用标准规范，加快创新产品推广应用。

2022年7月，工业和信息化部、国家卫生健康委就《高端医疗装备应用示范基地管理办法（试行）》向社会公开征求意见。该办法提出，探索可复制、可推广的医产合作新模式，探索建立健全医疗装备从技术开发、产品生产、示范验证到应用推广的创新体系，营造包括政策、金融、监管、学科交叉、医疗示范等于一体的激励产业创新发展的生态环境。

2023年8月，国务院常务会议审议通过《医疗装备产业高质量发展行动计划（2023—2025年）》，会议强调，医药工业和医疗装备产业是卫生健康事业的重要基础，事关人民群众生命健康和高质量发展全局。要着力提高医药工业和医疗装备产业韧性和现代化水平，增强高端药品、关键技术和原辅料等供给能力，加快补齐我国高端医疗装备短板。要高度重视国产医疗装备的推广应用，完善相关支持政策，促进国产医疗装备迭代升级。

（二）高端医疗装备应用示范取得的进展

近年来，随着我国基础科学和精密仪器设备制造的快速发展，国产医疗装备产业在技术上不断突破，国产替代进口开始成为行业的逻辑趋势，越来越多的国产医疗装备开始加速研发，以加快进口替代的步伐。

市场调研数据显示，以二级产品类别的国产化为例，2020 年我国医疗装备国产化率达 70% 以上的产品类别超过 700 项，国产化率达 50% ~ 70% 的产品类别达 150 余项，国产化率不足 10% 的产品类别仅为 62 项。同时，国产医疗装备在推进国内市场进口替代的进程中，也在积极走向海外市场。海关及中国医药保健品进出口商会数据显示，从出口额来看，我国医疗装备出口额从 2008 年的 111 亿美元提升至 2020 年的 1015 亿美元，我国医疗装备在全球已占有一席之地。

二、全国医疗装备产业与应用标准工作组

2021 年，中共中央、国务院印发的《国家标准化发展纲要》明确要求，加快构建推动高质量发展的标准体系，助力高技术创新、促进高水平开放、引领高质量发展。2022 年，国家标准化管理委员会正式批准成立"全国医疗装备产业与应用标准化工作组"，标志着我国医疗装备领域将通过标准化手段，推动实现产业升级、市场监管、应用服务的全面贯通。

为进一步完善我国医疗装备产业标准体系，促进产业转型升级，需围绕医疗装备生产、流通、服役与报废等全生命周期，加快关键环节、关键领域、关键产品的技术攻关和标准研制应用。一是加强产业技术基础标准建设。围绕医疗装备产业技术基础，组织开展核心基础零部件、先进基础工艺、关键基础材料等标准制定，引导大工业制造体系进入医疗装备制造领域，推动跨行业、跨领域、跨学科深度融合发展，提升医疗装备产业协同、技术协作及产业链安全水平。二是加强关键技术领域标准研究。围绕医疗装备制造与服务，制定和修订医疗装备的产品设计、制造、测试和使用与运维服务等技术标准，提升产品制造与使用质量及安全性，提升产品临床使用服务标准化水平；完善一批医疗装备信息化与数字化、医疗技术信息化、医疗大数据等技术标准研制与应用推广，鼓励开展人工智能、新材料、新工艺等领域的标准化研究，加快医疗装备新技术产业化的步伐。三是加强制造服务标准研究。建立健全医疗装备可靠性与可用性测试、产品符合性与适用性验证等标准，提升产品的测试与验证水平。鼓励开展医疗装备系统集成安全性、可靠性等标准研究，提升医疗装备集成应用水平。围绕特殊医疗装备开展流通、仓储等标准的制定和修订，提升医疗装备的流通管理水平。探索健全医疗装备的智能制造、绿色制造、服务型制造标准，促进医疗装备产业优化升级。四是加强科技成果的标准转化。建立重大科技项目与标准化工作联动机制，将标准作为科技计划的重要产出，强化标准核心技术指标研究，及时将先进适用科技创新成果融入标准，提升医疗装备标准水平。

健全医疗装备标准体系，对于提高医疗装备的技术水平、质量水平和安全性，提升医疗装备产业的核心竞争力与产业链、供应链的现代化水平具有重要意义。政府、企业和行业协会等相关方应加强合作，共同推进医疗装备标准化建设工作，形成良好的标准

化环境和氛围，实现医疗装备产业的高质量发展。

三、医工交叉协同应用

医工交叉协同应用人才是指具备医学、工程学和生物技术等跨学科知识，能够运用这些知识进行医学与工程技术相结合的研究、开发和应用的专业人才。随着科技的发展，医工交叉协同领域逐渐成为科研热点，对于这类人才的需求也日益增加。近年来，企业、医院、高等院校及科研院所在培养和引进医工交叉协同应用人才方面发挥着关键作用，也正逐步形成新的人才需求趋势。

首先，医疗装备企业对医工交叉协同应用人才的需求日益增长，这是因为现代医疗装备往往具有较高的集成度，涉及光学、材料、机械、电子、计算机、自动化及人工智能等领域的各类关键技术，需要医学和工程学的知识相互结合，才能更好地满足产品研发及临床服务的需求。例如，手术器械企业、医学影像设备企业、康复设备企业、医疗电子企业以及体外诊断设备企业等，都需要医工交叉协同人才来进行产品研发、技术支持和售后服务等工作。医工交叉协同应用领域的复合型人才能够以应用为导向促进医疗装备关键技术的突破和原始创新。

其次，医院对医工交叉协同应用人才的需求也非常强烈。在现代医院中，数字化、信息化及智能化的医疗装备和信息化系统已经成为诊疗辅助及数据管理的重要载体。一方面，医院需要专业的人才来维护和管理这些设备，以确保设备的正常运行和安全性；另一方面，医院在医工融合的学科发展趋势下正逐步成为医疗技术创新的引领性主体，这进一步要求高水平医疗机构开展以医护人员为源头的原始创新和成果转化，进而将大幅促进对医工交叉协同复合人才的需求。

最后，在医工交叉协同领域，高等院校及科研院所是基础研究和应用研究的重要基地，需要大量具备医学、工程学和生物技术等跨学科背景的研究人员，以推动医工交叉协同领域的创新和发展。上述单位还需要具备项目管理、资金申请、技术转化等能力的复合型人才，以促进医工交叉协同研究成果的产业化和商业化。

综上所述，医工交叉协同应用领域的人才需求趋势非常明显，培养具备医工交叉协同背景的复合人才以满足未来医疗技术发展的需求已成为人才建设的核心要义，以上发展趋势具体表现在：

1）需求持续增长：随着医疗技术的发展，医学与工程技术的底层融合将会越来越广泛，从而也需要更多具备医工交叉协同背景的人才。企业、医院、高等院校及科研机构等多个主体对医工交叉协同人才的需求将持续增长。

2）专业素质要求提高：随着医疗装备的复杂性不断增加，医工交叉协同人才需要具备更高的专业素质，包括医学、工程学以及跨学科的知识和技能，同时还需要具备较强的应用实践能力。

3）产学研结合：医工交叉协同人才培养将更加注重产学研结合，通过与企业、医院等机构合作，获得应用实践机会，提高人才培养的实用性和针对性。

4）国际化视野：随着国际交流与合作的日益增多，医工交叉协同人才将需要具备国际化视野，了解国际前沿动态和市场需求，以适应全球化的竞争环境。

5）跨学科培养：医工交叉协同人才培养将进一步加强跨学科的培养，通过与其他相关学科的交叉融合，培养具备医工交叉背景的复合型人才。

6）创新能力培养：医工交叉协同人才培养将更加注重创新能力的培养，通过创新实践、创业教育等方式，激发原始创新意识，提高人才培养的创新能力。

7）团队协作能力要求提高：医工交叉协同复合人才需要具备较强的团队协作能力，能够与医疗团队密切配合，共同为患者提供优质的医疗服务。

以上趋势将进一步要求相关培养单位建立跨学科、跨专业、产教医联合的人才培养机制，实施跨学科的培养项目和辅修学位项目，布局医工交叉学科专业和融合多学科特色的新型课程，实现跨学科交叉复合型人才的培养。相关主管单位应加强对医工交叉领域的政策支持和引导，制定有利于医工交叉协同应用人才发展的政策，吸引更多优秀人才投身医工交叉协同领域。同时，主管单位还需加强对医工交叉协同应用人才的评价和激励机制，激发人才创新活力。

四、专业技术人才培养

医疗装备产业作为多学科交叉的高技术产业，需要有强大的研发、生产、销售、维修专业技术人才队伍。强大的专业技术人才队伍是这个行业最具竞争力的资源，是医疗装备行业中资源争夺的焦点。

（一）医疗装备行业人才需求分析

医疗装备行业具有多学科交叉、多技术融合的特点，人才需求具有医工交叉的特点。统观医疗装备行业人才构成，大致可以分为以下七类：

（1）研发人员　主要从事医疗器械产品设计、研发和创新等方面的工作。研发人员需要了解医疗技术的最新发展方向，具有扎实的理论基础，熟悉产品设计开发流程，具有相关领域的研发能力，具有一定的设计开发经验。

（2）质量管理人员　主要从事医疗器械产品的质量管理、认证和标准化等方面的工作。质量管理人员需要掌握国家医疗器械法规及发展动向，掌握质量管理体系和风险分析知识，能够撰写质量管理体系文件等。

（3）生产制造人员　主要从事医疗器械的生产、制造、流程控制等方面的工作。生产制造人员需要掌握生产工艺，能够进行机械装配和电气设备装接。

（4）质量检验人员　主要根据作业指导书进行产品的过程、整机和出厂等检验工作。质量管理人员需要熟悉检测标准，熟练操作检测仪器。

（5）市场销售人员　主要负责医疗器械产品的市场推广、销售和客户服务等方面的工作。市场销售人员需要具有开展医疗器械领域市场调查、市场策划及市场开发的能力，能够组织实施医疗器械的产品介绍、推销和商业谈判。

（6）技术支持人员　主要负责为客户提供医疗器械产品的技术支持和售后服务等

方面的工作。技术支持人员应熟悉医疗装备自动诊断技术、维修管理系统，熟悉产品基本结构和工作原理，具有典型故障分析和排查能力，能根据需要合理选择工具和正确使用仪表进行维修。

（7）专业医疗人员　主要从事医疗器械产品的临床试验、使用培训和应用等方面的工作。

医疗装备企业对人才综合素质有较高的要求，既要掌握专业知识（如自动控制知识、计算机软件知识、电子技术知识、医学知识和机械知识等），又要具备较强的实践能力和职业素质，具备较强的专业知识和扎实的基本功。国际管理咨询公司罗兰贝格《中国医疗器械行业发展现状与趋势》报告显示，医疗装备企业所青睐的人员愈发偏向复合型，以研发岗位为例，应有完整的产品生命周期经验，即从产品的设计定型起，跟进至临床、注册等阶段，经历产品研发的全套流程；具有解决临床技术痛点的创新能力，相对以往的技术沿用，现在更强调技术创新，通过医工结合的理念去研发出真正适用于临床，能解决医疗技术痛点的全新产品。从对目前企业岗位人员的层次和学历调研结果来看，技术能力要求较强的岗位人员以博士研究生、硕士研究生、本科学历为主，如研发人员、质量管理人员、专业医疗人员等，技能要求较强的岗位人员以高职和本科占主导地位，如生产制造、质量检验、市场销售、技术支持人员等。

目前，我国医疗装备行业完整产业链还不成熟，原因之一就是人才储备和技术储备不够，人才结构不合理，创新研发人才不足。以上这些已经成为制约行业发展的问题，具体表现为：一是缺少行业领军专家、项目总体设计师、高级研发人员，即医疗装备产业顶尖人才，能够为行业发展设计顶层规划，懂技术、有宽泛的行业知识，又有管理能力的人；二是为了确保产品的质量及顺利拿到注册证走向商业端，质量及注册类岗位颇受关注，随着国家管控加强及政策收紧，合规类人才炙手可热；三是受整体市场环境影响，医疗商业化领域对人才的需求更倾向于能带来现金流及流量资源的人，如商务总监、销售总监及市场总监等，这类岗位能促进业务增长、进行市场拓展，实现从0到1的商业化落地，但这类人才也比较匮乏；四是缺少合适的售后服务、运维人员，不少医疗装备企业大量使用本科生、研究生等高级人才从事初级工作，不仅大材小用造成人才资源浪费，而且也增加了产品成本。

（二）医疗装备行业人才供给情况

2023年8月25日，国务院常务会议审议通过的《医疗装备产业高质量发展行动计划（2023—2025年）》指出，要加大医工交叉复合型人才培养力度，支持高校与企业联合培养一批医疗装备领域领军人才，为医疗装备行业人才培养提供了根本指导。要推动医疗装备行业发展，必须创新机制，聚集人才。加强创新人才培养，医疗装备行业需要大量具有专业背景的复合型人才，稳定的人才队伍是企业在市场竞争中脱颖而出的关键因素。

1. 普通高校人才培养情况

近年来，在人才培养方面，普通高校设置了"生物医学工程"二级学科、"医学技术类"一级学科支撑医疗装备行业人才的培养。

（1）生物医学工程专业　生物医学工程专业是工程学与生命科学、医学深入交叉融合的学科，致力于研制用于预防、诊断、治疗疾病及促进人类健康的创新型医疗设备、生物制剂、生物材料、生物过程、植入设备等。该专业毕业生可在生物医学工程领域，从事生物医学工程基础理论的科学研究，医疗仪器设备的设计、开发与维护，医学信息系统的软、硬件研发，以及电子信息领域的科研及技术管理工作，既培养能够推进工程学与生命科学、医学交叉领域前沿创新的学术精英，也培养能够推进相关产业创新的领军人才。

我国共有约160所高校开设"生物医学工程"专业，其中"211"及"985"高校约50所，广东、北京、上海开设院校数量最多，排名靠前的学校为东南大学、清华大学、上海交通大学等。预计未来5年本科毕业生为2.3万人，硕士、博士研究生毕业生5000余人。在"生物医学工程"专业人才培养中，学校、医疗机构、企业在不断探索联合培养模式，如北京协和医院与北京航空航天大学、北京理工大学、北京师范大学、中国科学技术大学四所工科院校合作的创新招生模式和办学特点，把医学和优势工学结合，创立"协和医班"，实现学科融通人才培养，致力于解决医疗技术和医疗器械领域的"卡脖子"问题。

（2）医学技术类专业　医学技术类专业主要是培养紧密配合临床医生从事医疗服务工作中掌握特殊医疗技术与医疗技能的高级技师和治疗师，包括医学影像技师、呼吸治疗师、康复治疗师、听力师、视光师、营养治疗师等。应形成适应现代医学发展趋势人才培训规范要求的医学技术教育体系，以培养适应国家建设实际需要，具有从事医学技术工作必须的人文科学、理学、基础医学、临床医学、医学技能等方面基本理论知识和实际工作能力的高级医学技术人才。我国共有约200所高校开设"医学技术类"专业，其中"211"及"985"高校约20所，湖北、山东、辽宁开设院校数量最多，综合实力排名靠前的学校为复旦大学、北京大学、上海交通大学等。预计未来5年本科毕业生9万人，硕士、博士研究生毕业生700余人。

2023年4月，教育部公布了2022年度普通高等学校本科专业备案和审批结果，在"医学技术类"专业类中新增了"医工学"专业，并正式纳入《普通高等学校本科专业目录》。可见，高等教育对支撑医疗装备行业人才培养的重视程度不断加大。医工学专业致力于培养德、智、体、美、劳全面发展，掌握深厚的数理基础、宽广的临床医学知识、前沿的工程技术等多学科综合知识，具有整合思维、医工交叉和解决复杂工程问题能力，具备医用超导重离子加速器装置研发潜质和放射医疗临床应用能力，能够和企业、科研机构研发人员无障碍沟通，清晰准确地表达临床需求，助推工业技术和医疗需求完美契合的高素质复合型创新人才。西安交通大学创办我国首个医工学专业，致力于培养具备深厚的理工基础、系统的医学知识，能充分理解临床需求，参与高端医疗装备研发的复合型创新人才。在人才培养过程中，该专业以临床需求为导向，以国家医学中心建设为牵引，聚焦医用设备研发和高端设备设计与研发领域，培养高素质医工交叉复合型人才，全面解决"医学需求和工业技术的不匹配，医生和工程师的沟通不通畅"的问题，发展新型的物理诊疗技术、设备及方案，改变固有的诊疗模式，培养具有完备的医学基础知识、能够与工程师无障碍沟通、推动高端医疗装备创新应用的临床医生，为我国卫生健康事业的引领性发展提供重要的人才支撑。

2. 职业院校人才培养情况

根据教育部《职业教育专业目录（2021年）》，医疗装备类专业高职院校开设了智能医疗装备技术、医用电子仪器技术、医用材料与应用医疗器械维护与管理、医疗器械经营与服务等专业，中职院校开设了医疗设备安装与维护、医疗器械维修与营销等专业，主要培养医疗装备生产制造、安装调试、操作运行、维修保养、营销等方面的技能人才。

目前，职业院校已设置的专业尚不能完全满足医疗装备行业主要技术技能岗位的需求。由于医疗器械的种类多、差异大，而且各类产品的原理、结构、生产工艺差别很大，职业院校专业设置方面存在人才培养缺口，如体外诊断试剂等企业岗位尚未有对口的专业。

医疗装备行业的技术变革加快，很多新技术首先在医疗装备领域内应用，人工智能、可穿戴、增材制造、机器人等新兴技术正逐步成为创新医疗产品的发展方向，企业技术升级的紧迫性不断提升。同时，在医疗器械监管法规不断更新的背景下，对企业生产和经营行为的合规性要求越来越高，生产、经营各环节人员具备基本的法规意识和知识已成为必需的职业素质。医疗装备的技术特征及其技术变革和法规要求对专业人才培养的规格均提出了更高要求。从全国职业院校专业设置、招生规模和人才培养内涵的调查来看，大部分职业院校尚未及时敏锐地捕捉到这些发展特点，职业院校还需及时跟踪和把握行业发展信息，有效应对需求变化，在专业课程中及时融入相关内容。

（三）医疗装备行业人才发展对策

（1）立足机制创新，支持医工交叉融合培养 应加快建立适应医疗装备行业人才职业特点的职称制度，对相应人事薪酬制度进行调查研究，从支持体系、制度上做出革新和特色，突破固有的思维定式，以完整且具有针对性的配套制度支持"医工学"作为一门融合学科的发展，充分激发其内生动力，吸引更多优秀人才从事医疗装备研发制造等工作。

（2）保障培养质量，开展培养改革试点 结合我国实情，可逐步开展系列培养改革试点，立足高端医疗装备行业人才培养。一方面，应充分强化、落实试点基地的建设；另一方面，应加强与国际高水平大学、科研机构的交流合作，培养具有国际视野的高层次拔尖创新医疗装备行业人才。同时，构建思政内涵，融入职业精神培养，规划好医工学教师队伍的职业发展路径，定期开展学科专业评估，将人才培养质量作为"金标准"，确保教育教学质量，为国家培养更多具备深厚医学基础和理工知识的复合型医学人才。

（3）科研引领，加大科研投入和政策激励 国外较早认识到了医疗装备行业人才培养推动科技领域创新的潜力，跨学院联合招收、培养医学工程师与医学科学家，国内医学院校与工科院校在国家政策指导下也在建立医工融合研究院、医工交叉研究中心、联合创新研究院等，部分科研机构已经设立了专项基金和专家委员会来支持优秀项目，以科研引领多种形式，尝试推进医工融合人才培养。科研机构应进一步加强医工结合方面的科研投入，促进医工理交叉学科的建设与可持续发展，积极构建医工结合学术交流平台并针对医工结合创新研究制定合理的激励政策，有效整合科研机构内部部门、科研机构之间的科技成果资源，调动专业领域人才和复合型人才进行医学和理工科交叉学科研究的主动性和积极性。

（4）以应用为导向，加强与企业的沟通互动 以实际应用为导向，构建医工结合应用实践平台，与企业建立医工结合沟通机制，开展实质性战略合作。培养具备医学与理工科相交叉、医学理论和实践操作相结合的优秀人才。在加强医、理工学科专业教育的同时，探索多渠道学科交叉联合培养的医工结合创新人才培养模式，培养能适应交叉学科应用研究的复合型人才。加强医工结合队伍组建，充分集中不同学科领域专家和企业研发人员的力量，形成具有广阔学科视野和应用实践的研究团队，加强医工结合研究实力，在实践中不断探索和完善应用研究沟通互动机制。

（5）以成果转化为目标，关注成果推广的社会效益和经济效益 在合作项目开始之前做好充分的调研，通过充分挖掘自身潜力和整合医、工各类资源，以临床实际需求为导向，科研机构、企业、医院之间建立医工结合协同发展的长效机制，建立创新研究成果转化平台。从成果推广的社会效益和经济效益最大化出发开展多方合作，研究出真正能够推广使用并具有较高社会效益和经济效益的成果，从根本上实现从传统科研模式向以科研成果转化为目标驱动的研究模式的转变，为"医工交叉"人才提供创新驱动力。

医疗装备行业人才的培养能够为社会输送复合型交叉人才，满足当前社会对健康服务日益多元化、高端化的深层需求。医疗装备行业人才的培养需要立足德育，以需求为导向，以制度机制为支撑，保质保量建成具有中国特色的人才培养体系，全面激发医工交叉融通和发展活力，为破解医疗装备行业发展难题提供高水准的科技主力军。

参 考 文 献

[1] 全国食品药品职业教育教学指导委员会. 医疗器械行业人才需求与职业院校专业设置匹配分析 [J]. 中国职业技术教育，2020（35）：23-32.

[2] 单博. 中国医疗装备产业医工交叉人才现状及发展趋势分析 [J]. 中国仪器仪表，2022（3）：22-26.

[3] 余剑伟. 浅议加强宁波市医疗器械行业人才工作的对策 [C]//决策论坛——如何制定科学决策学术研究会论文集（下）. 北京：《科技与企业》编辑部，2015：169-170.

第五章　医疗装备政策及解读

　　医疗装备是健康中国的重要建设内容，也是制造强国的重点发展领域。医疗装备产业的发展具有高度的战略性和带动性。2020 年 9 月 11 日，习近平总书记在科学家座谈会上对科技发展提出了"四个面向"的要求，其中"面向人民生命健康"即包含了对医疗装备产业高质量发展的殷切期望。随着我国居民生活水平的持续提高，对卫生健康服务的需求也在持续提升。尤其是伴随着老龄化社会的到来，我国社会正面临着对医疗装备从规模到品质的双重需求。发展医疗装备产业，对优化医疗服务供给、引领医疗技术进步和推动医疗模式创新均具有重要的推动作用。同时，医疗装备作为先进机械电子技术、软件技术和现代先进医疗技术的复合体，集当前先进科技于一身，对我国制造业发展也具有重要的产业引领作用。所以，大力发展医疗装备产业，是一项"调结构、惠民生"的重大工程。

　　近几年来，新冠疫情加速了全球产业链、供应链的区域化和本地化调整，多领域科技创新成果持续涌现、民众健康意识增强、人口结构老龄化、政策红利持续释放等多重因素也不断影响着医疗装备产业的发展，我国医疗装备行业保持高速发展，2021 年增速达到了近五年的最高。截至 2021 年年底，我国医疗装备生产企业达到 2.83 万家，市场规模首次突破万亿元人民币，达到了 10260 亿元人民币左右，同比增长 14%（数据引自中国医学装备协会《中国医学装备发展状况与趋势（2022）》绿皮书）。2017—2021年，我国医疗装备市场规模年均增长率 12.2%，远高于国际 6.3%的增长率（数据引自中国医学装备协会《中国医学装备发展状况与趋势（2022）》绿皮书）。我国已成长起一批研发能力强、技术含量高的代表企业，形成了粤港澳大湾区、环渤海地区、长三角地区和华中地区四大产业聚集区，但我国医疗装备行业仍存在着企业规模小、研发投入少、自主创新能力弱、企业竞争力不足、市场占有率偏低、关键核心技术、零部件尚待突破等问题。因此，我国医疗装备产品质量亟待提升，中高端产品亟待国产化，产业生态环境亟待优化，行业转型升级仍需持续深入推进。

　　产业政策是国家指导医疗装备产业发展的重要措施和手段，是国家意志的重要体现，也是引领行业和市场发展的重要指挥棒，在特定时期内对产业发展具有重要甚至决定性的影响。系统研究我国医疗装备行业的产业政策，对了解我国医疗装备产业发展历史和现状，分析行业典型问题，为行业、企业提供更加理性的决策，具有重要的支撑作用。本章对近十年来中共中央、国务院和国家发展和改革委员会、工业和信息化部、国家卫生健康委员会、科学技术部、原国家食品药品监督管理总局等部委发布的医疗装备相关产业政策进行了择要梳理，对政策内容进行了简要总结，按时间先后顺序依次列出，以期为有关研究人员和感兴趣的读者提供有益参考。

一、制造强国建设国家规划

制造业是国民经济的主体，是立国之本、兴国之器、强国之基。2015 年 5 月，国务院发布关于印发《中国制造 2025》的通知（国发〔2015〕28 号）。《中国制造 2025》是我国实施制造强国战略第一个十年的行动纲领。当前，新一轮科技革命和产业变革与我国加快转变经济发展方式形成历史性交汇，国际产业分工格局正在重塑。我国必须紧紧抓住这一重大历史机遇，按照"四个全面"战略布局要求，实施制造强国战略，加强统筹规划和前瞻部署，力争通过三个十年的努力，到新中国成立一百年时，把我国建设成为引领世界制造业发展的制造强国，为实现中华民族伟大复兴的中国梦打下坚实基础。

1. 战略目标

立足国情，立足现实，力争通过"三步走"实现制造强国的战略目标。

第一步：力争用十年时间，迈入制造强国行列。

到 2020 年，基本实现工业化，制造业大国地位进一步巩固，制造业信息化水平大幅提升。掌握一批重点领域关键核心技术，优势领域竞争力进一步增强，产品质量有较大提高。制造业数字化、网络化、智能化取得明显进展。重点行业单位工业增加值能耗、物耗及污染物排放明显下降。

到 2025 年，制造业整体素质大幅提升，创新能力显著增强，全员劳动生产率明显提高，两化（工业化和信息化）融合迈上新台阶。重点行业单位工业增加值能耗、物耗及污染物排放达到世界先进水平。形成一批具有较强国际竞争力的跨国公司和产业集群，在全球产业分工和价值链中的地位明显提升。

第二步：到 2035 年，我国制造业整体达到世界制造强国阵营中等水平。创新能力大幅提升，重点领域发展取得重大突破，整体竞争力明显增强，优势行业形成全球创新引领能力，全面实现工业化。

第三步：新中国成立一百年时，制造业大国地位更加巩固，综合实力进入世界制造强国前列。制造业主要领域具有创新引领能力和明显竞争优势，建成全球领先的技术体系和产业体系。

针对生物医药及高性能医疗器械领域，大力推动十大重点领域突破发展：①新一代信息技术产业；②高档数控机床和机器人；③航空航天装备；④海洋工程装备及高技术船舶；⑤先进轨道交通装备；⑥节能与新能源汽车；⑦电力装备；⑧农机装备；⑨新材料；⑩生物医药及高性能医疗器械。

发展针对重大疾病的化学药、中药、生物技术药物新产品，重点包括新机制和新靶点化学药、抗体药物、抗体偶联药物、全新结构蛋白及多肽药物、新型疫苗、临床优势突出的创新中药及个性化治疗药物。提高医疗器械的创新能力和产业化水平，重点发展影像设备、医用机器人等高性能诊疗设备，全降解血管支架等高值医用耗材，可穿戴、远程诊疗等移动医疗产品，实现生物3D打印、诱导多能干细胞等新技术的突破和应用。

2. 政策要点

制造强国战略重点内容可以用"一、二、三、四、五、十"等几个方面来进行总结。

一个目标：从制造业大国向制造业强国转变，最终实现制造业强国的目标。

两化融合：通过工业化和信息化融合发展来实现前述目标。

三步走实施：通过"三步走"战略实现从制造业大国向制造业强国转变的目标。

四项基本原则：市场主导，政府引导；立足当前，着眼长远；整体推进、重点突破；自主发展，开放合作。

五大工程：全面实施制造业创新中心（工业技术研究基地）建设工程、智能制造工程、工业强基工程、绿色制造工程、高端装备创新工程。

十大领域：包括新一代信息技术产业、高档数控机床和机器人、航空航天装备、海洋工程装备及高技术船舶、先进轨道交通装备、节能与新能源汽车、电力装备、农机装备、新材料、生物医药及高性能医疗器械十个重点领域。

二、《关于促进医药产业健康发展的指导意见》

医药产业是支撑发展医疗卫生事业和健康服务业的重要基础，2016年3月，国务院办公厅印发了《关于促进医药产业健康发展的指导意见》（国办发〔2016〕11号）（简称《指导意见》），指出改革开放以来，我国医药产业取得了长足发展，但仍面临自主创新能力不强、产业结构不合理、市场秩序不规范等问题，强调要大力发展医药产业，推动提升我国医药产业的核心竞争力，促进医药产业持续健康发展。

1. 主要目标

到2020年，医药产业创新能力明显提高，供应保障能力显著增强，90%以上重大专利到期药物实现仿制上市，临床短缺用药供应紧张状况有效缓解；产业绿色发展、安全高效，质量管理水平明显提升；产业组织结构进一步优化，体制机制逐步完善，市场环境显著改善；医药产业规模进一步壮大，主营业务收入年均增速高于10%，工业增加值增速持续位居各工业行业前列。

加快医疗器械转型升级。重点开发数字化探测器、超导磁体、高热容量X射线管等关键部件，发展手术精准定位与导航、数据采集处理和分析、生物三维（3D）打印等技术，研制核医学影像设备PET-CT及PET-MRI、超导磁共振成像（MRI）系统、多排螺旋CT、彩色超声诊断、图像引导放射治疗、质子/重离子肿瘤治疗、医用机器人、健康监测、远程医疗等高性能诊疗设备，推动全自动生化分析仪、化学发光免疫分析仪、高通量基因测序仪、五分类血细胞分析仪等体外诊断设备和配套试剂产业化，发展心脏瓣膜、心脏起搏器、全降解血管支架、人工关节和脊柱、人工耳蜗等高端植介入产品，以及康复辅助器具中高端产品，积极探索基于中医学理论的医疗器械研发。

2. 政策要点

《指导意见》强调了医药产业是支撑发展医疗卫生事业和健康服务业的重要基础，

在惠民生、稳增长方面发挥了积极作用。

《指导意见》针对生物药、高端化学药等原研药，以及中药等医药门类的提升提出了发展纲要，在研发、生产、检测、国际临床研究和注册方面提出了指导性意见。针对医疗器械的创新研发和转型升级明确了具体的突破方面和要求：加强创新能力建设、促进科研成果转化、提高智能发展水平等；加强培育龙头企业和优势产品，对医疗器械骨干企业的兼并重组、上下游整合提出了要求；推动医药产业规模化、集约化、园区化发展，形成产业集群发展的良好态势。在研发基础设施建设方面，提出优化科技资源配置，打造布局合理、科学高效的科技创新基地，以强化我国医药及医疗器械研发、生产能力。

三、《"健康中国2030"规划纲要》

为推进健康中国建设，提高人民健康水平，根据党的十八届五中全会战略部署，2016年10月，中共中央、国务院印发了《"健康中国2030"规划纲要》（以下简称"纲要"）。"纲要"是今后15年推进健康中国建设的行动纲领。

1. 战略目标

到2030年，促进全民健康的制度体系更加完善，健康领域发展更加协调，健康生活方式得到普及，健康服务质量和健康保障水平不断提高，健康产业繁荣发展，基本实现健康公平，主要健康指标进入高收入国家行列。

到2030年具体实现以下目标：

——人民健康水平持续提升。

——主要健康危险因素得到有效控制。

——健康服务能力大幅提升。

——健康产业规模显著扩大。

——促进健康的制度体系更加完善。

完善政产学研用协同创新体系，推动医药创新和转型升级。加强专利药、中药新药、新型制剂、高端医疗器械等创新能力建设，推动治疗重大疾病的专利到期药物实现仿制上市，大力发展生物药、化学药新品种、优质中药、高性能医疗器械、新型辅料包材和制药设备，推动重大药物产业化。加快医疗器械转型升级，提高具有自主知识产权的医学诊疗设备、医用材料的国际竞争力，加快发展康复辅助器具产业，增强自主创新能力。健全质量标准体系，提升质量控制技术，实施绿色和智能改造升级。到2030年，药品、医疗器械质量标准全面与国际接轨。

发展专业医药园区，支持组建产业联盟或联合体，构建创新驱动、绿色低碳、智能高效的先进制造体系，提高产业集中度，增强中高端产品供给能力。大力发展医疗健康服务贸易，推动医药企业走出去和国际产业合作，提高国际竞争力。到2030年，具有自主知识产权新药和诊疗装备国际市场份额大幅提高，高端医疗设备市场国产化率大幅提高，实现医药工业中高速发展和向中高端迈进，跨入世界制药强国行列。推进医药流通行业转型升级，减少流通环节，提高流通市场集中度，形成一批跨国大型药品流通企业。

2. 政策要点

"纲要"树立了把人民健康放在优先发展的战略地位的理念，坚持以健康优先，用防范意识维持健康，坚持以体制机制改革创新为动力，完善各类基础设施建设，坚持从普及健康生活、优化健康服务入手，完善各类保障，坚持发展健康产业，满足多层次、多样化卫生服务需求，加大健康投入，保障"健康中国2030"战略目标的实现。

四、《全民健康保障工程建设规划》

针对医疗卫生服务供给与深化医药卫生体制改革相关要求和人民群众日益增长的医疗卫生服务需求仍存在较大差距，总量不足、分布不均衡等供给侧结构性问题，为进一步完善医疗卫生服务体系，实现人人享有基本医疗卫生服务，推进健康中国建设，根据《中华人民共和国国民经济和社会发展第十三个五年规划纲要》《中共中央、国务院关于深化医药卫生体制改革的意见》（中发〔2009〕6号）《全国医疗卫生服务体系规划纲要（2015—2020年）》（国办发〔2015〕14号）和《中医药发展战略规划纲要(2016—2030年)》（国发〔2016〕15号），在总结"十二五"医疗卫生服务体系建设和发展经验的基础上，2016年11月，国家发展和改革委员会制定了《全民健康保障工程建设规划》（发改社会〔2016〕2439号）。

1. 发展目标

到2020年，在中央和地方的共同努力下，全面改善医疗卫生薄弱环节基础设施条件，明显提升医疗卫生服务能力，同步推进机制改革和管理创新，优化医疗卫生资源配置，构建与国民经济和社会发展水平相适应、与居民健康需求相匹配、体系完整、分工明确、功能互补、反应及时、密切协作的医疗卫生服务体系，为实现人人享有基本医疗卫生服务和全面建成小康社会提供坚实保障。

2. 政策要点

实施全民健康保障工程，主要包括健康扶贫、妇幼健康保障、公共卫生服务能力、疑难病症诊治能力、中医药传承和创新、人口健康信息化等工程建设。

以集中连片特殊困难地区和国家扶贫开发工作重点县为重点，全面加强县级医院业务用房建设，确保每个县（市、区）建好1~2所县级公立医院（含中医院），提升县域综合服务能力，为实现县域内就诊率达到90%任务目标提供设施保障。

全面改善妇幼健康服务机构的基础设施条件，强化危重孕产妇救治与新生儿救治能力，提升妇幼保健服务水平。到2020年，力争实现省、市、县三级都有1所政府举办设施齐全的妇幼健康服务机构，保障全面二孩政策顺利实施。

加强疾病预防控制机构基础设施建设，力争到2020年，省级疾病预防控制机构都有达到生物安全三级水平的实验室；严重威胁群众健康的职业病、传染病、地方病、结核病等得到有效防控；进一步完善血站服务体系，确保与经济社会发展和医疗卫生事业发展相适应；综合监督执法网络进一步完善，紧急医学救援能力得到加强。

针对严重危害人民群众健康的重点病种，完善区域内学科建制，在全国范围内遴选约 100 所特色优势突出、医疗技术水平较高、有杰出的学科带头人及合理的人才梯队、辐射带动能力较强的省部级医院支持建设，显著提升省域内相关专科综合诊治能力和技术水平。

重点支持约 90 所重点中医医院（含少数中西医结合医院、民族医医院，下同）和 10 所左右省级中医药科研机构（含民族医药科研机构）开展传承创新能力建设，推动中医药服务资源和临床科研有机结合，促进中医药全面振兴发展。

以省级为主体，按照区域人口健康信息平台应用功能指引，充分整合现有信息系统和数据资源，利用新兴信息技术，实现公共卫生、计划生育、医疗服务、医疗保障、药品管理、综合管理等六大业务应用系统的数据汇聚和业务协同。

五、《"十三五" 国家战略性新兴产业发展规划》

战略性新兴产业代表新一轮科技革命和产业变革的方向，是培育发展新动能、获取未来竞争新优势的关键领域。"十三五"时期，要把战略性新兴产业摆在经济社会发展更加突出的位置，大力构建现代产业新体系，推动经济社会持续健康发展。根据"十三五"规划纲要有关部署，2016 年 12 月，国务院印发了《"十三五"国家战略性新兴产业发展规划》（国发〔2016〕67 号），规划期为 2016—2020 年。

1. 发展目标

到 2020 年，战略性新兴产业发展要实现以下目标：

产业规模持续壮大，成为经济社会发展的新动力。战略性新兴产业增加值占国内生产总值比重达到 15%，形成新一代信息技术、高端制造、生物、绿色低碳、数字创意等 5 个产值规模 10 万亿元级的新支柱，并在更广领域形成大批跨界融合的新增长点，平均每年带动新增就业 100 万人以上。

创新能力和竞争力明显提高，形成全球产业发展新高地。攻克一批关键核心技术，发明专利拥有量年均增速达到 15% 以上，建成一批重大产业技术创新平台，产业创新能力跻身世界前列，在若干重要领域形成先发优势，产品质量明显提升。节能环保、新能源、生物等领域新产品和新服务的可及性大幅提升。知识产权保护更加严格，激励创新的政策法规更加健全。

产业结构进一步优化，形成产业新体系。发展一批原创能力强、具有国际影响力和品牌美誉度的行业排头兵企业，活力强劲、勇于开拓的中小企业持续涌现。中高端制造业、知识密集型服务业比重大幅提升，支撑产业迈向中高端水平。形成若干具有全球影响力的战略性新兴产业发展策源地和技术创新中心，打造百余个特色鲜明、创新能力强的新兴产业集群。

到 2030 年，战略性新兴产业发展成为推动我国经济持续健康发展的主导力量，我国成为世界战略性新兴产业重要的制造中心和创新中心，形成一批具有全球影响力和主导地位的创新型领军企业。

2. 医疗器械相关政策要点

提升生物医学工程发展水平。深化生物医学工程技术与信息技术融合发展，加快行业规制改革，积极开发新型医疗器械，构建移动医疗、远程医疗等诊疗新模式，促进智慧医疗产业发展，推广应用高性能医疗器械，推进适应生命科学新技术发展的新仪器和试剂研发，提升我国生物医学工程产业整体竞争力。

发展智能化移动化新型医疗设备。开发智能医疗设备及其软件和配套试剂、全方位远程医疗服务平台和终端设备，发展移动医疗服务，制定相关数据标准，促进互联互通，初步建立信息技术与生物技术深度融合的现代智能医疗服务体系。

开发高性能医疗设备与核心部件。发展高品质医学影像设备、先进放射治疗设备、高通量低成本基因测序仪、基因编辑设备、康复类医疗器械等医学装备，大幅提升医疗设备稳定性、可靠性。利用增材制造等新技术，加快组织器官修复和替代材料及植介入医疗器械产品创新和产业化。加速发展体外诊断仪器、设备、试剂等新产品，推动高特异性分子诊断、生物芯片等新技术发展，支撑肿瘤、遗传疾病及罕见病等体外快速准确诊断筛查。

开发智能化和高性能医疗设备，支持企业、医疗机构、研究机构等联合建设第三方影像中心，开展协同诊疗和培训，试点建立居民健康影像档案。

六、《工业强基工程实施指南（2016—2020 年）》

工业基础是支撑和推动制造业发展的重要支撑条件，是我国制造业赖以生存和发展的基石，是制造业核心竞争力的根本体现，是我国制造强国建设的决胜制高点。

工业基础主要包括核心基础零部件（元器件）、关键基础材料、先进基础工艺和产业技术基础（简称"四基"），直接决定着产品的性能和质量，是工业整体素质和核心竞争力的根本体现，是制造强国建设的重要基础和支撑条件。经过多年发展，我国工业总体实力迈上新台阶，已经成为具有重要影响力的工业大国，形成了门类较为齐全、能够满足整机和系统一般需求的工业基础体系。但是，核心基础零部件（元器件）、关键基础材料严重依赖进口，产品质量和可靠性难以满足需要；先进基础工艺应用程度不高，共性技术缺失；产业技术基础体系不完善，试验验证、计量检测、信息服务等能力薄弱。工业基础能力不强，严重影响主机、成套设备和整机产品的性能质量和品牌信誉，制约我国工业创新发展和转型升级，已成为制造强国建设的瓶颈。未来 5~10 年，提升工业基础能力，夯实工业发展基础迫在眉睫。

2016 年 8 月，工业和信息化部、国家发展和改革委员会、科学技术部、财政部联合印发《工业强基工程实施指南（2016—2020 年）》，围绕《中国制造 2025》十大重点领域，开展重点领域"一揽子"突破行动，实施重点产品"一条龙"应用计划，建设一批产业技术基础平台，培育一批专精特新"小巨人"企业，推动"四基"领域军民融合发展。

1. 主要目标

经过 5~10 年的努力，部分核心基础零部件（元器件）、关键基础材料达到国际领先，产业技术基础体系较为完备，"四基"发展基本满足整机和系统的需求，形成整机牵引与基础支撑协调发展的产业格局，夯实制造强国建设基础。到 2020 年，工业基础能力明显提升，初步建立与工业发展相协调、技术起点高的工业基础体系。40% 的核心基础零部件（元器件）、关键基础材料实现自主保障，先进基础工艺推广应用率达到 50%，产业技术基础体系初步建立，基本满足高端装备制造和国家重大工程的需要。具体目标是：

——质量水平显著提高。基础零部件（元器件）、基础材料的可靠性、一致性和稳定性显著提升，产品使用寿命整体水平明显提高。

——关键环节实现突破。推动 80 种左右标志性核心基础零部件（元器件）、70 种左右标志性关键基础材料、20 项左右标志性先进基础工艺实现工程化、产业化突破。先进轨道交通装备、信息通信设备、高档数控机床和机器人、电力装备领域的"四基"问题率先解决。

——支撑能力明显增强。建设 40 个左右高水平的试验检测类服务平台，20 个左右信息服务类服务平台，服务重点行业创新发展。

——产业结构优化升级。培育 100 家左右年销售收入超过 10 亿元、具有国际竞争力的"小巨人"企业，形成 10 个左右具有国际竞争力、年销售收入超过 300 亿的基础产业集聚区。

2. 工业"四基"发展目录

为营造从国家到企业全社会重视工业基础的氛围，引导企业从事工业基础领域，鼓励社会资本参与工业基础领域发展，发挥金融体系支持工业基础能力的作用，国家制造强国建设战略咨询委员会组织编制了《工业"四基"发展目录》。

围绕《中国制造 2025》十大重点领域高端发展以及传统产业转型升级，突出重点，创新管理，梳理装备和系统需求。分析产业现状。遴选 170 种左右标志性核心基础零部件（元器件）、关键基础材料和先进基础工艺组织开展工程化、产业化突破。

在生物医药及高性能医疗器械领域，力争突破 8MHU 以上大热容量 X 射线管、新型 X 射线光子探测器、超声诊断单晶探头、2000 阵元以上面阵探头、微型高频超声探头（血管或内窥镜检测）、MRI 用 64 通道以上多通道谱仪、CT 探测器、PET 探测器（基于硅光电倍增管）、超精密级医疗机械轴承等核心基础零部件。开发可降解血管支架材料、透析材料、医用级高分子材料、植入电极、3T 以上高场强超导磁体、临床检验质控用标准物质等关键基础材料。突破抗体药物大规模工业化生产技术，开发重组蛋白药物新型治疗性疫苗和细胞免疫治疗嵌合体抗原受体 CAR-T 细胞技术等制剂，推广具有生物活性的 3D 打印人工血管工艺。

3. 生物医药及高性能医疗器械"四基"目录

生物医药及高性能医疗器械领域核心基础零部件（元器件）、关键基础材料、先进基础工艺、产业技术基础目录具体见表 5-1。

表 5-1　生物医药及高性能医疗器械"四基"目录

类别	序号	"四基"目录
一、核心基础零部件（元器件）	1	大热容量 X 射线管组件
	2	新型 X 射线光子探测器
	3	超声单晶探头、面阵探头、弹性成像探头等新型探头
	4	内窥镜及血管内微型超声探头
	5	CT 探测器
	6	PET 探测器
	7	超精密级医疗机械轴承
	8	CT 滑环及运动控制系统
	9	高像素 CCD/CMOS 图像传感器
	10	磁共振射频线圈
	11	无创连续血压传感器等新型电生理传感器
	12	IVD 微量精密加样组件
	13	高灵敏度生物细胞无线检测芯片
二、关键基础材料	1	可降解血管支架材料
	2	透析材料
	3	医用级高分子材料
	4	生物 3D 打印材料
	5	探测器新型晶体材料
	6	导光率、大数值孔径内镜光纤
	7	超弹性镍钛合金
	8	假肢体制备碳纤维材料
	9	高强度可降解骨科植入材料
	10	人工关节用交联超高分子量聚乙烯
	11	中性硼硅玻璃
	12	药用卤化丁基橡胶
	13	高端湿性医用敷料材料
	14	可吸收医用材料
	15	植入用钛及钛合金材料
	16	造影药剂
	17	植牙材料
	18	诊断和药物释放一体化靶向纳米材料
	19	医用镁合金材料

（续）

类别	序号	"四基"目录
三、先进基础工艺	1	药物新靶点发现和针对新靶点的药物设计技术
	2	口服速释、缓控释、多颗粒系统等口服调释给药技术
	3	脂质体、脂微球、纳米制剂等新型注射给药技术
	4	口服仿制药与原研药质量疗效一致性制造技术
	5	大宗原料药清洁生产、发酵菌渣无害化处理和资源化利用技术
	6	中药药理及药效学评价技术
	7	濒危稀缺药材人工繁育技术
	8	中药注射剂安全性评价关键技术
	9	人源化抗体构建及优化技术、双功能抗体技术及抗体化药偶联技术
	10	基因工程疫苗技术
	11	动物细胞大规模高效培养和蛋白质纯化关键技术
	12	生物药长效、缓释、控释等制剂技术
四、产业技术基础	1	医药研发公共资源平台
	2	工业制剂技术研发平台
	3	医药制剂国际化发展技术平台
	4	医药绿色制造技术研究平台
	5	生物医药及高性能医疗器械关键材料和零部件计量测试创新服务平台

七、《"十三五"医疗器械科技创新专项规划》

为加速推进医疗器械科技产业发展，更好地满足广大人民群众健康需求，服务我国医疗卫生与健康服务体系建设，促进医疗卫生体制改革的顺利实施，按照《国家创新驱动发展战略纲要》《国家中长期科学和技术发展规划纲要（2006—2020年)》《"十三五"国家科技创新规划》《"健康中国2030"规划纲要》《中国制造2025》以及《关于促进医药产业健康发展的指导意见》等相关要求，2017年6月，科学技术部制定《"十三五"医疗器械科技创新专项规划》（国科办社〔2017〕44号）。

1. 总体目标

加速医疗器械产业整体向创新驱动发展的转型，完善医疗器械研发创新链条；突破一批前沿、共性关键技术和核心部件，开发一批进口依赖度高、临床需求迫切的高端、主流医疗器械和适宜基层的智能化、移动化、网络化产品，推出一批基于国产创新医疗器械产品的应用解决方案；培育若干年产值超百亿元的领军企业和一批具备较强创新活力的创新型企业，大幅提高产业竞争力，扩大国产创新医疗器械产品的市场占有率，引领医学模式变革，推进我国医疗器械产业的跨越发展。

突破1~3项原始创新技术，10~20项前沿关键技术，形成核心专利300项以上。主流高端产品全面实现国产化，自主原创产品取得重要突破，研发10~20项前沿创新产品，引领新型医疗产品与健康服务技术发展。重点培育 8~10 家具备较强竞争力的大型医疗器械企业集团，建立 8~10 个医疗器械科技产业集聚区，80~100 家具有自主核心知识产权且具备一定规模的创新型高技术企业，建立完善的国家医疗器械标准、测试和评价体系，部分重点产品市场占有率达到 30%~40%。

2. 政策要点

发展前沿关键技术，引领医疗器械创新。加强医疗器械的基础前沿研究，发展医疗器械"新理论、新方法、新材料、新工具、新技术"，引领医疗器械领域的重大原创性突破。推进重大产品研发，突破核心部件瓶颈。重点推进医学影像、体外诊断、先进治疗、生物医用材料、健康器械五大类重大产品开发，引领科技创新重点向高端产品转移，形成具有市场竞争力的自主品牌。注重应用需求导向，强化示范普及推广。继续推动实施创新医疗器械产品应用示范工程（"十百千万工程"），重点通过解决方案集成、示范推广应用，形成"技术创新-产品开发-临床评价-示范应用-辐射推广"的良性循环。优化平台基地布局，促进创新能力提升。统筹加强平台基地建设，深化体制、机制和管理创新，围绕技术创新中心、共性技术平台、临床评价中心布局一批重大研究平台，系统完善国家医疗器械创新体系。集聚创新创业要素，助力产业集群发展。加强医疗器械创新集聚区和产业化基地建设，重点推进 8~10 个国家级医疗器械科技产业基地建设。

八、《关于深化审评审批制度改革鼓励药品医疗器械创新的意见》

当前，我国药品医疗器械产业快速发展，创新创业方兴未艾，审评审批制度改革持续推进。但我国对药品医疗器械科技创新的支持仍显不足，上市产品质量与国际先进水平存在差距。为促进药品医疗器械产业结构调整和技术创新，提高产业竞争力，满足公众临床需要，2017 年 10 月初，中共中央办公厅、国务院办公厅特印发《关于深化审评审批制度改革鼓励药品医疗器械创新的意见》。要点如下：

1. 改革临床试验管理

临床试验机构资格认定实行备案管理。具备临床试验条件的机构在食品药品监管部门指定网站登记备案后，可接受药品医疗器械注册申请人委托开展临床试验。支持临床试验机构和人员开展临床试验，将临床试验条件和能力评价纳入医疗机构等级评审。完善伦理委员会机制，提高伦理审查效率。在我国境内开展多中心临床试验的，经临床试验组长单位伦理审查后，其他成员单位应认可组长单位的审查结论，不再重复审查。优化临床试验审批程序，建立完善注册申请人与审评机构的沟通交流机制。接受境外临床试验数据，在境外多中心取得的临床试验数据，符合中国药品医疗器械注册相关要求的，可用于在中国申报注册申请。支持拓展性临床试验，严肃查处数据造假行为。

2. 加快上市审评审批

加快临床急需药品医疗器械审评审批。对治疗严重危及生命且尚无有效治疗手段疾病以及公共卫生方面等急需的药品医疗器械，临床试验早期、中期指标显示疗效并可预测其临床价值的，可附带条件批准上市，企业应制定风险管控计划，按要求开展研究。

支持罕见病治疗药品医疗器械研发，罕见病治疗药品医疗器械注册申请人可提出减免临床试验的申请。严格药品注射剂审评审批，实行药品与药用原辅料和包装材料关联审批。支持中药传承和创新，建立完善符合中药特点的注册管理制度和技术评价体系，处理好保持中药传统优势与现代药品研发要求的关系。建立专利强制许可药品优先审评审批制度。

3. 促进药品创新和仿制药发展

建立上市药品目录集，为保护专利权人合法权益，降低仿制药专利侵权风险，鼓励仿制药发展，探索建立药品审评审批与药品专利链接制度。开展药品专利期限补偿制度试点，对因临床试验和审评审批延误上市的时间，给予适当专利期限补偿。完善和落实药品试验数据保护制度，对创新药、罕见病治疗药品、儿童专用药、创新治疗用生物制品以及挑战专利成功药品注册申请人提交的自行取得且未披露的试验数据和其他数据，给予一定的数据保护期。促进药品仿制生产，加快推进仿制药质量和疗效一致性评价。发挥企业的创新主体作用，允许科研机构和科研人员在承担相关法律责任的前提下申报临床试验。

4. 加强药品医疗器械全生命周期管理

推动上市许可持有人制度全面实施，允许医疗器械研发机构和科研人员申请医疗器械上市许可。落实上市许可持有人法律责任。建立上市许可持有人直接报告不良反应和不良事件制度。上市许可持有人承担不良反应和不良事件报告的主体责任，隐瞒不报或逾期报告的，依法从严惩处。开展药品注射剂再评价。完善医疗器械再评价制度，上市许可持有人须根据科学进步情况和不良事件评估结果，主动对已上市医疗器械开展再评价。规范药品学术推广行为。

5. 提升技术支撑能力

完善技术审评制度。建立审评为主导、检查检验为支撑的技术审评体系，完善审评项目管理人制度、审评机构与注册申请人会议沟通制度、专家咨询委员会制度，加强内部管理，规范审评流程。组建由临床医学、临床诊断、机械、电子、材料、生物医学工程等专业人员组成的医疗器械审评团队，负责创新医疗器械审评。落实相关工作人员保密责任。加强审评检查能力建设，将药品医疗器械审评纳入政府购买服务范围，提供规范高效审评服务。落实全过程检查责任，建设职业化检查员队伍。加强国际合作，推动逐步实现审评、检查、检验标准和结果国际共享。

九、《增强制造业核心竞争力三年行动计划（2018—2020年）》

为全面贯彻落实党的十九大精神，加快发展先进制造业，推动互联网、大数据、人工智能和实体经济深度融合，突破制造业重点领域关键技术实现产业化，2017年11月，国家发展和改革委员会印发了《增强制造业核心竞争力三年行动计划（2018—2020年）》（发改产业〔2017〕2000号）。

1. 总体目标

到"十三五"末，轨道交通装备等制造业重点领域突破一批重大关键技术实现产业化，形成一批具有国际影响力的领军企业，打造一批中国制造的知名品牌，创建一批国际公认的中国标准，制造业创新能力明显提升、产品质量大幅提高、综合素质显著增强。

2. 重点领域

在轨道交通装备、高端船舶和海洋工程装备、智能机器人、智能汽车、现代农业机械、高端医疗器械和药品、新材料、制造业智能化、重大技术装备等重点领域，组织实施关键技术产业化专项。

3. 高端医疗器械和药品关键技术产业化

（1）加快高端医疗器械产业化及应用　重点支持 PET-MRI、超声内窥镜、手术机器人、全实验室自动化检验分析流水线（TLA）等创新医疗器械产业化。支持具备一定基础的 PET-CT、CT、MRI 等高性能影像设备，高能直线加速器及影像引导放射治疗装置等治疗设备，高通量基因测序仪、化学发光免疫分析仪、新型分子诊断仪器等体外诊断产品，全降解冠脉支架、神经刺激器、组织器官诱导再生和修复材料等新型植入介入产品，高端智能康复辅助器具、高精度即时检验系统（POCT）等产品升级换代和质量性能提升。

（2）推动高端药品产业化及应用　针对肿瘤、心脑血管、糖尿病、免疫系统、病毒及耐药菌感染等重大疾病治疗领域，推动靶向性、高选择性、新作用机理的创新药物开发及产业化。支持市场潜力大、临床价值高的专利到期首家化学仿制药和生物类似药的开发及产业化，支持通过仿制药质量和疗效一致性评价的产品产业升级。支持 2015 年以来已获新药证书或已申报新药生产的化学药 1~2 类新药（新化合物和改良型新药）、中药 1~6 类新药（含民族药）及新经典名方产品、国内首家上市的生物药产业化。

（3）加强专业化技术服务平台建设　支持医疗器械、药品专业化咨询、研发、生产、应用示范服务平台建设，为行业提供关键技术开发、标准制订、质量检测和评价、临床研究、应用示范等公共服务，推动行业全面转型升级，促进产品质量性能提升，提高医药产业分工协作和生产集约化水平。

十、《增材制造产业发展行动计划（2017—2020 年）》

当前，全球范围内新一轮科技革命与产业革命正在萌发，世界各国纷纷将增材制造作为未来产业发展新增长点，推动增材制造技术与信息网络技术、新材料技术、新设计理念的加速融合。

我国高度重视增材制造产业，将其作为《中国制造 2025》的发展重点。2017 年 12 月，工业和信息化部联合国家发展和改革委员会、财政部等十二个部门联合发布了《增材制造产业发展行动计划（2017—2020 年）》（工信数联装〔2017〕311 号），积极推进我国增材制造产业快速健康发展。

1. 行动目标

到 2020 年，增材制造产业年销售收入超过 200 亿元，年均增速在 30%以上。关键核心技术达到国际同步发展水平，工艺装备基本满足行业应用需求，生态体系建设显著完善，在部分领域实现规模化应用，国际发展能力明显提升。

技术水平明显提高。突破 100 种以上重点行业应用急需的工艺装备、核心器件及专用材料，大幅提升增材制造产品质量及供给能力。专用材料、工艺装备等产业链重要环节关键核心技术与国际同步发展，部分领域达到国际先进水平。

行业应用显著深化。开展 100 个以上应用范围较广、实施效果显著的试点示范项目，培育一批创新能力突出、特色鲜明的示范企业和园区，推动增材制造在航空、航天、船舶、汽车、医疗、文化、教育等领域实现规模化应用。

生态体系基本完善。培育形成从材料、工艺、软件、核心器件到装备的完整增材制造产业链，涵盖计量、标准、检测、认证等在内的增材制造生态体系。建成一批公共服务平台，形成若干产业集聚区。

全球布局初步实现。统筹利用国际国内两种资源，形成从技术研发、生产制造、资本运作、市场营销到品牌塑造等多元化、深层次的合作模式，培育 2~3 家以上具有较强国际竞争力的龙头企业，打造 2~3 个具有国际影响力的知名品牌，推动一批技术、装备、产品、标准成功走向国际市场。

2. "3D 打印+医疗"示范应用

推动增材制造在重点制造、医疗、文化创意、创新教育等领域规模化应用。针对医疗领域个性化医疗器械（含医用非医疗器械）、康复器械、植入物、软组织修复、新药开发等需求，推动完善个性化医用增材制造产品在分类、临床检验、注册、市场准入等方面的政策法规。研究确定医用增材制造产品及服务的医疗服务项目收费标准和医保支持标准。

3. 政策要点

一是提高创新能力。完善增材制造创新中心运行机制，推进前瞻性、共性技术研究和先进科技成果转化；突破一批关键共性技术，提早布局新一代增材制造技术研究。

二是提升供给质量。开展增材制造专用材料、关键材料制备技术及装备的研发，提升材料的品质和性能稳定性；重点突破增材制造装备、核心器件及专用软件的质量、性能和稳定性问题；提升行业整体服务质量和用户对增材制造技术的认可程度。

三是推进示范应用。以直接制造为主要战略取向，兼顾原型设计和模具开发应用，推动增材制造在重点制造、医疗、文化创意、创新教育等领域规模化应用，线上线下打通增材制造在社会、企业、家庭中的应用路径。

四是培育龙头企业。鼓励骨干企业积极整合国内外技术、人才和市场等资源，加强品牌培育；促进全产业链协同发展，鼓励特色优势地区加快培育世界级先进增材制造产业集群，助推龙头企业的发展壮大。

五是完善支撑体系。完善增材制造产业计量测试服务体系，健全增材制造标准体系，加快检测与认证机构培育，加强人才培养，建立和完善人才激励机制。

十一、《高端医疗器械和药品关键技术产业化实施方案（2018—2020 年）》

2017 年 12 月，国家发展和改革委员会印发了《增强制造业核心竞争力三年行动计划（2018—2020 年）》（发改办产业〔2017〕2063 号），按照《行动计划》要求，国家发展和改革委员会会同地方发展和改革委员会、行业协会、骨干企业等单位，在深入调研、广泛征求意见的基础上，制定了《高端医疗器械和药品关键技术产业化实施方案（2018—2020 年）》，将"全降解冠脉支架、心脏起搏器、组织器官诱导再生和修复材料、运动医学软组织固定系统等"等再生医学相关产品列为支持方向。

1. 主要任务和预期目标——高端医疗器械

围绕健康中国建设要求和医疗器械技术发展方向，聚焦使用量大、应用面广、技术含量高的高端医疗器械，鼓励掌握核心技术的创新产品产业化，推动科技成果转化，填补国内空白，推动一批重点医疗器械升级换代和质量性能提升，提高产品稳定性和可靠性，发挥大型企业的引领带动作用，培育国产知名品牌。

（1）影像设备 鼓励国内空白的 PET/MRI、超声内窥镜等创新设备产业化。推动具备一定基础的 PET/CT、CT、MRI、彩色超声诊断设备、电子内窥镜、数字减影血管造影 X 线机（DSA）等设备升级换代和质量性能提升。加快大热容量 X 射线球管、超导磁体、新型超声探头等核心部件及图像处理软件等核心技术的开发。

（2）治疗设备 鼓励国内空白的腹腔镜手术机器人、神经外科手术机器人等创新设备产业化。推动具备一定基础的高能直线加速器及影像引导放射治疗装置、血液透析设备（含耗材）、治疗用呼吸机、骨科手术机器人、智能康复辅助器具等产品的升级换代和质量性能提升。

（3）体外诊断产品 鼓励国内空白的全实验室自动化检验分析流水线（TLA）等创新设备产业化。推动具备一定基础的高通量基因测序仪、化学发光免疫分析仪、新型分子诊断仪器、即时检验系统（POCT）等体外诊断产品及试剂升级换代和质量性能提升。

（4）植入介入产品 推动全降解冠脉支架、心室辅助装置、心脏瓣膜、心脏起搏器、人工耳蜗、神经刺激器、肾动脉射频消融导管、组织器官诱导再生和修复材料、运动医学软组织固定系统等创新植入介入产品的产业化。

（5）专业化技术服务平台 建设医疗器械专业化咨询、研发、生产、应用示范服务平台，为医疗器械行业提供信息咨询、核心技术研究及产业化、已上市产品质量跟踪评价和应用示范等公共服务，推动行业全面转型升级，促进产品质量性能提升。

通过方案的实施，10 个以上创新医疗器械填补国内空白；10 个以上国产高端医疗器械品牌实现升级换代，质量性能显著提升，销量进入同类产品市场份额前三位；培育医疗器械龙头企业，销售收入超 20 亿元的医疗器械企业达到 10 家以上。

2. 主要任务和预期目标——高端药品

落实健康中国建设的战略任务，围绕人民群众健康需求，鼓励创新药开发和产业化，加快临床需求大、价格高的专利到期药品仿制，推动药品拓展国际高端市场，提升重点产品质量水平，提高药品供应保障和重大疾病防治能力。

（1）创新药　针对肿瘤、心脑血管、糖尿病、免疫系统、病毒及耐药菌感染等重大疾病治疗领域，推动靶向性、高选择性、新作用机理的创新药物开发及产业化。推动2015年以来已获新药证书或已申报新药生产的化学药1~2类新药（新化合物和改良型新药）、中药1~6类新药（含民族药）及新经典名方产品、国内首家上市的生物药产业化。

（2）重大仿制药物　鼓励市场潜力大、临床价值高的专利到期首家化学仿制药和生物类似药的开发及产业化，推动通过仿制药质量和疗效一致性评价的产品产业升级，提高生产过程智能、绿色制造水平，提升生产效率和产品质量，降低医药费用支出。

（3）国际化　根据欧美市场药品注册和生产要求，建设新药、重大仿制药国际标准生产基地。开拓"一带一路"国家市场，鼓励疫苗企业根据WHO质量预认证要求，建设国际化生产基地。

（4）专业化技术服务平台　建设药品专业化咨询、研发、生产、应用示范服务平台，为药品企业提供信息咨询、药学研究和临床研究CRO、专业化合同生产CMO、药品质量再评价等服务，促进产品质量性能提升，提高医药产业分工协作和生产集约化水平。

通过方案的实施，实现10个以上创新药产业化；通过国产首仿药或生物类似药上市，降低药品消费支出50亿元/年以上；在欧美市场制剂销售额达到10亿美元以上，新药注册实现零的突破。

十二、《接受医疗器械境外临床试验数据技术指导原则》

为了更好满足公众对医疗器械的临床需要，促进医疗器械技术创新，进一步为申请人通过医疗器械境外临床试验数据申报注册以及监管部门对该类临床试验数据的审评提供技术指导，避免或减少重复性临床试验，加快医疗器械在我国上市进程。2018年1月，原国家食品药品监督管理总局根据中共中央办公厅、国务院办公厅《关于深化审评审批制度改革鼓励药品医疗器械创新的意见》（厅字〔2017〕42号）及我国医疗器械注册管理相关要求，组织制定了《接受医疗器械境外临床试验数据技术指导原则》。

1. 接受境外临床试验数据的基本原则

一是伦理原则，境外临床试验应当遵循《世界医学大会赫尔辛基宣言》确定的伦理准则。申请人同时需说明采用的临床试验开展所在国家（地区）的伦理、法律、法规所制定的规范和标准，或国际规范和标准。二是依法原则，境外临床试验应当在有临床试验质量管理的国家（地区）开展，并且符合我国医疗器械（含体外诊断试剂）临床试验监管要求。三是科学原则，境外临床试验数据应真实、科学、可靠、可追溯，申请人应提供完整的试验数据，不得筛选。

2. 境外临床试验数据的提交情况及接受要求

申请人提交的境外临床试验资料应至少包括临床试验方案、伦理意见、临床试验报告。临床试验报告应包含对完整临床试验数据的分析及结论。境外试验数据需符合我国注册相关要求，数据科学、完整、充分，予以接受。申请人若采用我国境内及境外同期开展的多中心临床试验数据作为注册申报资料，还应阐明境内承担的病例数的分配依据。

3. 接受境外临床试验资料时的考虑因素及技术要求

首先需要考虑技术审评要求的差异。境外进行的临床试验可能符合试验开展所在国家（地区）的技术审评要求，但不一定完全符合我国相关审评要求。例如，在我国申报注册时，可能要求该器械性能达到多个观察终点才可确认其有效性，且医疗器械的安全性有适当的证据支持。其次需要考虑受试人群差异。申请人应确认所研究的人群数据可外推至我国使用人群。受试人群的差异对临床试验数据可能产生影响的因素包括基于人类遗传学特征或人口学特征的内在因素和基于社会环境、自然环境、文化的外在因素。最后需要考虑临床试验条件差异，即境外临床试验与我国试验条件的差异，包括医疗环境、医疗设施、研究者能力（学习曲线）、诊疗理念或准则的差异等，对试验数据及我国预期使用人群相关性产生的影响。

十三、《关于开展首台（套）重大技术装备保险补偿机制试点工作的通知》和《关于促进首台（套）重大技术装备示范应用的意见》

重大技术装备是国之重器，事关综合国力和国家安全。首台（套）重大技术装备（简称：首台（套））是指国内实现重大技术突破、拥有知识产权、尚未取得市场业绩的装备产品，包括前三台（套）或批（次）成套设备、整机设备及核心部件、控制系统、基础材料、软件系统等。

1. 首台（套）重大技术装备保险补偿机制

重大技术装备是关系国家安全和国民经济命脉的战略产品，建立首台（套）重大技术装备保险补偿机制试点是发挥市场机制决定性作用，加快重大技术装备发展的重要举措。2015 年 3 月，工业和信息化部、财政部、中国保监会三部委联合印发了《关于开展首台（套）重大技术装备保险补偿机制试点工作的通知》，截至 2017 年，保险业为全国 700 余个首台（套）重大技术装备项目提供风险保障 1359 亿元，涉及保费 33.2 亿元，财政补贴 26 亿元，有力推动了首台（套）重大技术装备的市场化应用。

自 2015 年试点以来，医疗装备作为其 14 大重点领域之一，已经由最初的 MR、CT、PET/CT 等八类产品扩充至 2018 年的 32 类产品，涵盖 MR、PET/MR、PET/CT 等医用成像设备，全自动生化分析系统、全自动化学发光监测仪等临床检验仪器，以及聚焦超声肿瘤治疗系统，医用高能射线设备，医用高频仪器设备，冷冻手术设备，手术导航与控制系统，骨科用有源器械等。

2. 首台（套）重大技术装备示范应用

2018 年 4 月，国家发展和改革委员会、科学技术部、工业和信息化部等八部门联合印发了《关于促进首台（套）重大技术装备示范应用的意见》（发改产业〔2018〕558号），力争以首台（套）示范应用为突破口，推动重大技术装备水平整体提升，解决产业基础薄弱、创新能力不强、首台（套）示范应用不畅等制约装备制造业创新发展的瓶颈问题。

（1）主要目标　到2020年，重大技术装备研发创新体系、首台（套）检测评定体系、示范应用体系、政策支撑体系全面形成，保障机制基本建立。到2025年，重大技术装备综合实力基本达到国际先进水平，有效满足经济发展和国家安全的需要。

（2）具体任务　完善重大技术装备研发创新体系。根据国家战略需要和应用需求，编制重大技术装备创新目录，确定研发重点和时序；建设重大技术装备研发创新平台，聚集相关领域优势资源，增强研发创新能力；组建由科研院所、制造企业、行业协会等参加的重大技术装备研发创新联盟，加强重大技术装备研发创新合作；健全重大技术装备众创引导机制。

健全首台（套）检测评定体系。制定首台（套）评定办法，规范首台（套）评定管理；依托重大技术装备创新研究院、行业协会和检验检测机构等，建立首台（套）评定机构；根据首台（套）检测评定需求，加强国家重点实验室、工程研究中心、技术创新中心、制造业创新中心、质量检验中心、产业计量测试中心等建设，提升检验检测能力。

构建首台（套）示范应用体系。依托重大工程建设和有条件的行业骨干企业等，建立首台套示范应用基地，作为长期承担相关行业首台（套）示范应用任务的平台；依托行业协会、龙头企业，组建由用户、工程设计、设备成套、研发、制造、检测等单位参加的首台（套）示范应用联盟，搭建供需对接平台；组织首台（套）评定机构等单位，做好首台（套）示范效果评价。

推动军民两用技术和装备融合发展。加快先进适用军用技术转为民用；拓宽民口企业参与军品研制渠道；建立军民两用首台（套）研发及示范应用会商机制和合作平台，组织实施首台套示范应用项目和工程等。

加强首台（套）知识产权运用和保护。对首台（套）产品的核心关键专利申请，依法给予优先审查支持，提高审查质量和效率，增强授权及时性和专利权稳定性，优化知识产权布局；促进知识产权成果分享；加强知识产权保护。

加大资金支持力度。通过中央财政科技计划（专项、基金等），统筹支持符合条件的重大技术装备及相关共性技术研发；重点支持公共平台建设运行；利用产业投资基金等渠道，支持首台套示范应用基地和示范应用项目建设。

强化税收政策导向。对从事重点技术装备研发制造的企业，按现行税收政策规定享受企业所得税税前加计扣除优惠，经认定为高新技术企业的，按减15%税率征收企业所得税；根据产业发展情况，调整《产业结构调整指导目录》，调整相关进口税收政策。

优化金融支持和服务。发展融资租赁业务；加强银行信贷支持；拓宽直接融资渠道。

增强保险"稳定器"作用。总结首台套保险补偿试点工作经验，继续实施首台套保险补偿政策；优化保险公司共保体的运行模式和机制，完善能进能出的动态调整机制；鼓励有条件的地方结合产业基础、行业特点自主研究制定保险补偿政策，并做好与国家首台套保险补偿政策的区分和衔接。

十四、《关于加强中医医疗器械科技创新的指导意见》

为加强中医医疗器械科技创新，提升中医医疗器械产业创新能力，更好地满足中医医疗服务需要与人民群众健康需求，依据《中医药发展战略规划纲要（2016—2030年)》《"健康中国2030"规划纲要》《关于促进医药产业健康发展的指导意见》《"十三五"中医药科技创新专项规划》和《"十三五"医疗器械科技创新专项规划》有关文件要求，2019年1月，国家中医药管理局、科学和技术部等四个部门印发了《关于加强中医医疗器械科技创新的指导意见》（国中医药科技发〔2018〕11号）。

1. 发展目标

到2030年，中医医疗器械共性关键技术和核心部件的研发取得突破，研发并转化应用一批适应临床需要与市场需求的精细化、集成化、数字化、智能化产品；加强与微电子技术、信息科技、材料技术、新一代制造技术、传感技术和生物技术等现代科技相融合，中医医疗器械性能、质量与科技含量显著提升；进一步加强中医医疗器械科技创新平台体系建设，中医医疗器械标准体系基本完善，培养一批既懂中医又掌握现代科学技术的多学科交叉的研发人才与创新团队；中医医疗器械生产企业的创新作用和能力显著增强，提高产业竞争力与产业化水平。

2. 政策要点

加强中医医疗器械产品创新发展，加强中医医疗器械产品研发。集成应用微电子、高可靠性元器件技术、传感技术、云计算、大数据、物联网、移动医疗和人工智能技术等新兴技术，研发中医预防、检测、诊断、治疗、康复与监护系列设备。应用人工智能技术，挖掘、利用中医药大数据，促进中医医疗器械与互联网、移动终端融合发展，研发可移动、可穿戴、智能化的"互联网+"中医医疗器械与辅助系统。加快中医医疗器械升级改造。利用现代多学科技术成果，加强对临床应用广泛、市场需求较大的中医医疗器械进行产品优化与升级迭代，推动"增品种、提品质、创品牌"，引导中医医疗器械向精细化、数字化和智能化方向发展。

健全中医医疗器械标准体系，推进中医医疗器械基础标准、技术标准和管理标准研究。通过对中医医疗器械名词术语、技术要求、诊疗信息等基础标准及中医医疗器械分类标准的研究，为规范中医医疗器械管理提供支撑。开展符合中医理论与临床应用特点的中医医疗器械临床评价方法学研究，重点针对中医检测、诊断设备采集的医疗健康数据进行标准化研究，提高中医医疗器械应用的规范化水平。研究中医医疗器械的质量安全、注册、审批、监管和操作技术等内容相关管理标准，健全中医医疗器械标准体系。

推进中医医疗器械创新平台建设与国际化发展。加快学科交叉的产学研用平台建设。结合中医医疗器械市场需求，鼓励产学研用单位共建联合实验室，开展符合中医理论的诊断、治疗和康复等功能的中医医疗器械研发。加强中医医疗器械的应用示范和推广，在全国不同区域范围内建立中医医疗器械的临床应用示范中心，系统开展中医医疗器械创新产品的临床评价和示范应用研究。推进产业链融合发展，促进医疗器械产业转型升级，逐步推进"产业、科技、金融"跨界融合，"创新链、产业链、服务链"优化组合，使中医医疗器械领域呈现"融合式、多主体、一体化"发展态势。推进中医医疗器械国际化发展，加强中医医疗器械的国际科技合作研究，积极探索国际化合作新模式，以科技创新驱动中医医疗器械产品在"一带一路"国家的推广应用。

十五、《医疗器械唯一标识系统试点工作方案》

为贯彻落实中共中央办公厅、国务院办公厅《关于深化审评审批制度改革鼓励药品医疗器械创新的意见》和国务院办公厅《深化医药卫生体制改革 2019 年重点任务》，国家药品监督管理局会同国家卫生健康委员会开展医疗器械唯一标识系统试点工作，2019 年 7 月，国家药品监督管理局和国家卫生健康委员会办公厅印发了《医疗器械唯一标识系统试点工作方案》（药监综械注〔2019〕56 号）。

1. 工作目标

建立医疗器械唯一标识系统框架。实现医疗器械唯一标识的创建、赋予以及数据上传下载和共享功能，形成试点品种的医疗器械唯一标识数据库，建立唯一标识数据平台。

开展唯一标识在医疗器械生产、经营、流通和使用等各环节的试点应用，形成示范应用标准和规范。

探索利用唯一标识实现医疗器械不良事件报告、产品召回及追踪追溯等实施应用。

探索医疗器械唯一标识在卫生、医保等领域的衔接应用，实现注册审批、临床应用、医保结算等信息平台的数据共享。

2. 政策要点

参与单位：国家药品监督管理局、国家卫生健康委员会，部分省级药品监督管理部门、省级卫生健康管理部门，遴选的境内外医疗器械注册人、经营企业、流通企业、使用单位、学会协会以及发码机构等。

试点品种：以心脏、颅脑植入物、假体类等高风险植（介）入类医疗器械为重点品种，同时覆盖不同种类的典型产品。

医疗器械注册人、经营流通企业、使用单位、发码机构、行业协会、国家卫生健康委员会相关单位、省级卫生健康管理部门、国家药品监督管理局相关单位、省级药品监督管理部门等相关主体和部门，按照标识码产生、流通、使用、标准制定、汇总、共享管理等要求，各司其职、通力协作，共同推动医疗器械唯一标识系统试点工作。

十六、《关于进一步促进医疗器械标准化工作高质量发展的意见》

为贯彻十九届五中全会精神，落实党中央、国务院关于标准化工作改革决策部署，坚持科学化、法治化、国际化、现代化发展方向，以高标准夯实医疗器械监管和产业高质量发展基础，更好发挥标准在制械大国向制械强国跨越中的支撑和引领作用，进一步加强医疗器械标准化工作，2021年3月26日，国家药品监督管理局和国家标准化管理委员会提出《关于进一步促进医疗器械标准化工作高质量发展的意见》（国药监械注〔2021〕21号）。

1. 主要目标

到2025年，基本建成适应我国医疗器械研制、生产、经营、使用、监督管理等全生命周期管理需要，符合严守安全底线和助推质量高线新要求，与国际接轨、有中国特色、科学先进的医疗器械标准体系，实现标准质量全面提升，标准供给更加优质、及时、多元，标准管理更加健全、高效、协调，标准国际交流合作更加深入、更富成效。

2. 政策要点

重点完成六大任务，即优化标准体系、强化标准精细化管理、加强标准监督实施、完善医疗器械标准组织体系、深化国际交流与合作、提升标准技术支撑能力。每个重点任务都包含了若干个具体任务，如完善标准体系结构、加强基础通用标准研制、加强有源医疗器械标准研制、加强无源医疗器械标准研制、加强体外诊断试剂标准研制、推进急需标准快速制定和优化标准制修订工作机制等。在加强有源医疗器械标准研制中，意见提出要探索推动医疗器械关键核心零部件标准制定。

同时意见提出了三项保障措施：一是加强组织领导，要统一思想，提高认识、加强统筹协调和组织领导，加大医疗器械标准化工作支持力度，确保医疗器械标准化工作顺利开展；二是加强经费保障，要合理设定经费支持标准，形成持续稳定的经费保障机制，建立长效投入机制，切实保障标准制修订、监督实施、跟踪评价、参与国际标准化活动的开展；三是加强部门协作，要充分发挥国务院标准化协调推进部际联席会议成员单位作用，加强与其他部门的沟通协调，扎实推动医疗器械标准化工作高质量发展。

十七、《医疗装备产业发展规划（2021—2025年)》

为加快推进医疗装备产业高质量发展，不断提升应对突发公共卫生事件医疗装备的供给保障能力，更好满足人民日益增长的医疗卫生健康需求，推动制造强国和健康中国建设，工业和信息化部制定《医疗装备产业发展规划（2021—2025年)》。

1. 发展愿景

到2025年，关键零部件及材料取得重大突破，高端医疗装备安全可靠，产品性能和质量达到国际水平，医疗装备产业体系基本完善，初步形成公共卫生全面支撑能力，有效保障人民群众生命安全和身体健康。

全产业链优化升级。突破诊断检验装备、治疗装备、监护与生命支持装备等高端医疗装备亟须关键材料和零部件，破解基础技术瓶颈制约，有效保障产业链、供应链安全。

产品体系丰富健全。高端医疗装备在诊疗、养老、妇幼健康、康复、慢性病防治、公共卫生应急等领域实现规模化应用，规上企业营业收入年均复合增长率15%以上。

中国品牌发展能力显著提升。中国品牌医疗装备品牌认可度、产品美誉度及国际影响力快速增强，在全球产业分工和价值链中的地位明显提升，在医疗装备领域形成全球创新引领能力。到 2025 年，6~8 家企业进入全球医疗器械行业 50 强。

新型产业生态快速发展。医学+工业、医院+工厂、医生+工程师多维度医工协同创新模式初步建立，健康医学服务快速发展，远程医疗、移动医疗、智慧医疗、精准医疗、中医药特色医疗等新业态全面创新发展。

到 2030 年，成为世界高端医疗装备研发、制造、应用高地，为我国医疗服务质量和健康保障水平进入高收入国家行列提供有力支撑。

2. 政策要点

重点发展七大领域医疗装备，包括诊断检验装备、治疗装备、监护与生命支持装备、中医诊疗装备、妇幼健康装备、保健康复装备和植介入器械。加强创新能力建设，对诊断检验装备，重点突破双能 X 射线 CT（电子计算机断层扫描）、光子计数能谱 CT、医用内窥镜等影像诊断设备，生化免疫分析流水线等；对治疗装备，重点提升质子治疗系统、重离子治疗系统等放射治疗设备，腔镜手术机器人等装备性能品质；对监护与生命支持装备，重点攻关体外膜肺氧合机（ECMO）、人工器官，支持有创呼吸机、高频呼吸机等产品迭代创新；对中医药装备，重点推进中医健康状态辨识、中医诊断治疗、远程医疗等装备发展，不断提升中医药健康服务能力。

推动跨界融合创新。支持医疗装备与电子信息、通信网络、互联网等跨领域合作，推进传统医疗装备与新技术融合嵌入升级。充分发挥大工业优势，鼓励航空航天、电子信息、核工业、船舶、通用机械、新材料等行业与医疗装备跨领域合作，加强材料、部件、整机等上、下游产业链协同攻关。发挥医疗装备领域国家制造业创新中心及相关国家工程研究中心、国家工程技术研究中心、国家工程实验室、国家级企业技术中心等创新平台作用，聚焦基础理论、关键共性技术、专用材料、关键零部件以及高端医疗装备，加强研发攻关，提升行业关键技术和高端产品供给能力。

推动医工协同发展。支持医疗机构、科研机构牵头，生产企业参与建立协同创新团队，开展颠覆性、原创性技术攻关，开发一批带动医学模式变革、支撑健康医学发展的新型医疗装备，推动医疗装备技术创新从"跟跑"向"并跑""领跑"发展。营造医工协同创新应用环境，建立健全临床转化环节医疗机构、科研院所等获取合理合法创新收益的新机制，激发医务人员、科研人员创新活力。构建医工协同创新生态，积极构建医疗装备从技术开发、产品生产、注册审批、示范验证到应用推广的创新体系，营造包括政策、金融、监管、学科交叉、医疗示范一体的激励产业创新发展的生态环境，打造国际一流、链条完善、政策衔接、特色鲜明的医疗装备产业集群，创建高端医疗装备应用示范基地。

推动产业生态优化。加大知识产权保护力度，加强高端医疗装备知识产权预警研究，鼓励社会资本支持医疗装备企业创新发展。支持建设面向高端医疗装备领域的产业技术基础公共服务平台，面向医疗装备与互联网、大数据和人工智能等跨领域协同服务平台，加快提升医疗装备行业技术咨询、检测验证等第三方服务能力，推进创新链、产业链和服务链融合发展，促进创新成果产业化转化落地。鼓励骨干企业瞄准产业链关键环节和核心技术，开展兼并重组、合资合作、跨界融合，整合国内外创新资源，强化品牌培育，不断提升核心竞争力。推进智能制造技术在医疗装备开发设计、生产制造、检验检测、服务等环节的应用。支持装备企业应用数字化、智能化制造装备，提高生产线、车间、工厂的自动化、数字化水平。

培育新型医疗健康服务。发展居住社区家庭一体化服务装备，拓展医疗健康装备服务链，推进居住社区家庭级通信装备、家居装备、健身装备、康复辅具等新型医疗装备的设计、研发、制造和后服务协同发展。发展基础医疗设施装备，探索在健康建筑内嵌入基础医疗设施装备，实现医疗器械级的健康信息自动感知、存储、智能计算、传输与预警，促进开源外接设备、医疗健康软件与健康建筑基础医疗设施装备的同步发展，为开展社区、家庭医疗健康一体化服务奠定基础。发展应急医疗装备，开展传染病快速检测成套装备、大规模疫病防控应急装备及解决方案研究，提升传染源识别、传染途径切断等水平，提高突发传染病的应急反应能力。推进公共卫生检验检测装备精准化、智能化、快速化、集成化、模块化、轻量化发展。推动高等级生物安全实验室、实验动物设施等特殊实验室关键防护装备研发。

十八、《加快培育新型消费实施方案》

为贯彻落实党的十九届五中全会精神和《政府工作报告》部署，顺应消费升级趋势，进一步培育新型消费，鼓励消费新模式新业态发展，促进线上线下消费融合发展，根据《国务院办公厅关于以新业态新模式引领新型消费加快发展的意见》要求，2021 年 3 月，国家发展和改革委员会等二十八部委联合制定了《加快培育新型消费实施方案》（发改就业〔2021〕396 号）（以下简称"方案"）。"方案"中医疗装备相关内容主要包括：

积极发展"互联网+医疗健康"，出台互联网诊疗服务和监管的规范性文件，推动互联网诊疗和互联网医院规范发展。出台电子处方流转指导性文件，完善技术路线设计，强化线上线下一体化监管。打通互联网医院和实体医疗机构的数据接口，逐步推动医药保数据互联互通，促进健全省级互联网医疗服务监管平台。推动智慧医疗、智慧服务、智慧管理三位一体的智慧医院建设，形成便民惠民的一体化医疗服务模式。优先推广针对急诊死亡率高的心血管疾病的智慧监测和医疗服务。

加快以新技术促进新装备新设备应用。加强 5G 数字流动医院（巡诊车）、5G 急救设施、智能诊疗包、智能健康检测设备、医疗机器人、数字传感器等智能化医疗装备研发设计和生产，推广智能诊疗互联互通和一体化服务。

十九、《"十四五"优质高效医疗卫生服务体系建设实施方案》

为落实《中华人民共和国国民经济和社会发展第十四个五年规划和 2035 年远景目标纲要》《"健康中国 2030"规划纲要》《中共中央、国务院关于促进中医药传承创新发展的意见》《国务院办公厅印发关于加快中医药特色发展若干政策措施的通知》等政策的要求，加快构建强大公共卫生体系，推动优质医疗资源扩容和区域均衡布局，提高全方位全周期健康服务与保障能力，促进中医药传承创新，2021年7月，国家发展和改革委员会、国家卫生健康委员会等四部委联合制定了《"十四五"优质高效医疗卫生服务体系建设实施方案》（发改社会〔2021〕893号）。

1. 建设目标

到2025年，在中央和地方共同努力下，基本建成体系完整、布局合理、分工明确、功能互补、密切协作、运行高效、富有韧性的优质高效整合型医疗卫生服务体系，重大疫情防控救治和突发公共卫生事件应对水平显著提升，国家医学中心、区域医疗中心等重大基地建设取得明显进展，全方位全周期健康服务与保障能力显著增强，中医药服务体系更加健全，努力让广大人民群众就近享有公平可及、系统连续的高质量医疗卫生服务。

2. 政策要点

启动公共卫生防控救治能力提升工程。建设现代化疾病预防控制体系，加快推进疾病预防控制机构基础设施达标建设，与区域内各级各类医疗机构互联互通，满足新形势下突发公共卫生事件应对和重大疾病防控需要。加强疾病预防控制中心建设，依托高水平省级疾控中心建设若干国家区域公共卫生中心，配备移动生物安全三级实验室，建设针对已消除或即将消除疾病的国家级防控技术储备中心。按照填平补齐原则，补齐各级疾病预防控制机构基础设施和实验室设备配置缺口。建设国家重大传染病防治基地。针对呼吸系统等重大传染病，在超大城市、国家中心城市等重点地区，布局建设国家重大传染病防治基地。建设国家紧急医学救援基地。针对自然灾害、事故灾害等重大突发事件，在全国范围内以省为单位开展国家紧急医学救援基地建设。强化创伤病房、重症监护病房、创伤复苏单元等设施建设，以及接受伤员通道、二次检伤分类区等院内场所改造提升。针对海（水）上、陆地、航空、雪域等场景需求，加强救援物资储备配送能力和专业设施设备建设，结合实际配置信息联通和指挥设备、移动手术室、移动CT、直升机停机坪等。

启动公立医院高质量发展工程。重点支持国家医学中心、区域医疗中心建设，推动省域优质医疗资源扩容下沉，支持脱贫地区、三区三州、中央苏区、易地扶贫搬迁安置地区县级医院提标扩能。将中医医院统筹纳入国家医学中心、区域医疗中心等重大建设项目。建设若干国家医学中心，形成一批医学研究高峰、成果转化高地、人才培养基地、数据汇集平台。建设区域医疗中心，在优质医疗资源薄弱地区，坚持"按重点病种选医院、按需求选地区，院地合作、省部共建"的思路，通过建设高水平医院分中心、分支机构、"一院多区"等方式，定向放大国家顶级优质医疗资源。推动省域优质医疗资源扩容下沉，以省为单位统筹规划，聚焦重点病种和专科，按照"省市共建、网格布局、均衡配置"的工作思路，通过引导省会城市和超（特）大城市中心城区医院向资源薄弱地区疏解。

启动重点人群健康服务补短板工程。重点支持改善妇女儿童健康服务基础设施条件，提高出生缺陷防治、心理健康和精神卫生服务能力，增加康复、护理资源。

提升妇女儿童健康服务能力，增加妇产、儿科优质医疗资源供给，改善优生优育全程服务，加强孕前孕产期健康服务能力，提升产科住院环境，增强出生缺陷综合防治能力。提升心理健康和精神卫生服务能力，支持每省建好1所省级精神专科医院或综合医院精神病区，重点改善老年和儿童精神疾病、睡眠障碍、抑郁焦虑、精神疾病康复等相关设施条件，优化患者诊疗就医流程。实施康复医疗"城医联动"项目，以地级市为单位，通过中央预算内投资引导，带动地方、社会力量投入，将部分有一定规模、床位利用率不高的二级医院转型改建为康复医疗机构和护理院、护理中心。

启动促进中医药传承创新工程。重点支持国家中医医学中心、区域中医医疗中心、国家中医药传承创新中心、国家中医疫病防治基地、中西医协同"旗舰"医院、中医特色重点医院和名医堂建设。建设30个左右国家中医药传承创新中心，重点提升中医药基础研究、优势病种诊疗、高层次人才培养、中医药装备和中药新药研发、科技成果转化等能力，打造"医产学研用"紧密结合的中医药传承创新高地。根据"平急结合、高效准备，专兼结合、合理布局，协调联动、快速反应"的原则，建设35个左右、覆盖所有省份的国家中医疫病防治基地。建设50个左右中西医协同"旗舰"医院，大力推广"有机制、有团队、有措施、有成效"的中西医结合医疗模式。遴选130个左右中医特色突出、临床疗效显著、示范带动作用明显的地市级重点中医医院。

二十、《"十四五"医疗装备产业发展规划》

医疗装备的发展事关健康中国战略和制造强国战略的实施，事关突发公共卫生事件的装备保障，事关人民生活品质和福祉水平的提升。为更好满足人民日益增长的医疗卫生健康需求，推动医疗装备产业高质量发展，实现产业链安全可控，工业和信息化部、国家卫生健康委、国家发展改革委等10部门联合印发《"十四五"医疗装备产业发展规划》（工信部联规〔2021〕208号）。

1. 规划目标

到2025年，医疗装备产业基础高级化、产业链现代化水平明显提升，主流医疗装备基本实现有效供给，高端医疗装备产品性能和质量水平明显提升，初步形成对公共卫生和医疗健康需求的全面支撑能力。到2035年，医疗装备的研发、制造、应用提升至世界先进水平。我国进入医疗装备创新型国家前列，为保障人民全方位、全生命期健康服务提供有力支撑。为确保2025年总体目标的实现，具体设置了全产业链优化升级、技术水平不断提升、企业活力显著增强、产业生态逐步完善、品牌影响力明显提升这5个分目标。

2. 政策要求

本规划聚焦人民日益增长的医疗卫生健康需求，聚焦临床需求和健康保障，提出了"7556"的推进思路，即围绕7个重点领域、部署5项重点任务、实施5个专项行动、采取 6 项保障措施，推进医疗装备产业发展目标的实现。

7 个重点领域：包括诊断检验装备、治疗装备、监护与生命支持装备、中医诊疗装备、妇幼健康装备、保健康复装备、有源植介入器械，基本覆盖了全人群从防、诊、治到康、护、养全方位全生命周期医疗健康服务装备需求。

5 项重点任务：一是夯实产业基础，提升技术创新能力；二是强化医工协同，提升有效供给能力；三是加强品牌建设，提升国际竞争能力；四是培育新模式新业态，提升全方位服务能力。五是优化产业生态，提升基础支撑能力。

5 个专项行动：为确保任务顺利推进，针对每个重点任务分别设立 1 个专项行动，即：产业基础攻关行动、重点医疗装备供给能力提升行动、高端医疗装备应用示范基地建设行动、紧急医学救援能力提升行动、医疗装备产业与应用标准体系完善行动。在产业基础攻关行动中特别提出要攻关关键零部件：攻关呼吸机用比例阀；透析设备用真空泵、微型电磁阀，经鼻高流量氧疗仪用微型比例阀；大功率 CT 球管、高分辨率 X 射线光子计数探测器；磁共振高场强磁体、低温线圈、多核谱仪；先进彩超探头；放疗用栅控三级电子枪、高功率磁控管、高功率多注速调管、高变比固态调制器，六维治疗床等；医疗机器人用减速机、精密电机、光学镜头；实时荧光定量聚合酶链反应（PCR）检测系统用光电倍增管；导光率内窥镜光纤、高分辨率柔性光纤传像束等。

6 项保障措施：包括创新支持模式、促进推广应用、加强人才培育、强化知识产权保护、深化开放合作、加强组织协同。

二十一、2000 年以来我国重点产业政策目录

2000 年以来我国重点产业政策汇总目录见表 5-2。

表 5-2　2000 年以来我国重点产业政策汇总目录

施行时间	政策法规名称
2000 年 4 月 1 日	医疗器械监督管理条例（国务院令第 276 号）
2000 年 4 月 10 日	医疗器械注册管理办法（国家药品监督管理局令第 16 号）
2000 年 10 月 13 日	一次性使用无菌医疗器械监督管理办法（暂行）（国家药品监督管理局令第 24 号）
2002 年 1 月 22 日	境内第三类和进口医疗器械注册文件受理标准（国药监械〔2002〕18 号）
2002 年 5 月 1 日	医疗器械标准管理办法（试行）（国家药品监督管理局令第 31 号）
2004 年 4 月 1 日	医疗器械临床试验规定（国家食品药品监督管理局令第 5 号）
2004 年 7 月 20 日	医疗器械生产监督管理办法（国家食品药品监督管理局令第 12 号）
2004 年 8 月 9 日	医疗器械经营企业许可证管理办法（国家食品药品监督管理局令第 15 号）
2009 年 3 月 17 日	中共中央　国务院关于深化医药卫生体制改革的意见（中发〔2009〕6 号）
2009 年 3 月 18 日	医药卫生体制改革近期重点实施方案（2009—2011 年）（国发〔2009〕12 号）

（续）

施行时间	政策法规名称
2009 年 5 月 20 日	医疗器械广告审查办法（中华人民共和国卫生部、国家工商行政管理总局、国家食品药品监督管理局令第 65 号）
2010 年 10 月 18 日	国务院关于加快培育和发展战略性新兴产业的决定（国发〔2010〕32 号）
2011 年 3 月 7 日	2011 年公立医院改革试点工作安排（国办发〔2011〕10 号）
2011 年 7 月 1 日	医疗器械召回管理办法（试行）（中华人民共和国卫生部令第 82 号）
—	国产创新医疗器械产品示范应用工程（"十百千万工程"）
2012 年 1 月 18 日	医疗器械科技产业"十二五"专项规划（国科发计〔2011〕705 号）
2012 年 6 月 18 日	医疗器械生产企业飞行检查工作程序（试行）（国食药监械〔2012〕153 号）
2012 年 12 月 10 日	国家食品药品监督管理局关于超声肿瘤治疗系统等 17 个产品分类界定的通知（国食药监械〔2012〕361 号）
2012 年 12 月 17 日	高值医用耗材集中采购工作规范（试行）（卫规财发〔2012〕86 号）
2013 年 12 月 9 日	关于医疗器械重新注册有关事项的通告（国家食品药品监督管理总局通告 2013 年第 9 号）
2014 年 2 月 7 日	创新医疗器械特别审批程序（试行）（食药监械管〔2014〕13 号）
2014 年 4 月 4 日	食品药品监管总局办公厅关于加强高风险医疗器械经营使用关键环节监督检查的通知（食药监办械监〔2014〕59 号）
2014 年 4 月 30 日	关于 2014 年深化经济体制改革重点任务的意见（国发〔2014〕18 号）
2014 年 5 月 26 日	食品药品监管总局关于印发体外诊断试剂分类子目录的通知（食药监械管〔2013〕242 号）
2014 年 10 月 1 日	医疗器械注册管理办法（国家食品药品监督管理总局令第 4 号）
2014 年 10 月 1 日	医疗器械经营监督管理办法（国家食品药品监督管理总局令第 8 号）
2014 年 10 月 1 日	医疗器械生产监督管理办法（国家食品药品监督管理总局令第 7 号）
2014 年 10 月 1 日	国家食品药品监督管理总局关于公布医疗器械注册申报资料要求和批准证明文件格式的公告（2014 年第 43 号）
2014 年 10 月 1 日	关于发布免于进行临床试验的第二、三类医疗器械目录的通告（2014 年第 12、13 号）
2014 年 12 月 12 日	国家食品药品监督管理总局关于施行医疗器械经营质量管理规范的公告（2014 年第 58 号）
2015 年 3 月 3 日	关于开展首台（套）重大技术装备保险补偿机制试点工作的通知（财建〔2015〕19 号）
2015 年 5 月 19 日	关于印发《中国制造 2025》的通知（国发〔2015〕28 号）

（续）

施行时间	政策法规名称
2015 年 9 月 9 日	关于体外诊断试剂临床试验机构盖章有关事宜的公告（第 154 号）
2015 年 10 月 22 日	食品药品监管总局办公厅关于经营体外诊断试剂相关问题的复函（食药监办械监函〔2015〕646 号）
2015 年 11 月 4 日	食品药品监管总局关于执行医疗器械和体外诊断试剂注册管理办法有关问题的通知（食药监械管〔2015〕247 号）
2015 年 11 月 4 日	食品药品监管总局关于印发医疗器械检验机构资质认定条件的通知（食药监科〔2015〕249 号）
2015 年 11 月 9 日	食品药品监管总局关于规范含银盐医疗器械注册管理有关事宜的公告（2015 年第 225 号）
2015 年 12 月 31 日	关于开展医疗器械注册指定检验工作的公告（第 164 号）
2016 年 1 月 1 日	医疗器械分类规则（国家食品药品监督管理总局令第 15 号）
2016 年 1 月 12 日	质子/碳离子治疗系统技术审查指导原则 离心式血液成分分离设备技术审查指导原则 影像型超声诊断设备（第三类）技术审查指导原则（2015 年修订版）
2016 年 2 月 1 日	医疗器械使用质量监督管理办法（国家食品药品监督管理总局令第 18 号）
2016 年 2 月 18 日	高频手术设备注册技术审查指导原则 医用 X 射线诊断设备（第三类）注册技术审查指导原则（2016 年修订版） 植入式心脏起搏器注册技术审查指导原则（2016 年修订版） 脉搏血氧仪设备临床评价技术指导原则 治疗呼吸机注册技术审查指导原则 强脉冲光治疗仪注册技术审查指导原则
2016 年 3 月 11 日	国务院办公厅关于促进医药产业健康发展的指导意见（国办发〔2016〕11 号）
2016 年 3 月 23 日	总局关于发布《医疗器械临床试验伦理审查申请与审批表范本》等六个文件的通告（2016 年第 58 号）
2016 年 4 月 1 日	医疗器械通用名称命名规则（国家食品药品监督管理总局令第 19 号）
2016 年 6 月 1 日	医疗器械临床试验质量管理规范（食品药品监管总局令第 25 号）
2016 年 8 月 19 日	工业强基工程实施指南（2016—2020 年）
2016 年 10 月 25 日	"健康中国 2030"规划纲要
2016 年 11 月 18 日	全民健康保障工程建设规划（发改社会〔2016〕2439 号）
2016 年 12 月 19 日	"十三五"国家战略性新兴产业发展规划（国发〔2016〕67 号）
2017 年 1 月 4 日	医疗器械生产企业质量控制与成品放行指南
2017 年 2 月 4 日	战略性新兴产业重点产品和服务指导目录（2016 版）

（续）

施行时间	政策法规名称
2017 年 3 月 29 日	网络医疗器械经营违法行为查处办法（征求意见稿）（食药监械监便函〔2017〕30 号）
2017 年 6 月 12 日	"十三五"医疗器械科技创新专项规划（国科办社〔2017〕44 号）
2017 年 10 月 8 日	关于深化审评审批制度改革鼓励药品医疗器械创新的意见
2017 年 11 月 27 日	增强制造业核心竞争力三年行动计划（2018—2020 年）（发改产业〔2017〕2000 号）
2017 年 12 月 1 日	医疗器械检验检测中心（院、所）建设标准（建标〔2017〕223 号）
2017 年 12 月 13 日	增材制造产业发展行动计划（2017—2020 年）（工信部联装〔2017〕311 号）
2017 年 12 月 14 日	促进新一代人工智能产业发展三年行动计划（2018—2020 年）（工信部科〔2017〕315 号）
2017 年 12 月 26 日	高端医疗器械和药品关键技术产业化实施方案（2018—2020 年）（发改办产业〔2017〕2063 号）
2018 年 1 月 11 日	接受医疗器械境外临床试验数据技术指导原则
2018 年 1 月 29 日	医疗器械标准规划（2018—2020 年）（食药监科〔2018〕9 号）
2018 年 3 月 1 日	医疗器械网络销售监督管理办法（国家食品药品监督管理总局令第 38 号）
2018 年 3 月 20 日	关于巩固破除以药补医成果持续深化公立医院综合改革的通知（国卫体改发〔2018〕4 号）
2018 年 4 月 17 日	关于促进首台（套）重大技术装备示范应用的意见（发改产业〔2018〕558 号）
2018 年 4 月 28 日	关于促进"互联网+医疗健康"发展的意见（国办发〔2018〕26 号）
2018 年 8 月 1 日	医疗器械分类目录
2018 年 8 月 2 日	关于加强医疗器械生产经营许可（备案）信息管理有关工作的通知
2018 年 11 月 9 日	关于贯彻落实国务院"证照分离"改革要求做好医疗器械上市后监管审批相关工作的通知（药监综械管〔2018〕39 号）
2018 年 11 月 28 日	关于印发医疗器械临床试验检查要点及判定原则的通知（药监综械注〔2018〕45 号）
2018 年 12 月 1 日	创新医疗器械特别审查程序
2019 年 1 月 1 日	医疗卫生领域中央与地方财政事权和支出责任划分改革方案（国办发〔2018〕67 号）
2019 年 1 月 15 日	关于加强中医医疗器械科技创新的指导意见（国中医药科技发〔2018〕11 号）
2019 年 6 月 4 日	深化医药卫生体制改革 2019 年重点工作任务（国办发〔2019〕28 号）
2019 年 7 月 3 日	医疗器械唯一标识系统试点工作方案（药监综械注〔2019〕56 号）
2019 年 8 月 1 日	国家药监局关于扩大医疗器械注册人制度试点工作的通知（国药监械注〔2019〕33 号）

（续）

施行时间	政策法规名称
2019 年 8 月 30 日	国家药监局关于印发医疗器械检验检测机构能力建设指导原则的通知（国药监科外〔2019〕36 号）
2019 年 9 月 5 日	国家药监局关于印发医疗器械检验工作规范的通知（国药监科外〔2019〕41 号）
2019 年 10 月 1 日	医疗器械唯一标识系统规则
2019 年 11 月 5 日	区域医疗中心建设试点工作方案（发改社会〔2019〕1670 号）
2019 年 12 月 1 日	中华人民共和国疫苗管理法
2019 年 12 月 20 日	国家药监局关于发布医疗器械附条件批准上市指导原则的通告（2019 年第 93 号）
2020 年 1 月 1 日	产业结构调整指导目录（2019 年本）（中华人民共和国国家发展和改革委员会令第 29 号）
2020 年 2 月 20 日	医疗器械技术审评中心外聘专家管理办法
2020 年 3 月 13 日	医疗器械质量抽查检验管理办法（国药监械管〔2020〕9 号）
2020 年 3 月 20 日	医疗器械拓展性临床试验管理规定（试行）
2020 年 4 月 1 日	关于有序开展医疗物资出口的公告（2020 年第 5 号）
2020 年 4 月 10 日	医疗器械注册人开展不良事件监测工作指南
2020 年 4 月 13 日	关于推进国家技术创新中心建设的总体方案（暂行）（国科发区〔2020〕93 号）
2020 年 4 月 14 日	国家药监局综合司关于加强无菌和植入性医疗器械监督检查的通知（药监综械管〔2020〕34 号）
2020 年 5 月 13 日	国家药监局综合司关于 2020 年国家医疗器械抽检产品检验方案的通知（药监综械管〔2020〕46 号）
2020 年 6 月 4 日	国家药监局综合司关于印发医疗器械生产质量管理规范独立软件现场检查指导原则的通知（药监综械管〔2020〕57 号）
2020 年 7 月 31 日	国家卫生健康委关于调整 2018—2020 年大型医用设备配置规划的通知（国卫财务函〔2020〕315 号）
2020 年 9 月 1 日	关于进一步完善"互联网+医疗健康"支撑体系 开展院前医疗急救呼救定位试点工作的通知
2020 年 9 月 25 日	国家药监局关于进口医疗器械产品在中国境内企业生产有关事项的公告（2020 年第 104 号）
2020 年 9 月 30 日	国家药监局关于发布医药代表备案管理办法（试行）的公告（2020 年第 105 号）
2020 年 10 月 19 日	国家药监局关于试点启用医疗器械电子注册证的公告（2020 年第 117 号）
2020 年 11 月 2 日	关于进一步加强远程医疗网络能力建设的通知（工信厅联通信函〔2020〕251 号）
2020 年 12 月 8 日	国家药监局综合司关于明确《医疗器械检验工作规范》标注资质认定标志有关事项的通知（药监综科外函〔2020〕746 号）

（续）

施行时间	政策法规名称
2020 年 12 月 9 日	国家药监局关于发布家用体外诊断医疗器械注册技术审查指导原则等 7 项注册技术审查指导原则的通告（2020 年第 80 号）
2020 年 12 月 28 日	国家基本医疗保险、工伤保险和生育保险药品目录（2020 年）（医保发〔2020〕53 号）
2020 年 12 月 31 日	国家药监局关于调整《医疗器械分类目录》部分内容的公告（2020 年第 147 号）
2021 年 2 月 1 日	医疗机构医疗保障定点管理暂行办法（国家医疗保障局令第 2 号）
—	医疗装备产业发展规划（2021—2025 年）
2021 年 3 月 25 日	关于印发《加快培育新型消费实施方案》的通知（发改就业〔2021〕396 号）
2021 年 4 月 13 日	国务院办公厅关于建立健全职工基本医疗保险门诊共济保障机制的指导意见（国办发〔2021〕14 号）
2021 年 6 月 1 日	医疗器械监督管理条例（国务院令第 739 号）
—	卫生健康统计工作管理办法（征求意见稿）
—	医疗保障法（征求意见稿）
2021 年 6 月 4 日	关于开展国家组织高值医用耗材集中带量采购和使用的指导意见（医保发〔2021〕31 号）
2021 年 6 月 25 日	关于印发《全国深化医药卫生体制改革经验推广基地管理办法（试行）》的通知（国医改秘函〔2021〕36 号）
2021 年 7 月 1 日	关于印发《"十四五"优质高效医疗卫生服务体系建设实施方案》的通知（发改社会〔2021〕893 号）
2021 年 10 月 1 日	体外诊断试剂注册与备案管理办法（国家市场监督管理总局令第 48 号）
2021 年 10 月 1 日	医疗器械注册与备案管理办法（国家市场监督管理总局令第 47 号）
2021 年 10 月 22 日	国家药监局关于发布《医疗器械注册自检管理规定》的公告（2021 年第 126 号）
2022 年 3 月 9 日	国家药监局器审中心关于发布医疗器械软件注册审查指导原则（2022 年修订版）的通告（2022 年第 9 号）
2022 年 3 月 9 日	国家药监局器审中心关于发布医疗器械网络安全注册审查指导原则（2022 年修订版）的通告（2022 年第 7 号）
2022 年 5 月 1 日	关于发布《医疗器械临床试验质量管理规范》的公告（2022 年第 28 号）
2022 年 5 月 1 日	医疗器械经营监督管理办法（国家市场监督管理总局令第 54 号）
2022 年 5 月 1 日	医疗器械生产监督管理办法（国家市场监督管理总局令第 53 号）
2022 年 5 月 1 日	国家药监局关于实施《医疗器械临床试验质量管理规范》有关事项的通告（2022 年第 21 号）
2022 年 5 月 1 日	国家药监局 国家卫生健康委关于发布《医疗器械临床试验质量管理规范》的公告（2022 年第 28 号）

（续）

施行时间	政策法规名称
2022 年 5 月 20 日	国务院办公厅关于印发"十四五"国民健康规划的通知（国办发〔2022〕11 号）
2022 年 8 月 31 日	国家药监局关于发布《医疗器械产品注册项目立卷审查要求》等文件的通告（2022 年第 40 号）
2022 年 10 月 10 日	国家药监局关于发布医疗器械注册质量管理体系核查指南的通告（2022 年第 50 号）
2022 年 11 月 1 日	国家药监局关于全面实施医疗器械电子注册证的公告（2022 年第 91 号）
2022 年 11 月 18 日	国家药监局器审中心关于发布医疗器械产品适用强制性标准清单的通告（2022 年第 42 号）
2023 年 7 月 19 日	国家药监局关于进一步加强和完善医疗器械分类管理工作的意见（国药监械注〔2023〕16 号）
2023 年 8 月 18 日	国家药监局关于发布《医疗器械注册与备案管理基本数据集》等 4 个信息化标准的公告（2023 年第 103 号）

第六章 医疗装备及关键零部件产品目录

序号	一级分类	二级分类	类别	制造商	产品名称	产品型号	核心技术指标	区域
1	医学影像诊断装备	X射线成像装备及关键零部件	零部件	Dunlee	锥型束CT用球管	DA1094DU694	适用于放射治疗中的图像引导，最大电压：150kV，小焦点：0.4，大焦点：0.8，阳极角：14°	德国
2	医学影像诊断装备	X射线成像装备及关键零部件	整机	北京朗视仪器股份有限公司	口腔颌面锥形束计算机体层摄影设备	Smart3D-Xs	1. 业内首创四合一设计，包含CBCT、头侧、曲面断层和牙科摄影四种功能，可满足口腔全部成像需求 2. CT最短曝光时间：9.5s，减少运动伪影 3. 图像清晰，空间分辨率：2.0lp/mm 4. 搭载去金属伪影技术，可减少种植体、修复体对图像的影响	中国
3	医学影像诊断装备	X射线成像装备及关键零部件	整机	北京朗视仪器股份有限公司	口腔颌面锥形束计算机体层摄影设备	Smart3D-X	1. 业内唯一非拼接大视野，四合一CBCT。单次CBCT扫描（非拼接成像）最大FOV：16cm×15cm 2. 头侧采用OneShot技术，拍摄时间1s，提高头侧成像影响成品功率 3. CT最短曝光时间：9.5s，减少运动伪影 4. 图像清晰，空间分辨率：2.0lp/mm	中国

506

（续）

序号	一级分类	二级分类	类别	制造商	产品名称	产品型号	核心技术指标	区域
4	医学影像诊断装备	X射线成像装备及关键零部件	整机	北京朗视仪器股份有限公司	口腔颌面锥形束计算机体层摄影设备	HiRes3D-Plus、HiRes3D-Max	1. 专业坐式大视野CBCT，采用0.4小焦点高清球管 2. 采用多自由度电动座椅，定位方便准确 3. 超大视野成像，最大FOV可达23cm×18cm，单次拍摄可完成口腔颌面全3D影像输出，涵盖传统口腔CBCT、全景和头颅正/侧位三大功能 4. 图像清晰，空间分辨率：2.0lp/mm	中国
5	医学影像诊断装备	X射线成像装备及关键零部件	整机	北京朗视仪器股份有限公司	耳鼻双源锥形束计算机体层摄影设备	Ultra3D	1. 全球首创高清10μm级临卧式双源锥形束CT系统 2. 具备两套独立成像系统：显微成像系统和超广角成像系统，最大FOV可达23cm×19cm，成像可覆盖头颈部、颌面部、鼻部、咽喉部、气道等多部位 3. 采用业内最小0.25小焦点球管，旋转阳极设计 4. 高清空间分辨率：3.0lp/mm 5. 搭载去金属伪影技术，减少人工耳蜗电极、种植体、修复体对图像的影响	中国
6	医学影像诊断装备	X射线成像装备及关键零部件	零部件	上海奕瑞光电子科技股份有限公司	平板探测器	Jupi 0606X、Jupi 0808X	探测器类型：IGZO 有效成像面积：153.6mm×153.6mm/204.8mm×204.8mm 像素尺寸：100μm	中国
7	医学影像诊断装备	X射线成像装备及关键零部件	零部件	电科睿视技术（北京）有限公司	CT用医用诊断X射线管	CRV802ID	最大阳极热容量8.0MHU，焦点标称值0.6×1.2/0.6×1.2，标称阳极输入功率45kW/80kW，X向、Z向飞焦点	中国

（续）

序号	一级分类	二级分类	类别	制造商	产品名称	产品型号	核心技术指标	区域
8	医学影像诊断装备	X射线成像装备及关键零部件	整机	东软医疗系统股份有限公司	X射线计算机断层成像系统	NeuViz Epoch、NeuViz Glory+	弧面等焦探测器，液态金属轴承无线热容量球管，炫速单心跳扫描，一站式低剂量高清成像	中国
9	医学影像诊断装备	X射线成像装备及关键零部件	整机	东软医疗系统股份有限公司	X射线计算机断层成像系统	NeuViz 128、NeuViz ACE UP	305s超长连续曝光，NeuAI全域人工智能，能谱功能学成像	中国
10	医学影像诊断装备	X射线成像装备及关键零部件	零部件	湖南湘瓷科艺有限公司	球管管芯陶瓷零件、组件	专用	真空度<10^{-11}Pa·m^3/s，提供陶瓷解决方案	中国
11	医学影像诊断装备	X射线成像装备及关键零部件	整机	江苏摩科特医疗科技有限公司	X射线计算机体层摄影设备	MCT-Ⅱ	尺寸：87.2cm×88.2cm×118.3cm 重量：≤240kg 扫描孔径：323mm 电源类型：~220V 50Hz 扫描射线管电压：80~120kV 扫描切片厚度：0.55mm、1.1mm、2.2mm、4.4mm、8.8mm 中心剂量≤36.27mGy 空间分辨率：≥9lp/cm 操作模式：远程无线控制 兼容DICOM 3.0，图像可以传输到手术导航定位系统使用 采用新型高压发生器，全新消耗机构，全新消耗和工控机架结构，抗干扰能力更强，稳定性更高，5G数据传输更快捷	中国
12	医学影像诊断装备	X射线成像装备及关键零部件	整机	卡乐福医疗科技有限公司	X射线计算机体层摄影设备	Fophie 32	24排32层，5.3M球管	中国
13	医学影像诊断装备	X射线成像装备及关键零部件	零部件	科罗诺司医疗器械（上海）有限公司	医用诊断X射线管组件	AU240	功率：46.9/100kW，管电压：140kV，阳极转速：8400r/min，阳极热容量：8MHU，焦点：0.7×0.6/0.9×0.9	中国

（续）

序号	一级分类	二级分类	类别	制造商	产品名称	产品型号	核心技术指标	区域
14	医学影像诊断装备	X射线成像装备及关键零部件	零部件	科罗诺司医疗器械（上海）有限公司	医用诊断X射线管组件	AU200	功率：24/53.2kW，管电压：140kV，阳极转速：8400r/min，阳极热容量：6.3MHU，焦点：0.9×0.7/1.2×1.2	中国
15	医学影像诊断装备	X射线成像装备及关键零部件	零部件	科罗诺司医疗器械（上海）有限公司	医用诊断X射线管组件	DA165	功率：24/42kW，管电压：140kV，阳极转速：8400r/min，阳极热容量：3.5MHU，焦点：0.9×0.7/1.2×1.2	中国
16	医学影像诊断装备	X射线成像装备及关键零部件	零部件	科罗诺司医疗器械（上海）有限公司	医用诊断X射线管组件	DA135	功率：24kW，管电压：140kV，阳极转速：8400r/min，阳极热容量：2.0MHU，焦点：0.7×0.6	中国
17	医学影像诊断装备	X射线成像装备及关键零部件	零部件	昆山医源医疗技术有限公司	CT球管	YY2022、YY3520、YY4021、YY4522、YY5021、YY5322、GLA2153GX、YY6321、YY8019 等	标称X射线管电压140kV，阳极热容量2~8MHU	中国
18	医学影像诊断装备	X射线成像装备及关键零部件	整机	廊坊市摩科特医疗科技有限公司	X射线计算机体层摄影设备	MCT-I	尺寸：121.5cm×98.5cm×131cm 重量：≤290kg 扫描孔径：320mm 电源类型：~220V 50Hz 扫描射线管电压：80~120kV 扫描切片厚度：1.1mm、2.2mm、4.4mm、8.8mm 中心剂量≤36.27mGy 空间分辨率：≥9lp/cm 操作模式：远程无线控制 兼容DICOM 3.0，图像可以传输到手术导航定位系统使用 采用自主研发高压发生器、高分辨率探测器，自带UPS供电技术，并兼具低剂量、自屏蔽等特点。	中国

（续）

序号	一级分类	二级分类	类别	制造商	产品名称	产品型号	核心技术指标	区域
19	医学影像诊断装备	X射线成像装备及关键零部件	整机	宁波康达凯能医疗科技有限公司	X射线计算机体层摄影设备	KD-Lightning 32	28排32层，5MHU液态金属轴承球管，78cm大孔径	中国
20	医学影像诊断装备	X射线成像装备及关键零部件	整机	山东新华医疗器械股份有限公司	X射线计算机体层摄影设备	XHCT-16	机架孔径：≥850mm，空间分辨率，≥17lp/cm，球管阳极热容量≥8MHU，探测器物理排数：≥24排	中国
21	医学影像诊断装备	X射线成像装备及关键零部件	关键零部件	上海联影医疗科技股份有限公司	高压发生器	uXG48	最大功率48kW	中国
22	医学影像诊断装备	X射线成像装备及关键零部件	关键零部件	上海联影医疗科技股份有限公司	高压发生器	uXG50	最大功率50kW	中国
23	医学影像诊断装备	X射线成像装备及关键零部件	关键零部件	上海联影医疗科技股份有限公司	医用诊断X射线管	uXT0550	热容量：5MHU 最大支持扫描功率：50.4kW	中国
24	医学影像诊断装备	X射线成像装备及关键零部件	关键零部件	上海联影医疗科技股份有限公司	医用诊断X射线管	uXT0236	热容量：2MHU 最大支持扫描功率：36kW	中国
25	医学影像诊断装备	X射线成像装备及关键零部件	关键零部件	上海联影医疗科技股份有限公司	医用诊断X射线管	uXT0343	热容量：3.5MHU 最大支持扫描功率：43kW	中国
26	医学影像诊断装备	X射线成像装备及关键零部件	整机	上海联影医疗科技股份有限公司	X射线计算机体层摄影设备	uCT 503e	40排探测器，2MHU球管，42kW功率	中国
27	医学影像诊断装备	X射线成像装备及关键零部件	整机	上海联影医疗科技股份有限公司	X射线计算机体层摄影设备	uCT 520 uCT 528	40排探测器，42kW功率，天眼全智能扫描导航系统	中国
28	医学影像诊断装备	X射线成像装备及关键零部件	整机	上海联影医疗科技股份有限公司	X射线计算机体层摄影设备	uCT 530 uCT 550 uCT 530+ uCT 550+	40排探测器，5.3MHU球管，50kW功率	中国

（续）

序号	一级分类	二级分类	类别	制造商	产品名称	产品型号	核心技术指标	区域
29	医学影像诊断装备	X射线成像装备及关键零部件	整机	上海联影医疗科技股份有限公司	X射线计算机体层摄影设备	uCT 760 uCT 780 uCT 768 uCT 788	80排探测器，ePhase自由寻心精益算法	中国
30	医学影像诊断装备	X射线成像装备及关键零部件	整机	上海联影医疗科技股份有限公司	X射线计算机体层摄影设备	uCT 820 uCT 860 uCT 960+	0.5mm像素时空探测器，液态金属轴承球管，转速4r/s，82cm超大机架孔径	中国
31	医学影像诊断装备	X射线成像装备及关键零部件	关键零部件	上海联影医疗科技股份有限公司	X射线计算机体层摄影设备	U40 CTDMS	物理排数：40 电子学噪声：<0.3fC	中国
32	医学影像诊断装备	X射线成像装备及关键零部件	关键零部件	上海联影医疗科技股份有限公司	X射线计算机体层摄影设备	U80 CTDMS	物理排数：80 电子学噪声：<0.3fC 3D ASG 设计	中国
33	医学影像诊断装备	X射线成像装备及关键零部件	关键零部件	上海联影医疗科技股份有限公司	X射线计算机体层摄影设备	U160 CTDMS	物理排数：160 电子学噪声：<0.3fC 3D ASG 设计	中国
34	医学影像诊断装备	X射线成像装备及关键零部件	关键零部件	上海联影医疗科技股份有限公司	X射线计算机体层摄影设备	U320 CTDMS	物理排数：320 电子学噪声：<0.3fC 3D ASG 设计	中国
35	医学影像诊断装备	X射线成像装备及关键零部件	零部件	上海奕瑞光电子科技股份有限公司	GOS 陶瓷闪烁体	—	波峰：510nm 光输出：27000 衰减时间：3μs 余晖：<0.1（3ms后）	中国
36	医学影像诊断装备	X射线成像装备及关键零部件	零部件	上海奕瑞光电子科技股份有限公司	ASG 准直器	—	定位精度：25μm 壁厚：100μm 平面度：<20μm 100%纯钨制成 金属3D打印工艺制作	中国

（续）

序号	一级分类	二级分类	类别	制造商	产品名称	产品型号	核心技术指标	区域
37	医学影像诊断装备	X射线成像装备及关键零部件	零部件	上海奕瑞光电子科技股份有限公司	PD模组	—	PD芯片类型：正入式FSI，背入式BSI；像素尺寸：0.4~5mm；暗电流：<2pA；结电容：<12pF；工作电压范围：0~5V；光响应：0.4A/W（550nm）；光响应范围：350~1100nm	中国
38	医学影像诊断装备	X射线成像装备及关键零部件	零部件	上海奕瑞光电子科技股份有限公司	CT探测器模组	—	闪烁体材料：GOS；排数：≥32排；探测器Z轴覆盖范围：≥10cm；帧率：最高20000帧/s；像素个数：≥512	中国
39	医学影像诊断装备	X射线成像装备及关键零部件	零部件	上海奕瑞光电子科技股份有限公司	CZT晶体	—	体积电阻率：≥$10^9\ \Omega \cdot cm$；能量分辨率：FWHM≤8%（59.5keV）；红外透过率：≥60%（2.5~25μm）；电子迁移率寿命乘积：$10^2 \sim 10^3\ cm^2/V$	中国
40	医学影像诊断装备	X射线成像装备及关键零部件	零部件	上海奕瑞光电子科技股份有限公司	高压发生器	Pyxis 50CT	主电源三相：AC（380±15%）V，辅助电源单相：AC（220±15%）V；标称功率：50kW；电压范围：60~140kV；电流范围：10~420mA；Grid（可选）：0~3000V，4kHz最大；Z向飞焦点（可选）：0~5A，4kHz最大	中国

（续）

序号	一级分类	二级分类	类别	制造商	产品名称	产品型号	核心技术指标	区域
41	医学影像诊断装备	X射线成像装备及关键零部件	零部件	上海奕瑞光电子科技股份有限公司	高压发生器	Pyxis 80CT	主电源三相：AC（380±15%）V，辅助电源单相：AC（220±15%）V 标称功率：80kW 电压范围：60~140kV 电流范围：10~667mA Grid（可选）：0~3000V，4kHz 最大 Z轴（可选）：0~5A，4kHz 最大	中国
42	医学影像诊断装备	X射线成像装备及关键零部件	核心部件	重庆江良科技有限公司	CT银丝碳刷	JL-16、JL-32、JL-64等	适用于采用银丝碳刷的所有CT	中国
43	医学影像诊断装备	X射线成像装备及关键零部件	零部件	Dunlee	肿瘤治疗用球管和探测器产品组合	DA1094DU694 & XD300	g图像引导产品组合，包括球管 DA1094 DU694，平板探测器 XD300，防散射滤线栅，以及高压线缆	德国
44	医学影像诊断装备	X射线成像装备及关键零部件	零部件	Dunlee	CT球管	CTR1725	热容量2.5MHU，最大功率42kW，最大机架旋转速度可达80r/min，两个焦点 0.6×1.3/0.4×0.7	德国
45	医学影像诊断装备	X射线成像装备及关键零部件	零部件	Dunlee	CT球管	CTR1740	热容量4.5MHU，最大功率42kW，最大机架旋转速度可达80r/min，两个焦点 0.6×1.3/0.4×0.7	德国
46	医学影像诊断装备	X射线成像装备及关键零部件	零部件	Dunlee	CT球管	CTR2150	热容量5MHU，最大功率50kW，最大机架旋转速度可达120r/min，两个焦点 1.0×1.0/0.5×1.0，X方向偏转的动态焦点	德国
47	医学影像诊断装备	X射线成像装备及关键零部件	零部件	Dunlee	CT球管	CTR2250	热容量5MHU，最大功率50kW，最大机架旋转速度可达120r/min，两个焦点 1.1×1.2/0.6×1.2，X和Z方向偏转的动态焦点	德国
48	医学影像诊断装备	X射线成像装备及关键零部件	零部件	Dunlee	CT球管	CTR2280	热容量8MHU，最大功率80kW，最大机架旋转速度可达151r/min，两个焦点 1.1×1.2/0.6×1.2，X和Z方向偏转的动态焦点	德国

（续）

序号	一级分类	二级分类	类别	制造商	产品名称	产品型号	核心技术指标	区域
49	医学影像诊断装备	X射线成像装备及关键零部件	零部件	Dunlee	CT球管	CT3000	CoolGlide 液态金属轴承技术，等效热容量19MHU，最大功率60kW，最大机架旋转速度可达120r/min，两个焦点1.0×1.0/0.5×1.0，X方向偏转的动态焦点	德国
50	医学影像诊断装备	X射线成像装备及关键零部件	零部件	Dunlee	CT球管和高压发生器产品组合	Xceed bundle with CT4000 Tube	CoolGlide 液态金属轴承技术，等效热容量25MHU，最大功率80kW，最大机架旋转速度180r/min，两个焦点1.0×1.0/0.5×1.0，X方向偏转的动态焦点	德国
51	医学影像诊断装备	X射线成像装备及关键零部件	零部件	Dunlee	CT球管和高压发生器产品组合	Xpert bundle with CT6000 Tube	CoolGlide 液态金属轴承技术，等效热容量30MHU，最大功率120kW，245r/min，探测器覆盖范围可达8cm，三个焦点1.1×1.2/0.6×0.7/0.4×0.7，X和Z方向偏转的动态焦点	德国
52	医学影像诊断装备	X射线成像装备及关键零部件	零部件	Dunlee	CT球管和高压发生器产品组合	Xpert bundle with CT6500 Tube	CoolGlide 液态金属轴承技术，等效热容量30MHU，最大功率100kW，245r/min，探测器覆盖范围可达8cm，三个焦点1.1×1.2/0.6×0.7/0.4×0.7，X和Z方向偏转的动态焦点	德国
53	医学影像诊断装备	X射线成像装备及关键零部件	零部件	Dunlee	CT球管和高压发生器产品组合	Xpert bundle with CT8000 Tube	CoolGlide 液态金属轴承技术，等效热容量30MHU，最大功率100kW，245r/min，探测器覆盖范围可达16cm，三个焦点1.1×1.2/0.6×0.8/0.4×0.8，X和Z方向偏转的动态焦点	德国

（续）

序号	一级分类	二级分类	类别	制造商	产品名称	产品型号	核心技术指标	区域
54	医学影像诊断装备	X射线成像装备及关键零部件	零部件	北京智束科技有限公司	医用诊断X射线管组件	ZS502L/H580A	液态金属轴承CT球管ZS502L-H580A管组件： 标称电压：140kV 焦点尺寸：小焦点0.8×0.5，大焦点0.8×0.7 标称阳极输入功率：28kW、45kW 阳极热容量：5.0MHU 最大旋转阳极频率：175Hz	中国
55	医学影像诊断装备	X射线成像装备及关键零部件	零部件	北京智束科技有限公司	医用诊断X射线管组件	ZS302B/H580B	ZS302B-H580B管组件： 标称电压：140KV 焦点尺寸：小焦点0.8×0.4，大焦点0.8×0.7 标称阳极输入功率：28kW、34kW 阳极热容量：3.0MHU 最大旋转阳极频率：150Hz	中国
56	医学影像诊断装备	X射线成像装备及关键零部件	零部件	北京智束科技有限公司	医用诊断X射线管组件	ZS402L/H493A	液态金属轴承CT球管ZS402L-H493A管组件： 标称电压：140KV 焦点尺寸：小焦点0.9×0.7，大焦点1.4×1.4 标称阳极输入功率：28.4kW、43kW 阳极热容量：4.0MHU 最大旋转阳极频率：120Hz	中国
57	医学影像诊断装备	X射线成像装备及关键零部件	零部件	北京智束科技有限公司	医用诊断X射线管组件	ZS352B/H498A	ZS352B-H498A管组件： 标称电压：150kV 焦点尺寸：小焦点0.7×0.8，大焦点1.2×1.4 标称阳极输入功率：21kW、42kW 阳极热容量：3.5MHU 最大旋转阳极频率：180Hz	中国

515

（续）

序号	一级分类	二级分类	类别	制造商	产品名称	产品型号	核心技术指标	区域
58	医学影像诊断装备	X射线成像装备及关键零部件	零部件	北京智束科技有限公司	医用诊断X射线管组件	ZS632B/H847A	ZS632B-H847A管组件： 标称电压：140kV 焦点尺寸：小焦点0.9×0.7，大焦点1.2×1.1 标称阳极输入功率：24kW，53kW 阳极热容量：6.3MHU 最大旋转阳极频率：140Hz	中国
59	医学影像诊断装备	X射线成像装备及关键零部件	零部件	电科睿视技术（北京）有限公司	CT用医用诊断X射线管	CRV501ID	最大阳极热容量5.3MHU，焦点标称值0.6×1.2/1.2×1.2，标称阳极输入功率36kW/50kW，X向飞焦点	中国
60	医学影像诊断装备	X射线成像装备及关键零部件	零部件	电科睿视技术（北京）有限公司	医用诊断X射线管	CRV352IS	最大阳极热容量3.5MHU，焦点标称值0.8×0.4/0.8×0.7，标称阳极输入功率28kW/34kW	中国
61	医学影像诊断装备	X射线成像装备及关键零部件	零部件	电科睿视技术（北京）有限公司	CT用医用诊断X射线管	CRV502ID	最大阳极热容量5.3MHU，焦点标称值0.6×1.2/0.6×1.2，标称阳极输入功率36kW/50kW，X向、Z向飞焦点	中国
62	医学影像诊断装备	X射线成像装备及关键零部件	零部件	电科睿视技术（北京）有限公司	CT用医用诊断X射线管	CRV1002IV	最大阳极热容量8.0MHU，焦点标称值0.6×0.7/1.1×1.2，标称阳极输入功率60kW/100kW	中国
63	医学影像诊断装备	X射线成像装备及关键零部件	零部件	电科睿视技术（北京）有限公司	医用CT用X射线管组件	CRV501AD、CRV502AD、CRV503AD	最大阳极热容量5.3MHU，焦点标称值0.6×1.2/1.2×1.2，0.6×1.2/1.2×1.2，0.5×1.0/1.0×1.0；标称阳极输入功率36kW/50kW	中国
64	医学影像诊断装备	X射线成像装备及关键零部件	零部件	电科睿视技术（北京）有限公司	医用CT用X射线管组件	CRV802AD	最大阳极热容量8.0MHU，焦点标称值0.6×1.2/1.2×1.2，标称阳极输入功率45kW/80kW	中国
65	医学影像诊断装备	X射线成像装备及关键零部件	整机	奥泰医疗系统有限责任公司	数字化X射线成像系统（DR）	RadGlary 361	—	中国

（续）

序号	一级分类	二级分类	类别	制造商	产品名称	产品型号	核心技术指标	区域
66	医学影像诊断装备	X射线成像装备及关键零部件	整机	东软医疗系统股份有限公司	数字化医用X射线摄影设备	NeuVision 650、NeuVision 680、NeuVision 660、NeuVision 690、NeuVision 850、NeuVision 860、NeuVision 810、NeuVision 810	50~80kW 高压发生器、139μm 平板探测器、0.6/1.2mm 球管、身高智能识别、全景智能拼接	中国
67	医学影像诊断装备	X射线成像装备及关键零部件	整机	东软医疗系统股份有限公司	移动式数字化医用X射线摄影系统	NeuVision 550M Plus	32kW 高压发生器、125μm 平板探测器、0.6/1.2mm 球管、伸缩立柱台车、电子滤线栅	中国
68	医学影像诊断装备	X射线成像装备及关键零部件	整机	东软医疗系统股份有限公司	数字化乳腺X射线摄影系统	NeuCare Mammo DR HD	5kW 高压、85μm 平板探测器、0.1/0.3mm 球管、乳腺CAD	中国
69	医学影像诊断装备	X射线成像装备及关键零部件	整机	上海联影医疗科技股份有限公司	数字化医用X射线摄影设备	uDR 780i Pro、uDR 760i	65~80kW 高压发生器、125μm 平板探测器、0.6/1.2mm 球管、一键自动摆位、全自动长骨拼接、视频摆位辅助	中国
70	医学影像诊断装备	X射线成像装备及关键零部件	整机	上海联影医疗科技股份有限公司	数字化医用X射线摄影设备	uDR 596i、uDR 566i、uDR 560i	50~65kW 高压发生器、139μm 平板探测器、0.6/1.2mm 球管、球管与探测器自动跟踪	中国
71	医学影像诊断装备	X射线成像装备及关键零部件	整机	上海联影医疗科技股份有限公司	移动式数字化医用X射线摄影系统	uDR 380i Pro、uDR 380i	32~50kW 高压发生器、125μm 平板探测器、0.6/1.2mm 球管、升降式伸缩立柱、349kg 超轻车体、47cm 超窄车身、远程可视化曝光	中国
72	医学影像诊断装备	X射线成像装备及关键零部件	整机	上海联影医疗科技股份有限公司	数字化断层摄影系统	uMammo 890i	三维体层合成摄影（DBT）技术、乳腺活检立体定位技术、5kW 高压、49.5μm 平板探测器、0.1/0.3 焦点球管、自动曝光控制（AEC）技术	中国
73	医学影像诊断装备	X射线成像装备及关键零部件	整机	上海联影医疗科技股份有限公司	数字化乳腺X射线摄影系统	uMammo 590u、uMammo 590i	76μm/85μm 平板探测器、5kW 高压、0.1/0.3 焦点球管、自动曝光控制（AEC）技术	中国
74	医学影像诊断装备	X射线成像装备及关键零部件	整机	洛阳康达卡勒福医疗科技有限公司	数字化医用X射线摄影系统	LKC-550S\650	双立柱\悬吊式DR、55kW 高压发生器	中国

（续）

序号	一级分类	二级分类	类别	制造商	产品名称	产品型号	核心技术指标	区域
75	医学影像诊断装备	X射线成像装备及关键零部件	整机	山东新华医疗器械股份有限公司	数字化X射线透视摄影系统	XFuture1000A、XFuture2000A	成像尺寸：≥17in×17in，像素矩阵：≥4300×4300，空间分辨率：≥5.0lp/mm，连续透视电流范围：0.3~20mA，脉冲透视电流范围：5~48mA；双焦点≤0.6mm（小焦点）/1.0mm（大焦点）	中国
76	医学影像诊断装备	X射线成像装备及关键零部件	整机	山东新华医疗器械股份有限公司	移动式C形臂X线机	MDC560	有效成像尺寸：≥230mm×230mm，空间分辨率：≥3.6lp/mm，像素矩阵：≥1536×1536，双极热容量≥200kHU，双焦点≤0.3mm（小焦点）/0.6mm（大焦点）	中国
77	医学影像诊断装备	X射线成像装备及关键零部件	整机	山东新华医疗器械股份有限公司	数字化乳腺X射线机	DM3000	细节直径：0.1~0.25mm，对比度<23%，细节直径：0.5~1.0mm，对比度<1.56%；像素矩阵：≥4096×3072；双焦点≤0.1mm（小焦点）/0.3mm（大焦点）；输出功率：≥5kW；最小摄影电流：≤5mA；焦点到影像接收面的距离：≥660mm	中国
78	医学影像诊断装备	X射线成像装备及关键零部件	零部件	山东新华医疗器械股份有限公司	高频高压发生器	VGX2565BF1	输出功率：≥65kW；摄影电压调节范围：≥40~150kV；透视电压调节范围：≥40~125kV；摄影电流范围：≥10~800mA	中国
79	医学影像诊断装备	X射线成像装备及关键零部件	关键零部件	上海联影医疗科技股份有限公司	高压发生器	uHVX8010	输出功率 50kW、65kW、80kW	中国
80	医学影像诊断装备	X射线成像装备及关键零部件	零部件	上海奕瑞光电子科技股份有限公司	平板探测器	Mars 1417V5、Mars1717V5、Mars1717X、Venu1717X	—	中国
81	医学影像诊断装备	X射线成像装备及关键零部件	整机	东软医疗系统股份有限公司	医用血管造影X射线机	NeuAngio 30C、NeuAngio 30F、NeuAngio 30F Flex、NeuAngio 33C、NeuAngio 33F、NeuAngio 43C	C形臂旋转速度：27°/s，C形臂滑环内滑动速度：27°/s，像素尺寸：154μm，分辨率：3.25lp/mm，具备多种临床高级功能	中国
82	医学影像诊断装备	X射线成像装备及关键零部件	整机	上海联影医疗科技股份有限公司	医用血管造影X射线机	uAngio 960	10自由度运动机械臂，源像距：95~135cm，3.8MHU液态金属轴承球管，154μm像素尺寸，具备多种临床高级功能	中国

（续）

序号	一级分类	二级分类	类别	制造商	产品名称	产品型号	核心技术指标	区域
83	医学影像诊断装备	X射线成像装备及关键零部件	整机	宁波康达凯能医疗科技有限公司	血管造影X射线机	KD-C9000	SID范围：35cm，3M液态金属轴承球管，像素尺寸：194μm，动态范围：16bit	中国
84	医学影像诊断装备	X射线成像装备及关键零部件	零部件	上海奕瑞光电子科技股份有限公司	平板探测器	Mercu1212X、Mercu1216X、Jupi1216X、Pluto1212X	—	中国
85	医学影像诊断装备	X射线成像装备及关键零部件	整机	上海联影医疗科技股份有限公司	移动式C形臂X射线机	uMC 560i	152μm CMOS平板探测器，分辨率：3.3lp/mm，200万像素全链路高清成像，智能检测识别	中国
86	医学影像诊断装备	X射线成像装备及关键零部件	零部件	东软医疗系统股份有限公司	Xray高压发生器	Venus R型高压发生器、Lunar R型高压发生器	X射线DR及RF高压发生器，具有功率大、体积小、波纹低及可靠性强等特点，产品参数指标符合国内标准及IEC标准，部分参数优于相关国家标准和IEC标准要求	中国
87	医学影像诊断装备	X射线成像装备及关键零部件	零部件	上海奕瑞光电子科技股份有限公司	高压发生器	Pyxis 50CT、Pyxis 80CT、Fomax 50RT、Gemini09、Gemini012、Gemini 3、Gemini 5、Gemini 15、Gemini25、Canis5A、Canis 5C、Cetus 50R07、Canis 56R10、Cetus 80F01、Cetus 014D07	—	中国
88	医学影像诊断装备	X射线成像装备及关键零部件	整机	卡乐福医疗科技集团有限公司	双能X射线骨密度	Apricus-DEX100	双能X射线，扇束扫描方式，最大输出功率76W	中国
89	医学影像诊断装备	X射线成像装备及关键零部件	整机	北京纳米维景科技有限公司	静态CT	复眼24	可实现多源静态CT技术，采用高速高分辨探测器，可实现高速大数据图像传输和处理，采用快速切换X射线脉冲控制，采用高转换效率闪烁体晶体，采用多焦点X射线源阵列技术	中国

519

（续）

序号	一级分类	二级分类	类别	制造商	产品名称	产品型号	核心技术指标	区域
104	医学影像诊断装备	超声成像装备及关键零部件	整机	深圳迈瑞生物医疗电子股份有限公司	—	专业高端心血管超声诊断系统 Recho R9	中国自主研发并上市的第一款心血管专用彩超，打破了长期被进口品牌垄断的局面	中国
105	医学影像诊断装备	超声成像装备及关键零部件	零部件	UNIVERSAL RO-BOTS	UNIVERSAL RO-BOTS	UR5	重复精度：±0.1mm，有效载荷：5kg，自由度：6个旋转关节	丹麦
106	医学影像诊断装备	超声成像装备及关键零部件	零部件	南宁宇立仪器有限公司	SRI 六轴力传感器	M3733C	测量范围 FX, FY：120N；FZ：200N；MX, MY, MZ：5N	中国
107	医学影像诊断装备	超声成像装备及关键零部件	整机	武汉华大智造科技有限公司	远程超声诊断系统	MGIUS-R3, MGIUS-R3 PRO	—	中国
108	医学影像诊断装备	超声成像装备及关键零部件	整机	奥泰医疗系统有限责任公司	彩超	A8, A8S, A8EXP	1. 21.5in专业医用液晶显示器 2. 彩色液晶防眩目触摸屏 3. 四探头接口 4. 控制台可升降、旋转 5. 自适应斑点噪声抑制 6. 颈动脉内膜前壁、后壁自动测量（IMT） 7. 频谱自动包络 8. 智能弹性成像 9. 智能云服务	中国
109	医学影像诊断装备	超声成像装备及关键零部件	整机	东软医疗系统股份有限公司	彩色多普勒超声诊断系统	N9000, N8000	192通道，探头频率范围1～22MHz，系统动态范围≥250dB	中国

（续）

序号	一级分类	二级分类	类别	制造商	产品名称	产品型号	核心技术指标	区域
110	医学影像诊断装备	超声成像装备及关键零部件	整机	深圳华声医疗技术股份有限公司	便携式彩色多普勒超声系统	Clover 50、Clover 60、Clover 70、Clover 50T、Clover 60T、Clover w、Clover i、Clover s、Clover 70EXp、C80、C80 Exp、Clover 70p、Clover 70i、Clover 70e、Clover 70w	1. 业界首款互联网彩超 2. 双探头全电池仪 4.9kg 重，主机轻盈便携，适用于床旁检查及外出接诊 3. 双探头接口：可避免重复插拔造成损伤，提升检查效率 4. HOLO PW：实时支持多达 3 个脉冲波成像，可在同一心动周期同步获得血管狭窄前中后图像，并进行精确的对比测量分析 5. 实时远程会诊：与专家面对面，可以看到实时超清的检查界面，同时还能进行反向调节 6. 二维码分享功能，手机扫一扫，图像即可查看，便于病历历分享、讨论	中国
111	医学影像诊断装备	超声成像装备及关键零部件	整机	深圳华声医疗技术股份有限公司	彩色超声诊断系统	Navi i、Navi s、Navi e、Navi u、Navi T、Navi X、Navi p、Navi w、Navi i6、Navi s6、Navi e6、Navi u6、Navi T6、Navi X6、Navi p6、Navi w6	1. 业界首款麻醉、疼痛专用彩超 2. 超大触摸屏：无按钮无缝设计，便于清洁和消毒 3. 电动升降：便于临床医生一键选择不同的操作高度 4. 麻醉疼痛专业图像预置：针对全身不同部位的扫查，进行了专业的图像调校，简化了医生的操作 5. wiGuide 智能穿刺针增强：探头自动感应磁化针的磁场，帮助医生将针导向靶点，为医生提供准确的针路信息 6. 远程遥控探头：超声引导过程中可以轻松完成图像的参数调节 7. 二维码分享：手机扫一扫，图像即刻查看，可用于科室案例分享、教学等场景 8. 实时远程会诊：与专家面对面，可以看到实时超清的检查界面，同时还能进行反向调节	中国

（续）

序号	一级分类	二级分类	类别	制造商	产品名称	产品型号	核心技术指标	区域
112	医学影像诊断装备	超声成像装备及关键零部件	整机	深圳华声医疗技术股份有限公司	彩色超声诊断系统	Piloter Exp、Piloter T、Piloter PE、Piloter P、Piloter S、Piloter B、Piloter D、Piloter F、Piloter R、Piloter RE、Piloter V、Piloter U、Piloter SE、Piloter i、Piloter X	1. 肌骨专业图像预置：针对全身不同部位的扫查，可满足肌骨康复科图像的定制化需求 2. 超轻薄机身：含电池仅1.9kg，满足多应用场景需要 3. 专业桌面支架及保护壳：配合轻便的主机，满足院内及院外多场景应用 4. 自动膈肌测量：可快速获取膈肌移动度、速度、加速度以及运动时间 5. wiNeedle智能穿刺增强：可通过探头针道垂直，达到最佳超声波的发射方向，让声波与针保持反向，从而让穿刺更安全、高效显影效果 6. 实时远程会诊：与专家面对面，同时还能进行反向调节超声的检查界面，图像进行反向调节 7. 二维码分享功能，手机扫一扫，图像即可看，便于病历分享、讨论	中国
113	医学影像诊断装备	超声成像装备及关键零部件	整机	深圳华声医疗技术股份有限公司	彩色超声诊断系统	Labat SE、Labat SP、Labat SG、Labat PE、Labat PG、Labat IE、Labat IG、Labat TE、Labat TG	1. 业界首款疼痛、麻醉 AI 智能超声 2. 超大全触摸显示屏：支持液体消毒、多点触控 3. 简易操作面板：避免了传统超声键盘操作的复杂性 4. wiNerve AI 神经识别：基于深度学习，可掌握不同切面中的图像特征，从而识别神经、肌肉、血管等等组织，并用不同颜色着色标注，帮助医生提高神经识别的准确性 5. 激光导航器：创新地解决临床穿刺定位困难的问题 6. wiNeedle智能穿刺增强：线体探头可自动调整超声声束发射方向，使声束垂直于针体，从而达到穿刺针最佳的显影效果，帮助医生将针导向靶点，提高阻滞的精准性 7. wiShow 教学录制：实现了超声图像、操作手法与语音的实时三合一录制，满足实时远程教学需求，实现了云端在线点播、回放和交流 8. 实时远程会诊：与专家面对面，可以看到实时超声的检查界面，同时还能进行反向调节 9. 二维码分享功能，手机扫一扫，图像历历可查、便于病历分享、讨论	中国

（续）

序号	一级分类	二级分类	类别	制造商	产品名称	产品型号	核心技术指标	区域
114	医学影像诊断装备	超声成像装备及关键零部件	整机	深圳华声医疗技术股份有限公司	便携式彩色多普勒超声系统	Clivia 90Elite、Clivia 90Exp、Clivia 90Nova、Clivia 90、Clivia 90T、Clivia 90Pro、Clivia 90Plus、Clivia 90Go	1. 独特的双交互设计：屏幕与键盘双交互设计，为临床提供更便捷的操作体验 2. 超长电池续航：满足超长时间同床旁检查 3. wiCalc自动测量功能：自动测量容量和心输出量等数据，对病人病因快速做出判断 4. HOLO PW：实时支持多达三个脉冲波成像，冻结后支持任意改变脉冲波取样门位置，可在同一心动周期同步获得血管狭窄部前中后图像，进行精确的对比测量分析 5. 实时会诊：与专家面对面，可以看到实时超清的检查界面，同时还能进行反向测量 6. 二维码分享：手机扫一扫，图像即刻查看。可用于科室案例分享、教学等场景	中国
115	医学影像诊断装备	超声成像装备及关键零部件	零部件	东软医疗系统股份有限公司	探头	S4-2M、SS6-1、C10-3ec、L12-3M、SC10-3ec 等	工作频率范围 5～27MHz，收发 192 通道，超高频、超灵敏度	中国
116	医学影像诊断装备	磁共振成像装备及关键零部件	整机	东软医疗系统股份有限公司	磁共振成像系统	uMR Rena、uMR Rena C、uMR Rena G	国内首创光纤分布式谱仪，24 通道射频平台，全数字梯度链	中国
117	医学影像诊断装备	磁共振成像装备及关键零部件	关键零部件	上海联影医疗科技股份有限公司	射频功率放大器	uXD2181	射频发射通道：2 支持场强：3.0T 单通道峰值功率：18kW	中国
118	医学影像诊断装备	磁共振成像装备及关键零部件	关键零部件	上海联影医疗科技股份有限公司	射频功率放大器	uXD1180	射频发射通道：1 支持场强：1.5T 单通道峰值功率：18kW	中国
119	医学影像诊断装备	磁共振成像装备及关键零部件	关键零部件	上海联影医疗科技股份有限公司	射频功率放大器	uXD5083	射频发射通道：8 支持场强：5.0T 单通道峰值功率：8kW	中国

（续）

序号	一级分类	二级分类	类别	制造商	产品名称	产品型号	核心技术指标	区域
120	医学影像诊断装备	磁共振成像装备及关键零部件	关键零部件	上海联影医疗科技股份有限公司	梯度功率放大器	uGD1545	单轴峰值功率：0.7MW	中国
121	医学影像诊断装备	磁共振成像装备及关键零部件	关键零部件	上海联影医疗科技股份有限公司	梯度功率放大器	uGD1560	单轴峰值功率：1MW	中国
122	医学影像诊断装备	磁共振成像装备及关键零部件	关键零部件	上海联影医疗科技股份有限公司	梯度功率放大器	uGD2390	单轴峰值功率：2MW	中国
123	医学影像诊断装备	磁共振成像装备及关键零部件	关键零部件	上海联影医疗科技股份有限公司	梯度功率放大器	uGD23150	单轴峰值功率：3.5MW	中国
124	医学影像诊断装备	磁共振成像装备及关键零部件	整机	奥泰医疗系统有限责任公司	磁共振成像系统（MR）	AT000001, Echostar, Echostar Comfort, ASTA, ASTA Venus, SMAC	超导1.5T	中国
125	医学影像诊断装备	磁共振成像装备及关键零部件	整机	上海联影医疗科技股份有限公司	磁共振成像系统（MR）	uMR 570, uMR 580, uMR 588, uMR 585e, uMR 660, uMR 670, uMR 680	超导1.5T磁共振，最大射频接收通道数：96，最大梯度强度：45mT/m，最大梯度爬升率200mT/m/ms，最大患者孔径：70cm	中国
126	医学影像诊断装备	磁共振成像装备及关键零部件	整机	上海联影医疗科技股份有限公司	磁共振成像系统（MR）	uMR 770, uMR 780, uMR 790, uMR 870, uMR 880, uMR 890, uMR NX, uMR Omega	超导3.0T磁共振，最大射频接收通道数：96，支持科研扩展192，最大梯度强度：120mT/m，最大梯度爬升率：220mT/m/ms，最大患者孔径：75cm，射频发射通道数：2	中国
127	医学影像诊断装备	磁共振成像装备及关键零部件	整机	上海联影医疗科技股份有限公司	磁共振成像系统（MR）	uMR Jupiter	5.0T全身超高场磁共振：最大射频接收通道数：96；最大梯度强度：120mT/m；最大梯度爬升率：200mT/m/ms；患者孔径：60cm；射频发射通道数：8	中国

（续）

序号	一级分类	二级分类	类别	制造商	产品名称	产品型号	核心技术指标	区域
128	医学影像诊断装备	磁共振成像装备及关键零部件	关键零部件	上海联影医疗科技股份有限公司	超导磁体	M1	1.5T 超导磁体	中国
129	医学影像诊断装备	磁共振成像装备及关键零部件	关键零部件	上海联影医疗科技股份有限公司	超导磁体	M3	3.0T 超导磁体	中国
130	医学影像诊断装备	磁共振成像装备及关键零部件	关键零部件	上海联影医疗科技股份有限公司	超导磁体	B3	3.0T 大孔径超导磁体	中国
131	医学影像诊断装备	磁共振成像装备及关键零部件	关键零部件	上海联影医疗科技股份有限公司	超导磁体	M5	5.0T 超导磁体	中国
132	医学影像诊断装备	磁共振成像装备及关键零部件	关键零部件	上海联影医疗科技股份有限公司	谱仪	Spec1501	支持场强：1.5T/3.0T	中国
133	医学影像诊断装备	磁共振成像装备及关键零部件	关键零部件	上海联影医疗科技股份有限公司	谱仪	SPEC180A	支持场强：1.5T	中国
134	医学影像诊断装备	磁共振成像装备及关键零部件	关键零部件	上海联影医疗科技股份有限公司	谱仪	uSPEC300A	支持场强：3T	中国
135	医学影像诊断装备	磁共振成像装备及关键零部件	关键零部件	上海联影医疗科技股份有限公司	谱仪	uSPEC500A	支持场强：5T	中国
136	医学影像诊断装备	磁共振成像装备及关键零部件	关键零部件	成都奥创超磁科技有限公司	超导磁体	1.0T、1.5T、3.0T	1.0T（82cm 大孔径）、1.5T 无液氦、3.0T、5.0T、7.0T	中国
137	医学影像诊断装备	磁共振成像装备及关键零部件	关键零部件	卡乐福医疗科技集团有限公司	分布式谱仪	Fophie Spectrometer	32 通道分布式	中国
138	医学影像诊断装备	磁共振成像装备及关键零部件	关键零部件	卡乐福医疗科技集团有限公司	梯度放大器	Fophie RF	800V、700A	中国

（续）

序号	一级分类	二级分类	类别	制造商	产品名称	产品型号	核心技术指标	区域
139	医学影像诊断装备	磁共振成像装备及关键零部件	整机	洛阳康达卡乐福医疗科技有限公司	磁共振成像系统	Fophie Free	1.5T，无液氦	中国
140	医学影像诊断装备	核医学成像装备及关键零部件	整机	沈阳智核医疗科技有限公司	正电子发射机X射线计算机断层成像系统	NeuWise Pro、NeuWise、NeuSight	无源质控、无门控自由呼吸、业界首创全影全景系统	中国
141	医学影像诊断装备	核医学成像装备及关键零部件	整机	上海联影医疗科技股份有限公司	正电子发射及X射线计算机断层成像扫描系统（PET/CT）	uMI 780	PET 112环，80排CT，PET轴向视野30cm，灵敏度15cps/kBq，时间分辨率450ps，空间分辨率2.9mm，孔径70cm	中国
142	医学影像诊断装备	核医学成像装备及关键零部件	整机	上海联影医疗科技股份有限公司	正电子发射及X射线计算机断层成像扫描系统（PET/CT）	uMI 550	PET 84环，40排CT，PET轴向视野24cm，灵敏度10cps/kBq，时间分辨率375ps，空间分辨率2.9mm，孔径70cm	中国
143	医学影像诊断装备	核医学成像装备及关键零部件	整机	上海联影医疗科技股份有限公司	正电子发射及X射线计算机断层成像扫描系统（PET/CT）	uMI Vista Pro	PET 84环，80排CT，PET轴向视野24cm，灵敏度10cps/kBq，时间分辨率335ps，空间分辨率2.9mm，孔径70cm	中国
144	医学影像诊断装备	核医学成像装备及关键零部件	整机	上海联影医疗科技股份有限公司	正电子发射及X射线计算机断层成像扫描系统（PET/CT）	uEXPLORER	PET 672环，80排CT，PET轴向视野194cm，灵敏度176cps/kBq，时间分辨率430ps，空间分辨率2.9mm，CT侧孔径70cm，PET侧76cm	中国
145	医学影像诊断装备	核医学成像装备及关键零部件	整机	上海联影医疗科技股份有限公司	正电子发射及X射线计算机断层成像扫描系统（PET/CT）	uMI Panorama 35	PET 120环，80排CT（U80平台CT），PET轴向视野35cm，灵敏度21cps/kBq，时间分辨率196ps，空间分辨率1.4mm，孔径76cm	中国

（续）

序号	一级分类	二级分类	类别	制造商	产品名称	产品型号	核心技术指标	区域
146	医学影像诊断装备	核医学成像装备及关键零部件	整机	上海联影医疗科技股份有限公司	正电子发射及X射线计算机断层成像扫描系统（PET/CT）	uMI Panorama 28	PET 96环，80排CT（U80平台CT），PET轴向视野28cm，灵敏度13.8cps/kBq，时间分辨率196ps，空间分辨率1.4mm，孔径76cm	中国
147	医学影像诊断装备	核医学成像装备及关键零部件	关键零部件	上海联影医疗科技股份有限公司	正电子发射及X射线计算机断层成像扫描系统（PET/CT）	PET数字化平台专用探测器	PET探测器专用芯片，晶体尺寸≤2.76mm，时间分辨率≤196ps，能量分辨率≤9.5%	中国
148	医学影像诊断装备	核医学成像装备及关键零部件	零部件	上海奕瑞光电子科技股份有限公司	GOS陶瓷闪烁体	—	波峰：510nm 光输出：27000 衰减时间：3μs 余晖：<0.1（3ms后）	中国
149	医学影像诊断装备	核医学成像装备及关键零部件	零部件	上海奕瑞光电子科技股份有限公司	SiPM	—	击穿电压：20~22V 工作电压范围：1.0~7.0V PDE（光子探测效率）：30%（V_{br}+3V） 增益：3×106（V_{br}+3V） 暗计数率：300~800kHz（V_{br}+3V） 填充因子：>60%	中国
150	医学影像诊断装备	内镜成像装备及关键零部件	零部件	广州为光电医疗科技有限公司	超微型摄像模组件	AM、CM、DM、KM和MM系列	超微型尺寸（0.6mm），高像素和长距离传输	中国
151	医学影像诊断装备	内镜成像装备及关键零部件	整机	山东新华医疗器械股份有限公司	医用内镜摄像系统	PF-1、PU-2、PU-3	4K超高清（3840×2160），八种高级图像算法，十种手术场景，摄像头一键自动聚焦联动控制，支持5G远程视信，摄像头IPX8级防水	中国

（续）

序号	一级分类	二级分类	类别	制造商	产品名称	产品型号	核心技术指标	区域
152	医学影像诊断装备	内镜成像装备及关键零部件	整机	山东新华医疗器械股份有限公司	医用内镜冷光源	L80-1	低耗LED灯，寿命≥30000h	中国
153	医学影像诊断装备	内镜成像装备及关键零部件	整机	上海欧太医疗器械有限公司	电子支气管镜	OEV-BT266、OEV-BP266、OEV-BC266、OEV-BU266、OEV-BN266	工作长度：600mm（OEV-BT266、OEV-BP266、OEV-BC266）、700mm（OEV-BU266、OEV-BN266） 视场角：120° 鉴别率：≥9.36lp/mm 弯角角度：向上180°，向下130°	中国
154	医学影像诊断装备	内镜成像装备及关键零部件	整机	上海欧太医疗器械有限公司	电子腹腔镜	OEV-LS5500	工作长度：360mm 视场角：100° 鉴别率：≥11.8lp/mm 弯角角度：向上110°，向下110°，向左110°，向右110°	中国
155	医学影像诊断装备	内镜成像装备及关键零部件	整机	上海欧太医疗器械有限公司	电子鼻咽喉镜	OEV-EC266、OEV-ET266	工作长度：365mm 视场角：110° 鉴别率：≥5.26lp/mm 弯角角度：向上130°，向下130°	中国
156	医学影像诊断装备	内镜成像装备及关键零部件	整机	上海欧太医疗器械有限公司	电子膀胱镜	OEV-FP266	工作长度：360mm 视场角：90° 鉴别率：≥5.26lp/mm 弯角角度：向上210°，向下130°	中国
157	医学影像诊断装备	内镜成像装备及关键零部件	整机	上海欧太医疗器械有限公司	电子输尿管肾盂镜	OEV-UR266	工作长度：730mm 视场角：90° 鉴别率：≥5.26lp/mm 弯角角度：向上275°，向下275°	中国

（续）

序号	一级分类	二级分类	类别	制造商	产品名称	产品型号	核心技术指标	区域
158	医学影像诊断装备	内镜成像装备及关键零部件	整机	上海欧大医疗器械有限公司	医用电子内镜图像处理器	OEV-G550H1	光源调节、亮度调节、色彩调节、消光方式、消光区域设置、锐度调节、增益调节、伽马调节、图像边框设置、镜像模式（水平翻转、垂直翻转、水平垂直翻转）	中国
159	医学影像诊断装备	内镜成像装备及关键零部件	整机	上海欧大医疗器械有限公司	医用电子内镜图像处理器	OWS-388	色调调节、绿饱和度调节、蓝饱和度调节、消光方式调节、锐度调节、3D降噪调节、放大调节、伽马调节、边框调节、语言可选中文、英文	中国
160	医学影像诊断装备	内镜成像装备及关键零部件	整机	上海欧大医疗器械有限公司	医用内镜冷光源	OLS-300	灯源类型：LED灯；显色指数：≥90；色温范围：5000~7000K；具有气泵功能	中国
161	医学影像诊断装备	内镜成像装备及关键零部件	整机	沈阳沈大内窥镜有限公司	高清腹腔镜	J0830BH/J0800BH	J0830BH视向角30°，J0800BH视向角0°，视场角75°，角分辨力7C/(°)，有效光度率766cd/m²·lm，4K高清	中国
162	医学影像诊断装备	内镜成像装备及关键零部件	整机	沈阳沈大内窥镜有限公司	荧光腹腔镜	J0830Y	视向角30°，视场角75°，角分辨力7C/(°)，有效光度率766cd/(m²·lm)，配合吲哚菁绿（ICG）视场内可观察到可见光和近红外荧光影像	中国
163	医学影像诊断装备	内镜成像装备及关键零部件	整机	沈阳沈大内窥镜有限公司	医用4K摄像系统	SD-4K-3P	分辨率3840×2160，信噪比45dB，SFR值为30%和50%时所对应的空间频率称值分别为66lp/(°)和54lp/(°)，静态图像宽容度200	中国
164	医学影像诊断装备	其他	零部件	SMC自动化有限公司	HRSH温控器	HRSH150-W-20-AKS-X031、HRSH250-W-20-AKMST	控温精度高：±0.1℃	日本

（续）

序号	一级分类	二级分类	类别	制造商	产品名称	产品型号	核心技术指标	区域
165	医学影像诊断装备	其他	整机	深圳盛达同泽科技有限公司	眼光地形图	MSI C2008P	53°视场角，百万量级高密度检查，多模态图像，可用于离焦定制眼镜、OK 镜、离焦软镜等近视防控多应用场景	中国
166	医学影像诊断装备	正电子发射及磁共振成像系统及关键零部件	整机	上海联影医疗科技股份有限公司	正电子发射断层扫描及磁共振成像系统	uPMR 790，uPMR 890	正电子发射断层扫描及 3.0T 磁共振成像系统，最大射频接收通道数：48，最大梯度强度：50mT/m，最大梯度爬升率：200mT/m/ms，患者孔径：60cm，射频发射通道数：2，PET 轴向视野（450±50）ps，空间分辨率 2.8mm	中国
167	放射治疗装备	医用直线加速器装备及关键零部件	零部件	上海奕瑞光电子科技股份有限公司	X 波段环耦合直线加速管	RX-6/1000	电子束能量：6MeV 剂量率：≥1000cGy/min@800mm 工作频率：（9300±3）MHz 束斑尺寸：≤2mm	中国
168	放射治疗装备	医用直线加速器装备及关键零部件	零部件	中国电子科技集团公司第十二研究所	电子直线加速管	VE2203	单光子 6MeV 输出，S/C/X 波段可选，同时拥有配套功率源	中国
169	放射治疗装备	医用直线加速器装备及关键零部件	零部件	中国电子科技集团公司第十二研究所	多注速调管微波功率源	VE2217	频率：（2998±20）MHz，峰值功率：3.1MW，最大工作比：2‰，预期寿命：4000h	中国
170	放射治疗装备	医用直线加速器装备及关键零部件	零部件	江苏高同装备有限公司	快速成野多叶光栅	FMLC、PMLC	直线电机直驱，最大速度 1000mm/s，定位精度 0.1mm	中国

（续）

序号	一级分类	二级分类	类别	制造商	产品名称	产品型号	核心技术指标	区域
171	放射治疗装备	医用直线加速器装备及关键零部件	整机	上海联影医疗科技股份有限公司	医用直线加速系统	uRT-linac 506c、uRT-linac 306	诊断级CT一体化引导放疗系统，支持在线自适应放射治疗，一站式放疗，动态旋转调强放疗技术；束流能量6MV光子；120叶多叶光栅；540°旋转角度；等中心精度小于0.5mm	中国
172	放射治疗装备	医用直线加速器装备及关键零部件	整机	沈阳东软智睿放疗技术有限公司	高端医用直线加速器	NeuRT Aurora 极光	iCBCT诊断级图像引导，1600MU/min超高剂量率，10ms光子分布式实时控制系统	中国
173	放射治疗装备	质子、重离子放射治疗系统	整机	国科离子医疗科技有限公司（兰州科近泰基新技术有限责任公司）	碳离子治疗系统	CY-SY-01	同步加速器周长56m，最高能量430MeV/u，最高流强>1E9；最大射野200mm×200mm	中国
174	手术治疗装备	超声手术装备及关键零部件	整机	深圳市普罗医学股份有限公司	超声聚焦子宫肌瘤治疗系统	PRO2008	1. 国家药监局认定的首款Ⅲ类妇科专科高强度聚焦超声治疗设备 2. 可无创治疗妇科子宫肌瘤、子宫腺肌症、妊娠、胎盘植入病症 3. 上置式治疗头，患者体感舒适 4. 新一代环形自聚焦换能器，安全高效 5. 支持远程辅助治疗	中国
175	手术治疗装备	超声手术装备及关键零部件	整机	深圳市普罗医学股份有限公司	超声聚焦治疗系统	PRO300	1. 全球首款移动式超声手术机器人 2. 可无创治疗妇科子宫肌瘤、子宫腺肌症、妊娠、胎盘植入病症 3. 上置式治疗头，患者体感舒适 4. 新一代环形自聚焦换能器，安全高效 5. 支持远程辅助治疗	中国

（续）

序号	一级分类	二级分类	类别	制造商	产品名称	产品型号	核心技术指标	区域
176	手术治疗装备	超声手术装备及关键零部件	整机	深圳市普罗医学股份有限公司	超声妇科治疗仪	PRO 5G-A、PRO 5G-B	1. 用于外阴色素减退性疾病的无创辅助治疗 2. 移动推车形态，便于移动 3. 中央控制系统平板电脑可以360°旋转，便于操控及观测 4. 可视化设计，便于观测评估治疗效果	中国
177	手术治疗装备	超声手术装备及关键零部件	整机	深圳市普罗医学股份有限公司	超声治疗仪	UT-1000、UT-1001、UT-1002	1. 用于慢性软组织损伤，以及脑中风后遗的肢体运动障碍的辅助治疗 2. 可选：单通道、双通道	中国
178	手术治疗装备	超声手术装备及关键零部件	零部件	深圳市普罗医学股份有限公司	一次性超声透声膜套装	PRO300 HCI、PRO300 HCIV、PRO2008 HCI	1. 由隔离透声膜和无菌医用超声耦合剂组成 2. 作为普罗医学 PRO2008/PRO300 治疗系统的配套附件，一次性使用	中国
179	手术治疗装备	超声手术装备及关键零部件	整机	重庆海扶医疗科技股份有限公司	聚焦超声肿瘤治疗系统	JC200D1	1. 率先突破聚焦超声消融治疗肿瘤的关键核心技术 2. 聚焦超声肿瘤治疗技术标准制定及领跑 3. 可无创治疗子宫肌瘤、子宫腺肌症、瘢痕妊娠、胎盘植入等妇科常见疾病 4. 独创专利技术，可实现远程诊疗、远程培训、远程维护一体化 5. 独创双影像导航专利技术，可实现超声与核磁的图像融合	中国
180	手术治疗装备	超声手术装备及关键零部件	整机	重庆海扶医疗科技股份有限公司	聚焦超声肿瘤治疗系统	JC300	1. 率先突破聚焦超声消融治疗肿瘤的关键核心技术 2. 聚焦超声肿瘤治疗技术标准制定及领跑 3. 可无创治疗肝脏肿瘤、软组织肿瘤、骨肿瘤、乳腺癌、乳腺纤维腺瘤及子宫肌瘤等良恶性实体肿瘤 4. 独创专利技术，可实现远程诊疗、远程培训、远程维护一体化 5. 独创双影像导航专利技术，可实现超声与核磁的图像融合	中国

（续）

序号	一级分类	二级分类	类别	制造商	产品名称	产品型号	核心技术指标	区域
181	手术治疗装备	超声手术装备及关键零部件	整机	重庆海扶医疗科技股份有限公司	超声波鼻炎治疗仪	CZB	1. 率先突破聚焦超声消融治疗肿瘤的关键核心技术 2. 聚焦超声肿瘤治疗技术标准制定及领跑 3. 独创聚焦超声治疗变异性鼻炎、下鼻甲肥大、慢性鼻炎等 4. 黏膜下精准聚焦消融病灶，有效保护纤毛上皮功能	中国
182	手术治疗装备	超声手术装备及关键零部件	整机	重庆海扶医疗科技股份有限公司	超声波妇科治疗仪	CZF300	1. 率先突破聚焦超声消融治疗肿瘤的关键核心技术 2. 聚焦超声肿瘤治疗技术标准制定及领跑 3. 妇科外阴白色病变（外阴上皮内非瘤样病变）物理治疗首选 4. 无创治疗宫颈疾病慢性宫颈炎（宫颈糜烂样改变、肥大、纳囊）及尖锐湿疣等 5. 超短聚焦技术，可规避表皮及黏膜损伤 6. 配备两种治疗枪，适用不同部位的治疗	中国
183	手术治疗装备	超声手术装备及关键零部件	整机	重庆海扶医疗科技股份有限公司	阿是超声波治疗仪	LCA200	1. 率先突破聚焦超声消融治疗肿瘤的关键核心技术 2. 聚焦超声肿瘤治疗技术标准制定及领跑 3. 适用于人体颈肩部、腰腹部和四肢部位慢性软组织损伤性疼痛的治疗 4. 可促进内源性镇痛物质释放，抑制炎症反应	中国
184	手术治疗装备	超声手术装备及关键零部件	整机	重庆海扶医疗科技股份有限公司	超声关节炎治疗仪	CZG300	1. 率先突破聚焦超声消融治疗肿瘤的关键核心技术 2. 聚焦超声肿瘤治疗技术标准制定及领跑 3. 适用于膝关节炎，AAOS推荐的物理治疗方法 4. 操作方便，不占用专业医护人员 5. 治疗组件配备4个治疗头，可分别调整位置，精准定位	中国

535

（续）

序号	一级分类	二级分类	类别	制造商	产品名称	产品型号	核心技术指标	区域
185	手术治疗装备	高频、射频手术装备及关键零部件	整机	武汉半边天微创医疗技术有限公司	超声软组织切割止血设备	BBT-UT-3300	1. 工作频率：(55.5±2) kHz 2. 刀头尖端主振幅 50~120μm 3. 刀头尖端主声输出面积：(3.4±10%) mm² 4. 激励频率：(55.5±2) kHz，基准尖端主振幅状态下，刀头尖端的输出声功率<20W 5. 最大电功率：<80W 6. 占空比：100% 7. 静态（空载）电功率：<80W 8. 尖端主振幅调制：100% 9. 尖端横向振幅：<35μm 10. 次级横振声输出面积：(28±10%) mm² 11. 功率储备指数：1.1±0.1	中国
186	手术治疗装备	高频、射频手术装备及关键零部件	整机	武汉半边天微创医疗技术有限公司	双极高频超声双输出软组织手术设备	BTW-RUS-100	射频参数： 1. 工作频率：(550±40) kHz 2. 射频输出功率：射频输出为5档 超声参数： 1. 工作频率：(55.5±2) kHz 2. 刀头尖端主振幅 50~120μm	中国
187	手术治疗装备	高频、射频手术装备及关键零部件	整机	武汉半边天微创医疗技术有限公司	高频手术设备	BBT-RFS-C280	1. 手术电极刀头与刀杆之间应能承受 50Hz、1500V 正弦波试验电压，历时 5min 无击穿和闪络现象 2. 手术电极电源线应能承受 50Hz、3000V 有效值电压，历时 5min 的试验电压及 1.5 倍的设备最大开路高频电压，历时 30s 的试验不得发生闪络或击穿现象 3. 手柄部与电缆线的连接牢度应大于 20N 4. 电极对患者漏电流在正常状态下为 0.1mA，在单一故障状态下为 0.5mA 5. 刀杆与刀头材质符合生物相容性要求	中国

（续）

序号	一级分类	二级分类	类别	制造商	产品名称	产品型号	核心技术指标	区域
188	手术治疗装备	高频、射频手术装备及关键零部件	零部件	武汉半边天医疗技术发展有限公司	射频超声刀具	BBT-C23、 BBT-US-C23、 BBT-US-D23、 BBT-US-E23、 BBT-US-F23、 BBT-US-G23、 BBT-US-A55、 BT-US-B55、 BBT-US-C55、 BBT-US-D55、 BBT-US-E55、 BBT-US-F55、 BBT-US-G55、 BBT-US-A23Y、 BBT-US-C23Y、 BBT-US-D23Y、 BBT-US-F23Y、 BBT-US-G23Y、 BBT-US-A55Y、 BBT-US-B55Y、 BBT-US-C55Y、 BBT-US-D55Y、 BBT-US-E55Y、 BBT-US-F55Y、 BBT-US-G55Y	射频频率为（550±40）kHz，超声频率为（55.5±2）kHz，刀尖主振幅50～120μm，能实现一站式多种能量输出	中国
189	手术治疗装备	激光手术装备及关键零部件	整机	上海瑞柯恩激光技术有限公司	石魔方®Ho: YAG激光治疗机	SRM-H2A、 SRM-H1B、 SRM-H2B、 SRM-H3B、 SRM-H1C、 SRM-H2C	光纤终端输出平均功率：2.5～100W，单脉冲能量：0.5～6.0J，重复频率：5～50Hz，脉冲宽度：200～800μs	中国
190	手术治疗装备	激光手术装备及关键零部件	整机	上海瑞柯恩激光技术有限公司	自由星™掺铥光纤激光治疗机	SRM-T1F、 SRM-T2F	工作激光波长：（1940±20）nm；连续激光输出平均功率：连续模式30～60W；脉冲模式6～55W；最大脉冲能量：6.0J；脉冲重复频率：1.5～2200Hz；激光终端输出方式：连续、脉冲	中国
191	手术治疗装备	激光手术装备及关键零部件	整机	上海瑞柯恩激光技术有限公司	优路®掺铥光纤激光治疗机	SRM-T120F	工作激光波长：（1940±20）nm，光纤终端输出平均功率：6～120W，激光终端输出方式：连续输出	中国
192	手术治疗装备	激光手术装备及关键零部件	整机	上海瑞柯恩激光技术有限公司	锋瑞®掺铥光纤激光治疗机	SRM-T125、 SRM-T1MUA、SRM-T1MUB	激光波长：（1940±20）nm，光纤终端输出平均功率：3～125W，激光终端输出方式：连续输出	中国
193	手术治疗装备	激光手术装备及关键零部件	整机	上海瑞柯恩激光技术有限公司	极瑞®掺铥光纤激光治疗机	SRM-T1MSA、 SRM-T1MSB	激光波长：（1940±20）nm，光纤终端输出平均功率：3～110W，激光终端输出方式：连续输出	中国

（续）

序号	一级分类	二级分类	类别	制造商	产品名称	产品型号	核心技术指标	区域
194	手术治疗装备	激光手术装备及关键零部件	整机	上海瑞柯恩激光技术有限公司	卓光®医用激光光纤	Raykeen-200, Raykeen-200R, Raykeen-272, Raykeen-272R, Raykeen-365, Raykeen-365R, Raykeen-550, Raykeen-550R, Raykeen-800, Raykeen-800R, Raykeen-1000, Raykeen-1000R	工作激光波长：375~2100nm，传输最大功率：125W，光束发散角：≤（1±20%）440mrad	中国
195	手术治疗装备	激光手术装备及关键零部件	整机	上海瑞柯恩激光技术有限公司	风云®内镜手术刨削器	SRM-S2VA, SRM-S2VB, SRM-S2VC	最高输出转速：2500r/min，调速范围：10档，额定负载转矩：80（1±10%）mN·m	中国
196	手术治疗装备	冷冻手术装备及关键零部件	零部件	JAKSA	电磁阀	D22C	内部零件材料：不锈钢 密封件：聚四氟乙烯 流体温度：-196~90℃ 环境温度：-196~50℃ 响应时间：8~40ms 电压：DC 24V 泄漏率：0.15mL/s	斯洛文尼亚
197	手术治疗装备	冷冻手术装备及关键零部件	整机	海杰亚（北京）医疗器械有限公司	复合式冷热消融系统	AI Epic P40, AI Epic S40, AI Epic S20	治疗最低温度：-196℃ 最高温：80℃ 消融针通道数：2~4 组织温度测量通道数：16	中国
198	手术治疗装备	冷冻手术装备及关键零部件	零部件	海杰亚（北京）医疗器械有限公司	一次性使用无菌复合式冷热消融针	Elite	治疗最低温度：-196℃ 最高温度：80℃ 直径：1.7mm, 1.98mm, 2.6mm, 3.0mm 针管长度：120mm, 140mm, 180mm 治疗区长度：15mm, 30mm, 50mm	中国
199	手术治疗装备	冷冻手术装备及关键零部件	零部件	海杰亚（北京）医疗器械有限公司	一次性使用无菌温度传感器	Ease	直径：0.8mm, 1.5mm 针管长度：140mm, 180mm 测温点数：1, 4 测温范围：-196~100℃	中国

（续）

序号	一级分类	二级分类	类别	制造商	产品名称	产品型号	核心技术指标	区域
200	手术治疗装备	冷冻手术装备及关键零部件	零部件	海杰亚（北京）医疗器械有限公司	冷罐	VM24	有效容积：24L 最大工作压力：1MPa 最高耐压>3MPa 安全阀动作压力：1.1MPa 最低工作温度：-196℃	中国
201	手术治疗装备	冷冻手术装备及关键零部件	零部件	海杰亚（北京）医疗器械有限公司	热罐	VM8	有效容积：6L 最大工作压力：0.4MPa 最高承压>1.2MPa 安全阀动作压力：0.44MPa 最高工作温度：150℃	中国
202	手术治疗设备	其他	整机	安进医疗科技（北京）有限公司	电磁刀微创手术系统	AJ-20	工作频率：13.56MHz 工作模式：1种，笔形汽化切割模式 最大输出功率：32W	中国
203	手术治疗设备	其他	整机	安进医疗科技（北京）有限公司	电磁刀微创手术系统	AJ-30	工作频率：13.56MHz，4.2MHz 工作模式：双极切开模式，双极凝血模式，内镜凝血模式三种工作模式 各最大输出功率：双极切开模式28W，双极凝血模式18W，内镜凝血模式13W	中国
204	手术治疗设备	其他	整机	安进医疗科技（北京）有限公司	电磁刀微创手术系统	AJ-40	工作频率：13.56MHz，4.2MHz 工作模式：笔形汽化切割模式，双极凝血模式，双极切开模式三种工作模式 各最大输出功率：笔形汽化切割模式32W，双极切开模式28W，双极凝血模式18W	中国
205	手术治疗设备	其他	整机	安进医疗科技（北京）有限公司	电磁刀微创手术系统	AJ-200	工作频率：13.56MHz，4.2MHz 工作模式：笔形汽化切割模式，内镜凝血模式，双极凝血模式，双极切开模式四种工作模式 各最大输出功率：笔形汽化切割模式18W，双极凝血模式28W，内镜凝血模式13W	中国

（续）

序号	一级分类	二级分类	类别	制造商	产品名称	产品型号	核心技术指标	区域
206	手术治疗设备	其他	整机	安进医疗科技（北京）有限公司	电磁刀手术电极	AJ-1201053、AJ-1200952、AJ-1200957、AJ-1201128、AJ-1201227	工作长度：60～160mm，质地：硬性，可塑性：前端可塑	中国
207	手术治疗设备	其他	整机	安进医疗科技（北京）有限公司	电磁刀柔性电极	AJ-1101603、AJ-1101611	工作长度：680mm，直径：1～1.4mm，质地：柔性	中国
208	手术治疗设备	其他	整机	安进医疗科技（北京）有限公司	电磁刀双极棒	AJ-4200906、AJ-4200904	工作长度：100～300mm，直径：1.3～2.0mm，质地：硬性	中国
209	手术治疗设备	其他	整机	安进医疗科技（北京）有限公司	电磁刀双极	AJ-3203015、AJ-3203025	长度：110～220mm，形状：直型、枪型	中国
210	手术治疗装备	其他	整机	众为医疗科技（苏州）有限公司	电子注药泵	—	便携式智能化精准给药装备	中国
211	手术治疗装备	其他	零部件	众为医疗科技（苏州）有限公司	超声气泡传感器	—	2MHz中心频率，可根据客户外壳定制	中国
212	手术治疗装备	其他	整机	南京鼎瑞医疗器械有限公司	数字化手术室	—	—	中国
213	手术治疗装备	其他	整机	南京鼎瑞医疗器械有限公司	外科塔	P3000	—	中国
214	手术治疗装备	其他	整机	南京鼎瑞医疗器械有限公司	腔镜塔	P5000	—	中国
215	手术治疗装备	其他	整机	南京鼎瑞医疗器械有限公司	麻醉塔	P7000	—	中国
216	手术治疗装备	其他	整机	南京鼎瑞医疗器械有限公司	电动液压综合手术床	PT-5000B	—	中国
217	手术治疗装备	其他	整机	南京鼎瑞医疗器械有限公司	电动综合手术床	PT-5000G	—	中国

（续）

序号	一级分类	二级分类	类别	制造商	产品名称	产品型号	核心技术指标	区域
218	手术治疗装备	其他	整机	南京鼎瑞医疗器械有限公司	妇科床	PT-5000I	—	中国
219	手术治疗装备	其他	整机	南京鼎瑞医疗器械有限公司	无影灯	PL750	—	中国
220	生命支持与急救装备	呼吸机装备及关键零部件	整机	Carl Reiner	高频喷射呼吸机	Twinstream	高频、常频模块可相互叠加，也可独立运行；氧气分析模块、二氧化碳气体分析模块、压力检测模块，激光安全模式对于1~200kg患者均适用，支持老人肥胖患者	奥地利
221	生命支持与急救装备	呼吸机装备及关键零部件	零部件	北京航天长峰股份有限公司	涡轮	—	工作电压 DC 12V，电机带载最大转速>60000r/min，输出流量>300L/min，工作压力>20kPa，极限环境使用压力：40~110kPa，噪声<65dB (A)（120L/min，0cmH$_2$O），加减速压力斜坡：<50ms（从0.5kPa到3kPa），寿命40000h，自带FOC无刷电机控制器，内置温度、涡轮温度、电路系统温度等监测及报警功能	中国
222	生命支持与急救装备	呼吸机装备及关键零部件	零部件	北京航天长峰股份有限公司	音圈电机	—	工作电压：12V，最大电流400mA，最大功率4.8W，电机内阻（16.5±0.2）Ω，电机直径：37mm，电机长度：35mm，峰值力：>2.5N，电机工作温度：-20~55℃，寿命：40000h	中国
223	生命支持与急救装备	呼吸机装备及关键零部件	整机	北京航天长峰股份有限公司	呼吸机	Athena8500	适用范围：成人、儿童、新生儿；高分辨率彩色触摸屏≥12in，可屏机分离操作；先进的通气模式：Dyn-BiLevel，BiLevel，BiLevel-ST，CPAP/PSV，PCV/P-SIMV；具备PV tool，智能吸收程序等特色功能；用高性能主动呼气阀，可反复消毒使用并且具有内加热功能，无耗材；潮气量：成人/儿童10~2600mL，新生儿2~200mL；吸气压力：1~90cmH$_2$O；呼气时间及E-Trigger：吸气时间的0~25%	中国

（续）

序号	一级分类	二级分类	类别	制造商	产品名称	产品型号	核心技术指标	区域
224	生命支持与急救装备	呼吸机装备及关键零部件	整机	北京航天长峰股份有限公司	呼吸机	Athena8200、Athena8300	适用范围：成人、儿童；无创通气模式：BiLevel/PSV、BiLevel-ST、Dyn-BiLevel、CPAP/PSV，支持面罩和头盔通气，采用主动呼气阀，全金属结构，可反复高温消毒使用，使用无耗材；具有内加热功能；吸气压力：1～60cmH₂O；呼吸频率：2～100bpm；吸呼比：4：1～1：9.9；呼气末正压PEEP：关，1～35cmH₂O；潮气量：20～2000mL/min；呼气触发E-Trigger；吸气时间：关，5%～25%	中国
225	生命支持与急救装备	呼吸机装备及关键零部件	零部件	江苏鼎智智能控制科技股份有限公司	音圈电机	VC38-7.7	行程：7.7mm，寿命：6000万次	中国
226	生命支持与急救装备	呼吸机装备及关键零部件	整机	深圳迈瑞生物医疗电子股份有限公司	呼吸机	SV800	1. 中国、亚洲首款高端呼吸机 2. 新冠肺炎疫情期间助力中国医生拯救无数患者生命	中国
227	生命支持与急救装备	呼吸机装备及关键零部件	零部件	中电科芯片技术（集团）有限公司	微差压式压力传感器	SM-PPD0005A	产品先进性：分段质量梁膜岛复合结构，防过载结构设计与工艺实现，高精度、灵敏度和线性度，高可靠、低温漂；主要技术指标：压力量程：-500～500Pa；精度：优于3%FS；重复性：优于0.5%FS；工作温度：-10～60℃	中国

（续）

序号	一级分类	二级分类	类别	制造商	产品名称	产品型号	核心技术指标	区域
228	生命支持与急救装备	呼吸机装备及关键零部件	零部件	中电科芯片技术（集团）有限公司	呼吸机用流量传感器	SC-FM1A	产品先进性： 旁通采样流道结构设计 集成温度和湿度传感器 高精度、灵敏度和线性度 高可靠、低温漂 主要技术指标： 测量范围：0～240L/min 精度：±2.5% 重复性：±0.5% 工作温度：0～50℃	中国
229	生命支持与急救装备	监护仪装备及关键零部件	整机	深圳迈瑞生物医疗电子股份有限公司	除颤监护仪	BeneHeart DX	世界首个全模块化除颤监护仪（除颤、转运监护、超声）	中国
230	生命支持与急救装备	监护仪装备及关键零部件	整机	深圳华声医疗技术股份有限公司	多参数监护仪	WPM-120、WPM-120S	1. 插件式扩展器功能模块设计 2. 性能稳定可靠 3. 超长电池续航 4. 高清可触摸显示屏，操作简单	中国
231	生命支持与急救装备	监护仪装备及关键零部件	整机	Project Engineering	血流动力学分析仪	Mostcare Up	PRAM算法，1000Hz采样率，独家参数CCE，机械支持模式，无需专用耗材	意大利
232	生命支持与急救装备	麻醉机装备及关键零部件	整机	北京航天长峰股份有限公司	麻醉机	ACM63X系列	流量计范围：0～20L/min；电子监测并显示各种气源压力及气源供氧；快速供氧，大于35L/min；顺磁氧监测吸入氧浓度，无需更换氧电池；呼吸控制模式：VC、PC、PR；通气模式：IPPV、SIPPV、SIMV、PSV、SIGH；潮气量：20～1600mL；呼吸频率：1～100bpm；吸呼比：1∶0.3～1∶8；流量可以轻松（触发通气）关，0.1～20.0L/min；回路可以整体高温高压消毒拆卸并可以整体高温高压消毒	中国

（续）

序号	一级分类	二级分类	类别	制造商	产品名称	产品型号	核心技术指标	区域
233	生命支持与急救装备	麻醉机装备及关键零部件	整机	北京航天长峰股份有限公司	麻醉机	ACM65X系列	采用电子流量计；流量计范围：0~20L/min；顺磁氧监测吸入氧浓度，无需更换氧电池；快速供氧：大于35L/min；呼吸控制模式：VC、PC、PRVC、IPPV、SIPPV、SIMV、PSV、SIGH；潮气量：10~2000mL；呼吸频率：1~100bpm；吸呼比：1:0.3~1:8；压力限制通气：9~79cmH$_2$O；流量触发（触发通气）：关、0.1~20.0L/min；采用专利技术无风箱整体可拆卸式呼吸回路，呼吸回路具有劳损功能，可以整体高温高压消毒。	中国
234	生命支持与急救装备	麻醉机装备及关键零部件	零部件	北京航天长峰股份有限公司	音圈电机	—	工作电压：12V，最大电流400mA，最大功率4.8W，电机内阻（16.5±0.2）Ω，电机直径37mm，电机长度：35mm，峰值力：>2.5N，电机工作温度：-20~55℃，寿命：40000h	中国
235	生命支持与急救装备	麻醉机装备及关键零部件	整机	深圳迈瑞生物医疗电子股份有限公司	麻醉机	A9	1. 世界上高端的麻醉机（目标控制麻醉ACA）2. 引领全世界麻醉医疗设备行业	中国
236	生命支持与急救装备	其他	整机	北京航天长峰股份有限公司	一氧化氮治疗仪	ACM306	重量≤3.5kg；适用于成人、儿童和新生儿患者；备用电池：≥60min；一氧化氮（NO）气源压力范围：0.2~0.4MPa，更换一氧化氮气瓶不影响设备使用；具备双气源接口；具备安全功能；一氧化氮吸入气浓度自动补偿功能；一氧化氮吸入气体浓度范围：1~80ppm；一氧化氮气源的标气浓度范围：400~996ppm；可监测并显示气源输出压力；具有完善的报警功能	中国
237	生命支持与急救装备	其他	整机	深圳迈瑞生物医疗电子股份有限公司		UX5	1. 迈瑞自研4K三维荧光内镜荧光摄像系统 2. 国内首家4K3D荧光电子镜	中国

（续）

序号	一级分类	二级分类	类别	制造商	产品名称	产品型号	核心技术指标	区域
238	生命支持与急救装备	体外膜肺氧合装备及关键零部件	整机	航天新长征医疗器械（北京）有限公司	体外心肺支持辅助设备	辉昇-I	高度集成的主机系统设计技术，高精度伺服装置控制技术，高可靠性 ECMO 手摇紧急驱动装置设计；相比于目前应用最广泛的迈柯唯 RotaFlow，辉昇-I 系统集成性更高，重量为国外产品的 1/2 且功能更加全面；转速控制更加稳定，0～5000r/min 转速范围内，允差值为±20r/min；手摇紧急驱动可在无供电的条件下长期可靠使用	中国
239	生命支持与急救装备	其他	整机	南京鼎瑞医疗器械有限公司	医用吊桥	P9000	—	中国
240	临床检验装备	化学发光分析装备及关键零部件	零部件	SMC 自动化有限公司	药液阀	LVM10/102	小型、轻量化、死体积小、泵作用容积小、配管多样性	日本
241	临床检验装备	即时检测装备及关键零部件	零部件	SMC 自动化有限公司	药液阀	LVM10/104	小型、轻量化、死体积小、泵作用容积小、配管多样性	日本
242	临床检验装备	尿液分析装置及关键零部件	整机	迪瑞医疗科技股份有限公司	尿液分析仪	MUS-9600 全自动尿液分析系统	MUS-9600 全自动尿液分析系统是由一体机模块联机组成的尿液分析流水线，用于尿液干化学、有形成分及理化等项目分析，满足临床实验室对于自动化、高通量尿液标本检验的现实需求，多种智能化设计可全面提升检验效率。产品特点：1. 智能：可通过"人工神经网络"技术，提取粒子图像特征信息，有效区分细胞间形态差异。2. 高效：单模块综合测速为 120 测试/h，4 模块联机综合测速最高可达 480 测试/h。3. 安全：采用新型封闭型尿液标本检测，可有效保障实验室生物安全。4. 全面：可提供红细胞形态学信息，正常红细胞百分比信息，尿培养提示信息，红细胞直方图等信息。5. 门控功能：当开启门控功能，选择干化学检测模式时，干化学结果异常则会自动检测有形成分	中国

（续）

序号	一级分类	二级分类	类别	制造商	产品名称	产品型号	核心技术指标	区域
243	临床检验装备	凝血分析装备及关键零部件	零部件	SMC自动化有限公司	药液阀	LVM10/103	小型、轻量化、死体积小、泵体用容积小、配管多样性	日本
244	临床检验装备	凝血分析装备及关键零部件	整机	深圳迈瑞生物医疗电子股份有限公司	凝血分析仪	CX-9000 全自动凝血分析仪	1. CX-9000是迈瑞医疗在定频恒速光测平台基础上倾力打造的全新一代凝血产品。根据凝血实验室检测场景及操作流程，突破创新，在设备外观、软件操作及工作流交互上斩获2021年德国iF设计大奖，为凝血检测提供了划时代的解决方案。2. CX-9000通过独创的定频恒速技术，实现了对本样TAT管热技术，试剂空中加油技术；通过独创的联杯密封液体试剂处理效率突破性提升；智慧全面的信息管理系统，实现了对试剂性能、成本的精益化管理；产品设计贴合国内用户临床场景的实际情况，除单机外也可以级联多模块，带来超乎想象的易用感受，致力于构建更高效的医学实验室	中国
245	临床检验装备	其他	整机	杭州博日科技股份有限公司	全自动核酸提纯及实时荧光PCR分析系统	FQD-A1600	1. 高效精准：自动化机械操作，减少人为误差，装载快速PCR系统，全面提升实验效率。2. 通量灵活：随到随检，流水线滚动实验，24h可处理768个样本。3. 全程自动化：样本进，结果出，彻底解放双手，助力实验室人力资源的高效配置。4. 安全无污染：分区设计，具有封闭、负压系统，搭载废气处理单元，可最大程度减少污染	中国

（续）

序号	一级分类	二级分类	类别	制造商	产品名称	产品型号	核心技术指标	区域
246	临床检验装备	其他	整机	杭州博日科技股份有限公司	实时荧光定量PCR分析仪	FQD-96C	适配App，方便管理与操作；大屏幕触摸式操作面板，单机或PC端均可使用；模块化设计，多种配置选择；6分区独立控温；配有SOAK的恒温功能，满足PCR试剂的低温保存需求；全自动探出式样品仓；6检测通道设计；顶部校准，无需校准；采用全进口高端光纤的集束传导设计，可提升荧光信号强度，减少光传导损失；全新的阵列平场光源，可提升激发光效应，强化荧光信号	中国
247	临床检验装备	其他	整机	杭州博日科技股份有限公司	荧光定量PCR检测系统	FQD-96A	1. 独特的底部PMT扫描检测，可消除边缘效应，无需ROX校正。信噪比优异，灵敏度高，可实现微量检测 2. 采用长寿命LED光源，免维护。6通道荧光检测，通道间无交叉干扰，扩增与检测同步进行 3. 具有全面的分析和报告功能，可灵活打印多个或单个报告 4. 样品仓具有防尘手功能，安全放心 5. 3D自动化热盖，软件可以实现开关盖，无需机械按键操作 6. 系统操作简便，自带通用PCR程序，支持程序自定义编辑，带来多样操作体验 7. 具有多种分类模板，同时可快速设置新实验 8. 软件支持中英文切换，可与自动化工作站联接 9. 配有SOAK的恒温功能，满足PCR试剂的低温保存需求 10. 仪器终身免维护，开箱即用，使用成本低，适用于各类移动的实验室 11. 全面的分析模式涵盖各种实验类型：定性分析、绝对定量分析、相对定量分析、多重定量分析、基因分型、标准熔解曲线分析、SNP分析、高分辨率熔解曲线（HRM）、等温扩增等	中国

547

（续）

序号	一级分类	二级分类	类别	制造商	产品名称	产品型号	核心技术指标	区域
248	临床检验装备	其他	整机	杭州博日科技股份有限公司	荧光定量PCR检测系统	FQD-48A	1. 具有发明专利保护的独特模块底部检测技术，有限避免了相互干扰，可实现超微量检测 2. 采用高强度的LED激发光源，节能、高效、长寿命、免更换 3. 独特的侧面双Ferrotec Peltier加热方式，可增加热传递接触面积，确保热量传递，提高升温速率 4. 多点温度控制，确保48孔的温度均匀性 5. 配有SOAK的恒温功能，满足PCR试剂的低温保存需求 6. 三分区独立温控，梯度设置更灵活 7. 全新的自动化热盖，无需手动操作，自动升降，可有效防止试剂蒸发 8. 可选配台式、笔记本及平板电脑进行仪器控制 9. 具有全面的分析报告功能，可灵活打印多个和单个样本报告 10. 全面的分析模式涵盖各种实验类型：定性分析、绝对定量分析、相对定量分析、标准熔解曲线分析、SNP分析、高分辨率熔解曲线（HRM）、等温扩增等	中国
249	临床检验装备	其他	整机	杭州博日科技股份有限公司	实时荧光定量PCR分析仪	FQD-16B	1. 外观小巧精致，结构坚固耐用，方便搬运和设置 2. 旋转扫描，光纤信号传导，无光程差，无需校准 3. 长寿命，高亮度LED光源，免维护 4. 7in全彩触摸屏，操作灵活 5. 软件应用功能强大，集成定性、定量分析、SNP分析、熔解曲线分析、HRM分析等功能，可满足客户临床检测和科研研究的需求 6. 全中文操作界面，操作简便，新手即学即用	中国

（续）

序号	一级分类	二级分类	类别	制造商	产品名称	产品型号	核心技术指标	区域
250	临床检验装备	其他	整机	杭州博日科技股份有限公司	实时荧光定量PCR分析仪	FQD-16A	1. 适配单管和8联管的16通量荧光设备，轻巧便携 2. 高达4通道检测系统，检测性能可达到台式荧光定量PCR 3. 全新的散热模块设计，升降温迅速 4. 全新的光路设计，可以消除大部分杂散光的干扰，确保了检测的更高灵敏度和稳定性 5. 低至1cope的高灵敏度检测 6. 全中文操作界面，简单易上手 7. 涵盖多种分析模式：定性、绝对定量、相对定量、标准曲线、熔解曲线、SNP分析、等温扩增等	中国
251	临床检验装备	其他（质谱装备及关键零部件）	整机	广州禾信康源医疗科技有限公司	全自动微生物质谱检测系统	CMI-1600、CMI-3000、CMI-3800	近垂直微小角度激光入射系统，双脉冲离子延迟引出技术，分辨率 $R \geq 5000$（FWHM）@ Angio-tensinII，质量准确度：300ppm	中国
252	临床检验装备	其他（分子诊断）	整机	西安天隆科技有限公司	全自动多重病原检测分析系统	Panall 8000	样本进-结果出，可快速锁定致病病原微生物，助力疾病精准诊疗；检测通量：8；荧光通道：4；多重联检：一份试剂即可完成单样本高达24种靶标基因的检测；最大升、降温速率：6.1℃/s，5.0℃/s；适用场景：门急诊、检验科、疾控中心、科研院所等领域所病病原体多靶标基因的筛查，为早期精准识别致病病原微生物提供整体解决方案	中国
253	临床检验装备	其他（分子诊断）	整机	西安天隆科技有限公司	全自动核酸工作站	PANA 9600S	荣获"中国体外诊断优秀创新产品金奖新冠抗疫明星产品"；通量：1~96；处理能力：信息扫描、样本加载、核酸提取及PCR体系构建；防污染措施：旋转式混匀技术、紫外线消毒、HEPA负压空气过滤、实验室分区、液滴捕获等	中国

（续）

序号	一级分类	二级分类	类别	制造商	产品名称	产品型号	核心技术指标	区域
254	临床检验装备	其他（分子诊断）	整机	西安天隆科技有限公司	全自动核酸纯化仪	GeneRotex+	通量：1~96；处理能力：信息扫描，样本管开关盖，样本加载，核酸提取及PCR体系构建；防污染措施：旋转式混匀技术、紫外线消毒、HEPA负压空气过滤、实验室分区、液滴捕获等	中国
255	临床检验装备	其他（分子诊断）	整机	西安天隆科技有限公司	全自动核酸提取仪	GeneRotex 96	样本通量：96；样本上样量：200μL；磁珠残留量：≤1%；样本类型：血清、血浆、全血、拭子、羊水、粪便、组织灌洗液、动植物组织、石蜡切片、细菌、真菌等	中国
256	临床检验装备	其他（分子诊断）	整机	西安天隆科技有限公司	全自动核酸提取仪	GeneFlex 16	样本通量：16；样本上样量：200~500μL；磁珠残留量：≤1%；样本类型：血清、血浆、全血、环境拭子、羊水、粪便、组织灌洗液、动植物组织、石蜡切片、细菌、真菌等	中国
257	临床检验装备	其他（分子诊断）	整机	西安天隆科技有限公司	全自动医用核酸提取仪	Npex 192	样本通量：192；二维码扫描，可自动扫描识别应用程序并运行；样本上样量：200μL；磁珠残留量：≤1%；样本类型：内置扫描枪、一键操作，血清、血浆、全血、羊水、粪便、组织灌洗液、动植物组织、石蜡切片、细菌、真菌等	中国
258	临床检验装备	其他（分子诊断）	整机	西安天隆科技有限公司	全自动医用PCR分析系统	Gentier 96E	检测通量：96；荧光通道：6；激发光源：高亮免维护LED；最大升、降温速率：≥6.1℃/s，≥5.0℃/s；软件功能：定性分析、绝对定量分析、相对定量分析、终点荧光分析、熔解曲线分析、SNP分析等	中国
259	临床检验装备	其他（分子诊断）	整机	西安天隆科技有限公司	全自动医用PCR分析系统	Gentier 48E	检测通量：48；荧光通道：4；激发光源：高亮免维护LED；最大升、降温速率：≥8.0℃/s，6.2℃/s；软件功能：定性分析、绝对定量分析、相对定量分析、终点荧光分析、熔解曲线分析、SNP分析等	中国

（续）

序号	一级分类	二级分类	类别	制造商	产品名称	产品型号	核心技术指标	区域
260	临床检验装备	其他（分子诊断）	整机	西安天隆科技有限公司	便携式荧光定量PCR仪	Gentier mini	检测通量：16；荧光通道：2；激发光源：高亮免维护LED；最大升、降温速率：5.0℃/s、4.0℃/s；软件功能：定性分析、绝对定量分析、相对定量分析、终点荧光分析、熔解曲线分析、SNP分析等	中国
261	临床检验装备	其他（分子诊断）	整机	西安天隆科技有限公司	实时荧光定量PCR仪	Gentier X3E	检测通量：32×3；荧光通道：6；激发光源：高亮免维护LED；最大升、降温速率：≥6.2℃/s、≥5.0℃/s；软件功能：定性分析、绝对定量分析、相对定量分析、终点荧光分析、熔解曲线分析、SNP分析等	中国
262	临床检验装备	生化分析装备及关键零部件	零部件	SMC自动化有限公司	药液阀	LVM10/101	小型、轻量化、死体积小、配管多样性	日本
263	临床检验装备	生化分析装备及关键零部件	整机	深圳迈瑞生物医疗电子股份有限公司	生化免疫流水线	M1000全自动生化免疫流水线	1. M1000由SPL3000+CL8000i+BS2800M组成。其中SPL3000的主要功能是高速去盖、紫外线消杀、旋转扫码、血清拍照等；CL-8000i是迈瑞端医疗最新一代全自动化学发光分析仪，检测速度达500T/H，独创VU-MIX涡旋超声混匀技术，大幅提升了检测体系的抗干扰能力；BS-2800M是新一代2000速生化，最核心的技术突破在于生化的核心计算法采用了独创的PDR光测平台，PDR技术通过全景动态扫描技术、检测数据量较传统生化体系提升1000多倍，可实时监测识别各种干扰因素并精确报警。2. M1000是全球首套具备前处理功能的级联建备，诸多技术提升，生化免疫检测质量得到大幅提升，可满足三甲医院的质量要求，对医院经营费用降低、提质增效起到较大促进作用	中国

（续）

序号	一级分类	二级分类	类别	制造商	产品名称	产品型号	核心技术指标	区域
264	临床检验装备	生化分析装备及关键零部件	零部件	沈阳仪表科学研究院有限公司	精密干涉滤光片、精密光学反射镜	UV-IR	超高信噪比，满足吸光度3A的测试需求	中国
265	临床检验装备	血细胞分析装备及关键零部件	零部件	SMC自动化有限公司	药液阀	LVM10/100	小型、轻量化、死体积小，泵作用容积小，配管多样性	日本
266	临床检验装备	血细胞分析装备及关键零部件	整机	深圳迈瑞生物医疗电子股份有限公司	血液分析流水线	CAL 7000 GT 全自动血液分析流水线	1. CAL 7000 GT 全自动液分析流水线由血球一体机BC-7500CS、推片染色机SC-120、阅片机MC-80、精化血红蛋白H50组成。 2. 可以一管进行多个项目检测，全血一管流，还开创了一体机流水线的新时代，大大优化检测流程，提升效率。 3. 流水线上的推染片与阅片，使全自动形态学复检成为可能，大大提升了血常规检测形态学复检的实操性与落地性，保证了检验结果的准确性，可更精准地辅助临床诊疗	中国
267	临床检验装备	血细胞分析装备及关键零部件	零部件	沈阳仪表科学研究院有限公司	精密干涉滤光片、精密光学反射镜	UV-IR	荧光滤光片截止背景≥OD6，透过率≥98%，超高陡度	中国
268	临床检验装备	其他	整机	南京鼎瑞医疗器械有限公司	检查灯	PL500BA	—	
269	手术机器人	单孔腔镜手术机器人	整机	北京术锐机器人股份有限公司	腹腔内镜单孔手术系统	SR-ENS-600	术锐®机器人的手术器械和三维电子内镜的蛇形臂体均采用了原创自主的核心技术"面向连续体机构的形变驱控技术"设计。可形变连续体机构由近端构节、导向销构束以及远端构节组成、超弹性镍钛合金细丝作为结构骨从头至尾贯穿。近端构节的弯转，会带来十余根结构骨的推拉运动。这些推拉运动传递到远端构节，协同将远端构节向相同相反的方向弯转。设计的手术器械，可将近端构节的驱动电机布置在病人体外，而病人体内的远端构节可在十余根结构骨协同推拉下实现双构节、八方向弯转的灵活动作	中国

（续）

序号	一级分类	二级分类	类别	制造商	产品名称	产品型号	核心技术指标	区域
270	手术机器人	放射介入手术机器人及关键零部件	零部件	上海奕瑞光电子科技股份有限公司	VR 高清近眼显示器	—	分辨率：2560×1440×2 RGB 人眼显示：32.6in @ 1m 刷新率：60Hz 像素度：0.0072mm×0.0072mm 色域：90% DCI-P3	中国
271	手术机器人	骨科手术机器人及关键零部件	整机	北京天智航医疗科技股份有限公司	骨科手术导航定位系统	TiRobot、 TiRobot ForcePro Spine、 TiRobot ForcePro Superior、 TiRobot Recon	系统精度：1.5mm/1.5°	中国
272	手术机器人	关节零部件	零部件	广州艾目易科技有限公司	光学定位系统	AP-STD-200、 AP-LIT-100	追踪精度：0.12mm，采样频率：60Hz，视场范围：1~2.4m	中国
273	手术机器人	其他	整机	北京柏惠维康科技股份有限公司	口腔种植手术导航定位设备	RD-100	6 自由度机械臂：重复定位误差≤0.1mm，定位误差≤0.5mm；光学眼跟踪定位仪定位误差≤0.2mm	中国
274	手术机器人	其他	零部件	北京柏惠维康科技股份有限公司	光学编码器、直驱无刷电机、伺服驱动器、电感式编码器	Aura optical encoder series、Denali/Capitan/Everest driver series、Omni+/Agility motor、Inductive Midi encoder series	极小的光学编码器，无框直驱电机和伺服驱动器尺寸，支持冗余反馈设计，丰富外围接口设计选择	中国
275	手术机器人	其他	零部件	广州为实光电医疗科技有限公司	双目 3D 影像臂组件图像处理机方案	KM2、MM2 系列	高清、全高清双目 3D 显示，光纤照明	中国
276	手术机器人	其他	整机	深圳睿心智能医疗科技有限公司	睿心血管介入手术机器人	RuiXin	支持冠心病 PCI 手术（包括冠状动脉球囊扩张、支架植入旋磨、吸取血栓等）的方案规划、操作导航、操作辅助、精准、高效、力反馈、操作稳定，使医生免受 X 射线下高疲劳作业的危害	中国

553

（续）

序号	一级分类	二级分类	类别	制造商	产品名称	产品型号	核心技术指标	区域
277	手术机器人	神经外科手术机器人及关键零部件	整机	北京柏惠维康科技股份有限公司	神经外科手术导航定位系统	RM-100、RM-200、RM-50	6自由度机械臂：重复定位误差≤0.1mm，定位误差≤0.5mm；光学跟踪定位仪定位误差≤0.2mm；注册时间<20s。	中国
278	手术机器人	神经外科手术机器人及关键零部件	零部件	北京柏惠维康科技股份有限公司	光学跟踪定位仪	RT-300B	定位误差≤0.1mm，采集频率60Hz	中国
279	手术机器人	神经外科手术机器人及关键零部件	整机	华科精准（北京）医疗科技有限公司	神经外科手术导航定位系统	SR1、SR1-3D、SR1-C	系统定位精度≤1mm，位置重复性≤0.03mm；6自由度机械臂，末端具备6维力矩传感器；支持标记点和无标记点面扫描注册	中国
280	手术机器人	神经外科手术机器人及关键零部件	整机	华科精准（北京）医疗科技有限公司	神经外科手术导航定位系统	Q300、Q300 Pro、QLite	系统定位误差≤1mm；具备红外定位仪，视野范围探测距离：950～3000mm；具备便携式自动定位机械臂，重量≤2kg	中国
281	手术机器人	神经外科手术机器人及关键零部件	整机	华科精准（北京）医疗科技有限公司	神经外科手术导航系统	NS1、NS1-N、NS1-T	系统定位误差≤1mm，支持包含但不限于MRI、CT、PET/CT、DSA等影像融合，导航采样眼跟踪频率≥60Hz	中国
282	手术机器人	神经外科手术机器人及关键零部件	整机	华科精准（北京）医疗科技有限公司	磁共振监测半导体激光治疗设备	LS1	可实时接收磁共振设备的梯度回波序列，计算温度成像图，并融合显示；温度测量误差≤1°；配准精度≤1mm	中国
283	手术机器人	神经外科手术机器人及关键零部件	零部件	华科精准（北京）医疗科技有限公司	一次性使用激光光纤套件	LS-T1	直径1.8mm，具备冷却循环装置，光纤探头可持续发出均匀散射的激光，磁共振环境下可安全使用	中国

（续）

序号	一级分类	二级分类	类别	制造商	产品名称	产品型号	核心技术指标	区域
284	手术机器人	神经外科手术机器人及关键零部件	零部件	华科精准（北京）医疗科技有限公司	3D结构光手术定位系统	—	定位精度0.05mm，单次重建时间0.5s，单次重建点云数量50万~300万	中国
285	手术机器人	神经外科手术机器人及关键零部件	零部件	华科精准（北京）医疗科技有限公司	神经外科手术计划软件	—	具备多模态影像数据处理、重要脑组织分割融合、肿瘤边界勾勒、注册配准等功能，兼容leksell头架、手术机器人等手术场景	中国
286	手术机器人	神经外科手术机器人及关键零部件	零部件	华科精准（北京）医疗科技有限公司	便携式自动定位机械臂系统	—	视觉伺服下自动定位，系统定位误差≤1mm，重量≤2kg	中国
287	健康监测及康复装备	康复辅助器具及关键零部件	整机	VitalGo	电动病床	VG-TLB-425T	0~82°提升角度区间、独家专利承重控制系统、舒适座椅位	美国
288	健康监测及康复装备	康复辅助器具及关键零部件	整机	北京动思创新科技有限公司	智能轻型外骨骼系列	Dnsys BoostArmour	1.基于深度学习的无传感器肌力预测，无需EMG电极即可在走、跑、跳等十多种工况下，给予穿戴者准确且充分的助力 2.模块化、分布式设计，且组合任意无需任何适配 3.通过App和云端AI系统实时评估同步和长期康复进展、输出报告，并智能地给予康复建议 4.采用动思自研驱动单元，轻便强劲，单关节峰值转矩可达28N·m，重量仅300g	中国

（续）

序号	一级分类	二级分类	类别	制造商	产品名称	产品型号	核心技术指标	区域
289	健康监测及康复装备	康复辅助器具及关键零部件	关键零部件	北京动思创新科技有限公司	高扭矩密度驱动单元	Dnsys DNA	1. 峰值转矩28N·m，重量仅300g，转矩重量比（转矩密度）属于行业领先 2. 具有专利的少齿差传动设计和低噪声齿轮，体积紧凑，传动效率高，可做精准的力控交互 3. 自研无框永磁同步电机，峰值功率300W 4. 具有CAN、232、485、以太网等多种通信接口，可无缝接入动思外骨骼开发平台	中国
290	健康监测及康复装备	康复辅助器具及关键零部件	整机	布法罗机器人科技（成都）有限公司	下肢步行外骨骼	Aider1.0、Aider1.1、Aider2.0、Aider3.2、Aider3.3	1. 主机组成部分：控制部件（含主电池）、髋关节部件、大腿部件、小腿部件、鞋底部件 2. 下肢外骨骼机器人关节带电机的自由度不少于3个 3. 主机电池：锂离子电池，DC 48V，满电负荷可连续运行≥4h 4. 髋关节运动角度：向前0°～（116±3）°、向后0°～（20±2）°连续可调；膝关节运动角度：向后0°～（116±3）°；踝关节运动角度：向后0°～（16±2）°；关节角度调整按钮：大腿调节速度（4±1）°/s、小腿调节速度（6±1）°/s；适用于下肢步行功能障碍患者，能够为L级患者提供下肢步行能力，配合安全支架能够为T级患者提供下肢步行训练，配合脑电设备能够为C级患者提供下肢步行训练及运动想象训练	中国

（续）

序号	一级分类	二级分类	类别	制造商	产品名称	产品型号	核心技术指标	区域
291	健康监测及康复装备	康复辅助器具及关键零部件	整机	布法罗机器人科技（成都）有限公司	儿童下肢步行外骨骼	BFR-K-A300、BFR-K-A300P、BFR-K-A200、BFR-K-A200P	1. 提供两种以上康复训练方式，包括拐杖辅助下的康复训练，其中拐杖辅助训练是训练者佩戴外骨骼，使用拐杖辅助支撑进行起立、坐下和行走康复训练 2. 大、小腿长度调节范围：小腿长度调节范围为 335~395mm，连续可调；大腿长度调节范围为 320mm，连续可调 3. 关节运动调节角度： 1) 髋关节运动角度范围：向前 0~120°±3°，向后 0~20°±2° 2) 膝关节运动角度范围：向前 0~120°±3° 3) 踝关节运动角度范围：向后 0~16°±2° 4. 髋关节外展角度：左、右髋关节外展角度均为 0~90°±5°，便于转移使用者使用穿戴设备	中国
292	健康监测及康复装备	康复辅助器具及关键零部件	整机	布法罗机器人科技（成都）有限公司	上肢关节主被动训练器	逸动-Arm1	上臂长度 270~350mm，允许误差：±30mm 前臂长度 210~270mm，允许误差：±30mm 肩关节高度 800~1200mm，允许误差：±30mm 肩关节屈曲角度 40°~125°，允许误差：±3° 肩水平内收角度 0°~-45°，允许误差：±5° 前臂内旋角度 0°~-63°，允许误差：±5° 前臂外旋角度 0°~-63°，允许误差：±5° 腕关节掌屈角度 0°~-70°，允许误差：±5° 腕关节背伸角度 0°~-70°，允许误差：±5° 拥有6个关节自由度自由组合运动，使患者能进行立体三维大范围自由组合运动，极高的自由度，可带动患者进行灵活的功能性动作训练，满足日常生活中常见功能性动作训练的需求。6大模块实现了肩关节屈曲伸展、内旋外展、水平内收外展、肘关节屈曲伸展、前臂内旋外旋和腕关节的掌屈背伸，可达到智能上肢康复的目的	中国

（续）

序号	一级分类	二级分类	类别	制造商	产品名称	产品型号	核心技术指标	区域
293	健康监测及康复装备	康复辅助器具及关键零部件	整机	山东海天智能工程有限公司	下肢外骨骼康复机器人	HTR-KF-BLE-I	下肢外骨骼康复训练器由训练器主体、拐杖（2个）、控制箱、电池、电池充电器、HTR-LEP 控制软件组成。训练器主体由胸部支撑组合、腰部组合、大腿组合、小腿组合、脚组合构成。用于中枢神经病变导致的下肢步行功能障碍的患者进行步行及康复训练。	中国
294	健康监测及康复装备	康复辅助器具及关键零部件	整机	中航创世机器人（西安）有限公司	下肢康复训练机器人	NOVO-SLIM/NOVO-BASIC/NOVO-ADV	由主机（一体机、显示面板）、固定部件（基柱、重量支撑系统）、运动部件（关节运动系统、运动平板）、控制装置、评估设备、穿戴设备、嵌入式软件和康复云平台软件）组成。穿戴设备包括：上身支撑带、腿部绑带、盆骨安全带、腰部护具和足部升降器。适用于下肢运动功能障碍患者的康复训练，并通过运动平板的配合为患者提供关节及步态训练方面的协助。	中国
295	健康监测及康复装备	康复医疗装备及关键零部件	整机	北京傲杰医疗科技有限公司	多关节等速肌力评测和训练系统	ReforterPro	1. 支持等长和等速模式的肌力评测 2. 支持等长、等张、等速和离心等训练模式 3. 实时反馈 4. 动作库内置多个处和训练 40 个动作（涵盖全身） 5. 具有评测和训练引导视频及说明 6. 可实现智能报告	中国
296	健康监测及康复装备	康复医疗装备及关键零部件	整机	北京软体机器人科技股份有限公司	手部被动分指康复训练器	H1000	1. 手套采用食品级柔性高分子硅胶材料 2. 具备即时即选指功能，可在各模式中进行训练/不训练手指的选择 3. 压力范围：正压（120±5）~（150±5）kPa，负压（-65±5）~（-70±5）kPa 4. 具有镜像训练功能，可利用健侧引导患侧 5. 10 档力度调节，可满足不同力度需求	中国

（续）

序号	一级分类	二级分类	类别	制造商	产品名称	产品型号	核心技术指标	区域
297	健康监测及康复装备	康复医疗装备及关键零部件	整机	无锡美安雷克斯医疗机器人有限公司	下肢外骨骼康复机器人	REX-L	1. 适用范围：适用于各种神经系统疾病导致的下肢运动功能障碍和躯干平衡控制障碍的患者 2. 可实现动作：站立姿态、静态蹲、分阶段坐、向前走、向后走、向左侧移、向右侧移、坐姿状态左腿分开、坐姿状态右腿分开、坐姿状态右腿前伸、坐姿转坐姿、站立姿态转坐姿、坐姿状态左腿前伸、左弓步、右弓步、左腿摆动、右腿摆动、腿前伸、左弓步侧向、右弓步侧向 3. 机器人自由度（电机数量）：10个自由度，10个电机 4. 各关节活动范围：髋关节伸展/屈曲：14.9°/68.0°，髋关节内收/外展：12.5°/10.5°，膝关节伸直/屈曲：5.0°/86.0°，踝关节内翻/外翻：8.0°/14.5°	中国
298	健康监测及康复装备	其他	整机	合肥通用机械研究院有限公司	除菌消毒空气处理机组	ACDU 600, ACDU 1200, ACDU 2000	出风洁净度：7级（ISO） 试验菌杀灭率：>99%	中国
299	健康监测及康复装备	其他［增材制造（3D打印）］	辅助高值耗材	广东省极数增材医疗科技有限公司	高分子齿科修复材料、试戴牙冠	JSZC-BL、A1、A3	拉伸强度79.92MPa，拉伸模量3653.41MPa，弯曲强度126.93MPa，缺口抗冲击强度1.1468kJ/m²，吸水率<0.3%，硬度90D	中国
300	健康监测及康复装备	康复辅助器具及关键零部件	整机	南京鼎瑞医疗器械有限公司	智能家居护理床	DR-H01	—	中国
301	健康监测及康复装备	康复辅助器具及关键零部件	整机	南京鼎瑞医疗器械有限公司	移位机	DR-Y02	—	中国

（续）

序号	一级分类	二级分类	类别	制造商	产品名称	产品型号	核心技术指标	区域
302	血液净化处理装备	血液透析装备及关键零部件	零部件	湖南湘瓷科艺有限公司	陶瓷柱塞	专用	氧化铝、氧化锆、氮化铝、氮化硅材质，提供陶瓷解决方案	中国
303	血液净化处理装备	自动腹膜透析装备	整机	江苏杰瑞医疗技术有限公司	自动腹膜透析机	JARI-APD-1A, JARI-APD-1C	流量控制精度：±3% 温度控制精度：±2℃	中国
304	植介入医疗器械	结构性心脏病及关键零部件	整机	杭州启明医疗器械股份有限公司	经导管人工肺动脉瓣膜系统	瓣膜：L24P, L26P, L28P, L30P, L32P, L34P, L36P; 输送系统：17Fr, 18Fr, 19Fr, 21Fr, 22Fr, 24Fr	—	中国
305	植介入医疗器械	结构性心脏病及关键零部件	整机	杭州启明医疗器械股份有限公司	经导管人工主动脉瓣膜置换系统	瓣膜：L23, L26, L29, L32; 输送系统：DS18-A55, DS19-A58, DS19-A62; 可回收输送系统：RDS18Fr-L1, RDS19Fr-L1, RDS19Fr-L2	—	中国
306	植介入医疗器械	神经电刺激植入人体及关键零部件	整机	景昱医疗科技（苏州）股份有限公司	可充电植入式神经刺激器套件	SR1101	可充电、左右脑异频、支持远程无线程控	中国
307	植介入医疗器械	神经电刺激植入人体及关键零部件	整机	景昱医疗科技（苏州）股份有限公司	植入式脑深部神经刺激器	1180	双通道、左右脑异频、支持远程无线程控	中国
308	植介入医疗器械	神经电刺激植入人体及关键零部件	整机	景昱医疗科技（苏州）股份有限公司	植入式脑深部电刺激电极导线套件	1200、1210、1211	精准锁定电极、多种触点间距（0.5mm、1.0mm、1.5mm）	中国
309	植介入医疗器械	神经电刺激植入人体及关键零部件	整机	景昱医疗科技（苏州）股份有限公司	植入式脑深部电刺激延伸导线套件	SR1341	延展性良好	中国

（续）

序号	一级分类	二级分类	类别	制造商	产品名称	产品型号	核心技术指标	区域
310	植介入医疗器械	神经电刺激植入体及关键零部件	整机	景昱医疗科技（苏州）股份有限公司	患者程控器	SR1421	患者程控软件直接安装在患者手机中，界面美观、操作简便、方便携带	中国
311	植介入医疗器械	神经电刺激植入体及关键零部件	整机	景昱医疗科技（苏州）股份有限公司	SR1632患者程控系统	SR1623	可实现医患间的异地远程程控	中国
312	植介入医疗器械	神经电刺激植入体及关键零部件	整机	北京品驰医疗设备有限公司	植入式脑深部刺激系统（脑起搏器）	G101A、G102、G102R、G102RZ、G106、G106R、G106RS	单通道4触点、双通道8触点。参数范围：1. 脉冲幅度：恒压模式0～10V，恒流模式0～25mA 2. 脉冲频率：2～250Hz 3. 脉冲宽度：30～450μs 功能特点：1. 远程程控 2. 变频刺激、定时刺激、三交互电脉冲 3. 1.5T/3.0T核磁兼容 4. 体外无线充电、零伏保护	中国
313	植介入医疗器械	神经电刺激植入体及关键零部件	整机	北京品驰医疗设备有限公司	植入式迷走神经调制系统	G111、G112、G113R、G114R	单通道2触点。参数范围：1. 脉冲幅度：0～3.5mA 2. 脉冲频率：1～30Hz 3. 脉冲宽度：130～1000μs 功能特点：1. 螺旋电极 2. 远程程控 3. 体外无线充电、定时刺激、蓝牙通信 4. 自动模式、心电采集、低心率检测	中国

561

（续）

序号	一级分类	二级分类	类别	制造商	产品名称	产品型号	核心技术指标	区域
314	植介入医疗器械	神经电刺激植入体及关键零部件	整机	北京品驰医疗设备有限公司	植入式迷走神经刺激系统	G131、G132、G134R	单通道 4 触点、双通道 8 触点 参数范围： 1. 脉冲幅度：恒压模式 0~10V，恒流模式 0~25mA 2. 脉冲频率：2~250Hz 3. 脉冲宽度：30~450μs 功能特点： 1. 远程程控 2. 远距离通信 3. 体外无线充电、定时刺激	中国
315	植介入医疗器械	神经电刺激植入体及关键零部件	整机	北京品驰医疗设备有限公司	植入式脊髓神经刺激系统	G122、G122R	双通道 16 触点 参数范围： 1. 脉冲幅度：恒压模式 0~10V，恒流模式 0~25mA 2. 脉冲频率：2~10000Hz 3. 脉冲宽度：20~1000μs 功能特点： 1. 远程程控 2. 自适应刺激 3. 体外无线充电	中国
316	植介入医疗器械	心室辅助装置及关键零部件	耗材	深圳核心医疗科技股份有限公司	植入式左心室辅助系统	Corheart 6	泵体直径34mm，厚度 26mm，重量约 90g	中国
317	新技术在医疗装备领域的应用	5G 技术	整机	深圳华声医疗技术股份有限公司	云端医学信息系统	Cloud PACS	1. 信息互通：可实现与院内信息系统对接，数据自动获取，图像实时回传等，提高了信息获取效率，做到了院内影像管理规范 2. 高兼容性：可兼容市面常见超声系统，在超声设备上可实现远程会诊，实现真正意义上的超声互联 3. 数据跨域共享：无需搭建专网即可定向共享，可为用户实现检查结果互认提供技术支撑 4. 高效床旁流程：从患者提交超声检查申请那一刻起，到医生交付报告结束，流程衔接流畅，集病人登记、病历管理、图像采集、诊断编辑、报告打印、数据共享等功能于一体 5. 在线运维服务：可即时为用户解决故障或技术问题，提供超越期望的增值后售服务	中国

（续）

序号	一级分类	二级分类	类别	制造商	产品名称	产品型号	核心技术指标	区域
318	新技术在医疗装备领域的应用	其他	零部件	江苏希塔信息科技有限公司	SUB-GHz 物联网通信模组	TH10-I、TH22	单包容量：1～200bit，最大管理节点数：2500，高速通信距离大于100m	中国
319	新技术在医疗装备领域的应用	人工智能技术	整机	上海瞳步智能科技有限公司	消毒灭菌机器人	Tbot-Disinfect	支持多种消毒灭菌方式：等离子、紫外线、过氧化氢、强光脉冲	中国
320	新技术在医疗装备领域的应用	人工智能技术	零部件	上海瞳步智能科技有限公司	机器人硬件平台	Tbot	可用于医疗场景消杀、运送、巡检机器人的移动导航底盘等机器人零部件	中国
321	新技术在医疗装备领域的应用	人工智能技术	零部件	上海柔瑞光电子科技股份有限公司	AI 图像智能降噪、AI 辅助摆位	—	—	中国
322	新技术在医疗装备领域的应用	人工智能技术	整机	苏州美天网络科技有限公司	基于人工智能的信息资产保护系统	MTKJ002	1. 支持文件级实时备份 2. 支持备份 Windows 打开文件 3. 支持无限制保留备份数据 4. 支持备份网络共享空间 5. 支持备份过滤器，生产数据发生数据问题免费恢复，硬件三年保修	中国

致　谢

2023 版编委会团队由从事科研、临床、制造、管理等行业的 70 余位专家组成，在 2021 版基础上增加了新知识、新技术、新成果和标准化内容，典型医疗装备新工艺、产品应用；更新了宣传贯彻医疗装备政策指导文献、医疗装备主机及零部件最新发展动态和趋势、技术研究报告数据等。本书的编写和出版得到了工业和信息化部及卫生健康委业务主管部门、编委会各位领导和专家的悉心指导，以及中国医学装备协会零部件分会会员企业的大力支持，同时也离不开参与编写单位、作者以及协同奉献人员的积极热心工作，在此一并深表感谢！

支持单位

上海联影医疗科技股份有限公司

东软医疗系统股份有限公司

深圳迈瑞生物医疗电子股份有限公司

中国电子科技集团公司第十二研究所

北京柏惠维康科技股份有限公司

昆山医源医疗技术有限公司

科罗诺司医疗器械（上海）有限公司

北京智束科技有限公司

费森尤斯医药研发（上海）有限公司

费森尤斯医药用品（上海）有限公司

陕西斯瑞新材料股份有限公司

机械工业仪器仪表综合技术经济研究所

中国医学装备协会

中国医学装备协会零部件分会

协同奉献人员（按姓氏笔画排序）

王月辰　王文斌　王永新　王梓萌　石子鸣　田德才　刘　硕

孙　腾　李　真　李钟琦　何　辉　宋　晨　张　鑫　金　磊

金学波　曹晓萌　董　乐　韩羽桐　雷云辉　潘　奕

致 谢

参与编写单位（按 2023 版章、节排序）

机械工业仪器仪表综合技术经济研究所	国科离子医疗科技有限公司
首都医科大学附属北京友谊医院	南京大学
国家药品监督管理局南方医药经济研究所	武汉半边天医疗技术发展有限公司
上海联影医疗科技股份有限公司	重庆海扶医疗科技股份有限公司
中国医学装备协会超声装备技术分会	海杰亚（北京）医疗器械有限公司
中国电子科技集团公司第十二研究所	北京卫生职业学院
昆山医源医疗技术有限公司	费森尤斯医药研发（上海）有限公司
北京智束科技有限公司	费森尤斯医药用品（上海）有限公司
科罗诺司医疗器械（上海）有限公司	上海交通大学
电科睿视技术（北京）有限公司	北京天智航医疗科技股份有限公司
东软医疗系统股份有限公司	北京首科医谷国际科技发展有限公司、北京国医药研究院
上海奕瑞光电子科技股份有限公司	
新鸿电子有限公司	北京脉和实益生物科技有限公司
北京朗视仪器股份有限公司	北京傲竹医疗科技有限公司
影诺高新科技（苏州）有限公司	布法罗机器人科技（成都）有限公司
北京万东医疗科技股份有限公司	江苏希塔信息科技有限公司
苏州博思得电气有限公司	中国船舶重工集团公司第七一六研究所/江苏杰瑞医疗技术有限公司
明峰医疗系统股份有限公司	
山东第一医科大学	清华大学人机与环境工程研究所、神经调控国家工程研究中心
深圳迈瑞生物医疗电子股份有限公司	
中国科学院苏州生物医学工程技术研究所	杭州启明医疗器械股份有限公司
中国人民解放军总医院第三医学中心	清华大学基础工业训练中心、人工智能实验室
深圳华大智造云影医疗科技有限公司	北京邮电大学信息与通信工程学院
浙江瑞派医疗科技有限公司	北京品驰医疗设备有限公司
北京师范大学核科学与技术学院	北京航空航天大学医学科学与工程学院
沈阳沈大内窥镜有限公司	中国机械工业联合会教育培训部、机械工业教育发展中心
开立生物医疗科技（武汉）有限公司	
深圳盛达同泽科技有限公司	北京大学肿瘤医院
山东新华医疗器械股份有限公司	欧德神思软件系统（北京）有限公司
清华大学	中国医学装备协会
中国工程物理研究院应用电子学研究所	中国医学装备协会零部件分会

565

时空探测器

16cm 宽体探测器

微米量级传输路径

采用TSV技术，从厘米到微米

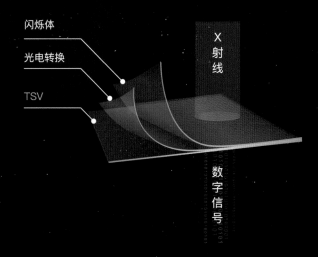

闪烁体

光电转换

TSV

X 射线

数字信号

低损耗时空架构

有效缩短传输路径

低噪声高保真设计

亚光子级电子噪声

高清探测器物理单元

3.6亿体素探测器物理单元

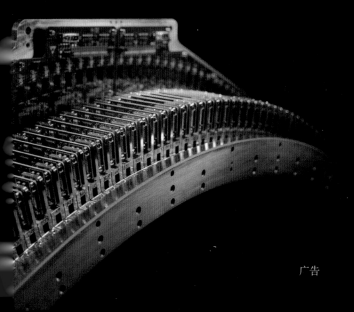

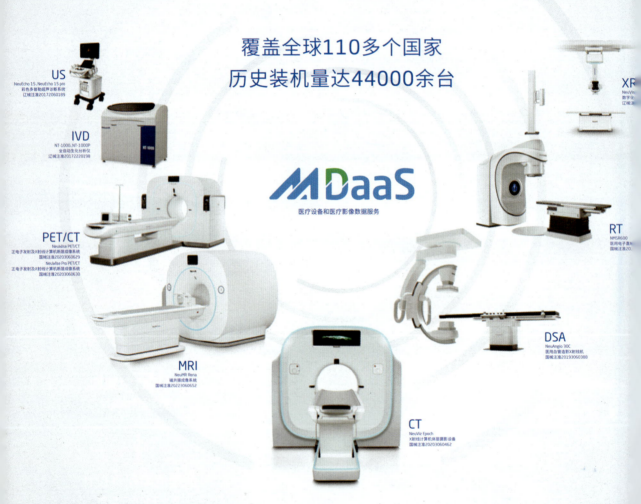

CT之芯

注册证编号：苏械注准20212061545

中国智造

医源公众号

集立体定向和导航于一体的神经外科手术导航定位系统

精准定位 导航定位精度优于0.5mm

高效注册 全自动注册时间<2分钟

一机多能 适用于4岁以上的儿童及成人神经外科手术过程对手术器械进行空间定位和定向

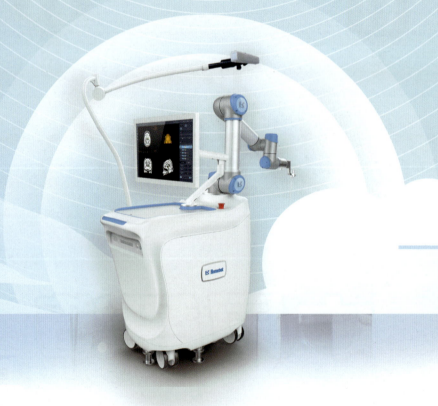

中国电子科技集团公司第十二研究所(以下简称电科十二所)始建于 1957 年,主要从事微波功率器件、离子开关器件、X 射线器件、量子频标器件、非标真空设备等产品的研发生产,是真空电子学领域国际知名的综合性研究所。电科十二所聚焦长期依赖进口的高端医疗装备核心部件,集中资源优势,打造医疗器件产业,形成了以 CT 球管为代表的医疗影像类产品和以医用加速管、高功率多注速调管为代表的医疗治疗类产品。

医疗影像类产品

进入产业化阶段,适配国产主流机型

产品名称:
CT 用医用诊断 X 射线管
型号规格:
CRV1002IV
注册证号:
京械注准 20222060013

产品名称:
CT 用医用诊断 X 射线管
型号规格:
CRV501ID
注册证号:
京械注准 20212060260

产品名称:
医用 CT 用 X 射线管组件
型号规格:
CRV501AD、CRV502AD、CRV503AD
注册证号:
京械注准 20222060010

产品名称:
医用 CT 用 X 射线管组件
型号规格:
CRV802AD
注册证号:
京械注准 20222060011

医疗治疗类产品

系列功率源产品,可满足小型化医用放疗整机的需求

系列功率源

C 波段 6MeV
加速管

S 波段 3MW
多注速调管

S 波段 6MeV
加速管

单位地址: 北京市朝阳区酒仙桥路13号
联系人: 张吉峰   联系方式: 010-84352670
联系人: 李　真   联系方式: 010-84352318

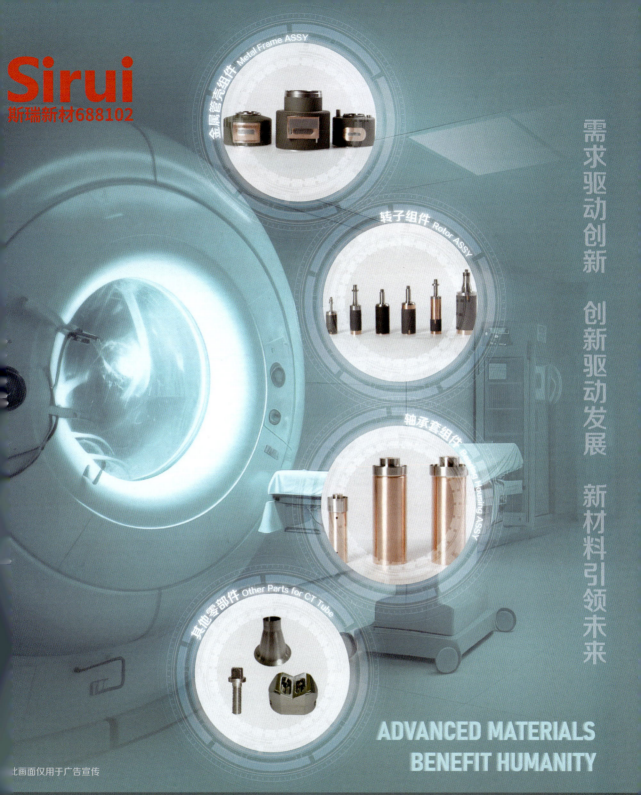

Sirui
斯瑞新材688102

金属管壳组件 Metal Frame ASSY

转子组件 Rotor ASSY

轴承套组件 Bearing Housing ASSY

其他零部件 Other Parts for CT Tube

需求驱动创新 创新驱动发展 新材料引领未来

此画面仅用于广告宣传

ADVANCED MATERIALS
BENEFIT HUMANITY

陕西斯瑞新材料股份有限公司成立于1995年，2022年3月16日于上交所科创板上市，股票代码为688102，地址位于陕西省西安市。公司是一家以轨道交通、电力电子、航空航天、医疗影像等高端应用领域为目标市场，专注于高端先进铜合金材料及制品的研发、制造和销售的高新技术企业。

公司具有授权发明专利200余件，建有省市级企业技术中心、省博士后创新基地、陕西省先进铜合金创新中心等研发创新平台。

公司主营业务产品包括中高压电接触材料及制品、高强高导铜合金材料及制品、高性能金属铬粉、CT和DR球管零组件及其他特殊铜合金材料及制品，其中铜铬电触头产品曾获得单项冠军产品荣誉，且与高速列车牵引电机用端环导条产品分列为电力行业和轨道交通行业细分领域世界领先。公司客户分布于20多个国家和地区，主要客户包括西门子、ABB、GE、施耐德、伊顿、东芝、Wabtec、阿尔斯通、中国中车、中国电装、睿视、联影医疗等企业。

 Sirui 陕西斯瑞新材料股份有限公司
Shaanxi Sirui Advanced Materials Co., Ltd.

中国医学装备协会
零部件分会

扫码入会

联系人
周学良
010-63461012　itei.cn@vip.163.com
单博
010-63488778　shanbo0226@126.com

协会介绍

　　零部件分会是中国医学装备协会下设分支机构，由从事医疗装备（器械）科研、生产经营、应用、投资、产品检测、注册、认证咨询、采购招标等领域的企（事）业单位、社会团体和专家学者（个人）在平等自愿的基础上，联合组成的全国行业性的、非营利性的专业（分会）组织。分会致力于在政府和会员之间发挥桥梁和纽带作用，组织产、学、研、用团体资源交流与合作，促进跨界融合创新及高端医疗装备关键基础材料、核心零部件的研发，增强高端医疗产业的工业基础能力，优化产业生态，为保障人民群众身体健康和生命安全提供有力支撑。

入会流程

　　零部件分会目前备案委员107家，备案公开信息（会员单位名称、联系人、企业LOGO、服务产品等），定期更新。

填写委员申请表 → 秘书处 → 秘书处审批 → 委员信息注册 → 1. 颁发委员证书　2. 注册医疗装备及零部件共享服务平台账号

委员权益

序号	委员权益/服务内容	委员	非委员
1	选举权、被选举权	*	
2	标准制定	*	*
3	获得医疗装备及零部件共享服务平台http://www.ylzblbj.com 企业账号、密码，享受企业后台+前端展示	*	
4	免费发布企业供需对接信息，包括人才招聘、零部件（整机）需求对接、企业招标	*	
5	优惠/免费参加零部件分会组织的相关学术会议、培训、技术研讨会、展览等	*	
6	参加零部件分会组织的各项市场推广活动	*	
7	为委员推荐需求产品及成熟度较高的供应商	*	
8	项目参与及对接	*	
9	参与行业报告、白皮书等文献编写、出版工作	*	